Das Haus Windsor

Helene
*1846 †1923
⚭
Prinz Christian von Schleswig-Holstein
*1831 †1917

Louise
*1848 †1939
⚭
9. Herzog von Argyll
*1845 †1914

Arthur
Herzog von Connaught
*1850 †1942
⚭
Louise Margaret von Preußen
*1860 †1917

Leopold
Herzog von Albany
*1853 †1884
⚭
Helene von Waldeck und Pyrmont
*1861 †1922

Beatrice
*1857 †1944
⚭
Prinz Henry von Battenberg
*1858 †1896

Victoria
*1868 †1935

Maud
*1896 †1938
⚭
Håkon VII.
König von Norwegen
*1872 †1957

John
*1871

Henry
Herzog von Gloucester
*1900 †1974
⚭
Lady Alice Montagu-Douglas-Scott
*1901

George
Herzog von Kent
*1902 †1942
⚭
Marina von Griechenland und Dänemark
*1906 †1968

John
*1905 †1919

Richard
2. Herzog von Gloucester
*1944
⚭
Birgitta van Deurs
*1946

Edward
2. Herzog von Kent
*1935
⚭
Katharine Worsley
*1933

Alexandra
*1936
⚭
Hon. Sir Angus Ogilvy
*1928

Michael
*1942
⚭
Baronin Marie-Christine von Reibnitz
*1945

Alexander Graf von Ulster
*1974

Lady Davina Windsor
*1977

Lady Rose Windsor
*1980

George Graf von St. Andrews
*1962
⚭
Sylvana Tomaselli
*1957

Lady Helen Windsor
*1964
⚭
Timothy Taylor
*1963

Lord Nicholas Windsor
*1970

Lord Frederick Windsor
*1979

Lady Gabriella Windsor
*1981

W0463637

Sarah Bradford

ELIZABETH II.

ELIZABETH II.

IHRE MAJESTÄT DIE KÖNIGIN

Die Biographie von
SARAH BRADFORD

GUSTAV LÜBBE
VERLAG

Fotonachweis:

BBC Picture Archive, London (Nr. 55)
Camera Press, London (Nr. 2, 10, 16, 24, 25, 29, 34, 35 / Norman Parkinson, 50 / Karsh of Ottawa, 53 / Tim Graham, 54, 56)
Cecil Beaton / V&A (Nr. 21)
Hulton Deutsch, London (Nr. 1, 3, 4, 5, 6, 7, 9, 11, 12, 13, 15, 17, 19, 20, 22, 23, 27, 30, 40, 41, 52)
Mirror Syndication International, London (Nr. 26, 37)
Photographers International Ltd., London (Nr. 32)
Popperfoto, London (Nr. 14, 18, 28, 36)
Rex Features, London (Nr. 39)
Tim Graham, London (Nr. 31, 33, 38, 42, 43, 44, 45, 46, 47, 48, 49, 51)
Weidenfeld Publishers Ltd., London (Nr. 8)

© 1996 by Sarah Bradford
Titel der Originalausgabe:
Elizabeth. A Biographie Of Her Majesty The Queen
Originalverlag: William Heinemann, an imprint of Reed International Books Ltd., Michelin House, 81 Fulham Road, London SW3 6RB and Auckland, Melbourne, Singapore and Toronto

© 1996 für die deutsche Ausgabe
Gustav Lübbe Verlag GmbH, Bergisch Gladbach
Aus dem Englischen von Helmut Dierlamm, Norbert Juraschitz, Günter Panske, Cäcilie Plieninger und Hanne-Dore Stützer

Gesamtgestaltung: Axel Bertram, Berlin, unter Verwendung einer Fotografie von David Secombe,
© David Secombe, Crown/BBC 1991
Satz: Bosbach & Siebel Print Media Concept, Lindlar
Druck und Einband: Clausen & Bosse, Leck

Alle Rechte vorbehalten. Kein Teil dieses Buches darf ohne ausdrückliche Genehmigung des Verlages in irgendeiner Form reproduziert oder übermittelt werden, weder in mechanischer noch in elektronischer Form, einschließlich Fotokopie.

ISBN 3-7857-0825-4
Printed in Germany

1 3 5 4 2

Für William

INHALT

I

Schicksal

»Irgendwie hatte ich überhaupt keine Lehrzeit, mein Vater ist viel zu früh gestorben. Alles kam so plötzlich, daß mir nichts anderes übrigblieb, als einfach ins kalte Wasser zu springen und mein Bestes zu geben. Es gilt, an seinen Aufgaben zu wachsen und zu akzeptieren, daß man an dieser Stelle steht und vom Schicksal dazu bestimmt ist. Ich glaube, Kontinuität ist sehr wichtig. Es ist ein Job fürs Leben.«

Elizabeth II.
in dem Fernsehfilm »E II R«

Im Februar 1952 landete die Argonaut einer britischen Übersee-Fluggesellschaft an einem bitterkalten Nachmittag auf dem Londoner Flughafen Heathrow. Mitglieder der königlichen Familie und der britischen Regierung – unter ihnen auch unübersehbar die Gestalt Winston Churchills – standen zum Empfang auf der Landebahn bereit. Alle trugen schwarze Trauerkleidung im Gedenken an den verstorbenen König. Trotz des kalten Wetters hatten die Männer ihrer Königin zu Ehren auf eine Kopfbedeckung verzichtet. An Bord der Maschine blickte eine schmächtige junge Frau von fünfundzwanzig Jahren, deren Haut von der afrikanischen Sonne gebräunt war, aus dem Fenster und beobachtete das Geschehen. Hinter den Männern in dunklen Mänteln, die aufgereiht zu ihrer Begrüßung bereitstanden, zeichnete sich undeutlich das Schwarz des alten königlichen Rolls-Royce ab. »Oh«, sagte sie, und ein kurzer Schimmer von Galgenhumor erhellte ihr ernstes Gesicht, »wie ich sehe, haben sie den Leichenwagen mitgebracht.« Erst in letzter Minute warf sie ihren schwarzen Mantel über und setzte den schwarzen Hut auf. Es schien, als ob sie dadurch den Moment, in dem sie offiziell den Tod ihres Vaters eingestehen mußte, hinauszögern wollte. Denn dieses Eingeständnis bedeutete auch das Ende ihres Privatlebens. Als sie aus dem Flugzeug trat, um die Mitglieder ihrer Regierung zu grüßen, wurde sie zu einer Ikone, die zwei Rollen in sich vereinte: die eines Oberhauptes und einer Repräsentantin ihres Landes und die einer Ehefrau und Mutter. Sie fügte sich in ihr Schicksal.

Als Prinzessin Elizabeth Alexandra Mary von York am Donnerstag, den 10. Dezember 1936 bewußt wurde, daß sie mit größter Wahrscheinlichkeit Königin von England werden würde, war sie gerade einmal zehn Jahre und acht Monate alt. Die Atmosphäre in diesen düsteren Dezembertagen war gespannt. Ihre Mutter lag mit Grippe im Schlafzimmer des dritten Stocks, während ihr Vater mit einem nervösen Zucken im Gesicht unruhig durch das Haus lief. Draußen vor dem Haus am Piccadilly Nr. 145 versammelten sich viele Menschen und warteten still auf die Nachricht, ob und wann Elizabeths Vater Prinz Albert seinem älteren Bruder, König Edward VIII., als König von England auf den Thron folgen würde. Als Nachfolger seines Bruders, Elizabeths »Onkel David«, würde der bisherige Graf von York auch Kaiser von Indien, König der Dominien von Australien, Kanada, Südafrika und Neuseeland und namentliches Oberhaupt des großen britischen Empire, über dem die Sonne nie untergeht.

Elizabeth erfuhr die Wahrheit von einem Diener; alle anderen waren zu traumatisiert, um ihr mitzuteilen, was als eine der schändlichsten und gefährlichsten Episoden in der Geschichte der königlichen Familie angesehen wurde. Ihr Onkel hatte an jenem Morgen abgedankt, um eine geschiedene Amerikanerin zu heiraten. Ihr Vater, zweiter Sohn des verstorbenen Königs George V., würde an dessen Stelle König werden. Als ältestes Kind ihres Vaters war Elizabeth die Thronfolgerin. Obwohl erst zehn Jahre alt, wußte sie, daß dies kein Grund zum Feiern war; weder aus persönlicher Sicht noch aus der ihrer Familie, des Hauses Windsor. Sie hatte miterlebt, welche Qualen ihrem Vater die Aussicht auf das Königsdasein bereitet hatte und auch die Glaswand, die die Mitglieder des Königshauses vom Rest der Menschheit trennt, kannte sie schon aus eigener Erfahrung. Von diesem Tag an, so verlautet aus einer Quelle, betete Elizabeth jede Nacht inbrünstig um ein Brüderchen, das sie als erster Thronfolger vor der Nachfolge ihres Vaters bewahren würde. Sie kannte sich in der langen Geschichte ihrer Familie und der britischen Monarchie bereits gut genug aus, um zu wissen, daß es einen freiwilligen Thronverzicht noch niemals gegeben hatte. Zwei ihrer Vorfahren, Charles I. und James II., wurden zwar gezwungen, den Thron zu verlassen, aber mit ihren Nachkommen war ihre Linie zur Herrschaft zurückgelangt. Die Legitimität der Abstammung bildete die Grundlage des dynastischen Rechtes, aufgrund dessen Elizabeths Familie den Thron innehatte. Es war der Schlüssel zu Elizabeths eigenem außergewöhnlichen Schicksal. Sie wußte, daß sie am Wendepunkt ihres Lebens stand. Während jedes normale Kind seinen Eintrag im Tagebuch einfach mit dem Datum versehen hätte, schrieb Elizabeth am 10. Dezember 1936 über die Notizen zu ihrem Schwimmunterricht: »Tag der Abdankung.«

Über die komplizierten Verästelungen des Stammbaums ihres Vaters läßt sich Elizabeths Abstammung bis zu den sächsischen Königen von Wessex zurückverfolgen. Diese hatten verschiedene germanische Stämme besiegt, die nach dem Abzug der kaiserlichen Truppen in der Mitte des fünften Jahrhunderts nach Christus die römische Provinz Britannien besetzt hatten. Die frühen Könige beriefen sich darauf, von Wodan, dem Kriegsgott, abzustammen. Später, als sie zum Christentum konvertierten, legitimierten sie ihren Thronanspruch als Gesalbte des Herrn und als Stellvertreter Gottes auf Erden. Elizabeths berühmtester angelsächsischer Vorfahr Alfred der Große wurde im Jahr 853 im Alter von fünf Jahren von Papst Leo IV. bestätigt. Noch ungefähr weitere siebenhundert Jahre lang erkannten die britischen Könige die päpstliche Oberherrschaft an. Abgesehen von der kurzen Cromwell-Ära (1649–1660) regierten die Nachfahren Egberts, des Königs von Wessex (802–839), fast zwölfhundert Jahre lang ununterbrochen in Britannien. Auf die Angelsachsen folgte eine Reihe von Dynastien: Normannen, Plantagenets, Tudors, Stuarts und schließlich 1714, als direkte Vorfahren von Königin Elizabeth, die Hannoveraner. Sie waren durch und durch deutsch, doch es bestand eine entfernte Blutsverwandtschaft mit einer anderen Elizabeth, die sowohl dem Hause Tudor als auch dem der Stuarts angehörte: mit der Tochter James I., der Winterkönigin.

Zu jener Zeit beschränkte das britische Volk die königliche Macht bereits durch das Parlament, wenn auch noch nicht auf wirklich demokratische Weise. Die Macht lag in den Händen der Parlamentsmitglieder; die britische Monarchie war konstitutionell und protestantisch. Der dritte Hannoveraner König George III. hatte für einen jährlichen Zuschuß des Parlaments, die Zivilliste, auf den Großteil des Thronbesitzes verzichtet, ein Abkommen, das seine Nachfolger endgültig den Händen ihrer Untertanen überantwortete. Obwohl die königliche Macht fast unbegrenzt zu sein schien, gab es Oberste Gouverneure der Kirche von England und Anführer der Streitkräfte, die das Recht genossen, Premierminister zu ernennen und Parlamente aufzulösen. Und tatsächlich wurde die Exekutive immer von einem Organ ausgeübt, das höflich als »die Regierung Seiner (oder Ihrer) Majestät« bezeichnet wurde. Trotz all der hochtrabenden Titel, von denen viele aus den Tagen stammen, als Könige und Königinnen noch wirkliche Entscheidungsgewalt über das Leben ihrer Untertanen besaßen, waren die Monarchen in Wirklichkeit nur Zahnräder im Uhrwerk der Regierung, dessen Kontrolle jedoch zunehmend in demokratische Hände überging. Da all die Kostbarkeiten ihres Erbes, die königlichen Sammlungen und Paläste, inzwischen unveräußerlich waren, bestimmte im wesentlichen die Erbfolge die Mitglieder des britischen Königshauses zu Staatsoberhäuptern; und letztendlich waren sie abhängig von dem Willen ihrer Untertanen, sie in dieser Position zu dulden.

Es dauerte eine ganze Weile, bis die Herrscher sich dieser Situation bewußt wurden. Die ersten beiden Hannoveraner Könige unternahmen nicht den kleinsten Versuch, sich bei der Bevölkerung beliebt zu machen; George I. sprach kein Wort Englisch, George II. beherrschte die Sprache nur schlecht. George III., der es bewerkstelligte, die amerikanischen Kolonien zu verlieren, war der erste britische Monarch der hannoveranischen Dynastie, dem die Zuneigung des Volkes zuteil wurde. Er war schlicht und zugänglich, ein Mensch von einnehmendem Wesen, mit Sinn und Talent für Kunst und Musik. Er baute eine der großen königlichen Sammlungen auf. Sein späteres Leben und seine Amtszeit wurden allerdings von einer seltenen, sehr qualvollen Erbkrankheit, der Porphyrie, überschattet. Diese Krankheit zeichnete sich durch unvorhersehbare und immer länger andauernde Anfälle von Wahnsinn aus. George III. führte als erster seiner Dynastie ein bewundernswertes Privatleben mit seiner Königin Charlotte, doch als Vorbild für die königliche Familie hat es nicht lange überdauert. Mätressen, Bastarde und Extravaganz zeichneten das Leben der meisten seiner Söhne aus. George IV., der den Geschmack seines Vaters geerbt hatte und für die Instandsetzung von Schloß Windsor zuständig war, heiratete heimlich eine Katholikin, Mrs. Fitzherbert, und anschließend die deutsche Prinzessin Karoline, von der er sich später scheiden ließ, was einen Skandal auslöste. Karikaturen von George IV. übertrafen in ihrer Deutlichkeit alles, was es bisher über die königliche Familie gegeben hatte. Zwei der boshaftesten Künstler mußten mit Geld dazu bewogen werden, ihre Arbeit einzustellen. Sein Bruder William IV., der den Spitznamen »Silly Billy« (dummer Willi) trug, lebte vierzig Jahre lang mit einer Bürgerlichen und heiratete im letzten Moment, in der Hoffnung, doch noch einen Erben hervorzubringen, was ihm – vielleicht zum Wohle der zukünftigen britischen Monarchie – nicht gelang.

Seine Nichte Victoria, Elizabeths UrGroßmutter, Tochter seines jüngeren Bruders Edward, Herzog von Kent, der aus demselben Grund geschwind seine französische Mätresse fallenließ und eine Prinzessin aus dem Hause Sachsen-Coburg ehelichte, hatte kaum einen Tropfen englischen Blutes in den Adern. Sie war noch jünger als Elizabeth, erst achtzehn, als sie nach dem Tod ihres Onkels William im Jahre 1837 den Thron bestieg. Mehr als vierundsechzig Jahre später starb sie als »Großmutter Europas«, ein Name, der ihr aufgrund ihrer großen Familie, ihrer starken Persönlichkeit und ihrer Fähigkeiten als Königin zuteil wurde. Als die junge Elizabeth Königin wurde, nahm sie sich Königin Victoria zu ihrem großen Vorbild; Victorias feierliches Versprechen am Morgen ihrer Krönung – »Ich werde gut sein« – hätte genausogut von ihrer Ururenkelin stammen können. Victoria war ebenso klein wie Elizabeth, kompensierte das jedoch durch außergewöhnliche Selbstbeherrschung und natürliche Würde. Anders als bei Elizabeth war Victorias Selbstbeherrschung nur eine Maske, hinter der sie ihr nervöses Temperament verbarg. Victorias Ehemann Prinz Albert – auch aus dem Hause Sachsen-Coburg – gestand, daß er sich hin und wieder Sorgen um ihren Geisteszustand machte und befürchtete, daß sie den Wahnsinn ihres Großvaters George III. geerbt haben könnte. Victoria war tatsächlich Trägerin eines anderen genetischen Defekts, der Bluterkrankheit. Sie war eine leidenschaftliche und fordernde Ehefrau und muß, wie ein königlicher Historiker einmal gegenüber Harold Nicolson, dem offiziellen Biographen von George V., verlauten ließ, »hervorragend im Bett gewesen sein«. Victoria fand Gefallen am Sex, dagegen mißfielen ihr Schwangerschaften und Geburten. Trotzdem brachte sie in zweiundzwanzig Ehejahren immerhin neun Kinder zur Welt, die alle das Erwachsenenalter erlebten. Sie alle heirateten Partner, die ihre Mutter sorgfältig ausgesucht hatte, und produzierten eine Flut von Enkeln, darunter auch den deutschen Kaiser Wilhelm II.

Als Albert am 14. Dezember 1861, wahrscheinlich an Typhus, starb, zog sich Victoria in tiefster Trauer zurück. Sie war schüchtern, und die feine Gesellschaft war ihr ein Greuel. Sie mied die Öffentlichkeit und weigerte sich sogar, Staatspflichten wie der offiziellen Eröffnung des Parlamentes nachzukommen. Sie verbrachte soviel Zeit wie möglich in den Highlands von Balmoral, in dem Ferienhaus, das Albert und sie hatten bauen lassen. Immer einsamer, immer abgelegener waren die Unterkünfte in den Bergen, in die sie sich zurückzog, um sich der Aquarellmalerei und ihren Tagebüchern zu widmen. Ihr Einsiedlerdasein machte sie jedoch beim Volke unbeliebt. Man warf ihr vor, ihre öffentlichen Pflichten nicht mehr zu erfüllen, und Gerüchte über eine enge Beziehung zu ihrem schottischen Diener John Brown verbreiteten sich in der Gesellschaft. Im Juni 1867 ging das Kabinett sogar so weit, Victoria deswegen zu verwarnen. In den eleganten Salons sprach man von ihr nur noch als »Mrs. Brown«. Es gab nie eindeutige Beweise dafür, daß Victoria John Brown zu ihrem Ehemann nahm; ihr ausgeprägtes Bewußtsein für die Würde des Königtums macht dies eigentlich sehr unwahrscheinlich. Brown genoß jedoch weitaus mehr Vorrechte als jeder andere ihrer Familie oder ihres Hofstaates. Einer von Victorias Privatsekretären erzählte seiner Frau, daß er beobachtet hatte, wie sich die Queen einmal von der Dinnertafel erhob und mit äußerster Gleichgültigkeit würdevoll über John Brown stieg, der hinter ihrem Stuhl völlig betrunken am Boden lag. In den aristokratischen

Familien der Hofdamen kursierten Gerüchte über weitaus intimere Verhaltensweisen. So soll Brown nachts in das Schlafzimmer der Königin geschlichen sein, und Victorias Hofarzt ließ verlauten, daß sie angeordnet habe, sie nach ihrem Tod mit einer Fotografie Browns in der Hand in den Sarg zu betten. Als sie verstorben war, zerstörte ihr Sohn Edward VII. viele Statuen von Brown, da er ihn verabscheute. Als Victorias Enkel als George V. den Thron bestieg, ließ er auch noch die letzte Statue von Brown, die sich in den Außenanlagen von Browns Haus auf Balmoral befand, entfernen und an einem verborgenen Platz im Wald wieder aufstellen.

Für eine Frau ihrer Epoche war Victoria außergewöhnlich frei von Vorurteilen gegenüber Menschen anderer Klassen oder Rassen. Sie kümmerte sich auf Balmoral nicht nur rührend um Brown und seine Freunde aus den Highlands, sondern auch um ihren indischen Diener Abdul Karim, »Munshi« genannt. Für ihn ließ sie sogar eine Art indischen Bungalow bauen, damit er sich zu Hause fühlte. Als ihr von ihrem Sohn, dem Prinzen von Wales, berichtet wurde, mit welcher Arroganz das britische Militär und die Kolonialbeamten den Indern gegenüber auftraten, war sie zutiefst betroffen. Zu einer Zeit, als der Antisemitismus in der englischen Gesellschaft weit verbreitet war, zog die Königin allen aristokratischen Premierministern Benjamin Disraeli vor – mit Ausnahme von Lord Melbourne, der Vaterfigur ihrer Jugend. Victoria war zwar prüde und diktatorisch, aber zugleich gütig und menschlich. Als die Tochter einer ihrer Verwandten des deutschen Königshauses von einem Lakaien verführt und geschwängert wurde, war Königin Victoria die einzige, die das Mädchen unterstützte. Versnobtes Benehmen war ihr zuwider. Besonders haßte sie Macho-Allüren, wie man sie in britischen Erziehungsanstalten vorfand, die »sogenannte Männlichkeit«, wie sie sich auszudrücken pflegte. Als ihr Sohn Prinz Arthur zur Königlichen Militärakademie nach Woolwich geschickt wurde, fürchtete sie sich davor, daß er »schroff und hochnäsig werden würde«. Sie mißtraute dem typischen Jungoffizier.[1] Trotz ihres zurückgezogenen Lebens stimmte Victoria in politischen und sozialen Fragen meistens mit der Mehrheit ihrer Untertanen überein. Der Aristokrat von hohem Adel, Lord Salisbury, der ihr als Außen- und Premierminister diente, benutzte Victoria als Stimmungsbarometer für die öffentliche Meinung. »Ich habe immer gespürt«, so schrieb er, »daß ich nur die Gedanken der Queen erraten mußte, um mit ziemlicher Sicherheit zu wissen, welche Ansicht ihre Untertanen, besonders die Mittelklasse, vertreten würde.«[2]

Obwohl die Queen weder versnobt war, noch eine besondere Neigung für den aristokratischen Standpunkt zeigte, war sie sich ihrer eigenen Position doch stets genau bewußt. Die Mitglieder des Königshauses stellten für sie eine eigene Kaste dar. »In unserer Stellung, die nicht mit der anderer Menschen zu vergleichen ist, sollte man nie allein bleiben, ohne Kinder oder ohne Verwandte.« Diesen Rat gab sie ihrer ältesten Tochter, der Kronprinzessin von Deutschland, mit auf den Weg. Man erzählte sich dazu folgende, wahrscheinlich erfundene Geschichte: Zur Geburt ihres Sohnes, des Prinzen von Wales, gratulierte ihr der königliche Hofarzt mit »Ein feiner Junge«, woraufhin Victoria mit schwacher Stimme, aber eisigem Unterton zur Antwort gab: »Ein feiner Prinz, meinen Sie.« Für Victoria und ihre königliche Verwandtschaft war die Welt schlicht und ergreifend in zwei Gruppen geteilt: Angehörige und Nichtangehörige des Königshauses. Ein Beobachter am Hofe ihres Enkels George V. erzählte Harold Nicolson, daß für die Mitglieder der Königsfamilie seiner Meinung nach keinerlei Unterschiede zwischen den Nichtmitgliedern ihrer Familie bestünden und daß der Herzog von Devonshire für sie jedem anderen Bürgerlichen gleichkäme.

Die Angehörigen einer Klasse sind laut Lexikon sozial gleichgestellt, haben die gleichen religiösen Riten, ähnliche Berufe und keinen Umgang mit Angehörigen einer anderen Klasse. Victorias Sohn und Erbe Edward VII. betrachtete das Königtum mit Sicherheit als Beruf. Als Deutschland und Italien ihn unter Druck setzten, die diplomatischen Beziehungen mit Serbien nach der Ermordung des Königspaares im Jahre 1903 wiederaufzunehmen, behauptete Edward, daß die britische Öffentlichkeit zu empört wäre, um das zu akzeptieren. Er fügte hinzu: »Es gibt einen weiteren, gewissermaßen persönlichen Grund. Mein Beruf ist es, König zu sein. König Alexander war ebenfalls von Beruf König. Ich kann der Ermordung eines Angehörigen meines Berufsstandes nicht gleichgültig gegenüberstehen … Wir sollten verpflichtet werden, unser Amt niederzulegen, wenn wir, die Könige, der Auffassung sein sollten, eine Ermordung von Königen habe keine Konsequenzen.«[3]

Ein weiteres Merkmal eines Berufsstandes oder einer Klasse, die ebenso wie das Königtum von Ritualen und Zeremonien gekennzeichnet ist, besteht in der Besessenheit von Äußerlichkeiten. Seit der Amtszeit Georges IV. haben die Männer des Hauses Windsor eine übertriebene, nahezu fanatische Einstellung zur Kleidung. Sogar Königin Victoria, die nach Alberts Tod ein schlichtes schwarzes Kleid und eine Witwenhaube trug, war sich der Bedeutung der Kleidung als Signal für die Öffentlichkeit bewußt. »Sie vermittelt einen äußeren Eindruck, von dem die Menschen im allgemeinen auf die innere Einstellung einer Person schließen können und es auch oft tun«, schrieb sie dem zehnjährigen Edward einst, »denn sie ist für alle sichtbar, während das andere unsichtbar bleibt. In Anbetracht dessen ist die Kleidung von einiger Bedeutung, vor allem bei Menschen von hohem Rang.«

Edward nahm sich den Rat seiner Mutter sehr zu Herzen. Bei einem öffentlichen Empfang im Buckingham-Palast fuhr er seinen Premierminister, den zerstreuten Lord Salisbury, an, weil dieser in einem unpassenden Anzug erschienen war, da er sich in Eile und ohne seinen Diener angekleidet hatte. »In Europa herrscht Unruhe«, schrie er, »zwanzig Botschafter und Minister schauen zu, und was werden sie nur, was *können* sie nur von einem Premierminister halten, der sich nicht einmal vernünftig anziehen kann?« Bei den meisten Auseinandersetzungen zwischen Edwards Sohn George V. und dessen Erbe Edward, Prinz von Wales, später Edward VIII. und Herzog von Windsor, ging es um Neuerungen in der Mode. Für George V. waren die dickgeknoteten Krawatten seines Sohnes, dessen Pullover, Hosen mit Umschlag sowie seine Vorliebe für den Smoking anstelle des Fracks ein äußeres Zeichen für die innere Ablehnung traditioneller Werte. Elizabeths Vater, George VI., war zwar konservativer gekleidet als sein Bruder, interessierte sich aber dennoch sehr für Mode und hielt sich stundenlang bei seinen Schneidern auf. Einmal schlug er sogar dem königlichen Hofschneider Norman Hartnell vor, in Anlehnung an Porträts von Winterhalter Reifröcke zu entwerfen. Sie sollten Königin Elizabeth ein neues Image verleihen. In der Woche vor seinem Tod schrieb er einen langen Brief an den Kanzler des Hosenbandordens und erklärte darin eigene Entwürfe für besondere Beinkleider und Stiefel, die zum Orden getragen werden sollten. Elizabeth ist nicht wirklich an Mode interessiert, hat aber den Blick für das Detail und für Accessoires geerbt. »Wie langweilig doch diese königliche Familie ist«, beschwerte sich die spitzzüngige Margot Asquith über den Hof von George V., »sie interessiert sich nur für Knöpfe und ähnlichen Kram.«

Am Ende ihrer Amtszeit im Jahre 1901 hatte Victoria das Ansehen der britischen Monarchie in der Öffentlichkeit immens gesteigert. Das häusliche Bild ihres tugendhaften Lebens mit Albert hatte alle Erinnerungen an die verrufenen Söhne Georges III., die »verruchten Onkel«, mit ihren zügellosen Ausschweifungen, ihren Mätressen und unehelichen Kindern ebenso ausgelöscht wie den Skandal um die Scheidung Georges IV. von seiner Gattin Königin Karoline. Victoria wachte mit großer Sorgfalt über die Ehen ihrer Kinder, und bis auf zwei waren alle erfolgreich. Prinz Alfred, Herzog von Edinburgh, machte eine großartige Partie mit der Zarentochter Großherzogin Marie, aber die beiden kamen nicht miteinander aus. Er starb an Krebs, der sich wahrscheinlich durch seine Alkoholabhängigkeit verschlimmert hatte; sie bekam eine so negative Einstellung zu Großbritannien, daß sie ihrer wunderschönen Tochter Marie nicht gestattete, eine Heirat mit Victorias Enkel George in Erwägung zu ziehen. Sie zog es vielmehr vor, ihre Tochter an einen langweiligen Hohenzollern mit Anspruch auf den unsicheren Thron Rumäniens zu verheiraten. Prinzessin Louise ehelichte einen Bürgerlichen, sprich ein Nichtmitglied der Königsfamilie, den Marquis von Lorne, den Erben des Herzogtums Argyll. Aber ihre Ehe endete mit der Trennung.

Victorias Hauptproblem – seit den Hannoveranern ein traditionelles Problem der Familie – hing mit dem Prinzen von Wales zusammen. Die Stellung des Thronfolgers ist besonders schwierig, da er zwar aufgrund seines Status keine gewöhnliche Tätigkeit ausüben kann, andererseits die Aufgabe, die das Schicksal ihm bestimmt hat, erst nach dem Tod des entsprechenden Elternteils aufnehmen kann. Nur weil er der Erbe des Throns ist, stellen die Eltern große Erwartungen an ihn, und es fällt schwer, ihre Anerkennung zu gewinnen. Gleichzeitig hat er im Grunde genommen nichts, mit dem er sich sinnvoll beschäftigen könnte. Alle versuchen, sich bei ihm einzuschmeicheln, und er gerät ständig in Schwierigkeiten, meistens sexueller Natur. Victorias ältester Sohn, der zukünftige Edward VII., Prinz Albert Edward – in der Familie auch »Bertie« genannt –, bildete keine Ausnahme von dieser Regel. Seit seiner Kindheit waren seine Eltern ununterbrochen von ihm enttäuscht; er genügte ihren akademischen Ansprüchen nicht und zeigte keinerlei Begeisterung für das strenge Erziehungsprogramm, das sie für ihn aufgestellt hatten. Darüber hinaus wurde ihnen bald bewußt, daß ihr Sohn ein äußerst hingebungsvoller, sinnlicher Mensch war. Die erste sexuelle Begegnung, die er als junger Offizier in Dublin mit einer Schauspielerin hatte, vernichtete ihn in den Augen seiner Eltern endgültig. Victoria sah in dieser leidvollen Episode unfairerweise eine Ursache für den Tod ihres Gatten Albert einige Monate später. Sie sorgte dafür, daß der junge Albert so schnell wie möglich Prinzessin Alexandra von Dänemark zur Frau nahm.

Alexandra war schön, elegant und liebevoll, gleichzeitig aber dumm, verwöhnt und dickköpfig. Wie Lady Diana Spencer im 20. Jahrhundert eroberte sie mit ihrem Charme und ihrer Eleganz das britische Volk im Sturm. Auch sie fühlte sich stark zu Kindern und Kranken hingezogen, schwärmte für Vögel und andere Tiere und hielt ihren Körper mit Gymnastik geschmeidig. Bedingt durch ihre zunehmende Schwerhörigkeit, zog sie sich immer mehr vom Gesellschaftsleben zurück. Sie bewahrte ihre Schönheit durch spezielles Make-up bis ins hohe Alter. Auch gab sie bereitwillig zu, Perücken und Hüte mit Schleier zu tragen, um ihr Alter zu verbergen. Berties Ehe mit Alexandra hielt ihn nicht davon ab, sich weiterhin eine Mätresse nach der anderen zu nehmen. Meistens handelte es sich dabei um die Ehefrauen seiner Freunde, aber auch die Schauspielerin Lillie Langtry gehörte dazu. Seine Frau ertrug seine ständigen Affären mit großer Würde; im Gegensatz zur gegenwärtigen Prinzessin von Wales machte sie ihrem Mann nie eine Szene und gestattete seiner letzten Geliebten, Hon. Mrs. George Keppel, sogar, ihn an seinem Sterbebett zu besuchen. Die britische Öffentlichkeit war nicht so nachsichtig und pfiff Bertie zur Strafe für eine seiner bekanntgewordenen Affären sogar einmal auf der Pferderennbahn von Ascot aus. Es gab Skandale. In einer Scheidungsangelegenheit mußte er in den Zeugenstand, während es im

Fall »Tranby Croft« um Betrug beim Bakkaratspiel ging, in einem Haus, in dem Bertie zufällig das Wochenende verbracht hatte. Sein Appetit beim Essen glich seinem Gefallen an Frauen: In kurzen Abständen verschlang er Unmengen an Nahrung und gönnte sich als Vor- und Nachspeise jeweils unzählige dicke Zigarren. Auf Sandringham, dem Landsitz, den er 1866 erworben hatte – und wo er, so hofften seine Eltern, ein ruhiges Leben fern von allen Versuchungen Londons führen würde –, veranstaltete Bertie für seine Freunde riesige Jagdpartys, bei denen täglich Hunderte von Fasanen getötet wurden. Er liebte Rennen und die Rennpferdzucht, zwei seiner Pferde gewannen sogar das Derby. Außerdem teilte er die Leidenschaft der Familie für Kleidung. Sein Marlborough-House-Freundeskreis, so benannt nach seiner Londoner Residenz, Sportskanonen, Dandys und Hofnarren, bildeten einen alternativen Hofstaat zu der lautlosen Atmosphäre und undurchdringlichen Würde, die am Hofes seiner Mutter herrschten.

Als Edwards Mutter im Januar 1901 verstarb, entpuppte er sich zur allgemeinen Überraschung als erfolgreicher König. Zwar gab er weder seine Frauen – obwohl er sich mehr oder weniger auf eine Dauergeliebte, Alice Keppel, beschränkte – noch seine Leidenschaft für das Essen und den Rennsport auf, doch er bewies außergewöhnliches diplomatisches Geschick und nutzte seinen persönlichen Einfluß, um die Entente cordiale zwischen England und Frankreich ins Leben zu rufen. Seinen einzigen – großen – Mißerfolg hatte er mit seinem Neffen, dem Kaiser, der seine Großmutter Königin Victoria angebetet, seinen Onkel Edward hingegen verabscheut hatte. Die Abneigung beruhte auf Gegenseitigkeit, und die Feindseligkeit erstreckte sich auf persönliche wie auch auf politische Belange. Kaiser Wilhelm II. beneidete Edward um sein großes internationales Ansehen, um die Größe des britischen Königreiches und um die Macht der britischen Marine. Edward konnte Wilhelm das brutale Vorgehen gegen seine Mutter Victoria, Edwards Schwester, nicht verzeihen und beklagte dessen flegelhaftes Verhalten während seiner Besuche in England.

Einige Leute waren der Überzeugung, daß der Erste Weltkrieg nicht ausgebrochen wäre, wenn Edward VII. noch am Leben gewesen wäre. Aber angesichts seiner Antipathie für den deutschen Neffen handelt es sich dabei um eine Überschätzung seiner Macht.

Als Edward im Mai 1910 starb, hatte ein gütiges Schicksal seinen ältesten Sohn, den Herzog von Clarence, bekannt unter dem Namen »Eddy«, schon von der Bildfläche verschwinden lassen. Eddy, ein völlig unzulänglicher junger Mann, wäre als König eine Katastrophe gewesen. Er kam nach sieben Monaten als Frühgeburt zur Welt. Als er heranwuchs, stellte sich bald heraus, daß er zwar liebenswürdig, aber dumm und träge war und sich nur für Polo und Sex interessierte. Eine Kombination aus Naivität und Begierde sorgte dafür, daß er unwissentlich in einen großen Skandal um die Cleveland Street verwickelt wurde. In diesem Fall ging es um ein Homosexuellenbordell, zu dessen Kunden auch Mitglieder des königlichen Hofstaats gehörten. Prinz Eddy hatte diesen Ort angeblich aufgesucht, um »plastische Posen« zu sehen, Szenen mit nackten Frauen, das viktorianische Gegenstück einer Striptease-Show. Der Fall wurde unter großem Aufwand vertuscht und gab später Anlaß zu Gerüchten, in denen der Prostituiertenmörder »Jack the Ripper« als der Herzog von Clarence entlarvt wurde. Anschließend fuhr Prinz Eddy fort, seine Familie zu beunruhigen, indem er sich in die katholische Prinzessin Hélène von Frankreich verliebte, die wegen ihrer katholischen Konfession als Heiratskandidatin ausschied. Daraufhin versuchte man Eddys Interesse auf ein passenderes Mädchen zu lenken, auf Prinzessin May von Teck, die später Queen Mary und Elizabeths Großmutter werden sollte.

Prinzessin May, getauft auf den Namen Victoria Mary, aber auch als »May« bekannt, war ein schüchternes, verantwortungsvolles Mädchen von kleiner Statur mit feinem Teint, blauen Augen und blondem Haar. Sie war weder hübsch noch häßlich. Als sie älter wurde, bekam sie leicht hundeähnliche Züge, die sich auch auf ihre Nachfahren, besonders auf George VI. und seine Tochter Prinzessin Elizabeth, übertrugen. Prinzessin May war zurückhaltend und litt an einem Minderwertigkeitskomplex. Sie glaubte, daß man sie in den Kreisen der europäischen Königshäuser, in denen der Status eine herausragende Rolle spielte, für nicht königlich genug hielt. Und das, obwohl ihre Mutter Prinzessin Marie Adelaide als Enkeltochter Georges III. und Tochter von Adolphus, dem Herzog von Cambridge, eine Cousine ersten Grades von Königin Victoria und ihr Vater Prinz Franz, der Herzog von Teck, der Sohn des Herzogs Alexander von Württemberg war. Der hatte sich allerdings nicht standesgemäß verheiratet. Seine Gattin, die ungarische Gräfin Claudine Rhèdey, war zwar von Adel, aber nicht aus königlichem Hause. Ihre Familie kam aus Szent-György in Siebenbürgen. Die Gräfin starb einen tragischen Tod. Sie wurde von ihrem Pferd zu Tode getrampelt, nachdem es sie bei einer Militärinspektion vor einer Kavallerie-Einheit abgeworfen hatte. Darüber hinaus schämte Prinzessin May sich bei allen Gelegenheiten ihrer Eltern. Ihre Mutter war sehr extrovertiert und schwelgte in schwerem Essen; im Alter von vierundzwanzig Jahren wurde ihr Gewicht auf hundertdreizehn Kilogramm geschätzt. Beim Tanzunterricht wäre sie beim Anblick ihrer Mutter, die mit ihrer umfangreichen Figur nicht einen, sondern zwei der vergoldeten Stühle im Publikum belegte, am liebsten im Boden versunken. Ebenso peinlich war ihr das Getobe, in das ihr Vater bei eingebildeten Kränkungen in der Öffentlichkeit zu verfallen pflegte. Der gutaussehende Franz von Teck hatte zugleich ein fragwürdiges Erbe eingebracht. Seine verläßliche Neigung zu plötzlichen Wutausbrüchen sorgte in Verbindung mit dem unwirschen Temperament der Hannoveraner für das »Zähneknirschen« seines Enkels, Georges VI., und seines Ururenkels Charles, des Prinzen von Wales. Teck und Marie Adelaide waren nahezu mittellos, aber von unverantwortlicher Verschwendungssucht. Ihre chronische Armut war auf ihre feste Überzeugung zurückzuführen, in einem Stil leben zu müssen, der ihrem Stand zukam. Zu einem gewissen Zeitpunkt mußten die Tecks zu der bewährten Praxis aristokratischer und weniger aristokratischer Schuldner Englands Zuflucht nehmen, im Ausland zu leben. Sie zogen sich für einige Jahre nach Florenz zurück, bevor sie wieder nach England zurückkehrten, um sich bis zu einem gewissen Grade von Marie Adelaides Cousine, Königin Victoria, unterstützen zu lassen. Für die gewissenhafte Tochter war die Gleichgültigkeit, mit der ihre Eltern ihre Unzulänglichkeiten zur Schau trugen, besonders demütigend. Während der Einweihung einer Kirche in Kensington wandte sich Prinzessin Marie Adelaide fröhlich an einen bekannten Ladenbesitzer aus dem Ort und sprach von ihm als »Mr. Baker, dem wir so zu Dank verpflichtet sind«.

Königin Victoria, eine gute Menschenkennerin, machte sich wenig Sorgen um Mays Geldmangel und ihre »befleckte« Abstammung und akzeptierte sie – nach einer zehntägigen Probezeit auf Balmoral im November 1891 – als ein »feines« Mädchen, das »still und zurückhaltend ist, bis man sie besser kennt, … und so sensibel und gar nicht frivol«. May war ordnungsgemäß mit dem zukünftigen König von England verlobt, verkörpert von dem wenig vielversprechenden Prinz Eddy. Kurz vor der Hochzeit jedoch erkrankte Eddy während der Jagd auf Sandringham an einer starken Grippe und starb am 14. Januar 1892 an Lungenentzündung. Im Fieber verlangte er immer wieder nach »Hélène«, Rufe, die die untröstliche Verlobte noch lange Zeit im Ohr haben sollte.

Eddys Tod war ein Schock für die königliche Familie; schon bald wurde eine neue Verbindung zwischen Prinzessin May und Eddys jüngerem Bruder, Prinz George, arrangiert. Sie verlobten sich am 3. Mai 1893 und heirateten zwei Monate später. Königin Victoria bemerkte, daß May »Eddy nie geliebt hat«. Alle dachten, daß sie George nur aus Vernunftsgründen geheiratet hatte; dabei basierte ihre Ehe auf inniger Liebe, einer Wesensverwandtschaft und ähnlichen Vorlieben. »Die Leute sagen, ich hätte Dich aus Mitleid und Sympathie geheiratet«, schrieb Prinz George einer Frau später einmal, »das zeigt, wie wenig Ahnung sie haben.«

Prinz George, der seinem Vater als George V. auf dem Thron folgte, war klein und schmächtig. Er hatte blondes Haar und die leicht hervorstehenden chinablauen Augen der Hannoveraner. Er trug einen kurzgeschorenen Offiziersbart. Da er die prägenden Jahre fast alle bei der Navy verbracht hatte, die zu seiner geistigen Heimat geworden war, hatte er die typischen Verhaltensmuster und Sichtweisen von Marineangehörigen angenommen. Darunter fiel auch seine Vorliebe für Flüche und pikante Offiziersmessen-Witze. Zweimal täglich, morgens und abends, klopfte er leicht an das Barometer, um zu sehen, wie das Wetter würde. Auch ein Großteil seines Tagebuches, das er in einer ungelenken, langgezogenen Handschrift führte, war der Beschreibung des Wetters gewidmet. Prinz George war gesprächig, fast schon schwatzhaft, und hatte den Ruf, seine Regierungsminister nie zu Wort kommen zu lassen, wenn sie ihn aufsuchten. Seinem Biographen zufolge war er im Grunde beschränkt, dafür aber außergewöhnlich loyal, ehrlich und direkt. Er wußte um seine begrenzten intellektuellen Kapazitäten, war sich aber durchaus seiner Position und der Pflichten eines Monarchen bewußt. Wie alle Angehörigen des Königshauses mochte er nicht, wenn man ihm mitteilte, was er nicht zu hören wünschte. Der freimütige Sir Frederick, »Fritz« Ponsonby, der als stellvertretender Privatsekretär von Edward VII. den König oft mit seinen unerwünschten Ratschlägen in Rage gebracht hatte, hatte eine ähnliche Wirkung auf George V., über den er schrieb: »Der König haßte jegliche Unaufrichtigkeit und Schmeichelei, doch nach einer Weile hatte er sich daran gewöhnt, daß alle Leute mit ihm einer Meinung waren, so daß er sich über einen offenen und ehrlichen Freund ärgerte.«

George haßte Veränderungen so sehr, daß es schon fast krankhaft war. Er wollte, daß alles so blieb wie in seinen Kindertagen, und als er König wurde, sorgte er dafür, daß der Hof wieder zu den schlichten Formen und Gepflogenheiten seiner Großmutter Victoria zurückkehrte. Das Festhalten an Hergebrachtem äußerte sich auch in kleinen Dingen, wie in seiner Neigung für antike Haarbürsten, die er immer wieder mit neuen Borsten versehen ließ, anstatt einfach neue zu kaufen. Er ging sofort in die Luft, wenn eine Hausangestellte aus Versehen ein Möbelstück vom gewohnten Platz gerückt hatte. Bei den traditionellen Bällen, die für das Personal auf Balmoral abgehalten wurden, weigerte er sich zu tanzen. Er dachte, daß Tanzen einfach nicht mehr elegant wäre, seit die Turnüre aus der Mode gekommen war. Als Königin Mary, wie Prinzessin May seit der Thronbesteigung ihres Mannes genannt wurde, versuchte, ihre Rocksäume der aktuellen Mode entsprechend zu kürzen, gab das einen derartigen Aufruhr, daß sie nie wieder versuchte, ihren Stil dem Trend anzupassen, sondern es vorzog, so unverändert zu bleiben wie eine Fliege im Bernstein – ein Relikt aus Vorkriegstagen. Die Zeit nach dem Krieg war George ein Greuel. »Er mißbilligte die Sowjetunion, lackierte Fingernägel, Frauen, die in der Öffentlichkeit rauchten, Cocktails, frivole Hüte, amerikanischen Jazz und die sich immer größerer Beliebtheit erfreuenden Wochenendausflüge«, erinnerte sich sein ältester Sohn.[4]

Es erstaunt, daß ein Mann wie George V., der durch und durch nett und sogar sentimental war – der Tod eines Spatzen konnte ihn zu Tränen rühren –, gleichzeitig ein unterdrückender, ja tyrannischer Ehemann und Vater war. Er selbst hatte eine außergewöhnlich glückliche

Kindheit. Zu seiner wunderschönen, anbetungswürdigen, kindlichen Mutter hatte er ein enges Verhältnis; seinen Vater verehrte er und fürchtete ihn zugleich nicht wenig. Er kümmerte sich rührend um seine Geschwister, den unglücklichen Prinzen Eddy und seine drei Schwestern Maud, Louise und Victoria, die allesamt wenig schmeichelhaft als »die Hexen« bekannt waren. Tatsächlich fiel es Prinzessin May schwer, sich in diese Familie einzufügen, in die sie hineingeheiratet hatte, zumal Georges Verwandten sie nicht freundlich behandelten. Alexandra war eine fordernde, besitzergreifende Mutter, der eine Rivalin um die Zuneigung ihres Sohnes nicht willkommen war. Kurz vor ihrer Verlobung schrieb Alexandra ihrem Sohn besorgt von dem »Band der Liebe zwischen uns, dem zwischen Mutter und Kind, das durch nichts gelöst oder gelockert werden kann, und nichts und niemand kann oder soll jemals zwischen mich und meinen kleinen Georgie-Liebling treten«. Prinzessin May mußte sich in der Glitzerwelt des Hofes ihrer Schwiegereltern einfach unwohl fühlen, wo man sie ständig als dumm und langweilig kritisierte. Ihre spitzzüngigen Schwägerinnen, besonders Prinzessin Louise, Herzogin von Fife, und Prinzessin Victoria, erinnerten sie nur zu gern an ihre unstandesgemäße Herkunft. »Die arme May mit ihrem württembergischen Erbe«, seufzten sie unüberhörbar.

Unglücklicherweise hatten George V. und Königin Mary, die nur in Briefen den Mut fanden, sich gegenseitig ihre Liebe zu gestehen, die gleichen Schwierigkeiten damit, den Kindern ihre Zuneigung zu zeigen. Sie waren sehr besorgte Eltern, versagten aber dennoch in der Erziehung. Mabell, Lady Airlie, Königin Marys Freundin und Hofdame, die seit 1902 mit den Familienverhältnissen vertraut war, bestritt, daß sie strenge, lieblose Eltern waren. »Wenn ich mich an meine ersten Tage auf Sandringham erinnere«, schrieb sie, »bevor die Familie überhaupt vollständig war, glaube ich, daß sie sich ihren Kindern gewissenhafter gewidmet haben als die meisten Eltern der damaligen Zeit. Die Tragödie war, daß keiner der beiden einen Einblick in die kindliche Gedankenwelt hatte. So haben sie es leider nicht geschafft, ihre Kinder glücklich zu machen.«[5]

Das Ehepaar hatte sechs Kinder: Prinz Edward, in der Familie stets »David« genannt, wurde 1894 geboren; Prinz Albert, Elizabeths Vater kam achtzehn Monate später, im Dezember 1895, zur Welt und wurde stets »Bertie« gerufen. Prinzessin Mary erblickte 1897 das Licht der Welt, Prinz Henry drei Jahre später. 1902 folgte Prinz George und zuletzt Prinz John im Jahre 1905. Der Jüngste litt wohl an einem angeborenen Gehirnschaden. Im Alter von vier Jahren bekam John epileptische Anfälle, und er wirkte geistig zurückgeblieben. Sein Zustand verschlimmerte sich später, so daß er 1917 von der Familie getrennt werden mußte und zwei Jahre lang auf der Wolferton Farm von Sandringham lebte, wo sich Lalla Bill, die Kinderfrau der Familie, bis zu seinem Tod im Jahre 1919 um ihn kümmerte.

Die Kinder wuchsen in recht beengten Verhältnissen mit ihren Eltern auf. Besonders schlimm war es im York Cottage, dem Lieblingsheim ihres Großvaters, einer häßlichen kleinen Vorstadtvilla auf dem Besitz des weitläufigen Anwesens Sandringham. Selbst als er König geworden war, blieb George V. dort wohnen, eingepfercht mit seiner wachsenden Familie, ihren Kinderschwestern und Hauslehrern sowie dem königlichen Gefolge mit Stallmeistern und Hofdamen, Kammerdienern und Ankleidepersonal. »Die Überfüllung im York Cottage«, erinnerte sich ein Höfling, »kann sich keiner vorstellen, ohne es selbst gesehen zu haben.« Noch heute, da es als Verwaltungsgebäude des Anwesens dient, ist es schwer vorstellbar, wie sie alle auf solch beschränktem Raum leben konnten. Dennoch wohnten die Kinder getrennt von ihren Eltern hinter einer grünen Tür. Als sie klein waren, bekamen sie ihre Eltern zur Teezeit für eine Stunde täglich zu Gesicht. Diese Gelegenheit verdarb ihnen ihr sadistisches Kindermädchen, das David immer in den Arm kniff, wenn sie gemeinsam den Teeraum betraten, so daß er losbrüllte und sein Vater ihn aus dem Zimmer wies. Dasselbe Kindermädchen brachte absichtlich Berties Verdauung durcheinander, indem sie ihn in einer ungewöhnlich schaukelnden Kutsche fütterte. Als es einen Nervenzusammenbruch erlitt, stellte Prinzessin May mit Erstaunen fest, daß die Bedienstete in drei Jahren keinen einzigen Tag freigehabt hatte. Und erst bei diesem Anlaß kam die schlechte Behandlung der Kinder ans Tageslicht. Prinzessin Mays ältester Sohn beschrieb sich später als »zugeknöpftes« Kind, und Lady Airlie sagte aus, daß sie die Kinder nie rennen, sondern immer nur, feierlich von Kindermädchen oder Privatlehrern angeführt, daherschreiten sah. Wenn sie unartig waren, wurden sie in das Arbeitszimmer ihres Vaters gerufen. Alle nannten dieses Zimmer »die Bibliothek«, obwohl es dort keine Bücher gab, sondern nur Briefmarkenalben mit Prinz Georges berühmter Sammlung sowie Glasvitrinen mit seinen Schrotflinten. »Siebzehn Jahre lang«, berichtet Harold Nicolson über sein Thema, den Herzog von York, »tat er nichts anderes, als Tiere zu töten und Briefmarken einzusortieren«.

Prinz George terrorisierte seine Kinder absichtlich; er erzählte Lord Derby: »Ich habe meinen Vater gefürchtet, und ich werde verdammt noch mal dafür sorgen, daß meine Kinder sich auch vor mir fürchten.« Er tat das nicht nur, um seine eigene Kindheit wieder aufleben zu lassen – wobei er sogar so weit ging, seinen alten Privatlehrer, den schöntuerischen, aber keineswegs liebenswerten Canon Dalton wieder einzustellen – , sondern weil er zu Recht befürchtete, daß sie sonst von niemandem kritisiert würden. Je älter die Kinder wurden, desto schlechter behandelte er sie. Bei der kleinsten Gelegenheit mäkelte er an seinem ältesten Sohn herum; den Zweitgeborenen, Bertie, schrie er an »Spuck's aus!«, wenn er stotterte. Darüber hinaus hatte George V. auch noch die unangenehme, für seine Freunde peinliche Angewohnheit, abschätzige Bemerkungen über seine Söhne zu machen. Über Berties Stottern sprach er mit Lord Halifax und beschwerte sich darüber, wie »ermüdend und lästig es für jeden Zuhörer ist«. George V. dachte, die beste Art, damit umzugehen, sei es, Bertie nachzumachen und ihn auszulachen, was er auch ständig praktizierte.[6] Margot Asquith, die freimütige Ehefrau des liberalen Premierministers, sagte ihm mutig, daß er seine Kinder zu Trinkern machen würde, wenn er sich weiterhin so »schrecklich« zu ihnen benähme. »Er versuchte ständig, ihnen ihr gesellschaftliches Leben zu vermasseln«, erinnerte sich Loelia Ponsonby, Sir Frederick Ponsonbys Tochter. »Er fand heraus, ob sie ein Picknick am Fluß oder etwas anderes geplant hatten, und verhinderte es.«[7] Seine größte Sorge war, wahrscheinlich wegen der schlechten Erinnerungen an Prinz Eddys »Bekanntschaften«, daß seine Söhne in die Hände einer berechnenden Frau geraten könnten. Das Paradoxe daran war, daß sein tyrannisches Benehmen das nur wahrscheinlicher machte. Ein Foto zeigt seinen jüngsten Sohn, Prinz George, auf einem Maskenball, zu seinen Füßen zwei Schwestern, Anführerinnen der »strahlenden jungen Dinger«, bekleidet nur mit Badekostümen, die mit silbrigen Pailletten verziert waren. Dieses Foto verursachte eine Explosion, die rund um den Buckingham-Palast zu hören war. Königin Mary beschützte ihre Kinder nicht vor den Schikanen ihres Mannes, weil sie zu große Angst vor ihm hatte. Außerdem hegte sie übertriebenen Respekt vor seiner Stellung. »Ich bin mir immer dessen bewußt«, sagte sie, »daß er nicht nur ihr Vater, sondern auch ihr König ist.«

»Das Haus Hannover bringt, wie die Enten, schlechte Eltern hervor«, bemerkte Sir Owen Morshead, der Hofbibliothekar, einmal zu Harold Nicolson, »sie trampeln auf ihren Jungen herum…«[8] Alle Kinder von George V. und Queen Mary litten mehr oder weniger unter seinem schroffen Benehmen. David, der Prinz von Wales, hatte die nervöse Angewohnheit, an seiner Krawatte herumzuzupfen und mit seinen Manschetten zu spielen; als Kind war er praktisch magersüchtig, erpicht auf körperliche Bewegung und ein schlechter Esser. Er war besessen von dem Hirngespinst, ebenso übergewichtig zu sein wie sein gieriger Großvater Edward VII. Prinz Albert entwickelte im Alter von sieben Jahren ein lähmendes Stottern und hatte unheimliche Wutattacken, die später als sein »Zähneknirschen« bekannt waren. Prinz George führte ein wildes Leben, nachdem er die Marine verlassen hatte, in die er von seinem Vater gezwungen worden war. Er stürzte sich voll und ganz ins Nachtleben, das bisweilen anrüchig war. Es ging das Gerücht, er sei bisexuel, und für kurze Zeit war er auch drogenabhängig. Alle Söhne zeigten Anzeichen nervöser Anspannung und rauchten und tranken gelegentlich zuviel. Prinzessin Mary erfuhr als weibliches Wesen nicht dieselbe Behandlung durch ihren Vater, doch sie wurde strenger Kontrolle unterworfen. So war es ihr etwa untersagt, die neueste Mode zu tragen. Sie wurde zu Wohltätigkeit in Begleitung ihrer Mutter angehalten, anstatt das frivole Gesellschaftsleben ihrer Altersgenossen genießen zu dürfen. Wie ihre Mutter war auch Prinzessin Mary stark gehemmt. Ihr Sohn, der Graf von Harewood, schrieb, daß sie nur über völlig unverfängliche Themen reden konnte. Er sah das als Ergebnis ihrer Erziehung an, die direkte Konfrontationen ebenso unterband wie jegliche Äußerung von Gefühlen. »Wir sprachen nicht über Liebe und Zuneigung und was wir uns bedeuteten, sondern von

Pflicht und Benehmen und über das, was wir tun sollten.«[9] Damit war das Beziehungsmuster in der königlichen Familie bereits festgelegt.

Auch wenn George V. als Vater versagte, so war er doch ein äußerst erfolgreicher König. Obwohl er anfangs unter dem Vergleich mit seinem Vater litt, bewies er eine sichere Hand und das Talent seiner Großmutter, mit den Gefühlen seiner Untertanen übereinzustimmen. »Ich bin kein kluger Mann«, sagte er einmal, »und wenn ich von all den Schlauköpfen um mich herum nichts aufgeschnappt hätte, wäre ich ein Idiot.«[10] Während des Ersten Weltkrieges hatte er ein Beispiel für einfache Lebensweise gesetzt, den Alkohol aufgegeben und sich an eine karge Diät gehalten, während seine zwei ältesten Söhne an den Kämpfen teilnahmen. Der Prinz von Wales diente als Offizier in der Grenadiergarde in Frankreich (obwohl er zu seinem großen Bedauern so weit wie möglich vom Geschehen ferngehalten wurde), während Prinz Albert als Fähnrich der Marine an der Schlacht von Jütland teilnahm. Als Antwort auf die antideutsche Stimmung im Land erfand König George 1917 die britische Monarchie neu, indem er ihr einen neuen Namen gab und die gefährlichen Verbindungen zum kontinentalen Königtum abschüttelte. Obwohl 1917 wahrscheinlich niemand den genauen Familiennamen des Königshauses kannte – die Möglichkeiten reichten von Sachsen-Coburg über Wettin bis hin zum unakzeptablen Wipper – war es ohne Zweifel ein deutscher Name. Der Vorschlag seines Privatsekretärs Lord Stamfordham brachte George V. auf eine gute Idee: Fortan würde seine Familie unter dem Namen »Haus Windsor« bekannt sein, der sie auf subtile Weise mit dem alten Schloß in Verbindung brachte, das – vielleicht genau wie jedes andere Gebäude auch – das Symbol der historischen britischen Monarchie war. Gleichzeitig ordnete er eine heilsame Umbenennung der königlichen Verwandten an, die in England lebten – die Battenbergs wurden zu Mountbattens mit so einheimisch klingenden Titeln wie »Marquess of Milford Haven«; Königin Marys Verwandtschaft mit Namen Teck hieß von nun an Cambridge. »Ich mag ja einfallslos sein«, erwiderte George V. auf H. G. Wells Anspielung auf eine »fremde und einfallslose Hofhaltung«, »aber der Teufel soll mich holen, wenn ich ein Fremder bin«.

In demselben Jahr, 1917, stellte George V. unter Beweis, wie weit er gehen wollte, um seine Dynastie und seinen Thron zu schützen. Nach der russischen Revolution weigerte er sich, ein britisches Kriegsschiff zur Rettung des Zaren, seines Cousins ersten Grades, und seiner Familie zu entsenden, eine Entscheidung, die vielleicht ihr Schicksal besiegelte. Als eine Cousine ersten Grades, Königin Marie von Rumänien, eine Tochter der Großherzogin Marie, im Jahre 1919 nach England kam, wurde ihr gesagt, daß Cousin »Georgie« als »streng konstitutioneller Monarch« verpflichtet gewesen sei, ihre Mutter und deren Romanov-Verwandtschaft zu meiden. Königin Marie, von der Familie auch »Missy« genannt, war beinahe mit George verlobt gewesen und kannte ihn gut. Sie spürte seine Angst vor dem, »was das Beispiel Rußland, das das Blut in den Adern gefrieren ließ, im ruhigen, sicheren England hätte bewirken können«. »Jedermann«, schrieb sie, »schien sachte vorzugehen, ganz vorsichtig, um keine schlafenden Kräfte zu wecken, die nur schwer zu kontrollieren wären …« Im selben Jahr, als der König und der Prinz von Wales an einer Parade versehrter Soldaten im Hyde Park teilnahmen, wandten sich die Männer wütend an sie und fragten in Anspielung auf ein Kriegsversprechen des Premierministers Lloyd George: »Wo war das England, in dem Helden leben können?«

»Diese Männer waren in einer merkwürdigen Stimmung«, bemerkte er nachdenklich zu seinem Sohn, als sie zurück zum Buckingham-Palast ritten.

George V. und seine Berater waren sich durchaus bewußt, daß die Unterstützung durch das britische Volk nicht mehr länger als selbstverständlich hingenommen werden konnte. Die Ereignisse im Ausland schärften auf wundersame Weise ihren Verstand. Der soziale, ideologische und politische Druck, den der große Krieg erzeugte, hatte soziale Erwartungen geschaffen, Dynastien gestürzt und das Aussehen Europas verändert. Am Ende des Krieges, 1918, waren die drei großen Kaiserreiche des kontinentalen Europas – Österreich, Deutschland und Rußland – zerfallen. Der griechische Thron schien ins Wanken zu geraten, in Holland bedrohte eine starke republikanische Bewegung die Zukunft des Hauses Oranien. In Deutschland hatten alle königlichen Verwandten von König George und Queen Mary ihre Stellung verloren. Ein Ereignis erschütterte die alten europäischen Herrschaftshäuser mehr als alle anderen und brachte ihre Grundmauern ins Wanken: die

Absetzung und Ermordung des Zaren Nikolaus II. und seiner Familie durch die Bolschewiken. Selbst in England schien das Gespenst des Bolschewismus und des Klassenkampfes über der Albert Hall zu schweben, als im November 1918 die Labour-Partei eine Wahlversammlung abhielt, in deren Verlauf der Anführer der Transportgewerkschaft erklärte, daß er gern die rote Flagge des Kommunismus über dem Buckingham-Palast wehen sähe, und den Bolschewiken und Trotzki applaudiert wurde. Mit der allmählichen Ausweitung des Wahlrechts zu einem allgemeinen Recht endete 1885 der ausschließliche Einfluß der Grundbesitzer. Noch vor Kriegsende blickten die scharfsichtigen Berater des Königs bereits in eine demokratische Zukunft: »Künftig wird es nötig sein, die Monarchie und ihre Kosten vor einem kriegsgeschädigten und hungrigen Proletariat, der einflußreichsten Wählerschaft, zu rechtfertigen«, warnte Lord Esher, die Graue Eminenz Edwards VII., den Privatsekretär des Königs, Lord Stamfordham.

Sich als »Familienunternehmen« zu verkaufen, wie der Vater von Prinzessin Elizabeth die Imagewerbung später nannte, sollte die Hauptbeschäftigung des Königshauses in den Nachkriegsjahren werden. Die beiden älteren Prinzen spielten eine wichtige Rolle in dieser Kampagne. Der Prinz von Wales wurde auf Weltreise geschickt, um im Königreich und bei anderen Staatsoberhäuptern die Nachricht zu verbreiten, daß die britische Monarchie im zwanzigsten Jahrhundert lebendig und wohlauf sei und von einem gutaussehenden blonden Prinzen Mitte Zwanzig repräsentiert werde, der mit einem außergewöhnlich gewinnenden Charme ausgestattet sei, der die Massen betörte. Elizabeths Vater Prinz Albert, der Herzog von York, wurde hingegen an der Heimatfront tätig als Präsident der Industrial Welfare Association, einer Wohlfahrtsorganisation der Industrie zur Verbesserung industrieller Verhältnisse durch Sozialprogramme, Betriebskantinen und höhere Hygiene- und Sicherheitsbedingungen. Er engagierte sich auch in den Camps des Herzogs von York, mit denen der idealistische und originelle Versuch unternommen wurde, das Verständnis zwischen den unterschiedlichen sozialen Klassen zu fördern. Zu den jährlich stattfindenden Feriencamps lud der Herzog von York persönlich zweihundert Jungen aus öffentlichen Schulen und zweihundert Fabriklehrlinge ein. Sie sollten gemeinsam eine Woche voller Spiele, Konzerte und andere

Aktivitäten genießen, die immer mit dem »Duke's Day« endete, dem »Tag des Herzogs«, dem er auch stets beiwohnte. Man feierte am Lagerfeuer und sang gemeinsam. Das erste Lager wurde im August 1921 abgehalten. Es wurde bald zu einer erfolgreichen Dauereinrichtung, die sich bis zum Kriegsausbruch im Jahre 1939 immer größerer Beliebtheit erfreute.

Prinz Albert hatte es weder in seiner Kindheit noch in seiner Jugend jemals leicht. Der Vater zwang ihn als Kind, Metallschienen an den Beinen zu tragen, um die sich abzeichnenden X-Beine zu verhindern. Er war schüchtern, stotterte stark und haßte Unterricht. Obwohl er Linkshänder war, zwang man ihn, mit rechts zu schreiben. Nachdem er durch einen Privatlehrer eine recht beschränkte Erziehung erhalten hatte, wurde er als Kadett zum Osborne Naval College geschickt. Auf der Marineschule schikanierte und piesackte man ihn und stempelte ihn zu einem Idioten ab, da sein Stottern ihn oft von der Beantwortung der Fragen abhielt. Nach seiner Zeit in Osborne schaffte er es so gerade, am Royal Naval College in Dartmouth aufgenommen zu werden, bevor er in die Marine eintrat, wo er sich wohl fühlte. Nach wiederholter Krankheit, die schließlich als Magengeschwür diagnostiziert wurde, erklärte man ihn für dienstunfähig, und er verbrachte eine schreckliche Zeit damit, in einem Schreibtischjob des Marine-Ministeriums Däumchen zu drehen. In dieser Zeit, in der er wieder bei seinen Eltern im Buckingham-Palast lebte, lernte er jedoch seinen Vater endlich besser kennen und verstehen. Er spürte die wahre Zuneigung seines Vaters, die der König ihm in seinen Briefen offenbart hatte, als der Sohn von zu Hause fort war, aber immer nur zu gut hinter seiner schroffen, einschüchternden Art verbarg, wenn sie zusammen waren.

Im Wesen und in der Weltanschauung kam Prinz Albert seinem Vater von allen vier Söhnen am nächsten. Im letzten Kriegsjahr verhalf man ihm in die Royal Air Force, die im Aufbau war, wo er trotz seiner Flugangst seine Prüfung als Pilot bestand. Sein Vater räumte später einmal ein, Bertie habe »mehr Mut als alle anderen zusammen«. Wie viele Linkshänder konnte er folgende Qualitäten vorweisen: Er war ein ausgezeichneter Athlet, ein erstklassiger Schütze und ein guter Tennisspieler. Er litt aber an Höhenangst, und ihm graute davor, in Gesellschaften im Mittelpunkt stehen zu müssen. Dies ließ natürlich, zusätzlich zu seinem Stottern, die öffentlichen Auftritte als Königssohn zum Alptraum werden. Er war schüchtern, und das Stottern war ein schreckliches Handicap. Es war eigentlich weniger ein Stottern als eine vollständige Sprachlosigkeit, die ihn mitten im Satz wie aus heiterem Himmel überfiel. Er kämpfte mit Entschlossenheit dagegen an. Nach einer Behandlung durch einen Experten meisterte er diese Schwäche, so daß manchmal nur noch eine leichte Verzögerung beim Sprechen eintrat. Er litt unter dem Vergleich mit seinem Bruder, dessen überzeugender Charme und jungenhaftes, gutes Aussehen ihn zum Liebling der Nation machten. Obwohl er seinem Bruder nahestand und zu ihm aufblickte, entwickelte er verständlicherweise einen Minderwertigkeitskomplex, der ihn sein Leben lang verfolgte. Der Prinz von Wales wurde in einem Ausmaß verehrt, wie es keinem Prinzen vor oder nach ihm je widerfuhr. Die Presse nannte ihn »Prince Charming«. Bertie blieb in seinem Schatten und akzeptierte bescheiden die Tatsache, daß er in den Augen der anderen immer nur der Zweitbeste war. Das war schon immer so gewesen. Als die beiden Brüder im Dartmouth Royal Naval College waren, schrieb einer ihrer Tutoren, daß Bertie neben seinem Bruder wie »ein häßliches Entlein neben einem Schwan« wirke. Aber Bertie hatte ein einfaches, nettes Wesen. Die Leute, die sowohl ihn als auch seinen älteren Bruder kannten, beschrieben die beiden sehr unterschiedlich. »Der eine ist ein Gentleman«, sagte der Herzog von Rutland, »der andere nicht.«

Im Juni 1920 passierte etwas, das Prinz Alberts Leben veränderte. Auf einem Londoner Ball verliebte er sich in Lady Elizabeth Bowes-Lyon und beschloß, sie zu heiraten. Elizabeth Bowes-Lyon, ein schottisches Mädchen von Adel, dessen Familie ebenso wie seine von dem König Robert I. Bruce abstammte, war damals noch nicht ganz zwanzig. Am 4. August 1900 kam sie als vierte Tochter und neuntes Kind des Grafen und der Gräfin von Strathmore zur Welt. Der Hauptwohnsitz der Familie Bowes-Lyon, Glamis, war das älteste noch bewohnte Haus in Großbritannien und bildete die Kulisse für den Mord an Duncan in Shakespeares *Macbeth*. Das bedrohliche Familienwappen stellte zwei aufgerichtete Löwen dar, und sechs Armbrüste erinnerten an die Tage, als die Thanes von Glamis eine private Armee sowie einen Henker beschäftigten. Ein kahler Raum im Schloß, mit weißgetünchten Wänden, wird immer noch »die Henkerskammer« genannt. Das Schloß verfügte über die obligatorische Schar von Geistern, darunter »die Graue Lady«, eine zungenlose Frau, ein Vampirdiener und Mitglieder des feindlichen Clans der Ogilvy, die in den Gemäuern des Schlosses den Hungertod erlitten hatten. Es gab einen unauslöschlichen Blutfleck auf dem Boden der Duncan's Hall, dort, wo der König angeblich von einem Thane von Glamis ermordet worden war. Ein behaartes, ungestaltes Monster – bei dem es sich um ein Familienmitglied handeln sollte – war in einer geheimen Kammer eingeschlossen worden und hatte dort hundert Jahre überlebt. Sir Walter Scott verweilte 1792 als Zweiundzwanzigjähriger auf Glamis und fürchtete sich gebührend. »Als ich hörte, wie eine Tür nach der anderen ins Schloß fiel, als mein Diener zu Bett gegangen war, erschien es mir, als hätte ich mich zu weit von den Lebenden entfernt und befände mich zu nah bei den Toten«, schrieb er. Die Bowes-Lyons verbrachten nur den Spätsommer und die ersten Herbsttage auf Glamis; sie besaßen ein weiteres Schloß, Streatlam in der Grafschaft Durham, das sie gelegentlich besuchten. Aber ihr Hauptsitz blieb nach wie vor St. Paul's Walden Bury, ein bezauberndes rotes Backsteinhaus aus frühgeorgianischer Zeit in Hertfordshire, wo Elizabeth den Großteil ihrer Kindheit verbrachte. Sie hatten ebenfalls ein großes Stadthaus am St. James's Square in London, in dem sie während der »geselligen Jahreszeit« wohnten.

Elizabeth verlebte im Gegensatz zu Albert eine außergewöhnlich glückliche Kindheit. »Ich habe nichts als wundervolle, glückliche Erinnerungen an die Tage meiner Kindheit«, schrieb sie, »Spaß, Güte und ein großes Gefühl der Geborgenheit.«[11] Dieses Gefühl entstand teilweise sicherlich dadurch, daß sie zu einer großen Sippe gehörte, aber hauptsächlich durch die innige Beziehung zu ihrer Mutter und zu ihrem Bruder David, der zwei Jahre jünger war als sie. Ihre Mutter Nina Cecilia Strathmore, Cecilia genannt, hatte den größten Einfluß auf Elizabeths Leben und vererbte ihrer Tochter auch viele Eigenschaften. Sie war eine Frau mit einem enormen Lebenshunger sowie Talent für Gartengestaltung und Musik, und sie glaubte, daß Kunst und Kultur für die Erziehung eines Mädchens wichtiger seien als akademische Titel. Sie selbst brachte Elizabeth das Lesen bei und gab ihr den ersten Unterricht in Musik, Tanz und Malen. Auch flößte sie ihr strenge christliche Grundsätze ein, die sie von ihrem Geistlichen, Reverend Cavendish-Bentinck, übernommen hatte. Die Teilnahme am Gottesdienst, zu dem die Damen des Hofstaates speziell gehäkelte Spitzenkappen trugen, war ein wichtiger Bestandteil des Lebens auf Glamis.

Elizabeths Vater erbte den Titel »Strathmore« und die dazugehörigen Schlösser, als sie erst vier Jahre alt war. So kam es, daß sie mit einem Lebensstil heranwuchs, den ihre Freunde als »feudal, fast königlich« beschrieben. Die Bowes-Lyons waren eine sportliche, militärische Familie, ihre politische Meinung war konservativ, ihr Stil altmodisch. Elizabeths Vater Lord Strathmore hegte eine absolute Leidenschaft für Kricket. Wahrscheinlich war er zu sehr damit und mit der Jagd beschäftigt, daß er erst sechs Wochen nach Elizabeths Geburt nach England zurückkehrte, um sie beurkunden zu lassen, eine Verspätung, die mit einer Geldstrafe belegt wurde. Als ein stiller, höflicher und religiöser Mann war er sich der Verantwortung, die er in seiner Stellung trug, sehr bewußt. Er diente die meiste Zeit seines Lebens als Lord Lieutenant der Grafschaft Angus, wo er sich um die Ländereien – er war ein anerkannter Experte der Forstwirtschaft – und um die Pächter kümmerte. »Sein Pflichtbewußtsein war sehr ausgeprägt«, schrieb einer der Biographen seiner Tochter, »eine Eigenschaft, die er ständig seinen Kindern zu vermitteln suchte.«[12]

Elizabeths Brüder, von denen viele in dem berühmten schottischen Regiment »Black Watch« dienten, waren hervorragende Schützen. Elizabeth selbst war schon von Kindesbeinen an eine eifrige und gute Anglerin und lernte von den Pirschjägern auf Glamis, wie man ein Gewehr benutzt. Sie eignete sich die sozialen Fähigkeiten ihrer Mutter an, die mühelos und mit großem Vergnügen in ihren verschiedenen Häusern Gäste empfing. Elizabeth haßte die formale Schulausbildung und zog es vor, sich unter die Besucher ihrer Mutter auf Glamis oder am St. James's Square zu mischen, wo sie die unterschiedlichsten Erwachsenen traf, wie beispielsweise den früheren Premierminister Lord Rosebery oder die kleine Armee von Dienern und Pächtern, die das Gefolge der Bowes-Lyon bildeten. Zusätzlich zu ihrem Charme, ihrer Freude am Leben und am Umgang mit Menschen erbte Elizabeth die Stärke und Ausdauer ihrer schottischen Vorfahren. Sie kannte keine physischen Schwächen, und ihre Weigerung, sich über Dinge zu beklagen, wurde legendär, als sie in hohem Alter war. Wie viele Menschen, nicht zuletzt Wallis Simpson, später herausfanden, besaß sie neben ihrer Liebenswürdigkeit auch eine enorme Zähigkeit und einen eisernen Willen.

Da Elizabeth während ihrer Kindheit die Geschichte ihrer schottischen Heimat in sich aufsog, entwickelte sie eine romantische Leidenschaft für die Familie Stuart, für die ihre Vorfahren gekämpft hatten. Schon in jungen Jahren besaß sie die Ausstrahlung einer Schauspielerin. Mit sieben Jahren stöberte sie in den Truhen auf Glamis nach alten Kostümen und Gewändern und rauschte in karmesinrotem Samt und Spitze als Winterkönigin durch das Schloß, wobei sie sich mit »Ich bin Prinzessin Elizabeth« ankündigte. Ihr schauspielerisches Talent kam ihr zugute, als sie dreißig Jahre später plötzlich Königin werden sollte. Sie war gerade erst vierzehn, als der Erste Weltkrieg ausbrach, ein Ereignis, das sie schnell heranreifen ließ. Vier ihrer Brüder meldeten sich freiwillig nach Frankreich; Fergus kam in der Schlacht von Loos ums Leben, während Michael schwer verwundet in ein deutsches Kriegsgefangenenlager geriet. Glamis wurde in ein Erholungsheim für verwundete Soldaten umgewandelt. Als einzige unverheiratete Tochter half Elizabeth ihrer Mutter, das Schloß zu leiten und die Verletzten zu unterhalten. Im Jahr 1918 erkrankte ihre Mutter schwer, so daß Elizabeth die Verantwortung für die Verwaltung von Glamis ganz allein tragen mußte. Sie war gerade achtzehn und hegte großen Patriotismus und starke antideutsche Gefühle, als der Krieg endete. Sie gehörte nie zu denjenigen, die vergeben und vergessen können.

Direkt nach dem Krieg wurde Elizabeth mit großem Erfolg als Debütantin in die Gesellschaft eingeführt, den sie ebenso ihrer Persönlichkeit als auch ihrem Aussehen verdankte. Sie war zierlich, dunkelhaarig, hatte einen wunderschönen Teint, blaue Augen und ein gewinnendes Lächeln. Sie war witzig und hatte das besondere Talent, jedem Menschen das Gefühl zu geben, daß sie sich nur um ihn persönlich kümmerte. Nach Aussagen von Lady Airlie wirkte sie durch ihre strahlende Vitalität, ihre Heiterkeit, Güte und Aufrichtigkeit unwiderstehlich auf Männer. Sie war kokett, liebte das männliche Geschlecht und hatte eine Reihe von Verehrern. Ausgesprochen nachlässig, was die Aufmachung betraf, trug sie einen unvorteilhaften Pony, der längst aus der Mode gekommen war, und kleidete sich malerisch und altmodisch in einem ganz persönlichen Stil. Sie war keineswegs eine Modepuppe, sondern »das krasse Gegenteil der Mädchen, die durch Genuß von Alkohol und Kettenrauchen als das typische Mädchen der zwanziger Jahre gelten wollten«, schrieb Lady Airlie. Äußerst überzeugt von sich selbst, machte Elizabeth nie irgendwelche Anstalten, jemand anderes außer sie selbst zu sein.

Im September 1920 verließ Prinz Albert Balmoral und wohnte wieder auf Glamis, um der tödlichen Langeweile der Gesellschaft zu entfliehen, zu der wie gewöhnlich der gute Freund des Königs, der Erzbischof von Canterbury Cosmo Lang, sowie Schwester Agnes Keyser geladen waren. Sie war die spitzzüngige Gründerin des König-Edward VII.-Hospitals für Offiziere, deren Lieblingsbeschäftigung es war, dem König boshaften Klatsch über die Aktivitäten seiner Söhne zuzutragen. Auf Glamis hingegen fand Albert eine fröhliche Hausgesellschaft vor; tagsüber ging man auf die Jagd, abends gab es Dinnerparties und Lieder am Klavier. Zahlreiche junge Männer wetteiferten um die Gunst von Elizabeth. Einer ihrer Bewunderer erinnerte sich: »Ich war unsterblich in sie verliebt. Alles auf Glamis war schön, vollkommen. Dort zu sein war, als lebte man in einem Gemälde von van Dyck … Wir waren alle bezaubert. Ich habe mich unsterblich verliebt. Alle anderen auch.«[13]

Im Frühjahr 1921 machte Prinz Albert Elizabeth einen Heiratsantrag, aber sie lehnte ab. Sowohl Mabell Airlie, die die Verbindung eifrig unterstützt hatte und beiden als Vertraute diente, als auch Lady Strathmore waren bestürzt, Albert »so untröstlich« zu sehen. »Ich mag ihn so sehr«, sagte Cecilia Strathmore zu Mabell und fügte scharfsinnig hinzu: »Er ist ein Mann, der sich von seiner Gemahlin formen oder verformen lassen würde.« Aber nachdem er es sich in den Kopf gesetzt hatte, Elizabeth zu heiraten, verfolgte Albert sie mit verbissener Entschlossenheit. Genau wie seine Tochter Elizabeth fast zwanzig Jahre später hatte er sich Hals über Kopf und für immer und ewig verliebt. Im Herbst 1921 war er wieder auf Glamis; 1922 gehörte Elizabeth zu den Brautjungfern seiner Schwester, als diese Viscount Lascelles ehelichte, und auch in jenem Herbst kehrte Albert nach Glamis zurück. Einer der Hochzeitsgäste, der reiche Amerikaner und Tagebuchschreiber Henry »Chips« Channon, beschrieb die Atmosphäre später so: »Der damalige Herzog von York und spätere König kam abends für gewöhnlich in mein Schlafzimmer, und wir unterhielten uns über das Ungeheuer von Glamis, die zugegebenermaßen gespenstische Atmosphäre im Schloß und über die anderen Geister. Eines regnerischen Nachmittags saßen wir alle zusammen, und ich gab vor, Karten lesen zu können. Ich sagte Elizabeth Lyons eine großartige, glänzende Zukunft als Königin voraus. Sie lachte, da es nur allzu offensichtlich war, daß der Herzog von York in sie verliebt war ... Ich erinnere mich an die Flötenspieler in dem vom Kerzenlicht erfüllten Speisesaal, im gesamten Schloß herrschte eine schwermütige Atmosphäre, unheimlich und düster, trotz der lebhaften Gesellschaft der jungen Leute.«[14]

Allmählich spürte Elizabeth den Druck, obwohl sie lachend darüber hinwegging. Ihre Mutter bemerkte, daß sie sich »wirklich Sorgen machte ... Ich denke, daß sie einfach hin und her gerissen war zwischen dem Bedürfnis, Bertie glücklich zu machen, und dem Widerstreben, die Verantwortung auf sich zu nehmen, die diese Ehe zwangsläufig mit sich bringen würde.« Am 5. Januar 1923 veröffentlichte die *Daily News* das Gerücht, daß sie und der Prinz von Wales sich verloben würden. Diese Zeitungsente nahm Prinz Albert zum Anlaß, seinen Heiratsantrag noch ein letztes Mal zu wiederholen. Er erzählte seinen Eltern von seinen Absichten. »Du kannst dich glücklich schätzen, wenn sie dich nimmt«, erwiderte sein Vater, fasziniert von Elizabeths Charme. Am Wochenende des 13. Januar bat Albert Elizabeth bei einem Spaziergang auf St. Paul's Walden Bury, seine Frau zu werden, und diesmal gab sie ihr Jawort. Man sandte sogleich ein Telegramm nach Sandringham. Die verschlüsselte Botschaft lautete schlicht: »Alles in Ordnung. Bertie.« An Mabell Airlie, die Elizabeth dazu überredet hatte, ihre Freiheit aufzugeben, schickte er einen Dankesbrief und nannte die Verlobung »das wundervollste Ereignis meines Lebens« und »einen Traum, der endlich in Erfüllung gegangen ist«.

Man war überrascht, daß die strahlende, beliebte Lady Elizabeth den schüchternen, unauffälligen Herzog von York zum Mann nehmen wollte. Heimtückische Gerüchte behaupteten sogar, daß Elizabeth Alberts Bruder, den Prinzen von Wales, bevorzugte, der sie zur Königin machen könnte, doch er hätte nie irgendein Interesse an ihr bekundet. Er war immer noch in Freda Dudley Ward verliebt und legte großen

Wert darauf, daß Elizabeth Albert heiratete. Elizabeth vertraute Lady Airlie an, warum sie gezögert hatte, Alberts Heiratsantrag anzunehmen. Es widerstrebte ihr einfach, ein Mitglied der königlichen Familie zu werden und dadurch in den goldenen Käfig klettern zu müssen. Für jemanden, der in Elizabeths Kreisen verkehrte, waren die Aussichten auf eine Heirat in die Königsfamilie nicht unbedingt rosig. Die Bowes-Lyons waren nie Höflinge gewesen; der königliche Hof besaß für sie keinerlei besondere Faszination, sie neigten sogar dazu, ihn zu verachten. Einige Jahre später schrieb der Kaplan des Erzbischofs von Canterbury, Dr. Alan Campbell Don, der die Yorks gut kannte, nach einem Lunch mit ihnen: »Dieses Mädchen muß einem einfach leid tun, umgeben von all diesen Verboten und Strafen – was für ein Schicksal für eine Tochter der Glamis.« Elizabeth stand der königlichen Familie jedoch nah genug, um zu wissen, was eine Hochzeit mit einem ihrer Mitglieder bedeutete. Schon der Herzog von Buccleuch warnte seine Tochter, als sie ihm an seinem Sterbebett erzählte, daß sie sich mit dem Gedanken trüge, sich mit dem Herzog von Gloucester zu verloben: »Wenn du Harry heiratest, wirst du eine Dienerin des Landes.«

Elizabeths Freunde waren alle davon überzeugt, daß sie Bertie liebte. Sie hätte praktisch jeden haben können, jeden, den sie wollte, aber sie hatte sich für ihn entschieden. Als eine typische Frau ihres Standes und ihrer Zeit empfand sie die Ehe als Bestimmung; sie hatte keinen Zweifel daran, daß Bertie einen guten Ehemann abgeben würde. Er war verrückt nach ihr, sie hatten dieselben Wertvorstellungen und vertraten ähnliche Ansichten, und er paßte gut in ihre Familie. Sie war eine starke, energische Frau; er war verletzlich, so daß sie ihn beschützen konnte. Er war schüchtern und zurückhaltend, doch sie konnte dafür sorgen, daß er mehr aus sich herauskam. Vom Äußeren her war er ein attraktiver Mann mit athletischer Figur, ein guter Sportler und hervorragender Tänzer und immer makellos gekleidet. Zwar mangelte es ihm am funkelnden Charme seines Bruders, aber er war sehr einfühlsam Frauen gegenüber und wußte sie sehr zu schätzen.

Selbst Königin Mary, die Wächterin über die königlichen Anstandsformen, war mit Elizabeth einverstanden. Nur einmal unterlief Elizabeth ein Fehler; noch ganz aufgeregt wegen ihrer Verlobung, gestattete sie einem Reporter ein Interview in ihrem Haus. Die königlichen Schwiegereltern waren darüber nicht sehr begeistert. König George betrachtete fast alle Zeitungen außer *The Times* als »schmutzige Käseblätter«. Königin Mary machte Elizabeth nach diesem Vorfall klar, daß man in königlichen Kreisen so etwas einfach nicht tut. Nicht nur vornehm gespitzte, sondern versiegelte Lippen waren angesagt. Elizabeth sollte das eine Lehre sein.

Bertie und Elizabeth heirateten am 26. April 1923 in Westminster Abbey, der alten Kirche, in der sie mehr als vierzehn Jahre später auch gekrönt wurden. Es war keine prunkvolle Angelegenheit; der König hatte angeordnet, daß »alles so einfach wie möglich« zu gestalten sei und daß »unnötige Ausgaben vermieden werden sollen«. Denn schließlich handelte es sich bei dem Herzog von York nicht um den Thronfolger. *The Times*, die Stimme der herrschenden Kreise, erinnerte die Öffentlichkeit daran, daß noch eine weitaus bedeutendere Hochzeitszeremonie bevorstand: »Es gibt nur eine Hochzeit, auf die die Öffentlichkeit sich mit noch größerem Interesse freut – die Hochzeit, die dem Thronfolger eine Frau und damit auch England und den britischen Völkern ihre zukünftige Königin geben wird.«

Die Ehe von Elizabeth und Bertie wurde sehr glücklich. Der Autor und Politiker Alfred Duff Cooper sah die beiden Weihnachten 1925 im Theater in London, etwa vier Monate vor der Geburt von Prinzessin Elizabeth. Er beschrieb sie seiner Frau Lady Diana als »so ein süßes, verliebtes Pärchen. Sie erinnerten mich an uns, wie sie so zusammen in ihrer Loge saßen und vor sich hin kicherten. In der Pause schlichen sie sich hinaus. Ich sah sie in einer dunklen Ecke des Ganges stehen, wo sie sich angeregt unterhielten.« Die Geburt ihres ersten Kindes vervollständigte ihr Glück. Damals konnte noch keiner ahnen, welch eine wichtige Rolle dieses Kind noch spielen würde.

2

Prinzessin im Elfenbeinturm

»Es kommt mir oft so vor, als hätten wir damals in einem Elfenbeinturm gelebt, fern der wirklichen Welt ... Wenn ich daran zurückdenke, habe ich oft das Gefühl, als sei dort immer Frühling gewesen.

Marion Crawford, »Die kleinen Prinzessinnen«

Prinzessin Elizabeth Alexandra Mary von York wurde nicht in einem der Paläste ihrer königlichen Großeltern geboren und auch nicht im Haus ihrer Eltern wie die meisten Kinder jener Zeit. Sie kam im Londoner Haus der Strathmores in der Bruton Street 17 zur Welt, in Mayfair, dem damals vornehmsten Viertel der britischen Hauptstadt. Das Haus steht heute nicht mehr, es mußte bei der Umwandlung des Stadtteils in ein Geschäftsviertel weichen, und nur eine Tafel weist auf die Geburtsstätte der zukünftigen Königin hin. Die Nr. 17 war typisch für eines jener fünfstöckigen Stadthäuser des 18. Jahrhunderts, in denen adlige Familien wie die Strathmores ihren Londoner Zweitwohnsitz hatten. Sie stiegen dort ab, wenn sie in der Saison Gesellschaften besuchten oder an Sitzungen des Parlaments teilnahmen. Elizabeth wurde in der Bruton Street geboren, weil ihre Eltern sich weigerten, in dem Haus zu wohnen, das König George V. und Königin Mary für sie vorgesehen hatten: in White Lodge, einem riesigen klassizistischen Herrenhaus in Richmond Park am Stadtrand von London. Königin Mary hatte einen Großteil ihrer Kindheit dort verbracht. Ihr ältester

Sohn David erblickte dort im Juni 1894 das Licht der Welt, und es hatte sich seither kaum verändert. Die Yorks klagten ständig über den mangelnden Komfort, die Baufälligkeit und die Entfernung des Hauses zur Londoner Innenstadt sowie über die elf Bediensteten, die zu seinem Unterhalt nötig waren. Lord Lee Fareham, der das Gebäude von den Yorks übernahm, war bestürzt über die primitiven Bedingungen, die man ihnen zugemutet hatte. Es gab praktisch keine Zentralheizung. Die riesigen Zimmer waren eiskalt, die elektrische Beleuchtung unzureichend und die elektrischen Leitungen nicht gesichert. Die Kanalisation war von zweifelhaftem Wert; im ganzen Erdgeschoß des großen Hauses gab es nur eine Toilette, und sie schien an die hundert Jahre alt zu sein. Kein Wunder, daß die Herzogin von York beschlossen hatte, ihr Kind in dem vertrauten und komfortablen Londoner Haus ihrer Eltern zur Welt zu bringen.

Es wurde eine schwere Geburt in einer schweren Zeit. Das Baby der kleinen, zartgliedrigen Frau hatte eine Steißlage. Elizabeth kam am 21. April 1926 um 2.40 Uhr durch Kaiserschnitt zur Welt. Nur zwölf Tage später brach ein Generalstreik aus, den viele als Beginn des Klassenkampfs und sogar der Revolution betrachteten. Der König war wegen des drohenden Streiks zutiefst beunruhigt. Er sympathisierte mit den Bergarbeitern, deren Reaktion auf die angekündigte Lohnkürzung die Krise ausgelöst hatte. Anfang des Monats hatte er beim Pferderennen in Newmarket eine scharfe Auseinandersetzung mit Lord Durham gehabt, einem einflußreichen Minenbesitzer. Er gestand dem Lord, daß er Mitleid mit den Bergarbeitern habe, und dieser entgegnete wütend, sie seien »ein verdammter Haufen Revolutionäre«. Darauf sagte der König: »Versuchen Sie, von ihren Löhnen zu leben, bevor Sie sie verurteilen.« Vor diesem düsteren Hintergrund staatsgefährdender Umtriebe, über die der Chef der Staatssicherheitspolizei Wyndham Childs dem Kabinett wöchentlich Bericht erstattete, schien die Geburt Prinzessin Elizabeths ein um so glücklicheres Ereignis.

Da das Kind zur königlichen Familie gehörte, wartete in einem Nebenzimmer Innenminister Sir William Joynson-Hicks als Vertreter der Regierung, bis die Herzogin von York nach stundenlangen schweren Wehen endlich entband. Dieser antiquierte Brauch war vermutlich eingeführt worden, um zu verhindern, daß der königlichen Familie ein

Wechselbalg untergeschoben wurde, wie dies Gerüchten zufolge 1688 geschehen war, als man in einem geheizten Becken angeblich ein anderes Kind gebracht und es gegen den königlichen Sproß ausgetauscht hatte. Er stammt tatsächlich aus jener Zeit, als Könige jede wichtige Handlung öffentlich oder, besser gesagt, in Gegenwart privilegierter Höflinge vollzogen. Dies galt sogar für intime Verrichtungen: So hatte der Hofbeamte mit dem Titel »Groom of the Stool«, »Pfleger des Stuhls«, ursprünglich ganz konkret die Aufgabe, das königliche Hinterteil abzuwischen.

Eine Vorsichtsmaßnahme wie die obengenannte schien bei Elizabeth besonders unnötig. Sie rangierte in der Thronfolge erst auf Platz drei, und man ging allgemein davon aus, daß ihr Onkel, der Prinz von Wales, noch heiraten und Kinder zeugen würde. Außerdem war ihre Mutter erst fünfundzwanzig und konnte leicht noch einen Jungen bekommen, der dann noch vor Elizabeth rangieren würde. Die Herzogin von York hatte sich allerdings ein Mädchen gewünscht, und die königlichen Großeltern waren entzückt über ihre erste Enkeltochter. Ihre Tochter Mary, die »Princess Royal«, hatte ihnen bereits zwei Enkelsöhne geschenkt, George und Gerald Lascelles. »Das Baby ist ein kleiner Schatz«, schrieb Königin Mary nach einem Besuch in der Bruton Street an jenem Nachmittag. »Es hat eine wunderbare Haut und schöne blonde Haare.«

Das Baby wurde Elizabeth Alexandra Mary genannt – nach seiner Mutter, seiner Großmutter und seiner Urgroßmutter, Königin Alexandra, die im November des Vorjahres mit 80 Jahren gestorben war. Ihr Vater hatte besonderen Wert darauf gelegt, daß seine Tochter wie die Mutter hieß. Daß die große Königin Elizabeth I. denselben Namen hatte, erschien ihm dagegen unwichtig. Ein anderer möglicher Name, Victoria, wurde verworfen. »Bertie hat mit mir über die Namen gesprochen«, berichtete George V., der den Namen zustimmen mußte, seiner Frau Mary. »Er sprach von Elizabeth, Alexandra und Mary; ich bin damit vollkommen einverstanden und werde ihm das sagen; von Victoria war nicht die Rede. Aber das halte ich auch nicht für notwendig.«

Victoria, die unbeugsame, willensstarke Matriarchin, die das Bild der königlichen Familie bis in das 20. Jahrhundert prägte, sollte jedoch ein machtvolles Vorbild für Elizabeth werden. Und es dauerte nicht lange, bis man Vergleiche zwischen den beiden anstellte.

Am 29. Mai, knapp zwei Wochen nach Ende des Generalstreiks, wurde Elizabeth in der Privatkapelle des Buckingham-Palastes getauft. Die Kapelle wurde im Zweiten Weltkrieg durch eine Bombe zerstört. Bei der Feier erinnerte viel an Victoria: Man hatte aus Schloß Windsor das goldene lilienförmige Becken geholt, in dem ihre Kinder getauft worden waren, und das Baby trug ein schweres, spitzenbesetztes Taufgewand aus Satin, das für Victorias älteste Tochter angefertigt worden war und von allen späteren Kindern der königlichen Familie getragen wurde. Victorias letzter noch lebender Sohn, der Herzog von Connaught, war einer der Taufpaten; die anderen waren der König, die Königin, Elizabeths Tante, die Princess Royal, sowie ihre Tante mütterlicherseits, Lady Elphinstone, und ihre Großmutter Lady Strathmore. Das Baby brüllte bei der Taufe so laut, daß das Kindermädchen ihm sehr zum Vergnügen seines Onkels, des Prinzen von Wales, Dillwasser verabreichte, ein altes Hausmittel. Es war das letzte Mal, daß Elizabeth in der Öffentlichkeit eine Szene machte.

Sie war in eine traditionsreiche Welt des Reichtums und der Privilegien hineingeboren worden, die sich seit der Kindheit ihrer Eltern kaum verändert hatte. Zwar hatte die britische Aristokratie, die den Unterbau der Erbmonarchie bildete, in den vergangenen vierzig Jahren einen deutlichen Niedergang erlebt, aber dieser Prozeß hatte sich ganz allmählich vollzogen. Der Lebensstil von Elizabeths Eltern und Großeltern basierte noch immer auf einer Hierarchie von Dienern, Butlern und Lakaien, von Haushälterinnen und Hausmädchen, Chefköchen, Köchinnen und Küchenmädchen, Chauffeuren und Dienern »für besondere Aufgaben«.

Elizabeth blieb vier Jahre lang ein Einzelkind und wuchs wie alle Kinder der Ober- und Mittelschicht jener Zeit in der abgeschlossenen Welt des Kinderzimmers auf. Die ständige Bezugsperson ihrer ersten Lebensjahre war die Kinderfrau Clara Knight, die den Spitznamen »Allah« trug und schon das Kindermädchen ihrer Mutter gewesen war. Allah stammte aus einer ländlichen Familie. Sie war in der Nähe des Strathmoreschen Hauses in Hertfordshire geboren und gehörte zu jener heute ausgestorbenen Rasse klassischer englischer Nannies, die man so hoch schätzte, daß sie sogar in wohlhabende adlige Familien auf dem Kontinent und in Amerika vermittelt wurden. Diese Kindermädchen legten ihre Uniform nur zum Schlafen ab. Sie hingen mit Leib und Seele an »ihren Kindern« und blieben ihr Leben lang unverheiratet, auch wenn sie höflicherweise mit »Mrs.« angesprochen wurden. Die Nannies beherrschten das Leben ihrer Schützlinge, sie wachten über das Essen und die Kleidung und waren immer anwesend, bis die Kinder im Bett lagen. Gute Kindermädchen wie Allah sorgten für Kontinuität und bildeten einen schützenden Kokon; sie gewährleisteten, daß das Leben nach festen Regeln und Zeiten ablief. Geradezu besessen betrieben sie die Sauberkeitserziehung; allmorgendlich wurde das Kind zu einer bestimmten Zeit, gleich nach dem Frühstück, auf das Töpfchen gesetzt, damit es sein »Geschäft verrichtete«. Mit der gleichen Regelmäßigkeit wurde Elizabeth morgens und mittags in ihrem blitzenden, hochgefederten Kinderwagen auf dem dreieckigen Grasstreifen, der hinter dem Haus an den Hamilton Place grenzte, an die frische Luft gefahren. Der Rasen war vom Platz durch einen eisernen Zaun abgetrennt, durch den die Öffentlichkeit das Ritual zu beobachten pflegte. Das strenge Reglement tat Elizabeth gut; sie wuchs zu einer disziplinierten, pünktlichen, verantwortungsbewußten und ordentlichen Frau heran.

Im Januar 1927, als Elizabeth erst neun Monate alt war, wurden ihre Eltern auf eine offizielle Reise durch Australien und Neuseeland geschickt. Da die Zeit des Luftverkehrs noch nicht angebrochen war, dauerte die Reise ein halbes Jahr. »Der Abschied am Donnerstag fiel mir sehr schwer«, schrieb ihre Mutter. »Das Baby war so süß, wie es mit den Knöpfen an Berties Uniform spielte, daß es mir fast das Herz brach.«

»Süß« scheint jenes verniedlichende Adjektiv gewesen zu sein, mit dem die kleine Elizabeth damals von den meisten Leuten belegt wurde. Während der Abwesenheit ihrer Eltern wohnte sie bei den Großeltern, die ganz vernarrt in sie waren, besonders George V. »Ihre süße kleine Tochter hat jetzt vier Zähne; das ist für elf Monate sehr gut«, schrieb er im März an die Herzogin von York. Bei seinen eigenen Kindern hatte er sich um solche Dinge nie gekümmert. Elizabeth war ein liebes, ruhiges Kind von einem, wie ein Besucher bemerkte, »ganz süßen, heiteren Ausdruck«.

Als ihre Eltern am 27. Juni zurückkehrten, hatten sie mehr als drei Kilo Briefe und Spielzeug für »Prinzessin Betty« im Gepäck. Noch am selben Tag wurde die 14 Monate alte Elizabeth, die ihre Eltern ein halbes Jahr nicht gesehen hatte, auf dem mittleren Balkon des Buckingham-Palastes einer jubelnden Menge präsentiert, demselben Balkon, auf dem sie später noch viele öffentliche Auftritte absolvieren sollte. Sie hatte damals fast das halbe Leben elternlos verbracht, ein Schicksal, das sie als Königin auch ihren eigenen Kindern zumuten sollte.

Nach ihrer Rückkehr zogen die Yorks in das Haus Piccadilly 145, wo Elizabeth die folgenden zehn Jahre verbrachte. Auch dieses Haus steht heute nicht mehr, weil es im Zweiten Weltkrieg von einer deutschen Bombe getroffen wurde. Es handelte sich um ein einfaches, fünfstöckiges Gebäude auf der Nordseite des Piccadilly mit einer steinernen Fassade. Nach Süden ging der Blick über die Bäume des Green Park hinweg zum grauen Koloß des Buckingham-Palastes. Das Haus war größer als das in der Bruton Street und hatte neben den üblichen Empfangsräumen noch einen Ballsaal, eine Bibliothek, einen Wintergarten, 25 Schlafzimmer und einen elektrischen Aufzug. Zum Personal der Yorks gehörten der Butler Mr. Ainslie, ein Unterbutler, zwei Diener, die Haushälterin Mrs. Evans und die Köchin Mrs. MacDonald. Außerdem gab es einen Boy, der den höheren Bediensteten die Mahlzeiten servierte, drei Küchenmädchen, eine Garderobiere für die Herzogin, einen Kammerdiener für den Herzog, einen Diener für besondere Aufträge, einen Nachtwächter, einen Offiziersburschen von der Royal Air Force und einen Boy, der das Telefon bediente. Elizabeths Kinderzimmer lag im obersten Stock des Hauses. Dort wohnten auch Allah Knight und das Kindermädchen Margaret MacDonald, eine junge Schottin, genannt »Bobo«. Bobo sollte über 60 Jahre lang zu den Menschen gehören, die Elizabeth am nächsten standen. Hier lebte Elizabeth in ruhigen, geordneten Verhältnissen; ihr Spielzeug war sorgfältig in Glasschränken arrangiert, die Spielzeugpferde standen in Reih und Glied auf dem Gang vor dem Kinderzimmer. Jeden Abend legte Elizabeth ihre Kleider sauber zusammengefaltet auf einen Stuhl und stellte die Schuhe ordentlich darunter. Lady Airlie schenkte ihr zum dritten Geburtstag Handbesen und Kehrschaufel, nicht gerade ein Geschenk, das viele Kinder begeistert. Ein verniedlichendes zeitgenössisches Porträt schildert Elizabeth als braves Kind, das sich widerspruchslos allen Vorschriften fügt: »Und wenn Prinzessin Elizabeths Kinderfrau ins Frühstückszimmer oder in den Salon herunterkommt und in ihrer ruhigen Art sagt: ›Ich glaube, es ist jetzt Zeit zum Schlafengehen, Elizabeth‹, dann gibt es kein Nörgeln und Protestieren, nur ein letztes fröhliches Herumgehopse, ein letztes kurzes Lachen über Mamas köstliche Gutenachtscherze. Dann legt Elizabeth ihre Hand in die der Kinderfrau, und die beiden marschieren fröhlich über den dicken rötlichen Teppich in der Halle zu dem bereitstehenden Lift, der sie in wenigen Sekunden hinauf in die vertraute Umgebung befördert, die sie beide miteinander teilen.«[1]

Ein scharfsinniger Beobachter, Winston Churchill, begegnete Elizabeth zum ersten Mal im September 1928 auf Schloß Balmoral; Elizabeth war damals zweieinhalb. »[Sie] ist eine Persönlichkeit«, sagte er zu seiner Frau Clementine. »Für ein Kleinkind wirkt sie erstaunlich autoritär und nachdenklich.«[2]

Das »Kleinkind« weckte in der Öffentlichkeit schon damals großes Interesse. Bereits mit drei Jahren war Elizabeth auf der Titelseite von *Time* zu sehen, und die Enthüllung, daß Gelb die dominierende Farbe ihrer Kleidung und ihres Kinderzimmers sei, kreierte einen neuen Modetrend: Auf der ganzen Welt wurden Kinder jetzt in Gelb statt in das übliche Rosa oder Blau gekleidet. Elizabeths Eltern waren über die weltweite Begeisterung für ihre Tochter verblüfft.

Als die Herzogin von York im Herbst 1928 ohne ihre Tochter zu einem offiziellen Besuch in Edinburgh weilte, schrieb sie an Königin Mary: »Daß ich ohne meine Tochter hier bin, ist, wie ich fürchte, für die Bevölkerung eine große Enttäuschung … Der Vorsitzende sprach in seiner Begrüßungsrede von ›unserer lieben Prinzessin Elizabeth‹ … Es macht mir fast angst, daß die Leute sie so sehr ins Herz geschlossen haben. Aber wahrscheinlich ist es gut so, und ich hoffe nur, sie wird sich der Zuneigung wert erweisen, der arme kleine Schatz.«

In den ersten zehn Jahren ihres Lebens lernte Elizabeth, was es hieß, zur königlichen Familie zu gehören. Sie war oft bei ihren Großeltern, dem König und der Königin, zu Besuch und wußte aus eigener

Erfahrung, welch ungeheure Ehrerbietung ihrem Großvater entgegengebracht wurde. Als George V. im März 1929 nach einer lebensbedrohlichen Krankheit zur Erholung nach Bognor Regis fuhr, besuchte ihn Elizabeth, um ihn aufzuheitern. Laut Lady Airlie spielte der König sogar mit ihr, was er mit seinen eigenen Kindern nie getan hatte. Wieder in London, winkten die beiden einander über den Green Park hinweg zu; er nannte sie »Lilibet«, in Nachahmung ihrer ersten Versuche, den eigenen Namen auszusprechen. Der Name blieb hängen; von da an war sie für ihre Familie nur noch Lilibet. Sie war die Lieblingsenkelin des Königs. Ein Besucher, der die beiden 1928 auf Sandringham erlebte, als Elizabeth ein Jahr und neun Monate alt war, berichtete: »Sie thronte auf einem kleinen Stuhl zwischen dem König und mir. Der König gab ihr Kekse zu essen, mit denen sie auch seinen kleinen Hund füttern durfte, und scherzte vergnügt mit ihr. Sie kämpft noch mit den ersten Wörtern Grandpa und Granny, aber zur allgemeinen Belustigung kann sie seit kurzem die großartig aussehende Gräfin von Airlie korrekt mit ›Airlie‹ anreden. Nachdem sie auf dem Boden mit dem jungen Lord Claud Hamilton mit Bauklötzchen gespielt hatte, wurde sie von ihrem Kindermädchen abgeholt, und bevor sie ging, machte sie noch einen perfekten niedlichen kleinen Knicks vor dem König und der Königin und danach vor dem Rest der Gesellschaft.«[3]

Elizabeth hatte bei ihrem Großvater zweifellos eine bevorzugte Stellung. Ihr Cousin ersten Grades, George Lascelles (der spätere Graf von Harewood), fühlte sich dagegen vom König eingeschüchtert. »Ich glaube nicht, daß er sich viel aus Kindern machte«, schrieb Lascelles. »Die Möglichkeit, bei meinem Großvater etwas falsch zu machen, war extrem hoch ...« Die Lascelles-Jungen machten den König wütend, und er schimpfte oft mit ihnen, etwa wenn sie niesten oder wenn sein Papagei Charlotte, der immer mit ihm am Frühstückstisch saß, sie unruhig machte. »Auch wenn man ihm noch so oft versicherte, ich hätte Heuschnupfen«, erinnerte sich Lascelles, »nichts konnte ihn davon abhalten zu brüllen: ›Schafft mir das verdammte Kind vom Hals!‹ Ein Satz, der auf meine damals erwachende Phantasie starken Eindruck machte.«

Die kleine Elizabeth dagegen hatte George V. gerne neben sich am Frühstückstisch, und er führte sie an Sonntagnachmittagen in den Gärten herum, besuchte mit ihr die königlichen Stallungen und zeigte ihr seine Lieblingspferde Scuttle und Limelight. Es ist gut möglich, daß Elizabeths Leidenschaft für Pferde, Pferderennen und die Zucht von Rennpferden durch ihren Großvater geweckt wurde. Er war es auch, der ihr Ostern 1930, das sie wie immer bei den Großeltern auf Schloß Windsor verbrachte, zu ihrem vierten Geburtstag ihr erstes Pferd schenkte, ein Shetlandpony namens Peggy. Von Königin Mary bekam sie einen Kasten mit Bauklötzen aus fünfzig Holzarten aus verschiedenen Teilen des Empires. Das Geschenk war bezeichnend für Königin Mary. Ihre größte Leidenschaft war die britische Monarchie, und sie war stets darauf bedacht, in ihrer Enkeltochter einen Sinn für die Familie, ihre Bedeutung und ihre Pflichten, zu wecken.

Elizabeth war vier Jahre und vier Monate alt, als am 21. August 1930 auf Glamis ihre Schwester Margaret Rose zur Welt kam. Diesmal wurde die Nachricht, daß das Neugeborene kein Junge war, mit Enttäuschung aufgenommen. Der Prinz von Wales war inzwischen sechsunddreißig und machte noch immer keine Anstalten, zu heiraten und einen Erben zu zeugen. Die Yorks hatten drei Jahre gebraucht, um Elizabeth zu bekommen, und vier weitere für Margaret Rose. Es kursierten Gerüchte über die Fruchtbarkeit des Herzogs – er war als Kadett in Osborne schwer an Mumps erkrankt, was seine Zeugungsfähigkeit durchaus beeinträchtigt haben könnte –, und obwohl die Herzogin von York erst dreißig war, schwanden die Chancen, daß sie noch einen Sohn gebären würde. Nach der Geburt der zweiten Tochter richtete sich die weltweite Aufmerksamkeit daher noch mehr auf Elizabeth als mögliche Erbin des britischen Throns. Sie wurde als Wachsfigur auf ihrem Pony im Figurenkabinett von Madame Tussaud aufgestellt; Schokolade, Porzellangeschirr und Krankenstationen wurden nach ihr benannt, ihr Konterfei prangte auf einer Sechs-Cent-Briefmarke in Neufundland, ein Lied wurde ihr zu Ehren komponiert, und ein Stück Antarktis um den 80. Längengrad wurde »Princess Elizabeth Land« getauft. Ihr Vater begann Vergleiche zwischen ihr und Königin Victoria zu ziehen. Im Gespräch mit Osbert Sitwell machte er eine vage Andeutung, daß Elizabeth eventuell in die Fußstapfen ihrer großen Ururgroßmutter treten könnte. »Seit sie sprechen kann«, sagte er, »zeigt sie so viel Charakter, daß man sich unwillkürlich fragt, ob sich die Geschichte nicht doch wiederholt.«[4]

Die Ankunft von Margaret Rose im königlichen Kinderzimmer bedeutete, daß Allah Knight ihre Aufmerksamkeit ausschließlich auf das neue Baby konzentrierte. Um Prinzessin Elizabeth kümmerte sich jetzt Bobo MacDonald. Sie war als Tochter eines Eisenbahnarbeiters auf der Halbinsel Black Isle nördlich von Inverness geboren und im Haus der Eisenbahngesellschaft an der Bahnlinie aufgewachsen. Mit 22 Jahren, kurz nach Elizabeths Geburt, war sie in den Yorkschen Haushalt gekommen, und als die kleine Prinzessin sechs Wochen alt war, hatte Allah ihr zum ersten Mal erlaubt, sie zu halten. Bobo war zuerst Elizabeths Kindermädchen und später ihre Garderobiere. Das offene rothaarige Mädchen aus Schottland wurde die einzige Person außerhalb des engen Familienkreises, der Elizabeth bedingungslos vertraute. Es hatte beträchtlichen Einfluß auf sie und ermutigte sie auch dazu, ihrer Sparsamkeit nachzueifern. Als Kind besaß Elizabeth eine große Schachtel, in der sie das Geschenkpapier von Weihnachts- und Geburtstagsgaben sorgfältig geglättet und die Geschenkbänder sauber aufgerollt für künftigen Gebrauch aufbewahrte; als Königin wurde sie dafür bekannt, daß sie in ihren Palästen alle nicht benötigten Lichter ausschaltete, um Strom zu sparen. Ruby MacDonald übernahm die Stelle als Kindermädchen von ihrer Schwester Bobo und war später genauso eng mit Margaret verbunden wie diese mit Elizabeth.

Für Elizabeth bedeutete die Geburt der Schwester eine zusätzliche Verantwortung, die sich als wesentlich schwierigere Aufgabe erwies als die Sorge für ihre Schoßhunde und Ponys, was auch das ganze Leben so bleiben sollte. Margaret war das Gegenteil von ihrer Schwester. Sie war extrovertiert, launisch, geltungsbedürftig, phantasievoll und ungezogen. Eine ihrer Gouvernanten sagte, sie sei das schwierigste Kind gewesen, dem sie je etwas habe beibringen müssen.

»Prinzessin Elizabeth war immer reizend und selbstlos«, schrieb eine Freundin ihrer Mutter, »Prinzessin Margaret war ungezogen, aber lustig. Ich weiß noch, wie wir eines Tages, als sie etwa fünf oder sechs war, alle zusammen das Mausoleum in Frogmore besuchten. Als wir die Gräber anschauten, sagte sie ganz wichtig zu mir: ›Ich habe etwas herausgefunden: DOG [Hund] und GOD [Gott] sind dasselbe Wort, nur umgedreht‹ ... sie glaubte offensichtlich, eine schreckliche Entdeckung gemacht zu haben.«[5]

Für eine andere Gouvernante, Marion Crawford, genannt »Crawfie«, die kam, als Margaret zwei war, war Margaret die »geborene Komikerin«. Beide Kinder kauten auf den Nägeln und stritten miteinander, meist wenn sie Hüte tragen mußten, die sie haßten. Sie zogen einander an den Gummibändern, mit denen die Hüte unter dem Kinn befestigt waren, und kreischten dazu »Du Biest!« oder »Du Scheusal!«

»Von den beiden Kindern«, schrieb Crawfie, »war Lilibet die heftigere, aber sie hatte sich unter Kontrolle. Margaret war oft ungezogen, aber sie hatte eine vergnügte, sprunghafte Art, mit der schwer umzugehen war. Sie forderte mich oft mit einem trotzigen Seitenblick heraus und machte eine Szene, dann gab sie mir einen Kuß, wir waren wieder Freunde, und alles war vergessen. Bei Lilibet dauerte es länger, bis sie wieder versöhnt war, aber sie hatte immer mehr Würde.«

Elizabeth fühlte sich als mütterliche Beschützerin der Schwester und duldete nicht, daß Margaret kritisiert wurde. Selbst wenn Margaret etwas besonders Ärgerliches angerichtet hatte, sagte Elizabeth nur: »Ach, Margaret.« Die Schwester dankte ihr das mit bedingungsloser Loyalität. Zwar belastete Margarets Benehmen die Beziehung manchmal, und noch als Erwachsene verlor sie zuweilen die Beherrschung und warf der Schwester, die inzwischen Königin geworden war, etwa ein Handtuch ins Gesicht, doch das Zusammengehörigkeitsgefühl blieb immer erhalten. Das Band, das im Kinderzimmer geknüpft wurde, sollte auch im Erwachsenenalter fortbestehen: Elizabeth, die verantwortungsbewußte ältere Schwester, und Margaret, das ungezogene Mädchen, das immer in Schwierigkeiten geriet.

Die engste Beziehung innerhalb der Familie hatte Elizabeth zu ihrem Vater, dem sie vom Charakter her besonders ähnlich war. Sie hatte seine Schüchternheit, seinen Ernst und die engagierte Professionalität geerbt, die er bei all seinen Unternehmungen zeigte. Wie ihrem Vater und ihrer Großmutter Königin Mary fiel es auch Elizabeth schwer, ihre Gefühle zu zeigen. »Sie frißt alles in sich hinein«, sollte eine Freundin später über sie sagen. Hatte man jedoch, wie Crawfie meinte, »einmal ihre Liebe und Zuneigung gewonnen, dann für immer. Aber leicht war das nicht.« Zwischen Elizabeth und ihrem Vater herrschte ein tiefes Einverständnis, auch wenn die Tochter intelligenter war als er. »Der Herzog war ungeheuer stolz auf sie«, schrieb Crawfie. »Es war rührend, wie er sie immer ansah.« Das Verhältnis zu seiner jüngeren Tochter war ganz anders. »Margaret brachte Freude in sein Leben«, sagte Crawfie. »Sie war ein Spielzeug. Sie war herzlich und gefühlsbetont, wie geschaffen zum Schmusen und Spielen. Wenn sie ihm die Arme um den Hals schlang, sich an ihn kuschelte und ihn streichelte und liebkoste, war er einerseits fast verlegen, zugleich aber auch gerührt und erfreut. Er konnte seine Gefühle nicht offen zeigen.« Die Herzogin dagegen sorgte für den »Spaß« in der Familie. Sie inszenierte Spiele, Scharaden und gemeinsames Singen am Klavier, sie war die Seele jedes Fests und ein Mensch, der bei geselligen Festivitäten ganz in seinem Element war.

Die Schwestern standen einander immer nahe und bildeten zusammen mit den Eltern ein unzertrennliches »Familienquartett« – »Wir vier«, wie ihr Vater zu sagen pflegte. Er wollte seiner jüngsten Tochter unbedingt die Benachteiligung ersparen, die er selbst als jüngerer Bruder des Thronfolgers erfahren hatte. »Sie können sich nicht vorstellen, was für einen Unterschied achtzehn Monate ausmachen können«, sagte er einmal in bezug auf seine Kindheit und Jugend bitter zu Mrs. Baldwin, der Frau des Premierministers. Der vierjährige Altersunterschied zwischen seinen Kindern sollte deshalb möglichst keine Rolle spielen, und sobald Margaret aus den Babykleidern herausgewachsen war, trugen die beiden Schwestern die gleichen Kleider und Schuhe und Hüte in identischen Farben. Zwar war das damals in Familien der Oberschicht völlig normal, aber selbst dem in Hofkreisen verkehrenden Chips Channon kam es seltsam vor, daß die beiden Prinzessinnen beim Dankgottesdienst zum Ende des Zweiten Weltkriegs immer noch gleich gekleidet erschienen, obwohl Elizabeth 1945 schon neunzehn und Margaret noch keine fünfzehn war. In seinem Bestreben, Margaret für die in seinen Augen nachteilige Position als jüngere Schwester der Thronfolgerin zu entschädigen, verwöhnte ihr Vater sie übermäßig, was in der Zukunft zu Schwierigkeiten führen sollte.

Die Weltwirtschaftskrise nach dem Börsenkrach von 1929 hatte auf Elizabeths behütete Welt zunächst wenig Auswirkungen. Als Großbritannien jedoch 1931 die Goldwährung aufgab, ordnete der König eine fünfzigprozentige Kürzung der Bezüge an, die er nach der Zivilliste von der Regierung erhielt. Der Prinz von Wales, der bereits seine Pferde verkauft hatte, um sich ganz auf Golf konzentrieren zu können, inzwischen aber andere kostspielige Hobbys hatte, schäumte, als sein Vater ihn in einem Nachtclub in Biarritz anrief, wo er mit seiner Freundin Lady Furness tanzte, und ihn aufforderte, jährlich auf 10 000 Pfund zu verzichten. Der Herzog von York, dessen Bezüge ebenfalls beschnitten werden sollten, rang sich dazu durch, die Jagd aufzugeben. »Es ist ein schwerer Schlag für mich, daß ich wegen der erforderlichen Sparmaßnahmen auch auf die Jagd verzichten muß«, schrieb er an Ronald Tree, den Leiter der Pytchley Hunt. »Und ich muß auch meine Pferde verkaufen. Das ist das schlimmste von allem, und der Abschied wird fürchterlich sein.«

Für Elizabeth bedeutete dies jedoch eine Verbesserung. Der Herzog mietete fortan während der Jagdsaison keine teuren Häuser mehr in Grafschaften. Statt dessen erhielt er von König George V. im September 1931 die Royal Lodge in Windsor Great Park, die von dem Architekten Sir Jeffrey Wyattville für George IV. im damals modischen neugotischen Stil erbaut worden war. Als die Yorks das Gebäude besichtigten, war es renovierungsbedürftig und unpraktisch eingerichtet. William IV., der Nachfolger Georges IV., hatte den größten Teil des ursprünglichen Baus abreißen lassen. Stehengeblieben waren nur der große Salon und die Kapelle, dazugekommen war ein achteckiger Pavillon. Spätere Bewohner hatten den großen Salon geteilt und damit seine Proportionen verdorben. Die Yorks ließen die Zwischenwände wieder entfernen, so daß ein großes Gesellschaftszimmer entstand, und bauten zwei neue Seitenflügel an. Im Erdgeschoß des einen Flügels befanden sich ihre Schlafzimmer. Bezeichnenderweise war das Zimmer des Herzogs asketisch eingerichtet: Sauber und ordentlich wie die Unterkunft eines Matrosen, enthielt es lediglich ein hartes Bett, einen einfachen Toilettentisch und einen Bücherschrank, auf dem einige persönliche Erinnerungsstücke lagen. Das Zimmer seiner Frau war dagegen in ihrer Lieblingsfarbe Graublau gehalten, das große Bett darin hatte einen blauen Seidenbezug mit zitronenfarbener Fältelung, und die Möbel waren aus weißem Apfelbaumholz.

Als Landhausbesitzer folgten die Yorks den traditionellen Lebensgewohnheiten des Adels. Am Freitag verließ die Familie ihr Haus am Piccadilly 145 und verbrachte das Wochenende in der Royal Lodge. Der Herzog entwickelte sich dort zum leidenschaftlichen Gärtner. Frau und Kinder halfen ihm bei der Gartenarbeit; die beiden Töchter bekamen eigene Parzellen zum Bebauen. Im Jahr 1932 schenkte die Bevölkerung von Wales Elizabeth ein kleines Landhaus. Es hieß »Y Bwthyn Bach«, »das kleine Haus«, und war bis zum letzten Staubsauger komplett eingerichtet, so daß Elizabeth und Margaret Rose darin Hausfrau spielen konnten wie einst Marie Antoinette in ihrem »Weiler« von Versailles. Ihr Leben hatte jetzt eine feste Einteilung: Die Wochenenden verbrachten sie auf dem Land, Ostern mit dem König und der Königin auf Schloß Windsor, August und September bei den Großeltern in Schottland – entweder bei den Strathmores in Glamis oder in Balmoral (später in Birkall, einem Haus auf dem Grund von Balmoral) –, Weihnachten und Neujahr in Sandringham.

Bewußt oder unbewußt entstand so das Bild einer glücklichen Familie, mit der sich alle anderen Familien des Landes identifizieren konnten. Fotos in Zeitungen und Zeitschriften zeigten die Familie auf dem Rasen vor der Royal Lodge. Die Herzogin sitzt lächelnd da, der Herzog hat Prinzessin Margaret auf dem Arm und sieht stolz zu, wie Elizabeth mit den Hunden spielt (damals waren es Labradorhunde). Das war neu. Seit Königin Victorias Zeiten war es üblich, daß die Mitglieder der königlichen Familie nebeneinander auf Stühlen saßen und mit ernstem Blick in die Kamera starrten; die Kinder zeigten den gleichen Ernst und trugen Matrosenanzüge oder, wenn sie noch zu klein waren, Röcke und Petticoats. Ein Bild, auf dem König George V. und Königin Mary am Boden gesessen und mit Kindern und Hunden gespielt hätten, wäre undenkbar gewesen. Doch die Familienfotos der Yorks standen, ob bewußt oder unbewußt, in Kontrast zu den Bildern, die den Prinzen von Wales in seiner Freizeit zeigten, beim Besuch eines Nachtclubs im Frack oder im Freundeskreis am Swimmingpool in Fort Belvedere, jener Miniaturburg unweit der Royal Lodge, in die er sich an den Wochenenden zurückzog. Auf einem berühmten Foto, das bei einer solchen Gelegenheit im sogenannten »Fort« entstand, sitzt Thelma Furness, die Geliebte des Prinzen, in aufreizender Pose im Badeanzug auf dem Boden; auf einer Bank hinter ihr sitzt die Herzogin von York, vollständig bekleidet und mit einer Perlenkette um den Hals. Hier stießen unübersehbar zwei verschiedene Lebensstile zusammen.

Das Bild von der glücklichen Familie entsprach der Wahrheit. Elizabeth hatte wesentlich mehr von ihren Eltern als die meisten Kinder ihres Alters und ihrer Schicht, jedenfalls mehr als die Kinder der internationalen High-Society, die zurückgelassen wurden, wenn ihre Eltern einander am Wochenende in ihren Häusern besuchten oder im Sommer nach Venedig oder Südfrankreich und im Winter zum Wintersport nach Kitzbühel fuhren. Die Yorks fuhren nur ins Ausland, wenn sie mußten. Zwar verbrachten sie gelegentlich ein Wochenende bei Freunden wie Mrs. Ronnie Greville in Polesden Lacey, aber dann durften die Kinder meistens mit. Die Herzogin von York brachte Elizabeth das Lesen bei, ähnlich wie ihre Mutter es bei ihr getan hatte. Sie las ihr am Sonntagmorgen biblische Geschichten vor und an Winterabenden die »richtigen« Bücher. Nach dem Tee versammelte die Familie sich zum Singen ums Klavier, danach wurden Märchen vorgelesen wie »Alice im Wunderland«, »Black Beauty« oder »Peter Pan« und »alles, was mit Pferden und Hunden zu tun hatte«.

Im Frühjahr 1932 wurde Miss Crawford als Gouvernante für Elizabeth eingestellt. Marion Crawford war eine große, schlanke Schottin von 23 Jahren, eine geistig unabhängige und ehrgeizige Frau, die im Moray House in Edinburgh eine Ausbildung als Lehrerin für sozial benachteiligte Kinder gemacht hatte. Nach ihrer Arbeit als Elizabeths Gouvernante wollte sie wieder nach Edinburgh zurückkehren und Kinderpsychologie studieren. Wie Bobo hatte auch »Crawfie« ihre Stelle aufgrund einer persönlichen Empfehlung bekommen. Sie hatte eine Nichte der Herzogin unterrichtet; in den Augen des Herzogs bestand ihre wichtigste Qualifikation als Gouvernante seiner Tochter freilich darin, daß sie gut zu Fuß war – sie mußte täglich zehn Kilometer zu ihren Privatschülern marschieren. Crawfie sollte nie ins Moray House zurückkehren und nie Kinderpsychologie studieren; sie blieb 16 Jahre bei Elizabeth und Margaret. Drei Jahre nach Ende ihrer Dienstzeit veröffentlichte sie ein Buch über ihre Erlebnisse im königlichen Haushalt, »Die kleinen Prinzessinnen«. Das Buch wirkt heute zahm und süßlich, doch in den zugeknöpften fünfziger Jahren schlug es ähnlich sensationell ein wie Andrew Mortons »Diana: ihre wahre Geschichte« in den neunziger Jahren, denn es war der erste vertrauliche Bericht einer ehemaligen Hausangestellten über das Privatleben der königlichen Familie. Marion Crawford wurde durch diesen »Verrat« für die königliche Familie zur Unperson.

Crawfies Bericht ist nicht immer verläßlich. Das Manuskript wurde zweifellos noch mit Episoden angereichert, um die Verleger zufriedenzustellen. Bestimmte Bemerkungen und Gespräche sind frei erfunden, was man, wenn man nachsichtig sein will, nach so vielen Jahren natürlich auch mit Gedächtnislücken entschuldigen könnte. Die Charaktere sind klischeehaft und oberflächlich gezeichnet, der Stil ist der einer Frauenzeitschrift. Trotzdem hat das Buch seinen Wert als Porträt einer intelligenten Beobachterin, die von außen kam und keinen Grund mehr hatte, ihr Bild aus Rücksicht auf das Königshaus schönzufärben. Und Crawfie schildert ihr Leben mit den Yorks als glücklich, auch wenn ihre Schilderung manchmal etwas kitschig ausfällt. Sie war von ihren Arbeitgebern und deren Familie, insbesondere jedoch von der Herzogin begeistert. »Der Herzog und die Herzogin waren so jung und so verliebt. Sie hatten große Freude aneinander und an ihren Kindern.«

Als Crawfie Elizabeth zum ersten Mal sah, saß diese im Bett und lenkte mit Spielzeugzügeln ein imaginäres Pferd. Crawfie fragte, ob sie immer im Bett reite, und Elizabeth antwortete ernsthaft: »Ich mache vor dem Schlafengehen meistens noch ein oder zwei Runden im Park. Das trainiert meine Pferde.« Sie und Margaret besaßen eine Sammlung von über dreißig Spielzeugpferden, die sie feierlich absattelten, bevor sie zu Bett gingen. Ihre Lieblingsspiele in Hamilton Gardens oder der Royal Lodge hatten immer mit Pferden zu tun. Elizabeth und ihre Cousine Margaret Elphinstone taten etwa so, als zögen sie Margaret in einem kleinen zweirädrigen Wagen, oder Elizabeth zäumte Crawfie als Zugpferd auf und fuhr Waren aus, wie sie es im Londoner Haus vom Fenster aus beobachtet hatte. Sie striegelte, fütterte und tränkte die Spielzeugpferde; die dazu notwendigen Bürsten und Eimer waren vor dem Kinderzimmer aufgereiht. In der Royal Lodge lernte sie schon damals, auf ihrem Pony zu reiten, der Beginn einer lebenslangen

Leidenschaft für Pferde. Viele Mädchen ihres Alters interessieren sich für Pferde, aber bei den meisten hört die Begeisterung in der Pubertät auf. Elizabeths Interesse blieb vielleicht deshalb erhalten, weil es sich auch auf technische und praktische Dinge erstreckte: Sie wurde später eine anerkannte Expertin für die Zucht von Rennpferden.

Hunde waren ihr ebenso wichtig. Das Jahr 1933 war für sie das Jahr des Corgi. Damals kaufte ihr Vater den ersten einer langen Reihe jener kurzbeinigen, reizbaren walisischen Rasse, die inzwischen aus ihrem Leben nicht mehr wegzudenken ist. Der eingetragene Zuchtname des ersten Hundes lautete Rozavel Golden Eagle, gerufen wurde er nur Dookie. Er war in der königlichen Familie allerdings nicht beliebt, da er allzugern nach Knöcheln oder ausgestreckten Händen schnappte. Trotzdem kauften die Yorks einen weiteren Corgi namens Jane und gründeten eine Hundedynastie. Elizabeth hatte eine außerordentlich gute Beziehung zu Tieren, besonders jedoch zu Hunden. In mancher Hinsicht schien ihr Interesse für Vierbeiner das für Menschen zu übersteigen. Wie ihr Vater, ein großer Kenner wildlebender Tiere, war Elizabeth im Grunde ihres Wesens ein Landmensch. Wenn sie erst erwachsen sei, sagte sie zu Crawfie, werde sie einen Bauern heiraten und »viele Kühe, Pferde und Hunde und Kinder haben«.

Bei ihrer ersten Begegnung war Crawfie über den »langen, forschenden Blick« erstaunt, mit dem das Kind sie gemustert hatte. Schon die sechsjährige Elizabeth hatte ein scharfes und kritisches Auge. (»Ihr entgeht nichts«, würden ihre Freunde und Höflinge später sagen.) »Guten Tag. Warum haben Sie keine Haare?« begrüßte sie die neue Gouvernante, die eine Kurzhaarfrisur trug, den sogenannten »Eton-Schnitt«.

Auf einem Kostümfest für Kinder, das von Lady Plunket, einer Freundin ihrer Mutter, in Londonderry House veranstaltet wurde, entdeckte die viereinhalbjährige Elizabeth ein als Fee verkleidetes Baby. »Was für ein hübsches Kind«, sagte sie zur Kinderfrau des Babys. »Wie heißt es denn?« »Raine, Königliche Hoheit«, antwortete diese. »Das ist ja wirklich ein witziger Name«, sagte Elizabeth. Das Feenkind war Raine McCorquodale, Barbara Cartlands Tochter. Sie sollte als Stiefmutter von Elizabeths Schwiegertochter Diana, der Prinzessin von Wales, eine entfernte Verwandte Elizabeths werden.[6]

In Crawfies Augen hatte Elizabeth fast zuviel Selbstdisziplin und eine Ordnungsleidenschaft, die an Besessenheit grenzte. Sie sortierte die Zuckerstückchen, die ihr die Eltern beim Kaffeetrinken nach dem Mittagessen zum Naschen gaben, der Größe nach, während Margaret sie einfach verschlang. Als Crawfie sie einmal belehrte: »Nichts ist unmöglich, wenn man es nur hart genug versucht«, nahm Elizabeth sie beim Wort und versuchte Abend für Abend, ihre Schuhe genau parallel unter den Stuhl zu stellen, auf dem sie ihre Kleider bereits sorgfältig zusammengefaltet hatte; zuweilen stieg sie sogar noch einmal aus dem Bett, um die absolute Perfektion zu erreichen. Ordnungsrituale und die Liebe zu solchen Details spielten schon damals in ihrem Leben eine große Rolle.

Bildung stand bei den Yorks nicht im Vordergrund. »Niemand hatte Arbeitgeber, die sowenig eingriffen«, erinnerte sich Crawfie. »Ich hatte oft den Eindruck, daß sich der Herzog und die Herzogin, die ein besonders glückliches Eheleben führten, keine allzu großen Sorgen über die Erziehung ihrer Töchter machten. Sie wünschten vor allem, daß ihre Kinder eine wirklich glückliche Kindheit verleben und viele schöne Erinnerungen sammeln sollten für kommende Tage und daß sie später ein glückliches Eheleben führen konnten.«

Mit anderen Worten, was für die Mutter gut genug gewesen war, war auch gut genug für die Töchter. Prinz Albert mit seinen schrecklichen Erinnerungen an die eigene Schulzeit wollte vor allem, daß seine Kinder glücklich waren. Bildung für Frauen hatte im Königshaus und in adligen Kreisen keinen hohen Stellenwert; sie mochte für jene Unglücklichen notwendig sein, die sich ihren Lebensunterhalt selbst verdienen mußten, aber für Mädchen, die für die Ehe bestimmt waren, spielte sie keine Rolle. Königin Mary scheint als einziges Mitglied der Familie Wert auf eine gute Erziehung der Mädchen gelegt zu haben. Sie tadelte ihre Schwiegertochter, weil sie die Ausbildung der Kinder allein der Gouvernante überließ. »Ich weiß nicht, was sie will«, sagte die Herzogin von York zu einer Freundin. »Schließlich hatten ich und meine Schwestern doch auch nur Gouvernanten, und wir sind alle gut verheiratet – eine von uns sogar *sehr* gut…«

Für König George V. war nur eines wichtig: »Um alles in der Welt«, sagte er zu Crawfie, »bringen Sie Margaret und Lilibet eine ordentliche Handschrift bei, mehr verlange ich gar nicht. Keines meiner Kinder konnte ordentlich schreiben. Sie haben alle genau die gleiche Handschrift. Ich möchte eine charaktervolle Schrift.«

Es war typisch für den König, daß er seine Söhne als schlechtes Beispiel anführte. Tatsächlich hatte die Handschrift seiner drei ältesten Söhne große Ähnlichkeit mit seinem eigenen chaotischen Gekritzel voller Schreibfehler, das geradezu an einen Analphabeten erinnerte. Nur Prinz George, der jüngste, hatte eine elegante, individuelle Handschrift. Kinder eines Königshauses haben in allem nur die eigenen Eltern als Vorbilder, und die Handschrift bildete da keine Ausnahme. Wie König Georges Kinder seine Schrift kopierten, sollte Elizabeths Handschrift später der ihrer Mutter so sehr gleichen, daß ihre Unterschriften kaum zu unterscheiden waren.

Königin Mary jedoch war nicht so leicht zufriedenzustellen. Ziel der Ausbildung war für sie, daß die Kinder über die Geschichte des Königshauses und das Wesen der britischen Monarchie Bescheid wußten. Sie bestand darauf, daß Crawfies Lehrplan mit den Fächern Gesang, Tanz, Musik und Zeichnen, Fertigkeiten also, die bereits in der Zeit vor Jane Austen als angemessene Bildung einer jungen Dame galten, durch Fächer ergänzt wurde, die sie bei Kindern königlicher Abkunft für unverzichtbar hielt. »Ihre Majestät war der Ansicht, daß Stammbäume, historische und dynastische, für Kinder sehr interessant und für diese Kinder wirklich wichtig seien«, berichtete Crawfie. Königin Mary wollte außerdem das Interesse nutzen, das sie in Elizabeth mit dem Geschenk der Bauklötze geweckt zu haben hoffte, und die Kinder mit der Geographie der Dominien und Indiens vertraut machen. Vielleicht weil Mary darauf bestand, wurde Crawfie als Pädagogin die französische Gouvernante Montaudon-Smith, genannt »Monty«, zur Seite gestellt, und Crawfie aktualisierte den Lehrplan auf ihre eigene Weise, indem sie das sorgfältig edierte und auf Kinder zugeschnittene Nachrichtenblatt *The Childrens Newspaper* und die Zeitschrift *Punch* abonnierte. Königin Marys Geschenke für die Kinder hatten im allgemeinen einen pädagogischen Zweck, etwa Bücher von klassischen Autoren wie Robert Louis Stevenson, Jane Austen und Rudyard Kipling. Außerdem unternahm sie mit den Kindern Bildungsausflüge, die sie »lehrreiche Unterhaltung« nannte. Jeden Montag ging es entweder ins

Museum oder an Orte wie den Tower oder die Royal Mint, die königliche Münzstätte.

Königin Mary ging sogar so weit, ihren Hofdamen Briefe an Crawfie zu diktieren, in denen sie die Fortschritte der Kinder kommentierte. Einige ihrer Bemerkungen wären von der Mutter sicher als unwillkommene Einmischung betrachtet worden, wenn sie sie gelesen hätte. »Warum sollte Rechnen für sie wichtiger sein als Geschichte?« wollte die Königin etwa wissen. »Sie werden nie eigene Haushaltsbücher führen …« Ein andermal schrieb sie: »Sollten sie für die Beschäftigung im Hause nicht ein Spiel bekommen, das sie geistig stärker fordert als Racing Demon?« Oder: »Ich bin beunruhigt, daß sie so spät und nicht immer zur gleichen Zeit zu Bett gehen.« Und über Margaret: »Prinzessin Margarets Charakter ist komplizierter und schwieriger …, aber ihre allgemeine Einstellung und Haltung dem Leben gegenüber bessert sich vielleicht noch.«[7]

Die Kinder fürchteten die Großmutter und fanden sie streng. Sie schafften es nicht, hinter der großen Scheu und Zurückhaltung der Königin den freundlichen, liebevollen und sogar heiteren Kern ihrer Persönlichkeit zu entdecken, wie es vielleicht nur Prinz George und engen Freundinnen wie Lady Airlie gelang. Daß Königin Mary den Enkelinnen ein Bewußtsein ihrer Stellung vermitteln wollte und großen Wert auf gutes Benehmen legte, machte sie bei den Kindern auch nicht beliebter. Als sie einmal mit Elizabeth ein Konzert in der Queen's Hall besuchte, rutschte die Enkelin so unruhig auf dem Stuhl hin und her, daß die Großmutter sie fragte, ob sie lieber nach Hause wolle. »Nein, Granny«, sagte Elizabeth. »Wir können nicht vor dem Ende gehen. Denk doch an all die Leute, die uns draußen sehen wollen.« Man könnte darin eine für ein kleines Mädchen ungewöhnlich umsichtige Antwort sehen. Für Königin Mary war es jedoch würdelos und entschieden unköniglich, an Dinge wie eine wartende Menschenmenge zu denken. Das Kind sollte nicht eingebildet werden und wurde deshalb in Ungnade nach Hause geschickt.

In anderer Hinsicht dagegen waren sich Elizabeth und ihre Großmutter auch wieder sehr ähnlich. Der Schriftsteller und Reisende Augustus Hare lernte Mary, damals noch Herzogin von York, 1899 kennen und lobte ihre »schlichte Würde und Zielstrebigkeit« und »das große Pflichtbewußtsein dieser von Natur aus fröhlichen und herzlichen Person«.[8] Sie liebte harte Arbeit und konnte Faulheit, Unordentlichkeit und Verschwendung nur schwer verzeihen.

Der Einfluß Königin Marys auf ihre älteste Enkeltochter darf nicht unterschätzt werden. Sie sah sich selbst als die Hüterin der königlichen Tradition und war das auch in den Augen der anderen Mitglieder der Familie. Lady Airlie zufolge hielt sie Katharina die Große wegen ihres ausgeprägten Pflichtgefühls als Monarchin für eine gute Königin, »weil diese ihr Königreich so sehr liebte, daß sie um seinetwillen sogar so weit gehen würde, schreckliche Verbrechen zu begehen«. Mary wußte alles über das Königshaus und über die königliche Etikette. Als die junge Elizabeth selbst Königin wurde, sagte sie etwa: »Granny hat immer gesagt, ich werde eine Menge aushalten.« Auch ihre offensichtliche Abneigung, in der Öffentlichkeit zu lächeln, geht zumindest teilweise auf die Großmutter zurück, die befand, daß eine wahre Königin in der Öffentlichkeit nicht zu lächeln habe. Lord Harewood erinnerte sich an die »Ehrfurcht, ja fast Verehrung, die man Königin Mary allgemein entgegenbrachte. Selbst meine Mutter faßte sie nur mit Glacéhandschuhen an.« Wenn Königin Mary zu Besuch kam, begrüßten alle weiblichen Mitglieder der Familie York sie mit einem Hofknicks und küßten ihr die Hand und beide Wangen, und beim Abschied wiederholte sich die Prozedur.

Crawfies Ausflüge mit den Kindern hatten im Gegensatz zu denen der Königin den Zweck, die Kinder mit »der wirklichen Welt« in Kontakt zu bringen. Elizabeths Käfig war zwar golden und hatte unsichtbare Stäbe, er war aber trotzdem vorhanden. »Andere Kinder faszinierten sie immer ungemein, wie geheimnisvolle Wesen einer anderen Welt«, schrieb Crawfie. »Die kleinen Mädchen lächelten schüchtern den Kindern zu, die ihnen gefielen. Sie hätten gern mit ihnen gesprochen und Freundschaft geschlossen, aber sie wurden nie dazu ermutigt.«

Die Vorstöße in die »normale Welt« verliefen häufig unglücklich, weil das öffentliche Interesse an den Kindern zu groß war. Bei einer traurigen Gelegenheit fuhren sie mit der U-Bahn zur Tottenham Court Road und besuchten den Christlichen Verein Junger Frauen in der Great Russell Street. Als Elizabeth, nicht gewohnt, sich selbst zu bedienen, in der Kantine die Teekanne auf der Theke stehenließ, brüllte die Frau hinter der Theke, wenn sie Tee wolle, müsse sie die Kanne schon selbst holen. Wenig später wurden die Kinder erkannt; zwei perfekt angezogene Mädchen in Begleitung einer Gouvernante und eines Polizisten in Zivil mußten in einer Kantine des Christlichen Vereins Junger Frauen auffallen. Der Polizist rief einen Wagen, der sie vor der rasch wachsenden Menschenmenge in Sicherheit brachte, und damit war das kleine Abenteuer in der Außenwelt auch schon wieder beendet. Von da an kam Elizabeth dem normalen Leben auf Fahrten im oberen Deck eines Londoner Doppeldeckerbusses am nächsten, bis auch diese wegen einer Terrorkampagne der IRA aufgegeben wurden.

Die Geschwister waren allerdings keineswegs so isoliert von anderen Kindern, wie Crawfie schreibt, auch wenn ihr Freundeskreis zweifellos sehr exklusiv war. Im Haus Piccadilly 145 fanden häufig Feste mit Kindern aus der Oberschicht statt, mit den Beaumonts aus dem Nachbarhaus Nr. 144, den Cousinen der Familien Mountbatten und Elphinstone, den Söhnen der eng mit den Yorks befreundeten Plunkets, mit Myra Wernher, Elizabeth Lambart und Alathea Fitzalan-Howard, den Verwandten von Abel Smith und den Kindern von Höflingen wie den Hardinges und den Leghs. Elizabeth war besonders eng mit Sonia Graham-Hodgson befreundet, der Tochter des berühmten Radiologen in der Harley Street. Von Allah aufs Feinste angezogen, besuchten die Prinzessinnen auch Feste anderer Kinder, die den Kindermädchen allerdings besser gefielen als den Kindern.

Normalerweise machte Elizabeth nach dem Frühstück einen Besuch im Schlafzimmer der Eltern. Es folgten halbstündige Unterrichtseinheiten, denen sich um elf das zweite Frühstück und ein Erholungsspaziergang in Hamilton Gardens anschlossen. Danach wurde bis zum Mittagessen gelesen. Wenn die Eltern zu Hause waren, aßen sie in der Regel mit den Kindern zu Mittag. Nachmittags erhielten die Geschwister Sing-, Tanz-, Musik- oder Zeichenunterricht. Danach wurde der Tee serviert, bei dem häufig Onkel David zu Gast war, bevor ihm Wallis Simpson den Kopf verdrehte. Der Prinz von Wales bewohnte York House im St. James's Palace, nur einen kurzen Fußmarsch von Piccadilly 145 entfernt. Er machte auch bei den Kartenspielen mit, die nach dem Tee gespielt wurden – darunter Schnipp-Schnapp und Rommé.

Danach gingen die Kinder, begleitet von ihren Eltern, ins Bad, und im Kinderzimmer fanden Kissenschlachten und andere wilde Spiele statt, bis Allah verkündete, es sei Schlafenszeit. »Anschließend gingen die jungen Eltern wieder hinunter, erhitzt und zerzaust und häufig ziemlich naß. Die Kinder riefen ihnen noch nach, bevor die Tür zugemacht wurde: ›Gute Nacht, Mama! Gute Nacht, Papa!‹«

Elizabeth wußte natürlich nicht, welche Schwierigkeiten Onkel David der Familie schon damals bereitete. Eine Eheschließung des Prinzen von Wales mit einer geeigneten jungen Frau schien zunehmend unwahrscheinlich. Nur einmal vor langer Zeit hatte er sich für eine ledige Frau interessiert, für Lady Rosemary Leveson-Gower. Der König und die Königin hatten jedoch die Herkunft der Lady für unpassend befunden, und der Prinz hatte nicht auf einer Fortsetzung der Beziehung bestanden. Seit er im Ersten Weltkrieg in Frankreich mit einer jungen Französin erste sexuelle Erfahrungen gesammelt hatte, richtete sich seine Aufmerksamkeit ausschließlich auf verheiratete Frauen. Die hohen Erwartungen an ihn als Prinzen von Wales lähmten ihn, und seine Minderwertigkeitsgefühle angesichts des schweren Erbes ließen ihn vor jeglicher Verantwortung zurückschrecken. Er zog erfahrene Frauen vor, die keine ernsthaften Erwartungen an ihn stellten und die ihn bemutterten, führten und – wie später Wallis Simpson – beherrschten. Die Beziehung zu seinem Vater war, wie im Haus Hannover üblich, von gegenseitigem Mißtrauen und Feindseligkeit geprägt. Auch der Prinz litt unter dem Trauma des Ersten Weltkriegs, den niemand seiner Generation vergessen konnte, und er hatte ein gestörtes Verhältnis zu seinem Erbe und allem, wofür sein Vater stand. Er rebellierte gegen den Hof des Vaters und dessen Traditionen und vergötterte die moderne Welt in Gestalt der Vereinigten Staaten, die für ihn die Aussicht auf eine bessere, freiere Zukunft verkörperten. Die Tapferkeit und Menschlichkeit, die er im Krieg im Schützengraben bewiesen hatte, wurden von dem verzweifelten Bemühen überdeckt, Langeweile und das Gefühl der eigenen Wertlosigkeit mit Sex, Alkohol, Jazz, Nightclubs und Golf zu bekämpfen. »Ich komme mir vor wie ein Haufen Scheiße«, hatte er 1919 voller Verzweiflung an einen seiner Berater geschrieben. Wie es Mitglieder von Königshäusern immer tun, suchte er nach Vorbildern in der Vergangenheit. Er fragte seinen

Großonkel, den Herzog von Connaught, nach den sexuellen Eroberungen, die Edward VII. als Prinz von Wales gemacht hatte, mißachtete jedoch die Warnung des alten Herzogs, daß »so etwas heute nicht mehr toleriert würde«.

Bei Hofe war man über das Verhalten des Prinzen inzwischen höchst beunruhigt. In den frühen zwanziger Jahren war er der Charmeur mit dem goldenen Herzen gewesen, »immer zu einem Scherz aufgelegt«, wie jemand aus seiner Umgebung meinte, und hatte mit seiner überschäumenden Lebenslust den ganzen Hof bezaubert. Doch jetzt hatte der Charmeur sich in eine schwierige und halsstarrige Person verwandelt, deren Aktionen niemand mehr kontrollieren konnte und deren Fehltritte man angestrengt zu vertuschen suchte. Mitte der zwanziger Jahre schockierten seine Abenteuer mit Frauen, seine alkoholischen Exzesse und sein egoistisches und unverantwortliches Verhalten selbst seine engsten Mitarbeiter. Für seinen Privatsekretär Alan »Tommy« Lascelles kam es zur Krise, als er mit dem Prinzen im November 1928 in Afrika weilte. Der Prinz erhielt ein Telegramm des Premierministers, das ihn über die gefährliche Krankheit seines Vaters informierte und ihn dringend aufforderte, sofort zurückzukehren. Er nahm das Telegramm jedoch nicht ernst und setzte seine Versuche fort, die Frau eines lokalen Regierungsbeamten zu verführen. Lascelles' Geduld war zu Ende. Er kündigte und trat eine Stelle bei König George V. an, mit dem festen Vorsatz, dem Prinzen nie wieder zu dienen; sehr zu seinem Leidwesen mußte er wenige Jahre später erleben, daß der Prinz selbst König wurde. Dieser zeigte schon damals jene Vorliebe für verheiratete amerikanische Frauen, die schließlich zu seinem Verhältnis mit Wallis Simpson führte. Anfang der dreißiger Jahre war Thelma Furness, eine geborene Vanderbilt, seine Geliebte, ein Verhältnis, das dem stets gut informierten Hof durchaus bekannt war. Die Yorks – mit Ausnahme von König George V. und Königin Mary – mochten die umgängliche Thelma gern, als sie jedoch 1933 durch ihre Freundin Wallis Simpson ersetzt wurde, wurde die Situation zunehmend bedrohlich.

Mit ihren beiden anderen Onkeln, Prinz Henry, dem Herzog von Gloucester, und Prinz George, dem Herzog von Kent, hatte Elizabeth weniger Kontakt. Die beiden Brüder waren völlig verschieden. Prinz Henry, von der Familie »Harry« genannt, war groß und mit seinem roten Gesicht und seinen hellblauen, vorstehenden Augen von typisch hannoveranischem Aussehen. Er war wie seine beiden älteren Brüder kein Intellektueller, sondern ein jagender, schießender und fischender Landedelmann mit einer Leidenschaft für deftige Scherze, der zum Beispiel Senfpflaster in die Hosenböden der Abendanzüge wichtigtuerischer Gäste heftete. Er genoß das militärische Leben als Offizier in einem Kavallerieregiment, war ein begeisterter Reiter, obwohl er oft Unfälle hatte, und speiste mit Appetit in der Offiziersmesse, wo beim Portwein nach dem Dinner sein wieherndes Gelächter erklang. Er war bei Offizierskollegen wie Soldaten beliebt, weniger jedoch bei ranghöheren Offizieren, die ihn eher als Belastung und Clown empfanden. Seine Konversation entbehrte nicht einer gewissen banalen Komik. »Gut gerichtet in letzter Zeit?« wollte er von einem irischen Richter wissen, der beim Dinner neben ihm saß. Als Mitglied der königlichen Familie war er insofern benachteiligt, als er völlig unmusikalisch war und seinem älteren Bruder zufolge die Nationalhymne nur daran erkannte, daß alle aufstanden.

Überraschenderweise teilten er und sein jüngerer Bruder George jedoch das Interesse der Mutter für Antiquitäten. Prinz Henry sammelte Netsuke, Miniaturelefanten, Drucke mit Motiven aus der Welt des Sports, Bilder und Bücher. Während Königin Mary sich in ihrem Geschmack ganz von ihrer Leidenschaft für das Königshaus leiten ließ – das zweitklassige Porträt eines deutschen Verwandten königlichen Geblüts erschien ihr begehrenswerter als das Werk eines großen Künstlers –, war Prinz George ein wirklicher Kenner und der kundigste königliche Sammler seit George IV. Er interessierte sich ernsthaft für Innenausstattung, ein Interesse, das er von seinem Großvater mütterlicherseits, Franz von Teck, geerbt hatte. Der Beschluß seines Vaters, einen Marineoffizier aus ihm zu machen, war ein Fehler gewesen. Königin Mary hatte ausnahmsweise sogar versucht, dem König die Idee auszureden, mit dem Hinweis, daß George mit seinen empfindsamen, ästhetischen Neigungen für das Leben in der Kriegsmarine ungeeignet sei. Doch sie hatte sich natürlich nicht durchsetzen können. Prinz George mußte wie zuvor David und Bertie das Naval College in Dartmouth besuchen, und dort erging es ihm miserabel. Das anschließende Leben an Bord eines Schiffes wurde für ihn ein Alptraum, er litt an Heimweh und Seekrankheit, bis der König schließlich einlenkte. Prinz George wurde Staatsbeamter und arbeitete zunächst für das Außen- und dann für das Innenministerium, und zwar ausgerechnet als Fabrikinspektor. Sobald er wieder festen Boden unter den Füßen hatte, stürzte er sich mit Begeisterung in das Londoner Nachtleben. Er zog mit David ins York House, und die beiden wurden unzertrennlich. Abgesehen von seinem Bruder waren Prinz Georges engste Freunde meist kultivierte Homosexuelle wie Prinz Paul von Jugoslawien oder Chips Channon. Es gab Gerüchte über einen »Knaben in Paris«, dem er angeblich kompromittierende Briefe geschrieben hatte, und über eine Liaison mit Noël Coward. Der Prinz zeigte jedoch auch aktives Interesse für Frauen; zu seinen Geliebten zählten die schwarze Sängerin Florence Mills und eine Vielzahl junger Damen der Gesellschaft, insbesondere Lois Sturt und Poppy Baring. Ende der zwanziger Jahre war er für kurze Zeit drogensüchtig. Er war mit David nach Kenia gereist, wo ihn seine amerikanische Geliebte Kiki Whitney Preston mit Kokain und Morphium bekannt gemacht hatte. Er wurde von David gerettet, der ihn in einem Landhaus unterbrachte und von Krankenschwestern betreuen ließ. Groß, dunkelhaarig und gutaussehend, bot der Prinz eine sinnliche Erscheinung und war obendrein ein glänzender Gesellschafter.

Sein wildes Junggesellenleben ging offiziell zu Ende, als er im August 1934 der Schwägerin seines Freundes Prinz Paul von Jugoslawien, Prinzessin Marina von Griechenland, einen Heiratsantrag machte. Als Tochter von Prinz Nikolaus aus dem griechischen Königshaus war die Prinzessin eine Nachfahrin von Königin Alexandras Lieblingsbruder Wilhelm von Dänemark und damit eine Cousine Georges. Mütterlicherseits floß sogar kaiserliches Blut in ihren Adern, das Blut der russischen Zarendynastie Romanov. Prinzessin Marina war für einen Ästheten wie George die perfekte Wahl: eine exquisite Schönheit, groß, schlank, dunkelhaarig und mit den hohen Wangenknochen ihrer Vorfahren aus dem Zarenhaus. Die modebewußte und kultivierte Prinzessin führte seit 1922, als ihre Familie nicht zum ersten und auch nicht zum letzten Mal aus Griechenland vertrieben worden war, ein internationales Wanderleben und hatte beispielsweise in Paris eine Boutique betrieben. Sie und George hatten denselben Geschmack in bezug auf andere Menschen, einen Geschmack, der sich drastisch von dem der britischen Königsfamilie, jedenfalls von dem der Yorks als ihre Hauptvertreter, unterschied. Ihre Freunde waren amüsant und begabt, darunter Männer wie Cecil Beaton und Noël Coward, Prinz Paul und seine Frau, Marinas Schwester Olga und ihre andere Schwester Elizabeth Woolly, die mit Graf Carl zu Toerring-Jettenbach verheiratet war. Außerdem zählte auch eine Reihe deutscher und griechischer Verwandter königlichen Geblüts zum Freundeskreis, darunter die Familie des jungen Prinzen Philip von Griechenland, des zukünftigen Ehemanns von Prinzessin Elizabeth.

Die elegante Schönheit Marina wurde von der britischen Öffentlichkeit begeistert aufgenommen. »Bleiben Sie, wie Sie sind!« rief ein Verehrer, als sie, frisch aus Paris eingetroffen, im September 1934 mit Prinz George die Victoria Station verließ. »Es ist alles so schön und wunderbar, daß ich es kaum glauben kann«, schrieb Prinz George an Prinz Paul. »Alle sind von ihr begeistert, besonders die Bevölkerung. Natürlich hatten sie eine altmodische Prinzessin erwartet, wie es sie leider in meiner Familie gibt, und als dann dieses wunderbar elegante Wesen ausstieg, konnten sie es nicht fassen...«[9]

Prinz George und Prinzessin Marina wurden am 29. November in der Westminster Abbey getraut. Elizabeth und ihre Cousine Lady Mary Cambridge (die Tochter von Königin Marys Bruder Adolphus, Marquis von Cambridge) waren die Brautjungfern. In der Kirche saßen auch auf sehr guten Plätzen Mr. und Mrs. Ernest Simpson. Die immer größere Rolle, die Mrs. Simpson im Leben des Prinzen von Wales spielte, war für die königliche Familie eine Quelle heimlicher Sorge. Auf einem vor der Hochzeit vom König und der Königin veranstalteten Fest hatte Wallis in einem violetten Lamé-Kleid alle Blicke auf sich gezogen; ihre knallgrüne Schärpe war sorgfältig auf die Smaragde und Diamanten abgestimmt, die ihr der verliebte Prinz verehrt hatte. Der König schäumte innerlich, als der Prinz ihm Wallis vorstellte. Später erzählte er seinem Sekretär Clive Wigram, er sei »rasend vor Zorn«, weil der Prinz »Mrs. Simpson in den Palast geschmuggelt« und dann auch noch die Stirn gehabt habe, sie ihm und der Königin vorzustellen. »Was hat diese Frau in meinem Haus zu suchen«, donnerte er. Doch im Herbst 1934 machte die königliche Familie sich keine Illusionen mehr: Der Prinz von Wales war von der eleganten, amüsanten Amerikanerin Wallis Simpson aus Baltimore, die zum zweiten Mal verheiratet war, geradezu besessen. Prinz George, bis zu seiner Heirat mit Prinzessin Marina der ständige Begleiter seines Bruders, war die wichtigste Informationsquelle der Familie. »Seit Mrs. Simpson in sein Leben getreten war«, erzählte George einem Freund, »war er weder für mich noch für meine Brüder je wieder derselbe wie in vergangenen Zeiten.«[10]

Im Frühjahr 1935 war die Tatsache, daß der britische Thronfolger eine verheiratete Geliebte hatte, die er mit teurem Schmuck beschenkte, in den Vereinigten Staaten und Kanada wohlbekannt. Die Schlagzeilen der Hearst-Presse kündeten von der Affäre und berichteten auch über den Skiurlaub des Paares im Februar in Kitzbühel und die Reisen nach Wien und Budapest. In Großbritannien übten die Zeitungen dagegen kollektive Zurückhaltung; die Leidenschaft des Prinzen für Wallis war nur seiner Familie und dem kleinen, geschlossenen Kreis der besten Gesellschaft Londons bekannt.

Die neunjährige Prinzessin Elizabeth bekam von alledem nichts mit, obwohl sie Mrs. Simpson laut Crawfie persönlich kennengelernt hatte, als Onkel David diese zum Tee in die Royal Lodge mitbrachte. Aber vielleicht erprobte Elizabeth schon damals ihren berühmten »langen, kalten Blick« an Onkel Davids geschwätziger amerikanischer Freundin, und vielleicht spürte sie auch die Ablehnung, die ihre Mutter Wallis entgegenbrachte. Auch mag sie sich gewundert haben, warum Onkel David nicht mehr regelmäßig zum Tee erschien. Ihre Eltern hielten sich jedoch strikt an jene Verhaltensregel der »feinen Gesellschaft«, nach der es bei jedem verfänglichen Thema sofort hieß: »Pas devant les enfants« (nicht vor den Kindern). Und in *Punch* oder *Children's Newspaper* las Elizabeth gewiß kein Wort über ihren Onkel und seine Geliebte.

Oberflächlich gesehen schien alles in Ordnung, als mit großen Feierlichkeiten das Silberjubiläum begangen wurde, die Thronbesteigung ihres Großvaters vor 25 Jahren. Am 6. Mai 1935 verließ Elizabeth wie ihre Schwester in einem rosafarbenen Kleid den Buckingham-Palast und fuhr mit ihren Eltern in einer offenen Kutsche zum Dankgottesdienst in der St.-Pauls-Kathedrale. Sie erlebte zum ersten Mal den Glanz und Pomp eines königlichen Festes. Eine jubelnde Menge säumte die Straßen, und einige Zuschauer fielen in Ohnmacht, da es für Anfang Mai ungewöhnlich heiß war. Die Yorks waren Teil eines riesigen Festzugs, der vom Speaker des Unterhauses in seiner prachtvollen goldenen Staatskutsche angeführt wurde. Ihm folgten Kutschen mit den Premierministern der Dominien und dem britischen Premier Ramsay MacDonald, dem Lordkanzler mit seiner gewaltigen Perücke, den königlichen Tanten, Cousins und Cousinen, Elizabeths Onkel George, dem damaligen Herzog von Kent, mit seiner bezaubernden Frau und Onkel Henry, dem Herzog von Gloucester. Zwischen den Kutschen trabten königliche Reiter mit funkelnden Brustpanzern und Helmen mit wehenden Roßhaarschweifen, rotblauen Uniformen, enganliegenden Reithosen, hohen schwarzen Stiefeln und gezogenen Säbeln. Ganz zum Schluß kamen Elizabeths Großeltern, denen die Menge am lautesten zujubelte. Königin Mary trug ein silbriges Kleid mit Diamanten und glitzerte einem Beobachter zufolge wie der schneebedeckte Eiger.

Dem schlichten alten König schlug eine überwältigende Liebe entgegen, von der er selbst am meisten überrascht war. Als er geschmeichelt, aber verwirrt von der ungeheuer erfolgreichen Fahrt durch die ärmsten Straßen des Londoner East End zurückkehrte, sagte er zu seinem alten Freund, dem Erzbischof von Canterbury: »Also, ich verstehe das nicht. Ich bin doch ein ganz normaler Mensch.« Worauf ihm der Erzbischof die nicht unbedingt schmeichelhafte Antwort gab: »Ja, Sir, das ist es ja gerade.« Fünfundzwanzig Jahre zuvor, bei der Thronbesteigung des Königs, hatte Lloyd George, der Schatzkanzler der Regierung Asquith, folgende Erklärung für die geheimnisvolle Anziehungskraft des Königs gefunden: »Der König ist ein sehr netter Mensch, aber Gott sei Dank hat er nicht besonders viel im Kopf. Die Könige sind einfache und wirklich ganz normale Menschen, und das ist vielleicht auch ganz richtig so.«[11] In einer Rundfunkansprache aus dem Buckingham-Palast brachte der König seine Gefühle zum Ausdruck: »Ich kann euch nur sagen, meine über alles geliebten Untertanen, daß die Königin und ich euch von ganzem Herzen für die Treue und – wenn ich das sagen darf – Liebe danken, die ihr uns heute und schon immer entgegengebracht habt.«

Ausländische Beobachter hoben besonders das Bild des väterlichen Herrschers hervor, den George V. in der Öffentlichkeit verkörperte, im

Gegensatz zu der unglücklichen Rolle, die er privat als Vater spielte. Die *Deutsche Allgemeine Zeitung* pries den König als »Vater der Nation«, und der französische Botschafter René Corbin berichtete seinem Minister, George V. sei im Verlauf seiner Herrschaft »nicht nur der König, sondern der Vater seiner Völker geworden, und zu ihrer Treue ist die Wärme echter Liebe gekommen. Hier liegt das Geheimnis der persönlichen und lebendigen Gefühle, von denen dieses Königreich und Empire heute innerlich erfüllt ist.« Er sei verblüfft, so Corbin weiter, »über das Gefühl der Zusammengehörigkeit und Macht, das die Familie der britischen Demokratien aus ihrer Bindung an die Krone zieht, die zur gleichen Zeit als väterliche Macht und als Symbol der Einheit gilt«.[12]

Während jener Feiertage zum silbernen Thronjubiläum, als die königliche Familie von einer ungeheuren Woge der Liebe und Begeisterung getragen wurde, nahm für Elizabeth das konkrete Gestalt an, was sie im Unterricht über das Empire und die Monarchie gelernt hatte. Sie war zu jung, um noch jene Zeit erlebt zu haben, als die Monarchie weniger stabil gewesen war. Damals wurde ihr Großvater nach der Ermordung seines Cousins, des Zaren, und nach der Rückkehr der traumatisierten Soldaten aus dem Ersten Weltkrieg und dem wenig später ausgebrochenen Generalstreik – von der Furcht vor der Revolution erfaßt, und er erkannte, daß er etwas dafür tun mußte, wenn er seinen Thron behalten wollte. Und was er getan hatte, war überaus erfolgreich gewesen.

Die Apotheose König Georges V. stand am Ende seines Lebens. Im Winter nach dem Jubiläum sagte Lord Dawson, der Arzt des Königs, zu Premierminister Stanley Baldwin, der alte König sei »im Begriff, seine Sachen zu packen«, und bereite »sich auf den Abschied vor«. Das Weihnachtsfest der Familie in Sandringham war überschattet von der schlechten Gesundheit des Königs, die Stimmung eigentümlich gedrückt. Die Kents waren mit Prinz Edward, ihrem im Oktober geborenen Baby, gekommen, und auch Onkel Harry, der Herzog von Gloucester, war mit seiner neuen Frau anwesend, der früheren Lady Alice Montagu-Douglas-Scott, die er im November geheiratet hatte. Elizabeth und Margaret waren Brautjungfern gewesen, und Norman Hartnell hatte sie dafür in Kate-Greenaway-Kleider gekleidet, die er auf

Anordnung des Königs hatte kürzen müssen, weil der König »die hübschen kleinen Knie« seiner Enkeltöchter sehen wollte.

George V. war abgemagert und ging gebeugt. Seine Lieblingsschwester Victoria, eine scharfzüngige alte Jungfer, die ihren Neffen verhaßt war, weil sie sich ständig in ihre Angelegenheiten eingemischt hatte, war im Dezember gestorben. Der König schlief schlecht und brauchte in der Nacht häufig Sauerstoff, um seine Atemnot zu lindern. Die Sorgen um die Zukunft der Monarchie lasteten schwer auf ihm. In jenem Jahr hatte er offen Zweifel an seinem ältesten Sohn als Nachfolger geäußert. »Ich bete zu Gott, daß nichts dazwischenkommt, bis Bertie und Lilibet den Thron besteigen«, sagte er zu seinem Freund und Vertrauten Cosmo Lang, dem Erzbischof von Canterbury. »Wenn ich einmal nicht mehr da bin, wird sich der Junge in einem halben Jahr ruinieren.« Der Prinz von Wales war noch gelangweilter und unruhiger als sonst und verschwand immer wieder, um mit Wallis Simpson zu telefonieren.

Das Jahr 1936 begann für die ganze Familie schlecht. Während die Prinzessinnen in Sandringham blieben, kehrten ihre Eltern in die Royal Lodge zurück. Dort erkrankte die Herzogin an Grippe und dann an einer Lungenentzündung. In Sandringham bemerkte Elizabeth besorgt die Veränderung ihres Großvaters, der bei den Mahlzeiten einzuschlafen pflegte. Am 16. Januar blieb er im Bett; beunruhigt rief daraufhin Königin Mary den Herzog von York nach Sandringham zurück. Am Samstag, dem 18. Januar, brach die Jagdgesellschaft auf, die auf Einladung des Königs in Sandringham geweilt hatte, und nahm Elizabeth und Margaret mit. Allen fiel auf, wie unglücklich Elizabeth aussah. Zwei Tage später, am 20. Januar kurz vor Mitternacht, starb König George V.; sein Tod wurde durch eine tödliche Injektion von Morphium und Kokain beschleunigt. Crawfie kehrte früher aus dem Weihnachtsurlaub zurück, um sich um die Kinder zu kümmern. »Achten Sie darauf, daß die Kinder nicht mehr belastet werden als unbedingt nötig, Crawfie«, schrieb die Herzogin von York. »Sie sind noch so klein.« Es erscheint seltsam, daß man versuchte, den Tod des geliebten Großvaters möglichst von Prinzessin Elizabeth fernzuhalten, aber die Vermeidung exzessiver Gefühle hatte in der königlichen Familie Tradition. Trotzdem sagte das kleine Mädchen mit dem angeborenen Sinn für korrektes Benehmen besorgt zu seiner Gouvernante: »O Crawfie, sollen wir jetzt wirklich spielen?«

Trotz ihrer Jugend mußte Elizabeth schon damals lernen, daß das Leben der königlichen Familie aus einer Serie sorgfältig arrangierter Auftritte bestand. Am 27. Januar wurde sie ganz in Schwarz gekleidet und mit einem Barett aus schwarzem Samt auf dem Kopf in die große düstere Westminster Hall mit dem offenen hölzernen Dachstuhl gebracht, wo ihr Großvater aufgebahrt war. Schweigend zogen die Menschen an dem purpurfarbenen Katafalk mit dem Sarg vorbei, auf dessen Deckel Zepter und Krone funkelten. Elizabeth fiel auf, wie ruhig ihr Vater und seine drei Brüder dastanden, die in Uniform an den vier Ecken des Sargs Totenwache hielten. »Onkel David war da«, sagte sie später zu Crawfie, »und er hat sich überhaupt nicht bewegt…, nicht einmal ein Augenlid.« Am folgenden Tag stand sie im selben neuen schwarzen Aufzug in der St.-Georges-Kapelle in Windsor, die Hand der Mutter fest umklammert, und sah zu, wie der Sarg des Großvaters in die Familiengruft unter der Kapelle gesenkt wurde. »Die britische Monarchie war in der Welt nie angesehener«, zollte Dr. Don, Kaplan des Erzbischofs von Canterbury, in seinem Tagebuch dem verstorbenen König Respekt. »König George wird von unzähligen Menschen außerhalb des Britischen Empires betrauert.«[13]

Die Herrschaft des neuen Königs begann mit einem unheilvollen Vorzeichen. Als die Geschützlafette mit dem Sarg Georges V. zur Westminster Hall rumpelte, löste sich das juwelenbesetzte Malteserkreuz von der Reichskrone und fiel in den Rinnstein. »Ein schreckliches Omen«, schrieb der Abgeordnete Harold Nicolson in sein Tagebuch. »Du lieber Gott, was wird als nächstes passieren?« hörte man den neuen König Edward VIII. ausrufen, der direkt hinter dem Sarg ging. »Das«, sagte Walter Elliot, ein anderer Parlamentarier, zu dem Kollegen neben ihm, »wird das Motto der neuen Herrschaft sein.« Edward hatte noch am Totenbett seines Vaters angeordnet, die Uhren in Sandringham dreißig Minuten zurückzustellen, damit sie mit der Greenwicher Zeit übereinstimmten, eine Geste, die weithin als Symbol seiner Entschlossenheit galt, mit den alten Traditionen zu brechen. Die Sandringhamer Zeit war von Edward VII. eingeführt worden, der für seine Jagdgesellschaften länger Tageslicht haben und der chronischen Unpünktlichkeit Königin Alexandras entgegenwirken wollte. Als der neue König Edward VIII. im Hof des St. James's Palace ausgerufen wurde, war deutlich zu sehen, daß neben ihm auf einem Stuhl am Fenster Wallis Simpson saß und mit ihm der Zeremonie zusah. Aus Onkel David war König Edward VIII. geworden, und er sollte in weniger als einem Jahr die Prophezeiung seines Vaters erfüllen: 1936 ging als das »Jahr der drei Könige« in die Geschichte ein.

Der Tod Georges V. führte zu großen Veränderungen im Leben der Yorks, die auch die zehnjährige Elizabeth gespürt haben muß. Ihre Eltern waren zutiefst deprimiert – nicht nur aus Trauer um ein Familienmitglied, sondern weil sie sich geistig heimatlos fühlten. »Obwohl das Leben äußerlich weitergeht wie früher, ist doch alles anders – besonders in geistiger und spiritueller Hinsicht«, schrieb die Herzogin an Lord Dawson, den Arzt Georges V. »Dinge, die ich nicht mag, machen mir mehr aus als früher.« Zu den Dingen, die die Herzogin nicht mochte, gehörte auch die dominierende Rolle von Mrs. Simpson am Hof des neuen Königs. Die Amerikanerin war von Chips Channon sofort »Königin Wallis« getauft worden. Die Herzogin war die liebste Schwiegertochter des alten Königs gewesen, und Bertie hatte ihm von all seinen Söhnen am nächsten gestanden, aber jetzt waren die Yorks bei Hofe nicht mehr willkommen. Wallis zahlte ihnen ihre Abneigung mit gleicher Münze zurück und spottete über Berties Beschränktheit und die fehlende Eleganz und üppige Figur seiner Frau. Privat nannten Wallis und der König die Herzogin »Cookie« (Keks). Angestiftet von Wallis, entließ der König die alten Diener seines Vaters in Scharen; Bertie wurde dabei nicht gefragt. Dagegen wurde er beauftragt zu untersuchen, wie man auf Sandringham Einsparungen vornehmen konnte, obwohl er anscheinend nicht wußte, daß sein Bruder den Familiensitz verkaufen wollte. Von Sir Alexander Hardinge, dem Privatsekretär des Königs, dessen Frau Helen eine alte Freundin der Herzogin war, erfuhren die Yorks, wie unglücklich seine persönlichen Mitarbeiter waren und daß sich der König stundenlang mit Mrs. Simpson einschloß und seine Sekretäre und andere Beamte draußen warten ließ und die Kuriertaschen mit Akten der Regierung zwar nach Fort Belvedere mitgenommen wurden, aber ungeöffnet zurückkamen oder ringförmige Flecken von Cocktailgläsern aufwiesen.

Für die Öffentlichkeit war Edward jedoch immer noch ein Idol. Im Juli sah Elizabeth zu, wie ihr Onkel bei der jährlichen militärischen Zeremonie die Fahne übergab. Ihr Vater und ihr Onkel waren hoch zu Roß, Elizabeth saß mit der Großmutter und anderen Onkeln und Tanten im Royal Pavillon, und der »neue Hof« mit Wallis und ihren Freunden hatte eine eigene Tribüne. Als der König nach der Zeremonie wegritt, drängte sich ein Verrückter mit einer Pistole in der Hand durch die Menge. Ein Polizist schlug ihm auf den Arm, der Revolver fiel und kam unter die Hufe des Pferdes, ohne Schaden anzurichten. Obwohl der König damals noch an ein Attentat glaubte, ließ er sich nichts anmerken, sondern ritt unbeirrt weiter, was seine Popularität noch erhöhte. Ende des Monats nahm der König seine Geliebte auf eine Kreuzfahrt auf der schon bald berühmt-berüchtigten Jacht »Nahlin« mit. Fotos des Königs in Shorts beim Baden mit Wallis erschienen überall auf der Welt, nur nicht in Großbritannien. Die königliche Familie war entsetzt, ließ sich aber nach außen nichts anmerken. Als der König nach seiner Rückkehr Königin Mary besuchte, fragte sie ihn lediglich, ob es »an der Adria nicht schrecklich heiß gewesen« sei.

Warum Mary den König trotz seiner offensichtlichen Verliebtheit nicht auf dieses Thema ansprach, vertraute sie Lady Airlie an: »Ich möchte mit David nicht über seine Affäre mit Mrs. Simpson reden. Erstens, weil ich nicht den Eindruck erwecken will, daß ich mich in sein Privatleben einmische, und zweitens, weil er der halsstarrigste meiner Söhne ist. Wenn man ihm etwas ausreden will, bestärkt man ihn nur darin, es trotzdem zu tun. Er ist ganz vernarrt in diese Frau, aber es ist meine große Hoffnung, daß solche leidenschaftlichen Schwärmereien auch wieder vergehen …«[14]

Laut Lord Harewood waren Gespräche über persönliche Angelegenheiten in der königlichen Familie ohnehin nicht häufig. »Ich glaube«, schrieb er, »sie [seine Eltern] fanden es ebenso schwer wie wir, auf ernste, aber persönliche Art mit uns zu sprechen.« Über die Familie zur Zeit der Abdankung schrieb er: »Die Menschen behielten viel mehr für sich und sprachen viel weniger über solche Dinge. Sie konnten ihre Gefühle viel besser verbergen. Ich glaube, die ganze Familie meiner Mutter tendierte dazu, ihre Gefühle sehr stark zu kontrollieren. Es war fast schon ein Charakterfehler …, über unangenehme Dinge schwieg man tradionell ... Diese Einstellung war jedoch keineswegs nur auf diese Familie beschränkt. Sie war auf eine Weise verbreitet, wie wir es uns heute kaum mehr vorstellen können.«[15]

Laut Loelia Ponsonby war es für ihre Mutter eine unumstößliche Gewißheit, daß »Zurückhaltung eine der Kardinaltugenden ist, gleichbedeutend mit Anständigkeit«. Sie selbst sei aus diesem Grund als Heranwachsende nicht in der Lage gewesen, ihre Gefühle zu äußern. Dieser strenge Verhaltenkodex sollte in der königlichen Familie und bei Hofe überdauern, als es ihn anderswo schon längst nicht mehr gab, und er prägte insbesondere Elizabeths Verhalten, als sie in ihrer Regierungszeit mit ähnlichen familiären Krisen konfrontiert wurde.

Den August verbrachten die Yorks wie üblich in Birkhall. In jenem Jahr war die Gastgeberin in Balmoral jedoch nicht mehr Königin Mary, sondern Wallis Simpson, die in der Suite der Königin logierte. Auf einer Dinnerparty in Balmoral kam es zu einem frostigen Wortwechsel zwischen der Herzogin von York und Wallis. Elizabeth blieb in Birkhall, einem Haus aus dem 18. Jahrhundert, das noch mit Öllampen beleuchtet wurde und auf dem Gelände von Balmoral lag. Zum Tee und zum Spielen traf sie sich mit den Kindern der Hardinges, die ganz in der Nähe wohnten. Deren Vater, Sir »Alec« Hardinge, beteiligte sich später aktiv an den Versuchen, eine Heirat des Königs mit Wallis zu verhindern. Um zu zeigen, daß sie die neuen Sitten ablehnten und den alten Traditionen treu blieben, luden die Yorks Erzbischof Lang zu sich ein. Er war in den vergangenen 25 Jahren in Balmoral Gast des Königs gewesen, war dem neuen König aber nicht mehr willkommen.

In jenem September war der Herzog von York über das Verhalten seines Bruders unglücklich und besorgt. Am 23. des Monats mußten er und die Herzogin den König bei der Einweihung eines neuen Hospitals in Aberdeen vertreten; der König hatte die Teilnahme mit der Begründung abgesagt, er trauere noch um seinen Vater. Der wirkliche Grund für die Absage wurde jedoch deutlich, als man ihn dabei beobachtete, wie er, mit einer Autofahrerbrille nur unzulänglich verkleidet, Wallis am Bahnhof von Aberdeen abholte, just als die Yorks an der Einweihung teilnahmen. Die dabei entstandenen Fotos empörten nicht nur die königliche Familie, sondern auch die schottische Öffentlichkeit. Am schlimmsten für den Herzog von York war jedoch, daß sein Bruder in Balmoral weitreichende Veränderungen plante und ihn dabei nicht einmal um seine Meinung fragte. »Erst als alles vorbei war, erzählte David mir, was er getan hatte«, beklagte er sich bei Königin Mary. »Das hat mich doch ziemlich traurig gemacht… Ich konnte ihn nicht einen einzigen Augenblick allein sprechen.«

Mitte Oktober verbrachte Elizabeth die letzte Woche der Ferien mit ihrer Familie in Glamis. Sie und Margaret Rose, wie ihre Schwester noch immer genannt wurde, fühlten sich dort immer sehr wohl. »›Auf der Burg herrscht Leben‹, sagt Margaret Rose«, schrieb die Herzogin an Osbert Sitwell. »Ich glaube, sie hat recht.« Am 18. Oktober war der Herzog ganz in seinem Element, als er mit seinem Schwiegervater und seinen sieben Schwägern in Colliedrum Rebhühner schoß. Es sollte für viele Monate der letzte Tag sein, an dem er innere Ruhe fand. Am 19. Oktober nahm er mit seiner Familie den Nachtzug nach London, um bei der Ankunft von Alec Hardinge zu erfahren, daß Mrs. Simpson am 27. die Scheidung einreichen werde und der König sich der Bitte des Premierministers verweigert hätte, die Scheidung zu verhindern. Hardinge warnte den Herzog, daß die Affäre mit der Abdankung seines Bruders enden könnte. Prinz Albert war »entsetzt und wollte nicht glauben, was er da hörte«.

Die Yorks hielten sich im Hintergrund, als die Lage sich zuspitzte. Albert versuchte wiederholt, mit seinem Bruder zu sprechen, aber der König wimmelte ihn entweder ab oder weigerte sich, über die Angelegenheit zu sprechen, bis er Bertie am Morgen des 17. November zu sich in den Palast bestellte und ihm sagte, was er am Vorabend bereits dem Premierminister und Königin Mary mitgeteilt hatte: Er werde Mrs. Simpson heiraten, auch ohne Zustimmung der Regierung, und er sei bereit, deshalb abzudanken, falls es notwendig sein sollte. »Das ist ja schrecklich«, antwortete Bertie. »Niemand von uns will das, ich am allerwenigsten.« Danach fuhr Edward VIII. nach Wales und sagte dort, schockiert über die hohe Arbeitslosigkeit, die bekannten Worte: »Es muß etwas geschehen.« Als er drei Tage später zurückkehrte, sagte er seinem Bruder George, er werde Wallis heiraten und sie werde »Königin von England… und Kaiserin von Indien mit allem Drum und Dran«. Auf der Dinnerparty, die Chips Channon an jenem Abend gab, war der König euphorisch gestimmt und siegessicher, was seine Liebe betraf. Wallis trug einen »Verlobungsring« am Finger, einen herrlichen Smaragd, der einst dem Großmogul gehört und den König eine gute Viertelmillion Pfund gekostet hatte.

Der Rest der königlichen Familie war jedoch der Ansicht, der König habe gegenüber seinem Land und dem Empire die Pflicht, das öffentliche Interesse über die private Leidenschaft zu stellen. Scheidungen waren damals noch weithin tabu, besonders jedoch in königlichen Kreisen; es sollte noch viele Jahre dauern, bis eine geschiedene Person die königliche Tribüne in Ascot betreten durfte. Außerdem hatte die Angelegenheit auch noch einen internationalen Aspekt. Nach dem Westminsterstatut von 1931, das den selbstregierten Dominien Kanada, Australien, Neuseeland, Südafrika und Neufundland sowie dem Freistaat Irland die Autonomie verliehen hatte, waren diese »als Mitglieder des British Commonwealth of Nations frei assoziiert« und »durch eine gemeinsame Bindung an die Krone vereinigt«; der König war der Souverän jedes einzelnen dieser Länder. Außerdem war er als König auch das irdische Oberhaupt der anglikanischen Kirche, die Scheidungen noch immer nicht anerkannte. Für die königliche Familie war es undenkbar, daß er ernsthaft eine zweimal geschiedene Frau heiraten wollte. Als König stand er jedoch über dem Gesetz, und nichts hätte ihn daran hindern können, Wallis heimlich zu heiraten. Es ehrte ihn, daß er dies nicht plante. Als ihm allmählich klar wurde, daß das Volk Wallis vielleicht nicht als Königin akzeptieren würde, zog er eine morganatische Ehe in Erwägung. Wallis wäre dann seine Frau, nicht jedoch Königin geworden, und ihre Kinder hätten keinen Anspruch auf den Thron gehabt. Für eine solche Ehe hätte jedoch das Parlament eine Änderung bezüglich der Thronfolge und des königlichen Titels verabschieden müssen, und ein solches Gesetz hätte nicht nur die Zustimmung der britischen Regierung, sondern auch die der anderen Regierungen des Commonwealth erfordert. Nachdem der König sich wegen seiner Ehepläne an die Regierung gewandt hatte, war er verfassungsrechtlich verpflichtet, deren Rat anzunehmen, wollte er nicht eine schwere Krise auslösen. Die Regierung aber lehnte die Ehe nach Beratungen mit den Premierministern der Dominien ab. Damit stand der König vor der schweren Entscheidung, entweder auf den Thron oder auf Wallis zu verzichten. Von Wallis ermutigt, die vor der Feindseligkeit der britischen Öffentlichkeit ins Ausland geflohen war, glaubte er eine kurze Zeit lang, er könnte beides behalten, indem er über die Regierung hinweg an das Volk appellierte.

Am Morgen des 3. Dezember erschien die ganze Geschichte in der britischen Presse. Unabsichtlich ausgelöst wurde diese sensationelle Entwicklung durch einige unschuldige Bemerkungen des Bischofs von Bradford, Dr. Blunt, über das Privatleben des Königs. Wie die große Mehrheit der britischen Bevölkerung hatte auch der Bischof noch nie von Mrs. Simpson gehört und sich lediglich darüber geäußert, daß der König nicht mehr zum Gottesdienst und zum Abendmahl erschien, wie es seiner Pflicht als Oberhaupt der Kirche entsprach. Die *Yorkshire Post* berichtete am 2. Dezember als erste Zeitung über die Bemerkungen des Bischofs und interpretierte sie als Anspielung auf die Affäre des Königs mit Wallis. Damit war die Mauer des Schweigens gebrochen. Die Bevölkerung erfuhr, daß ihr bis dahin so vergötterter König eine zweimal geschiedene Amerikanerin heiraten wollte, und die meisten Menschen waren entsetzt. Nach einem Vortrag von Harold Nicolson in Islington forderte der Vikar, der die Versammlung leitete, die Zuhörer auf, sich zu erheben und die Nationalhymne zu singen. Nur etwa 10 von 400 Anwesenden gehorchten. Der Vikar sagte zu Nicolson, er hätte nie gedacht, den Tag zu erleben, an dem seine Gemeinde sich weigern würde, »Gott schütze den König« zu singen. Romantiker wie Winston Churchill und rechtsradikale Fanatiker wie Sir Oswald Mosley unterstützten den König gegen die Regierung.

Über das Wochenende vom 4. bis 6. Dezember zog sich der König, der noch unentschlossen war, nach Fort Belvedere zurück; er war nur für ausgewählte Berater zu sprechen und weigerte sich, Bertie zu empfangen. Elizabeth durfte von alldem offiziell nichts wissen, obwohl alle Zeitungen darüber berichteten. Sogar *Punch* brachte eine Karikatur, auf der Baldwin den König vor »die Wahl« stellte und ihm die Abdankungsurkunde vorlegte; darunter stand: »Der Thron ist größer als der Mann.« Elizabeth, deren Mutter wieder mit Grippe im Bett lag, muß an jenem Wochenende bemerkt haben, daß ihr Vater sich große Sorgen machte. Prinz Paul von Jugoslawien und seine Frau kamen zum Tee, und danach sagte der Prinz zu Chips Channon, der Herzog von

York sei »in einem erbärmlichen Zustand. Er will nicht auf den Thron und fleht seinen Bruder an, König zu bleiben«.

Am Montag abend, dem 7. Dezember, bestellte der König Bertie zu sich nach Fort Belvedere und teilte ihm mit, daß er abdanken werde. Der Herzog und seine Familie kehrten noch in derselben Nacht nach London zurück. Am Abend des 8. Dezember brach Bertie weinend an der Schulter seiner Mutter zusammen, zermürbt von den langen Diskussionen in der Familie und entsetzt über die Bürde, die auf ihn zukam. Am Dienstag, dem 10. Dezember, war es dann soweit; der König unterzeichnete am Morgen die Abdankungsurkunde im Beisein seiner drei Brüder und der Anwälte, die eine finanzielle Regelung zwischen dem alten und dem neuen König ausarbeiten sollten. Prinz Albert kehrte in das Haus Piccadilly 145 zurück, wo er eine große Menschenmenge vorfand, die ihm »wie verrückt zujubelte«. »Ich war überwältigt«, notierte er dazu lapidar in seinem Tagebuch. Am folgenden Freitag, dem 11. Dezember 1936, wurde er um 13.52 Uhr offiziell zum König George VI. von Großbritannien, Irland und den überseeischen Dominien ausgerufen. Am Abend desselben Tages hielt der ehemalige Edward VIII., aus dem nun Seine Königliche Hoheit Prinz Edward von Windsor geworden war, nach einem Abschiedsessen im Familienkreis seine berühmte Abschiedsansprache im Rundfunk. »Ohne die Hilfe und Unterstützung der Frau, die ich liebe«, sagte er, »ist es mir unmöglich, die schwere Last der Verantwortung weiter zu tragen und meine Pflichten als König so zu erfüllen, wie ich es wünschte.« Später verabschiedete er sich von seiner Mutter, seiner Schwester und seinen Brüdern und verließ England auf einem Zerstörer der Kriegsmarine. Von diesem Augenblick an war er für die königliche Familie eine Unperson, eine Leiche im Keller der Familie, deren Namen Elizabeths Eltern in ihrer Gegenwart nie mehr erwähnen sollten.

Doch alles Schweigen konnte nicht darüber hinwegtäuschen, wie schockiert und beschämt die Familie war. Lord Harewood erinnerte sich an eine »jämmerliche« Reise von Yorkshire nach London, wo im St. James's Palace der neue König ausgerufen werden sollte. »Uns allen war schrecklich zumute«, schrieb Königin Mary an jenem Tag in ihr Tagebuch, nachdem sie der Zeremonie zusammen mit dem neuen König und ihren zwei Enkeltöchtern vom Marlborough House aus zugesehen hatte. Ihre Nichte, die Herzogin von Beaufort, erzählte später ihrem Biographen James Pope-Hennessy, die Abdankung sei Königin Marys schlimmstes Erlebnis gewesen. »Ich hoffe, daß mir die Zeit bleibt, das Geschehene wiedergutzumachen«, schrieb der neue König entschuldigend an den Premierminister. Dann, am 22. Dezember, fuhr er mit der Königin, den Kindern und Königin Mary für die Weihnachtstage nach Sandringham. Für Elizabeth kann dieses Weihnachten in dem riesigen Gebäude, das voller Erinnerungen an ihren geliebten Großvater steckte, kaum ein fröhliches Fest gewesen sein. Königin Mary zog sich, krank von den schrecklichen Ereignissen und der Anspannung der letzten Monate, auf ihr Zimmer zurück. Die neue Königin hatte sich von ihrer schweren Grippe noch nicht völlig erholt, der König schien kurz vor einem Nervenzusammenbruch. Und die Ursache all dieses Unglücks war Onkel Davids verantwortungsloses Handeln. Die Abdankung war für die königliche Familie eine traumatische Erfahrung, die sie nie vergessen würde. Elizabeth glaubte zweifellos, daß ihr Onkel, der nun Herzog von Windsor geworden war, die Familie im Stich gelassen hatte.

3

Thronerbin

»Ich fand alles ganz, ganz wunderbar, und ich glaube, der Abtei ging es genauso. Die Bögen und Balken oben waren wie von einem Schleier des Staunens bedeckt, als Papa gekrönt wurde ...«

Prinzessin Elizabeth, »Die Krönung, 12. Mai 1937«

Am 17. Februar 1937 zog Elizabeth mit ihrem Gefolge aus dem Kinderzimmer von Piccadilly 145, das zehn Jahre lang ihr Zuhause gewesen war, in den Buckingham-Palast. Es war eine geringe Entfernung, aber ein gewaltiger Schritt in ein Leben, das nie mehr »normal« sein würde. Die Nr. 145 hatte direkt an einer belebten Straße mit normalem Publikumsverkehr, Autos, Bussen und Pferdewagen gelegen. Der Buckingham-Palast dagegen, die offizielle Zentrale der britischen Monarchie, war ein einsamer Steinkoloß und durch einen großen Vorhof von der Bevölkerung getrennt, die durch Gitterstäbe der Wache bei ihrem täglichen Zeremoniell zusah. Jenseits des Gitters thronte auf einem gewaltigen, kunstvoll gearbeiteten Sockel aus weißem Marmor Königin Victoria, ein Monument der Vergangenheit, ständig präsent und aus allen Himmelsrichtungen sichtbar. Hinter ihr erstreckte sich bis zum Admiralty Arch, einem weiteren Denkmal, das Edward VII. seiner Mutter Victoria errichtet hatte, die Mall, eine breite Promenade, die repräsentative Zufahrt des Buckingham-Palastes.

Alles am Buckingham-Palast hatte monumentale Ausmaße. Generationen königlicher Vorfahren Elizabeths hatten dem ursprünglichen Buckingham House, das König George III. im Jahr 1762 seiner neunzehnjährigen Frau Charlotte gekauft hatte, neue Gebäudeteile hinzugefügt. George IV. ließ das Gebäude nach seiner Thronbesteigung im Jahr 1820 zum Palast umbauen. Sein Hofarchitekt John Nash schuf eine neue Fassade im Osten und eine im Westen mit Blick auf die Gartenanlagen; außerdem baute er auf beiden Seiten des ursprünglichen Gebäudes Flügel an. Für das Innere des Palastes entwarf er eine Reihe herrlicher Prunkzimmer im ersten Stock. Als George IV. 1830 starb, verlor Nash seine Stellung. Er hatte den ursprünglichen Kostenvoranschlag weit überschritten, und der Palast war noch nicht einmal bezugsfertig. Erst Königin Victoria, die Nachfolgerin des nächsten Königs, lebte als erster britischer Souverän wirklich dort. Sie zog am 13. Juli 1837 ein, 100 Jahre vor ihrer Ururenkelin. Unter ihr und Edward VII. wurde der Palast noch beträchtlich pompöser; der goldgelbe Muschelkalk von Nashs Gebäude verschwand hinter einer massiven grauen Ostfront, mit der sich der Buckingham-Palast bis heute der Öffentlichkeit präsentiert.

Das riesige Bauwerk ist wie das Weiße Haus in Amerika nicht nur der Wohnsitz einer Familie, sondern auch Verwaltungszentrum und Schauplatz staatlicher Veranstaltungen. Rund 300 Menschen arbeiten in dieser Zentrale; es gibt dort ein eigenes Postamt und einen eigenen Briefträger, der die Post in die verschiedenen Räume und Büros austrägt. Zwei Angestellte sind eine Woche lang damit beschäftigt, die etwa 300 Uhren des Palastes aufzuziehen und zu warten, 2000 Glühbirnen müssen regelmäßig ausgewechselt werden. Wie Crawfie eines Tages entdeckte, gab es auch einen Kammerjäger, der schreckliche »Klebefallen« aufstellte – ein Stück Karton mit einem Häufchen Anissamen in der Mitte, umgeben von einem See von Sirup. Mäuse, die durch den Anisgeruch angelockt wurden, blieben in dem zähen Sirup stecken und wurden dann vom Kammerjäger beseitigt. Crawfie war mit dem Palast weniger vertraut als Elizabeth und fühlte sich dort nicht wohl. In den Kaminen heulte der Wind, und die Gemächer der Familie waren durch unendlich lange Korridore voneinander getrennt. Elektrisches Licht war erst kurz zuvor installiert worden, und die Schalter waren an seltsamen und unbequemen Stellen angebracht. Ihr Schlafzimmer konnte Crawfie nur mittels eines Schalters beleuchten, der sich draußen im Gang befand, beinahe zwei Meter von ihrer Tür entfernt. Teile des Palastes hinter den prächtigen Repräsentationsräumen waren baufällig. Als das Hausmädchen einmal die Vorhänge in Crawfies Zimmer zuziehen wollte, kamen sie mitsamt der Vorhangleiste herunter. Als der König seinen Töchtern das auf die Mall gehende Schulzimmer im Obergeschoß zeigte, wurde er von unangenehmen Erinnerungen an seine eigene Schulzeit überwältigt. Er warf nur einen kurzen Blick in den finsteren Raum, dessen Fenster von den schweren Steinbalustraden draußen verdunkelt wurden, dann drehte er sich um, schloß die Tür und sagte: »Nein, das geht nicht.«

Trotzdem fühlte sich der König im Buckingham-Palast zu Hause; er hatte vor seiner Heirat dreizehn Jahre darin gelebt. Edward VIII. dagegen konnte den Palast bezeichnenderweise nie leiden. Für ihn haftete dem Gebäude ein feuchter Modergeruch an, und wie er in seinen Memoiren schrieb, wurde er nie das Gefühl los, dort nicht hinzugehören. Zweifellos war der Geist seines Vaters noch in den Mauern lebendig, für den ältesten Sohn ein mißbilligender Schatten, keine tröstliche Erinnerung wie für George VI. und dessen Familie. Zu Zeiten König Georges V. und Königin Marys hatte im Palast noch absolute Stille geherrscht; mitten im London des 20. Jahrhunderts war er eine Oase der Ruhe aus dem 19. Jahrhundert gewesen. Die Ankunft der neuen Familie erweckte das Gebäude zum Leben. Die Kinder waren über den Umzug ganz aus dem Häuschen und bauten begeistert ihre Spielzeugpferde auf dem Korridor vor ihren Zimmern auf. Wenn sie die Eltern besuchten, rasten sie mit Vorliebe die Gänge entlang. »Hier braucht man ja ein Fahrrad«, sagte Elizabeth, und Margaret kurvte mit dem Dreirad von Zimmer zu Zimmer. Der König ließ ihre Schaukelpferde vor seinem Arbeitszimmer aufstellen, damit er hören konnte, wenn die Kinder spielten. Nach dem langweiligen Rasenstück hinter Piccadilly 145 waren die riesigen Gartenanlagen des Palastes, die sogar einen großen, mit Enten bevölkerten See enthielten, für die Kinder ein Paradies. Ein anderer Lieblingsplatz war ein kleiner Hügel am Ende des Parks, von dem die Kinder wie in der Nr. 145 auf die Außenwelt hinuntersehen konnten. Vor dem Palast stand immer eine Menschenmenge und starrte erwartungsvoll hinauf, und hinter den Spitzenvorhängen starrten die Prinzessinnen ebenso fasziniert zurück. Daß sie von nun an immer von den Menschen angestarrt würden, als wären sie seltene Tiere – was sie in gewissem Sinne ja auch waren –, hielten sie inzwischen für normal.

Solange die Räume, in denen George V. und Königin Mary gelebt hatten, frisch tapeziert wurden, bewohnten der König und die Königin die in Rosa und Gold gehaltene »Belgische Suite« im Erdgeschoß. Königin Mary war nach dem Tod ihres Mannes vom Palast nach Marlborough House gezogen und hatte, sparsam wie immer, die seidenen Wandbehänge aus ihren beiden Wohnzimmern, dem »Grünen Teezimmer« und dem »Boudoir«, mitgenommen. Beide mußten ersetzt werden, was den Staat 550 Pfund kostete. Die Wände wurden neu tapeziert, die Vergoldung der Zierleisten aufgefrischt. Sowohl im Bad der Königin wie in dem des Königs wurden neue Badewannen installiert. Der König wählte das Ankleidezimmer seines Vaters als Schlafzimmer, vielleicht weil es deutlich kleiner war als der offizielle Schlafraum, vielleicht aber auch, weil es ihn so sehr daran erinnerte, wie sich sein Vater allabendlich für das Dinner angekleidet hatte, ein Ritual, bei dem er seine Familie gerne um sich hatte. Die Räume der Prinzessinnen lagen im zweiten Stock über denen der Eltern. Elizabeth hatte nun ein eigenes Wohnzimmer und daneben einen weiteren Raum. Auch Crawfie und Bobo hatten eigene Gemächer. Es gab ein Kinderzimmer für den Tag und eines für die Nacht, wo immer noch Allah Knight regierte, und außerdem zwei Badezimmer, die nur über den Korridor zu erreichen waren. Die Königin besaß wie ihre Mutter die Fähigkeit, überall, wo sie wohnte, eine einladende Atmosphäre zu schaffen. Als Lady Airlie, die den Palast als Königin Marys Kammerfrau kennengelernt hatte, das neue Königspaar kurz nach dem Einzug besuchte, lobte sie die behaglichen Räume. »Elizabeth schafft ein Zuhause, wo immer sie ist«, sagte der König mit einem stolzen Lächeln.

Die öffentliche Seite im Leben der Familie spielte damals die größte Rolle. Elizabeth beobachtete aufmerksam, wie ihr Vater und ihre Mutter ihre Rollen als Monarchen spielten, jenes Spiel, das Edward VII. so lästig gewesen war, obwohl er es hervorragend beherrscht hatte. Die Monarchie ist, je nach Standpunkt des Betrachters, exzellentes Theater oder bedeutungslose Scharade. Der neue König und seine Frau, gewöhnt an das strenge Hofzeremoniell unter König George V. und Königin Mary, begriffen, daß der Herzog und die Herzogin von York sich in der Öffentlichkeit in König George VI. und Königin Elizabeth verwandeln mußten. Der junge Modeschöpfer Norman Hartnell erhielt den Auftrag, den Kleidern der Königin den nötigen Glanz zu verleihen. Ihr stand die auf schlanke Frauen zugeschnittene Mode, wie Wallis und ihre Zeitgenossinnen sie trugen, nicht. Sie war auch nicht bereit, sich wie die Damen der Gesellschaft einer strikten Diät zu unterwerfen, um im enganliegenden Crêpe von Mainboucher oder Patou gut auszusehen. Chips Channon sollte sie bei der Krönung als »vollbusig« beschreiben, und es ging das Gerücht, sie sei schwanger. Doch Königin Mary gab mit ihrem unveränderlichen Stil ein hervorragendes Vorbild, wie man königlich wirken konnte, ohne modisch zu sein. Ihre Kleider im edwardianischen Stil, lang, aus weichen Geweben, in warmen Farben und oft mit Fuchspelz gesäumt, ihre randlosen Damenhüte und vor allem die Ungezwungenheit, mit der sie phantastische Mengen von Schmuck trug, ohne überladen oder gewöhnlich auszusehen, waren der Bevölkerung zur Gewohnheit geworden. Beim Silberjubiläum hatte Channon mit seinem Gefühl für Stil in sein Tagebuch geschrieben: »Sie ist plötzlich zur bestgekleideten Frau der Welt geworden.« Der neue König mit seinem unfehlbaren Auge für Kleider fand schließlich die perfekte Lösung für seine Frau in Winterhalters romantischen Porträts von Königin Victoria, Albert und verschiedenen Verwandten aus dem Hause Sachsen-Coburg, die in der Marmorhalle die Wände schmückten. »Seine Majestät«, schrieb Hartnell, »machte mir auf seine ruhige Art klar, daß ich versuchen sollte, in den Kleidern für die Königin diese malerische Anmut einzufangen. Es ist also dem König und Winterhalter zu verdanken, daß ich später für die Renaissance der romantischen Krinoline so hoch gepriesen wurde.«[1] Er entwarf für die Königin zwei Abendroben mit Krinoline, die sie auf Staatsbanketten trug; das eine aus silbrigem Gewebe auf silbriger Gaze, mit einem langen diamantbesetzten Kragen aus Silberspitze war für ihn »das erste große Kleid, das ich für ein Mitglied der königlichen Familie entworfen habe«. Cecil Beaton, der sein Zeitalter in hervorragenden Bildern verewigt hat, wurde später beauftragt, die Königin in eben diesem Kleid zu fotografieren. Als er sie darin sah, fand er es »unerklärlich, wie ich zuvor annehmen konnte, die Yorks würden langweilige Könige sein… [Ich machte] noch viele weitere schöne Bilder, die eine romantische Märchenkönigin in ihrem großen Palast zeigen.«[2]

Die Staatsbankette in dem großen Palast waren ebenfalls imposant. Harold Nicolson nahm an der ersten Dinnerparty im März 1937 teil und war von ihrem Glanz beeindruckt. Hochgewachsene Lakaien mit gepuderten Haaren standen auf jeder vierten Stufe von Nashs großer Treppe, die zu den Gesellschaftsräumen der Staatsgemächer hinaufführte. Auf dem Eßtisch funkelten goldene Kerzenleuchter und scharlachrote Tulpen, und das berühmte goldene Geschirr der Windsors glänzte in Reihen entlang der Wand. Es gab Staatsbesuche des belgischen und des rumänischen Königs, und bei einem Empfang für den französischen Präsidenten Lebrun hielt Elizabeth eine kurze Begrüßungsansprache auf französisch. Bei anderen Empfängen wurden dem König und der Königin Debütantinnen und frischverheiratete Damen vorgestellt. Dabei ging es sehr formell zu; König und Königin trugen Kronen und saßen auf dem Thron. Die Frauen erschienen im Abendkleid mit anderthalb Meter langer Schleppe, drei Straußenfedern im Haar und langem weißem Tüllschleier. Sie defilierten am Königspaar vorbei und machten einen Hofknicks, wenn der Lord Chamberlain ihren Namen aufrief. Die Männer trugen Kniebundhosen und Seidenstrümpfe; Hofbeamte, Botschafter und Mitglieder des Kronrats erschienen in goldbetreßten Uniformen, an denen Orden und Ehrenzeichen funkelten. Wenn die mit Federn und Juwelen geschmückten Gäste eintrafen, beobachteten das die Prinzessinnen oben an ihren Fenstern – »aus der Fliegenperspektive«, wie Elizabeth sich ausdrückte. Am liebsten mochten die Kinder Prinzessin Marina, die immer schön aussah und exquisit gekleidet war. Die Gartenfeste, an denen sie mit ihren Eltern teilnahmen, waren dagegen weniger unterhaltsam. In gefältelten Kinderkleidchen aus Seide mit dazu passenden Schlüpfern, weißen Socken und den verhaßten Strohhüten spazierten sie mit ihren Eltern unter den 3000 Gästen in den Palastgärten einher. Crawfie hörte einmal, wie Elizabeth ihrer Schwester Benimmregeln eintrichterte: »Wenn du jemanden mit einem komischen Hut siehst, Margaret, darfst du nicht auf ihn zeigen und lachen. Und du darfst nicht so schnell zum Teetisch drängeln. Das ist auch nicht höflich.«

Elizabeth war seit ihrem zehnten Lebensjahr an den zeremoniellen

Pomp gewöhnt, der ihre Eltern umgab, so daß er ihr als normaler Bestandteil des Lebens erschien. Dazu gehörte auch ein Schwarm von Hofbeamten und Bediensteten mit mittelalterlich klingenden Titeln wie Haushofmeister, Intendant der Zivilliste, Erste Kammerfrau, Verwalter des königlichen Geschirrs aus Silber, Gold, Porzellan und Glas, Zimmerpage, Page der Hintertreppe und andere Pagen – allesamt erwachsene Männer, nicht Knaben, wie die Titel vermuten ließen. Insgesamt unterstanden dem Palast-Steward etwa vierhundert Bedienstete, dazu kamen die persönlichen Diener der königlichen Familie, die Hofdamen, adlige und nichtadlige Kammerzofen, die Privatsekretäre des Königs und der Königin mit ihren Stäben und der königliche Stallmeister, zuständig für die Stallburschen und Kutscher, die 75 Pferde und die Staatskarossen in den königlichen Ställen.

Das Königspaar bereitete Elizabeth bereits auf den Tag vor, an dem sie an der Spitze dieses gewaltigen Apparats stehen würde, und kümmerte sich nun, da sie Thronerbin geworden war, auch verstärkt um ihre Ausbildung. »Ich lasse meine Tochter jetzt Latein lernen«, hatte die Herzogin von York im Januar 1935 Osbert Sitwell berichtet. Prinzessin Elizabeth war häufig anwesend, wenn ihre Eltern mit Diplomaten zu Mittag speisten. Bei einer dieser Gelegenheiten, im Jahr 1937, beobachtete der britische Gesandte in Kairo, Sir Miles Lampson, amüsiert, wie der König erfolglos an den Knöpfen seines neu erworbenen Fernsehapparats drehte, um ein Bild zu bekommen. Und Crawfie schreibt: »Lilibet entwickelte ein Interesse für Politik, lange bevor die meisten anderen Kinder dies tun. Sie war bereits recht gut darüber informiert, was in der Welt geschah ... Der König redete mit seiner ältesten Tochter auch ernsthafter als die meisten Väter mit so kleinen Kindern ... Es war, als spreche er mit einer Erwachsenen.«

Zugleich waren die Eltern darum bemüht, daß ihre Kinder sich so weit wie möglich als normale Kinder und Teil der Welt jenseits der Palastmauern fühlten. Ergebnis dieser Bemühungen war die Gründung der ersten Pfadfinderinnensektion im Buckingham-Palast. Elizabeth bestand darauf, daß auch zwei »Wichtel« der Gruppe angehörten, damit Margaret sich nicht ausgeschlossen fühlte, die für eine Pfadfinderin noch zu klein war. Die Gruppe war eine Art Ersatz dafür, daß die Prinzessinnen keine normale Schule besuchten, und sie sollte ihnen ermöglichen, auf gleichberechtigter Basis andere Kinder kennenzulernen und mit ihnen zu spielen. Als Übungsfeld für Demokratie taugte die Gruppe jedoch nur beschränkt. »Es waren lauter Töchter von Herzögen und Mountbattens – von Demokratie keine Rede«, sagte ein früheres Gruppenmitglied. Von den anderen Mädchen wurde erwartet, daß sie vor den Prinzessinnen einen Knicks machten; das erste Treffen litt, wie Crawfie sich erinnerte, unter der Anwesenheit von Kindermädchen und Gouvernanten; die Kinder mußten ihre besten Kleider und Handschuhe tragen. Daß einige besonders verwöhnt waren, zeigte sich bei einem Spiel, bei dem die Kinder die Schuhe auszogen und sie in der Mitte des Zimmers auf einen Haufen legten. Dann galt es, sie wiederzufinden, anzuziehen und zurück zum Startplatz zu rennen; wer zuerst dort ankam, hatte gewonnen. »Das Spiel ging nie besonders gut, weil die Hälfte der Kinder die eigenen Schuhe nicht kannte!« schrieb Crawfie. »Lilibet und Margaret erzählten mir empört davon. Einen solchen Unsinn hatte es in *ihrer* Kinderstube nicht gegeben.«

Die Pfadfinderinnen trafen sich jeden Mittwoch um 17 Uhr im Palast. Patricia Mountbatten, die älteste Tochter von Lord Louis Mountbatten, dem Cousin des Königs, war die Anführerin der »Eisvogel« genannten Gruppe, Elizabeth ihre Stellvertreterin. »Elizabeth war wirklich tüchtig«, erinnerte sich Gräfin Mountbatten. »Sie hatte alles im Griff und war sehr verantwortungsbewußt und begeistert bei der Sache. Jahre später gestand sie mir, daß sie ziemlich Angst vor mir hatte. Das hat mich schrecklich getroffen.« Die Unternehmungen der Gruppe fanden entweder am Swimmingpool des Palastes oder in den Gärten statt, wobei das Sommerhaus Georges V. als Hauptquartier diente. Elizabeth fand daran offensichtlich Gefallen, aber einige der weniger praktischen und angepaßten Gruppenmitglieder fürchteten die Mittwochabende und »die schrecklichen Mannschaftsspiele«. Elizabeth Cavendish wurde es »regelrecht schlecht« beim Gedanken daran, und Diana Legh, der Tochter von Haushofmeister Sir Piers »Joey« Legh, ging es nicht anders. »Man mußte sich mit einem bestimmten Knoten ein Seil um die Hüften binden, und dann wurde man von der eigenen Mannschaft von einem Felsen abgeseilt. Und immer, wenn ich das Seil warf, um jemanden vor dem Ertrinken zu retten, warf ich zu kurz, und ich verlor für die ganze Mannschaft.« Leiterin dieser Spiele war eine furchteinflößende Dame, die die Mädchen antreten ließ und ihnen Befehle erteilte. Crawfie agierte offensichtlich als ihre Stellvertreterin und wirkte als Puffer zwischen ihr und den ängstlicheren Mädchen. »Sie war sehr nett, immer lustig und lieb«, erinnerte sich eines der Mädchen. »Ich mochte sie, und die Prinzessinnen mochten sie ganz sicher auch.« Am besten gefielen den Mädchen die Ausflüge nach Windsor Great Park, wo sie größere Wanderungen unternahmen und auf einem Wagen ihre Campingausrüstung mit sich führten; sie kampierten im Freien, brieten Würste am Lagerfeuer und machten Stockbrote.[3] Näher kamen die Prinzessinnen dem normalen Leben nicht. Selbst auf ihrem ersten Urlaub am Meer, in der Nähe von Eastbourne, wurden sie beim Picknick am Strand von Zivilpolizisten begleitet, die die Leute fernhalten mußten. Und wenn sie als besonderes Ereignis in einem Hotel Tee trinken durften, hatte das in einem privaten Zimmer im oberen Stock zu geschehen.

Als Elizabeth in den Buckingham-Palast einzog, rückte die Krönung ihrer Eltern bereits bedrohlich näher. Der 12. Mai 1937 war ursprünglich als Termin für die Krönung Edwards VIII. festgesetzt worden, und die Vorbereitungen waren schon so weit gediehen, daß er sich nicht mehr verlegen ließ. Die Tausende von Krügen und Tassen mit dem Bild Edwards VIII. brauchte man jetzt freilich nicht mehr; statt mußten hastig neue Erinnerungsstücke mit dem Bild von König George VI. und Königin Elizabeth hergestellt werden. Schneider gaben sich im Palast die Klinke in die Hand. Der König saß in seinem Arbeitszimmer und übte seine neue Unterschrift. Er hatte immer mit Albert unterzeichnet, aber jetzt war er »George, R. I.« geworden, König und Kaiser wie sein Vater. Er hatte den Namen George gewählt, um die Kontinuität zu betonen, die durch die kurze Herrschaft Edwards VIII. fast unterbrochen worden wäre. Er übte auch, die schwere Krone zu tragen, die er am Tag der Krönung tragen mußte, ein Tag, auf den er sich nicht freute. Für einen Stotterer ist jeder öffentliche Auftritt ein Alptraum; und nun war George auch noch die Hauptperson, und man durfte die althergebrachte Zeremonie nicht dahingehend ändern, daß Wörter wegfielen, deren Aussprache ihm Schwierigkeiten bereitete. In der Stadt wurden Wetten abgeschlossen, ob er die Herausforderung bestehen würde. Es kursierten Gerüchte über seinen geistigen und körperlichen Gesundheitszustand, ja es hieß sogar, er sei Epileptiker. Der Erzbischof von Canterbury und der Herzog von Norfolk hatten als Großzeremonienmeister entschieden, die eigentliche Zeremonie zwar filmen, nicht jedoch im Fernsehen übertragen zu lassen. Der Erzbischof fürchtete angeblich, die Krönung könnte in Pubs respektlos aufgenommen werden, auch wenn Fernsehsendungen damals nur im Umkreis von 40 Kilometern um den Sender im Kristallpalast empfangen werden konnten. Der wirkliche Grund war jedoch, wie der Erzbischof privat notierte, daß bei einer Direktübertragung keine Zensur möglich gewesen wäre, falls der König patzte. Der König übte pflichtbewußt mit seinem Sprachtherapeuten Lionel Logue. Mit Logues Hilfe und ermutigt von der Königin, hatte er sein Stottern stark reduziert, aber die Pausen waren noch immer peinlich hörbar, und Rundfunkansprachen bereiteten ihm tödliche Angst. Die Rede nach der Krönung würde für ihn eine noch größere Qual sein als die eigentliche Zeremonie.

Elizabeth war von Königin Mary gründlich auf den großen Tag vorbereitet worden. Königin Mary hatte ihren Enkeltöchtern anhand eines farbigen Panoramabildes die Symbolik des Ereignisses und die seltsamen Titel der teilnehmenden Beamten genau erklärt. Die Prinzessinnen konnten wenigstens sicher sein, daß ihr schlanker, eleganter Vater in der samtenen Kniebundhose, den Seidenstrümpfen und dem Hermelinmantel auf jeden Fall eine bessere Figur machen würde als der allzu korpulente George IV. Als der große Tag kam, schrieb Elizabeth eigens für ihre Eltern einen Bericht über das Ereignis. Er trug den Titel »Die Krönung, 12. Mai 1937, für Mama und Papa zur Erinnerung an ihre Krönung, von Lilibet selbst verfaßt« und war mit Bleistift auf linierte Blätter geschrieben, die mit einem Seidenbändchen in Rosa zusammengebunden waren. Der Tag begann in aller Frühe; die Majestäten wurden um drei Uhr morgens durch eine Lautsprecherprobe geweckt, und die Kapelle der Marineinfanterie legte in der Morgendämmerung los. »Um fünf Uhr morgens wurde ich durch die Kapelle der Royal Marines aufgeweckt, die unmittelbar vor meinem Fenster Aufstellung nahmen«, schrieb Elizabeth. »Ich sprang aus dem Bett, ebenso Bobo. Wir zogen Morgenmäntel und Schuhe an. Bobo ließ mich ein Bettjäckchen umhängen, weil es so kalt war. Wir hockten uns ans Fenster und sahen in den kalten, nebligen Morgen hinaus. Einige

Menschen saßen bereits auf den Tribünen, und die ganze Zeit strömten neue Menschen heran ... Immer wieder gingen wir ins Bett zurück und sprangen wieder hinaus, um uns die Musikkapellen und die Soldaten anzusehen. Um sechs Uhr stand Bobo auf, und ich sprang um halb acht aus dem Bett ...«[4]

Elizabeth und Margaret waren wie üblich gleich gekleidet. Sie trugen lange beige Kleider aus Nottingham-Spitze mit Goldschleifen und hermelinbesetzte Umhänge aus Purpursamt, hatten Kolliers aus zwei Schnüren Naturperlen um den Hals und auf dem Kopf einfache goldene Krönchen im mittelalterlichen Stil, die ihr Vater für sie ausgewählt hatte. Dazu trugen sie silberfarbene Pumps. »Wie findest du meine Schuhe?« wollte Elizabeth von Crawfie wissen und hob den Rock; dabei zeigte sich, daß Allah ihr wie immer kurze weiße Kindersocken angezogen hatte.

Die beiden Prinzessinnen fuhren in einer prunkvollen Pferdekutsche zur Westminster Abbey. »Es holperte anfangs sehr, aber wir gewöhnten uns schnell daran«, schrieb Elizabeth. Die Prinzessin saß direkt neben Königin Mary, die bewußt mit der königlichen Tradition gebrochen hatte, nach der die Königinwitwe nicht an der Krönung des Nachfolgers teilnimmt. »Grannie sah in ihrem mit goldenen Blumen gemusterten goldenen Kleid wunderschön aus«, befand Elizabeth. An ihrem Busen funkelte der mit Brillanten besetzte Stern des Hosenbandordens; sie hatte ihren ältesten Sohn in einem Brief ganz unsentimental gebeten, ihr den Stern für das Ereignis auszuleihen, das ursprünglich ja seine Krönung hatte werden sollen. Margaret saß auf einem extra für sie erhöhten Sitz, damit sie aus den hohen Fenstern schauen konnte. Ihre Schwester war wie immer mütterlich besorgt um ihr Benehmen. »Ich hoffe, sie macht uns keine Schande und schläft nicht mittendrin ein«, sagte sie ängstlich zu Crawfie. »Schließlich ist sie noch sehr klein für eine Krönung, nicht wahr?« Doch Margaret benahm sich tadellos. »Sie war wundervoll«, berichtete Elizabeth. »Ich mußte sie nur ein- oder zweimal anstoßen, als sie zu laut mit den Gebetbüchern spielte.«

Der König spielte seine Rolle zur allgemeinen und zur eigenen Erleichterung perfekt. Anderen gelang dies nicht. Trotz der geradezu mystischen Erhebung, die der König fühlte, als er wie alle seine Vorgänger bis hin zu Alfred dem Großen in die Reihe der Gesalbten des Herrn aufgenommen wurde, nahm er mit scharfem Auge die Patzer wahr, die den Prälaten und Adligen unterliefen. Ausgerechnet in dem Augenblick, als er niederkniete, um den Krönungseid zu sprechen, versagten die beiden Bischöfe, die ihm als offizielle »Unterstützer« die Gottesdienstordnung hätten hinhalten sollen, damit er daraus vorlesen konnte. »Als der große Moment kam, konnte keiner der beiden Bischöfe den richtigen Text finden«, berichtete der König später. »Also hielt mir der Erzbischof sein Buch zum Lesen hin, aber zu meinem unaussprechlichen Entsetzen verdeckte er den Text des Eids mit dem Daumen.« Der Herzog von Portland, beauftragt, die Krone der Königin zu tragen, und der Marquis von Salisbury, der die Krone des Königs trug, blieben beide an den Quasten der Kissen hängen, auf denen die Kronen lagen, als sie sie dem Erzbischof reichten, damit er sie auf den Altar legte. »Der Großkämmerer [der Graf von Ancaster] sollte mich einkleiden«, schrieb der König, »aber er fummelte nur herum, und seine Hände zitterten so sehr, daß ich das Schwert selbst befestigen mußte. Er hätte mir das Heft des Schwerts fast unter das Kinn gestoßen, als er versuchte, es am Gurt festzumachen.« Der König hatte in praktischer Voraussicht möglicher Schwierigkeiten eine Markierung an der Krone anbringen lassen, damit sie ihm nicht verkehrt herum aufgesetzt würde. Nun entdeckte er, daß irgendein Beamter sie entfernt hatte. »Der Dekan und der Erzbischof hatten sie so oft in den Händen gehabt, daß ich nicht wußte, ob ich sie richtig herum aufhatte oder nicht«, schrieb er. Den letzten gefährliche Schnitzer machte ein tolpatschiger Bischof, als der König sich von dem alten Krönungsstuhl erhob, der 1307 erstmals bei einer Krönung verwendet worden war, und zum Thron schreiten wollte. In den Sitz des Stuhls war der Stein von Scone eingearbeitet, der einer Legende zufolge aus dem Heiligen Land stammt. »Ich wurde abrupt zum Stehen gebracht«, schrieb der König, »weil einer der Bischöfe auf meiner Robe stand. Ich mußte ihn ziemlich scharf anfahren, herunterzusteigen, weil ich beinahe hingefallen wäre.«[5]

Beim Anblick der »würdig lächelnden« Königin geisterte in den Gedanken aller Beteiligten zwei Personen umher: »Prince Charming«, der ursprünglich hätte gekrönt werden sollen, der erste britische Monarch, der die Krönung seines Nachfolgers in einem gemieteten französischen Schloß im Rundfunk verfolgte, neben sich Wallis Simpson, die er zu seiner Königin hatte machen wollen. Winston Churchill, ein leidenschaftlicher Anhänger Edwards VIII., hatte eine Königin Wallis nie wirklich gewollt. Jetzt war er endgültig überzeugt. »Du hattest recht«, flüsterte er seiner Frau zu. »Ich sehe jetzt ein, daß es mit ›der anderen‹ nichts gewesen wäre.«

»Papa sah in seiner karminroten Robe und mit der Krone sehr schön aus«, schrieb die elfjährige Elizabeth über den Gottesdienst; der Höhepunkt, die Krönung des Vaters, sei von einem »Schleier des Staunens bedeckt« gewesen. »Es kam mir sehr seltsam vor«, schrieb sie weiter, »daß Grannie nur noch sowenig von ihrer eigenen Krönung wußte. Ich hätte gedacht, daß ihr das für immer im Gedächtnis hätte haften müssen.« Gegen Ende fand sie den Gottesdienst allerdings »ziemlich langweilig, weil es nur Gebete gab. Grannie und ich sahen nach, wie viele Seiten noch folgten. Wir schlugen eine Seite um, und da stand schon *Finis*. Wir lächelten einander an ...« Ob sie daran dachte, daß sie eines Tages selbst die Hauptrolle bei dieser Zeremonie spielen würde, die sich hier unter ihr entfaltete, erwähnte sie nicht.

Nach der Krönung schien das Selbstvertrauen des Königs gewachsen, als hätte erst das alte Ritual ihm bestätigt, daß er wirklich König war. Crawfie fand, daß er tatsächlich größer wirkte, und Kaplan Don, der ihn einen Monat später bei einer öffentlichen Zeremonie erlebte, war »ganz verblüfft über das Auftreten des Königs. Er hat sich selbst gefunden und gewinnt monatlich mehr an Statur. Es ist, als ob die göttliche Gnadengabe der Krönung ihn innerlich ergriffen und erleuchtet hätte ...« Die Königin dagegen, die nicht in der königlichen Familie aufgewachsen war und in Königin Mary ein nur schwer erreichbares Vorbild hatte, mußte sich erst in ihre Rolle finden.

»Ihre selbstgesetzte Aufgabe zu erfüllen bedeutete viel Arbeit, Planung und enorme Konzentration«, sagte eine Freundin, die sie als Herzogin von York und als Königin kannte. »Und vielleicht hat die dafür erforderliche Disziplin ihre Spontaneität beeinträchtigt und unvermeidlich zu einer gewissen Künstlichkeit geführt.«[6]

Die Herzogin von York erfand sich selbst als Königin. Wie Königin Mary änderte sie nie ihren Stil, um der aktuellen Mode zu genügen, und sie etablierte ihren Stil mit Hartnells Hilfe in der Öffentlichkeit – die

Krinoline, den in dekorative Falten gelegten Krepp, die drei Schnüre riesiger echter Perlen, den Hut und die hohen Absätze, die sie größer erscheinen ließen. Sie legte sich eine Version des obligatorischen königlichen Winkens zu, ein aus dem Handgelenk kommendes Drehen der Hand, das zu ihrem Markenzeichen wurde, und sie wagte es, die königliche Tradition zu brechen und zu lächeln. Außerdem perfektionierte sie die Kunst, die Distanz zwischen sich als Königin und dem Rest der Welt zu wahren, ohne daß dies bemüht wirkte. Dies gelang ihr so gut, daß keiner ihrer alten Freundinnen und Freunde ihr Hochmut vorwerfen konnte, obwohl ein Vergleich ihrer Korrespondenz als Herzogin von York und als Königin deutliche Unterschiede zeigt. Ihre Herzlichkeit verführte allerdings manchmal alte Freunde dazu, die Grenze zu überschreiten. Wenn dies geschah, bekamen sie es mit dem König zu tun. So beantwortete er einen Brief Walter Moncktons, eines geschätzten Vermittlers zwischen dem König und dem Herzog von Windsor, mit der höflichen Erinnerung daran, daß Vertraulichkeit Majestätsbeleidigung war. »Ich habe der Königin Ihre ›Zuneigung‹ und Ihren ›Respekt‹ übermittelt«, schrieb der König, »was sie sowohl überraschte als auch erfreute. Ich frage mich, ob Sie nicht ›Loyalität‹ statt ›Zuneigung‹ meinten!! Wie dem auch sei, wir haben darüber gelacht …«[7]

Als geborene Schauspielerin vermittelte die Königin den Eindruck, als fühle sie sich in ihrer neuen Rolle überaus wohl, sehr zum Ärger von Wallis Simpson. »Also wirklich, David«, schrieb Wallis, »der erfreute Ausdruck auf dem Gesicht der Herzogin von York [sie konnte sich nicht überwinden, Elizabeth Königin zu nennen] ist ein komischer Anblick. Wie gern sie doch alles tut.«[8]

Harold Nicolson dagegen schrieb nach einem festlichen Dinner im Buckingham-Palast bewundernd: »Die Königin hat ein feines Lächeln, das anzeigt, wie sehr sie das Dinner genießen würde, wenn sie nicht Königin von England wäre. Nichts könnte ihren Charme und ihre Würde übertreffen, und ich muß unwillkürlich daran denken, was für ein Schlamassel die arme Mrs. Simpson aus einem solchen Ereignis gemacht hätte …«[9]

Über die Abdankung wurde in der Familie zwar nie gesprochen, sie war aber weder vergeben noch vergessen. Die neue Königin teilte Königin Marys Empörung und setzte wie sie bestimmte Personen, die sie als Anführer der Clique um Wallis und Edward betrachtete, auf eine schwarze Liste. Besonders prominent darauf war die geistvolle, in Amerika geborene Emerald Cunard, die an »Königin« Wallis' Hof gewirkt hatte. »Diese ›ruhigen Abendessen‹ mit dem König und Mrs. Simpson bringen mich noch zu Tode!« soll Noël Coward gebrüllt haben, als er wieder eine Einladung von Lady Cunard erhielt. Während der König Prinz George mitteilte, daß weder er noch Marina Lady Cunard wiedersehen dürften, schrieb Königin Mary an Georges Schwager, Prinz Paul von Jugoslawien, der Emerald Cunard einiges verdankte, und forderte ihn auf, sie ebenfalls zu ächten. Als die gefeierte Salondame Lady Londonderry der Königin im voraus eine Gästeliste für einen Ball nach der Krönung schickte, bedankte diese sich »für die Aufmerksamkeit, wegen bestimmter Leute anzufragen, die zum Fest am Mittwoch eingeladen sind«, und fügte hinzu, Lady Cunard sei die einzige Person, der sie gegenwärtig nicht zu begegnen wünsche.[10]

Onkel David heiratete Wallis, die zu diesem Zweck ihren Mädchennamen Warfield wieder angenommen hatte, am 3. Juni 1937 im Château de Candé in Frankreich. Seine Familie war nicht gerade glücklich darüber, daß er – vielleicht in unbewußter Rebellion gegen den Vater – ausgerechnet den Geburtstag des verstorbenen Königs als Termin gewählt hatte. Kein einziges Mitglied der Familie des Herzogs von Windsor und nur sieben englische Freunde nahmen an der Hochzeit des Mannes teil, der ein halbes Jahr zuvor noch der vielbewunderte König von Großbritannien und Kaiser von Indien gewesen war. König George VI. hatte seinen Brüdern verboten, zur Hochzeit zu fahren, und Lord Louis Mountbatten, einst ein guter Freund des Bräutigams, hielt es für klug, die Einladung abzulehnen.

Der König und sein Bruder sprachen inzwischen kaum mehr miteinander. Ihre Beziehung hatte sich nach dem gefühlsbetonten Abschied im Dezember erstaunlich schnell verschlechtert. George VI. hatte nach und nach entdeckt, daß ihn der Herzog belogen hatte, was die Gelder betraf, über die er verfügte. Sein Bruder hatte etwa eine Million Pfund seiner Einkünfte aus dem Herzogtum Cornwall beiseite geschafft, Geld, auf das er von Rechts wegen zusammen mit der Krone hätte verzichten müssen. Die Laune des Königs wurde nicht besser, als er erfuhr, daß sein Bruder einen Teil der Zinsen des Geldes, das eigentlich ihm als König zustand, Wallis vermacht hatte. Ein bitterer Familienstreit entbrannte. Die Übereinkünfte anläßlich der Abdankung sah vor, daß der Herzog jährlich 25 000 Pfund aus dem Staatshaushalt erhalten sollte. Als jedoch bekannt wurde, was für einen gewaltigen Spargroschen er bereits eingesteckt hatte, rieten sowohl Churchill als auch der damalige Schatzkanzler Neville Chamberlain, sonst politische Gegner, dem König, die Summe persönlich zu bezahlen, um eine parlamentarische Debatte über das Thema zu vermeiden. »Wenn das [die millionenschweren Ersparnisse des Herzogs] herauskommt«, schrieb Churchill an Chamberlain, »wird die Labour-Partei angesichts der großen Ersparnisse, die Angehörige der königlichen Familie offenbar machen können, fordern müssen, die staatlichen Bezüge zu kürzen.« Chamberlain war ausnahmsweise derselben Ansicht. Auch er wollte, wie er seiner Schwester Ida erläuterte, »eine Diskussion vermeiden, die zwar den Herzog selbst gründlich diskreditieren, aber auch der Monarchie einen weiteren Schlag versetzen würde«. Widerstrebend erklärte der König sich bereit, die Zuwendung aus eigener Tasche zu bezahlen. Außerdem mußte er auch die Anteile des Herzogs an Balmoral und Sandringham kaufen, die Edward als ältester Sohn geerbt hatte, denn dabei handelte sich um Familienbesitz und nicht um Eigentum der Krone. Nach langem Streit wurde der Gesamtwert der Besitzungen schließlich auf 289 853 Pfund geschätzt. Diese Summe wurde in Kriegsanleihen angelegt und warf jährlich 10 144 Pfund an Zinsen ab, die an Personen mit ausländischem Wohnsitz – wie den Herzog von Windsor – steuerfrei ausgezahlt werden konnten. Der König erhöhte den Betrag um weitere 11 000 Pfund im Jahr, die bis zu seinem Tod gezahlt werden sollten.

Anhänger des Herzogs von Windsor warfen dem König vor, den Bruder schäbig zu behandeln. Sir John Wheeler-Bennett, der als offizieller Biograph des Königs die für die Affäre relevanten Papiere einsah, sagte jedoch zu Sir Robert Bruce Lockhart, »daß Edward, der Herzog von Windsor, von chronischer Geldgier getrieben wurde und große Forderungen an seinen Bruder König George VI. stellte, Forderungen, die der König unter beträchtlichen persönlichen Opfern erfüllte…, und daß der Herzog mit größter Hartnäckigkeit auf seinen Forderungen bestand und kaum Dankbarkeit zeigte, als der König für seine Extravaganzen zahlte«. Als Wheeler-Bennetts Buch 1958 erschien, waren diese Sätze nicht enthalten. Elizabeth II., damals bereits Königin und bedacht auf den Ruf der königlichen Familie, hatte es zweifellos vorgezogen, sie der Öffentlichkeit vorzuenthalten. Im August 1949 sagte Churchill zu Lord Beaverbrook, der Herzog von Windsor beziehe »aus England ein steuerfreies Einkommen von 100 000 Pfund pro Jahr [was heute etwa 4 bis 5 Millionen Pfund entspricht], darunter die Bezüge aus den königlichen Besitztümern [Sandringham und Balmoral] und so weiter ...«[11]

Der Herzog selbst betrachtete Geld als Versicherung gegen eine Revolution: »Ich gehöre zu einem Stand, der seit Jahrhunderten an Boden verliert.« Dabei vergaß er zu erwähnen, daß es ziemlich viel Geld kostete, den Lebensstandard zu finanzieren, den Wallis bei einem ehemaligen König für angemessen hielt. Als Königin Marys Biograph James Pope-Hennessy das Paar Ende der fünfziger Jahre auf seinem französischen Landsitz Le Moulin des Tuileries besuchte, stellte er fest, daß »jeder erdenkliche Luxus und leibliche Genuß herbeigeschafft, in Anspruch genommen und eingefordert wird, um ein schwelgerisches Leben im Überfluß zu führen«.

Der König mußte diese kostspieligen familiären Abmachungen mit seinem privaten Einkommen finanzieren, also mit der knappen Million Pfund, die George V. Gerüchten zufolge jedem seiner Söhne hinterlassen hatte, und aus den Einnahmen, die er als König aus dem Herzogtum Lancaster bezog. »George VI. hatte keinen roten Heller«, erklärte ein Angestellter des Hofes unbekümmert. Das war zwar übertrieben, aber die Summen, die George seinem Bruder gezahlt hatte und weiterhin jährlich zahlen mußte, schmälerten sein Vermögen und sein Einkommen beträchtlich. Wahrscheinlich vereinbarte König George VI. damals mit Chamberlain, der bald nach der Krönung Baldwin als Premierminister abgelöst hatte, daß er auf sein Privateinkommen keine Steuern zu entrichten brauche. Das Zugeständnis wurde vermutlich damit gerechtfertigt, daß der König und nicht, wie ursprünglich vorgesehen, der Staat für den Unterhalt des Herzogs von Windsor aufkam. Das Abkommen zwischen König und Regierung wurde lange vor der Öffentlichkeit und sogar vor den meisten Politikern geheimgehalten. Als es über 50 Jahre später bekannt wurde, ging ein Aufschrei der

Empörung durch die britische Öffentlichkeit, so daß Elizabeth II. seiner Aufhebung zustimmte.

Es dauerte über ein Jahr, bis die Details der Übergabe von Balmoral und Sandringham geregelt waren; zu einem bestimmten Zeitpunkt drohte der Herzog sogar, dem König das Nutzungsrecht zu entziehen. Einen bösen Streit gab es auch über die legendäre Briefmarkensammlung Georges V.; dabei stellte sich jedoch heraus, daß sie der Krone gehörte und nicht Privateigentum war. Ein unüberbrückbarer Abgrund tat sich zwischen den Brüdern auf, als der König Wallis bei ihrer Heirat nicht erlaubte, den Titel »Königliche Hoheit« anzunehmen, für den Herzog und viele Experten eine ungesetzliche und ungerechte Entscheidung. Doch der König beharrte bis zu seinem Tod auf seinem Standpunkt mit dem Argument, daß Wallis' Ernennung zur Königlichen Hoheit »die Abdankung sinnlos gemacht hätte«, weil die Völker der Dominien doch den Vorschlag, Wallis solle Königin oder Mitglied der königlichen Familie werden, ausdrücklich abgelehnt hätten. Außerdem könne nur er als König Adelstitel verleihen, und er habe sich entschieden. Der Herzog von Windsor war zutiefst verletzt über diese öffentliche Demütigung seiner Frau. Er verzieh seinem Bruder nie und noch weniger dessen Frau und seiner Mutter, die er beide für die Entscheidung mitverantwortlich machte.

Prinzessin Elizabeth erfuhr von der Heirat ihres Onkels, aber über den Familienstreit im Gefolge der Abdankung wurde sie im einzelnen vermutlich erst nach ihrer Thronbesteigung informiert. Vor der Öffentlichkeit wurde der Streit streng geheimgehalten, bis in den achtziger Jahren Michael Bloch, der Historiker des Hauses Windsor, darüber schrieb. Auch nahm Elizabeth damals bestimmt nicht wahr, was für eine große Belastung der Onkel für den König bedeutete. Als die Familie im Oktober 1937 in Balmoral weilte, kam Sir Ronald Lindsay, der britische Botschafter in Washington, auf das Schloß, um den geplanten Besuch des Königs in den Vereinigten Staaten zu besprechen. Er stellte fest, daß der König, die Königin und Tommy Lascelles, der Privatsekretär des Königs, fast schon unter Verfolgungswahn litten, was den Herzog von Windsor betraf. Der Herzog versuche sein Comeback zu organisieren, erzählten sie dem Botschafter, und seine Freunde und Berater seien halbe Nazis. In einem Brief an seine Frau schrieb Lindsay: »Es war interessant festzustellen, daß sich der König auf seinem Thron nicht sicher fühlt. Bis zu einem gewissen Punkt gleicht er einem mittelalterlichen Monarchen, dessen verhaßter Rivale in der Verbannung Anspruch auf den Thron erhebt ... In mancher Hinsicht hat die Situation auf den König genau die gleiche Wirkung wie auf seine mittelalterlichen Vorfahren – er ist verunsichert, empfindlich und mißtrauisch ...«[12]

Die Königin versuchte ihren verunsicherten Ehemann mit aller Macht zu schützen. Seit sie 1923 Herzogin von York geworden war, hatte sie es als ihre wichtigste Aufgabe betrachtet, ihm den Rücken zu stärken. »Sie setzte all ihre Fähigkeiten ein, um ihm bei seinen öffentlichen Auftritten und der Überwindung seiner Schwierigkeiten zu helfen und seine guten Eigenschaften zur Geltung zu bringen«, sagte ein Freund. Der Herzog von Windsor war die zentrale Bedrohung für die innere Ruhe des Königs, also war die Königin entschlossen, ihn in Schach zu halten. Ihre Entschlossenheit war sogar noch stärker als die ihres Mannes oder Chamberlains, der ursprünglich darauf gedrängt hatte, die Bezüge des Herzogs mit der Bedingung zu verknüpfen, daß er nur mit Zustimmung der Regierung nach England zurückkehren dürfe. Walter Monckton, der an den Verhandlungen beteiligt war, schrieb: »Ich glaube, die Königin war schlicht der Ansicht, es sei nicht wünschenswert, dem Herzog von Windsor irgendwelche Aufgaben zu übertragen ... Sie glaubte sich natürlich vorsehen zu müssen, weil der Herzog von Windsor ein attraktiver, vitaler Mensch war, um den sich die Kritiker des neuen, viel weniger verbindlich und charmant wirkenden Königs scharen konnten.«[13]

Nach Ausbruch des Zweiten Weltkriegs, als es entscheidend wichtig wurde, den Herzog aus dem von Deutschland beherrschten Europa zu entfernen, setzte sich die Königin bei der Regierung dafür ein, ihn so fern wie möglich zu halten. In einem inzwischen verschwundenen Brief ging sie sogar so weit zu äußern, wenn der Herzog zurückkehre, werde der König einen Nervenzusammenbruch erleiden.

Für Elizabeth sollte der Onkel erst später zu einem Problem werden. Sie und Margaret freuten sich wie immer auf die jährlichen Ferien in Balmoral. »Sie waren für sie der Höhepunkt des Jahres«, schrieb Crawfie. Der Geist von Elizabeths Ururgroßmutter war in Balmoral noch besonders lebendig. Victoria und Albert hatten sich bei ihrem ersten Besuch in die als Deeside bekannte Region verliebt, vor allem weil sie an Alberts Geburtsland Thüringen erinnerte. Zwischen 1852 und 1859 hatten sie sich am Ufer des Dee, dessen braunes Wasser in einem steinigen Flußbett zu Tal rauscht, ein im Vergleich mit anderen schottischen Schlössern schlichtes Schloß gebaut. Das Tal des Dee ist eine friedliche Landschaft mit grünen Feldern, gesäumt von dunklen Kiefernwäldern und Weißbirken. Vom Schloß flußaufwärts ließ Victoria einen Fußweg anlegen, der in regelmäßigen Abständen über elegante, weißgestrichene kleine Hängebrücken führt. Sie kaufte auch Ballochbuie Forest, einen Kiefernwald mit Wildkatzen, üppigem Heidekraut, Blaubeeren und hohen Ameisenhaufen. Das Tal ist von heidekrautüberwucherten Bergen umgeben; im Hochmoor ist die Luft frisch, und man sieht die Cairngorm Mountains, auf deren Gipfeln ewiger Schnee glitzert. Beherrscht wird die Gegend von dem massigen, purpurfarbenen Lochnagar mit seinem dunklen Bergsee.

Im Inneren des Schlosses dominierte noch immer Victorias Einfluß. Königin Mary ließ zwar die gelbbraune Farbe entfernen, die zu Victorias Zeiten den größten Teil der Holztäfelung bedeckt hatte, aber die Wände waren noch immer mit der Beige auf Weiß geflockten Gittertapete bedeckt, auf die das Monogramm der alten Königin, »VRI«, gedruckt war. Auch die Einrichtung der Schlafzimmer im Obergeschoß war mehr oder weniger dieselbe geblieben; Schottenmuster bedeckten Linoleum, Teppiche, Vorhänge, die altmodische Waschgarnitur aus Krug, Schüssel und Seifenschale auf dem Waschtisch und die Schälchen und Schächtelchen auf den Frisierkommoden. Die für Victoria angefertigten karierten und mit der schottischen Distel geschmückten Chintzstoffe waren immer noch im Gebrauch. An den Wänden hingen zahllose Ölgemälde und Drucke mit Tierdarstellungen und Szenen aus dem schottischen Hochland, geschaffen von Victorias und Alberts Lieblingsmaler Sir Edwin Landseer. Geweihe hingen überall dort, wo nicht schon ein Landseer oder würdige Porträts bärtiger Jagdaufseher hingen, die der Familie in vergangenen Tagen gedient hatten. In der Eingangshalle stand eine lebensgroße Marmorstatue von Prinz Albert, dem Schöpfer und Genius dieses Ortes, mit leicht gequältem Gesichtsausdruck. Die Gärten des Schlosses waren überreich mit Statuen bestückt, die Victoria hatte aufstellen lassen: ein lebensgroßer Bronze-Eber, eine Gemse auf einem Felsblock über einem Springbrunnen und natürlich auch Standbilder von Victoria und Albert, die die Pächter von Balmoral der Königin zum fünfzigjährigen Thronjubiläum geschenkt hatten.

Balmoral war und ist bis heute vor allem das Feriendomizil der königlichen Familie. Man traf rechtzeitig zur Eröffnung der Moorhuhnjagd am 12. August dort ein und blieb den ganzen September und den ersten Teil des Oktobers. Der Abschied fiel immer schwer. »Bald müssen wir diesen friedlichen Ort verlassen und nach London zurückkehren«, schrieb die Königin Anfang Oktober an Duff Cooper. »Es ist jetzt so schön, die Birken wechseln ihre Farbe von Silber nach Gold, die Luft ist kalt, und die Sonne scheint, so daß ich ungern gehe.« Der König war ganz in seinem Element, wenn er draußen »auf dem Berg« auf die Pirsch ging oder Moorhühner jagte. Er war ein hervorragender Schütze. Auch die Königin hatte von ihren Brüdern schießen gelernt, fischte jedoch lieber in aller Ruhe am Ufer des Dee, anstatt zerkratzt vom Heidekraut und halb taub vom Knallen der Schüsse ganze Tage im Moor zu verbringen. Für die Kinder wurden Picknicks veranstaltet, häufig vor Glassalt Shiel, einem schlichten Haus aus Granit mit Giebeldach. Königin Victoria hatte es am Ende des schwarzbraunen Loch Muick erbauen lassen, an einem rauschenden Bach und in einem Wäldchen aus Kiefern und Lärchen, in dem es immer würzig nach Harz duftete. Zum Tee im Schloß gab es Shrimps, heiße Würstchen und schottische Spezialitäten wie »scones« (weiches Teegebäck), »baps« (weiche Semmeln) und »bannock« (Kuchen aus Hafer- oder Gerstenmehl), die auf einem Tisch im Gesellschaftszimmer angerichtet wurden. Nach dem Abendessen, zu dem es fast immer gebratene Moorhühner gab, marschierten die sieben Dudelsackpfeifer des Königs in Schottenröcken mit dem Karomuster von Balmoral musizierend durch die Empfangshalle und zweimal um den Eßtisch herum, während die Prinzessinnen im Bademantel vom oberen Stockwerk aus zusahen. Elizabeth hatte in Balmoral auch gleichaltrige Freundinnen, Kinder von Angestellten des Hofes, die ihre Ferien in Häusern auf dem Gelände von Balmoral verbrachten. In den Jahren vor dem Krieg hatten die Kinder sogar eine eigene Zeitung gegründet, *The Snapdragon*, das »Löwenmäulchen«. Herausgeberin war Winifred, die Tochter von

Alec Hardinge, ihre Stellvertreterin Joey Leghs Tochter Diana. Die Artikel wurden von Hand auf linierte Blätter geschrieben, diese dann zusammengeheftet. Elizabeth war freie Mitarbeiterin; in einem Artikel schilderte sie ihre Eindrücke von der Wachablösung, die sie von einem Fenster des Buckingham-Palastes aus verfolgt hatte. Das Blatt wurde nur im kleinsten Kreis verbreitet und beim Ausbruch des Krieges eingestellt. Es war Elizabeths erster und einziger Ausflug in den Journalismus.

Der König hatte in jenem Jahr in Balmoral keinen unbeschwerten Urlaub. Neben der Routinearbeit an den Akten aus den roten Kuriertaschen, die er mit seinen Sekretären durchging und die ihm überallhin nachgeschickt wurden, hatte er auch den traditionellen Besuch des Premierministers zu bewältigen. Chamberlain, eine eindrucksvolle weißhaarige Gestalt mit dunklen Brauen über durchdringenden Augen und einer Hakennase, war ein Politiker von schroffem Wesen und festen Überzeugungen. Er behandelte seine Gegner mit Herablassung. Er besaß das Selbstbewußtsein der großen Birminghamer Politikerdynastie, aus der er stammte, und war von der Richtigkeit seiner Ansichten vielleicht zusehr überzeugt. Er hatte nur wenige Freunde, aber die schätzten seine Integrität und seine Leidenschaft für Vögel, Bäume, Blumen und Shakespeare, die viele überraschte. Wie die Königin war er ein leidenschaftlicher Angler. Chamberlain gab sich freilich alle Mühe, dem König und der Königin zu gefallen, und seine Bemühungen waren von Erfolg gekrönt, wie er gegenüber seiner Schwester Ida stolz bemerkte. Er hatte mit dem König gejagt und mit der Königin gefischt, mit der Familie am Loch Muick gepicknickt und mit ihnen und ihrem Nachbarn, dem Millionär J. Pierpont Morgan, das flußabwärts von Balmoral gelegene Schloß Abergildie besucht, das an ein Spielzeugschloß erinnerte. Dort war die Königin im Garten unter die über die Beerenbüsche gebreiteten Netze geschlüpft und hatte die Stachelbeeren »ausgiebig genossen«. Chamberlain hatte das Verhalten Edwards VIII. mißbilligt und war ihm aus dem Weg gegangen, um den Nachfolger zu unterstützen. Der König hatte persönliche und finanzielle Gründe, Chamberlain dankbar zu sein, und verließ sich als Neuling in der Innen- und Außenpolitik zunehmend auf dessen Urteil.

In jenem Herbst des Jahres 1937 wandten der König und der Premierminister, nachdem sie zunächst über den Herzog von Windsor gesprochen hatten, ihre Aufmerksamkeit der Außenpolitik zu, einem Gebiet, auf dem der König fast keine Erfahrung hatte. Das Trauma der Abdankung und die darauf folgende Euphorie der Krönung hatten die britische Bevölkerung und Regierung vom November 1936 bis zum Spätsommer 1937 ganz in Anspruch genommen. Hitler aber war bereits im März 1936, als Edward noch König war, im Rheinland einmarschiert; die demokratischen Länder hatten nur mit schwachen Protesten reagiert. Edward VIII. nahm für sich in Anspruch, zur Mäßigung der Reaktion der britischen Regierung beigetragen zu haben. Seither hatte Deutschland sowohl mit Italien als auch mit Japan Abkommen geschlossen und unterstützte im Spanischen Bürgerkrieg aktiv die Faschisten. Im November 1937 sollte Lord Halifax, der mit Chamberlain und auch mit dem König befreundet war, einen »privaten« Besuch in Deutschland machen und in Berchtesgaden mit Hitler zusammentreffen. Die Begegnung zwischen dem hochmütigen aristokratischen Halifax, Inbegriff des Gentleman mit Melone und makellos gefaltetem Schirm, und dem kleinen, unübersehbar proletarischen Diktator, dessen Aufmachung Halifax als kurioses Theaterkostüm empfunden haben muß, wäre komisch gewesen, hätte sie nicht ein katastrophales Mißverständnis zur Folge gehabt, das zum Münchner Abkommen und letztlich zum Kriegsausbruch führte. Für Halifax waren Naziführer wie Hitler und Göring im Grunde harmlose Witzfiguren; Hitler dagegen sah in Halifax den Vertreter eines Volkes, dessen Kampfeswillen seit den Tagen Sir Francis Drakes stetig abgenommen hatte und das seinen europäischen Plänen sicher nicht im Weg stehen würde. Keine vier Monate später, als Chamberlain immer noch den faschistischen Führer Italiens, Mussolini, hofierte, annektierte Hitler Österreich, setzte die tschechoslowakische Regierung unter Druck und machte im Mai 1938 einen Staatsbesuch in Rom, dessen theatralische Entfaltung militärischen Pomps kriegerische Stärke demonstrierte.

All das wird Elizabeth kaum berührt haben; die europäische Realpolitik betraf sie zu diesem Zeitpunkt nur insofern, als bald der erste Staatsbesuch des Königspaars in Europa bevorstand. Er sollte vor dem bedrohlichen Hintergrund der faschistischen Bündnisse die Solidarität der beiden Demokratien Großbritannien und Frankreich demonstrieren. Die für den 28. Juni geplante Abreise der Eltern nach Paris rückte für Elizabeth freilich in den Hintergrund, als fünf Tage vorher in Glamis unerwartet ihre geliebte Großmutter Cecilia Strathmore starb. Elizabeth reagierte, wie Crawfie einer Freundin berichtete, ungewöhnlich emotional: »Prinzessin Margaret ist noch zu klein, um zu verstehen, was passiert ist, aber Prinzessin Elizabeth ist zutiefst erschüttert.« Wie ihr Vater und noch mehr ihr Großvater und ihre Großmutter verbarg Elizabeth ihre Gefühle meist. Während der Tod eines Spatzen George V. Tränen in die Augen trieb und seine Enkelin auf den Tod eines Hundes mit langen Beileidsbriefen reagierte, löste der Tod eines nahestehenden Menschen bei ihnen kompliziertere Gefühle aus, die sie nicht in Worte fassen konnten. »Nur einmal«, berichtete Crawfie, als der neunundachtzigjährige Lord Strathmore sechs Jahre später starb, »kam sie [Elizabeth] in meine Arme gelaufen und hatte nur noch den Wunsch, getröstet zu werden. Ganz blaß und mit weit aufgerissenen Augen kam sie in mein Zimmer, sagte: ›Crawfie, Großvater Strathmore ist tot‹ und brach in Tränen aus.« Lord Strathmore, schrieb Crawfie, »war ein sehr freundlicher und humorvoller Mann, und er war durch und durch ein Landmensch. Er teilte die Zeit nach dem Rhythmus des Landlebens ein – nach der Ankunft der Zugvögel, den Wildgänsen am Fluß, dem Ausschlagen der Bäume.« Zudem war er etwas exzentrisch und aß jeden Tag Plumpudding. Elizabeth und Margaret liebten ihn beide heiß und innig.

Die Königin war über den Tod ihrer Mutter zutiefst erschüttert. Zu Neville Chamberlain sagte sie: »Ich habe diesen Moment gefürchtet, seit ich ein kleines Kind war, und jetzt, da er gekommen ist, kann ich es nicht fassen. Sie war für uns, ihre Kinder, wirklich eine feste Burg, und ihr Wirken und wundervolles Beispiel werden uns, Gott sei Dank, das ganze Leben lang begleiten. Sie hatte eine gute Einstellung zum Leben – alles hatte bei ihr das Gewicht, das ihm zukam. Sie ist geistig jung geblieben, bewies großen Mut und unerschöpfliches Mitgefühl, wann und wo immer es gebraucht wurde, und sie hatte einen himmlischen Sinn für Humor. Wir lachten viel zusammen und waren so fröhlich. Sie müssen entschuldigen, wenn ich Ihnen das alles schreibe, aber Sie sind uns im letzten Jahr ein so lieber Freund und Berater gewesen …«[14]

In der Öffentlichkeit ließ die Königin sich jedoch nichts anmerken. Der Staatsbesuch wurde auf den 19. Juli verlegt, und sie trug dabei die neuen Kleider, die Hartnell ganz in Weiß entworfen hatte, die alternative Trauerfarbe des Königshauses. Die Reise wurde ein rauschender Erfolg. Auf dem Galaabend zu Ehren des Königspaars in der Pariser Oper waren Winston Churchill, Diana Cooper, Venetia Stanley und die Marquise von Granby zugegen, als der König und die Königin die Treppe hinaufschritten. Die Königin glitzerte vor Diamanten und trug eine weiße Winterhalter-Krinoline. »Ich war stolz auf mein Land«, schrieb Lady Granby. »Die Franzosen tobten vor Begeisterung über den König und die Königin. Winston wirkte wie ein Schuljunge, so entzückt war er…«

Bei einer Parade von 50000 Soldaten der französischen Armee in Versailles hielt Churchill eine gefühlsbetonte Rede, in der er die französische Streitmacht als »Bollwerk der europäischen Freiheit« bezeichnete. Keine zwei Jahre später war dieses Bollwerk zusammengebrochen, und Hitler fuhr als Eroberer über die Champs-Elysées.

Hitler sollte den Frieden des Königspaars schon zwei Monate nach diesem Staatsbesuch stören. Die Familie weilte wie üblich in Balmoral. Man war mit der königlichen Jacht »Victoria & Albert« angereist und an der Ostküste Englands entlanggefahren, damit der König das Lager des Herzogs von York bei Southwold an der Küste von Suffolk besuchen konnte. Am 14. September erfuhr der König von Chamberlain, Hitler plane Geheimdienstberichten zufolge, noch im selben Monat die Tschechoslowakei anzugreifen. Der König kehrte mit dem Nachtexpreß nach London zurück und stellte fest, daß sein neunundsechzigjähriger Premierminister zum ersten Mal in seinem Leben ein Flugzeug bestiegen hatte und nach Deutschland geflogen war, um sich mit Hitler in Berchtesgaden zu treffen. Die Kriegsangst wuchs, im Hyde Park wurden Schützengräben ausgehoben, und dem König wurde eine Gasmaske angepaßt; Chamberlain hielt entmutigt seine berühmte Rundfunkansprache. »Wie entsetzlich, skurril und unglaublich ist es doch«, sagte er, »daß wir hier wegen eines Streits in einem fernen Land, zwischen Menschen, von denen wir nichts wissen, Gräben ausheben und Gasmasken anprobieren.« Dann trat Hitler scheinbar einen Schritt vom Abgrund zurück. Chamberlain flog nach München, unterzeichnete das »Stück Papier« des Münchner Abkommens und schwenkte den Vertrag triumphierend, als er bei seiner Rückkehr auf dem Flughafen von einer jubelnden Menge empfangen wurde. Der König war begeistert; er hatte persönlich nach Heston reisen wollen, um den Premierminister willkommen zu heißen, mußte sich jedoch damit begnügen, neben ihm auf den Balkon des Buckingham-Palastes zu treten. »Gestern war ein großer Tag«, sagte er zu Königin Mary. Doch während Chamberlain von Downing Street 10 aus der britischen Öffentlichkeit mitteilte, er sei mit einem »ehrenvollen Frieden« zurückgekehrt, bereitete Hitler bereits den Einmarsch in das Sudetenland vor. Fünf Monate später hatte die Tschechoslowakei aufgehört, als unabhängiger Staat zu existieren. Während die meisten Menschen, vom amerikanischen Präsidenten Franklin Delano Roosevelt bis zum früheren deutschen Kaiser, Chamberlains Einsatz für den Frieden begrüßten, warnte Winston Churchill, dies sei »erst der Beginn der Abrechnung«. Prinzessin Elizabeth hatte sich inzwischen zu einer leidenschaftlichen Gegnerin Hitlers entwickelt. Sie war enttäuscht, daß es nicht zum Krieg gekommen war, und wurde, als sie das sagte, von Allah zurechtgewiesen. »Du weißt nicht, was ein Krieg ist«, sagte Allah und hielt den Kindern einen Vortrag über die Opfer des Ersten Weltkriegs.

Die Bedrohung durch einen weiteren europäischen Konflikt lag in der Luft, als der König und die Königin im Frühsommer 1939 über den Atlantik zum wichtigsten Staatsbesuch reisten, den sie je machen sollten, zu der Reise, die »uns zum Durchbruch verhalf«, wie die Königin später sagen sollte. Sie fuhren zuerst nach Kanada und dann als persönliche Gäste Präsident Roosevelts in die Vereinigten Staaten. Der Besuch in Amerika war eine mutige Geste. Obwohl die geplante Amerikareise des Herzogs von Windsor angesichts der Empörung vieler Amerikaner über seinen Besuch in Nazideutschland hatte abgesagt werden müssen, gab es noch immer viele Amerikaner, die den Herzog als rechtmäßigen König betrachteten und von König George VI. und seiner Frau keine allzu hohe Meinung hatten. Ein vieldiskutierter Artikel in *Scribner's* brachte diese Haltung offen zum Ausdruck: »Wenn ein Experte für Öffentlichkeitsarbeit frei entscheiden könnte, mit welchen Persönlichkeiten er in Amerika für Großbritannien werben wollte, wäre seine Wahl nicht auf König George und Königin Elizabeth gefallen. In den Vereinigten Staaten sieht immer noch ein großer

Teil der Bevölkerung Edward, den Herzog von Windsor, als rechtmäßigen Inhaber des britischen Thrones an; König George VI. dagegen gilt als farblose, schwache Persönlichkeit, die in den Augen der britischen und der amerikanischen Öffentlichkeit die Probezeit noch nicht bestanden hat ... Königin Elizabeth hat nach den Maßstäben der Park Avenue eine viel zu plumpe Figur und ist zu schlecht gekleidet, um dem amerikanischen Bild von einer amtierenden Königin zu entsprechen. Die lebenden Gegenbeispiele, Königin Mary – so königlich, wie eine Frau nur sein kann – und die Herzogin von Windsor – chic und auf charmante Weise amerikanisch –, sind Elizabeth gewiß auch keine Hilfe ...«

Der persönliche Erfolg des Königs und der Königin in den Vereinigten Staaten, warnte der Autor, werde »über Erfolg oder Mißerfolg der britisch-amerikanischen Beziehungen in der kritischen internationalen Phase entscheiden, die uns in den nächsten Jahren bevorsteht«.

Der königliche Besuch wurde ein öffentlicher Triumph. Die amerikanische Presse war bis auf wenige Ausnahmen vom Königspaar begeistert, und auf persönlicher Ebene gelang es dem König, eine freundliche Beziehung mit dem Präsidenten herzustellen und sogar Eleanor Roosevelt mit seinem sozialpolitischen Wissen zu beeindrucken. »Die britischen Souveräne haben Washington erobert«, schrieb Arthur Knock in der *New York Times.* »Sie haben keinen einzigen falschen Schritt gemacht und einen besseren Eindruck hinterlassen, als selbst ihre optimistischsten Berater erwarten konnten.« Der Präsident schwärmte seinem Cousin gegenüber von »reizenden und sehr verständigen Menschen, die nicht nur eine Menge von Außenpolitik verstehen, sondern auch von Sozialgesetzgebung«.

Am 22. Juni 1939 gingen die Prinzessinnen in Begleitung von Allah und Crawfie in Southampton an Bord eines Zerstörers, um ihren auf der »Empress of Britain« zurückkehrenden Eltern bis zur Mitte des Kanals entgegenzufahren. Es gab ein fröhliches Wiedersehen. Margaret ergriff die Hand der Mutter und verkündete stolz, wieviel dünner sie geworden sei: »Ich bin nicht der Fußball, der ich früher war.«

»Der König«, schrieb Crawfie, »konnte seine Augen die ganze Zeit nicht von Lilibet abwenden.« Es gab ein vergnügtes Mittagessen im Speisesaal des Linienschiffs. Der König warf Ballons aus den Bullaugen, und Crawfie bekam nach einem Champagnercocktail schwache Knie. Die 70 Kilometer lange Bahnstrecke von Southampton zur Waterloo Station war von winkenden, Fähnchen schwenkenden Menschen gesäumt, und auf der Mall vor dem Buckingham-Palast hatten sich 50000 Menschen versammelt. Sie winkten mit Taschentüchern und Regenschirmen, sangen »God Save The King«, »Land of Hope And Glory« und »For He's A Jolly Good Fellow« und riefen nach dem König und der Königin, bis die Familie auf dem Balkon erschien. Es war, wie der *Daily Mirror* schrieb, »die größte Rückkehr aller Zeiten und der größte Tag des Königshauses seit der Krönung«. Zwei Jahre waren verstrichen, seit Elizabeth das letzte Mal mit den Eltern auf dem Balkon gestanden hatte, und sie merkte, daß »Mummy« und »Papa« bei der Bevölkerung inzwischen genauso beliebt waren wie die Großeltern. Wie es schien, brauchte sie selbst also nur dem Beispiel der Eltern zu folgen.

Kurz zuvor war die Prinzessin dreizehn geworden. Einen Monat nach dem Auftritt auf dem Balkon des Palastes hatte sie eine schicksalhafte Begegnung mit einem jungen Seekadetten, Prinz Philip von Griechenland. Diese Begegnung hatte sie dem Onkel des Prinzen zu verdanken, Louis Francis Albert Victor, der im Jahr 1900 als Prinz von Battenberg geboren war und 1917 zusammen mit der ganzen Familie den Namen Mountbatten angenommen und den Ehrentitel Lord erhalten hatte. Lord Louis, von seinen Verwandten und Freunden unerklärlicherweise »Dickie« genannt, war ein Großenkel Königin Victorias und ein Cousin ihres Vaters. Wie die meisten Mitglieder der königlichen Familie war auch er deutscher Abstammung; er entstammte über beide Eltern dem Haus Hessen – auch wenn sein Titel in den Augen von Puristen nicht ganz vollwertig war, weil er ein morganatischer Nachkomme des Prinzen Alexander von Hessen war. Seine größte Leidenschaft war der Stammbaum seiner weitverzweigten Familie, die mit den Windsors, den Wittelsbachern, den Romanovs, den Habsburgern und den Hohenzollern verwandt waren. Lord Louis, wie er in der Öffentlichkeit hieß, hatte mit Elizabeths Vater in Cambridge studiert, sich dann jedoch von dem zweitältesten Sohn Georges V. abgewandt, um eine Weltreise mit seinem interessanteren Bruder, dem damaligen Prinzen von Wales, zu machen. Man kann sogar sagen, daß

»Dickie« bis zu dessen Abdankung förmlich an dem Prinzen von Wales klebte und erst dann seine frühere Verbindung mit dessen Bruder auffrischte, als er König geworden war. George VI. amüsierte sich über Lord Louis; er durchschaute ihn ein Stück weit, lachte aber über seine Matrosenwitze, teilte seine Leidenschaft für Uniformen und Orden und bewunderte seine Führungsqualitäten und seinen Unternehmungsgeist. Die Königin war vom Cousin des Königs weniger begeistert. Sie lehnte ab, was sie in ihrer offenen Art als seinen Riecher für eine gute Gelegenheit bezeichnete, seine Neigung, die Seiten zu wechseln, wenn es ihm paßte; und sie mochte den »schnellen« Lebensstil nicht, dem er und seine Frau, die fabelhaft reiche Edwina Asley, frönten. Später sollten die beiden als »Champagner-Sozialisten« noch mehr in ihrer Achtung sinken. Mountbatten sah gut aus, hatte Charme, Geist und ein doppeltes Ziel: Er wollte seiner Familie eine unangreifbare Stellung verschaffen und die Demütigung seines Vaters Prinz Louis von Battenberg rächen, der im Herbst 1914 aufgrund seiner deutschen Abstammung seinen Posten als erster Lord der britischen Admiralität verloren hatte.

Mountbatten sollte seine Verbindung zum Königshaus optimal ausnutzen. Allerdings war ihm anfangs wahrscheinlich selbst nicht klar, daß sein Neffe Prinz Philip von Griechenland, der 1939 gerade achtzehn war und sein letztes Jahr als Kadett am Royal Naval College in Dartmouth absolvierte, ihm zum entscheidenden Durchbruch verhelfen würde.

Prinz Philip war zumindest der Herkunft nach noch königlicher als sein Onkel und noch enger mit der britischen Königsfamilie verbunden. Er war 1921 als Sohn von Lord Mountbattens älterer Schwester Alice und Prinz Andreas von Griechenland geboren. Mütterlicherseits war er ein direkter Nachkomme Königin Victorias, väterlicherseits stammte er wie seine Cousine Prinzessin Marina nicht nur von der griechisch-dänischen Königsfamilie ab, sondern auch von der russischen Zarenfamilie. Sein Großvater Georg I. von Griechenland, Königin Alexandras Bruder »Willy«, hatte mit Großherzogin Olga die Enkeltochter des Zaren Nikolaus I. geheiratet, und Prinz Philips Vater war eines von sieben Kindern aus dieser Ehe. Philip selbst war das jüngste von fünf Geschwistern, der einzige Sohn von Prinz Andreas und Prinzessin Alice und sieben Jahre jünger als seine letztgeborene Schwester.

Er hatte fast von Anfang an ein schwieriges Wanderleben führen müssen. Im Jahr 1921 wurde er auf dem Küchentisch der Villa »Mon Repos« auf Korfu geboren. Ein knappes Jahr später war er bereits ein Flüchtling, da die Familie nach einem Staatsstreich aus Griechenland fliehen mußte. Ein Kriegsschiff, das der britische König George V. geschickt hatte, brachte sie in Sicherheit. Ohne die britische Intervention wäre Prinz Andreas, Philips Vater, vermutlich von den Putschisten erschossen worden. Die griechische Königsfamilie war nach königlichen Maßstäben nie reich gewesen. Als nominelle Herrscher eines der ärmsten Länder Europas und Inhaber des vermutlich wackligsten europäischen Throns hatten sie weder Zeit noch Gelegenheit gehabt, größeren Besitz anzuhäufen. Philip war 1922 deshalb ein mehr oder weniger mittelloser Flüchtling in Paris, wo sich seine Familie in St. Cloud niederließ. Die Familie wurde von Prinz Andreas' Bruder Prinz Georg unterstützt, der das Glück gehabt hatte, eine Frau zu heiraten, die nicht nur eine Bonaparte war, sondern auch die Enkeltochter von Louis Blanc, der das Casino von Monte Carlo gegründet hatte. Das Leben der Familie war nicht gerade einsam – es gab andere Häuser auf dem Gelände von St. Cloud, wo Prinz Philips Familie in einem großen, häßlichen Landhaus lebte, und Paris war voll von königlichen Cousins russischer und griechischer Abstammung, die vor diversen Regimen geflohen waren.

Prinz Philip selbst wuchs in einem internationalen Haushalt auf, der mit Ausnahme seines griechischen Vaters und des italienischen Butlers fast nur aus Frauen bestand: aus seiner deutschen Mutter, seinen vier Schwestern, die sich selbst als Griechinnen betrachteten, einer griechischen Hofdame, einer französischen Gouvernante, der heißgeliebten britischen Kinderfrau Mrs. Nicholas und einer französischen Köchin. Dies war ein explosives Gemisch; Prinz Philips Schwester Sophie erinnerte sich, daß »es beim Personal ständig zu schrecklichen Auseinandersetzungen kam«. Vielleicht in Reaktion auf die Vorherrschaft des weiblichen Geschlechts in Familie und Haushalt entwickelte sich Philip zu einem auf aggressive Art männlichen Jungen, den sein erster Schulrektor als »wild« und »ausgelassen« beschrieb. Fotos aus dieser Zeit zeigen ein blondes Kind mit grimmigem Gesicht, das allerdings, vielleicht unter dem Einfluß der englischen Kinderfrau, »immer bemerkenswert höflich« war.

Prinz Philips Eltern bildeten in vieler Hinsicht ein sehr ungleiches Paar. Der Vater Prinz Andreas war laut seiner jüngsten Tochter »vergnügt, extrovertiert, ungeheuer humorvoll und sehr amüsant«, und Prinz Philip kam mit dem Vater, der allerdings selten zu Hause war, hervorragend aus. Der Sohn hatte Stirn und Kopfform des Vaters geerbt, während er von der Mutter die feine Nase, die feingeschwungenen Lippen und die schmalen Augen der Mountbattens hatte. Prinzessin Alice war seit ihrer Kindheit nahezu taub, hatte jedoch gelernt, in mehreren Sprachen von den Lippen abzulesen. Sie war sehr streng zu ihren Kindern; Prinz Philip hatte zu ihr eine gute Beziehung, auch wenn sie nach außen nicht sehr herzlich wirkte. Und seine Mutter war genauso mutig und geistig unabhängig wie er. Im Zweiten Weltkrieg, als sie im deutsch besetzten Athen lebte – wo sie über 20 Kilogramm abnahm, da sie sich von Mehl und warmem Wasser ernährte – rettete sie zwei Jüdinnen, Mutter und Tochter, das Leben. Die beiden bewohnten zwei Zimmer im Dachgeschoß von Prinz Georgs Haus, und als die Deutschen kamen, um nach ihnen zu suchen, stellte sich Prinzessin Alice nicht nur taub, sondern auch dumm, so daß sie unverrichteter Dinge wieder abzogen.

Prinzessin Alice spielte nach dem zehnten Lebenjahr ihres Sohnes keine Rolle mehr bei seiner Erziehung. In diesem schwierigen Alter stürzte – nicht zum ersten und auch nicht zum letzten Mal – eine Welt für ihn zusammen. Seine Mutter erlitt einen Zusammenbruch, der anscheinend durch die Wechseljahre verursacht war, und wurde zur Behandlung nach Wien und Berlin geschickt. Philips Vater gab das Haus in St. Cloud auf und zog in den Süden Frankreichs. Im Jahr 1931 waren bereits alle Schwestern mit deutschen Fürsten vermählt: Prinzessin Sophie, das »Tiny« (Kleines) genannte Nesthäkchen, wurde 1930 mit sechzehn die Frau von Prinz Christoph von Hessen. Margarita heiratete 1931 Gottfried, Fürst von Hohenlohe-Langenburg, Theodora, die »Dolla« gerufen wurde, den Markgrafen Berthold von Baden und Cäcilie Georg Donatus, den Erbgroßherzog von Hessen und bei Rhein. Prinz Philip wurde auf die Privatschule Cheam in England geschickt;

später schickte er auch seinen Sohn Prinz Charles dorthin. Danach besuchte er zweimal für kurze Zeit in Deutschland das Internat, das Kurt Hahn in Schloß Salem, dem Zuhause von Markgraf Berthold von Baden und Philips Schwester Dolla, gegründet hatte. Hahn wurde 1933 wegen seiner Opposition gegen die Nationalsozialisten verhaftet und kam erst dank der Intervention einflußreicher britischer Freunde wieder frei. Er floh nach Großbritannien und gründete dort Gordonstoun, eine neue Schule nach den Prinzipien von Salem, die auch Schloß Salem bekannter machte. Ab 1934 besuchte Prinz Philip diese Einrichtung, eine Erfahrung, die ihn so prägte, daß er seine Söhne gleichfalls dorhin schickte.

Als Jugendlicher war Philip trotz seiner großen Verwandtschaft in starkem Maß auf sich gestellt. Freunde in Gordonstoun erinnern sich, daß er nie wußte, wo er die Ferien verbringen sollte. Da er den Mann seiner dritten Schwester Cäcilie, Georg Donatus von Hessen, mochte, verbrachte er die meisten Ferien bei den beiden in Wolfsgarten oder Darmstadt. Dies fand jedoch ein tragisches Ende, als Cäcilie und Georg 1938 auf dem Weg zur Hochzeit von Georgs jüngerem Bruder Ludwig mit der Engländerin Margaret Geddes in London bei einem Flugzeugabsturz umkamen. In London wohnte Philip im Kensington-Palast bei seiner Großmutter von der Seite der Mountbatten, der Witwe des Marquis von Milford Haven. »Er war sehr unabhängig«, sagte seine Schwester. »Großmutter und er trugen schreckliche Kämpfe aus, in denen beide ihren Willen durchsetzen wollten.« Seine Mountbatten-Cousins erinnern sich, daß Philip einmal die Treppe des Kensington-Palastes hinaufstürmte, oben stehenblieb und der Großmutter die Zunge herausstreckte. Zeitweise wohnte er auch auf dem Land bei dem Bruder seiner Mutter, George Marquis von Milford Haven, und dessen exotischer Frau, der lesbischen Russin Nadejda. 1938, im Todesjahr Cäcilies, starb George Milford Haven an Krebs, und in der Folgezeit kümmerte sich dessen jüngerer Bruder Lord Louis gelegentlich um Philip.

Lord Louis war damals nicht der »Ersatzvater« Philips, zu dem er oft gemacht wird. Er begann gerade erst, sich für den Neffen zu interessieren, der ihn zusammen mit seinem Cousin David Milford Haven wahrscheinlich im Frühjahr 1938 erstmals in Adsdean, dem Landhaus der Mountbattens, besuchte. »Philip war die ganze letzte Woche hier und machte die Aufnahmeprüfung für die Marine«, schrieb Mountbatten an seine Frau; sein Brief läßt vermuten, daß er damals zum ersten Mal längere Zeit mit dem Neffen verbrachte. »Er nahm die Mahlzeiten mit uns ein, und er ist wirklich umwerfend witzig. Ich habe ihn sehr gern.«[15] Laut Mountbattens offiziellem Biographen wurde die Entscheidung, daß Philip zur Marine ging und nicht, wie ursprünglich beabsichtigt, zur Luftwaffe, vom Onkel getroffen. Infolge dieser Entscheidung war Prinz Philip, der Neffe des Königs und Cousin Elizabeths, Kadett am Royal Naval College in Dartmouth, als der König dem College mit der »Victoria & Albert« einen offiziellen Besuch abstattete. »Philip begleitete uns und speiste an Bord«, vermerkte Mountbatten am 22. Juli 1939 in seinem Tagebuch, und am 23. Juli heißt es: »Philip kam wieder mit an Bord zum Tee und war ein großer Erfolg bei den Kindern.« Wie groß dieser Erfolg genau war, schilderte Crawfie später nur zu gern.

Philip war äußerst gutaussehend: groß, blond wie ein Wikinger mit scharfgeschnittenem Gesicht. Er war selbstbewußt, und in Crawfies Augen manchmal ein Angeber mit »sehr lässigen Manieren«. Die entscheidende Begegnung fand im Haus des Kommandanten in Dartmouth statt. Zwei andere Kadetten waren an Mumps erkrankt, deshalb war Philip offenbar der einzige, mit dem die Prinzessinnen Kontakt haben durften. Sie spielten zunächst mit einer Spielzeugeisenbahn auf dem Boden im Kinderzimmer, aber es überrascht nicht, daß Philip des kindlichen Vergnügens bald müde wurde und vorschlug, lieber auf den Tennisplatz zu gehen und über die Netze zu springen.

»Ich fand, er war ein ziemlicher Angeber«, schrieb Crawfie, »aber die kleinen Mädchen waren höchst beeindruckt. Lilibet sagte: ›Wie gut er ist, Crawfie! Wie hoch er springen kann!‹ Sie ließ ihn die ganze Zeit nicht aus den Augen.« Philip war sehr höflich, aber er schenkte Elizabeth keine besondere Aufmerksamkeit, sondern neckte die meiste Zeit die »rundliche kleine Margaret«. Er nahm auf der Jacht am Mittagessen teil und kam auch am folgenden Tag zum Lunch und zum Tee, wo er unter den bewundernden Blicken der Mädchen tellerweise Shrimps und einen Becher Fruchteis vertilgte. Der König war viel zu sehr damit beschäftigt, seine Vergangenheit noch einmal zu durchleben und die ihn betreffenden Eintragungen im Strafregister des College mit denen seines Cousins Louis Mountbatten zu vergleichen, als daß er seinem Neffen Beachtung geschenkt hätte, bis dieser schließlich selbst auf sich aufmerksam machte. Philip saß in dem Boot, das als letztes umkehrte, als die »Victoria & Albert« den Hafen verließ. »Verdammter junger Narr!« soll der König gebrüllt haben, als der Junge wild rudernd im Kielwasser der Jacht zurückblieb. Onkel Dickie neben dem König auf der Brücke aber mag nachdenklich geworden sein. Schließlich betrug der Altersunterschied zwischen seinem Neffen und der künftigen Königin nur fünf Jahre. Elizabeth aber hatte sich, wie der offizielle Biograph ihres Vaters mit ihrer Genehmigung bestätigen durfte, schon bei dieser ersten Begegnung in ihren künftigen Ehemann verliebt.

4

Windsor im Krieg

»Sie sagt, daß sie gern in Windsor wohnen würde, da ihre glücklichsten Kindheitserinnerungen mit diesem Schloß verbunden sind…«

Bericht über ein Gespräch mit Königin Elizabeth II.

Der Ausbruch des Zweiten Weltkrieges stand unmittelbar bevor, als die königliche Familie am 6. August nach Balmoral abreiste, beruhigt durch die vertrauliche Zusicherung Chamberlains, Hitler wisse, daß mit England nicht zu spaßen sei, und werde wegen Danzig, dem jüngsten Konfliktfall, den er heraufbeschworen hatte, keinen größeren Krieg riskieren. Am 16. März hatte Hitler in einer Rede auf dem Prager Hradschin das, was vom tschechischen Staat noch übriggeblieben war, aufgelöst und ein deutsches Protektorat über Böhmen und Mähren verkündet. Als nächstes war die Stadt Memel an der Reihe; sie wurde am 21. März von der litauischen Regierung übergeben. Am gleichen Tag hatte der deutsche Außenminister Ribbentrop Verhandlungen wiederaufgenommen, mit denen die polnische Regierung gezwungen werden sollte, die Hafenstadt Danzig herauszugeben. Zehn Tage später hatte Chamberlain öffentlich eine Garantieerklärung für die Unabhängigkeit Polens abgegeben, was dann schließlich zur Kriegserklärung Großbritanniens an Deutschland führen sollte. Fest davon überzeugt, Hitler abgeschreckt zu haben, ging Chamberlain Anfang August wie gewohnt in Urlaub, um Lachse zu angeln.

In Balmoral speiste der König mit den Jungen im Lager des Herzogs von York am Ufer des Dee und unternahm mit ihnen anstrengende Wanderungen auf den Lochnagar. Am 9. August unterbrach er seinen Urlaub, um die Reserveflotte im Hafen von Weymouth zu inspizieren, worauf er Königin Mary in einem Brief seine Zuversicht ausdrückte: »Ich bin sicher, sie wird Hitler davon abhalten, einen Krieg zu beginnen.« Der König hätte sich vielleicht besser daran erinnern sollen, daß eine ähnliche Flottenparade, bei der er im Juli 1914 zugegen gewesen war, den Ausbruch des Ersten Weltkrieges einige Wochen später nicht verhindert hatte. Am 23. August beendete die Nachricht, daß Deutschland und Rußland den deutsch-sowjetischen Nichtangriffspakt unterzeichnet hatten, die Ruhe in Balmoral. Der König, der noch am selben Tag von Chamberlain unterrichtet wurde, daß das Parlament am nächsten Tag einberufen werden sollte, reiste unverzüglich mit dem Zug nach London und ließ die Königin und die Prinzessinnen allein zurück.

»Wer ist dieser Hitler, der alles verdirbt?« fragte Margaret angeblich Crawfie. Im Buckingham-Palast sprach ihr Vater in fast denselben Worten über den deutschen Diktator, als er sich, ähnlich wie sein Vater beim Ausbruch des vorherigen Krieges, bei Sir Miles Lampson darüber beklagte, er habe wegen Hitler seinen Jagdurlaub abbrechen müssen. »Er hat da oben noch nie so viele Moorhühner erlegt wie in diesem Jahr – 1600 Paar in sechs Tagen«, berichtete Lampson am 29. August, »und er hatte sich so auf die Jagd in dieser Woche gefreut. Es war wirklich unverzeihbar, daß dieser Schurke Hitler ihm einen Strich durch die Rechnung machte. Seine Majestät ging davon aus, daß nun Frieden herrsche und Hitlers Bluff diesmal nicht hingenommen würde.«[1] Binnen fünf Tagen war jedoch jegliche Hoffnung auf Frieden dahin. Am 1. September überschritten deutsche Truppen die polnische Grenze. Als bis Sonntag, dem 3. September, um 11 Uhr keine Antwort auf entsprechende Ultimaten einging, befanden sich auch Großbritannien und Frankreich im Krieg mit Deutschland. An diesem Tag begann der König, Tagebuch zu führen; er saß am selben Schreibtisch, an dem sein Vater nur 25 Jahre zuvor die folgenden Worte in sein Tagebuch geschrieben hatte: »Lieber Gott, bitte schütze das Leben des lieben Bertie.« Der König erinnerte sich daran, daß er damals bei der Nachricht vom Krieg mit Deutschland gleich vielen anderen jungen Männern begeistert gewesen war. 1939 jubelte keiner. »Als am 4. August 1914 um

Mitternacht der Krieg ausbrach, war ich Fähnrich zur See und hielt gerade irgendwo in der Nordsee Wache auf der Kommandobrücke der ›HMS Collingwood‹. Ich war achtzehn Jahre alt. Alle Besatzungsmitglieder waren froh, daß es endlich soweit war. Wir wurden in dem Glauben erzogen, daß es eines Tages notgedrungen zum Krieg zwischen Deutschland und unserem Land kommen müsse, und als es dann soweit war, hatten wir das Gefühl, vorbereitet zu sein. Wir waren allerdings nicht darauf vorbereitet, was ein moderner Krieg in Wirklichkeit war, und diejenigen von uns, die den Ersten Weltkrieg erlebt hatten, wollten nie wieder Krieg.«[2]

Die Prinzessinnen blieben in Balmoral sich selbst überlassen, denn ihre Mutter war dem König am 28. September in aller Eile nach London nachgereist. Das Schloß wurde abgesperrt, Crawfie aus dem Urlaub herbeibeordert, und die Kinder zogen nach Birkhall. Sie blieben bis Weihnachten dort, aufgemuntert durch die allabendlichen Telefonanrufe ihrer Eltern. Das Königspaar wohnte tagsüber im Buckingham-Palast, nachts in Schloß Windsor. Die Kinder machten sich Sorgen um ihre Eltern und vermißten sie. »Glaubst du, die Deutschen kommen und holen sie?« fragte Margaret.

Den ersten tiefen Eindruck hinterließ der Krieg bei Elizabeth, als am 14. Oktober ein deutsches U-Boot die Verteidigungsanlagen des nördlichen Flottenstützpunktes bei Scapa Flow durchbrach und das Schlachtschiff »Royal Oak« versenkte. Mehr als achthundert Menschen kamen dabei ums Leben. »Wir sahen uns immer ›Jane's Fighting Ships‹ an«, schrieb Crawfie, »und die Mädchen nahmen mit größtem Interesse am Schicksal jedes einzelnen Besatzungsmitglieds teil. Lilibet sprang entsetzt von ihrem Stuhl auf, ihre Augen funkelten vor Zorn. ›Crawfie, das kann doch nicht sein! All diese netten Matrosen!‹« Als William Joyce, der »Lord Haw-Haw«, im Rundfunk seine antibritischen Reden hielt, machten die Mädchen ihrer Wut auf die Deutschen Luft, indem sie das Radiogerät mit Kissen bewarfen. Ein halbes Jahr später zeigten sie zum Entsetzen ihrer Mutter blutrünstig Freude über den Erfolg eines britischen Bombenangriffs auf die Insel Sylt.

Der Krieg war noch gar nicht richtig Wirklichkeit geworden, denn zumindest für die französischen und britischen Alliierten passierte nicht viel. In Birkhall ging das Leben weiter seinen gewohnten Gang.

Crawfie unterrichtete die Mädchen, Mrs. Montaudon-Smith brachte ihnen Französisch bei. Sie lernten, französische Duette zu singen, mit denen sie ihre Eltern überraschen wollten. Jeden Donnerstagnachmittag fand ein gemeinsames Nähen zugunsten der Kriegshilfe statt, bei dem Allah für Tee sorgte. Anwesend waren Kleinpächter, Frauen ortsansässiger Bauern und Gutsangestellte. Später kamen noch evakuierte Mütter aus Glasgow hinzu; der König hatte ihnen Craigowan House auf dem Gelände von Balmoral überlassen, doch nicht alle von ihnen konnten sich mit der Ruhe der Highlands anfreunden und beklagten sich über die Abgeschiedenheit. Die Prinzessinnen schenkten bei den Nähveranstaltungen Tee aus und spielten Schallplatten auf einem alten Grammophon, in dessen Schalltrichter man sechs Halstücher gesteckt hatte, um den rauhen Klang etwas zu dämpfen. Am liebsten hörte Margaret Beniamino Giglis Lied »Wie eiskalt ist dies Händchen«, das nach Meinung von Crawfie die Temperatur in Birkhall nur allzu treffend beschrieb. Die allgemeine Lage schien so sicher, daß die Mädchen das traditionelle Weihnachtsfest bei den Eltern in Sandringham verbringen konnten, auch wenn das an der Nordseeküste gelegene Sandringham nicht allzuweit von Deutschland entfernt war. Allerdings sollten dies für lange Zeit die letzten Ferien in Sandringham sein; das Schloß war viel zu unwirtschaftlich, um in Kriegszeiten benutzt zu werden. In den folgenden Jahren verbrachte man Weihnachten deshalb im sicheren Windsor.

Auch an diesem Weihnachtsfest hielt der Vater, gekleidet in die Uniform des Großadmirals (er hatte beschlossen, für die Dauer des Krieges kein Zivil mehr zu tragen) und vor zwei riesigen Mikrophonen sitzend, eine Rundfunkansprache, die wie immer eine große Tortur für ihn war. Er blieb häufig stecken, und einmal fing er den Satz noch einmal von vorn an, wie sein Sprachtherapeut Logue es ihm beigebracht hatte. Dennoch war es dank seiner sorgfältig gewählten Worte über die ungewisse Zukunft des neuen Jahres die denkwürdigste Rede, die er je hielt. Er schloß mit einem Zitat, das den Inhalt der Rede für seine Hörer auf den Punkt brachte: »Ich sagte zu dem Mann, der am Eingang des neuen Jahres stand: ›Gib mir Licht, damit ich sicher in das Unbekannte schreite.‹ Und der Mann antwortete: ›Gehe hinaus in die Finsternis, und lege deine Hand in die Hand Gottes. Das ist besser als

Licht und sicherer als ein bekannter Weg.‹ Möge die Hand des Allmächtigen uns alle führen und beschützen.«

Elizabeth hatte fast ein schlechtes Gewissen, daß sie so kurz nach der Tragödie der »Royal Oak« mit ihren Eltern zusammen Weihnachten feierte. »Vielleicht waren wir zu glücklich«, schrieb sie an Crawfie. »Ich mußte immer wieder an die Matrosen denken und habe mir vorgestellt, wie ihre Angehörigen wohl das Weihnachtsfest verbracht haben.« Vom Krieg erfuhr sie nur über das Radio und die Zeitungen. Die Mädchen waren auf dem Land beschützt, abgeschottet und fern aller Gefahr. Sie blieben noch bis Februar in Sandringham, dann fuhren sie zur Royal Lodge von Windsor, wo Crawfie wieder zu ihnen stieß. Dort blieben sie, bis Hitler im Frühjahr 1940 seinen Raubzug durch Westeuropa begann. Am 9. April besetzten deutsche Streitkräfte Dänemark und griffen Norwegen an; Ende des Monats war König Haakon oder »Onkel Charles«, wie er in der englischen Königsfamilie hieß, auf einem britischen Kriegsschiff unterwegs nach Großbritannien. Das zum Schutz Norwegens entsandte Alliierte Expeditionskorps, das hauptsächlich aus Briten bestand, war gescheitert, und in einer historischen Debatte über die Führung dieses Feldzugs am 8. Mai verbündeten sich Konservative und Opposition, um den Sturz der Regierung herbeizuführen. Da die Labour-Partei sich weigerte, einer nationalen Regierung unter Führung Chamberlains anzugehören, sah der Premierminister sich gezwungen, dem König seinen Rücktritt anzubieten. Er wurde von Winston Churchill, seit September Mitglied des Kabinetts, abgelöst. Dem König widerstrebte dieser Wechsel; Lord Halifax, der Außenminister, den er kannte und dem er vertraute, wäre ihm lieber gewesen als Churchill, doch Churchill war der Mann der Stunde. Zunächst hielt die königliche Familie Chamberlain die Treue und begegnete Churchill, der nicht nur Chamberlains Hauptgegner auf der Münchner Konferenz, sondern auch ein überzeugter Anhänger Edwards VIII. während der Abdankungskrise gewesen war, mit Mißtrauen. Königin Mary sprach in einem Brief an ihre Hofdame Lady Cynthia Colville, deren Sohn Jock Privatsekretär Chamberlains gewesen war, sogar die Hoffnung aus, daß dieser bei Chamberlain bleibe »und nicht in den Dienst des neuen Premierministers tritt«. Der König gab Chamberlain bei seiner Abschiedsaudienz am 10. Mai zu verstehen, er sei seiner Ansicht nach »sehr ungerecht behandelt worden«, und die Königin schrieb ihm in einem persönlichen Brief: »Ich bedaure zutiefst, daß Sie nicht mehr unser Premierminister sind. Ich kann nicht in Worten ausdrücken, in welchem Maße wir Ihnen zu Dank verpflichtet sind. In den letzten Jahren, die von Verzweiflung und Unglück geprägt waren, waren Sie uns beiden ein großer Trost und eine große Stütze ... Die letzten Tage waren in jeder Hinsicht furchtbar ... Es fällt mir schwer, hier zu sitzen und an all die prächtigen jungen Männer zu denken, die Hitler geopfert werden. Sie haben alles getan, was in Ihrer Macht stand, um das Unglück abzuwenden, und Sie hatten recht ...«

Die beiden Prinzessinnen lauschten der Abschiedsrede Chamberlains, die am 11. Mai im Rundfunk übertragen wurde, zutiefst betroffen. »Ich habe *geweint*, Mami«, sagte Prinzessin Elizabeth zu ihrer Mutter.[3]

Im Mai und im Juni 1940 überstürzten sich die Ereignisse geradezu. Mitglieder königlicher Familien trafen als Flüchtlinge im Buckingham-Palast ein. Auf König Haakon folgte am 13. Mai die niederländische Königin Wilhelmine. Sie war in letzter Minute einer Fallschirmjägereinheit entkommen, die Befehl hatte, sie festzunehmen. Am 11. Mai hatte Hitler an einer Front, die sich von der Nordsee bis zur Mosel erstreckte, Holland, Belgien und die Niederlande angegriffen. Am 13. und 14. Mai überschritten sieben deutsche Divisionen die Maas und rückten unter Umgehung der französischen Befestigungen der Maginot-Linie und des britischen Expeditionskorps nach Westen vor. Am 15. Mai übermittelte der französische Ministerpräsident Paul Reynaud Churchill in einem Telefonat die niederschmetternde Nachricht, daß der »Krieg verloren« und Paris schutzlos den Deutschen preisgegeben sei. Am 21. Mai, als die letzten britischen und französischen Truppen, denen die Flucht gelang, noch von Dünkirchen nach England übersetzten, sagte der König dem Minister für Kriegswirtschaft, Hugh Dalton, die Invasion Hitlers in Großbritannien sei nach letzten Meldungen für den 1. August geplant.

Am 12. Mai hatte die Königin in der Royal Lodge angerufen, um Crawfie zu bitten, sie möge die Kinder »zumindest für den Rest der Woche« auf Schloß Windsor in Sicherheit bringen. Es sollten fünf Jahre daraus werden. Lord Hailsham schrieb Churchill am 19. Juni 1940 von seinen Befürchtungen, die Deutschen könnten die königliche Familie und insbesondere die Prinzessinnen zu ihrem Angriffsziel machen. »Ich habe gesehen, daß die Nazis sowohl in Norwegen als auch in Holland mit aller Macht versuchten, sich der königlichen Familie zu bemächtigen«, schrieb der ehemalige Lordkanzler. »Zweifellos werden sie in unserem Land dasselbe versuchen, wenn sie können; dies hätte für das britische Empire besonders verhängnisvolle Folgen, da wir vor allem durch die Krone mit den Dominien verbunden sind.« Merkwürdigerweise schien Hailsham der Ansicht, eine Gefangennahme des Königs wäre nicht allzu schlimm, da das Regentschaftsgesetz von 1937 in diesem Fall die Regierung zur zeitweiligen Ausübung der königlichen Befugnisse ermächtigte. »Doch bei den kleinen Prinzessinnen ist das etwas anders«, schrieb er, »und ich denke, daß es an der Zeit ist… sie nach Kanada zu bringen… Wenn die Nazis sie in ihre Gewalt bekommen, könnten sie damit Druck auf den König und die Königin ausüben und sie einschüchtern, indem sie ihnen mit dem Tod oder noch Schlimmerem drohen.«[4] Der König weigerte sich jedoch rundheraus, dem Vorschlag zuzustimmen, obwohl viele englische Kinder, vor allem der Oberschicht, aus Sicherheitsgründen in die Vereinigten Staaten oder nach Kanada geschickt wurden, und Churchill pflichtete ihm am 18. Juli bei: »Ich mißbillige aufs schärfste eine Massenflucht aus diesem Land zum gegenwärtigen Zeitpunkt.« Königin Mary wurde völlig gegen ihren Willen aus Marlborough House evakuiert und nach Gloucestershire gebracht, wo sie für die Dauer des Krieges in Badminton bei ihrer Nichte, der Herzogin von Beaufort und ehemaligen Lady Mary Cambridge, wohnen sollte. Trotz der Aufenthalte in Sandringham und Balmoral fühlte sich Königin Mary auf dem Land überhaupt nicht wohl. »Aha, so sieht also Heu aus!« bemerkte sie einmal, als die Kutsche an einer gemähten Wiese vorbeifuhr.

Immerhin wurden einige nicht besonders wirksame Vorsichtsmaßnahmen zum Schutz der königlichen Familie getroffen. Nach Abschluß des Münchner Abkommens im September 1938 wurde im Buckingham-Palast ein Luftschutzkeller eingerichtet. Dabei handelte es sich lediglich um den Aufenthaltsraum eines ehemaligen Zimmermädchens im Keller des Palastes, ausgestattet mit viktorianischen Polstersesseln und Sofas sowie passenden Tischen. Außerdem befanden sich dort

Eimer mit Sand sowie eine Handpumpe zum Löschen von Feuer. Seit Juni machten der König, die Königin und Mitglieder des königlichen Personals im Garten des Palastes Schießübungen. Zu ihrem Schutz wurde eine Spezialeinheit gebildet, bestehend aus einer Kompanie von Coldstream-Gardisten, zwei Panzerverbänden der 12th Lancers und einer berittenen Miliz aus Northamptonshire, nach ihrem Kommandeur Major Jimmy Coats »Coats Mission« genannt. Ihre Aufgabe war es, die königliche Familie in London, Windsor und Sandringham zu schützen und sie im Fall einer deutschen Invasion unter militärischem Schutz in eines der drei großen Landhäuser zu bringen, die weit genug von der Kanalküste entfernt lagen: Madresfield in der Nähe von Malvern, Pitchford House in Shropshire oder Newby Hall in Yorkshire. Als König Håkon einmal um eine Vorführung bat, wie schnell die Truppe im Fall eines Fallschirmjägerangriffs wie in Holland reagieren könne, bekleckerte die »Coats Mission« sich nicht gerade mit Ruhm. Vergeblich löste der König das Alarmsignal aus. Der Wachoffizier rief den diensthabenden Polizeisergeanten an und bekam die Information, daß kein Angriff stattgefunden habe. Erst auf die Aufforderung eines Kammerdieners hin tauchte eine Gruppe von Leibwächtern auf, die sich anschickten, auf das Gebüsch um den Palast einzudreschen, »als seien sie Treiber bei einer Jagd und nicht Männer, die einen gefährlichen Feind verfolgten«. Erst am 13. Oktober 1940 beschäftigte der König sich ernsthaft mit dem Gedanken, Windsor gegen Fallschirmangriffe zu schützen, und er lud Alan Brooke, den Oberbefehlshaber der Home Forces, zum Lunch, um mit ihm über dieses Thema zu sprechen. Doch inzwischen war die Invasionshysterie bereits vorbei.

Dennoch bestand akute Gefahr, weniger die einer Invasion als die eines Bombenangriffes. Denn nachdem die Gefahr einer Invasion gebannt war, begann der Bombenkrieg, der sogenannte »Blitz«. In der Nacht vom 7. zum 8. September 1940 wurde London von über 200 deutschen Bombern angegriffen; bei Morgengrauen waren mehr als 400 Tote und 1357 Schwerverletzte zu beklagen. Am 9. September ging auf der nördlichen Seite des Buckingham-Palastes eine Bombe nieder, jedoch ohne zu explodieren; der König, der die Gefahr nicht erkannte, arbeitete weiter in seinem Studierzimmer direkt über der Einschlagstelle weiter. Glücklicherweise war er nicht dort, als die Bombe am frühen Morgen des nächsten Tages schließlich doch noch explodierte. Die Fenster sämtlicher Stockwerke in der Nordfront des Palastes zersplitterten, und auch das Arbeitszimmer des Königs sowie der erst vor kurzem gebaute Swimmingpool wurden vollständig zerstört. Aus Gründen der Sicherheit zogen der König und die Königin daraufhin in die zum Innenhof liegenden Räume. Am Morgen des 13. September, nach einer Rückfahrt von Windsor, während der sie in einen Bombenangriff geraten waren, hielten sie sich im Wohnzimmer des Königs auf, als die Deutschen den Palast direkt angriffen. »Der König und ich sahen, wie zwei Bomben in unmittelbarer Nähe von uns in den Hof fielen. Sie schossen heulend am Fenster vorbei und explodierten mit einem furchterregenden Knall etwa fünfzehn Meter entfernt«, schrieb die Königin an Osbert Sitwell. »Wir hielten uns schon beide für tot. Dann rasten wir auf den Gang hinaus, wo unsere beiden Pagen sich auf den Boden geworfen hatten. Sie standen sofort auf, und wir eilten in den Keller, wobei wir so taten, als wäre nichts geschehen.«

Der König vermerkte in seinem Tagebuch: »Sechs Bomben wurden abgeworfen. Wir sahen, wie die Maschine durch die Wolkendecke brach, auf die Mall niederging und zwei Bomben im Vorhof, zwei im Hof, eine über der Kapelle und eine weitere im Garten abwarf. Es besteht kein Zweifel, daß der Angriff dem Palast galt.« Der König wußte, daß die Deutschen seinen Tod wollten und viel lieber seinen unzufriedenen Bruder auf dem Thron gesehen hätten. Vom Geheimdienst hatte er von den Angeboten erfahren, die man dem Herzog von Windsor während seines Aufenthaltes in Lissabon in jenem Sommer gemacht hatte, und er wußte auch vom gescheiterten Versuch der Nazis, den Herzog zu entführen, bevor er Portugal verließ, um Gouverneur der Bahamas zu werden – von ihm und seiner Frau ironisch »Elba« genannt –, das einzige Amt, das die britische Regierung ihm angeboten hatte.

Obwohl der König und die Königin in Windsor übernachteten, war ihre Anwesenheit im Palast tagsüber eine mutige Geste. Von offizieller Seite wurde vorgeschlagen, der König und die Königin sollten sich in verschiedenen, mit Schutzräumen ausgestatteten Gebäuden im Zentrum Londons aufhalten; die Schutzräume sollten dem direkten Einschlag einer 500-Pfund-Bombe standhalten. Eines dieser Gebäude war

Curzon House, welches den Vorteil besaß, daß es im Gegensatz zum Buckingham-Palast aus der Luft schwer zu erkennen war. »Ich habe ein Luftbild von London, aufgenommen aus 4000 Meter Höhe«, erzählte ein Beamter Hardinge, dem Ersten Privatsekretär des Königs, »und ich kann das Gebäude nur mit größter Mühe erkennen, während man den Palast natürlich sofort sieht...«[5] Der König gab jedoch lediglich Anweisung, die vorhandenen Luftschutzbunker des Buckingham-Palastes zu verstärken. Die Tatsache, daß er und die Königin sich den gleichen Gefahren aussetzten wie die Londoner Bevölkerung, steigerte ihre Beliebtheit sehr; die Worte der Königin nach dem Bombenangriff auf den Buckingham-Palast wurden berühmt: »Jetzt habe ich das Gefühl, daß ich den Menschen im East End wieder ins Gesicht sehen kann.« Auch der schüchterne, stotternde König zeigte, daß er tapfer war und seinem Volk nahestand. Als er eine durch einen Bombenangriff zerstörte Straße besichtigte, rief ein Überlebender aus: »Gott sei Dank, daß wir einen guten König haben!« George VI. erwiderte: »Gott sei Dank, daß ich ein gutes Volk habe!« Der Krieg und insbesondere die Bombenangriffe knüpften ein Band zwischen dem Herrscher und seinem Volk, das nie mehr aufgelöst werden sollte.

Am Sonntag, dem 13. Oktober, leistete auch Elizabeth als Mitglied der königlichen Familie ihren Beitrag zum Krieg: Sie hielt von Schloß Windsor aus ihre erste Rundfunkansprache, gerichtet an die »Kinder des Empire«. Crawfie befand, die Ansprache sei erfüllt von jener »warmen Menschlichkeit«, die auch die Königin gerne zeigte. Jock Colville dagegen, inzwischen Sekretär Churchills, der die Rede gemeinsam mit Churchills Tochter Diana Sandys hörte, erklärte sich von der »Sentimentalität« der Worte »peinlich berührt«, auch wenn er einräumte, daß Elizabeth »eine außergewöhnlich eindrucksvolle Stimme hat und, wenn die Monarchie überlebt, als Königin Elizabeth II. eine sehr erfolgreiche Rundfunkkönigin sein dürfte«.

In Windsor spürte Elizabeth, wie die in London niedergehenden Bomben den Kreidehügel, auf dem das Schloß stand, erzittern ließen. In einer klaren, mondhellen Nacht im November 1940 flogen die Bomber dröhnend in mehreren Angriffswellen direkt über das Schloß und löschten den Großteil der Stadt Coventry aus. Windsor, die Stätte ihrer Jugend, nahm mittlerweile einen besonderen Platz in Elizabeths

Herzen ein. Das erklärt auch, warum Elizabeth die schwere Zerstörung des Schlosses durch einen Brand im Jahr 1992 als ebenso gegen sie persönlich wie gegen die Monarchie gerichteten Schicksalsschlag empfand.

Schloß Windsor ist im Gegensatz zu dem kolossalen und langweiligen Buckingham-Palast romantisch, schön und historisch interessant. Seine massige Gestalt, die sich über der flachen Landschaft erhebt, ist ein aussagekräftiges Symbol vergangener Macht und historischer Kontinuität. Fast jeder britische König und jede Königin hat das Schloß durch einen Anbau erweitert, seit William I., der Eroberer, auf dem Kreidefelsen über der Themse eine Burg aus Holz erbaut und das zwei Meilen entfernte Jagdschloß der alten angelsächsischen Könige am Ufer der Themse aufgegeben hatte. Als Henry III. im Jahr 1272 starb, waren die groben Umrisse des Schlosses bereits vorhanden. Es handelte sich, um den Historiker von Windsor zu zitieren, um »eine Burg auf einem Hügel, bestehend aus einem runden Turm auf einer Anhöhe und zwei von trutzigen Mauern und Türmen umgebenen Höfen; südlich des Hügels zwei Vergnügungsparks, ein großer und ein kleiner. In den folgenden 700 Jahren mußte diese Grundform des Schlosses nur noch ausgefüllt und immer wieder ausgefüllt werden.«[6] Das Schloß veränderte sich in dem Maße, wie jeder Herrscher versuchte, seiner persönlichen Vorstellung der Monarchie Ausdruck zu verleihen. Edward III., der Gründer des Hosenbandordens, mit dem er die mächtigsten Adligen enger an sich binden wollte, ließ eine Kapelle, die St. George's Chapel, als Schauplatz für das Ordenszeremoniell erbauen. Als die Macht sich vom Herrscher auf das Volk verlagerte, wurden das Schloß und der dort residierende Monarch zu einem Symbol der ganzen Nation; 1824 rechtfertigte der Finanzminister die immensen Kosten der Restaurierung des mittelalterlichen Schlosses mit dem Hinweis, es verkörpere Macht und Ansehen der Nation, die kurz zuvor in den Napoleonischen Kriegen Triumphe gefeiert habe.

Während der Buckingham-Palast ein zusammenhängendes Hauptquartier bildet, ist Windsor Castle ein ganzes Dorf. Unter mächtigen mittelalterlichen Mauern und Türmen ducken sich später hinzugekommene Gebäude wie Schwalbennester unter Dachvorsprüngen: Häuser, Büros, Werkstätten und Gärten aus dem 16. bis 20. Jahrhundert. Das Schloß nimmt eine Fläche von 50000 Quadratmetern ein und hat mehr als tausend Räume für die königliche Familie. Über 350 Menschen wohnen und arbeiten dort, darunter das Personal der königlichen Hofhaltung, Gärtner, Polizisten, Feuerwehrmänner, Zimmerleute, Klempner und Archivare; der Dekan und andere Geistliche der St. George's Chapel, die Kanoniker, Küster und Chorknaben; die Ritter und pensionierten Höflinge samt Familie in den ihnen vom König überlassenen Häusern. Sie alle umgeben wie ein Bienenvolk in seinen Waben die zentrale Gestalt des Herrschers. Seit ihrem dreizehnten Lebensjahr lebte Elizabeth in dieser traditionsgeschwängerten Umgebung: in diesem riesigen Schloß mit seinem Heer von Dienern und Angestellten mit exotischen Titeln und den Schwärmen von königlichen Pensionären, und das mußte einem Teenager, der nur durch die Medien Kontakt zur Außenwelt hatte, als ein ganz normales Leben erscheinen.

Im Krieg wurde es düster in Windsor. Die Kronleuchter wurden abgenommen, die Einrichtung der Staatsgemächer verschwand unter Staubdecken, die Fenster wurden nachts verdunkelt, eine Tätigkeit, die, wie ein alter Mann mürrisch zu Crawfie sagte, die ganze Nacht in Anspruch nahm. Ab Herbst 1941 mußte Brennmaterial gespart werden, und damit fiel praktisch die Zentralheizung aus. Es durfte nur noch durch Kaminfeuer geheizt werden, und auch das nur in den Wohnzimmern, nicht in den Schlafzimmern. Eine Reihe von Warmwasserboilern wurde ausgeschaltet, so daß es in einigen Teilen des Schlosses an bestimmten Wochentagen kein warmes Wasser gab. Das Wasser mußte dann aus der Großküche geholt werden wie zu früheren Zeiten. Badewannen wurden in dreizehn Zentimeter Höhe mit einem roten oder schwarzen Strich versehen, den das Wasser nicht übersteigen durfte. Außerdem hingen in jedem Bad Hinweise zum Sparen von Brennstoff. In den Schlafräumen war jeweils nur eine Glühbirne erlaubt. Im Great Park wurde der Boden umgepflügt und Getreide angepflanzt, Gärten wurden im Zuge der Kampagne »Graben für den Sieg« wie Felder bebaut, Pferde zogen statt Kutschen landwirtschaftliche Maschinen, und der König ließ sich zusammen mit dem besten Mastschwein seiner Schweineherde fotografieren, die ausschließlich mit Abfällen aus den Schloßküchen gefüttert wurde. Das diente den zahlreichen Schweinezuchtvereinen als Vorbild, die im ganzen Land wie Pilze aus dem Boden schossen. Um ihren Teil zum Krieg beizusteuern, sammelten die Prinzessinnen Aluminium, rollten Verbandsmaterial auf, strickten Socken für die Armee – eine Plage für Elizabeth, die nicht gut stricken konnte – und spendeten von ihrem Taschengeld für das Rote Kreuz, die Pfadfinderinnen und den Air Ambulance Fund.

Im Jahr 1940 war Elizabeth vierzehn und Margaret zehn Jahre alt, doch die Zimmer, die sie im Augusta Tower bewohnten, hießen immer noch »Nursery« (Kinderzimmer), und die Mädchen standen immer noch unter der Obhut von Allah Knight. Das »königliche Nursery« bestand aus fünf Räumen: dem Spielzimmer, dem Schulzimmer und den Schlafzimmern von Elizabeth, Margaret und Allah Knight. Bobos Schlafraum befand sich ein Stockwerk höher, Crawfie schlief im obersten Stock des Victoria Tower. Die Oberaufsicht über die Kinderetage hatte wie schon im Haus Piccadilly 145 Mrs. Knight. Die dort servierten Mahlzeiten wurden von einem eigenen Diener, Cyril Dickman, aus der Großküche heraufgebracht, zu der man mindestens fünf Minuten unterwegs war. Punkt neun wurden die Mädchen von Bobo zum Frühstück gerufen. »Sie mußten immer pünktlich sein, das kann ich Ihnen sagen«, erinnerte sich der Diener. Um halb zehn hatten sie im Schulzimmer zu sein, die Pause von elf bis zwölf verbrachten sie gewöhnlich mit einem Spaziergang oder Ausritt im Park. Um ein Uhr aßen sie zu Mittag, dann hatten sie von zwei bis halb fünf wieder Unterricht im Schulzimmer, an den sich ein gemütlicher Nachmittagstee mit belegten Broten und Kuchen anschloß. Die freie Zeit von fünf bis halb acht verbrachten sie oft mit den Pfadfinderinnen, um halb acht gab es Abendessen; eines ihrer Lieblingsgerichte waren Würstchen mit Kartoffelpüree. Um neun führte der Diener die Hunde aus.

Elizabeths ausgeprägter Sinn für Geschichte wurde durch die täglichen Erfahrungen, die das Leben in Windsor mit sich brachte, noch gefördert. Crawfie erschauderte beim Anblick so makabrer Dinge wie dem Hemd, in dem Charles I. hingerichtet worden war, oder der Kugel, die man aus Nelsons Herz entfernt hatte. »Solche Relikte sind zwar interessant, aber ich persönlich fand es doch etwas unheimlich, mit ihnen unter einem Dach zu wohnen«, schrieb sie später, aber Elizabeth war fasziniert von den historischen und persönlichen Assoziationen, die das Schloß weckte. Es war die Grabstätte ihrer Vorfahren; sie hatte selbst erlebt, wie der Sarg ihres Großvaters in die Familiengruft unter der St. George's Chapel hinuntergelassen wurde. Seit einem Jahr hatte sie zweimal in der Woche Geschichtsunterricht beim Vizedekan von Eton, Henry Marten, mit Warner Autor des Schulbuches »History of England«. Marten war eine exzentrische Persönlichkeit mit seltsamen Angewohnheiten; er hatte stets Zuckerwürfel in der Tasche, die er lutschte, wenn er nicht gerade auf seinem Taschentuch kaute. Er sah Elizabeth nie direkt an, sondern blickte über ihren Kopf hinweg, als ob er vor einer ganzen Klasse stünde; manchmal redete er sie geistesabwesend mit »meine Herren« an, wie er die Jungen in Eton anredete. In seinem Arbeitszimmer in Eton hielt er einen zahmen Raben, der ihn gelegentlich ins Ohr pickte. Während des Krieges kam er in einem Pferdewagen zum Unterricht ins Schloß, und seine zweiteilige Reisetasche voller Bücher wog nach Aussage des Dieners, der sie tragen mußte, mehrere Kilo. Man hätte meinen können, daß Königin Victoria, für die er eine große Bewunderung hegte, die er nun auf Elizabeth übertrug, noch lebte. Marten machte Elizabeth mit Walter Bagehots britischer Verfassungsgeschichte vertraut, der Bibel der englischen Monarchie, die sogar George V. und George VI., die beide keine Neigung zum Gelehrten bewiesen, gründlich gelesen hatten. Marten war der Schilderung seines Schülers Sir Alec Douglas-Home zufolge ein temperamentvoller, leidenschaftlicher Lehrer, für den die Historie und ihre Gestalten lebendig waren. Ebenso fasziniert war Elizabeth von den Geschichten über Königin Victoria, die ihr Victorias Enkelin Prinzessin Marie Louise erzählte. Als Prinzessin Marie Louise sich einmal während eines Weihnachtsfestes in Windsor an Gespräche erinnerte, die sie mit der alten Königin geführt hatte, hielt sie plötzlich inne und sagte zu Elizabeth, es sei für sie doch sicher langweilig, alte Leute über Dinge reden zu hören, die schon so weit zurücklagen. »Aber Tante Louie«, sagte Elizabeth, »das ist doch *Geschichte* und deshalb wahnsinnig spannend.«

Seit 1942 gehörte Antoinette de Bellaigue fest zum engsten Kreis um die Prinzessinnen, eine belgische Adlige, die unmittelbar vor der deutschen Invasion aus Belgien geflohen war. Die Hardinges hatten sie mit der Königin bekannt gemacht, und Antoinette wurde gefragt, ob sie nicht Mitglied des Hofstaats werden und den Prinzessinnen Französischunterricht geben wolle. Antoinette de Bellaigue, von den Prinzessinnen »Toni« genannt, konnte ihnen eine weltläufigere Bildung vermitteln als Crawfie oder Mrs. Montaudon-Smith. Sie wollte den Prinzessinnen angesichts ihres isolierten Daseins mit eingeengtem Blickfeld durch die französische Sprache und Literatur eine Vorstellung von europäischer Kultur und Zivilisation vermitteln. Auf Sir Henry Martens Anregung hin unterrichtete sie die Prinzessinnen in europäischer Geschichte; Martens ließ sie dann über Themen, die Mme. de Bellaigue mit ihnen durchgenommen hatte, Aufsätze in französischer Sprache schreiben. Er betonte ihr gegenüber, daß Fakten an sich nicht wichtig seien; statt dessen solle die Erziehung lehren, eine Situation von allen Seiten zu betrachten, und das Urteilsvermögen des Schülers entwickeln.

»Elizabeth II. hatte schon immer ein hervorragendes Urteilsvermögen«, erzählte Mme. de Bellaigue der königlichen Biographin Elizabeth Longford. »Sie hatte einen sicheren Instinkt für das Richtige. Sie war einfach sie selbst, ›très naturelle‹. Und ihr Charakter war von einem starken Pflichtbewußtsein geprägt, verbunden mit einer ›joie de vivre‹.« Mme. de Bellaigue blieb ihr Leben lang eine gute Freundin Elizabeths; ihr Sohn, Sir Geoffrey de Bellaigue, arbeitete in Windsor für die Königin als Direktor der königlichen Sammlung.

Dennoch war Elizabeths Ausbildung, von den Sitzungen mit Sir Henry abgesehen, im Grunde genommen altmodisch und begrenzt, und das galt noch mehr für Margaret, die sich später oft bitter darüber beklagte. Samstag morgens erteilte die berühmte Miß Vacani, die alle Kinder aus der Londoner Oberschicht unterrichtete, Tanzstunden. Der Zeichenunterricht, an dem auch Elizabeths Freundin Alathea Fitzalan-Howard sowie die beiden Mädchen der Hardinges teilnahmen, fand am Donnerstagnachmittag statt. Zweimal wöchentlich erhielten Elizabeth und Margaret Reitunterricht, unter anderem auch im Springreiten. Elizabeth lernte sogar die schwierige, aber elegante Kunst des Reitens im Damensitz. Auch waren die Schwestern immer noch bei den Pfadfinderinnen aktiv; Elizabeth war Gruppenführerin geworden, was freilich bald den Reiz des Neuen verlor. »Wir bringen den anderen Mädchen alles mögliche bei und lernen selbst nichts Neues«, klagte sie.

Der König und die Königin bereiteten Elizabeth auf ihre zukünftige Position vor. Wenn wichtige Besucher kamen, um im Buckingham-Palast zu speisen, war Elizabeth zugegen, und ihre Mutter ermahnte sie, sich auch mit ihrem Tischnachbarn zu unterhalten, gewöhnlich ein wichtiger Botschafter oder General. Im Oktober 1942 kam Eleanor Roosevelt auf Einladung der Königin in den Buckingham-Palast, um sich zu informieren, was die britischen Frauen zur Minderung der Kriegsfolgen beitrugen; beim Nachmittagstee machte sie die Bekanntschaft der sechzehnjährigen Elizabeth. Die Präsidentengattin, eine hervorragende Menschenkennerin, war beeindruckt und schrieb, die Prinzessin sei »sehr ernsthaft« und habe »Charakter und Ausstrahlung. Sie stellte mir jede Menge Fragen über das Leben in den Vereinigten Staaten, und es waren sehr ernsthafte Fragen«.[7]

Es fanden auch Ausflüge statt, etwa für einen Tag nach Elstree, wo Noël Cowards Kriegsfilm »In Which We Serve« gedreht wurde. Mountbatten, der mit seiner jüngeren Tochter Pamela die königliche Familie begleitete, übernahm die Führung. Für die Deckszenen an Bord der »HMS Torrin«, dem Schwesterschiff von Mountbattens »HMS Kelly«, das unter seinem Kommando in der Schlacht von Kreta gesunken war, hatte man eine hin- und herrollende Bühne errichtet. Doch das Ganze war für die meisten Ausflügler zu realistisch, besonders für die beiden Kleinsten, Pamela und Margaret. »Die einzige Frage war, wer zuerst seekrank werden würde«, erinnerte sich Lady Pamela. »Es war zu schrecklich, schlimmer als das wirkliche Meer.« Bei einer anderen, offizielleren Gelegenheit begleitete Elizabeth ihre Mutter zu einer Dichterlesung zur Unterstützung des »Freien Frankreich«. Die Veranstaltung wurde von Osbert Sitwell, einem Freund der Königin, organisiert und endete damit, daß eine der Dichterinnen, Lady Dorothy Wellesley, eine Szene machte. Edith Sitwell erinnert sich: »Lady Peel (Beatrice Lillie) versuchte, sie mit einem Jiu-Jitsu-Griff zu umklammern und auf ihren Platz zu drücken. Stephen Spender ..., der sie hinausgehen sah, versuchte, sie niederzuschlagen und sich auf ihr Gesicht zu setzen. Raymond Mortimer ... überredete sie, sich an seinem Arm in die Bond Street zu begeben, wo sie sich allerdings prompt auf dem Pflaster niederließ, mit ihrem Stock herumfuchtelte und a) die Königin und b) mich mit allerhand unflätigen Ausdrücken bedachte... Harold Nicolson versetzte sie eine Ohrfeige.«

In einem Brief an Osbert Sitwell, in dem sich Elizabeth für ein Buch bedankte, daß er ihr zum Geburtstag geschickt hatte, teilte sie ihm dennoch höflich mit, wie sehr ihr die »Dichterlesung« gefallen habe.

Im Jahr 1942 feierte Elizabeth ihren sechzehnten Geburtstag, und am 1. März desselben Jahres wurde sie von einem alten Freund ihres Großvaters, dem Erzbischof von Canterbury Cosmo Lang konfirmiert, der sie auch getauft hatte. Königin Mary reiste dazu aus Badminton an, ihrem Domizil während des Krieges. Es bestand kein Zweifel, welche der beiden Prinzessinnen sie vorzog: »Lilibet groß geworden, wunderschöne Augen und Haut, schöne Figur. Margaret sehr klein, intelligentes Gesicht, aber nicht gerade eine Schönheit.« Lady Airlie wartete mit dem mittlerweile zum Gemeinplatz gewordenen Vergleich mit Königin Victoria auf: »Die Haltung ihres Kopfes war unvergleichlich, und sie besaß jenes unbeschreibliche Etwas, das Königin Victoria hatte.« Außerdem meldete Elizabeth sich am Samstag, den 25. April 1942, um elf Uhr offiziell beim örtlichen Arbeitsamt zum Jugend-Kriegseinsatz und erhielt einen Ausweis mit der Nummer E.D.431.[8] Aus Anlaß ihres sechzehnten Geburtstages wurde sie als Nachfolgerin ihres Urgroßonkels Herzog von Connaught, der in jenem Jahr gestorben war, zum Oberst der Grenadiergarde ernannt. Auf diesen Titel war sie sehr stolz; eines ihrer schönsten Geburtstagsgeschenke kam, wie sie Osbert Sitwell erzählte, von den Grenadieren: »Das Regiment überreichte mir zum Geburtstag die Fahne eines Obersten.« Am Morgen durfte Elizabeth eine Parade abnehmen. »Mir war schon etwas mulmig, als ich zum ersten Mal ein Regiment inspizieren sollte«, schrieb sie einer Freundin, »aber es war nicht so schlimm, wie ich erwartet hatte.« Harold Nicolson bemerkte später über ihre Begeisterung für das Regiment: »Prinzessin Elizabeth, ein nettes, aufgewecktes Mädchen mit einer wunderbaren Haut, ist ganz verrückt nach den Grenadieren.« Am Nachmittag wurde »jede Menge Unterhaltung« geboten, organisiert vom König, der dazu seine Lieblingsstars vom Rundfunk engagiert hatte: Jack Warner, Vera Lynn und Tommy Handley, der eine Sondervorstellung seiner Show »ITMA« gab.

Am 25. August 1942 erfuhr die königliche Familie auf Schloß Balmoral vom Tod des Herzogs von Kent. Es war eine Ironie des Schicksals, daß der König und der Herzog von Gloucester an diesem Tag bei scheußlichem Wetter – Bodennebel, Regen und kalter Ostwind – im Moor jagten und gerade picknickten, als etwas weiter nordöstlich ein Sunderland-Flugboot der Royal Airforce, das zweihundert Meter zu tief flog, auf dem Weg nach Island mit dem Herzog von Kent an Bord im dichten Nebel gegen eine Bergspitze prallte und in einem Feuerball zerbarst. Alle Besatzungsmitglieder kamen dabei ums Leben. Der König war erschüttert. »Er starb im aktiven Dienst«, schrieb er in sein Tagebuch, als wollte er dem Tod des Bruders einen Sinn geben. Doch wie so viele Flugzeugunglücke während des Krieges war auch dieses unnötig; dafür verantwortlich waren ein Fehler des Piloten und die schlechte Sicht. Beim Familienbegräbnis vier Tage später in der St. George's Chapel konnte der König nur mit Mühe die Tränen zurückhalten. Die Herzogin von Kent war mit 35 Jahren zur Witwe mit drei Kindern geworden; das jüngste von ihnen, Prinz Michael von Kent, war erst sieben Wochen alt. »Für die beiden kleinen Mädchen war das ein großer Schock«, schrieb Crawfie, obwohl die mittlerweile sechzehnjährige Elizabeth eigentlich kein kleines Mädchen mehr war. »Sie hatten damit bereits den zweiten Onkel für immer verloren. Der erste, Onkel David, war zwar nicht tot, aber sie bekamen ihn nicht mehr zu sehen. In der königlichen Familie sprach man nicht mehr über ihn, genausowenig wie über viele andere unangenehme Dinge.«

Trotz der Schrecken des Krieges ging es innerhalb der schützenden Mauern von Schloß Windsor keineswegs trostlos zu. Neben den bekannten Hofangestellten wie dem Kammerherrn des Königs, seinem alten Freund aus der Marine Sir Harold Campbell, dem Haushofmeister Joey Legh und den Privatsekretären Hardinge und Lascelles lebte dort auch der exzentrische Künstler Gerald Kelly, ein Ire und alter Eton-Absolvent mit Charme und Talent, Schwager des Satan-Anhängers Aleister Crowley. Kelly war 1938 beauftragt worden, die offiziellen Krönungsporträts vom König und der Königin zu malen; nach Ausbruch des Krieges hatte er sich mit seinen Gemälden nach Windsor begeben, um seine Arbeit fortzusetzen. Er blieb während des ganzen

Krieges dort, trotz der humorvoll verbrämten Klagen des Königs über die Länge seines Aufenthaltes.

Während des Krieges war das Ausbildungsbataillon der Grenadiere in Windsor stationiert, und es war die Aufgabe der 300 Mann starken Ersten Kompanie, der sogenannten »Castle Company«, die königliche Familie zu schützen. Junge Offiziere der »Castle Company« wie Mark Bonham Carter und Hugh Euston speisten regelmäßig mit den Prinzessinnen und ihren Gouvernanten Crawfie und Monty zu Mittag. »Beim Essen herrschte eine heitere Atmosphäre«, erinnerte sich ein Offizier. »Prinzessin Elizabeth war zurückhaltend, aber charmant…, ihre Schwester sehr keck.« Die jungen Offiziere begleiteten die Prinzessinnen und ihre Freundinnen auf ihren Picknicks im Great Park von Windsor, und hin und wieder fanden kleinere Tanzveranstaltungen mit rund hundert Gästen statt. Wenn der König und die Königin am Wochenende da waren, wurden oft im ganzen Schloß ausgelassene Spiele veranstaltet. Die Königin bildete bei diesen Ereignissen stets den Mittelpunkt; als Eleanor Roosevelt nach dem Krieg einmal im Schloß weilte, amüsierte sie sich köstlich über die nach dem Essen stattfindenden Scharaden, bei denen die Königin mit einem falschen Bart herumsprang, während Churchill mit mürrisch gerunzelter Stirn in einem Sessel saß. Weihnachten wurde immer ein Märchenspiel aufgeführt, in der auch die Prinzessinnen mitspielten. Autor war ein Lehrer aus dem Dorf, und die Besetzung wurde durch Schulkinder aus der Gegend vervollständigt. Bisweilen erschienen sogar, unter dem Befehl des Königs, die Wachsoldaten auf der Bühne. Plakate, die die Aufführung ankündigten, wurden in die leeren Rahmen gehängt, aus denen man die Porträts der königlichen Vorfahren aus Sicherheitsgründen entfernt hatte, was grotesk wirkte: Mutter Gans war in einem schweren Goldrahmen mit der Aufschrift »Henrietta Maria« zu sehen, Dick Whittington und seine Katze in einem Rahmen Charles' I. Eine Freundin Elizabeths, die in der Nähe des Schlosses wohnte, beschrieb die Atmosphäre dort als »glücklich und familiär«; verglichen mit ihren eigenen, eher schwierigen familiären Verhältnissen sei die Familie auf dem Schloß »genauso gewesen, wie eine Familie sein soll… Es bestand eine sehr innige Beziehung untereinander.«

Daß Elizabeth die heißgeliebte Kindheit in so enger Gemeinschaft mit einer vier Jahre jüngeren Schwester verbrachte, bedeutete, daß sie, wie eine Freundin es ausdrückte, »relativ kindlich« [für ihr Alter] war, Margaret dagegen eher frühreif: »Elizabeth war vor allem schüchtern ... Es fehlte ihr an Spontaneität, und sie war immer ganz anders als Prinzessin Margaret. Wenn der König Margaret ansah, wunderte er sich oft, daß er eine Tochter gezeugt hatte, der alles so leicht fiel und die ein so süßes Mädchen war. Prinzessin Elizabeth hatte mehr von den Hannoveranern, sie war viel gewissenhafter, viel solider; ihr Gesicht leuchtete, wenn sie lächelte, doch es wirkte wie tot, wenn sie nicht lächelte – daran hat sich bis heute nichts geändert.«

»Der König verwöhnte Prinzessin Margaret furchtbar«, sagte die Tochter eines Hofangestellten. »Sie war seine Lieblingstochter ... Sie durfte schon mit dreizehn immer zum Abendessen aufbleiben und wurde zu schnell erwachsen. Die Angestellten mochten sie nicht besonders, sie fanden sie zwar ganz lustig, aber ... Margaret ließ ihre Eltern und überhaupt jeden beim Abendessen warten, nur weil sie im Radio eine Sendung zu Ende hören wollte. Ich weiß noch, daß mein Vater schier an ihr verzweifelte.«

Crawfie machte sich berechtigte Sorgen, wie sich Margarets Verhalten auf Elizabeth auswirken mochte, und bat dann Freunde: »Könntet ihr dieses Jahr vielleicht nur Prinzessin Elizabeth zu eurer Party einladen? Wir versuchen nämlich, die Prinzessinnen hin und wieder zu trennen, weil Prinzessin Margaret alle Aufmerksamkeit auf sich zieht und Prinzessin Elizabeth das zuläßt.« Elizabeth selbst pflegte zu sagen: »Ach, es ist doch viel leichter, wenn Margaret dabei ist; wenn sie etwas sagt, lachen alle ...« Die Anwesenheit der Mutter ließ Elizabeth ebenfalls verstummen. »Mir fiel auf, daß die Tochter sich in Gegenwart der Mutter nicht um Konversation bemühte, sondern vielmehr in Schweigen verfiel«, schrieb Cecil Beaton nach einem Fototermin im Königshaus.

Eines konnte Elizabeth freilich kein Lehrer vermitteln: den Alltag der breiten Bevölkerung. Die Prinzessin war noch immer ausgesprochen schüchtern. Crawfie bemerkte, daß sie im Gegensatz zu ihrer Schwester Margaret offenbar keinen Gefallen daran fand, mit anderen Pfadfinderinnen im Zelt zu übernachten, und sie erriet den Grund: »Sie wurde älter und war in ihrer Kindheit so viel allein gewesen, daß ich gut verstehen konnte, warum sie sich nicht vor so vielen anderen Kindern ausziehen und mit ihnen übernachten wollte.«

Obwohl sie sich mit sechzehn beim Arbeitsamt registrieren ließ, ließ der König die behütete Tochter nur ungern in die Welt hinaustreten, eine Haltung, die Elizabeth zunehmend erbitterte. »Ich sollte das tun, was andere Mädchen auch tun«, sagte sie. Obwohl sie als voraussichtliche Thronfolgerin mit achtzehn Jahren für alt genug befunden wurde, um zum »Counsellor of State«, zum »Stellvertreter des Königs«, ernannt zu werden, war der König nicht gewillt, ihr eine kriegsdienliche Tätigkeit außerhalb der Schloßmauern zu erlauben. Aufgewachsen in einer von Liebe und Freundlichkeit erfüllten heilen Welt, war sie entsetzt, als sie mit der rauhen Wirklichkeit konfrontiert wurde. Als ihr Vater 1944 die Achte Armee in Italien besuchte, mußte Elizabeth als Counsellor in seiner Abwesenheit unter anderem die Begnadigung eines Mörders unterzeichnen. Ihre Haltung war bezeichnend: Sie staunte ungläubig und glaubte gleichzeitig an eine vernünftige Lösung. »Warum tun Menschen so schreckliche Dinge?« fragte sie. »Das müßte man wissen. Man sollte ihnen doch irgendwie helfen können. Ich muß noch soviel über Menschen lernen!«

Obwohl der König sie mit achtzehn zum Counsellor of State gemacht hatte, lehnte er die von verschiedenen Seiten geäußerten Vorschläge, sie zur Prinzessin von Wales zu ernennen, mit der Begründung ab, dieser Titel gebühre ausschließlich der Frau des Prinzen von Wales. Er und Churchill waren sich einig, daß es, um Spekulationen der Presse zu unterbinden, am besten sei, am 12. Februar 1944 offiziell bekanntzugeben, »daß der König nicht an eine Änderung des Titels von Prinzessin Elizabeth an ihrem nächsten Geburtstag denkt«. Sie sollte Prinzessin Elizabeth bleiben, bis sie Elizabeth II. wurde.[9]

Elizabeth und ihre Freundinnen pflegten über die jungen Wachoffiziere zu scherzen, die sie besonders mochten, und nannten sie ihre »Flirts«. Hugh Euston, der Erbe des Herzogs von Grafton, war ihr Favorit. Auch der König mochte ihn und sah in ihm ganz sicher auch einen potentiellen Ehemann für seine Tochter. Hugh Euston hatte Elizabeth gern – die beiden sind bis heute befreundet –, doch die Rolle des Prinzgemahls sagte ihm im Gegensatz zu der des ungebundenen, reichen adligen Grundbesitzers nicht zu. »Ich glaube, Hugh Euston bekam Angst, daß man ihn zu einer Heirat drängen könnte«, erzählte ein Freund. »Soviel ich weiß, hat er sich an einen anderen Ort versetzen lassen. Ich denke aber auch, daß Prinzessin Elizabeth insgeheim immer an Prinz Philip dachte.«

Elizabeth hatte die Begegnung mit dem blonden Wikingerprinzen in Dartmouth im Juli 1939 nicht vergessen. Seitdem wurde in königlichen Kreisen über sie und Prinz Philip getuschelt. Chips Channon, der gerne in den königlichen Kreisen verkehrte, schrieb nach einer Athenreise im Januar 1941 in sein Tagebuch, daß man in der griechischen Königsfamilie ganz offen über dieses Thema spreche. Nach einem vertraulichen Gespräch mit Prinz Philips Tante Prinzessin Nikolaus von Griechenland, der Mutter von Prinzessin Marina, lernte er Prinz Philip auf einer Cocktailparty kennen und beschrieb ihn als »außerordentlich gutaussehend«. »Er soll unser Prinzgemahl werden«, schrieb Channon, »und deshalb dient er in unserer Marine.« Hinter den Kulissen spannen Philips Angehörige bereits die Fäden für die sensationelle Hochzeit des jungen Prinzen, und sie setzten ihre Bemühungen auch in den Kriegsjahren fort. Von ihren Hoffnungen ahnte Elizabeth freilich nicht das geringste. Doch schon im September 1942 deutete sie in einem Brief an Crawfie an, daß sie mit ihren Freundinnen ausgiebig über Philip gesprochen habe und daß er »der Richtige« sei. Philip kam über Weihnachten und zum Jahreswechsel 1943/44 zusammen mit seinem Cousin David Milford Haven zu Besuch. »Wir haben viel gelacht«, schrieb Elizabeth. Margaret war noch überschwenglicher. »Philip ist gekommen!« schrieb sie. Er und Milford Haven »gerieten außer Rand und Band, und wir tanzten und tanzten und tanzten … Es war die schönste aller Nächte.«[10]

Philip hatte im Krieg eine schwere Zeit durchgemacht. Zunächst, ab Januar 1940, war er zu verschiedenen weniger gefährdeten Stellungen im Indischen Ozean abkommandiert worden, wo ihm nicht viel passieren konnte. Als in Colombo stationierter Fähnrich zur See hatte er auf einem älteren Schlachtschiff, der »HMS Ramillies«, australischen Frachtern Geleitschutz ins Mittelmeer gegeben, bis die Italiener im Herbst 1940 dann in Griechenland einmarschierten. Von Januar 1941 an diente Philip auf dem Schlachtschiff »Valiant« in Alexandria. Seine ersten Kriegserfahrungen machte er am 28. März vor Kap Matapan an der Südspitze des Peloponnes, als sein Geschwader unter Admiral Cunningham einige italienische Kriegsschiffe versenkte. Ende Mai wurde er vor der Küste Kretas in schwere Kämpfe verwickelt; einige Schiffe seines Geschwaders wurden von deutschen Bomben zerstört, und auch die »Valiant« selbst wäre um ein Haar von einer Dornier bombardiert und versenkt worden. Am folgenden Tag sank einige Meilen entfernt der Zerstörer »Kelly« unter dem Kommando seines Onkels Mountbatten; sein Onkel konnte sich retten, und als er in Ägypten an Land ging, begrüßte ihn als einer der ersten sein Neffe in makellos weißer Uniform und mit sorgfältig gekämmtem blondem Bart und Schnurrbart, höchst belustigt angesichts der zerknitterten Erscheinung des Onkels. Im Juni 1942 wurde Philip, mit einundzwanzig einer der jüngsten Oberleutnants der Royal Navy, nach England zurückversetzt und als stellvertretender Kommandant auf dem Zerstörer »Wallace« eingesetzt. Damals lernte er einen jungen Australier kennen, Michael Parker, der sein enger Freund und Kamerad werden sollte. Parker war Oberleutnant auf der »Lauderdale«, und die beiden Schiffe hatten die schwierige, aber unspektakuläre Aufgabe, Schiffen, die an der britischen Ostküste zwischen Rosyth am Firth of Forth und Sheerness an der Themse-Mündung verkehrten, Geleitschutz zu geben.

In geheimer Absprache mit König Georg von Griechenland unternahm Mountbatten 1944, im Jahr von Elizabeths achtzehntem Geburtstag, gleich zwei Schritte, um die Angelegenheit seines Neffen voranzutreiben. Im März sprach König Georg gegenüber seinem Cousin George VI. die Möglichkeit einer Verlobung an, stieß jedoch auf entschiedene Ablehnung. »Wir sind doch beide der Meinung, daß sie dafür noch viel zu jung ist«, erklärte George VI. Königin Mary. »Ich mag Philip. Er ist intelligent und humorvoll und hat die richtige Einstellung ... Wir sagen Georg, daß Philip sich das vorerst aus dem Kopf schlagen soll.« Im August wagte Mountbatten einen zweiten Vorstoß. Er schlug vor, Prinz Philip solle zunächst einmal die griechische Staatsbürgerschaft abgeben und dafür die britische annehmen. Nachdem er das mit George VI. diskutiert hatte, machte er sich auf den Weg nach Kairo, um seinen Vorschlag dem griechischen König und seinem Neffen, der damals mit seinem Schiff in Alexandria weilte, zu unterbreiten.

Doch noch bevor Mountbatten in Kairo eintraf, hatte George VI. eine Warnung abgefeuert. »Ich habe seit unserem letzten Gespräch gründlich über die Sache nachgedacht«, schrieb der König ihm am 10. August, »und ich bin zu dem Schluß gekommen, daß wir zu voreilig sind.« Mountbatten solle seine Gespräche mit Georg von Griechenland auf die Frage der Staatsbürgerschaft beschränken. Mountbatten verstand. »Zurückhaltung in Familienangelegenheiten«, lautete vorläufig die Devise. »Philip begriff voll und ganz, daß der Vorschlag [die britische Staatsbürgerschaft anzunehmen] nichts damit zu tun hatte, ob er Lilibet heiraten würde oder nicht«, schrieb Mountbatten am 28. August an seine Mutter, Philips Großmutter, »... obwohl kein Zweifel besteht, daß er das eines Tages sehr gerne tun würde.« Ein halbes Jahr später ermahnte er seine Schwester, Philips Mutter, in Gegenwart des Königs oder der Königin keinesfalls das Thema anzuschneiden. »Man kann nur hoffen, daß es – wenn überhaupt – von selbst passiert, ohne Einmischung der Eltern. Die jungen Leute scheinen sich wirklich zu mögen, und ich denke, daß es nach dem Krieg wahrscheinlich klappt.«[11]

Philip war über die Aktivitäten und den Übereifer seines Onkels nicht glücklich. »Ich bitte dich«, schrieb er ihm, »halte dich mit Ratschlägen in dieser Herzensangelegenheit zurück, sonst muß ich jemand anderen als meinen Freier bei Hof beauftragen.« Er wollte Herr seiner eigenen Entscheidungen sein und nicht gedrängt werden oder den Anschein erwecken, daß man ihn zu irgend etwas drängte, schon gar nicht zu dieser Heirat. Auch der Tratsch über entsprechende Bestrebungen der griechischen Königsfamilie war ihm zuwider. Doch während seines Einsatzes an der britischen Ostküste in den Jahren 1942 und 1943 war er häufig auf Urlaub in Großbritannien und wohnte bei seiner Cousine Prinzessin Marina in Coppins in Iver, Buckinghamshire, nicht weit von Windsor entfernt. Prinzessin Marina und ihr Cousin ersten Grades standen sich sehr nahe; Marina betrachtete Philip auf eine gewisse Art als ihren Schützling. »Sie förderte die Heirat, so gut sie konnte«, sagte ein Beobachter. Als der allgegenwärtige Chips Channon Prinzessin Marina im Herbst 1944 besuchte, stellte er fest, daß die Unterschrift »Philip« im Gästebuch sehr häufig auftauchte. »Als ich mich ins Gästebuch eintrug, sah ich, daß überall ›Philip‹ stand. Er trifft sich in Coppins mit Prinzessin Elizabeth; ich glaube, sie wird ihn heiraten.«

Bereits im Februar des Jahres hatte Channon nach einer Unterhaltung mit Lord und Lady Iveagh, die im Buckingham-Palast mit dem König und der Königin Tee getrunken hatten, zuversichtlich von einer Heirat gesprochen.

Im Januar 1944 hatte Königin Mary, eine verläßlichere Quelle als Channon, ihrer alten Freundin Lady Airlie anvertraut: »Elizabeth und Philip sind seit achtzehn Monaten ineinander verliebt, wahrscheinlich sogar noch länger ... Aber der König und die Königin finden, daß Elizabeth noch zu jung ist, um sich zu verloben. Sie soll die Welt erst noch besser kennenlernen und andere Männer treffen, bevor sie sich festlegt. Schließlich ist sie erst neunzehn, und in diesem Alter ist man schnell beeindruckt.«

Mabell Airlie, eine hoffnungslos romantische Person, die in »Prinz Berties« Romanze mit Elizabeth Bowes-Lyon die Rolle des Cupido gespielt hatte, widersprach heftig. Sie selbst habe sich mit neunzehn verliebt, und die Liebe habe bis zum Tod ihres Mannes gehalten.

»Ja, das kommt hin und wieder vor«, stimmte Königin Mary zu, »und Elizabeth ist genau so. Sie weiß immer, was sie will. Sie hat etwas sehr Beständiges und Entschlossenes – wie ihr Vater.«

Das letzte Kriegsjahr 1944 war sehr anstrengend gewesen, insbesondere der Sommer, als die Tage des Bangens um die Invasion der Alliierten in der Normandie mit dem ersten Einsatz von Hitlers neuer Waffe, dem Flugkörper V 1, zusammenfielen. Mehr als hundert Menschen wurden getötet, als die nur wenige Meter vom Buckingham-Palast entfernte Guards Chapel während des Gottesdienstes am Morgen des 18. Juni direkt getroffen wurde. Dies sei das einzige Mal während des Krieges gewesen, schrieb Crawfie, daß sie die Königin wirklich erschüttert gesehen habe. Die Nerven aller waren zum Zerreißen gespannt, wie die Königin Osbert Sitwell am Tag der Landung der Alliierten in der Normandie im Juni 1944 schrieb: »Die letzten Monate waren aufreibend, die Sorge um unsere Invasion in Frankreich lastete schwer auf allen, und nun die heftigen Schlachten, die da draußen wüten und denen so viele wertvolle Menschen zum Opfer fallen, das alles macht die Tage lang und sorgenvoll ... Jetzt müssen wir einen erneuten Angriff auf London abwehren ... Am Sonntag in der Kirche war mir so elend, daß ich beim Gedanken an das Leid so vieler guter und tüchtiger Menschen weinen mußte und sie zutiefst bedauerte; und während ich das tat, spürte ich, wie sich eine kleine Hand in meine schob und sich die blauen Augen von Margaret Rose ängstlich fragend auf mich richteten. Ich erinnerte mich mit quälendem Schmerz, daß ich in Margarets Alter dasselbe mit meiner Mutter erlebt hatte. Ich erinnerte mich lebhaft, daß ich in der Kirche zu ihr aufgeblickt, Tränen auf ihren Wangen gesehen und überlegt hatte, wie ich sie trösten könnte ..., sie hatte damals vier Söhne in der Armee. Der Gedanke, daß meine Tochter all dies vielleicht fünfundzwanzig Jahre später auch durchmachen müßte, war mir unerträglich ...«[12]

Unter den »wertvollen Menschen«, die in der Normandie getötet wurden, war auch ein Freund der Königin, der Künstler Rex Whistler.

Erst im Frühling 1945, kurz vor ihrem neunzehnten Geburtstag, durfte Elizabeth endlich »hinaus«, um als Nr. SGV 230873, Second Subaltern Elizabeth Alexandra Mary Windsor, in den für Frauen in der britischen Armee eingerichteten »Auxiliary Territorial Service«, abgekürzt »ATS«, einzutreten. Sosehr sie ihren Vater liebte, empfand sie seine übertriebene Fürsorge doch als frustrierend. Es war, als könnte er es nicht ertragen, sie auch nur für kurze Zeit aus den Augen zu lassen, und als wollte er das glückliche Familienleben für immer konservieren und ihre Kindheit so lange wie möglich hinauszögern. Die meisten von Elizabeths Freundinnen und Zeitgenossinnen arbeiteten – als Fahrerinnen, in der Kantine oder als Sekretärinnen. Auch Elizabeth wollte unbedingt hinaus und etwas lernen, um »ihren Beitrag« zum Kriegsdienst zu leisten. Endlich durfte sie sich zu einem Ausbildungskurs für Unteroffiziere bei der ATS anmelden, und sie war entschlossen, pünktlich damit anzufangen, obwohl sie sich gerade von einer schweren Mumpserkrankung erholte. Den Tag vor Kursbeginn am 23. März verwandte sie zu einem großen Teil darauf, die Knöpfe ihrer neuen Uniform zu polieren. So häßlich und unansehnlich diese auch war – Jacke mit Gürtel, Rock und Strümpfe, alles in Khaki, sowie die vorgeschriebenen flachen, schweren Schuhe in Braun –, sie schätzte sie als ein Symbol der Freiheit und der Bekanntschaft mit der Außenwelt. Seit einiger Zeit kam Junior Commandant Violet Wellesley – von ihren Untergebenen »Tante Vi« genannt, wie Elizabeth bald herausfand – nach Windsor, um Elizabeth als Vorbereitung für den Kurs das Fahren beizubringen. Sie sollte nicht nur eine tüchtige Fahrerin werden, sondern auch in der Lage sein, die verschiedenen Fahrzeuge, die sie steuern mußte, zu warten.

Am Morgen des 23. März präsentierte Elizabeth sich mit blitzblanken Uniformknöpfen ihrem Vater. Margaret war neidisch und »stocksauer«; sie wollte wieder einmal, wie Elizabeth sich so oft bei Crawfie beklagte, dasselbe haben wie ihre Schwester.

In Camberley waren die elf Frauen, denen die Kommandantin mitgeteilt hatte, daß sie die Ehre hätten, »für einen dreiwöchigen Ausbildungskurs mit Ihrer Königlichen Hoheit Prinzessin Elizabeth ausgewählt worden zu sein«, nicht weniger gespannt als Elizabeth selbst. Man hatte ihnen gesagt, es sei das erste Mal in der Geschichte, daß ein weibliches Mitglied der königlichen Familie an einem Kurs zusammen mit »anderen« teilnehme, und aus Gründen der Sicherheit hatten sie strenge Anweisung, die Identität des neuen Offiziers geheimzuhalten. Elizabeth hatte seit Ausbruch des Krieges ein so zurückgezogenes Leben geführt, daß niemand genau wußte, wie sie aussah. »Sehr apart«, schrieb eine Kursteilnehmerin in ihr Tagebuch, »schöne, kurze, gelockte braune Haare. Reizende graublaue Augen und ein sehr charmantes Lächeln, *und* sie benutzt Lippenstift!«[13] Elizabeth ihrerseits war als Prinzessin wie als Königin stets von der »normalen Bevölkerung« fasziniert; ihre eigene Welt war nur von Prinzen und Königen, Hofangestellten und Dienern bevölkert. Elizabeth hoffte, daß sie während der drei Kurswochen erstmals Gelegenheit haben würde, mit Gleichaltrigen zu verkehren, die nicht in diese Kategorien fielen.

Zunächst war es freilich schwierig für sie, mit den anderen Frauen in Kontakt zu kommen. Während diese in Baracken übernachteten, kehrte Elizabeth jeden Abend nach Windsor zurück. Bei Vorträgen wurde auf Einhaltung des Protokolls geachtet: Elizabeth saß in der ersten Reihe, flankiert von zwei Sergeanten, während die niedrigeren Ränge hinten saßen. Nach jedem Vortrag wurde sie von den Offizieren rasch »hinausgeleitet«, das Mittagessen nahm sie im Offizierskasino ein. »Wir sind alle sehr verärgert«, schrieb Corporal Eileen Heron, »wenn das so weitergeht, wird außer Sergeant Patsy Young, die neben ihr sitzt, niemand mit ihr sprechen.« Immer »hinausgeleitet« zu werden, wenn sie gerade einmal Gelegenheit hatte, mit »gewöhnlichen

Menschen« zu sprechen – das sollte das ganze Leben lang ihr Schicksal bleiben. Elizabeth versuchte immerhin nach Kräften, dieser Zwangsisolierung zu entrinnen. »Sie interessiert sich sehr für uns«, schrieb Eileen Heron. »Wenn jemand eine Frage gestellt bekommt, dreht sie sich um und sieht die entsprechende Person aufmerksam an. Für sie ist das die einzige Gelegenheit, die anderen mit Namen kennenzulernen.« Für ihre erste Unterrichtsstunde in Automechanik schickte man einen 0,7 Tonnen schweren Bedford-Befehlswagen nach Windsor und bockte ihn dort in einem Hof auf; in der zweiten Stunde in Camberley kam Elizabeth dann allerdings trotzdem in Verlegenheit. Als man ihr zeigte, wie man mit einem Schraubenschlüssel umging, und sie fragte, ob sie zuvor schon mal einen in der Hand gehabt habe, »sah sie etwas überrascht aus, kicherte leise und antwortete: ›Nein! Noch nie!‹«

Elizabeths zweiter Tag war nicht viel besser: »Nach der Pause ständige Dienstanweisungen und Kartenlesen mit Elizabeth. Die Dienstanweisungen langweilten sie sehr – sie hatten mit ihr ja auch nicht viel zu tun, außer daß sie wissen mußte, was ihr Fahrer tun sollte. Am Nachmittag Mechanikunterricht, Vortrag über Öl … In der Pause wurde sie wieder von den Offizieren hinausgeleitet – doch der Leutnant glaubt, daß sie in ein paar Tagen etwas freier sein wird. Man scheint sie sehr behutsam einzuarbeiten. Wir erfahren, daß sie nach dem Wunsch der Königin auch am Exerzieren teilnehmen soll.«

Am dritten Tag allerdings deckte die Presse das nicht besonders sorgfältig gehütete Geheimnis auf. »ES IST HERAUS!!« schrieb die schockierte Eileen Heron. »Tagtäglich stehen in der ›Daily Mail‹ schreckliche Verleumdungen über all die Dinge, die Elizabeth gar nicht macht.« Elizabeth löste sich allmählich von ihren Leibwächtern und begann, mit den anderen Kadetten zu sprechen (obwohl der Kompaniefeldwebel in einiger Entfernung aufpaßte). Die Namen ihrer Kolleginnen hatte sie bereits herausgefunden, um sie »Mummy« mitzuteilen, und sie sagte, sie habe den Abend zuvor damit verbracht, ihrem Vater ausführlich zu erklären, wie eine Zündung funktioniere. »Das Teetrinken wird allmählich zu einer richtig netten Plauderstunde«, schrieb Corporal Heron. »Sie redet jetzt viel mehr mit uns als vorher und ist überhaupt nicht mehr schüchtern.«

Großen Wirbel gab es, als Elizabeths Tante, die Princess Royal, zu einem Inspektionsbesuch kam. Elizabeth sagte, ihre Tante habe zuvor brieflich angefragt, ob sie bei der Inspektion anwesend sein werde. »Ich weiß nicht, wo sie mich sonst vermutet hat«, kommentierte Elizabeth. Nach der Inspektion erzählte sie den Kameradinnen, wie lustig es gewesen sei, die Inspektion aus der Perspektive der Truppe und nicht neben der Tante erlebt zu haben. Sie werde nie vergessen, welche Mühe die Vorbereitung jedem abverlangt habe. Noch mehr Trara und Aufregung gab es, als am 9. April der König, die Königin und Margaret kamen. »Wir spürten, daß die Königin sich ganz besonders für uns interessierte«, schrieb Eileen Heron. »Sie musterte uns kritisch, um zu sehen, mit was für Mädchen ihre Tochter verkehrte.« Margaret ließ Elizabeth die ganze Zeit nicht aus den Augen und ergriff die nächstbeste Gelegenheit, sich wichtig zu machen: Sie entdeckte an einem der Motoren eine zu schwache Kompression, was Elizabeth nicht bemerkt hatte. »Da fehlt Druck«, sagte Margaret. »Wie kannst du das wissen?« fragte Elizabeth. »Warum sollte ich es nicht wissen?« gab Margaret frech zurück und zog an einem der Uniformknöpfe der Schwester. »Margaret hat ihre Chauffeure in letzter Zeit wahrscheinlich tüchtig genervt«, meinte Eileen Heron dazu.

Der Kurs endete am 16. April 1945; Elizabeth gestand ihren Kameradinnen, wie traurig sie darüber sei. »Sie sagte, sie würde sich in der nächsten Woche sehr verloren vorkommen, zumal sie noch nicht wisse, wie es nach dem Kurs mit ihr weitergehen werde. Am liebsten würde sie als Junior Officer ins Hauptquartier Crawley Rise gehen …« Am 17. Juli 1945 wurde sie in den Rang eines Junior Commander erhoben. »Ich habe noch nie in meinem Leben so hart gearbeitet«, erzählte Elizabeth einer Freundin. »Alles, was ich lernte, war völlig neu für mich, all die merkwürdigen Innereien eines Autos und die Feinheiten, die man beim Kartenlesen beachten muß. Aber es hat mir viel Spaß gemacht, und es war eine großartige Erfahrung.«

Fünfzig Jahre später, während der Feierlichkeiten zum Victory Day 1995, erinnerte sich Elizabeth, wieviel Selbstvertrauen ihr die Ausbildung beim ATS gegeben hatte. Sie war später immer stolz darauf, eine schnelle und geschickte Fahrerin zu sein. Einmal in Balmoral retteten ihre Fahrkünste ihr und ihren Mitfahrerinnen sogar das Leben: Als sie eine Bergstraße entlangfuhr, kam ihr ein Soldat des Regiments auf Streifenfahrt an einer unübersichtlichen Kurve auf der falschen Straßenseite entgegen. Eine vorzügliche Fahrerin zu sein und zu wissen, wie ein Verbrennungsmotor funktioniert, sollte jedoch in Elizabeths Zukunft nicht mehr von großer Bedeutung sein. Ihr Vorstoß in das unbekannte Gebiet jenseits der Schloßmauern dauerte nur ein paar Monate, was der König natürlich vorausgesehen hatte. Als Oberbefehlshaber der Streitkräfte und Vertrauter Churchills, mit dem er wöchentlich zum Lunch zusammentraf, wußte er ganz genau, daß das Ende des Krieges nicht mehr fern war, als Elizabeth in der ATS anfing.

Am 8. Mai 1945 war der Tag der deutschen Kapitulation endlich gekommen.

Während der Feierlichkeiten schlich sich Elizabeth in ihrer Uniform gemeinsam mit Margaret aus dem Palast, begleitet von befreundeten jungen Gardeoffizieren, darunter auch Henry Porchester und John Wills. »Wir liefen den Birdcage Walk hinunter, dann über Whitehall und Piccadilly zum Hotel Ritz und zurück zur Hyde Park Corner und zum Palast«, erinnerte sich Porchester. »Alle feierten ausgelassen, man hakte sich auf den Straßen unter und sang die ganze Nacht ›Run, Rabbit, Run‹, ›Hang out the Washing on the Siegfried Line‹, ›Roll out the Barrel‹ und ähnliches … Wir standen draußen vor dem Palast. Man hatte dem König und der Königin einen Wink gegeben, daß wir zu einer bestimmten Zeit mit der Menge draußen vor dem Buckingham-Palast sein würden, und alle fingen an zu rufen: ›Wir wollen den König, wir wollen den König!‹ Schließlich traten sie auf den Balkon heraus, und wir waren ein Teil der Menschenmenge; keiner bemerkte, keiner erkannte Prinzessin Elizabeth oder Prinzessin Margaret.«[14]

»Die armen Kinder, sie haben noch nie richtig Spaß gehabt«, schrieb der König in sein Tagebuch. Unter »Spaß« verstand er ein gesellschaftliches Leben, wie er und seine Gattin es in den zwanziger Jahren geführt hatten, mit endlosen Tänzen auf feudalen Privatbällen oder im Embassy Club. Er und die Königin wollten, daß ihre Tochter auf vergnüglichen, für sie veranstalteten Partys geeignete Männer kennenlernte. Doch Elizabeth konnte im Gegensatz zu ihrer Mutter, dem glänzenden Mittelpunkt jedes Festes, und ihrer vor Leben sprühenden jüngeren Schwester keinen großen Gefallen an solchen Festivitäten finden. Belangloses Geplauder lag ihr nicht, und sie pflegte, bevor sie sich für einen Ball umzog, in der Badewanne zu liegen und zu überlegen, über was um alles in der Welt sie sich mit den anderen Gästen unterhalten sollte. »Sie war schüchtern, das gesellige Leben bereitete ihr Mühe«, erinnerte sich eine damalige Freundin. »Ich glaube nicht, daß sie gern eine junge Dame war und alles, was dazugehört... Wenn sie einmal richtig in Fahrt war, machte ihr das auch Spaß, aber es entsprach nicht ihrer Veranlagung, sie hatte nicht das entsprechende Temperament und zuwenig Selbstvertrauen.«

Es gab noch einen weiteren Grund, warum Elizabeth sich nicht sonderlich für Partys interessierte. Sie war im Gegensatz zu anderen neunzehnjährigen Mädchen nicht auf der Suche nach ihrem Traummann. Sie hatte ihn bereits gefunden, und wie für ihren Vater, als er sich in Lady Elizabeth Bowes-Lyon verliebt hatte, kam jemand anderes für sie überhaupt nicht in Frage. Am Abend des 15. August 1945 fand im Buckingham-Palast eine festliche Dinnerparty zur Feier der japanischen Kapitulation statt. Der König, die Königin und die Prinzessinnen erschienen auf dem Balkon, dann begaben sich die beiden Mädchen, genau wie am Victory Day, mit einer Gruppe junger Wachsoldaten nach draußen, um mit den anderen auf der Straße zu feiern und ihren Eltern zuzurufen, wieder auf den Balkon zu treten. Doch während Elizabeth in den Jubel über das endgültige Ende des Zweiten Weltkriegs einstimmte, weilten ihre Gedanken im Fernen Osten, wo Oberleutnant Prinz Philip von Griechenland auf dem Zerstörer »HMS Whelp« diente. Am 2. September 1945 begleitete die »Whelp« mit Philip an Bord die »USS Missouri« in die Bucht von Tokio, wo Japan die Kapitulation offiziell unterzeichnete. Ende des Jahres befanden sich Philip und sein Schiff auf dem Heimweg. Weihnachten starb Allah Knight in Sandringham an Hirnhautentzündung. Elizabeths verlängerte Kindheit war vorbei.

5

Fürstliche Hochzeit

»Eine Fürstenhochzeit ist die Luxusausgabe eines universalen Ereignisses und fasziniert als solche die ganze Menschheit.«

Walter Bagehot,
»The English Constitution«

Elizabeth war jetzt neunzehn Jahre alt. Als Zeichen ihres Erwachsenseins erhielt sie im Buckingham-Palast eine eigene Suite sowie zwei Hofdamen, Lady Mary Strachey und Hon. Mrs. Vicary Gibbs, und einen vollen Stundenplan mit öffentlichen Verpflichtungen. Sie bekam auch ein eigenes Dienstmädchen und einen Diener, Cyril Dickman, der in Windsor für die Kinderetage zuständig gewesen war und später, nach ihrer Krönung zur Königin, als Palast-Stewart an der Spitze der Dienerschaft stehen sollte. Bobo war weiterhin für ihre Garderobe zuständig, und auch Crawfie und Antoinette de Bellaigue standen ihr weiterhin zur Verfügung, was die Fortdauer der behüteten Kinder- und Schulzeit unterstrich. Sie durfte sich ihre Kleider jetzt selbst aussuchen und die Einrichtung ihrer Zimmer selbst bestimmen. Da sie aber an beidem nicht sonderlich interessiert war, entschieden zumeist ihre Mutter und Bobo darüber, auch wenn Norman Hartnell sie bei der Auswahl ihrer ersten »Erwachsenengarderobe« beriet. Folglich war Elizabeths Schlafzimmer in den Lieblingsfarben der Mutter gehalten, Rosa und Beige, und mit geblümtem Chintz und weißgestrichenen Möbeln ausgestattet. Auch ihre Kleider entsprachen dem Geschmack der Mutter und paßten häufig besser zu einer dreißigjährigen Frau als zu einem neunzehnjährigen Mädchen. Ein Gegenstand ließ freilich erkennen, daß Elizabeth zumindest in einer höchst wichtigen Angelegenheit entschlossen war, selbst zu entscheiden. Auf ihrem Schreibtisch stand gut sichtbar eine Fotografie von Prinz Philip von Griechenland; seine nordischen Gesichtszüge waren fast vollständig von einem buschigen Bart verdeckt, den er sich während seiner Stationierung im Pazifik hatte wachsen lassen.

Philip war fünfundzwanzig, als er am 20. März 1946 nach England zurückkehrte. Als gutaussehender und erfahrener Marineoffizier übte er auf Frauen eine starke Anziehungskraft aus. Zudem war er ein guter Gesellschafter. »Er war sehr unterhaltsam, fröhlich, voller Leben und Energie«, sagte sein Cousin. »Und er flirtete gern.« Schon bevor er Elizabeth 1939 in Dartmouth kennenlernte, hatte es Mädchen in seinem Leben gegeben. Im Sommer 1939 hatte er ein Verhältnis mit einer schönen und jungen kanadischen Debütantin namens Osla Benning gehabt und sich beinahe mit ihr verlobt. Gerüchten zufolge hatte der stets wachsame Mountbatten der Beziehung ein Ende gesetzt, weil er mit Philip andere Pläne hatte. Als Philip und Mike Parker im letzten Kriegsjahr zusammen an der australischen Pazifikküste stationiert waren, hatte es an ihren freien Abenden an Land laut Parker immer »Arme voller Mädchen« gegeben. Die Nachricht von ihren Eskapaden war auch hohen Beamten des Palastes zu Ohren gekommen, und einer von ihnen äußerte vertraulich Zweifel daran, ob der künftige Prinzgemahl Elizabeth treu bleiben würde. Aber wie die meisten Hofangestellten teilte er seinen Arbeitgebern davon nichts mit. Immerhin hatte Philip sich nicht ernsthaft verliebt; vielleicht war er dazu auch zu nüchtern. »Philip und sein Onkel [Louis Mountbatten] sind gefühlskalte germanische Battenbergs«, sagte ein Verwandter über ihn. Philip war dominant und männlich, aber kein Romantiker. »Er ist ein hundertfünfzigprozentiger Mann, und genau das ist sein Problem«, meinte ein Zeitgenosse. Bezeichnenderweise war Philip immer kurz angebunden, wenn er später von Biographen über seine Romanze mit Elizabeth befragt wurde, als schicke es sich für einen richtigen Mann nicht, über so etwas zu reden: »Ich bin einmal mit ihnen [der königlichen Familie] ins Theater gegangen, glaube ich. Und dann, im Krieg, wenn ich gerade mal hier war, kam ich zum Essen vorbei. Ein- oder zweimal blieb ich über Weihnachten in Windsor, weil ich sonst nichts vorhatte. Ich glaube, ich habe überhaupt gar nicht soviel darüber nachgedacht. Hin und wieder schrieben wir uns ...«[1] Philip ist seinen Biographen ein Rätsel geblieben. Er ist ein Mensch, der starke, bisweilen widersprüchliche Reaktionen hervorruft. Er ist intelligent, praktisch veranlagt und kompetent, ein Mann, der Probleme löst; er ist flexibel, dynamisch und steckt voller Ideen, die allerdings nicht immer gründlich durchdacht sind. Er frißt seine Gefühle in sich hinein und kann ganz unerwartet explodieren; er ist ungeduldig, rastlos und gönnt sich keine Ruhe. Er kann tyrannisch sein, sogar grausam, aber er kann auch warm und freundlich zu Menschen sein, von denen er weiß, daß sie in Schwierigkeiten stecken. Er kann höflich sein – seiner Schwiegermutter gegenüber benimmt er sich tadellos –, aber genauso arrogant, grob und herrisch, vor allem gegenüber Politikern, eine Spezies, für die er überwiegend Verachtung empfindet. Als seine Frau Königin wurde, brachte er sie bei vielen Anlässen in Verlegenheit, indem er sich in Anwesenheit von Fachleuten über Themen ausließ, mit denen er nicht hinreichend vertraut war, und er sprach mit nach Windsor oder in den Buckingham-Palast eingeladenen Politikern auf eine Art und Weise, die die meisten Gastgeber und Gäste unerträglich finden würden. Er ist ein Mann der Tat, der Probleme gern selbst durchdenkt und konventionelle Methoden und Vorstellungen in Frage stellt.

Der Schlüssel zu seinem Charakter ist, daß er seit seinem zehnten Lebensjahr selbständig und unabhängig sein mußte. Seit die Familie 1930 in St. Cloud auseinandergebrochen war, gab es für ihn nirgends ein Zuhause, sondern nur wechselnde Schlösser einiger Verwandten, Schulen und Schiffe. 1946 war er praktisch Waise. Sein Vater Prinz Andreas war am 3. Dezember 1944 in Monte Carlo, das damals im besetzten Frankreich lag, gestorben, während Philip auf See war. Philip hatte nicht einmal an seinem Begräbnis teilnehmen können. Nach dem Krieg fuhren er und Mike Parker nach Monaco, um bei der Geliebten des Prinzen die Dinge abzuholen, die dieser seinem Sohn hinterlassen hatte: zwei Haarbürsten und ein Paar Manschettenknöpfe sowie einige Schrankkoffer voller alter Anzüge. Bei der Großmutter im Kensington-Palast bewahrte Philip Koffer auf, die seinem Kammerdiener zufolge »uralt« und mit altem Trödel aus seiner Kindheit und Schulzeit vollgestopft waren – darunter sogar Babykleider –, als wollte er seinem entwurzelten Leben damit einen festen Halt geben. Seine Mutter war noch immer in Athen, wo sie einen Nonnenorden gründete und wo sein Onkel Georg 1946 durch Volksentscheid den Thron zurückerhalten hatte und jetzt als König Georg II. von Griechenland regierte. Die übrigen Mitglieder von Philips Familie, seine drei noch lebenden Schwestern, befanden sich in Deutschland, zu ihrem Glück in den Besatzungszonen der Alliierten. Seine Schwester Prinzessin Sophie war verwitwet; ihr Mann Prinz Christoph von Hessen war während des Krieges in Italien ums Leben gekommen. Sie stand allerdings im Begriff, sich wieder zu verheiraten, mit Prinz Georg von Hannover. Philip lieh sich ein Fahrzeug der kanadischen Armee und fuhr damit quer durch das vom Krieg verwüstete Europa, um im Mai 1946 unerwartet pünktlich zur Hochzeit in Salem zu erscheinen.

Philip war nicht nur sozusagen heimatlos, sondern auch mehr oder weniger mittellos; als Lebensunterhalt hatte er lediglich seinen Marinesold, der gerade für den Unterhalt seines schwarzen Sportwagens reichte. Nach seiner Rückkehr nach England besuchte er eine Ausbildungseinrichtung der Marine in Corsham bei Bath namens »HMS Royal Arthur«. Wenn er Ausgang hatte, flitzte er nach London und übernachtete im Haus der Mountbattens in der Chester Street 16, während diese das Wochenende in Broadlands verbrachten. Samstag nachts ging er bis in die frühen Morgenstunden aus. Die Diener der Mountbattens mochten ihn sehr: »Er war so rücksichtsvoll, so darauf bedacht, den Leuten, die doch dafür bezahlt wurden, sich um die Familie zu kümmern, keine Umstände zu machen. Wir hielten alle große Stücke auf ihn und freuten uns auf seinen Besuch«, schrieb John Dean, damals Butler in der Chester Street und später Philips Kammerdiener.[2]

Philip besaß nur wenig Kleidung; häufig kam er nur mit Rasierzeug in London an und hatte nicht einmal ein sauberes Hemd dabei. Wenn er zu Bett gegangen war, wusch und bügelte John Dean nachts sein Hemd und flickte seine Socken. »Er war sehr einfach zu versorgen; er bat nie darum, daß man derartige Dinge für ihn erledigte, aber ich mochte ihn so sehr, daß ich es trotzdem tat.« Als Philip in jenem Jahr Weihnachten in Sandringham verbrachte, war Dean sein Begleiter. Die übrige Dienerschaft war überrascht, als sie Dean in der Küche sitzen und die Socken des Prinzen stopfen sah. Ebenso überrascht waren sie über die Anweisung, Philip nicht mit »Eure Königliche Hoheit« anzusprechen – in königlichen Kreisen sonst ein Muß –, sondern schlicht mit »Sir«. »Prinz Philip«, schrieb einer von ihnen, »war stets sehr nett zur Dienerschaft.« Dean bemerkte, daß Philips Wochenendgepäck immer eine kleine Fotografie von Elizabeth in einem ramponierten Lederrahmen enthielt.

Philips unabhängiger Geist und seine Abneigung gegen jegliches Duckmäusertum waren Eigenschaften, die Elizabeth besonders gut gefielen, denn sie kannte sonst nur das respektvolle Verhalten der Hofangestellten und Diener und eigentlich eines jeden, mit dem sie außerhalb der eigenen Familie in Kontakt kam. Dagegen war Philip bei den Hofangestellten wegen dieser Eigenschaften nicht gerade beliebt. Es war weniger Elizabeths Familie, die sich der Heirat mit Philip widersetzte, sondern vor allem der Kreis der altgedienten Beamten des Hofes wie Tommy Lascelles, inzwischen der Privatsekretär des Königs und damit der einflußreichste Mann am Hof, Joey Legh sowie die alten Freunde des Königs, die Lords Eldon, Stanley und Salisbury, als auch der Bruder der Königin, David Bowes-Lyon.

»Sie waren abscheulich zu ihm«, erinnerte sich eine Hofdame Elizabeths. »Sie hätten es lieber gesehen, wenn die Prinzessin jemanden geheiratet hätte, der aus eigener Kraft in eine hohe Position gelangt war und sich schnell in die höfischen Kreise einfügen würde – einen reichen, sportlichen englischen Herzog statt eines mittellosen fremden Prinzen. Die griechische Königsfamilie besaß das geringste Ansehen in dem königlichen Haufen, sie war ständig ohne Arbeit und – gemessen am Standard des Königshauses – ohne ausreichende Mittel für den eigenen Unterhalt. Prinzessin Marinas Stolz auf ihre Herkunft und ihre gute Beziehung zur eigenen Familie, zu ihren Schwestern und Prinz Philip, speiste sich nicht nur aus dem Gefühl, von höherem Adel zu sein, sondern auch aus dem Anflug von Mitleid mit der ›armen Verwandschaft‹. Angeblich sprach sie von der Königin und ihrer Schwägerin, der Herzogin von Gloucester, als ›diese gewöhnlichen kleinen Schottinnen‹.«

Einige Leute am Hof beäugten die Verbindung zu den Mountbattens argwöhnisch, betrachteten »Onkel Dickie« doch als »zu penetrant« und »als Deutschen«. Am Ende des Zweiten Weltkriegs waren die Briten, die immer Angst vor Fremden gehabt hatten, verständlicherweise antideutsch eingestellt. Außerdem wurden Mountbatten und seine Frau vom britischen Establishment – die Königin eingeschlossen – entweder als gefährlich oder haarsträubend linksorientiert eingestuft, je nachdem, wie man es betrachten wollte.

»Sehen Sie, mein Vater war in den Augen der alten Brigade immer zu progressiv«, berichtete die Gräfin Mountbatten, »Sie wissen schon, gefährliche Ideen... Sie dachten, nun haben wir den Neffen vor uns, der die gleichen Ideen entwickelt, und wir tun gut daran, seinen Einfluß zu begrenzen.«[3] Tommy Lascelles resümierte wahrscheinlich die ersten Reaktionen des Hofes auf Prinz Philip, als er einem Freund berichtete: »Sie hatten das Gefühl, er sei grob, ungebildet, habe schlechte Manieren und werde vermutlich nicht treu sein.«

Mit »grob« und »schlechten Manieren« meinte Lascelles, daß Prinz Philip »großspurig« war, das heißt zuwenig Respekt gegenüber Höflingen wie ihm bewies. Das »ungebildet« bezog sich darauf, daß Philip keine der annehmbaren öffentlichen englischen Schulen wie Eton oder Harrow besucht hatte, obwohl Lascelles selbst in Marlborough und nicht in Eton gewesen war. Lascelles verkörperte einen der »Männer mit Schnurrbart«, wie Prinzessin Margaret die älteren Höflinge nannte. »Groß und von aristokratischer Haltung, mit einem langen Gesicht und schmalen Händen und Füßen, wirkte er zu Anfang streng«, schrieb Sir John Wheeler-Bennett über ihn. Seine engsten Freunde schätzten »seine wunderbaren und ausgefallenen Verstandesleistungen«, sein kluges Urteilsvermögen sowie seinen trockenen und scharfen Witz. Doch für die meisten Leute war er der »vornehme, strenge, eifersüchtige Hüter der Vorrechte des Königs«, ein Mann, der nicht nur in dem Ruf stand, Schwachköpfe nicht ausstehen zu können, sondern es auch selten zu ertragen, mit ihnen im selben Raum zu weilen.[4]

Er besaß die einschüchternde Fähigkeit, sich völlig in Schweigen zu hüllen, wenn er nichts Besonderes zu sagen hatte, und er neigte zu so provozierenden Aussprüchen wie »Bücher sind mir lieber als Menschen« oder, zu Beginn des Ersten Weltkriegs, »Gott sei Dank, daß ich Engländer bin«. Als Neffe von Lord Harewood war er mit der königlichen Familie verwandt, und seine Frau war die Tochter eines indischen Vizekönigs. Wheeler-Bennett glaubte, daß Philip »sehr klug und charmant, aber im Grunde ein deutscher Junker ist. Er lacht zu laut über schlechte Witze, redet zu laut und nimmt seine Meinung zu wichtig.« Lascelles wirkte auf Philip, der ihn 1946 im Buckingham-Palast kennenlernte, kalt, versnobt und pedantisch, wie ein »Stockfisch«. Er war, kurz gesagt, genau der Typus Mensch, der Philip auf die Palme brachte. »Die Erlebnisse seiner Kindheit«, sagte ein Verwandter, »haben bestimmt dazu beigetragen, daß er sich von niemandem herumschubsen lassen wollte. Er hat wohl gespürt, daß er für sich selbst eintreten mußte, weil es nicht allzu viele Leute gab, die das für ihn getan hätten.«

Elizabeth ahnte vermutlich nichts von der Feindseligkeit, die Philip von einigen Beamten und Freunden ihres Vaters entgegenschlug, und wenn sie es geahnt hätte, hätte es keinen Unterschied gemacht. Sie war in ihn verliebt und wollte ihn heiraten, und als er ihr im Spätsommer 1946 in Balmoral einen Antrag machte, nahm sie an. Es scheint sich nicht um einen besonders formellen Heiratsantrag gehandelt zu haben. Prinz Philip selbst beschrieb ihn seinem Biographen in gewohnt lässiger Manier: »Ich nehme an, eins hat das andere nach sich gezogen. Es war sozusagen schon alles arrangiert. Ja, so war es.« Und Margaret sagte zu Crawfie: »Lilibets Verlobung zieht sich schon seit Jahrzehnten dahin.«

Es durfte keine offizielle Verlautbarung geben – so wollte es der König. Obwohl er Philip mochte, der ihm als Marineoffizier und mit seinem derben Humor sehr nahestand, und in ihm als fürstlichem Verwandten einen angemessenen Ehemann für die Tochter sah, konnte er nicht glauben, daß seine Tochter wirklich den Mann, den sie kennengelernt hatte, als sie gerade mal dreizehn Jahre alt war, liebte und heiraten wollte. Er konnte sich nur schwer damit abfinden, daß er sich von ihr trennen mußte und das Familienquartett – »Wir vier«, wie er sich auszudrücken pflegte –, das ihm so viel bedeutete, auseinanderbrach. Als Gegenleistung für seine Einwilligung verlangte er seiner Tochter ein Versprechen ab: Ein Jahr lang, bis nach ihrem 21. Geburtstag und nach der Rückkehr der Familie vom bevorstehenden Staatsbesuch in Südafrika zu Beginn des folgenden Jahres, sollte nichts offiziell bekanntgegeben werden. Später erzählte er ihr, er sei zwischen der Angst, sie könnte ihn für hartherzig halten, und seiner Sehnsucht nach einer letzten gemeinsamen Reise hin und her gerissen gewesen. »Du weißt ja, ich wollte unbedingt, daß du nach Südafrika mitkommst«, sagte er. »Unsere Familie, wir vier, die ›königliche Familie‹, muß doch zusammenbleiben ...«

In Wirklichkeit hatte der König nur eine begrenzte Auswahl bei der Suche nach einem geeigneten Mann für seine Tochter. Elizabeth durfte als Thronfolgerin nach dem Act of Settlement, dem Gesetz, das die protestantisch-anglikanische Thronfolge regelt, keinen Katholiken heiraten. Damit schieden die meisten Europäer aus, mit Ausnahme der deutschen Protestanten, die aber aufgrund des gerade erst beendeten Krieges nicht in Betracht kamen. Die beiden im Hinblick auf Stellung und Vermögen »geeigneten« englischen Kandidaten, die Erben der Herzogtümer Grafton und Rutland, verlobten sich 1946 mit anderen Frauen. Indem Elizabeth sich für Philip entschied, der trotz seines deutschen Blutes der Nationalität nach Grieche war – und Griechenland war im Krieg ein Verbündeter Großbritanniens gewesen –, hatte sie wie immer richtig gehandelt. Philip war zwar mittellos, hatte sich aber im Krieg als Offizier ausgezeichnet und war in den Kriegsberichten über die Schlacht vor Kap Matapan »erwähnt« worden. Und er stammte aus einer königlichen Familie und besaß deshalb ein Verständnis für die Zwänge und Verpflichtungen des Königshauses, wie es kein Außenseiter je haben könnte. Prinz Philip meinte dazu unverblümt: »Na ja, wenn man zehn Minuten darüber nachdenkt – und viele haben sehr viel länger darüber nachgedacht: Wie viele passende junge Männer, abgesehen von denen, die in diesem Land leben, standen denn zur Verfügung?«

Einige romantischer veranlagte Personen aus den königlichen Kreisen meinten, Elizabeth und Philip würden ihre Verliebtheit deutlicher zeigen, wenn sie wirklich verliebt wären. Warum nahmen sie an allen möglichen gesellschaftlichen Aktivitäten teil und ließen nie wie andere Verliebte den Wunsch erkennen, für sich zu sein? Doch die beiden hatten die gleiche Einstellung zu Gefühlen und betrachteten das Zurschaustellen als irgendwie »angeberisch«. Elizabeth war schon immer zurückhaltend gewesen und zeigte laut Crawfie ihre Empfindungen nur, wenn sie tief bewegt war. Zum Teil war das durch ihr Temperament bedingt, zum Teil durch ihre Erziehung und den Einfluß ihrer Großmutter Königin Mary. Das traditionelle »Haltung bewahren« der herrschenden Klasse Großbritanniens war in der britischen Königsfamilie besonders ausgeprägt. Trotzdem verstand sich das Paar. Elizabeths ruhiges, beherrschtes Temperament war der beste Gegenpol zu Philips hyperaktivem, bisweilen mürrischem Wesen, wie umgekehrt sein Hang zu entschiedenem Handeln ein Gegenpol zu ihrem vorsichtigen Vorgehen war.

Dennoch reagierte Philip auf Andeutungen, daß es sich um eine arrangierte Heirat handele, empfindlich. Er konnte den Tratsch über die heimlichen Intrigen der griechischen Königsfamilie in seiner Sache nicht ausstehen und sah sich wieder einmal gezwungen, seinen Onkel Mountbatten um mehr Zurückhaltung zu bitten. Mountbatten hatte vor seiner Abreise nach Indien im März 1947 einige Male in der Öffentlichkeit von sich reden gemacht. Laut seinem offiziellen Biographen Philip Ziegler betrachtete er die Verbindung des Neffen mit der Thronfolgerin vor allem als sein Verdienst und zeigte sich brennend interessiert an allen Einzelheiten der Hochzeit und des künftigen Hausstandes. »Ich will nicht unhöflich sein, doch die Vorstellung, der Organisator dieser kleinen Show zu sein, gefällt Dir offenbar«, schrieb Philip ihm am 29. Januar 1947. »Ich befürchte allerdings sehr, daß Elizabeth sich damit weniger gern abfindet als ich. Ich weiß schon, was gut für mich ist, aber vergiß nicht, daß sie Dich nicht wie ich lange als Onkel *loco parentis*, als Berater und Freund gehabt hat …«[5]

Dieser Brief mag als Warnung an den Onkel gedacht gewesen sein, beim Essen der Mountbattens und ihrer Tochter Patricia samt Mann John Brabourne mit dem König, der Königin, Philip und Elizabeth zwei Tage vor der Abreise der königlichen Familie nach Südafrika in der Chester Street 16 nicht zu selbstgefällig aufzutreten.

Am 1. Februar 1947 verließ die Familie Portsmouth auf der »HMS Vanguard«, dem neuesten Schlachtschiff der Royal Navy. Die seit einem Jahr geplante Reise hatte den doppelten Zweck, den mit dem König befreundeten Feldmarschall Jan Smuts in der bevorstehenden Wahl gegen die Nationale Partei zu unterstützen und dem König, den die Belastungen des Krieges gesundheitlich sehr mitgenommen hatten, einen verlängerten Urlaub mit der Familie zu ermöglichen. Als der Tag der Abreise jedoch näher rückte, steckte Großbritannien nach dem schlimmsten Winter des Jahrhunderts in einer Brennstoffkrise. Am 29. Januar schlug Big Ben ein einziges Mal, bevor die Glocke symbolisch aussetzte; in Windsor fror die Themse zu. Eine Finanzkrise zeichnete sich ab, die ebenso besorgniserregend wie das Wetter war. Der König wollte das Land in solchen Zeiten zunächst nicht verlassen und schlug später vor, früher nach England zurückzukehren, doch der Premierminister Clement Attlee erklärte, ein vorzeitiger Abbruch des Besuchs würde das Ausmaß der Krise in den Augen der Welt nur vergrößern. Schon der Beginn der Reise stand unter einem unglücklichen Stern; das Wetter auf dem Ärmelkanal war grauenhaft, es war so schlecht, daß das französische Schlachtschiff »Richelieu«, das die königliche Marine 1940 bei Oran hatte versenken wollen, beim Ehrensalut vor der französischen Küste lediglich eine weiße Rauchwolke zustandebrachte, was den König über alle Maßen ärgerte. Als die »Vanguard« bei strahlendem Sonnenschein den Äquator überquerte, spielten die Prinzessinnen zur Entspannung mit den Offizieren des Schiffes auf Deck verschiedene Spiele. Elizabeth schrieb regelmäßig an Philip und hin und wieder auch an Crawfie, wie sie und Margaret es gewöhnlich taten, wenn sie verreist waren oder Crawfie Urlaub machte. Sie erzählte Crawfie, daß es unter den Marineoffizieren der »Vanguard« »ein oder zwei ›tolle Typen‹« gebe. Noch ein weiterer »toller Typ« war mit von der Partie, der gutaussehende Stallmeister des Königs und das frühere Fliegeras der Luftschlacht um England, Oberst Peter Townsend, mit dem Margaret eine sensationelle Romanze haben sollte.

Die Südafrikareise machte auf Elizabeth einen ungeheuren Eindruck. Es war nicht nur ihre erste Reise außerhalb der britischen Inseln, sondern auch ihre erste Begegnung mit dem britischen Commonwealth und Empire, das in ihrem Leben eine so große Rolle spielen sollte. Ein Teil des Besuches war von Spannungen geprägt; die von den Buren unterstützte Nationale Partei begegnete den Briten weiterhin abweisend und unversöhnlich, die Presse war feindselig. Die Zeitung »Burger« äußerte sich mißbilligend über das Völkergemisch aus »Europäern und Nicht-Europäern« in den Menschenmengen und mokierte sich über die Aussprache des Königs, als dieser zur Eröffnung des Parlaments einen Satz auf afrikaans sagte. Der königliche Besuch konnte den Sieg der Nationalen Partei ein Jahr später und die anschließende Etablierung eines Apartheid-Regimes in Südafrika nicht verhindern. Lokalen, nicht aus Kreisen der Nationalisten stammenden Berichten zufolge nahm der König die strengen Sicherheitsmaßnahmen, die ihn von seinen afrikanischen Untertanen fernhalten sollten, mit wachsender Unruhe zur Kenntnis. Er »hatte es satt, überall von burischen Polizisten herumkommandiert und verfolgt zu werden«; als er einmal glaubte, man könne ihn nicht hören, sagte er zur Königin: »Endlich haben wir die Gestapo abgeschüttelt.« Ein anderer Zwischenfall zeigte besonders deutlich, wie verärgert der König darüber war, wie man während seines Besuches in seinem südafrikanischen Königreich mit ihm »umsprang«, und ließ zugleich Elizabeths Geistesgegenwart und ihr Bemühen um Schadensbegrenzung erkennen. Beim Staatsbankett in Pretoria vergaß ein Beamter, nach Smuts' Eröffnungsrede das Mikrophon abzustellen. Smuts forderte den König auf, seine Rede zu halten, worauf dieser verärgert erwiderte: »Ich spreche, sobald ich meinen Kaffee getrunken habe und die Kellner den Raum verlassen haben.«

Smuts drängte ihn: »In England wartet man jetzt auf Sie, Sir.«

Der König trotzig: »Dann sollen sie eben warten. Ich habe gesagt, ich werde reden, sobald die Kellner den Raum verlassen haben.«

Daraufhin Elizabeth besorgt: »Kann man uns auch nicht hören?«

Durch die Bemerkung seiner Tochter gewarnt, gab der König nach, stand auf und hielt seine Ansprache. »Ich nehme an, jetzt darf ich meinen Kaffee trinken«, sagte er, als er sich wieder setzte.[6]

Die Anspannung führte in Benoni auf dem Witwatersrand zu einem traurigen und unerfreulichen Vorfall. Der König bekam angesichts der Menschenmassen, die sich um seinen Wagen drängten, Platzangst; er verlor die Nerven und brüllte den Fahrer zornig an. Die Königin und die Prinzessinnen versuchten, ihn zu beruhigen, als sich ein Mann aus der Menge löste und dem Wagen hinterherrannte. Mit der einen Hand hielt er etwas umklammert, mit der anderen griff er nach dem Wagen. Die Königin befürchtete einen Anschlag und drosch mit ihrem Sonnenschirm auf den Mann ein, während die anwesenden Polizisten sich auf ihn stürzten und ihn zusammenschlugen. Später stellte sich heraus, daß der Mann keine Waffe in der Hand gehalten hatte, sondern eine

Zehn-Shilling-Banknote als Geburtstagsgeschenk für Elizabeth. Der König war entsetzt und ließ fragen, ob dem Mann etwas passiert sei. Er entschuldigte sich sogar bei seinem Stallmeister Oberst Peter Townsend, der dabeigewesen war, für sein Verhalten. »Es tut mir leid wegen heute«, sagte er, »ich war sehr müde …«[7]

Als man die Grenzen Südafrikas hinter sich gelassen hatte, lockerte sich die Stimmung. Der König war vergnügt wie ein Schuljunge und erleichtert, der strengen Reglementierung und oft feindseligen Beobachtung in seinem »Königreich« entronnen zu sein. In Südrhodesien neckte er, bevor man zu einem Picknick aufbrach, den Adjutanten des Gouverneurs, einen jungen schottischen Offizier: »Tragen Adjutanten beim Picknick immer Krawatten?« Dabei zog er kräftig an dem Schlips. Als er später beim Picknick eine riesige Tomate gereicht bekam, fragte er: »Was soll ich damit? Auf Sie werfen?« Mit seinem gewohnten Scharfblick für Kleidung und Abzeichen tadelte er den Gouverneur, weil dieser eines seiner Rangabzeichen an der falschen Stelle angebracht hatte und die kleinen Orden sich nicht richtig überlappten. Der Gouverneur sah einen Augenblick an sich hinunter, bevor er kühl entgegnete: »Das ist merkwürdig, Sir, weil sie nämlich genauso hängen wie bei Ihnen.«[8]

Die Familie stieg die Matopo-Berge hinauf, um Cecil Rhodes' Grab zu besuchen. Bezeichnenderweise trug die Königin dabei ihre üblichen hochhackigen Schuhe. Als sie schließlich einsah, daß der Aufstieg damit nicht zu schaffen war, gab Elizabeth ihr pflichtbewußt ihre eigenen, besser geeigneten Schuhe und ging selbst in Strümpfen weiter. Nach der Rückkehr rief der König: »Jetzt ist der offizielle Teil endlich vorbei!« und warf seinen Hut an die Decke; der Adjutant fing ihn auf und reichte ihn dem König; der warf ihn auf den Fußboden, worauf die Königin ihn in den Speisesaal kickte. Dann ergriff der König den Gong und ging, immerzu darauf schlagend, um das Haus herum, bevor er versuchte, ihn einem Beamten um den Hals zu hängen, mit den Worten: »Ich bin sicher, noch einer dieser Sorte gefällt Ihnen!« Dann öffnete er die Tür zur Damentoilette, sah einen Pelz an einem Haken hängen und meinte: »Mein Gott, hier drin hat eine Frau ihren Bart vergessen.«

Sogar die sechzehnjährige Margaret bemerkte den Unterschied

zwischen Südafrika und den unter britischer Herrschaft stehenden Gebieten, was die schwarze Bevölkerung anging. Von Durban aus, wo sich die Familie am Spektakel eines Zulu-Tanzes ergötzte, schrieb sie, ihr sei nach einem Besuch in Basutoland aufgefallen, wieviel glücklicher als in Südafrika die Menschen dort seien – »obwohl man das nicht zu laut sagen darf«.

Zurück in Südafrika, hielt Elizabeth vier Tage vor der Einschiffung nach England, an ihrem 21. Geburtstag, auf der »Vanguard« eine Rundfunkansprache »an alle Völker des britischen Commonwealth und des Empire« mit einem Gelöbnis: »Mein Gelöbnis ist sehr einfach. Ich erkläre vor Ihnen allen, daß mein ganzes Leben, mag es lang oder kurz sein, dem Dienst an Ihnen und dem Dienst an der großen Familie des Empire, dem wir alle angehören, gewidmet ist...« Das Gelöbnis kam von Herzen, und Elizabeth sollte ihm ihr ganzes Leben lang gehorchen. Einige Jahre später sollte die Herrschaft der Apartheid beginnen und Südafrika trotzig das Commonwealth verlassen. Achtundvierzig Jahre, in denen Elizabeth sich energisch für die Schwarzen einsetzte, sollten vergehen, bevor sie zurückkehren und als Oberhaupt des Commonwealth ein freies Südafrika betreten sollte.

Wieder zurück in England, konnte der König sich der Verlobung seiner Tochter nicht länger widersetzen. Noch während die Familie in Südafrika weilte, hatte es lange Diskussionen darüber gegeben, ob Prinz Philip die britische Staatsbürgerschaft annehmen und welchen Namen er künftig führen sollte. Der Familienname des dänischen Königshauses, dem sein Vater entstammte, Schleswig-Holstein-Sonderburg-Glücksburg, war nicht nur der reinste Zungenbrecher, sondern hätte auch durch seinen fremdartigen Klang die ganze Einbürgerung sinnlos gemacht. Das Heroldsamt machte den wenig geistreichen Vorschlag, den Namen »Oldenburg«, der ebenfalls in Philips Stammbuch auftauchte, zu »Oldcastle« zu anglisieren. Schließlich schlug der Innenminister James Chuter Ede ganz vernünftig vor, daß es doch die einfachste Lösung sei, wenn Philip den Namen der Mutter annähme, Battenberg, dessen anglisierte Form Mountbatten bereits existierte. Am 18. März wurde aus Prinz Philip von Griechenland schlicht und einfach Leutnant Philip Mountbatten von der Royal Navy. Erst später entdeckte man, daß die Einbürgerung gar nicht nötig gewesen wäre.

Als Nachkomme der Kurfürstin Sophie von der Pfalz war Philip bereits von Geburt an de facto britischer Staatsbürger.[9]

Am 10. Juli 1947 gab der Buckingham-Palast die Verlobung bekannt: »Der König und die Königin geben mit großer Freude die Verlobung ihrer inniggeliebten Tochter Prinzessin Elizabeth mit Leutnant Philip Mountbatten von der Royal Navy, Sohn des verstorbenen Prinzen Andreas von Griechenland und der Prinzessin Andreas [Prinzessin Alice von Battenberg], bekannt. Der König hat dieser Verbindung mit Freuden seine Zustimmung gegeben.«

Auch wenn die alte Garde am Hof Philip noch immer ablehnen mochte, der König und die Königin waren von ihrem zukünftigen Schwiegersohn begeistert. »Wir sind sehr glücklich über ihn«, schrieb die Königin an Osbert Sitwell, »denn er ist ein sehr netter Mensch, und die beiden kennen sich schon seit einigen Jahren, was für uns eine große Beruhigung ist. Die Bekanntgabe wurde allerseits sehr freundlich aufgenommen. Ich glaube, nachdem die Menschen Herrn Molotow so oft haben ›nein‹ sagen hören, freuen sie sich um so mehr über das ›Ja‹ einer jungen Dame!«[10]

Mabell Airlie fand es sympathisch, daß Philip auf dem königlichen Gartenfest zur Feier der Verlobung selbstbewußt und provokant eine abgetragene alte Uniform trug und sich keine neue beschafft hatte, nur um einen guten Eindruck zu machen.

Elizabeths Verlobung im Juli und ihre Hochzeit an einem düsteren Novembertag brachte einen Hauch von Romantik in die trostlose Kulisse. Es war, wie Churchill sagte, »ein Lichtblick auf der beschwerlichen Straße, die wir gehen müssen«. Die Bevölkerung freute sich über die Romanze der netten, vernünftigen und hübschen jungen Dame, die vor ihren Augen herangewachsen war, mit dem schönen Marineleutnant in seiner gutsitzenden Uniform. 1947, das elfte Jahr der Herrschaft des Königs und Kaisers, brachte für das Großbritannien der Nachkriegszeit die Stunde der Wahrheit. Der strenge Winter hatte im Februar eine Brennstoffkrise verursacht, die Arbeitslosigkeit stieg, die Produktion sank. Der Sommer war von einer ernsthaften Finanzkrise überschattet gewesen; die Dollarkredite, mit denen sich die britische Regierung über Wasser gehalten hatte, waren nahezu erschöpft, und am 20. August hob Finanzminister Hugh Dalton die Konvertibilität der englischen Währung auf, was Großbritanniens internationaler Glaubwürdigkeit sehr schadete. Die Aufhebung der Konvertibilität des britischen Pfunds machte allen die unbequeme Wahrheit bewußt, daß Großbritannien keine Weltmacht mehr war und sich das Empire nicht mehr leisten konnte. Der Krieg hatte die Auflösung des Empire beschleunigt, die sich schon vor 1939 angekündigt hatte; die Nachkriegsideologie führte im Verein mit der vernünftigen Einsicht, daß Großbritannien nicht mehr die nötigen Reserven an Menschen und Geld besaß, zur Eskalation des Prozesses. Die Siegesparade, die der König im Juni 1946 abgenommen hatte, war der Schwanengesang auf das Empire gewesen. 1947 hatte George VI. im Great Park von Windsor in trübsinniger Stimmung über eine Gruppe von Bäumen meditiert. Jeder Baum stellte eine Kolonie seines Empire dar. »Das ist Singapur«, sagte er und zeigte auf einen der Bäume. »Das ist Malaya ... Hongkong ist dort drüben, Burma auch. Alle sind sie der Plantage des Empire verlorengegangen. Vielleicht müssen wir auch bald den indischen Baum herausreißen, und ich frage mich, wie viele sonst noch ...« Am 15. August verlor der König mit der Unabhängigkeit Indiens, abgewickelt durch Mountbatten, den letzten Vizekönig, den »Edelstein« aus seiner Kaiserkrone und das »I« für »Imperator«, das Disraeli fast 70 Jahre zuvor dem Titel seiner Urgroßmutter Victoria hinzugefügt hatte. Er war nicht länger König *und* Kaiser. So sehr ihn jedoch insgeheim der Verlust des Erbes schmerzte, in der Öffentlichkeit trug er ihn mit Fassung. Er verstand sich mit der Labour-Regierung sehr gut, insbesondere mit Ernest Bevin, dem Außenminister, dessen unerschütterlichen Patriotismus und derben Humor er bewunderte. Am Hof wurde gespart; es wurde wenig Unterhaltung geboten, wie Königin Mary dem damaligen Energieminister Hugh Gaitskell während eines Dinners zu Ehren des Schahs von Persien klagte. »Man kümmert sich heutzutage zuwenig um derartige Dinge.« In Europa hatte der kalte Krieg begonnen, und die Gefahr der Atombombe schwebte wie ein Damoklesschwert über allem.

Es gab gewisse Parallelen zwischen der Stellung der Monarchie nach dem Ersten und nach dem Zweiten Weltkrieg. In beiden langen Kriegen hatte Großbritannien einen wertlosen Sieg mit einem enor-

1 Königin Victoria mit ihren Urenkeln aus dem Hause York in Osborne, 1900
Von links nach rechts: Prinz Albert, Elizabeths zukünftiger Vater; Prinzessin Victoria, genannt Mary; Prinz Edward, der zukünftige Edward VIII.; Prinz Henry

2 Elizabeths Taufe am 29. Mai 1926
Stehend, von links nach rechts: Prinz Arthur, Herzog von Connaught; George V.; Prinz Albert, Herzog von York; der Graf von Strathmore
Sitzend, von links nach rechts: Lady Elphinstone; Königin Mary; die Herzogin von York mit Elizabeth; die Gräfin von Strathmore; Prinzessin Mary

3

4

5

7

3 Ein langer, kühler Blick: Elizabeth im Alter von 23 Monaten mit »Allah« Knight
4 Eine Passion für Pferde: Die junge Elizabeth gratuliert dem Gewinner eines Wettbewerbs.

5 Der erste Corgi: Elizabeth im Garten des Hauses Piccadilly No. 145, Juli 1936

6 Die große Liebe: Wallis Warfield Simpson, 1936

7 »Onkel David«: Edward als Prinz von Wales in der Uniform der Waliser Garde, August 1932

8 Am Swimmingpool von Fort Belvedere
Von links nach rechts: Hon. Mrs. Jock Gilmour; Lord Louis Mountbatten; der Herzog von York; Prinz Gustav Adolf von Schweden; seine Gattin, Prinzessin Sybille; Prinzessin Ingrid von Schweden; die Herzogin von York (angekleidet, mit Hut) und die damalige Geliebte des Prinzen von Wales, die Amerikanerin Lady Thelma Furness, geborene Vanderbilt

9

10

9 Sir Alan »Tommy« Lascelles, Privatsekretär von George VI. und Elizabeth, Januar 1948

10 Rückkehr vom ersten Ausflug mit der Londoner U-Bahn: Elizabeth mit Lady Helen Graham, der Hofdame ihrer Mutter, und Margaret mit »Crawfie«, der berühmten Marion Crawford, Mai 1939

11 Das erste gemeinsame Foto: Elizabeth (dritte von links in der vorderen Reihe) und Philip (hinter ihr, neben seinem Onkel Lord Mountbatten) im Dartmouth Royal Naval College, Juli 1939

11

12 Second Subaltern Elizabeth Alexandra Mary Windsor lernt, einen Reifen zu wechseln, April 1945.

13 »Wir vier« in der Royal Lodge, Windsor, 8. Juli 1946

14

15

14 Unterwegs nach Südafrika: Elizabeth (links außen) und Margaret (rechts außen) spielen im Februar 1947 an Deck der »Vangard« mit Offizieren.

15 Ein vergnüglicher Herrenabend in Dorchester: Philip (Mitte) und Mountbatten (zweiter von rechts) mit Kameraden der Marine

16 Posieren für das Hochzeitsfoto: Elizabeth und Philip im Thronsaal des Buckingham-Palastes mit Brautjungfern, darunter Margaret (Philip zur Linken) und Lady Pamela Hicks (zweite von links), mit David Milford Haven (Elizabeth zur Rechten) und mit den Pagen Prinz William von Gloucester (links) und Prinz Michael von Kent (rechts)

17 Flitterwochen in Broadlands

18

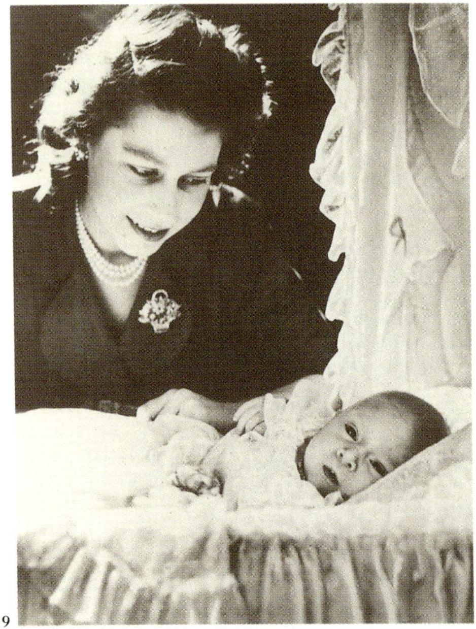

19

20

18 Die Prinzessin und der Präsident: Elizabeth mit Harry S. Truman in Washington, 3. November 1951

19 Prinz Charles Philip Arthur George: Elizabeth mit dem fünf Wochen alten Baby im Buckingham-Palast, 21. Dezember 1948

20 Rückkehr aus Nairobi: Nach dem Tod Georges VI. wird Elizabeth am 7. Februar 1952 als neue Königin auf dem Londoner Flughafen von Lord Woolton, Anthony Eden, Clement Attlee und Winston Churchill (von links nach rechts) empfangen.

men Verlust an Menschenleben und Geld bezahlt. Das Volk hatte sich von Churchill, der das Ancien régime des herrschenden Adels repräsentierte, ab- und dem Sozialismus und der Labour-Regierung unter Attlee zugewandt. Der Wahlsieg der Labour-Partei 1945 kam einem Erdrutsch gleich. Die adligen Grundbesitzer – einst die wichtigste Stütze des Throns –, eine Klasse, der Elizabeths Vater durch Geistesverwandtschaft und ihre Mutter durch Geburt angehörte, ging aufgrund der schweren Steuerlast, die zur Finanzierung des Sozialstaates notwendig war, unweigerlich ihrem Untergang entgegen. Hin und wieder überkam den König Angst, wenn er sah, wie die Monarchen anderer Länder vom Kommunismus besiegt wurden, während in Großbritannien die großen Ländereien seiner Jugendzeit nach und nach verschwanden. »Alles geht in dieser Zeit dahin«, sagte er 1948 zu Vita Sackville-West, als er hörte, daß Knole, das Herrenhaus ihrer Familie, vom National Trust übernommen worden war. »Bald werde auch ich gehen müssen.« Nach einem Besuch von dem kurz zuvor aus seinem Land verbannten König Michael von Rumänien war der englische König laut Vitas Sohn Ben Nicolson, der in seiner Eigenschaft als stellvertretender Inspektor der königlichen Gemälde Windsor besuchte, »über die Aussicht auf eine Republik sehr beunruhigt«. Genau dieselben Befürchtungen hatte 1918 sein Vater gehabt.[11] Elizabeth wußte, daß ihr Vater bei den finanziellen Verhandlungen mit der Regierung vorsichtig vorgehen mußte. Wie 1918 mußten sich auch jetzt die hohen Kosten der Monarchie erst als gerechtfertigt erweisen. Mountbatten stellte die Verbindung mit der herrschenden Labour-Partei her. Der Parlamentarier und Journalist Tom Driberg wies ihn warnend darauf hin, daß die Labour-Partei übertriebene finanzielle Zuwendungen zugunsten des Prinzen anläßlich seiner Hochzeit ebenso wie unangemessenen Luxus bei der Feier selbst ablehnen würde. Mountbatten versprach, die Information weiterzuleiten. Im Juli schrieb er aus Indien an Driberg: »Sie können versichert sein, daß er [Philip] volles Verständnis für das Problem hat. Er sprach mit mir sogar darüber, als ich im Mai zu Hause war. Ich bin sicher, es ist ganz in seinem Sinn, die Kosten der Hochzeit zu senken. In seinem Innersten widerstrebt es ihm aus den von Ihnen genannten Gründen, Geld von der Zivilliste zu erhalten. Ich habe ihn jedoch überzeugt, daß es notwendig ist, wenigstens einen gewissen Betrag anzunehmen [Philip hatte außer seinem Sold praktisch kein Geld]. Sein kleiner Zweisitzer hat ein großes Loch in seinen Geldbeutel gerissen, und er fährt, außer wenn er im Auftrag eines Offiziers reist, im Zug gewöhnlich dritter Klasse… Daß aber ein künftiger Prinzgemahl dritter Klasse fährt, würde sicher für eine Show gehalten und sechs Pennies Trinkgeld für den Gepäckträger für knauserig… Es läuft also auf folgendes hinaus: Entweder Sie schaffen die Monarchie ab, oder Sie geben den armen Leuten, die die Funktionen der Krone ausüben müssen, so viel Geld, daß sie ihre Arbeit zumindest mit der gleichen Würde wie der Premierminister oder der Oberbürgermeister von London verrichten können.«[12]

Obwohl die Labour-Regierung dem Wunsch des Königs, den Hochzeitstag seiner Tochter zum Feiertag zu erklären, nicht nachgab – man hielt das in einer Zeit der Streiks und der geringen Produktivität für unangebracht –, kam sie doch seinen Vorstellungen zur finanziellen Ausstattung seiner Tochter und ihres Gatten entgegen. Sie setzte der Prinzessin eine Leibrente von jährlich 50 000 Pfund aus (später vom Unterhaus auf 40 000 Pfund gekürzt), 90 Prozent davon steuerfrei, und Philip eine Leibrente von 10 000 Pfund. Um dazu etwas beizusteuern, überwies der König der Staatskasse 100 000 Pfund, die Einsparungen gegenüber der Zivilliste aufgrund der kriegsbedingten Sparmaßnahmen. George V. hatte nach dem Ersten Weltkrieg dasselbe getan. Die Debatte über die Zuwendungen an Elizabeth und Philip führten allerdings noch nach der Hochzeit zu Verstimmungen, wie John Gordon vom *Express* seinem Chef Lord Beaverbrook berichtete: »Die Diskussion über die finanzielle Ausstattung Prinzessin Elizabeths hat für eine Menge Wirbel gesorgt… Zahlreiche Menschen finden, der König hätte in einer solchen Zeit nicht so viel verlangen dürfen. Viele glauben, die königliche Familie sei bestens versorgt und könne es sich leisten, die Thronerbin aus den Einnahmen des Herzogtums [Cornwall] standesgemäß zu versorgen…, bis sie den Thron besteigt. Es wundert mich, daß der König einen solchen Fehler macht, denn bisher hat er sich vorsichtig und sehr klug verhalten. Die Hochzeit selbst fand großen Anklang. Auf Kritik stößt nur, daß das junge Paar zu viele große und teure Häuser haben will.«[13]

Der König spürte wie sein Vater 1917 die Notwendigkeit, die Verbindungen zu Deutschland ruhen zu lassen. Von den deutschen Verwandten sollte keiner zur Hochzeit geladen werden, nicht einmal die drei mit Deutschen verheirateten Schwestern Philips. Die antideutsche Stimmung erreichte in Großbritannien unmittelbar nach dem Krieg ein solches Ausmaß, daß der König es nicht riskieren wollte zu unterstreichen, wie viele deutsche Verwandte er und der Bräutigam hatten. Eine Meinungsumfrage zur Zeit der Verlobung ergab, daß 32 Prozent die Heirat mißbilligten, mit der Begründung, Philip sei »Ausländer«. Prinzessin Marinas Schwester Elisabeth wurde ebenfalls nicht eingeladen; ihr Mann, Graf Carl von Toerring-Jettenbach, galt als Nazi-Sympathisant. Auch ihre zweite Schwester Prinzessin Olga, verheiratet mit Prinz Paul von Jugoslawien, mußte der Hochzeit fernbleiben. Churchill hatte den unglücklichen Prinzen Paul oder »Palsy« (Schwachkopf), wie er ihn verächtlich nannte, wegen seiner Rolle bei den Verhandlungen zwischen Deutschland und Jugoslawien 1941 zum Verräter und Kollaborateur erklärt. Der König und die Königin blieben Prinz Paul allerdings freundlich zugetan und hatten ihn heimlich während ihrer Südafrikareise besucht. Doch sie hielten es für unklug, ihn und Prinzessin Olga als Hochzeitsgäste aus dem Exil zu holen und dadurch Streit zu provozieren.

Am meisten schämte man sich für den Herzog von Sachsen-Coburg und Gotha. Der Eton-Absolvent war – über seinen Vater Leopold, Herzog von Albanien – ein Enkel Königin Victorias und ein Bruder von Prinzessin Alice, die mit dem Bruder von Königin Mary, dem Grafen von Athlone, verheiratet war. Der Herzog von Coburg hatte sich dem Hitler-Regime begeistert angeschlossen und war sogar Gauleiter geworden; nach dem Krieg wurden seine Güter beschlagnahmt.

Prinz Philipp von Hessen schließlich, ein anderer Nachkomme Königin Victorias, der Hitler und Mussolini als Verbindungsmann gedient hatte, war wegen seiner Nazivergangenheit von den Amerikanern verhaftet worden.

Die Abwesenheit eines weiteren Familienmitglieds sorgte für viel Gerede: Auch der Onkel der Braut, der Herzog von Windsor, war zur Hochzeit der Nichte, dem ersten großen königlichen Ereignis seit der Krönung Georges VI., nicht geladen. Dadurch wurde deutlich, daß die

Familie in den zehn Jahren seit der Abdankung keineswegs versöhnlich geworden war. Der Herzog von Windsor war zwar gelegentlich nach London gekommen, um seine Mutter in Marlborough House zu besuchen, doch seine Bitte, sie möge ihn und seine Frau empfangen, war bei Königin Mary stets auf taube Ohren gestoßen. Während der Herzog zum König wieder ein recht gutes Verhältnis hatte, weigerte sich die Königin nach wie vor, ihn zu empfangen. »Man spürte immer ganz genau, wenn ein Besuch des Herzogs im Buckingham-Palast bevorstand«, erinnerte sich Joey Legh, königlicher Haushofmeister und einer der engsten Freunde des früheren Königs vor der Zeit Wallis'. »Es herrschte eine gespannte Atmosphäre, und die Königin verschwand. Ich bat sie, ihn doch wenigstens zu einer Tasse Tee einzuladen, aber sie wollte nicht.«[14]

Ein weiteres Mitglied der königlichen Familie, die Princess Royal, glänzte ebenfalls durch Abwesenheit. Angeblich blieb sie aus Protest, weil ihr Bruder nicht geladen war, der Hochzeit fern; sie gab Krankheit als Grund an, obwohl sie zwei Tage später bei einer öffentlichen Veranstaltung gesehen wurde.

Zur selben Zeit fand noch ein anderes Ereignis statt, das das Ende einer Ära im Leben der königlichen Familie anzeigte: Am 16. September 1947 heirateten Crawfie und Major George Buthlay in der Abtei von Dunfermline. George Buthlay aus Aberdeen, der nächstgrößeren Stadt in der Umgebung von Balmoral, war 15 Jahre älter als Crawfie und von seiner ersten Frau geschieden. Er und Crawfie kannten sich schon seit einiger Zeit. Nun, da Elizabeth verlobt war und Margaret mit ihren 17 Jahren alt genug, das Schulzimmer zu verlassen, glaubte die treue Seele Crawfie, nach 16 Jahren im königlichen Dienst endlich ihr eigenes Leben führen zu können. Dennoch hatte sie große Mühe, den anderen ihren Wunsch klarzumachen. Sie hatte Königin Mary zu Rat gezogen, als die Familie in Südafrika weilte. Königin Marys Reaktion war, wie Crawfie schrieb, typisch: »Aber mein liebes Kind. Sie können die Prinzessinnen doch nicht verlassen!«

Die Mitglieder der königlichen Familie mögen keine Veränderungen; sie mögen es nicht, wenn treue Diener sie verlassen, und können nur schwer verstehen, daß die persönlichen Interessen ihrer Angestellten Vorrang vor den eigenen haben können; je näher ihnen jemand steht, desto schwieriger ist es für sie, das zu akzeptieren. Crawfie versuchte, sich vor Königin Mary zu rechtfertigen, indem sie darauf hinwies, daß Lilibet und Margaret sie nun nicht mehr bräuchten.

»Ich weiß nicht, wie die Prinzessinnen ohne Sie zurechtkommen sollen«, entgegnete Königin Mary. »Ich glaube nicht, daß sie zum gegenwärtigen Zeitpunkt auf Sie verzichten können.«

Im Einklang mit der königlichen Tradition des Schweigens gab Königin Mary Crawfies Mitteilung jedoch nicht weiter, und wenn sie es tat, gelang es der Königin jedenfalls, völlige Überraschung vorzutäuschen, als Crawfie sie wegen einer »sehr dringlichen und wichtigen Angelegenheit persönlicher Natur« um eine Unterredung bat. Als Crawfie ihr ein Foto von Buthlay zeigte, entstand ein langes Schweigen, das schließlich von der Erklärung der Gouvernante unterbrochen wurde, sie habe eigentlich schon zu Beginn des Krieges heiraten wollen, es aber nicht getan. »Weil ich Euren Majestäten gegenüber eine Verpflichtung fühlte und es als falsch empfand, die Prinzessinnen zu verlassen, als sie mich am meisten brauchten.«

»Aber Crawfie«, sagte die Königin freundlich, »da haben Sie wirklich ein großes Opfer gebracht.« Doch dann fuhr sie fort: »Heißt das, daß Sie uns wirklich verlassen wollen? Sie müssen doch verstehen, daß das gerade jetzt überhaupt nicht günstig ist. Eine Veränderung zu diesem Zeitpunkt wäre für Margaret absolut nicht wünschenswert.«

Elizabeths geplante Verlobung erwähnte die Königin mit keinem Wort; so nahe Crawfie der Familie auch stand, sie erfuhr erst davon, als Elizabeth ihr am Tag vor der offiziellen Bekanntgabe im Juli ihren Verlobungsring zeigte, der mit Edelsteinen aus dem Besitz von Philips Mutter besetzt war. Margaret kehrte nach der Südafrikareise ins Schulzimmer zurück, als ob sich nichts verändert hätte. Sie erschien zum Unterricht mit demselben Mäppchen, das sie schon als kleines Mädchen gehabt hatte und das eine Menge winziger, bis auf den letzten Stummel abgenutzter Bleistifte sowie einige völlig abgeriebene Radiergummis enthielt, Sparmaßnahmen, die beide Mädchen stets praktiziert hatten. Während große Zeitungen bereits während des Südafrikaaufenthaltes der Prinzessinnen ihre Leser befragt hatten, was sie von der Heirat Prinzessin Elizabeths mit Prinz Philip von Griechenland hielten, und Fabrikarbeiterinnen Elizabeth beim Besuch ihrer Fabrik zugerufen hatten: »Wo ist Philip?«, verfolgte die Familie innerhalb der Palastmauern dieselbe Strategie wie eh und je. Niemand, außer »uns vieren«, war informiert worden.

»Mit einem Mal verschwand der angespannte Ausdruck aus Lilibets Gesicht, der niemandem von uns entgangen war«, schrieb Crawfie. Sobald die Verlobung offiziell war, setzte sich die ganze königliche Maschinerie in Gang, um jenen Glanz zu produzieren, der seit 1939 auf der öffentlichen Bühne gefehlt hatte. Hofschneider Norman Hartnell entwarf ein Hochzeitskleid, das für eine Märchenprinzessin gemacht schien: Auf elfenbeinfarbenem Seidensatin waren Girlanden mit weißen York-Rosen aus Perlen angebracht, verschlungen mit Kornähren aus Kristall und unterbrochen durch gestickte Margeriten und Orangenblüten, Tüll auf Satin und Satin auf Tüll. Aus aller Welt trafen Geschenke ein, darunter sehr ausgefallene – ein reinrassiges Stutenfohlen vom Aga Khan und ein Jagdhaus von der Bevölkerung Kenias – und ganz prosaische – Hunderte von Nylonstrümpfen, zur Zeit der Kleiderrationierungen und sonstigen Entbehrungen ein gefragter Artikel. Eine Dame aus Brooklyn schickte Prinzessin Elizabeth sogar einen Truthahn, »weil sie in England lebt und die Menschen in England doch nichts zu essen haben«. Unter den 1500 Geschenken, die im St. James's Palace ausgestellt wurden, befand sich auch ein gewebtes Baumwolltuch, das Gandhi auf Anregung von Mountbatten angefertigt hatte. Königin Mary, die von Gandhi nichts hielt, deutete das Tuch fälschlich als Lendentuch. »Was für ein geschmackloses Geschenk…, ein schreckliches Teil!« rief sie. Philip versuchte, sie zum Schweigen zu bringen, indem er Gandhi mit lauter Stimme lobte, doch Königin Mary zog lediglich einen Schmollmund und entfernte sich in stummer Mißbilligung. Als die königliche Familie die Ausstellung erneut besuchte, stürzte Prinzessin Margaret vor und versteckte den Stein des Anstoßes rasch hinter anderen Geschenken. Ansonsten war Königin Mary ganz in ihrem Element; die Hochzeit ihrer Lieblingsenkelin betraf schließlich gleich zwei Mitglieder der »alten Familie«, wie sie die Hannoveraner gerne nannte, um sie von Alberts rangniedrigerer Linie Sachsen-Coburg-Gotha zu unterscheiden. Die Hochzeit stellte genau jene dynastische Verbindung dar, die sie sich erhofft hatte. Es bereitete ihr Vergnügen, Tabellen zu den Verwandtschaftsverhältnissen zu erstellen: Elizabeth und Philip waren Cousin und Cousine dritten Grades durch die Abstammung von Königin Victoria, Cousin und Cousine zweiten Grades über König Christian IX. von Dänemark und Cousin und Cousine vierten Grades durch die gemeinsame Abstammung von König George III.

Trotz der Abwesenheit der Deutschen versammelte sich eine beachtliche Anzahl von fürstlichen Hoheiten, von denen viele miteinander verwandt waren: der König und die Königin von Dänemark, die Könige von Norwegen, Rumänien und dem Irak, die Königin der Hellenen, die Prinzregentin und Prinz Bernhard der Niederlande, der Prinzregent von Belgien, der frühere König und die Königin von Jugoslawien, der Anwärter auf den spanischen Thron, der Graf von Barcelona und seine Gemahlin, Prinz Jean und Prinzessin Elisabeth von Luxemburg, die frühere Königin Victoria Eugenia von Spanien und die frühere Königin Helene von Rumänien. Es war »eine Woche der Freude, wie sie der Hof seit Jahren nicht mehr erlebt hat«, schrieb Königin Marys Hofdame. »Es gab Gesellschaften im St. James's Palace zur Besichtigung der Hochzeitsgeschenke, ein festliches Abendessen für die Angehörigen ausländischer Königshäuser und ein Fest im Buckingham-Palast, das nach den Jahren der Entbehrungen wie eine Szene aus einem Märchen wirkte.« Es war das erste Mal, daß sich die Angehörigen der Königshäuser nach dem Krieg in so großem Rahmen zusammenfanden, auch wenn sich die gleiche Besetzung wieder ohne die deutschen Verwandten schon im Jahr zuvor in Romsey anläßlich der Hochzeit von Mountbattens ältester Tochter Patricia und seinem ehemaligen Adjutanten John, Lord Brabourne, versammelt hatte.

»Sah viele alte Freunde«, schrieb Königin Mary zwei Tage vor der Hochzeit in ihr Tagebuch. »Ich mußte von 9.30 Uhr bis 12.15 Uhr stehen!!! Für 80 nicht schlecht.« Den einzigen bedauerlichen Zwischenfall erwähnte sie nicht; vielleicht hatte sie ihn gar nicht mitbekommen: Laut Sir John Colville »griff ein maßlos betrunkener indischer Radscha den Herzog von Devonshire an, der nüchtern war«. Wenigstens, so dachte Königin Mary, würde die Dynastie vermutlich nicht nur Hitler, sondern auch die Sozialisten überdauern. Auf dem Höhepunkt des Festes führte der König eine Conga an, einen Tanz, bei dem die Anwesenden sich an der Taille des Vordermanns festhalten und so eine Kette bilden. Die Kette schlängelte sich mit einer so wilden Begeisterung durch die Gänge des Palastes, daß Prinzessin Julianas Diadem zu Boden fiel und wieder aufgesteckt werden mußte.

Ein Hochzeitsgeschenk, das dem König besonders am Herzen lag, war die Verleihung seines Lieblingsordens, des Hosenbandordens, an seine Tochter und seinen zukünftigen Schwiegersohn. Bezeichnenderweise sicherte er seiner Tochter den Vorrang, indem er ihr den Orden eine Woche früher verlieh als Philip. Zur gleichen Zeit wählte er sorgfältig die Titel für »Leutnant Mountbatten« aus, wobei er taktvoll alle Teile des Vereinigten Königreiches berücksichtigte außer Nordirland (möglicherweise weil sich die Beziehungen zu Eire, aus dem in kurzer Zeit die Republik Irland werden sollte, in einem kritischen Stadium befanden). Philip Mountbatten von der Royal Navy bekam den Titel Königliche Hoheit und wurde, in aufsteigender Reihenfolge, Baron Greenwich, Graf von Merioneth und Herzog von Edinburgh. Ab dem 21. November hieß er Seine Königliche Hoheit Prinz Philip, Herzog von Edinburgh, und Elizabeth war Ihre Königliche Hoheit Prinzessin Elizabeth, Herzogin von Edinburgh. Philips Rang war demnach der eines britischen Prinzen, und er unterschrieb mit »Philip«, nicht mit »Edinburgh«.[15] Die Titel wurden erst am Morgen der Hochzeit im Staatsanzeiger bekanntgegeben, zusammen mit der Mitteilung, daß Philip am Vortag der Hosenbandorden verliehen worden sei. Der Wunsch des Königs, alles so lange geheimzuhalten, führte dazu, daß die neuen Titel nicht mehr rechtzeitig im Programm für den Hochzeitsgottesdienst abgedruckt werden konnten. Trotz seiner wohlklingenden Titel hieß der Bräutigam darin deshalb schlicht »Leutnant Philip Mountbatten, Royal Navy«.

Prinz Philip und sein bester Freund und Cousin David Milford Haven verbrachten den Abend vor der Hochzeit im Kensington-Palast bei Philips Großmutter, der Marquise von Milford Haven. Philips Mutter Prinzessin Alice wohnte ebenfalls dort. »Die Gästezimmer waren erstaunlich armselig und bescheiden – gebohnerte Dielen mit abgewetzten Läufern«, bemerkte John Dean. Im Hotel Dorchester wurde ein feuchtfröhlicher Herrenabend veranstaltet. Die Marineoffiziere waren unter sich, als Organisator des Ganzen agierte mit gewohntem Geschick Mountbatten, inzwischen nicht mehr Vizekönig, sondern Generalgouverneur des seit neuestem unabhängigen Indien. Er konnte bei der Hochzeit des Neffen aus verständlichen Gründen nicht fehlen. Die Feststimmung wurde zwar leicht durch den ersten Zusammenstoß des Prinzen mit der Presse getrübt, doch Mountbatten reagierte prompt und überredete die Fotografen, den Gästen ihre Kameras auszuhändigen und sich von ihnen fotografieren zu lassen. Daraufhin wurden die Blitzlichtlampen aus den Kameras gerissen und zerschmettert, was den Abend für die Fotografen wirkungsvoll beendete.

Am Hochzeitsmorgen brachte John Dean Philip um sieben Uhr das Frühstück. Er fand ihn in bester Verfassung vor, aufgeräumt und kein bißchen nervös. Sein Frühstück bestand wie immer aus Toast und Kaffee. Danach zog er die gewohnte Marineuniform an; die Insignien eines Ritters des Hosenbandordens waren das einzige Zugeständnis an seinen neuen Status. Das Zeremonialschwert stammte von seinem Großvater Prinz Ludwig von Battenberg, ein nostalgischer Anflug, der seinem Onkel Mountbatten gefallen haben muß und vielleicht sogar von diesem angeregt war. Philip war zu früh fertig, doch er widerstand der Versuchung, eine Zigarette zu rauchen; von seinem Hochzeitstag an gab er das Rauchen Elizabeth zuliebe auf, die Nichtraucherin war. Er genehmigte sich jedoch zusammen mit Milford Haven einen Gin Tonic, bevor er um elf den Weg zur Kirche antrat. In der kleinen Gruppe von Leuten, die sich vor dem Palast versammelt hatten und ihm zum Abschied zuwinkten, stand auch Miss Pye, von Philip mit dem Spitznamen »pie-crust« (Teigkruste) bedacht. Sie war seit 50 Jahren Zofe seiner Großmutter, fegte den Palast und war überhaupt Mädchen für alles. Philip gab allen die Hand und ließ für die vor Kälte zitternde Reporterschar sogar Kaffee bringen.

Elizabeths Hochzeitsmorgen am 20. November begann mit der rituellen Tasse Tee, die Bobo ihr ans Bett brachte, und dem vertrauten Klang der Dudelsackpfeifer auf der Terrasse des Palastes. Hartnells Team traf um neun ein; es dauerte eine Stunde und zehn Minuten, Elizabeth das Kleid anzuziehen, und eine Viertelstunde, die Schleppe zu richten. In letzter Minute brach Panik aus, als das Diadem, das Königin Mary ihr geschenkt hatte, beim Anstecken entzweibrach und in aller Eile repariert werden mußte. Die Prinzessin wollte die doppelt gereihte Perlenkette tragen, die ihre Eltern ihr geschenkt hatten; da der

Halsschmuck sich noch bei den anderen Hochzeitsgeschenken im St. James's Palace befand, mußte sich Jock Colville, Elizabeths neuer Privatsekretär, in aller Eile zu Fuß durch die Menschenmenge kämpfen, um sie zu holen. Schließlich war auch noch der Hochzeitsstrauß verschwunden, bis er nach verzweifelter Suche in einem kalten Schrank aufgestöbert wurde. Um 11.15 Uhr fuhr Elizabeth an der Seite ihres Vaters in der riesigen, aus Irland stammenden Staatskutsche zur Westminster Abbey. Die Kontinuität täglicher Abläufe seit ihren Jungmädchentagen war durch Bobo und die morgendliche Tasse Tee hervorgehoben worden; Cyril, der in den letzten zehn Jahren ihr Diener gewesen war, stand hinter ihr auf der Kutsche. Sie hatte ihn persönlich zur Hochzeit eingeladen, doch sein unmittelbarer Vorgesetzter hatte Widerspruch eingelegt: »Sie haben Dienst und müssen auf der Kutsche sein.« Vor und hinter ihnen ritten die Reiter der Garde mit wippenden Federbüschen, glänzenden Stiefeln und Brustharnischen; es war das erste Mal seit sechs Jahren, daß sie die vollständige Paradeuniform tragen durften.

In der Kirche trugen die weiblichen Gäste lange Abendkleider, obwohl die Hochzeit am Vormittag stattfand, lange Handschuhe und Hüte. Damit war die Behauptung des Erzbischofs von York, der die Messe zelebrierte, widerlegt, der in seiner Predigt erklärte, daß diese Hochzeit »im Grunde genau dasselbe ist wie die Hochzeit eines einfachen Bauern, der vielleicht heute nachmittag in einer kleinen Dorfkirche irgendwo in den Bergen getraut wird«.

Als die Heiratsurkunde unterzeichnet wurde, waren sowohl der König als auch Königin Mary zutiefst bewegt; beide waren den Tränen nahe, der König sagte sogar zum Erzbischof: »Es ist viel ergreifender, die Tochter zu verheiraten, als selbst zu heiraten.«[16]

Nach dem Zeremoniell fand man sich im Palast zum Hochzeitsessen ein; der Tisch war mit weißen Heidesträußen und mit Myrtenzweigen geschmückt, die von denselben Bäumen stammten wie einst Königin Victorias Brautkranz und eigens aus Balmoral geschickt worden waren. Die Reden waren kurz. Der König und die Königin hatten es so angeordnet, weil sie noch wußten, wie sie an ihrem eigenen Hochzeitstag unter langatmigen Ansprachen gelitten hatten. Die Hochzeitsreise trat Elizabeth in einem Kleid aus Krepp und einem Reisemantel aus blauem Samt an; dazu trug sie einen blauen Filzhut mit Straußenpompons und sichelförmigen Federn in zwei Blautönen. Ihre Eltern und die Angehörigen hatten sich auf der Palasttreppe aufgestellt und bewarfen das Paar mit Rosenblättern. Dann verließen die Neuvermählten den Palast in einer – trotz des eisigen Wetters – offenen Kutsche, so daß die draußen versammelte Menge ihnen auf der Fahrt zum Waterloo-Bahnhof zuwinken konnte. Auch Elizabeths Lieblingscorgi Susan war dabei, eingepackt in Wolldecken und Wärmeflaschen. Weitere Begleiter waren neben dem unvermeidlichen Sicherheitsbeamten die beiden vertrauten Personen aus den Kindertagen in Windsor, Bobo und Cyril. Als sie am Bahnhof ankamen, erstreckte sich von der Kutsche bis direkt zum Zug ein roter Teppich. Susan avancierte zum Mittelpunkt der Aufmerksamkeit, als sie als erste aus dem Wagen purzelte, mitten in einen Regen von Rosenblättern hinein. John Dean stellte fest, die Prinzessin habe 15 Gepäckstücke dabei, der Herzog dagegen nur einen großen und einen kleinen Koffer.

Die Flitterwochen hatte man voller Taktgefühl auf zwei Orte verteilt – den ersten Teil verbrachten sie in Broadlands, Mountbattens stattlichem, im Stil Palladios erbautem Herrenhaus am Ufer des Test in Hampshire, das Philip bekannt war, den zweiten Teil in Birkhall, das Elizabeth als Feriendomizil von Balmoral aus Vorkriegszeiten bestens vertraut war. Die Zeitung *Express* behauptete in Fortsetzung einer alten Fehde zwischen ihrem Besitzer und Mountbatten, Mountbatten habe Schwierigkeiten gehabt, die Reparatur des Daches und einiger Räume von Broadlands genehmigt zu bekommen; als die Behörden allerdings erfahren hätten, daß Prinzessin Elizabeth die Flitterwochen dort verbringen würde, sei die Genehmigung erstaunlich schnell eingetroffen. Die erste Nacht in Broadlands war, wie oft die erste Nacht der Flitterwochen, etwas chaotisch. Alles war so neu. Das Personal von Broadlands war schlecht organisiert – die Mountbattens lebten ja in Indien –, und die Gesellschaft aus dem Buckingham-Palast war nach den Hochzeitsfeierlichkeiten völlig überdreht oder, wie im Fall der Neuvermählten, völlig erschöpft. Das Telefon hörte nicht auf zu klingeln, bis es schließlich den Angestellten der Prinzessin gelang, eine Verbindung zum Palast herzustellen und ausrichten zu lassen, die Post solle die Leitung sperren.

Als sich Elizabeth und Philip später aus dem Haus wagten, waren sie keinen Augenblick unbeobachtet. Schaulustige versteckten sich auf Bäumen und im hohen Gras, und als die Neuvermählten am Sonntag morgen den Gottesdienst in der nahe gelegene Romsey Abbey besuchten, kletterten die Leute über Grabsteine, um durch die Fenster zu spähen; einige von ihnen brachten Stühle, Leitern und sogar eine ganze Anrichte mit, um besser sehen zu können. Nach dem Gottesdienst warteten sie in einer langen Schlange darauf, sich auf die Plätze setzen zu können, wo die Hochzeitsreisenden gesessen hatten. Eine Woche später kehrten Elizabeth und Philip für kurze Zeit nach London zurück, um mit dem König und der Königin zu speisen, bevor sie mit dem Zug nach Schottland fuhren und zwei Wochen in Birkhall blieben. Dort prasselten behagliche Kaminfeuer, während draußen tiefer Schnee lag. Elizabeth, die auf die Bedürfnisse ihrer Dienerschaft stets Rücksicht nahm, sorgte dafür, daß Bobo und Cyril Gelegenheit bekamen, ihre Freunde zu besuchen. »Sobald wir gegessen haben, zieht ihr los«, pflegte sie zu sagen.

Während der Flitterwochen erhielt sie vom König einen der rührendsten Briefe, den ein Vater seiner neuvermählten Tochter schreiben kann. Ihre Hochzeit hatte heftige, gemischte Gefühle in ihm geweckt. Ein bewegendes Foto zeigt das Hochzeitspaar nach einem Auftritt auf dem Balkon des Buckingham-Palastes, wo es sich der Bevölkerung gezeigt hatte, innig im Gespräch vertieft. Der König sieht ihnen aus dem Hintergrund zu, aus ihrer Gemeinschaft ausgeschlossen und wissend, daß dies die Stellung ist, die er fortan im Leben der geliebten Tochter einnimmt.

»Ich war so stolz auf Dich und aufgeregt, als Du auf unserem langen Weg durch die Westminster Abbey so dicht neben mir gegangen bist, aber als ich Deine Hand dem Erzbischof übergab, hatte ich das Gefühl, etwas sehr Kostbares verloren zu haben. Du warst im Gottesdienst so ruhig und gefaßt und sagtest Deine Worte mit solcher Überzeugung, daß ich wußte, alles war gut...

Ich habe Dich in all diesen Jahren mit Stolz heranwachsen sehen, unter der erfahrenen Hand von Mama, die, wie Du weißt, in meinen Augen der großartigste Mensch auf der Welt ist. Und ich weiß, ich kann immer darauf zählen, daß Du und jetzt auch Philip uns bei unserer Arbeit helfen werdet. Deine Abreise hat eine große Lücke in unser Leben gerissen, aber denk immer daran, daß Dein altes Zuhause immer für Dich da ist, und kehre so lange und so oft wie möglich dorthin zurück. Ich sehe, daß Du mit Philip überglücklich bist, was auch ganz richtig ist, aber daß Du uns nicht vergessen mögest, ist der Wunsch Deines

Dich immer treu liebenden

Papas.«

Die Heirat mit Philip und die Flucht aus dem einengenden Kokon der Familie und der Kindheit, die auf »uns vier« ausgerichtet war, bildeten Elizabeths ersten Schritt in ein eigenständiges Leben.

6

Herzog und Herzogin von Edinburgh

»Der Herzog von Edinburgh und seine Frau … sahen himmlisch aus. Sie trug ein sehr hohes Diadem und den Hosenbandorden, er die dunkelblaue Uniform des Hauses Windsor und ebenfalls den Hosenbandorden. Sie sahen aus wie Gestalten aus dem Märchen …«

Chips Channon bei der Beschreibung eines Balls auf Windsor am 18. Juni 1949

Sowohl als Frau wie als Thronerbin erfüllte Elizabeth weiterhin alle in sie gesetzten Erwartungen. Innerhalb von drei Monaten war sie schwanger. Selbst Tommy Lascelles hatte sich mit Philip ausgesöhnt. »… so ein netter junger Mann«, vertraute er Harold Nicolson an, »ein solches Pflichtbewußtsein und überhaupt kein Dummkopf – der arme Kerl ist so verliebt, und dann hat er ja auch ganz planmäßig für einen Thronfolger gesorgt.«[1]

Die Heirat war in jeder Hinsicht ein Erfolg; die beiden paßten von der äußeren Erscheinung, geistig und vom Temperament her gut zusammen. Elizabeth war sehr in ihren Mann verliebt und sehr leidenschaftlich. Philip fand seine Frau sexuell anziehend und war ebenfalls verliebt, wenn auch vielleicht weniger heftig. Die beiden führten eine traditionelle Ehe, denn Elizabeth war an einen Haushalt gewohnt, in dem der Mann das Sagen hatte. Sie hatte sich noch nicht die Autorität verschafft, die sie später als Königin haben sollte, und Philip war ein besonders dominanter Mann. Er forderte seine Frau zuweilen in aller

Öffentlichkeit in seinem barschen Kommandoton auf, sich nicht »so dämlich« anzustellen. Einmal, bei einer abendlichen Fahrt mit Mountbatten zum Goodwood House, fuhr er noch schneller als mit der üblichen halsbrecherischen Geschwindigkeit, so daß seine Frau hörbar nach Luft schnappte. »Mach das noch mal«, warnte er sie, »und ich werfe dich raus!«

Am Ziel angekommen, fragte Mountbatten die Prinzessin, warum sie Philip nicht gesagt habe, daß er viel zu schnell fahre. »Hast du ihn denn nicht gehört?« erwiderte sie. »Er sagte, er würde mich rauswerfen.«

Aber Philip half ihr auch, wo er nur konnte, und ließ sie nie im Stich. »Zu Hause war er sehr aufmerksam und fürsorglich«, schreibt John Dean. »Wenn er tagsüber unterwegs war, ging er nach der Rückkehr immer gleich in ihr Zimmer.« Diese Zeit als frisch vermähltes Paar mit zwei kurz hintereinander geborenen Kindern war vermutlich die glücklichste ihres Lebens.

Im ersten Jahr hatten sie kein eigenes Zuhause. Sunninghill Park, ein weitläufiges Gebäude in Windsor Great Park, das der König für sie vorgesehen hatte (später der umkämpfte Sitz der jungen Familie York), war abgebrannt. Zum Londoner Domizil des Paares sollte das neben St. James's Palace an der Mall gelegene Clarence House werden, doch als das Paar es im Oktober 1947 aufsuchte, fand es das Haus in einem schrecklich verfallenen Zustand vor. Ursprünglich in den Jahren 1825 bis 1830 für den Herzog von Clarence, Königin Victorias Onkel Wilhelm IV., erbaut, war der letzte königliche Bewohner der Herzog von Connaught gewesen, Victorias Lieblingssohn, der 1942 im Alter von einundneunzig Jahren gestorben war. Im Krieg hatte das Rote Kreuz das Gebäude genutzt, und als die Prinzessin es besichtigte, diente es als Bürogebäude für die zentrale Kanzlei der Ritterorden und als Depot des Bauministeriums. Seit der Zeit des Herzogs von Connaught war praktisch nichts modernisiert worden. Einem Bericht zufolge, den das Bauministerium zur Vorlage beim Finanzministerium verfaßt hatte, war ein Großteil der Inneneinrichtung »von sehr schlechtem Geschmack«, die »sanitären Einrichtungen« waren »völlig unzureichend«, und eine richtige elektrische Beleuchtung war nie installiert worden. Das einzige vorhandene Licht lieferte ein Netz, dessen Leitungen auf der Wand verlegt waren, ein Provisorium für das Rote Kreuz im Krieg. Es gab kein einziges modernes Bad, lediglich eine altertümliche Badewanne aus Kupfer, versteckt in einem Schrank in einem der Schlafzimmer. Die einzige Zentralheizung, eine Warmwasserheizung, bestand aus wenigen Heizkörpern in den Treppenhäusern. Die Dächer waren im Krieg infolge von Bombeneinschlägen in benachbarte Häuser undicht geworden, und die Stuckdecken der oberen Stockwerke waren deshalb so unsicher, daß sie ersetzt werden mußten.[2]

Nach den Worten eines Beamten aus dem Bauministerium, der das Paar durch das Gebäude begleitete, wirkte Elizabeth über den Zustand allerdings keineswegs beunruhigt, sondern zeigte »ein sehr kluges Interesse an den Bauplänen«. Ihre Hauptsorge habe dem Wohl des Personals gegolten, notierte der Beamte. Es gab elf Schlafzimmer für Bedienstete. »Ihre Königliche Hoheit merkte dazu an, daß sie sich glücklich schätzen würde, wenn sie so viele Dienstboten bekäme.« Philip bemerkte, daß der Brand von Sunninghill wenigstens in einer Hinsicht ein Glücksfall für sie gewesen sei: Sunninghill sei so abgelegen, daß »sie dort kein einziges Dienstmädchen hätten halten können«.[3]

Beide wollten unbedingt wissen, wann die Arbeiten begännen und das Haus bezugsfertig wäre, doch die Dinge wurden dadurch erschwert, daß das Geld – runde 50 000 Pfund – erst noch vom Parlament bewilligt werden mußte. Das geschah zwar, doch gab es verständlicherweise zahlreiche Klagen seitens der Öffentlichkeit und der Gewerkschaften, die es vorgezogen hätten, das Geld für den dringend nötigen allgemeinen Wohnungsbau zu verwenden statt für ein junges Paar. In der Nachkriegszeit war in Großbritannien jegliche Bautätigkeit ein schwieriges und heikles Thema.

Philip wollte im Erdgeschoß von Clarence House ein Kino einrichten lassen und war bereit, das selbst zu bezahlen. Die Filmverleihgesellschaft Kinematograph Renters Society bot an, als Hochzeitsgeschenk ein komplettes Kino einzurichten, doch das Bauministerium wies darauf hin, daß in Westminster lebende Privatpersonen für ein solches Vorhaben vom Westminster Council keine Genehmigung bekommen würden, sondern nur den Rat, das Projekt vorläufig zu verschieben. Daran änderte sich auch in den folgenden zwei Jahren nichts; im allgemeinen wurden nur wichtige Bauvorhaben genehmigt, und Kinobesitzer durften keine neuen Kinos bauen oder größere Renovierungsarbeiten vornehmen. Philip bekam sein Kino schließlich doch, mit der Begründung, daß es ja ein Geschenk der Filmverleihgesellschaft sei und lediglich 1500 Pfund kosten würde, doch fürchtete die Regierung weiterhin Unannehmlichkeiten für den Fall, daß die Presse darüber berichtete.[4]

Der Bauminister wurde im Parlament und in den Zeitungen wegen der Kosten für die Renovierung von Clarence House heftig kritisiert, auch wenn die entsprechenden Summen weit übertrieben dargestellt wurden. Die Renovierung kostete am Ende freilich 28000 Pfund mehr als die ursprünglich vom Parlament bewilligten 50000 Pfund, wobei ein Teil der Mehrkosten aus der königlichen Privatschatulle und aus dem Hochzeitsfonds der Prinzessin bezahlt wurde.[5] Erst im Mai 1949, achtzehn Monate nach ihrer Hochzeit, konnten Elizabeth und Philip endlich in Clarence House einziehen.

Nach ihrer Rückkehr aus den Flitterwochen stellten Elizabeths Großtante und Großonkel, die Herzogin und der Graf von Athlone, dem Paar leihweise das zum Kensington-Palast gehörende Clock House zur Verfügung. Die Athlones hielten sich gerade in Kanada auf, wo der Herzog als Generalgouverneur diente. Kaum drei Monate später kehrten sie freilich zurück. Clarence House war damals aufgrund von bautechnischen Problemen und Arbeitskämpfen noch weit von seiner Fertigstellung entfernt. Das junge Paar mußte deshalb zu den Schwiegereltern in den Buckingham-Palast ziehen, zurück in Elizabeths ehemalige Wohnung. Dort wurden für Philip, der jetzt ganztags als Offizier in der Admiralität arbeitete und »Schiffe in der Gegend herumschob«, ein Schlaf- und ein Wohnzimmer eingerichtet. Das war natürlich kein idealer Start, doch die beiden sollten ein Jahr lang als Gäste des Königs und der Königin im Buckingham-Palast, in Windsor, Balmoral und Sandringham wohnen.

Weder Philip noch sein Kammerdiener John Dean konnten sich mit den Formalitäten des riesigen Haushalts anfreunden. Dean fand heraus, daß Bobo, die er zu Beginn der königlichen Flitterwochen kennengelernt hatte, im Palast bereits eine wichtige Person war. Er beschrieb sie als »eine kleine, kluge, sehr resolute Schottin«. Auf seine Bemerkung hin, er heiße Dean, werde aber von allen John genannt, entgegnete sie bestimmt: »Aha, aber für mich werden Sie immer ›Mister Dean‹ bleiben. Wir müssen in diesem Haus auf Umgangsformen achten.«

Dean erinnert sich: »Die ganzen einundzwanzig Jahre ihrer Dienstzeit im königlichen Haushalt schienen ihr ins Gesicht geschrieben, doch war sie sehr freundlich, als sie erst einmal aufgetaut war. Ich habe ihre Gesellschaft sehr genossen. Sie tanzte wunderbar und war sehr lustig, und sie hatte einen herrlichen Sinn für Humor, doch selbst als wir in irgendeinem Dorf waren und ins örtliche Pub gingen, sprach sie mich stets als ›Mister Dean‹ an. Prinzessin Elizabeth nannte sie stets ›meine kleine Lady‹«.

Bobo nannte Elizabeth privat und in Anwesenheit der Prinzessin »Lilibet«.

Auf die Hierarchie wurde im Palast streng geachtet. Höhepunkt der Formalitäten war das Mittagessen im Steward's Room, zu dem sich dreißig bis vierzig Personen des gehobenen Personals streng nach der Rangordnung um eine lange hölzerne Tafel versammelten. Dean saß als Philips Kammerdiener ziemlich weit unten, noch unter den beiden Kammerdienern des Königs, Thomas Jerram und James MacDonald, und einigen Pagen. Vor Beginn der Mahlzeit standen die Männer hinter ihren Stühlen, während die Frauen saßen, bis der Palast-Stewart Mr. Ainslie das Tischgebet gesprochen hatte. Dann setzten sie sich und wurden von Kellnerinnen und den »Boys« des Steward's Room bedient. Nach dem Essen schlug Ainslie auf den Tisch, um für Ruhe zu sorgen, und sprach wieder ein Gebet, gefolgt von einem Toast auf den König und die Königin, zu dem die Gläser mit Wasser gefüllt wurden. Die Männer blieben sitzen, bis die Ankleidedamen der Königin aufstanden, angeführt von Miß Willox, und dann verließen auch sie den Raum, wieder in der Reihenfolge des Ranges, den sie bei Hofe bekleideten.

Den Umgang mit der königlichen Familie regelten zahlreiche Vorschriften. Bedienstete, die einem Mitglied der Familie begegneten, hatten zur Seite zu treten und ihm Vortritt zu gewähren; trat ein Mitglied auf einen zu, senkte man den Kopf und wartete, bis man angesprochen wurde. Auf keinen Fall durfte man zuerst sprechen, und wurde man angesprochen, antwortete man mit »Eure Majestät« oder

»Eure Königliche Hoheit«, niemals mit dem weniger förmlichen »Sir« oder »Ma'am«, das wichtigen Gästen, Freunden, Verwandten und den Mitgliedern des Haushaltes (den Privatsekretären, Hofdamen und Kammerherren) erlaubt war. Angesichts der strengen Etikette war Dean verblüfft über die »enorme Loyalität«, die das Personal trotz unrealistischer Löhne und unannehmbarer Arbeitszeiten zeigte. Eifersucht und Intrigen waren selten, gerade weil alles streng nach der Rangordnung und dem Dienstalter geregelt wurde, nach dem auch Beförderungen, sofern es welche gab, erfolgten. Die Gewerkschaft für den öffentlichen Dienst hatte sich zwar 1946 auch im Palast Anerkennung verschafft, doch ihr Einfluß war wegen des Widerstands des älteren Personals gering.

Zum Ausgleich wurde das Personal sehr gut behandelt, und der Gemeinschaftssinn wurde vom Gesellschaftsclub des Buckingham-Palastes mit seinen wöchentlichen Tanzabenden, Whistrunden und geselligen Zusammenkünften ganz entscheidend gefördert. Gemessen am kargen britischen Lebensstandard außerhalb der Palastmauern hatte das Personal ein angenehmes Leben. John Gibson, ein Junge aus den Hinterhöfen des königstreuen Belfast, der 1946 als Küchenjunge begann und später im Haushalt des Herzogs von Edinburgh Lakai wurde, fand den Palast überraschend schäbig und altmodisch. Die Läufer in den Korridoren waren abgetragen, und im bitterkalten Winter von 1947 wurden die 300 Räume lediglich von 300 Kohlenöfen beheizt, die ein ganztags angestellter Kohlenträger über Aufzüge in den einzelnen Stockwerken versorgte.[6] John Dean beschrieb sein Zimmer als »äußerst altmodisch«. Es war lediglich mit einem einfachen eisernen Bettgestell, einem Toilettentisch, einem Sessel und einem Waschtisch mit Krug und Schüssel ausgestattet; ein Klosett befand sich auf dem Gang. Immerhin kümmerte sich um ihn ein älteres Zimmermädchen, das ihn »Sir« nannte. Das Essen war dagegen gut und reichlich: ein kräftiges Frühstück mit Porridge oder Cornflakes, gepökeltem Hering, Schinken, Wurst und Ei sowie Brot, Butter und Marmelade, soviel man essen konnte. Der Palast versorgte sich weitgehend selbst mit Eiern, Butter, Milch, Sahne und Gemüse von den königlichen Bauernhöfen, Schweinefleisch und Schinken aus der eigenen Schweinezucht und Geflügel, Wild und Fisch aus Balmoral.

Elizabeth führte jetzt einen eigenen Haushalt und konnte Telegramme des Foreign Office, des Auswärtigen Amtes, empfangen, die in eigens für sie eingerichteten Briefkästen eingingen. Ihr erster Privatsekretär war Sir John Colville, der schon für Chamberlain und später für Churchill als Privatsekretär gearbeitet hatte. Tommy Lascelles bot ihm die Stelle im Frühjahr 1947 an. Vorstellungsgespräche oder offene Bewerbungen für derartige Positionen gab es nicht. Colville gehörte zu jenem magischen Zirkel von Höflingen und Aristokraten und war als Sohn von Lady Cynthia Colville und Enkel des Marquis von Crewe bei Hofe beinahe seit seiner Geburt bekannt. Seine Ausbildung hatte er beim Foreign Office absolviert, das traditionell als Ziehschule für königliche Beamten galt. Colville kannte das Leben am Hof jedoch zu gut, als daß er ein ständiger Teil davon hätte werden wollen. Von Churchill gedrängt, der erklärte, es sei seine Pflicht anzunehmen, ließ er sich zwar versetzen, allerdings unter der Voraussetzung, in zwei Jahren zu seiner diplomatischen Karriere zurückkehren zu können.

Zu den Hofdamen der Prinzessin gehörte auch Lady Margaret »Meg« Egerton, die Colville später heiratete. Sie wurde nach einem Aufenthalt der schüchternen Prinzessin im März 1946 bei ihrer Familie anläßlich eines Rennens auf dieselbe offensichtlich informelle Art angeworben. Prinz Philip dagegen wählte seinen Privatsekretär eindeutig nach seinem eigenen Geschmack: Kommandant Michael Parker von der Royal Navy war einem adligen Höfling so unähnlich wie nur möglich. Nach der Rückkehr aus den Flitterwochen vergrößerte sich der gemeinsame Haushalt des Paares, an dessen Spitze als Hofmeister ab Januar 1948 General Sir Frederick Browning stand. Der mit der Schriftstellerin Daphne du Maurier verheiratete Browning war trotz seines Spitznamens »Boy« ein schneidiger Kriegsheld und ein Überlebender der Katastrophe von Arnheim. Er war außergewöhnlich gutaussehend – der Gesellschaftsfotograf Baron hielt ihn für den bestaussehenden Mann, den er je fotografiert hatte – und kleidete sich mit Stil. Ein Mitglied seines Personals beschrieb ihn als »einen entzückenden Menschen, jungenhaft, leicht reizbar, und einen strengen Vorgesetzten, doch sehr liebenswürdig und im ganzen Palast und insbesondere beim Hauspersonal sehr beliebt«. Einem anderen Mitglied zufolge war er »ein außergewöhnlicher Mensch und vollendeter Gentleman«. Mountbatten, dessen Stabschef Browning während seines Kommandos in Südostasien gewesen war, hatte ihn Philip empfohlen. »Boy ist voller Elan, Tatkraft und Begeisterung, er ist tüchtig und weckt in seinen Untergebenen äußerste Loyalität und Zuneigung«, schrieb er. »Sein Urteil in Dingen, von denen er etwas versteht, ist durch und durch vernünftig, und er würde lieber sterben, als seinen Chef im Stich zu lassen... Er ist kein Duckmäuser oder Höfling und wird auch nie einer werden. Er sagt furchtlos, was er für richtig hält... Offen gesagt, Philip, ich glaube, Du findest keinen Besseren.«[7]

Einige vermuteten, Browning sei in den Haushalt aufgenommen worden, um mäßigend auf Philip und Mike Parker einzuwirken, doch auch wenn er beträchtlich älter als die beiden war, verband die drei eine geradezu jungenhafte Kameradschaft. Gelegentlich war Browning freilich über Philips unkonventionelle Art schockiert. Als Philip die Brownings in ihrem Haus Menabilly besuchte, erfuhren Boy und Daphne von dem Mann, den sie als Kammerdiener Philips engagiert hatten, daß »die Kerle im Palast vergessen haben, den Schlafanzug des Herzogs einzupacken«; doch zu ihrer Überraschung lehnte Philip es ab, einen Schlafanzug auszuleihen: »Ich trage die Dinger nie.«

James MacDonald, der ehemalige Kammerdiener von George VI., gestand später einem Bediensteten der Brownings, wie peinlich es für ihn gewesen sei, als er morgens Philips Zimmer betrat und ihn nackt mit der Prinzessin im Bett vorfand (die Prinzessin trug immer ein Nachthemd aus Seide). Königin Elizabeth war es gewohnt, daß die Diener rücksichtsvoll anklopften und abwarteten, bis sie eintreten konnten; der König trug dann bereits einen Morgenmantel. »Aber Prinz Philip war das egal«, sagte MacDonald. Genauso schockiert war Boy später, als Philip seinen Kindern nackt Schwimmunterricht im Swimmingpool des Palastes erteilte. Doch bei anderen Gelegenheiten verstanden die beiden sich sehr gut. Als sie in einer Warteschlange für eine Filmpremiere einmal Elizabeth Taylor begegneten, die damals mit Michael Wilding verheiratet und schwanger war und deren Dekolleté einen tiefen Einblick gestattete, raunte Philip im Vorbeigehen Browning aus dem Mundwinkel zu: »Spring rein.«

Im Mai 1948 unternahm Elizabeth mit Philip ihre erste Auslandsreise und fuhr am Pfingstwochenende bei glühender Hitze für vier Tage nach Paris. Die Pariser waren überrascht über ihre ausgezeichnete französische Aussprache – verfeinert von Antoinette de Bellaigue – und über die Rede, die sie hielt. Verfasser der Rede war Colville, kein schlechter Schriftsteller, wie seine späteren Bücher zeigen sollten. Elizabeth ließ sich in ihrem präzise artikulierten Vortrag auch durch das ständige Klicken der Kameras und das ohrenbetäubende Läuten naher Kirchenglocken nicht beirren. Die Pariser waren außerdem verblüfft über die Schönheit der zweiundzwanzigjährigen Prinzessin, die da in Fleisch und Blut vor ihnen stand, und bewunderten ihre bezaubernden blauen Augen und die reine Haut, die den etwas zu starken, auf Fotos hervortretenden Unterkiefer ganz vergessen machten. Auch der viel fotogenere Philip sah im wirklichen Leben noch wesentlich besser aus als auf Fotos, wie Harold Nicolson bemerkte; eine Teenagerin, die Philip damals sah, fand ihn »traumhaft schön«. Chips Channon beschrieb die beiden, als er sie ein Jahr später auf einem Ball sah, als »bezauberndes Paar; die beiden sahen himmlisch aus.« Die Reise war in gewisser Weise eine Wiederholung des Parisbesuchs ihrer Eltern zehn Jahre zuvor, bei dem sie die Stadt gleichfalls im Sturm erobert hatten. Diesmal war freilich der Kommunismus, nicht der Faschismus die Gefahr, der die Demonstration englisch-französischer Solidarität galt. Der kalte Krieg war bereits in vollem Gange; es war das Jahr der russischen Blockade Berlins und der Luftbrücke der Alliierten, die später die Sowjets zum Einlenken zwang. Zum Mittagessen fuhr das Paar ins Grand Trianon in Versailles, wo das Wasser der Springbrunnen in der Sonne glitzerte; die Tischdecken mit den in Rosen verschlungenen Initialen des Paares waren eigens für diesen Anlaß gewebt worden. Anschließend fuhren die beiden ein Stück auf der Seine zu einem Empfang durch den Bruder Charles de Gaulles im überfüllten, hektischen Hôtel de Lauzun, wohnten einem Bankett und einem weiteren Empfang in der britischen Botschaft bei – die Prinzessin mit einem glitzernden Diadem und einer Halskette aus Diamanten, die ihr der Nizam von Hyderabad zur Hochzeit geschenkt hatte –, fuhren nach Fontainebleau, aßen in Barbizon zu Mittag und besuchten das Schloß Vaux-le-Vicomte. Den letzten Abend verbrachten sie in der Oper, wo Elizabeths Mutter im Sommer 1938 in Hartnells weißer Krinoline einen Triumph gefeiert hatte, und als das Paar im Flutlicht oben auf der Treppe erschien und der Menge zuwinkte, wurde ihm begeistert zugejubelt. »In vier hektischen Tagen«, schrieb Colville, »hatte Prinzessin Elizabeth Paris erobert.«

Hinter der glänzenden Fassade freilich, unsichtbar für die Öffentlichkeit, ging es weder Elizabeth noch Philip gut. Elizabeth war seit mehreren Monaten schwanger, und die Hitze, das ständige Stehen und Abnehmen von Paraden hatten sie geschwächt. Philip hatte eine so schwere Magenverstimmung, daß Elizabeth ihn dazu überreden wollte, seine Termine abzusagen. Er bestand allerdings darauf, das volle Programm zu absolvieren, auch wenn er grün im Gesicht aussah und nicht bei bester Laune war. Ein besonders qualvoller Abend war eigentlich als spezielles Vergnügen für das junge Paar gedacht gewesen. Colville berichtete Elizabeth Longford: »Wir gingen in ein erlesenes Drei-Sterne-Restaurant [das Tour d'Argent]. Die Franzosen hatte man vor die Tür gesetzt, deshalb bekamen wir in dem großen Restaurant einen Tisch ganz allein für uns. Doch als Prinz Philip in einem Tisch genau gegenüber ein rundes Loch entdeckte, durch das die Linse einer Kamera spähte, tobte er natürlich. Wir zogen in ein Nachtlokal weiter, und wieder wurden alle Franzosen vor die Tür gesetzt. Das war einer der schlimmsten Abende meines Lebens. Alle hatten sich in Schale geworfen – sonst kein Mensch weit und breit –, außer einer Kameralinse.«[8]

Prinz Philips Abneigung gegen die Medien nahm mit der Zeit noch zu; seine heftigen Reaktionen machten seine Frau nicht besonders glücklich.

Colville zufolge war die öffentliche Begeisterung, die Elizabeth auf ihren Reisen durch das Vereinigte Königreich entgegenschlug, genauso groß wie die in Paris. Sie reiste manchmal gemeinsam mit Philip, häufig aber auch ohne ihn, da er noch als Marineoffizier Dienst tat. Damals wurde vereinbart, daß die beiden dem König und der Königin so viele Verpflichtungen wie möglich abnehmen sollten. Selbst Colville, dessen Bemerkungen über seine Zeitgenossen oft sehr bitter ausfielen, erging sich in überschwenglichen Lobeshymnen, als er Elizabeths Wirkung auf die Öffentlichkeit schilderte: »Auf geheimnisvolle Weise zauberte ein Besuch der jungen Prinzessin mit ihren wunderbaren blauen Augen und der so natürlichen Gesichtsfarbe Sonnenstrahlen in die schmutzigsten Straßen der trübseligsten Städte. Prinzen, die ihre Pflicht erfüllen, werden respektiert; schöne Prinzessinnen haben gegenüber ihren männlichen Pendants einen natürlichen Vorteil.«[9]

Der Geburt von Elizabeths erstem Kind ging eine wahre Flut von Fragen zum Protokoll und zur Rangfolge voraus. Im August schrieb Lascelles an Innenminister James Chuter Ede, der König wünsche seine Anwesenheit bei der Geburt; am 4. November änderte George VI. seine Ansicht aufgrund von Vorschlägen aus den Dominien dahingehend, daß deren Vertreter ebenfalls eingeladen werden sollten. Dies würde in seinen Augen dem Brauch eine verfassungsmäßige Bedeutung verleihen, die er nie gehabt hatte. Am 5. November ließen Ede und Premierminister Attlee den König dann wissen, »daß es ratsam wäre, wenn Eure Majestät dieser Gepflogenheit nunmehr ein Ende setzte«, und noch am selben Tag erging eine entsprechende Ankündigung.[10]

Auch um Namen und Titel des Kindes, das nun bald zur Welt kommen sollte, wurde ein beträchtlicher Wirbel veranstaltet. Nach dem Adelspatent Georges V. vom 30. November 1917 durften nur die Kinder des Monarchen, die Kinder der Söhne des Monarchen und der älteste Sohn des Prinzen von Wales den Titel Königliche Hoheit tragen. Keine Vorsorge war getroffen worden für den Fall, daß der Thronerbe eine Tochter war, deshalb mußte ein neues Adelspatent verabschiedet werden. Lascelles teilte dem König am 9. Oktober mit: »Gegenwärtig wäre ein Sohn von Prinzessin Elizabeth ›Earl von Merioneth‹, eine Tochter ›Lady Mountbatten.‹«

Es wurde eilig ein Adelspatent verabschiedet, demzufolge die Kinder von Elizabeth »Anrede und Titel einer Königlichen Hoheit erhalten und auf alle Zeit tragen und genießen sollen und dem jeweiligen Vornamen der Titel Prinz oder Prinzessin vorangestellt werden soll«.

Ein Punkt, Elizabeths Familienname, wurde jedoch übergangen und sollte in der Zukunft noch einigen Ärger verursachen: Gemäß dem Stellvertretenden Privatsekretär des Königs, Edward Ford, »hat die Erklärung Georges V. vom 17. Juli 1917 zur Folge, daß alle Abkömmlinge der männlichen Linie von Königin Victoria, im Gegensatz zu weiblichen Nachkommen, den Namen Windsor tragen, während

Prinzessin Elizabeth aufgrund ihrer Heirat nicht mehr den Namen Windsor trägt, sondern eine Mountbatten ist«.[11]

Am 14. November 1948 um 21.14 Uhr wurde im Buckingham-Palast Elizabeths erstes Kind geboren: ein knapp sieben Pfund schwerer Junge, Seine Königliche Hoheit Prinz Charles Philip Arthur George. Sein Vater, der beim Warten ungeduldig geworden war, befand sich mit Mike Parker auf dem Squashplatz, als Tommy Lascelles mit ungewohnt raschen Schritten auf ihn zueilte, um die Geburt zu verkünden. Noch bevor ein Name für das Kind gefunden war, hatten die Genealogen bereits festgestellt, daß der Knabe fünf Generationen hinter Königin Victoria, zweiunddreißig hinter Wilhelm dem Eroberer und neununddreißig hinter Alfred dem Großen kam. Er war der schottischste Prinz seit Charles I. und der englischste seit Edward VI. Er war über beide Eltern mit der Kurfürstin Sophie von der Pfalz verwandt, die 1701 vom englischen Parlament zur Thronerbin erklärt worden war, wodurch die Anwartschaft des Hauses Hannover auf den englischen Thron begründet wurde; zu seinen schottischen Vorfahren gehörten Robert I. aus dem Geschlecht der Bruce und Maria Stuart, während die walisische Abstammung über seine Großmutter mütterlicherseits bis zu Owen Glendower zurückverfolgt werden konnte und bis zu den ältesten irischen Herrschern, darunter den Oberkönigen aus dem Stamm der Ui Neill. Zu den Urahnen der Großmutter gehörte auch die Enkelin eines Klempners namens John Walsh. Das Baby war also in jeglicher Hinsicht wirklich ein Prinz des Vereinigten Königreichs.

Elizabeth war ganz hingerissen von ihrem Sohn, insbesondere von seinen Händen – »mit langen Fingern, gar nicht wie meine und bestimmt nicht wie die seines Vaters«, schrieb sie (ein Journalist beschrieb dieselben Finger später herzlos als »kleine Würstchen«). »Ich bin gespannt, was aus ihnen einmal wird.« Charles sollte später Begabung für das Cellospiel entwickeln. Königin Mary ging sofort daran, herauszufinden, welchem seiner unmittelbaren Vorfahren das Kind am meisten glich. Sie studierte alte Fotoalben Königin Victorias und kam zu dem Schluß, daß es wie Prinz Albert aussah. Später sollte Charles freilich mehr seinen Vorfahren aus der Familie Mountbatten ähneln als denen aus dem Haus Sachsen-Coburg. Zur Taufe schenkte sie ihm mit dem ihr eigenen Sinn für dynastische Bezüge einen vergoldeten Silberpokal mit Deckel, den George III. 1780 einem Patensohn geschenkt hatte. »So habe ich 168 Jahre später ein Geschenk meines Urgroßvaters an meinen Urenkel weitergegeben«, schrieb sie in ihr Tagebuch.

Wie die Königin auf die Wahl des ersten Namens für den Prinzen durch die Eltern reagierte, ist nicht überliefert. Charles, der bevorzugte Name der Stuart-Dynastie, war für einen britischen Monarchen keine besonders glückliche Wahl: Charles I. hatte Thron und Kopf verloren, sein Sohn Charles II. hatte die Krone erst nach einem wechselhaften Leben im Exil wiedergewonnen. Dessen Großneffe Charles Edward Stuart schließlich, genannt »Bonnie Prince Charlie«, der Held des Aufstands der Schotten von 1745 und seiner eigenen Meinung nach Charles III., war praktisch ohne einen Penny als Trinker im Exil gestorben. Elizabeth und Philip wollten aber unbedingt etwas anderes als die ewigen Georges und Edwards des Hauses Hannover, und sie erklärten Freunden stolz, sie hätten den Namen Charles gewählt, weil er ihnen gefalle. Niemand sollte ihn im voraus erfahren, und das Personal erinnerte sich später, mit welchem »Übermut« sie den Namen dann bekanntgaben. »Prinz Philip mußte ja die Tradition herausfordern«, war ein Kommentar. Und Boy Browning meinte: »Charles – das verheißt nichts Gutes ...«

Prinz Charles wurde am 15. Dezember in dem ganz in Weiß und Gold gehaltenen Musikzimmer des Buckingham-Palastes getauft; seine Taufpaten waren der König, Königin Mary, der König von Norwegen, Prinz Georg von Griechenland, die verwitwete Marquise von Milford Haven, Patricia Brabourne und Elizabeths Onkel David Bowes Lyon. Elizabeth hatte eigenhändig geschriebene Einladungen zur Tauffeier an die wichtigsten Mitglieder des Personals gesandt. Unter den dreißig Gästen waren der Palast-Stewart Mr. Ainslie, die Haushälterin Mrs. Ferguson, der Kammerdiener des Königs Jerram, die Ankleidedame der Königin Miß Willox, John Dean und natürlich Bobo und Ruby MacDonald. Auch das Personal des Herzogs und der Herzogin aus Windlesham Moor, dem in Surrey gemieteten Landhaus, war anwesend, darunter der Stewart Mr. King und die Köchin Mrs. Barnes, die die Kuchen backte. Zur Feier des Tages hatte Elizabeth angeordnet, daß alle Mütter, deren Kinder ebenfalls am 14. November geboren waren, zur Feier des Tages Pakete mit Nahrungsmitteln erhalten sollten.

Elizabeths Freude an dem Baby war überschattet von der Sorge um ihren Vater, dessen Gesundheit unter den Schrecken des Krieges und den nachfolgenden Krisenjahren gelitten hatte. »Als Folge der Belastung, der sich der König ausgesetzt sah, blieb er abends gewöhnlich zu lange auf und rauchte zu viele Zigaretten«, erklärte Alec Hardinge seinem Sohn. Zutiefst erschöpft und sorgenvoll war der König im Januar 1947 zu einer Südafrikareise aufgebrochen. Die Pause vom Leben im Buckingham-Palast hatte ihm jedoch keine Erholung gebracht, und das zu absolvierende Programm war eine Tortur. Bei seiner Rückkehr hatte er über 15 Pfund Körpergewicht verloren. Im Januar 1948 litt er unter Krämpfen in den Beinen, den ersten Symptomen der Buerger-Krankheit, einer durch Rauchen verursachte Arteriosklerose, die die Blutzirkulation in Unterschenkeln und Füßen hemmte. Ab August hatte er beinahe ständig Beschwerden; seinen Sekretären fiel auf, daß er mit den Beinen gegen den Schreibtisch schlug, um den Kreislauf wieder in Gang zu bringen. Am 12. November, zwei Tage vor Charles' Geburt, stellte sein Leibarzt Professor Learmonth eine alarmierende Diagnose: Der König hatte Arteriosklerose im Frühstadium. Es drohte die Gefahr eines Brandes, und selbst eine Amputation des rechten Beins war nicht auszuschließen. Diese Nachricht wurde von Elizabeth bis zwei Tage nach der Geburt des Kindes ferngehalten, als der König widerwillig zustimmte, eine geplante Reise nach Australien und Neuseeland offiziell abzusagen.

Die Abhängigkeit vom Nikotin war seit Edward VII. eine Art Familienkrankheit. Rauchen war zum großen Teil die Ursache für Edwards Tod und den seines Sohnes George V. gewesen. Sogar Königin Mary rauchte; ihrem Sohn Bertie, dem späteren George VI., hatte sie zum 18. Geburtstag ein Zigarettenetui geschenkt. Jetzt war er zwar erst vierundfünfzig, doch sein Leben war bereits in Gefahr. Da er für eine Reise nach Sandringham über Weihnachten zu krank war, blieb die Familie in London. Am 12. März 1949 entfernte Learmonth in einem eigens eingerichteten Operationssaal im Palast einen Teil des Sympathikus in der Lendengegend. »Ich habe keine Angst«, sagte der König kurz vor der Narkose, seine Familie dagegen war sehr besorgt.

»Er ist so krank, der arme Junge, so krank«, sagte Königin Mary zu Harold Nicolson am Tag der Operation »mit todtrauriger Stimme«, und die Königin, sonst bei Krankheiten die Ruhe selbst, war Berichten zufolge »außer sich«. Der Eingriff verlief freilich erfolgreich, und der König schöpfte neue Lebenskraft. Er war während der Woche in Ascot in jenem Sommer in bemerkenswert guter Verfassung und tanzte sogar auf dem Ball, der zur Feier des Sieges von Waterloo am 18. Juni gegeben wurde. Die Königin erschien zu dieser Gelegenheit in einer herrlichen Halbkrinoline aus weißem Satin und den prächtigen Rubinen, die ihr ihre Freundin, die berühmte Gesellschaftsdame Mrs. Ronnie Greville, überlassen hatte. Der Glanz des Herzogs und der Herzogin von Edinburgh stellte jedoch Chips Channon zufolge alles in den Schatten.

Das Paar strahlte regelrecht vor Glück. Es hatte einen kleinen Sohn und nach dem Umzug nach Clarence House im Juni 1949 auch ein eigenes Heim. Für Philip war es das erste wirkliche Zuhause seit seinem Weggang aus St. Cloud im Alter von zehn. Er und Elizabeth hatten sich bei der Planung und Ausgestaltung von Clarence House und der Präsentation der Hochzeitsgeschenke, die in der Orangerie in Windsor aufbewahrt worden waren, viel Mühe gegeben. Sie hatten die Dienstboten bei der Gestaltung ihrer Arbeitsplätze zu Rate gezogen, und die Räume für das Personal waren laut John Dean »so vollkommen, wie man sich nur vorstellen konnte«. John Gibson, inzwischen Diener im Kinderzimmer von Prinz Charles bei einem Verdienst von 156 Pfund im Jahr, war es von zu Hause gewohnt, zu dritt im selben Bett in einer Kammer mit blanken Dielen zu schlafen. Für ihn waren die beiden Zimmer – ein großer Schlaf- und ein Wohnraum –, die er jetzt mit nur einem Diener teilte, ein Traum von Luxus: Teppichboden von Wand zu Wand, Schreibtische mit dem offiziellen Schreibpapier von Clarence House und ein Badezimmer mit Duschkabinen, frischer Seife und Handtüchern, die von Zimmermädchen gebracht wurden, die auch die Betten machten und die Laken wechselten.

Elizabeth und Philip hatten getrennte, aber nebeneinanderliegende Schlafräume, wie es damals bei Paaren der Oberschicht üblich war. Elizabeths Zimmer war in Rosa und Blau gehalten; von einer Krone über dem Bett hing ein Baldachin herunter. Philips Zimmer war mit hellem Holz getäfelt und in Rot eingerichtet, und im angrenzenden Bad hingen an den Wänden Fotos der Schiffe, auf denen er gedient hatte. Die Toilettentische der beiden standen unweit der Verbindungstür der Schlafzimmer, so daß das Paar sich beim Ankleiden miteinander unterhalten konnte. Elizabeths Wohnzimmer war aquamarinblau gestrichen, ein Farbton, den die Zeitschrift *Country Life* einfühlsam als Farbe beschrieb, die »die Stimmung eines frühen Septembermorgens einfängt, wenn der Himmel in wolkenlosem Hellblau schimmert, die Sonne sich aber noch hinter einem dünnen Nebelschleier verbirgt und auf dem Rasen silbern der Tau glänzt«.[12] Auf ihrem Chippendale-Schreibtisch standen nicht weniger als drei Fotos von Philip. In dessen Arbeitszimmer, getäfelt mit weißem kanadischem Ahorn, ebenfalls einem Hochzeitsgeschenk, prangten drei große, von Laszlo angefertigte Porträts seiner Eltern und seines Großonkels Prinz Ludwig von Battenberg.

Der allgemeine Eindruck der großen Empfangsräume mit ihren von Nash gestalteten Decken und dem Mobiliar aus dem 18. Jahrhundert war hell, freundlich und konventionell. Die Bilder, die im Haus hingen, hatte Philip ausgewählt. Elizabeth hatte an allen Besprechungen teilgenommen und sogar beim Anmischen der weichen grünen Farbe für die Wände des Speisezimmers geholfen. Sie war sehr praktisch veranlagt, und als sich jemand über den Gestank der Farbe im Zimmer beklagte, sagte sie: »Stellen Sie einen Eimer Heu hin, das vertreibt ihn.« Philip gab jedoch hier und in Windlesham Moor den Ton an. Verrückt nach technischen Spielereien, ließ er alle möglichen modernen Apparate in den Küchen- und Waschräumen installieren; er sorgte sogar dafür, daß neben jedem Bett Lautsprecher standen, aus denen Nachrichten und Musik kamen. Laut Dean schleppte er ständig neue Einrichtungsgegenstände an, und er brachte oft von Haushaltsmessen neu erfundene Geräte mit, etwa elektrische Mixer, die eigens dafür erfunden wurden, Paaren ohne Hauspersonal Arbeit zu ersparen.

Das Kinderzimmer von Prinz Charles hatte weiße Wände mit einem hellblauen Streifen entlang der Decke, weiße Chintzvorhänge und Bezüge mit schwarzen Strichzeichnungen von Figuren aus Kinderversen. Seine Spielsachen waren in einem Schrank mit gläserner Front untergebracht; viele davon – Spielzeugsoldaten, Mäuse, Pferde und Teddybären – hatten seiner Mutter gehört. Auch seine Haarbürste, seine Silberrassel und der Kinderwagen waren schon von seiner Mutter zu

Zeiten von Allah Knight im Haus Piccadilly 145 benutzt worden. Er hatte zwei schottische Kinderfrauen: Helen Lightbody, die höflich »Mißtreß« genannt wurde wie früher Allah Knight und von den Gloucesters zu Elizabeth gekommen war, und die jüngere Miß Mabel Anderson, das eigentliche Kindermädchen, das eine Schlüsselfigur in seinem Leben werden sollte.

»Es war immer völlig klar, wer im Kinderzimmer zu bestimmen hatte«, erinnerte sich John Gibson. »Alles lief nach dem Willen von Nanny Lightbody, eine andere Meinung spielte keine Rolle. Das galt auch für Prinz Charles: Frühstück um 8.45 Uhr, ein Morgenspaziergang und dann ein Schläfchen.« Gibson trug die alleinige Verantwortung für den königlichen Kinderwagen. Jeden Morgen mußte er das Gestell waschen, Räder und Reifen schrubben und Verdeck und Abdeckung abwischen, bevor Mrs. Lightbody gestattete, daß der Prinz hineingelegt wurde. Sie war »sehr streng und förmlich«; wenn Gibson mit dem Frühstückstablett eintrat, mußte er sagen: »Ich bringe das Frühstück Seiner Königlichen Hoheit.« Sie bestimmte, was Prinz Charles zu essen bekam und wie er es zu essen hatte – auch als er schon 18 Monate alt war, wurden seine Mahlzeiten noch püriert. Nanny Lightbody war, wie die meisten Menschen ihres Schlages, eine sehr eigensinnige und gebieterische Person und schien Gefallen daran zu finden, den Speiseplan für das Kind im letzten Moment willkürlich zu ändern. Das Küchenmädchen verfiel daraufhin auf eine List: Sie bereitete das eine zu und kündigte Mrs. Lightbody etwas ganz anderes an; Mrs. Lightbody wollte nämlich immer das Gegenteil dessen, was verfügbar war. Gibson mußte jedesmal zwei Tabletts ins Kinderzimmer hinauftragen, eins für Prinz Charles und eins für Mrs. Lightbody und Mabel Anderson. Auch dabei wurde strengstens auf das Protokoll geachtet: Nanny Lighthood nahm die Tabletts von Gibson entgegen, Mabel Anderson stellte sie auf den Tisch. Prinz Charles' Essen in irdenen Töpfen kam auf eine Warmhalteplatte, bis er soweit war, und wurde dann in »seinem eigenen schönen Chinaporzellan« serviert. Vor dem Umzug nach Clarence House wohnte Prinz Charles in Windlesham Moor in Surrey, da man die dortige Landluft für gesünder hielt; die Eltern sah er nur an den Wochenenden. Babys der Oberschicht bekamen damals ihre Kindermädchen sehr viel häufiger zu Gesicht als ihre Eltern, und

Elizabeth war, bei aller Liebe zu ihrem Kind, keine besonders mütterliche Frau. »Wenn der Herzog und die Herzogin am Freitag abend kamen, eilten sie gleich ins Kinderzimmer hinauf, um Charles vor dem Schlafengehen zu baden«, schrieb Gibson. »Der Herzog genoß das ganz besonders.«

Windlesham Moor, das die beiden von einer Mrs. Warwick Bryant gemietet hatten, war ein zweistöckiges weißgetünchtes Gebäude mit vier Empfangsräumen, fünf großen Schlafzimmern sowie Zimmern für das Personal – nach dem Maßstab der meisten Menschen also geräumig genug, doch für das königliche Paar vermutlich das kleinste Haus, das es je bewohnte. Philip genoß das freilich ganz besonders. »Ich glaube, daß der Herzog sich damals in der Atmosphäre des Palastes mit seiner Etikette noch unbehaglich fühlte«, schrieb Dean. »Er freute sich deshalb um so mehr über ein Haus auf dem Land, das so völlig anders war.« Das Paar fuhr von dort mit dem Auto nach Windsor, um im Great Park zu reiten, und sonntags besuchten die beiden den König und die Königin in der Royal Lodge, wo sie auch dem privaten Gottesdienst beiwohnten. Zu Windlesham gehörte ein Grundstück von 20 Hektar und ein für seine Azaleen und Rhododendren berühmter Garten, doch im Gegensatz zu ihren Eltern interessierte Elizabeth sich nicht für Gärten. Der Obergärtner Huggett, ehemaliges Mitglied der Grenadiergarde, mußte schon an ihr Pflichtgefühl appellieren, wenn er wollte, daß sie seine Schöpfung bewunderte. »Ma'am, unter uns Grenadieren, ich finde, Sie sollten sich nach der Kirche kurz den Garten anschauen«, sagte er zu ihr. Philip versammelte sonntags Dienstboten und Hauspersonal auf einem aus umgewandelten Tennisplätzen geschaffenen Spielfeld zum Kricket, zu dem auch ortsansässige Mannschaften eingeladen wurden. Philip selbst war ein beachtlicher Werfer, als Allrounder wurde er jedoch von Mike Parker übertroffen. Die Thronerbin sah sich häufig in der Rolle des Balljungen, der den Ball holte, wenn ihn jemand in die Rhododendronbüsche geschlagen hatte. An manchen Sonntagen kam Prinzessin Marina von Coppins herüber; sie brachte häufig Freunde aus dem Showgeschäft mit. Einmal hatte Danny Kaye die neu erfundene Polaroid-Kamera dabei, die 1949 in England noch unbekannt war, und machte zu Elizabeths höchstem Erstaunen ein Bild von ihr; als er abfuhr, verabschiedete er sich mit einem tiefen Kniefall.

Philip achtete sehr auf sein Gewicht – er hat noch heute für einen Mann seines Alters eine bemerkenswert gute Figur. Im Buckingham-Palast spielte er nach der Rückkehr von der Admiralität gewöhnlich eine Partie Squash und ging anschließend im Pool schwimmen, und an den Wochenenden in Windlesham ging er in warmen Pullovern laufen und kam dann so erschöpft zurück, daß er sich hinlegen mußte – sehr zu Elizabeths Belustigung. »Ich glaube, Prinz Philip spinnt, John«, sagte sie dann zu Dean. Davon abgesehen legte Philip keinen Wert auf sein Äußeres, obwohl ihm seine Haare Kummer machten, die bereits lichter wurden und so gekämmt werden mußten, daß sie die kahle Stelle am Hinterkopf verdeckten. Er benutzte ein Rasierwasser von Topper's in der Bond Street, wo er sich auch die Haare schneiden ließ, rasierte sich mit einer Klinge von Gillette und weigerte sich, einen elektrischen Apparat zu benutzen. An Dingen, die seinem Vater gehört hatten, hing er mit einer geradezu sentimentalen Anhänglichkeit: Der elfenbeinerne Griff seines Rasierpinsels stammte von Prinz Andreas wie auch der goldene Siegelring, den er stets zusammen mit dem einfachen goldenen Ehering trug. Zwar bezog er seine Schuhe von Lobb und die Hüte von Lock in St. James's, beide traditionelle Lieferanten der königlichen Familie, aber insgesamt brachte sein mangelndes Interesse für Kleidung seinen Kammerdiener zur Verzweiflung. Während er sehr sorgfältig auf seine Uniformen achtete, von denen er drei besaß, hatte er zum Zeitpunkt seiner Heirat lediglich einen grauen Straßenanzug, einen Abendanzug und einen Jagdanzug; ansonsten trug er Blazer und Flanellhosen. »Es ist schwierig, ihn anzuziehen«, schrieb Dean, »weil er keinen Wert auf Kleidung legt und ganz eigene Vorstellungen hat – er trägt Wildlederschuhe zum Smoking und kann einfach keine Krawatte binden.« Als die Koffer seines Vaters Prinz Andreas aus Frankreich eintrafen, ließ er dessen alte Anzüge ändern – ein blauer Straßenanzug war zwar von Motten zerfressen und geflickt, doch er bestand darauf, ihn zu tragen. Obwohl Philip laut Dean von Natur aus »liebenswürdig und höflich zu Dienstboten« war, neigte er dazu, »wie bei der Marine üblich«, vor Dean kein Blatt vor den Mund zu nehmen, und dieser war dann leicht gekränkt. Einmal nannte er

Dean einen »einfältigen Trottel«, und die beiden sprachen daraufhin tagelang kein Wort miteinander. Wenn Philip und sein Kammerdiener sich im Ankleidezimmer stritten, sagte Elizabeth oft: »Hören Sie sich die an, Bobo, sie sind genau wie Papa und Jerram. Manchmal denke ich sogar, sie sind noch schlimmer.«

Vielleicht weil er schon früh erfuhr, was es heißt, kein eigenes Geld zu haben, war Philip sehr sparsam. Sparsamkeit scheint ein Wesensmerkmal der ganzen Königsfamilie zu sein. Die Frauen der Familie schickten ihre Strümpfe damals zu Harrod's zum Stopfen. Andererseits gaben sie großzügige Trinkgelder. In den ersten Jahren ihrer Ehe besuchten Elizabeth und Philip häufig die Brabournes in ihren beiden umgebauten Bauernhäusern in der Dorfstraße von Mersham-le-Hatch in Ashford, Kent, und jedesmal erhielten der Butler und der Koch je drei Pfund und die anderen Bediensteten ihrem Rang entsprechend etwas weniger bis zu einem Pfund für den untersten Rang – ein Besuch in dem riesigen Haus des Herzogs von Beaufort in Gloucestershire, Badminton, konnte sie 20 Pfund Trinkgeld kosten. Abgesehen von Trinkgeldern und Geld für die Kirchenkollekte, das von Bobo und Dean ausgeteilt wurde – eine halbe Krone für die Kirchen der Familie in Sandringham, Windsor und Balmoral, ein Pfund für »fremde« Kirchen –, trug die Königsfamilie nie Geld bei sich oder ging mit Bargeld um. Einkäufe wurden auf Rechnung erledigt, bezahlt wurde dann von Boy Browning und seinem Mitarbeiter in Clarence House, dem ehemaligen Marineunteroffizier Leslie Treby.

Was Essen und Trinken betraf, hatten Elizabeth und Philip beide einen einfachen Geschmack. Philip nahm zum Frühstück nie mehr als Kaffee und Toast; wenn Elizabeth um 8.45 Uhr herunterkam, war er häufig schon zum Stabsoffizierslehrgang am Greenwich Royal Naval College unterwegs, der Anfang 1948 begonnen hatte. Um diese Zeit hatte der zweite Diener Gibson, zu dessen Pflichten die Versorgung der Corgis Susan und Crackers gehörte, die Hunde bereits aus dem Gartenzimmer geholt, in dem sie schliefen, und in einem kleinen Garten von St. James's Palace ausgeführt. Wenn Elizabeth dann zum Frühstück erschien, wartete er mit ihnen am Fuß der Treppe, reichte ihr die Zeitung und servierte das Frühstück (Eier und Speck und ihre Lieblingsbrötchen, gebacken von Betty, dem Küchenmädchen). »Sie redete eine ganze Menge über alltägliche Dinge, während ich sie bediente«, erinnerte er sich. »Sie hatte einen wunderbaren Sinn für Humor und lachte gern.« Während sie frühstückte, brachte er die tägliche Menükarte mit Vorschlägen für das Mittag- und Abendessen und das Frühstück am folgenden Tag. Elizabeth machte ihre Bemerkungen dazu, beendete die Zeitungslektüre und ging dann nach oben, um mit ihrer Hofdame die Post zu erledigen. Meist schlüpfte sie später am Vormittag aus dem Haus, unauffällig in einen alten Regenmantel und ein Kopftuch gekleidet, und führte die Corgis im St. James's Park aus, stets gefolgt von ihrem Sicherheitsbeamten Frank Usher. Elizabeth war keine Katzenfreundin – eine Siamkatze mit langem Stammbaum, die sie als Hochzeitsgeschenk erhalten hatte, wurde an den Koch von Windlesham Moor weitergeschenkt –, aber sie schwärmte für ihre Hunde. Auch wenn damals nur zwei Corgis zur königlichen Meute gehörten (ein dritter, Biscuits, hatte sich nicht mit den anderen vertragen und war deshalb an Dean verschenkt worden), war die Fütterung der Corgis doch bereits ein festes Ritual: Jeden Nachmittag um 16.30 Uhr richtete der Diener ein Tablett her, auf dem ein Tuch, silberne Löffel und Gabeln, jeweils ein Teller Kekse, Hackfleisch und Gemüse sowie ein Kännchen Bratensaft bereitstanden, damit Elizabeth die Corgis füttern konnte, bevor sie um 17.00 Uhr selbst Tee trank – ihre Lieblingsmahlzeit. Der Tee, laut Gibson in einer 5000 Pfund teuren Silberkanne serviert, war meist eine Earl-Grey-Mischung, manchmal aus Indien, und dazu gab es stets Gurkensandwichs, hauchdünn geschnittene Butterbrote, Fleischkonserven und Schokoladenkuchen, den Betty jeden Tag frisch zubereitete. Elizabeth hatte wie ihre Mutter eine Schwäche für Schokolade, während sie sich bei Alkohol zurückhielt; sie trank damals lediglich Orangensaft zum Essen. Selbst wenn sie auswärts aß, rührte sie kaum einmal ein Glas Wein an. Philip trank ein Glas Bier zum Mittagessen und am Abend einen Gin Tonic.

Das Abendessen war sehr schlicht, wenn die beiden allein zu Hause aßen. Es bestand manchmal nur aus kaltem Fleisch mit Salat oder Wurst mit Kartoffelbrei, dazu vielleicht noch eine Nachspeise. Das schlichte Essen, das oben serviert wurde, stand im Kontrast zu dem Überfluß, der unten aufgetischt wurde. Gibson schrieb dazu: »Das einfache Essen mochte der Königsfamilie reichen, doch für das Personal war es nicht gut genug. Mrs. Barnes wußte ganz genau, daß ihr die Dienstboten fortlaufen würden, wenn sie ihnen etwas Derartiges vorsetzte. Unten im Speisesaal für das Personal gab es deshalb ein Abendessen mit drei Gängen oder den sogenannten ›High Tea‹ – Suppe, dann vielleicht Fisch und Chips und eine Nachspeise, Marmeladentörtchen mit Eiercreme oder Stachelbeerkuchen mit Sahne.«

Morgens gab es ein herzhaftes warmes Frühstück – außer sonntags, wenn sie mit gekochten Eiern, Kaffee und Keksen vorliebnehmen mußten –, mittags ein zweigängiges Essen und um 16.00 Uhr Tee und Kuchen. Das Personal bekam auch alle Reste von der königlichen Tafel, mußte sich diese allerdings mit den Corgis teilen.

Hinsichtlich der sozialen Staffelung beim Essen war Clarence House ein Buckingham-Palast im Kleinformat. Es gab drei Speiseräume: den königlichen Speisesaal, in dem die Mitglieder des Haushalts – Privatsekretär, Hofdame und Haushofmeister – das Mittagessen gemeinsam mit ihren Arbeitgebern einnehmen konnten; den Stewards' Room, in dem der Butler Mr. Bennett und das höhere Personal, der Unterbutler, Bobo, John Dean, der Hausverwalter, der Chefkoch und der Oberchauffeur aßen, und den Speiseraum für die Dienstboten, die vier Lakaien, die Sekretärinnen oder »lady clerks«, wie sie im königlichen Dienst hießen, die vier Hausmädchen, einen Diener für Verschiedenes, den zweiten Chauffeur und einen Polizisten. Über Bennett, den Butler der Athlones, der in Clock House für das Herzogspaar arbeitete, wäre es beinahe zum Familienkrach zwischen dem Herzog und den Athlones gekommen. »Mit Hilfe von Bobo schnappten sie sich Bennett«, sagte ein Angestellter des Hofes, »allerdings nur unter der Bedingung, daß Bennett jedesmal, wenn Lord Athlone einen offiziellen Termin wahrnehmen mußte, ihm die Uniform bereitlegte und beim Anziehen half. Bennett war einfach wunderbar, er konnte nicht nur ausgezeichnet mit Blumen umgehen, sondern hielt auch das Personal auf Reisen stets bei Laune und organisierte Ausflüge für alle.« Bennett blieb bei Elizabeth, als sie Königin wurde, und wurde zum Pagen der Audienz befördert, dem höchsten Rang beim Personal. Die Ansprüche an die Bediensteten waren ebenso hoch wie im Buckingham-Palast oder in einem anderen Adelshaus. Das Silber wurde mit einer Paste aus Ammoniak und Polierrot poliert; wenn man fest genug rieb, glänzten Serviertablette und -teller wie Glasplatten; die Reibung mußte das Silber so weit zum Schmelzen bringen, daß etwaige Kratzer geglättet wurden. Der 200 Jahre alte Mahagoni-Eßtisch und die dazugehörigen zwanzig Stühle, Hochzeitsgeschenke von der Royal Warrant Holders Association, wurden mit flüssigem Wachs poliert; aus der Wäschekammer wurden frisch gestärkte, feine leinene Platzdeckchen in die obere Etage geschickt. Die livrierten Diener trugen weiße Baumwollhandschuhe, wenn sie den Tisch deckten, damit sie auf dem Silber und den Gläsern keine Flecke hinterließen. Das Besteck mußte genau mit den Platzdeckchen abschließen, einen Zoll von der Tischkante entfernt, und beim Tischdecken waren ferner eine Reihe königlicher Tabus zu beachten: Im königlichen Haushalt wurden keine Fischmesser mehr benutzt, seit Edward VII. sie zu »sehr gewöhnlichen Dingen« erklärt hatte. Dessertlöffel und -gabel oben quer zu legen war als »Restaurantgedeck« verpönt. In der Küche galt die Regel, daß die servierten Kartoffeln eierförmig und alle gleich groß zu sein hatten; die Küchenmädchen kochten sie, schnitten sie zurecht und machten aus den Resten dann Kartoffelbrei für das Personal oder Püree für Prinz Charles. Die königlichen Schuhe zu putzen war eine Aufgabe von Stunden, denn selbst die Sohlen mußten poliert werden.

Im Gegenzug interessierte sich Elizabeth sehr für ihre Angestellten. Wie ihr Großvater George V. legte sie Wert auf Kontinuität, insbesondere beim Personal. Der scheinbar unerschöpfliche Vorrat an Dienstboten, der vor dem Zweiten Weltkrieg noch existiert hatte, hatte sich freilich drastisch verringert, und selbst Ainslie, der Steward des Buckingham-Palastes, hatte beim Arbeitsamt Schwierigkeiten, bei der gebotenen Bezahlung und den Bedingungen Personal zu finden. Obwohl sowohl Dean als auch Gibson die Arbeitsbedingungen in Clarence House als »hervorragend« schilderte, fanden nicht »im Dienst« aufgewachsene Personen die Bezahlung und die harten Einschränkungen der Freiheit wenig reizvoll. Die Angestellten hatten einen halben Tag in der Woche und jeden zweiten Sonntag frei, dazu kam noch etwas Freizeit tagsüber und wenn die Königsfamilie außer Haus war. Bei den jüngeren Dienstboten gab es eine starke Fluktuation. Elizabeth war laut Dean eine »aufmerksame Arbeitgeberin«; sie bestand auf der besten medizinischen Versorgung für ihr Personal, und wenn jemand kündigte, wollte sie wissen, weshalb. Als einmal ein Küchenmädchen ging, ohne daß man ihr Bescheid gesagt hatte, war sie »sehr verärgert«. Bei Dinnerpartys mit anschließender Filmvorführung wurde das Personal stets eingeladen, sich zu den Gästen zu gesellen. Wenn Elizabeth sich für einen wichtigen Anlaß feinmachte, gab sie gern den Ehefrauen der Beschäftigten Gelegenheit, sie aus nächster Nähe zu bewundern. Die Frauen säumten dann die Treppe, wenn Elizabeth hinunterkam. Doch so, wie sie aufgewachsen war, hatte sie immer noch geringe Vorstellungen davon, wie der andere Teil der Bevölkerung lebte. »Es macht doch Spaß, sich einmal so richtig in Schale zu werfen, nicht wahr?« bemerkte sie etwa, wenn sie in Satin und Diamanten durch die Halle rauschte, zu einer Frau, für die ein Abend außer Haus Bohnen mit Toast in einer Kneipe bedeutete. Während Elizabeth großes Interesse für das Personal zeigte und wissen wollte, was in ihrem Haushalt vor sich ging, führte Philip gern die Aufsicht. »Wie in allen unseren Häusern«, schrieb Dean, »achtete der Herzog genau darauf, wie das Haus geführt wurde.« An Abenden, an denen er daheim speiste, wurde das Buch mit dem Speiseplan hinaufgebracht. »Wenn Änderungen oder Vorschläge zu machen waren, so trug sie in der Regel der Herzog ein.« Später, als Philip auf Malta stationiert war, inspizierte er bei der Rückkehr zuerst die verschiedenen Abteilungen und prüfte, wie der Haushalt in seiner Abwesenheit geführt worden war.

Elizabeth war es immer noch gewohnt, daß für sie entschieden wurde, entweder von ihren Eltern oder von ihrem Mann. Vor dem Umzug nach Clarence House hatte sie wie bisher im Haushalt ihrer Eltern gelebt. Nach den Worten Crawfies kehrte Lilibet, obwohl die Heirat ihr neue Selbstsicherheit gegeben hatte, in den ersten Monaten im Buckingham-Palast »zu ihrer kindlichen Gewohnheit zurück, hinterher zur Königin zu gehen und sie zu fragen: ›Soll ich das tun?‹ oder ›Ist das so richtig?‹« Crawfie fuhr fort: »Allmählich wurde sie selbstsicherer, und dabei war ihr Ehemann eine große Hilfe. Ich glaube, er hat sie stärker mit der Welt draußen in Berührung gebracht, mit einem natürlicheren und unkonventionelleren Leben, als es das Leben am Hof je sein kann ...« Elizabeths ganzes Dasein drehte sich um Philip. Crawfie schildert, wie sie jeden Nachmittag um 16.30 Uhr am Fenster ihres Zimmers im Buckingham-Palast stand und darauf wartete, »die hohe, hagere Gestalt am Brunnen in der Mitte der Straße vor dem Palast vorbeikommen oder seinen kleinen Sportwagen am Tor des Palastes einbiegen zu sehen, gewöhnlich mit überhöhter Geschwindigkeit ...«

In jenem Jahr 1949, als Elizabeth und Philip aus dem Buckingham-Palast nach Clarence House umzogen, sollte Crawfie zur Unperson im Palast werden. Sie hatte Ende 1948 endgültig den Dienst in der Königsfamilie quittiert, und der König hatte ihr in Anerkennung ihrer Dienste ein lebenslanges Wohnrecht im Nottingham Cottage des Kensington-Palastes eingeräumt. Nottingham Cottage ist eins der schönsten Häuser im Palastkomplex und wird heute von einer wichtigen Person in der Palasthierarchie bewohnt, dem Privatsekretär der Königin Sir Robert Fellowes. Es war Crawfies erstes Haus, und sie schilderte es als einen Traum aus »roten Ziegeln ... mit Rosen am Eingang ... und Löwenmäulchen, Lavendel und duftenden weißen Nelken der Sorte Simpkin in dem kleinen quadratischen Garten«. Als Zeichen ihrer Wertschätzung hatte Königin Mary das Haus mit viktorianischen Möbeln und Blumendrucken ausgestattet. Am 1. Januar 1949 erhielt Crawfie einen Brief der Königin, in dem diese ihr für die »aufopfernde Liebe« dankte, die sie Lilibet und Margaret entgegengebracht hatte.

Im März erfuhr die Königin jedoch von Crawfies Absicht, ein Buch über die Prinzessinnen zu schreiben, und teilte ihr mit, sie sei darüber sehr beunruhigt. Ihre Besorgnis sollte sich als berechtigt erweisen, als eine Freundin der Königin, Lady Nancy Astor, ihr im Oktober eine Kopie des Manuskripts schickte, das in der amerikanischen Illustrierten *Ladies Home Journal* veröffentlicht werden sollte. Lady Astor hatte das Manuskript über Bruce und Beatrice Gould erhalten, die mit ihr befreundeten Herausgeber des Magazins. Am 19. Oktober schrieb die Königin in einem sechsseitigen Brief an Lady Astor, die Lektüre sei ein »großer Schock für uns« gewesen und sie halte »unsere frühere Gouvernante, die unser vollstes Vertrauen genoß«, für »völlig übergeschnappt«; schließlich habe sie doch schriftlich versprochen, nichts über ihre Töchter zu veröffentlichen.[13] Ihr Privatsekretär Major Thomas Harvey ließ dem einen weiteren Brief an Nancy Astor folgen, der die Bemerkungen der Königin zu Crawfies Manuskript enthielt und in dem er darum bat, »bestimmte, besonders kränkende Passagen« aus der amerikanischen Ausgabe zu streichen. Die Königin, schrieb Harvey, sei »schockiert und betrübt«, daß eine Person, die in ihrem Haus eine Vertrauensstellung innegehabt habe, mit einer altehrwürdigen Tradition breche und persönliche Erinnerungen veröffentliche. »Derlei steht in krassem Mißverhältnis zu Geist und Gepflogenheiten des Hofes und der Angestellten Ihrer Majestäten, und alle, denen das Familienleben heilig ist, bedauern zutiefst diese unerfreuliche Verletzung von Sitte und Anstand ...«[14]

Die Liste mit den von der Königin erbetenen Streichungen ist offenbar verlorengegangen. Die amerikanische Ausgabe enthielt jedoch einen Bericht über einen Besuch von Wallis Simpsons beim Königspaar in der Royal Lodge, der später in der britischen Ausgabe gestrichen wurde.

Die Goulds waren über die Reaktion der Königsfamilie erstaunt und konnten nicht begreifen, weshalb die Königin gegen ein so einfühlsames Porträt ihrer Familie so vehement Einspruch erhob. »Ich beginne zu verstehen«, schrieb Bruce Gould an Nancy Astor, »daß die ganze Vorstellung vom Königtum auf einer Art eingeschworenem Ballett beruht, in dem jeder, ohne zu fragen, die festgelegten Schritte akzeptiert.« Auch wenn Crawfie eine Tradition gebrochen habe, mache ihr Buch »Die kleinen Prinzessinnen« doch Reklame für die königliche Familie. Die Königin hatte jedoch ihre Lektion von Königin Mary gelernt. Später sollte sie, in dem Bestreben, den Familienmythos intakt zu erhalten, in bezug auf den Herzog von Windsor ebenso verschwiegen sein. Kein Licht, wie rosig es auch sein sollte, durfte in das geheimnisvolle Dunkel fallen; Crawfie war ein gefährliches Beispiel, dem andere folgen könnten. Nancy Astor fand die Königin bei einem Besuch in »tiefer Betrübnis« über das Verhalten Crawfies vor. »Sie glaubt, Crawfie sei verrückt geworden«, sagte sie zu den Goulds. »Die Familie hat Crawfie vor nicht allzu langer Zeit gesehen und hatte den Eindruck, sie sei nicht mehr ganz die alte.«

Nancy verstand die Königin: »Stellen Sie sich vor, Ihr Privatsekretär würde etwas Derartiges tun! Kein Wunder, daß sie schockiert sind, wobei ich glaube, daß sie vor allem gekränkt sind – sie haben Crawfie gemocht und ihr vertraut, und Crawfie hat ihnen schriftlich ihr Wort gegeben!«[15] »Sich einen Crawfie leisten« ging in den königlichen Wortschatz ein, gleichbedeutend mit Verrat durch »Weitererzählen« oder »Petzen«, so wie »sich einen Onkel Dickie leisten« bedeutete, sich einen bösen Streich zu erlauben. Mountbatten hatte der königlichen Familie leihweise einen zuverlässigen Dienstboten zur Verfügung gestellt, während er im Ausland war, mit dem Erfolg, daß die Königsfamilie dessen Lohn zahlen mußte.

Crawfies Geschichte ist geradezu tragisch. Sechzehn Jahre lang hatte sie sich für Elizabeth und Margaret aufgeopfert. Sie hatte sie geliebt, und ihre Liebe war erwidert worden. »Sie [die Mitglieder der königlichen Familie] liebten sie – sie liebten sie wirklich sehr. Eben deshalb waren sie ja so gekränkt«, sagte eine Hofdame, die damals in Clarence House arbeitete. Crawfies Heirat mit George Buthlay, die ihr Sicherheit und ein märchenhaftes Happy-End hätte bringen sollen, war nicht der erträumte Hafen des Glücks. Sie war achtunddreißig, als sie Buthlay heiratete, ein Alter, das damals als zu hoch galt, um das erste Kind zur Welt zu bringen. Bereits wenige Monate nach ihrem Weggang begann die Beziehung zur Königsfamilie, die ihr soviel wert war, unter dem Druck der Forderungen ihres Mannes auseinanderzubrechen. »Sie war vernarrt in ihn«, sagte ein Angestellter des Hofes. Buthlay versuchte angeblich, aus der Beziehung zur Königsfamilie Kapital zu schlagen, indem er sie bei seinen geschäftlichen Transaktionen erwähnte. Seine Frau sollte auf sein Geheiß die Königsfamilie dazu überreden, daß sie ihr Konto bei Coutts auf Drummonds überschrieb, die Bank, für die er arbeitete. Außerdem belästigte Crawfie die Familie, womöglich auf seine Eingebung hin, mit der Bitte, sie zur Hofdame zu machen. »Er stiftete sie dazu an«, sagte ein Mitglied des Hofes. »Er war ein schrecklicher Mensch, immer darauf aus, seine Schäfchen ins Trockene zu bringen – er schrieb Firmen an und erwähnte dabei seine Beziehungen zum Palast.« Crawfie scheint lange damit gehadert zu haben, daß sie nur zum »Kommandeur des Königlichen Viktoriaordens« ernannt wurde – ein Titel, den der Monarch persönlich verleihen kann – und nicht zur höher stehenden »Dame«, zur Freifrau. Als Gründe, weshalb ihr der höhere Titel vorenthalten wurde, nannte ein Hofbeamter »Eifersucht am Hof, vielleicht auch ein bißchen Snobismus; einige waren schrecklich zu ihr.« Dagegen war die Übereignung von Nottingham Cottage auf Lebenszeit oder alternativ eine jährliche Pension von 100 Pfund, falls sie nicht dort leben wollte, recht großzügig.

Das Motiv für den »großen Verrat« war mit ziemlicher Sicherheit Geld. Crawfie bekam vom *Ladies Home Journal* 6500 Dollar steuerfrei. Die weltweiten Rechte wurden vom Verlag Curtis Publishing für 30000 Pfund an Newnes verkauft, wobei ein besonderer, die Steuer umgehender Deal für Crawfie eingefädelt wurde. Die Veröffentlichung in Großbritannien begann im März 1950 in *Woman's Own*. John Gordon, als Herausgeber und Chefkolumnist des *Daily Express* vom Ende der vierziger bis in die sechziger Jahre die Gottesgeißel der Königsfamilie und der Mountbattens, hatte seine Mitstreiterin gefunden. Er hatte die Rechte, »Die kleinen Prinzessinnen« als Fortsetzungsroman zu veröffentlichen, erwerben wollen, doch er hatte bereits 25000 Pfund für die Geschichte des Herzogs von Windsor ausgegeben. Laut Gordon bestand Crawfies Problem darin, aus ihrem ersten und den nachfolgenden Insider-Büchern Kapital zu schlagen und dabei die damals extrem hohe Besteuerung zu umgehen. Newnes hatte es gelöst, indem er Crawfie für ein festes Jahresgehalt, das auch das Honorar für alle künftigen Bücher einschloß, auf Lebenszeit als Gesellschaftsredakteurin von *Woman's Own* verpflichtete. Nachdem sie Newnes' Geld angenommen hatte, mußte Crawfie am laufenden Band Beiträge über das Königshaus produzieren. Sie schrieb Artikel über »Prinzessin Elizabeth auf Malta« und eine Kurzbiographie über Prinzessin Margaret für *Look*, in der sie den König mit den Worten zitierte: »Wissen Sie, Crawfie, ich erkenne viel von Ihnen in Prinzessin Margaret wieder.«[16] Gordon wollte ebenfalls Crawfies Dienste, doch scheiterte die Zusammenarbeit an Buthlays Forderungen. »Wir hätten sie unter Vertrag nehmen können, wenn wir eingewilligt hätten, ihren Mann in unserem Büro in Aberdeen für rund 500 Pfund im Jahr einzustellen«, schrieb Gordon seinem Arbeitgeber Lord Beaverbrook. »Dem konnte ich keinesfalls zustimmen. Buthlay ist ein schwieriger Zeitgenosse und hätte uns viel Ärger bereitet.«[17]

Im Herbst 1950 floh Crawfie aus Nottingham Cottage, wie Gordon Beaverbrook berichtete. »Wie Sie vermutet hatten«, schrieb er, »war ich der Autor des Artikels in Hardcastle über Crawfies Abreise aus Kensington Palace. Ich verfaßte ihn, um weiter Druck auf sie auszuüben, mehr über den Palast zu schreiben. Sie zu überreden ist zur Zeit schwierig, weil der ganze Trubel sie an den Rand eines Nervenzusammenbruchs gebracht hat, aber sie wird sich schon noch fügen.« Gordons Entschlossenheit, Crawfies Elend zu seinen Zwecken auszubeuten oder sogar zu vergrößern, gab ihm kaum das Recht, der Königsfamilie vorzuwerfen, sie schneide Crawfie. »Sie haben sie geächtet«, schrieb er. »Die Nachbarn, die alle von der Gunst des Palastes lebten, hatten sogar Angst, im Gespräch mit ihr gesehen zu werden. Also beschloß sie, ihre Sachen zu packen und zu gehen … Wenn diese Geschichte jemals niedergeschrieben werden sollte«, fuhr er optimistisch fort, »wird sie im Palast ein Erdbeben auslösen. Wenn man nur einige Briefe der Königin zitieren dürfte, die ich gelesen habe (schlechte Rechtschreibung und so weiter), so würde das noch die Windsors übertreffen [die Geschichte des Herzogs von Windsor, die im *Express* in Fortsetzungen erschien].«[18]

Gordon versuchte hartnäckig, diese Briefe und andere von den beiden Prinzessinnen und Königin Mary doch noch für seine Zwecke zu nutzen. 1954 kam er darüber mit Crawfie zu einer Einigung, doch hielt ihn die Warnung von Beaverbrooks Anwälten zurück, daß ihr Verkauf oder ihre Veröffentlichung gerichtlich unterbunden werden könnte. Nachdem der Verkauf der Briefe an Beaverbrook gescheitert war – die meisten wurden vor Crawfies Tod dem Königlichen Archiv zurückgegeben, mit dem Rest verfuhr ihr Anwalt nach ihren Anweisungen –, erlebte die arme Crawfie im Sommer 1955 das abrupte Ende ihrer journalistischen Karriere. Als Teil ihrer Vereinbarung mit Newnes hatte sie die Verantwortung für eine sentimentale wöchentliche Kolumne über Ereignisse im Königshaus in *Woman's Own* übernommen; sie spekulierte dabei auf ihre Stellung als ehemalige Insiderin. Dies sollte ihr zum Verhängnis werden. »Die würdevolle Haltung der Königin bei der Abnahme [sic] der Flaggenparade in der letzten Woche rief Bewunderung unter den Zuschauern hervor …«, schrieb sie in einer Kolumne vom 16. Juni 1955; doch die Parade war in jenem Jahr wegen eines Eisenbahnerstreiks abgesagt worden. Außerdem gab sie ihren Lesern eine packende Schilderung der Galopprennen in Ascot: »In Ascot herrschte dieses Jahr eine Hochstimmung, wie man sie in dieser Form noch nicht erlebt hat.« Zu Crawfies Pech waren die Rennen aus demselben Grund verschoben worden. Wie Robert Lacey, ein früher Biograph Elizabeths, schrieb, sorgte ihre Kolumne »für eine Sensation, die sie nicht beabsichtigt hatte. Sie beschloß ihre Laufbahn als Schriftstellerin rascher als ihre Tätigkeit bei Hof.« Crawfie lebte noch über dreißig Jahre zurückgezogen in Aberdeen, verbittert über ihre Erlebnisse und desillusioniert über ihre Ehe. Buthlay starb vor ihr und verfügte in seinem Letzten Willen, daß sie bei der Verstreuung seiner Asche nicht anwesend sein dürfe. Praktisch ohne Freunde, abgesehen von ihren Anwälten, starb Crawfie am 11. Februar 1988. Zu ihrem Begräbnis kamen keine Blumen von der Königsfamilie – weder von der Königinmutter noch von Lilibet oder Margaret.

Im Jahr 1949 gab es einige Veränderungen in Elizabeths Haushalt. Ihr Privatsekretär Jock Colville kehrte zu seiner diplomatischen Karriere zurück und nahm einen Posten in Lissabon an. Seine Frau, die ehemalige Meg Egerton, begleitete ihn; für sie kam als Hofdame ihre Schwester Lady Alice. Colvilles Nachfolger wurde Oberstleutnant Martin Charteris, der Elizabeth am längsten als Privatsekretär dienen sollte. »Daß die Wahl auf mich fiel, war die reinste Vetternwirtschaft«, sagte Charteris später. »Ich kannte Jock Colville…, und meine Frau war mit Alan Lascelles befreundet… Es gab keine Überprüfung, keine Unbedenklichkeitsbescheinigung, kein Vorstellungsgespräch… Erst Jahre später, als es zu spät war, bemerkte man, daß ich nie eine Verpflichtung zur Wahrung des Dienstgeheimnisses unterzeichnet hatte.«[19] Charteris verliebte sich, wie er freimütig gestand, gleich beim ersten Gespräch im November 1949 in seine Arbeitgeberin. »Da stand«, sagte er, »diese wirklich schöne Frau mit hellblauen Augen, einem blauen Kleid und einer Brosche mit riesigen Saphiren. Sie war so jung und schön und pflichtbewußt, eine sehr beeindruckende Frau.« Schon vor dem persönlichen Kennenlernen hatte ihm ihre bestimmte Art imponiert. Er war zu seinem Termin um 11.30 Uhr zu früh eingetroffen; Boy Browning empfing ihn und verständigte Elizabeth um 11.25 Uhr telefonisch: »Martin Charteris ist da, Ma'am. Soll ich ihn hereinbringen?«

Die Antwort lautete knapp: »Ja, um halb zwölf.« Sie führten ein »sehr nettes« Gespräch, wie Charteris sich erinnerte, doch danach hörte er nichts mehr von ihr. Er rief also bei Gelegenheit Colville an und fragte, ob er die Stelle bekommen habe. »Natürlich, Sie werden erwartet«, sagte Colville. »Sie fangen am 1. Januar mit der Arbeit an.«

Als im Herbst 1949 die Nachricht von Crawfies »Verrat« kam, nahm Elizabeths Leben gerade eine neue Wendung; es bot sich die Gelegenheit, dem Leben im Schloß zu entfliehen. Ihr kränkelnder Vater schien sich erholt zu haben, und deshalb wollte Philip wieder zur See fahren. Er betrachtete sich immer noch mehr als aktiven Marineoffizier denn als königlichen Gemahl. Er half Elizabeth zwar bei ihren öffentlichen Verpflichtungen und der Formulierung von Reden und übte mit ihr, die mädchenhaft hohe Stimme zu senken. Er tat für seine schüchterne Frau das, was die Königin für den König tat: Er gab ihr Selbstvertrauen und übernahm in heiklen Situationen die Führung. »Sie war fabelhaft bei der Erfüllung ihrer Pflichten«, sagte eine Hofdame, »doch im Umgang mit Menschen tat sie sich schwer. Besonders schüchtern war sie gegenüber Angehörigen ihrer eigenen Schicht, und Prinzessin Margaret überstrahlte sie stets. Elizabeth war wirklich extrem scheu.« Elizabeth hatte bei gesellschaftlichen und selbst öffentlichen Anlässen immer noch das Gefühl, im Schatten ihrer Mutter zu stehen, deren gewandtes Auftreten gefeiert wurde. Auf Bahnreisen, wo an jedem Bahnhof Menschenmengen auf sie warteten, um ihr zuzuwinken, sagte sie gewöhnlich: »Mummy hätte das genossen, sie kann damit so viel besser umgehen ...« Noch in ihren ersten Jahren als Königin fühlte sie sich auf Weltreisen manchmal von ihrem selbstsicheren, charmanten Mann in den Schatten gestellt, und sie bemerkte genau, wie sehr er Frauen beeindruckte. Wenn sie ohne ihn an einem Mittagessen für Frauen teilnahm, seufzte sie wissend und bescheiden: »Ich weiß, sie würden lieber Philip sehen.«

Philip war gern in Clarence House und genoß es, dort »klar Schiff« zu machen, doch er hoffte immer noch auf ein eigenes Kommando und sehnte sich danach, wieder in See zu stechen. Im Oktober 1949 wurde er als Erster Offizier und Stellvertretender Kommandant auf die »HMS Chequers« beordert, das Flaggschiff der auf Malta stationierten Ersten Zerstörerflotille. Dort diente auch sein Onkel Mountbatten, der das Kommando über das Erste Kreuzergeschwader führte; er hatte den ungewöhnlichen Wandel vom Vizekönig über den Generalgouverneur eines unabhängigen Indiens wieder zurück zum aktiven Marineoffizier durchgemacht. Obwohl zum Vizeadmiral befördert, war er nicht einmal Stellvertretender Kommandant der Mittelmeerflotte, damals eine der mächtigsten Flotten auf See. Jedesmal, wenn sein Schiff im Hafen lag, verbrachte Philip viel Zeit bei seinem Onkel und seiner Tante in der Villa Guardamangia. Laut Mountbatten war das erste Wiedersehen nicht gerade einfach, denn Prinz Philip war »sehr darauf bedacht, seine Unabhängigkeit zu zeigen«, und dies auf geradezu brüske Art. Mountbatten war gekränkt. »Das Schwierige daran, keinen eigenen Sohn zu haben, sondern nur ein paar Neffen und einen Schwiegersohn, ist, daß sie nie dasselbe für einen empfinden wie für ihren leiblichen Vater, auch wenn man sie noch so gern hat«, klagte er seiner geliebten Tochter Patricia. »Nicht, daß ich ihnen das verübele, aber es stimmt mich manchmal ein wenig traurig.« Nach einiger Zeit normalisierte sich die Beziehung jedoch wieder. »Philip versteht sich mit uns wieder so gut wie 1946. Wir führten ein offenes Gespräch miteinander, in dem er zugab, daß er mir aus dem Weg gegangen war, weil er nicht von mir beherrscht und gefördert werden wollte.«[20]

Am 20. November flog Elizabeth zu ihrem Mann und zog, nachdem sie aus Höflichkeit ein paar Nächte in der Residenz des Gouverneurs verbracht hatte, zu den Mountbattens. Philips Onkel, der sich offenbar nicht genug über seine Beziehung zum Königshaus begeistern konnte, war entzückt, die Thronerbin bei sich zu Gast zu haben. Vielleicht war er selbst ein wenig in sie verliebt. »Ich glaube, ich muß dir nicht erst sagen, wie lieb ich sie gewonnen habe«, sagte er zu Patricia. »Lilibet ist bezaubernd, und alles, was von meinem Herzen noch übrig war, habe ich an sie verschenkt. Sie tanzt himmlisch und wünscht sich immer eine Samba, wenn wir zusammen tanzen, und sie hat einige sehr nette Bemerkungen darüber gemacht, wie gut ich tanze.« Seit Philip ihm gesagt hatte, sie habe ihn früher *nicht* gemocht, war er begierig zu wissen, was sie jetzt von ihm hielt, und er beauftragte Patricia, das herauszufinden. Elizabeths ursprüngliche Meinung war möglicherweise von den Vorbehalten ihrer Mutter gegenüber Mountbatten beeinflußt gewesen, doch als sie ihn auf Malta näher kennengelernt hatte, mochte sie ihn. Er war ein guter Gesellschafter, man konnte sich gut mit ihm unterhalten, und es gab sowieso zuwenig königliche Onkel, seit der Herzog von Kent gestorben und der Herzog von Windsor zum Schrecken der Familie geworden war. Außerdem fiel es Elizabeth leichter, sich mit Älteren zu unterhalten als mit Altersgenossen, es sei denn, sie kannte sie wirklich gut. Und dann war da noch Polo, wofür man Pferde benötigte, und die waren ihre wahre Leidenschaft. Philip wurde unter dem Einfluß seines Onkels auf Malta vom Polofieber infiziert. Elizabeth saß bei den Spielen in der Regel neben Mountbatten und sah ihrem Mann zu. Bezeichnenderweise erkannte sie, wenn Mountbatten sie auf bestimmte Teilnehmer aufmerksam machte – »Das ist Soundso« –, eher das Pferd als den Reiter und verbesserte ihn dann: »Nein, das kann nicht Soundso sein, denn das ist Grayling.« Elizabeths Umgebung jedoch blieb gegenüber Mountbatten mißtrauisch. Browning, der seinen ehemaligen Chef gut kannte, schickte eine Frau mit strengen Anweisungen nach Malta: »Denken Sie daran, Sie haben es mit Dickie zu tun – er spielt lieber mit verdeckten Karten als mit offenen.« Weiter wies er sie an, darauf zu achten, daß »Prinzessin Elizabeth nicht von Dickie herumkommandiert wird«.

In Guardamangia starrte Elizabeth mit großen Augen aus dem Fenster, fasziniert von dem Anblick, der sich ihr bot: Menschen, die in Höhlen lebten. Das war alles ganz weit weg vom Buckingham-Palast und Clarence House. Die wenigen Monate auf Malta waren die einzige Zeit, in der Elizabeth trotz der unvermeidlichen Anwesenheit ihres Leibwächters ein nahezu normales Leben als Frau eines Marineoffiziers führen konnte, unbeobachtet von der Öffentlichkeit. Mike Parker war ebenfalls dabei. »Er und Prinz Philip waren wie Jungen«, sagte ein Angesteller des Hofes. »Er [Parker] heiterte die ganze Gesellschaft auf.« Man ging schwimmen und tanzen und machte Picknicke und Bootsausflüge zu den Stränden und Buchten rund um die Insel und nach Gozo. Elizabeth konnte sogar zum Einkaufen und zum Friseur gehen und mit anderen Frauen von Marineoffizieren über dieselben Insider-Witze lachen. Sie war glücklich und schwanger und vermißte ihren Sohn offenbar nicht, der zu Hause in London bei seinen Großeltern und Kindermädchen weilte. Charles verbrachte Weihnachten mit den Großeltern in Sandringham; das war vielleicht der Anfang seiner lebenslangen Liebe zu seiner Großmutter. Auch der König war ganz vernarrt in ihn und schrieb seiner Tochter: »Wenn er im Zimmer herumtapst, ist er so süß, daß man es gar nicht sagen kann.« In ähnlichen Worten hatte sein Vater im Jahr 1927 von Elizabeth geschwärmt, als ihre Eltern sie alleingelassen hatten. Elizabeth kehrte am 28. Dezember nach Hause zurück, doch am 28. März 1950 flog sie erneut zu Philip. Am 21. April feierte sie ihren vierundzwanzigsten Geburtstag. Peter Howes, der Kommandant von Mountbattens Flaggschiff, stellte eine Gruppe junger Offiziere zu einem improvisierten Chor zusammen. Um 8.45 Uhr klingelte das Telefon. Als Elizabeth abnahm, hörte sie eine peppige Interpretation von »Happy Birthday«, begleitet von einigen Bandmitgliedern der »HMS Liverpool«. Laut Mountbatten, der es von Bobo gehört hatte, war »Lilibet ganz aus dem Häuschen und sagte ständig: ›Ach! Vielen Dank, danke! Das war lieb, aber wer seid ihr?‹« Darauf folgte ein zweiter Vers, vorgetragen vom Officers' Glee Club zum Refrain eines Dudelsacks. »Lilibet wurde zuerst weiß, dann puterrot, und am Ende hatte sie Tränen in den Augen.« Und Mountbatten fügte hinzu: »Sie ist so lieb und sympathisch, manchmal denke ich, sie mag mich auch, aber sie ist zu zurückhaltend, um das in irgendeiner Form zu zeigen.«[21]

Elizabeth flog nach England zurück, um dort die Ankunft ihres Babys zu erwarten. Als sie Malta am 9. Mai verließ, mußte das Flugzeug wegen heftiger Stürme in Nizza landen; die königliche Reisegruppe verbrachte daher eine Nacht im Hotel Negresco. Es war eine besonders glückliche Zeit für sie, wie sie einem Freund erzählte:

»Philip und ich sind begeistert von dem neuen Baby, und wir hoffen nur, daß Charles sich mit ihm anfreunden wird. Aus der Nähe hat er bisher nur Fortune Eustons Baby gesehen, und er hat damals versucht, ihr die Zehen abzureißen und die Augen auszustechen. Das Mädchen nahm aber alles sehr ruhig hin, da sie einen zweijährigen Bruder hat, der vermutlich dasselbe versucht hat.«

Philips Karriere als Marineoffizier machte Fortschritte: Man hatte ihm mitgeteilt, daß er zum Korvettenkapitän befördert werden und das Kommando über ein eigenes Schiff erhalten sollte. »Philip wird einige Zeit im Mittelmeer bleiben, weil er soeben ein eigenes Kommando erhalten hat«, schrieb Elizabeth. »Das war sein Ziel, seit er wieder aktiver Marineoffizier ist, und er ist deshalb natürlich sehr aufgeregt.«

Vor Antritt seines Kommandos folgte Philip seiner Frau nach England. Er traf am 27. Juli dort ein, rechtzeitig zur Geburt von Prinzessin Anne Elizabeth Alice Louise am 15. August 1950, um 11.50 Uhr in Clarence House. Für Prinz Charles muß die Rückkehr des Vaters, kurz darauf gefolgt von einem neuen Baby, so etwas wie ein Schock gewesen sein. Eine Aufnahme aus dieser Zeit zeigt ihn, wie er etwas durcheinander in die Wiege späht. Er war beinahe zwei Jahre alt und hatte den Vater fast ein Jahr lang nicht gesehen und die Mutter nur mit Unterbrechungen. Daß eine Schwester aufgetaucht war und im Mittelpunkt des Interesses stand, muß ihn sehr verwirrt haben; lediglich die liebevollen Großeltern und die Kindermädchen, die dieselben waren wie vorher, sorgten für Kontinuität. Sein Vater reiste am 1. September wieder nach Malta ab, und im Dezember folgte ihm die Mutter. Weihnachten fuhr Prinz Charles mit seiner kleinen Schwester wie üblich zu den Großeltern nach Sandringham.

Philips erstes Kommando war die Fregatte »HMS Magpie«. Der Eindruck, den er auf die Mannschaft der »Magpie« machte, war Berichten zufolge gespalten. Philip war äußerst ehrgeizig; sein Schiff mußte immer das erste sein, bei Manövern und selbst bei der jährlichen Regatta, wo es sechs von zehn Ruderwettbewerben gewann; der Kapitän selbst stand bei einem der siegreichen Rennen am Schlag. Die Mannschaft nannte ihn »Dukey« (Herzöglein) – aber wohl kaum in seiner Anwesenheit. Einige mochten ihn oder sagten das zumindest: »Er ließ uns bis zum Umfallen schuften, aber er behandelte uns wie Gentlemen.« Andere konnten ihn nicht leiden; einer sagte sogar, er stürbe lieber, als noch einmal auf Philips Schiff zu dienen. Ein anderer beschrieb ihn als »herumtrampelnd wie ein – Tiger«.

Philip war mit der »Magpie« einige Male offiziell unterwegs, und im Dezember nahm er Elizabeth an Bord der »HMS Surprise« und fuhr, eskortiert von der »Magpie«, nach Griechenland, um seine königlichen Verwandten zu besuchen, seinen Cousin König Paul und dessen Frau Königin Friederike von Braunschweig-Lüneburg. Im April 1951 machten sie einen offiziellen Besuch in Rom. Die Botschaft feierte Elizabeths Geburtstag am 21. April mit einem großen Empfang. Die Prinzessin war darüber verärgert, weil sie lieber ausgegangen wäre und in einem römischen Restaurant gegessen hätte. »Sie sprach einige Tage lang kein Wort mit Philip. Ich meine, er hätte ja daran denken können, nicht wahr?« sagte ein Gast. Die kultivierten Römer kritisierten Elizabeths langweilige Kleider, eine Kritik, über die in amerikanischen Medien ausgiebig berichtet wurde. Elizabeth wiederum, die ein behütetes und glänzendes, aber nicht gerade von feinsinnigem Geschmack gekennzeichnetes Leben führte, fand die Römer in ihren Kleidern der Haute Couture und mit ihren phantastischen Juwelen befremdend und einschüchternd. Über die unverhohlene Schwärmerei einer römischen Prinzessin für Philip mußte sie lachen, doch sie war schockiert über die völlige Mißachtung der Fastenzeit in der Hauptstadt der katholischen Christenheit. In einer Zeit, in der doch eigentlich Zurückhaltung angesagt war und nicht einmal Hochzeiten gefeiert wurden, gaben römische Adlige endlose Feste und tanzten die Nacht durch. »Es war ein Prozeß des Erwachsenwerdens für sie«, sagte jemand aus ihrer Umgebung. Der Empfang der Thronerbin durch den Papst stieß in Großbritannien natürlich auf Protest. Elizabeth wurde zum ersten Mal in der Presse kritisiert, und diese Kritik schmerzte angesichts des mühelosen Triumphes bei ihrem Besuch in Paris zwei Jahre zuvor vielleicht um so mehr.

Seit Juni 1950, noch vor der Geburt von Prinzessin Anne, bildete Elizabeth sich durch das Studium von Kabinettsakten und Memoranden gezielt weiter.[22] Die kurze Zeit der Freiheit war schon fast vorüber. Ihr Vater lag im Sterben, auch wenn weder er noch seine Familie sich damals darüber im klaren waren. »Der König hatte den Tod als ständigen Begleiter«, sollte Churchill sagen. Es bestand die Gefahr einer tödlichen Thrombose. Bei der Eröffnung der Ausstellung des »Festival of Britain« im Mai 1951 sah er schwer krank aus. Nach der feierlichen Amtseinsetzung seines Bruders, des Herzogs von Gloucester, als Großmeister des Bath-Ordens bekam er Fieber wie bei einer Grippe und legte sich ins Bett. Die Ärzte diagnostizierten eine »katarrhalische Entzündung« im linken Lungenflügel. Der König schrieb erleichtert an Königin Mary, die Entzündung sei erst wenige Tage alt und »müßte durch die Behandlung wieder verschwinden«. Über Pfingsten gönnte er sich eine Pause und fuhr mit seiner Frau und Prinzessin Margaret nach Balmoral. Die Königin, stets blind gegenüber Krankheiten bei sich selbst und den Menschen ihrer Umgebung, schien um ihren Mann nicht sonderlich besorgt, doch eine Hofdame deutete sein ständiges Husten als schlechtes Zeichen. Der König war sehr müde; der Ausbruch des Koreakriegs im Sommer 1950 hatte ihn zutiefst beunruhigt.

Im Dezember war Premierminister Clement Attlee aufgrund von Befürchtungen, die Amerikaner könnten dort womöglich die Atombombe einsetzen, zu einem Besuch bei Truman geflogen. »Die unablässigen Sorgen und Krisen, die wir erleben müssen, haben mich zur Strecke gebracht«, schrieb der König einem Freund. Er vertraute neben der Schulmedizin auch der Homöopathie, vor allem Sir John Weir, den er bei der Thronbesteigung 1937 zu einem seiner Leibärzte gemacht hatte. Die ganze Königsfamilie war an der Homöopathie interessiert; Weir behandelte nicht nur den König, sondern auch die Königin, Königin Mary und die Herzogin von Gloucester. George VI. war jedoch sein eifrigster Patient; er nannte sogar ein Rennpferd nach einem homöopathischen Mittel Hypericum. Elizabeth und später Prinz Charles glaubten ebenfalls fest an die Heilkräfte der Homöopathie.

Im Juli kehrten der Herzog von Edinburgh und seine Frau endgültig aus Malta zurück. Inzwischen war offensichtlich, daß der König ihre Hilfe bei der Ausübung seiner öffentlichen Verpflichtungen benötigte; unter anderem sollten sie ihn bei einem für den Herbst vorgesehenen Staatsbesuch in Kanada und den Vereinigten Staaten vertreten. Die Abreise mit dem Linienschiff »Empress of Britain« war für den 25. September geplant, doch die Reise wurde kurzfristig abgesagt, nachdem am 7. September bei einer Tomographie in London beim König ein Tumor entdeckt worden war. Unverzüglich wurde für den 15. September eine Bronchoskopie angesetzt. Sie bestätigte die schlimmsten Befürchtungen der Ärzte: Der Tumor war bösartig. Niemand außer Churchills Arzt Lord Moran erwähnte das Wort Krebs; er las zwischen den Zeilen des Krankenberichts und warnte Churchill. Dem König sagte man lediglich, er leide unter dem Verschluß einer Bronchie, der die Entfernung des linken Lungenflügels erforderlich mache, doch die Familie kannte die Wahrheit. Beklemmende drei Stunden lang wartete sie im Buckingham-Palast, während der Chirurg Clement Price Thomas den König operierte. Vorübergehend sah es so aus, als müsse Thomas die Nerven am Kehlkopf durchtrennen, was bedeutet hätte, daß der König nie wieder mehr als ein Flüstern herausgebracht hätte. Die Operation verlief offenbar erfolgreich. Der Patient kam wieder zu Bewußtsein, und um 17 Uhr erließen die Ärzte ein vorsichtig optimistisches Bulletin für die 5000 Menschen, die draußen schweigend warteten. Intern freilich sah die langfristige Prognose düster aus. Lord Moran war der Ansicht, daß der König, »selbst wenn er sich erholt, kaum noch länger als ein Jahr zu leben hat«.

Edwina Mountbatten hatte Elizabeths Abreise von Malta mit den Worten kommentiert: »Man bringt den Vogel wieder in den Käfig zurück.« Elizabeth hatte eben erst gelernt, das Leben außerhalb des Käfigs zu genießen, aber nun hing die Krankheit ihres Vaters wie ein Verhängnis über ihr und Philip. Jeden Augenblick drohte sie jetzt Königin zu werden, und damit wäre die Aussicht auf ein relativ normales Leben für die beiden endgültig vorbei. Am 8. Oktober trat sie mit Philip den verschobenen Staatsbesuch nach Kanada an – der erste Transatlantikflug von Mitgliedern der Königsfamilie. Martin Charteris, der sie begleitete, hatte im Gepäck die für die Thronbesteigung – das Damoklesschwert über seiner Arbeitgeberin – nötigen Dokumente. Elizabeth wurden nun bereits Staatsakten vorgelegt, und zu Hause las sie die täglichen Parlamentsberichte. In Kanada las sie jeden Tag die per Luftpost geschickte *Times*, darauf bedacht, sich über das aktuelle Geschehen auf dem laufenden zu halten. Fünfunddreißig Tage lang bereisten sie und Philip den amerikanischen Kontinent; dabei durchquerten sie ihn zweimal, und allein in Kanada legten sie eine Entfernung von gut 16000 Kilometern zurück. Auch hier trat Elizabeth in die Fußstapfen der Eltern, die 1939 ihre mörderisch anstrengende, aber triumphale Amerikareise absolviert hatten. Teils lag gerade darin das Problem. Nach all den begeistert gefeierten Reisen im Vereinigten Königreich begegnete die Prinzessin erstmals direkt der Kritik in der Presse. Die Erinnerung an das strahlende Lächeln der Mutter war noch frisch – ihr Besuch lag erst zwölf Jahre zurück –, und die kanadische Presse war von der häufig unbewegt dreinblickenden Tochter weniger entzückt. »Warum lacht sie nicht öfter?« hieß es. Als Martin Charteris Elizabeth zuredete, den Kanadiern den Gefallen zu tun, entgegnete sie: »Sehen Sie, Martin, meine Kiefer tun mir weh.«

»Wir machten eine sehr schwere Zeit durch«, erinnerte er sich. Bestimmte Kreise reagierten verschnupft, als Philip Kanada als »lohnende Investition« bezeichnete, eine unglückliche Wortwahl, die für manche Leute zu sehr nach kolonialistischer Ausbeutung klang. Philip schrieb seine Reden stets selbst; es war nicht das letzte Mal, daß er mit seinen Formulierungen in ein Fettnäpfchen treten sollte, das ein erfahrener Hofangestellter umgangen hätte. Doch es gab auch schöne Momente: Ein denkwürdiges Foto zeigt die beiden entspannt lächelnd und Arm in Arm beim Square dance. Elizabeth trug den vorgeschriebenen Rock, Philip ein kariertes Hemd und Jeans, die Bobo und John Dean schnell noch gekauft hatten.

In Washington wohnten sie im Gästehaus der Regierung, da das Weiße Haus frisch gestrichen wurde. »Truman war wie ein Onkel zu ihr und mochte sie«, erinnerte sich Charteris. Der Präsident führte das Paar in den oberen Stock, wo seine schwerhörige alte Schwiegermutter Mrs. Wallace im Bett lag, und brüllte: »Mutter! Ich habe Prinzessin Elizabeth mitgebracht!« Bei den letzten britischen Parlamentswahlen vom 25. Oktober, die während der Reise stattgefunden hatten, war Churchill wieder an die Macht gekommen. Die alte Frau sagte verwirrt zu Elizabeth: »Ich bin so froh, daß Ihr Vater wieder gewählt worden ist.« Elizabeth überreichte dem Präsidenten Geschenke ihres Vaters: zwei Kerzenleuchter aus Flußspat und Goldbronze von Matthew Boulton und einen monumentalen, zwei Meter hohen und anderthalb Meter breiten Spiegel aus dem 18. Jahrhundert im vergoldeten Schnitzrahmen mit Blumenmalerei. Ein persönlicher Brief von George VI. an den Präsidenten war beigelegt. Drei Tage vor seiner Operation, am 20. September, hatte er geschrieben, Truman möge die Geschenke »für das Weiße Haus anläßlich seiner Restaurierung« annehmen. »Wir haben soeben den Besuch einer reizenden jungen Dame und ihres sympathischen Mannes empfangen«, antwortete der Präsident in seiner verbindlichen Art. »Die ganzen Vereinigten Staaten haben sie in ihr Herz geschlossen ... Von Vater zu Vater gesprochen – wir können sehr stolz auf unsere Töchter sein. Sie sind aber besser dran als ich – denn Sie haben zwei!«

Prinz Charles feierte am 14. November seinen dritten Geburtstag, wieder in Abwesenheit der Eltern. Der König fühlte sich stark genug, um an der Geburtstagsfeier teilzunehmen. Ein bezauberndes Foto, später ein Lieblingsbild Elizabeths, zeigt die beiden, nebeneinander auf einem Brokatsofa im Buckingham-Palast sitzend: Der König sieht lächelnd auf seinen Enkel herunter, während ein tadellos gekleideter Prinz Charles – dessen glänzende Haare Nanny Lightbody eigens für diesen Anlaß zurechtgekämmt hatte – seinem Großvater offenbar gerade etwas sagen will. Dies sollte Charles' erste und einzige Erinnerung an den Großvater bleiben. Der Prinz wirkt auf Fotos wie seine Mutter meist ernst. Auf einem Familienfoto aus dem Sommer desselben Jahres sieht man ihn, wie er argwöhnisch, ja ängstlich in die Kamera blickt, die Augen vor der Sonne zusammengekniffen, während die noch kein Jahr alte, extrovertierte Prinzessin Anne übermütig mit der Hand an das Kinn ihres Vaters faßt.

George VI. schickte den königlichen Privatzug nach Liverpool, um Elizabeth und Philip abzuholen, die per Schiff zurückgekehrt waren. Beim ersten Zusammentreffen waren beide beunruhigt. »Der König sah furchtbar aus«, erinnerte sich Charteris. Die weniger gut informierte Bevölkerung jedoch faßte die Veröffentlichung des Fotos mit dem Enkel als Zeichen der Genesung des Königs auf, und am 2. Dezember wurden in den Kirchen im ganzen Land Dankgottesdienste abgehalten. Der König war erst sechsundfünfzig, trat aber in der Öffentlichkeit so gut wie nicht mehr auf – eine Tatsache, die noch dadurch unterstrichen wurde, daß er auch den Staatsbesuch in Australien und Neuseeland an Elizabeth und Philip delegierte, den er liebend gern selbst gemacht hätte, wegen seiner Krankheit im November 1948 jedoch hatte verschieben müssen. Am 4. Dezember nahm er Elizabeth und Philip in den Kronrat auf. Weihnachten wurde wie üblich in Sandringham gefeiert; außer den Harewoods nahm der ganze engere Kreis der Königsfamilie teil. Schön war für den König, daß die gefürchtete Weihnachtsansprache, die ihm sonst immer den Vormittag des ersten Weihnachtstags verdorben hatte, diesmal wegen seiner angegriffenen Gesundheit zuvor aufgenommen worden war, so daß er sie nicht live halten mußte. Dennoch sieht er auf dem damals aufgenommenen Familienfoto ausgezehrt aus, ein Schatten – verglichen mit der kräftigen Statur seines Bruders, des Herzogs von Gloucester, der hinter ihm steht. Königin Mary neben George sah ebenfalls gebrechlich aus; sie sollte ihren Sohn nur um ein knappes Jahr überleben. Prinzessin Anne saß glücklich in der Mitte auf dem Knie des Großvaters, während Prinz Charles neben der Großmutter stand, die tröstend den Arm um ihn gelegt hatte.

Die Königin und der König redeten sich beide ein, es gehe ihm besser. Der König ging auf die Jagd, nahm aber auch seine staatsmännischen Pflichten wahr und schrieb persönliche Briefe an Truman und Eisenhower, die Churchill bei seinem bevorstehenden Besuch in Washington helfen sollten. Außerdem wollte er mit der Königin am 10. März nach Südafrika fahren, um sich im Botha House zu erholen, dem offiziellen Landsitz des Ministerpräsidenten. Der Führer der Nationalen Partei Malan, der Nachfolger von Feldmarschall Smuts, einem Freund des Königs, hatte ihm das Haus angeboten. Am 29. Januar fuhr der König nach London, um seine Ärzte zu konsultieren, und diese äußerten sich »sehr zufrieden« über ihren Patienten. Erst neun Tage zuvor war Lascelles jedoch so beunruhigt über die schlechte Gesundheit des Königs gewesen, daß er ein Telegramm in die Vereinigten Staaten geschickt hatte, um Churchill vorzuwarnen. Am 30. Januar wohnten das königliche Paar, der Herzog von Edinburgh, seine Frau und Margaret in Begleitung von Peter Townsend und anderen Freunden einer Aufführung des Musicals »South Pacific« im Drury Lane Theatre bei. Die Familie wollte den günstigen Befund der Ärzte feiern und zugleich die Prinzessin und den Herzog verabschieden, die am folgenden Morgen zu ihrem Staatsbesuch an das andere Ende der Welt fliegen sollten. Auf dem gemeinsamen Foto ähnelt das Gesicht des Königs einer Totenmaske, obwohl er keineswegs alt, sondern jugendlich aussah; seine beiden Töchter sahen fast so aus wie Jahre zuvor Crawfies »kleine Prinzessinnen«. Es schien, als wäre die Familie kurz vor ihrem Auseinanderbrechen in der Zeit zurückgereist. Am folgenden Tag, dem 31. Januar, fuhr der König entgegen seiner sonstigen Gewohnheit bis zum Flughafen Heathrow mit, um die Tochter nach Kenia abfliegen zu sehen, der ersten Station ihrer Reise. Ohne Hut stand er im kalten Wind, in den Augen jenen angestrengten, starren Blick, den sie in Momenten der Rührung annahmen. Im Innersten seines Herzens wußte er, daß der Tod, wie Churchill gesagt hatte, sein »ständiger Begleiter« war und daß es gut möglich war, daß er die geliebte Tochter nie wiedersehen würde. Churchill, der mit ihm auf dem Flughafen war, schilderte ihn als »fröhlich und sogar unbekümmert; [er] trank ein Glas Champagner. Ich glaube«, fügte er hinzu, »er wußte, daß er nicht mehr lange zu leben hatte.« Laut Bobo hatte der König zu ihr gesagt: »Kümmern Sie sich an meiner Stelle um die Prinzessin, Bobo.« Sie hatte ihn nie zuvor beim Abschied so aufgewühlt erlebt.

Er starb plötzlich und ohne Vorwarnung nur sechs Tage später im Schlaf in Sandringham, in den frühen Morgenstunden des 6. Februar 1952, an einer Koronarthrombose. Seine Tochter wurde Königin von England, als sie auf einer Plattform des Hotels Treetops im Geäst eines riesigen wildwüchsigen Feigenbaums saß, wo sie Tiere an der Salzlecke beobachtete und fotografierte. Am Fuß des Baumes hielt ein berühmter »weißer Jäger« Wache, Jim Corbett. Er war bewaffnet mit einem schweren Gewehr, das die Prinzessin vor wilden Elefanten schützen sollte, aber auch, ohne daß sie es wußte, vor möglichen Anschlägen von Terroristen der Mau-Mau. Ohne vom Tod des Vaters etwas zu ahnen, kehrten sie und Philip zur Sagana Lodge zurück, ihrem Hochzeitsgeschenk der kenianischen Bevölkerung für sie, um sich auf die Reise nach Mombasa vorzubereiten. Dort wollten sie sich dann auf der »SS Gothic« nach Neuseeland und Australien einschiffen. Weder vom Buckingham-Palast noch über die BBC kam eine Nachricht. Sir Edward Ford, der Stellvertretende Privatsekretär des Königs, glaubt, daß das Telegramm aus dem Palast mit der Meldung vom Tod des Königs nie nach Kenia abgeschickt wurde, weil der Telegraphist den vereinbarten Code »Hyde Park Corner« für die Adresse hielt und nicht für die Nachricht. Währenddessen hatte sich der Verantwortliche bei der BBC in den Kopf gesetzt, daß nur der renommierte Rundfunksprecher John Snagge eine hinreichend würdevolle Stimme für eine derartige Ankündigung habe, und der war nicht aufzutreiben. Michael Parker wurde telefonisch von Martin Charteris über das traurige Ereignis informiert, der die Nachricht beim Mittagessen im Hotel Outspan von einem Journalisten erfahren hatte. Parker schlich ums Haus, um die Aufmerksamkeit von Philip auf sich zu lenken, und winkte ihn auf den Rasen hinaus. Die Nachricht traf Philip wie ein Donnerschlag; er hatte diesen Augenblick lange gefürchtet: das Ende seines unabhängigen Lebens. »Er sah aus, als sei die Welt über ihm zusammengebrochen«, erinnerte sich Parker. »In meinem ganzen Leben hat mir noch niemand so leid getan.«

Es war 14.45 Uhr Ortszeit und 11.45 Uhr Londoner Zeit, als Philip seiner Frau mitteilte, daß sie Königin von Großbritannien, den Dominien und den überseeischen Besitzungen geworden war. Martin Charteris, der gleich nach dem Telefonat mit Parker vom Hotel Outspan herbeigeeilt war, traf die neue Königin »sehr gefaßt« an, »ganz Herrin der Situation«. Sie saß an ihrem Schreibtisch und schrieb Briefe, in denen sie sich für die Absage der Reise entschuldigte; eine leichte Röte im Gesicht war das einzige Zeichen ihrer Erregung. »Wie werden Sie sich nennen?« fragte Charteris. »Mit meinem eigenen Namen natürlich«, erwiderte sie, »wie sonst?«

7

Herrscherin

»Ich hätte nicht gedacht, daß man sein Schicksal so souverän meistern kann.«

Lord Charteris von Amisfield

Die neue Königin saß in einer bockigen Dakota auf dem Flug von Nanyuki nach Entebbe, der ersten Station der Heimreise, und blickte auf den weißen Kegel des Kilimandscharo und die Buschfeuer hinunter, die in den umliegenden Ebenen wüteten. Neben ihr erklärte Martin Charteris, was sie bei der Rückkehr erwartete: das Protokoll und das Zeremoniell anläßlich der Thronbesteigung. Charteris beschäftigte sich damit schon seit ihrer Kanadareise. Elizabeth trug ein helles Baumwollkleid; Trauerkleider, die sie in heutigen Zeiten für einen solchen Fall immer dabei hat, lagen in Entebbe bereit. Man hatte sie von Mombasa, wo das Personal bereits das ganze Gepäck auf die »Gothic« verladen hatte, dorthin geflogen. Als Charteris Elizabeth zum letztenmal vor der Nachricht vom Tod des Königs gesehen hatte, hatte sie Bluejeans getragen. »Ihr Haar war vom Wind zerzaust, und sie sah großartig aus.« Sie hatte ganz aufgeregt über Nashörner gesprochen. Jetzt saß neben ihm eine gefaßte junge Frau und erkundigte sich nach dem Thronrat.

Auch den anderen Leuten im Flugzeug erschien sie gefaßt, obwohl John Dean beobachtete, wie sie ein- oder zweimal aufstand; bei der Rückkehr sah sie aus, als hätte sie geweint. Mitten am Nachmittag landeten sie in Heathrow; sobald die Motoren zum Stillstand gekommen waren, kamen der Herzog von Gloucester, die Mountbattens und außerdem Philips persönlicher Diener, Geschwaderführer »Peter« Beresford Horsley, mit einer Mitteilung Königin Marys für die neue

Königin an Bord. Auf der Rollbahn begrüßte als erster Churchill Elizabeth, doch er war so von Gefühlen überwältigt, daß er kein Wort herausbrachte. Anstelle ihres eigenen Wagens aus Clarence House wartete auf sie, schwarz wie ein Leichenwagen, ein Rolls-Royce aus dem Buckingham-Palast, ein Hinweis auf ihren neuen Status. Als Elizabeth in ihrem bisherigen Zuhause Clarence House eintraf, erwartete Tommy Lascelles sie mit einem Stapel Dokumente. Das erste Papier, das sie als Königin unterzeichnete, wurde diesem Anlaß kaum gerecht: Es bezog sich auf ein Sexualdelikt in der Armee.

Eine halbe Stunde später fuhr Königin Mary aus dem nahen Marlborough House in einer Limousine vor. Sie war Expertin für alle Details des königlichen Protokolls und der Ehrerbietung, die dem Oberhaupt des Hauses Windsor gebührte. Wie sie stets Wert darauf gelegt hatte, vor ihrem Sohn, dem König, einen Knicks zu machen, wenn sie in Balmoral oder Sandringham mit den Frauen den Speisesaal verließ, huldigte sie nunmehr formvollendet ihrer Enkelin. »Ihre alte Großmutter und Untertanin muß ihr als erste die Hand küssen«, meinte sie. Elizabeth war den Worten eines Beobachters zufolge »zutiefst entsetzt«. Es war ihr gelungen, den Schmerz über den Verlust des innig geliebten und bewunderten Vaters vor der Öffentlichkeit zu verbergen; doch als seine Mutter, ihre Großmutter, ihr nun so förmlich entgegentrat, war es für sie die Zerreißprobe. Der Vorfall brachte symbolhaft ihre Einsamkeit in der neuen Stellung zum Ausdruck, in der die private Familie hinter der öffentlichen »königlichen Familie« zurücktreten mußte.

Das Verschwinden des geliebten Vaters markierte einen abrupten und erschütternden Übergang, eine gewaltsame und schmerzhafte Ablösung von tiefen Wurzeln. Auch der Familie sollte die Anpassung an die neue Situation nicht leichtfallen; Elizabeth war jetzt Königin und Familienoberhaupt, ihr Mann war ihr Untertan, die Stellung von Mutter und Schwester nicht ganz klar. Die förmliche Sitzung des Thronrats im benachbarten St. James's Palace am folgenden Morgen, dem 8. Februar, stellte eine zusätzliche Belastung dar. Ein Teilnehmer erinnerte sich: »Eine schmächtige Gestalt in dunklen Trauerkleidern betrat allein den großen Saal und absolvierte zutiefst aufgewühlt, aber beherrscht die von der Verfassung vorgeschriebene anstrengende Aufgabe.« Anschließend verlas Elizabeth vor dem versammelten Kronrat die förmliche Erklärung ihrer Souveränität, in der zweimal der Name ihres Vaters vorkam. Sie schloß mit den schlichten Worten: »Mein Herz ist zu voll, als daß ich Ihnen heute mehr sagen könnte als dies: Ich werde stets arbeiten, wie es mein Vater tat.« Dann führte Philip sie hinaus; im Fond des Wagens brach sie weinend zusammen. Vor dem Palast verkündete der »Garter King of Arms«, der Wappenkönig des Hosenbandordens, in seinem farbenprächtigen Kostüm, einem Relikt des Hauses Tudor, die Thronbesteigung: »Königin Elizabeth II., von Gottes Gnaden Königin dieses Reiches und ihrer anderen Reiche und Territorien, Haupt des Commonwealth, Verteidigerin des Glaubens ...«

Noch am selben Nachmittag fuhr Elizabeth mit Philip nach Sandringham, wo der Leichnam ihres Vaters lag und Mutter und Schwester in tiefer Trauer warteten. Für sie war es, als sei eine Welt zusammengebrochen: Der König war das Zentrum ihres Universums gewesen; nun war er plötzlich weg, und die Welt hatte einen neuen Dreh- und Angelpunkt, die neue Königin. Beide waren wie betäubt. »Mummy und Margaret haben den größten Schmerz zu ertragen, da ihre Zukunft so leer erscheint, während ich eine Aufgabe und eine Familie habe, um die ich mich kümmern muß«, schrieb Elizabeth. Vierzig Jahre später erinnerte sich ein alter Freund an den übergroßen Schmerz der Königinmutter: »Sie hatte ein völlig gebrochenes Herz. Einige Monate lang glaubte ich, sie würde nie darüber hinwegkommen. Ich bin sicher, sie denkt heute noch oft an ihren Mann und vermißt ihn noch immer.« »Die Königin litt so sehr, daß sie so unnahbar wurde, wie sie es heute noch [auf persönlicher Ebene] ist«, sagte die Tochter eines Hofbeamten. »Sie kapselte sich von ihrer Umgebung ab und nahm es ihrer Tochter übel und war sogar schrecklich eifersüchtig, daß diese Königin wurde; sie selbst verlor nicht nur den König, sondern zugleich ging das glücklichste und fröhlichste Familienleben, das man sich vorstellen kann, zu Bruch.«

Die Königinmutter brauchte einige Monate, bis sie sich dazu überwinden konnte, auch nur die Beileidsbriefe persönlicher Freunde zu beantworten. An Osbert Sitwell schrieb sie: »Es fällt mir schwer zu begreifen, daß der König uns verlassen hat. Er fühlte sich soviel besser und steckte so voller Pläne und Ideen für die Zukunft, und ich glaubte wirklich, er werde noch einige Jahre erleben, die vielleicht weniger schmerzvoll sein würden als die vergangenen fünfzehn. Ich glaube, daß die Nachkriegszeit furchtbar beängstigend und frustrierend und die Arbeit sehr hart und zermürbend war; ich hatte mir so sehr gewünscht, er könne etwas Frieden finden. Er starb noch so jung und herrschte als König doch zuletzt so weise. Er war so liebenswürdig, und seine Denk- und Lebensweise zeichneten sich durch einen natürlichen Adel aus, so daß ich mich manchmal wegen meiner kleinlicheren und weiblichen Ansichten schämte. Ein solcher Kummer ist eine seltsame Erfahrung – er verändert wirklich das ganze Leben, ich weiß noch nicht, ob zum Guten oder Schlechten.«[1]

Doch die Königinmutter war eine Frau mit beträchtlichen inneren Kräften. Am 17. Februar wandte sie sich in einer Erklärung an die Bevölkerung: Sie wollte künftig als »Königin Elizabeth, die Königinmutter« angeredet werden und empfahl ihren Untertanen »unsere liebe Tochter; schenken Sie ihr Treue und Hingabe. Auf dem großen und einsamen Posten, auf den sie berufen worden ist, wird sie Ihren Schutz und Ihre Liebe benötigen.« Sie schien unsicher, welche Rolle sie selbst künftig spielen würde. »Mein einziger Wunsch ist nunmehr, daß es mir erlaubt sein möge, das Werk fortzusetzen, das wir uns gemeinsam vorgenommen haben ...« Trost fand sie schließlich in ihrer Heimat Schottland. Als sie bei Freunden, den Vyners, in der Nähe von Ullapool an der Küste Nordschottlands weilte, entdeckte sie einen geeigneten Ort der stillen Einkehr: ein verfallenes Schloß inmitten einer öden Landschaft am Meer. Sie kaufte es und nannte es Schloß Mey. In Schottland fand sie die nötige Ruhe, um sich zu erholen und mit Büchern zu trösten. In einem Brief, in dem sie sich bei Edith Sitwell für die Übersendung einer Gedichtanthologie bedankte, heißt es: »Am Fluß sitzend, begann ich zu lesen, und es war ein Tag, an dem einen große dunkle Wolken des Unglücks und Elends zu verschlingen drohen. Doch ich fand etwas Frieden. Er stahl sich in mein Herz, als ich die herrlichen Gedichte und wunderbaren Worte las. Ich fand Hoffnung in dem Gedicht von George Herbert, ›Wer mochte denken, daß mein welkes Herz noch grüne Triebe zeugt, verschwunden war es ganz in tiefstem Grund‹, und ich kam mir in meinem Leid ganz klein und selbstsüchtig vor. Aber es beutelt einen so sehr, bis man ganz besinnungslos ist, und ich kann Ihnen nicht genug dafür danken, daß Sie mir ein so wunderbares Buch geschickt haben, in dem ich so viel Schönheit und Hoffnung fand – ganz unverhofft an einem Tag am Fluß.«[2]

Elizabeth bereitete die Umkehrung der Rollen zwischen ihr und der Mutter Probleme. Zusätzlich vom Schmerz über den Verlust des Mannes wurde die Königinmutter von Eifersucht auf die Tochter überwältigt: Diese stand plötzlich im Mittelpunkt des Interesses und hielt die Macht in Händen, die vor kurzem noch ihr gehört hatte. Von nun an mußte Elizabeth ständig eine schwierige Gratwanderung meistern; obwohl sie Königin war, durfte sie dies ihre Mutter in der Öffentlichkeit nicht spüren lassen. Bei öffentlichen Auftritten wie Premieren achtete sie darauf, daß sie beide nach Möglichkeit gemeinsam eintrafen, und bei intimeren Anlässen wie beim Tee auf Sandringham, bei denen ihre Mutter Gastgeberin war, vermied sie sorgfältig, Tee einzugießen, wenn ihre Mutter in der Nähe war. Besonders heikel war die Situation Ostern 1952 auf Schloß Windsor. Ein Hofbeamter berichtete: »Zum erstenmal seit dem Tod des Königs wohnten sie unter einem Dach, und es herrschte peinliche Verwirrung darüber, wer wem Vortritt zu geben habe. Die Königin wollte nicht vor ihrer Mutter gehen, die Königinmutter war gewohnt, vorauszugehen. Lascelles zufolge fand die Königinmutter die Situation unerträglich – sie sei schon so jung Witwe geworden und werde kaum wieder heiraten. Die neue Lage setzte ihr schwer zu, obwohl die Königin alles tat, sie ihr zu erleichtern.«

Die Stärke der Königinmutter, ihre Fähigkeit, das Leben zu genießen, und die Zuneigung, die sie sich bei der Bevölkerung erworben hatte, sollten ihr über diese schwere Zeit hinweghelfen. Sie hatte unangenehme Dinge schon immer unter den Teppich gekehrt und in königlicher Erhabenheit ignoriert. Diese Haltung schützte sie, doch sie förderte auch eine Tendenz der Familie, Schwierigkeiten aus dem Weg zu gehen, die gefährliche Folgen haben sollte. »Königin Elizabeth ist [in emotionaler Hinsicht] ein Vogel Strauß«, sagte ein Angehöriger des Hofes.

Die Situation war aber auch für ihre Tochter Margaret nicht einfach, den verwöhnten Liebling des Königs und Mittelpunkt aller Feste auf Windsor, Balmoral und im Buckingham-Palast. Im Gegensatz zu Mutter und Schwester hatte sie nie eine offizielle Rolle übernehmen müssen, sondern nur mit ihrem Frohsinn andere amüsiert und oft genug insbesondere die Frauen von Hofbeamten gegen sich aufgebracht. Als glamouröser Mittelpunkt gesellschaftlicher Ereignisse hatte sie bereits die Allüren und den Ruf eines Enfant terrible. Einige vermuteten, daß sie gern Königin geworden wäre. Für Margaret bedeutete der Tod des Vaters die Vertreibung aus dem Paradies ihrer Kindheit. »Der Tod des Königs«, sagte ein Freund, »war für Prinzessin Margaret schrecklich. Sie betete ihn an, und zum ersten Mal in ihrem Leben widerfuhr ihr etwas wirklich Entsetzliches.« Ihr Leid war herzzerreißend – John Gordon berichtete nüchtern, man habe ihr vier Tage lang Bromid verabreichen müssen, um sie zu beruhigen. An Lady Astor schrieb sie als Antwort auf ein Beileidschreiben einen ergreifenden Brief über den Vater: »Sie wissen, was für ein wunderbarer Mensch er war, das Herz und der Mittelpunkt unserer Familie, und niemand konnte einen liebevolleren und zuvorkommenderen Vater haben. Wir waren eine so glückliche Familie, und wir werden uns an so schöne Augenblicke mit ihm erinnern, wenn der Schmerz über den Verlust nachgelassen hat. Er war sein Leben lang immer so freundlich und tapfer. Wir danken dem Herrn für seine Worte des Trostes, die uns die Sicherheit geben, daß er bei ihm ist, geborgen und glücklich und uns vielleicht näher als je zuvor.«[3]

Die tiefe Erschütterung Prinzessin Margarets durch den Tod des Vaters sollte im Krönungsjahr ihrer Schwester schwerwiegende Folgen haben.

Elizabeth wurde, wie sie einmal sagte, getragen von ihren öffentlichen Verpflichtungen und der unvorstellbaren Welle von weltweiter öffentlicher Anteilnahme und von Würdigungen ihres Vaters. »Er war ein großer Mann«, schrieb Präsident Truman in sein Tagebuch, »doppelt soviel wert wie sein Bruder Ed.« Einige waren freilich überrascht, ja schockiert über die kummervollen Ergüsse. Der Schriftsteller James Pope-Hennessy sprach von einer »Pressehysterie« und »nationalen Besessenheit«. Der Journalist James Cameron, der mit dem König nach Südafrika gereist war, mit ihm am Kap Weinbrand getrunken und sein letztes, einsames abendliches Bad im Indischen Ozean verfolgt hatte, gab die allgemeine Stimmung wieder, als er schrieb: »Zu Lebzeiten des Königs schrieben wir ihm alle erdenklichen Tugenden eines unfehlbaren Mannes zu; solche Männer sterben nicht. Doch der König starb; und da entdeckten wir etwas anderes: daß wir ihn liebten ... Jähes Dunkel senkte sich für einen Augenblick auf die Herzen aller Menschen, der loyalen und zynischen, der reichen und armen, der reaktionären und radikalen.«[4]

Fest in das Gedächtnis der Öffentlichkeit prägte sich ein Foto der drei Königinnen ein: Königin Mary, die Königinmutter und die neue Monarchin, drei trauernde, in Schwarz gehüllte Gestalten, warten am 11. Februar 1952 auf die Ankunft des Sarges mit dem verstorbenen König aus Sandringham. Der Sarg nahm denselben Weg wie der seines Vaters 1936: von der kleinen Kapelle in Sandringham zum Bahnhof in Wolferton, dann mit dem Zug nach London und auf derselben Lafette durch die Straßen zur Aufbahrung in Westminster Hall. Dort erwiesen in den drei Tagen vor der Beisetzung 300 000 Menschen dem König die letzte Ehre.

Am Morgen der Beerdigung in Windsor ging Elizabeth unmittelbar hinter dem Sarg, sehr zur Enttäuschung Mountbattens; er hatte selbst dort gehen wollen, da er in Erfahrung gebracht hatte, daß auch sein Vater Prinz Ludwig von Battenberg unmittelbar hinter dem Sarg Edwards VII. gegangen war; der Herzog von Norfolk als Großzeremonienmeister mußte ihn davon abbringen. Man hatte erwartet, Elizabeth werde in einer Kutsche fahren, doch angesichts ihres Entschlusses, zu Fuß zu gehen, sagte der Herzog zu Mountbatten: »Ich bin sicher, daß Sie bei nochmaligem Nachdenken nicht auf Ihrer Bitte bestehen werden, denn damit wären Sie, abgesehen von [dem Träger] der Königsflagge, die einzige Person zwischen der Königin und ihrem Vater.«[5] Hinter Elizabeth gingen die noch lebenden Brüder des Königs, die Herzöge von Windsor und Gloucester; der Herzog von Windsor wirkte dabei einem Augenzeugen zufolge »ausgesprochen beschwingt«.

Eine schwache Geste der Versöhnung hatte es gegeben. Der Herzog von Windsor, der sich beim Tod seines jüngeren Bruders in New York aufgehalten und die Neuigkeit demütigenderweise aus der Zeitung erfahren hatte, war ohne seine Frau auf der »Queen Mary« nach England gekommen, um dem Begräbnis beizuwohnen. Bei seiner Ankunft am 13. Februar empfingen Elizabeth, Philip und die Königinmutter ihn zum Tee. Dies überraschte ihn, wie er seiner Frau schrieb:

»Offiziell und nach außen behandelt die Familie mich völlig korrekt und angemessen. Aber hinter den Palastmauern sind sie vielleicht schwerfällig! Die Intrigen und Ränkespiele hinter den Kulissen müssen ganze Bücher füllen ...«[6]

»Die Tür ist jetzt einen Spaltbreit offen«, schrieb die Herzogin zurück. »Versuche, den Fuß hineinzuzwängen; vielleicht wird der Spalt in Zukunft noch etwas breiter.« Er sollte möglichst mit der Königinmutter Frieden schließen. »Ich bin sicher, du kannst sie für eine freundlichere Haltung gewinnen«, fuhr sie mit ungerechtfertigtem Optimismus fort.[7] Die Königinmutter machte sich keine Illusionen über die Gefühle der Windsors ihr gegenüber, und sie hatte ihrerseits nunmehr einen weiteren Grund für ihre unversöhnliche Haltung: Sie gab dem Herzog und seiner Frau die Hauptschuld am frühen Tod ihres Mannes. Hätte er nicht aufgrund der Abdankung seines Bruders die Last der Königswürde unter so überaus schwierigen Umständen übernehmen müssen, so dachte sie, dann wäre er noch am Leben. Königin Mary dagegen gab sich, wie immer, mit oberflächlichen Gefühlen zufrieden und tat so, als hätte eine Versöhnung stattgefunden. »Natürlich kam David sofort herüber, lieb von ihm, aber natürlich nicht ganz einfach«, schrieb sie ihrem Bruder und ihrer Schwägerin, dem Herzog von Athlone und seiner Frau. »Immerhin sah er E [die Königinmutter] und die Mädchen. Er hatte sie seit 1936 nicht gesehen, der Familienstreit ist also vorbei, ich bin darüber sehr erleichtert.«[8]

Das Tauwetter war freilich mehr Schein als Realität und großenteils dem taktvollen Verhalten des Herzogs von Windsor zu verdanken, der seine Frau auf deren strenge Anweisung hin mit keinem Wort erwähnte. Es kam zu einem Gespräch unter vier Augen mit der Königinmutter, das freundlich, aber unverbindlich verlief. »Cookie [der wenig schmeichelhafte Spitzname der Windsors für sie, seit sie Herzogin von York war] hörte schweigend zu und schloß mit der Bemerkung, es sei schön gewesen, mit jemandem über Bertie reden zu können, der ihn so gut kannte.« Der Herzog ließ sich jedoch nicht täuschen. »Cookie war Zucker«, schrieb er seiner Frau, »... und M[ountbatten] und die anderen Verwandten sowie die Hofbeamten verhielten sich korrekt und nach außen hin freundlich. Aber die Kruste ist hart, und darunter kommt nur noch Granit.« Seine eigenen Gefühle für die Familie waren kaum herzlich zu nennen; er war über die Entscheidung, die jährlichen 10 000 Pfund zu streichen, die ihm der König gezahlt hatte, sehr verärgert, hoffte aber noch, sie rückgängig machen zu können. Kurz zuvor hatte er ein Landhaus in Frankreich gekauft, Moulin des Tuileries, und hielt sich jetzt, wie bei reichen Menschen schnell der Fall, für völlig mittellos. »Es ist die Hölle, so sehr von diesen eiskalten Biestern abhängig zu sein, so wichtig es für WE [Kosename, den sie sich, basierend auf ihren Initialen selbst gegeben hatten] auch ist«, schrieb er der Herzogin.[9]

Die Königin zählte er allerdings nicht zu den »Biestern«; er und Wallis nannten sie »das Mädchen« – früher hatten sie sie nach dem Kinderfilmstar »Shirley Temple« genannt und ihre Eltern »Mr. und Mrs. Temple«. »Clarence House war umgänglich und freundlich. Schöne neue Welt, voller Selbstvertrauen, scheinen alles spielend zu schaffen.« Mountbatten konnte er freilich nicht verzeihen, daß er abtrünnig geworden und 1937 der Hochzeit in Candé ferngeblieben war. »*Mountbatten*«, schrieb er, »man kann ihm nicht viel nachsagen, aber er spielt sich mächtig auf und redet pausenlos. Alle sind ihm gegenüber mißtrauisch und wachen über seinen Einfluß auf Philip.«[10] Der Herzog verstand die ablehnende Haltung seiner Familie ihm gegenüber nie und wußte auch nicht, daß Elizabeth, wie ein Hofbeamter einmal sagte, sein Verhalten »mißbilligte«. Elizabeth hatte auch gar keine Zeit für seine Probleme. In den Tagen zwischen ihrer Rückkehr aus Kenia und dem Begräbnis des Vaters empfing sie eine von Churchill angeführte Delegation des Unterhauses, den Premierminister von Neuseeland, Hochkommissare aus Ländern des Commonwealth, Gesandte, Botschafter und Außenminister. Beim Mittagessen unterhielt sie die königlichen Verwandten, die sich zum Begräbnis versammelt hatten und im Buckingham-Palast untergebracht waren. An einem einzigen Abend empfing sie um 18.30 Uhr den Staatspräsidenten der französischen Republik, um 18.45 Uhr den Präsidenten der Türkei und um 19.00 Uhr den Vorsitzenden des Präsidiums von Jugoslawien.

Elizabeth ging ganz in ihren neuen Verpflichtungen auf. Jock Colville, inzwischen wieder Churchills Privatsekretär, erschien sie »entspannt und beherrscht«. Öffentlichkeit und Politiker feierten die Thronbesteigung der sechsundzwanzigjährigen Frau als Anbruch eines neuen »elisabethanischen Zeitalters«, als Versprechen einer besseren Zukunft für das noch mit Nachkriegswehen kämpfende Großbritannien. Sowohl der Stolz wie das Staatssäckel des Landes hatten unter dem geschrumpften Imperium gelitten, und es setzte sich zunehmend die Erkenntnis durch, daß Großbritannien den Status einer Großmacht verloren habe. Elizabeth war umgeben von Liebe und Zuneigung; Churchill drückte es am 11. Februar 1952 in seiner ergreifenden Beileidsadresse zum Tod des Königs im Unterhaus so aus: »Eine schöne und junge Person, Prinzessin, Frau und Mutter, ist die Erbin all unserer Traditionen und unseres Ruhms, der nie größer war als während der Herrschaft ihres Vaters, und die Erbin unserer ganzen Ratlosigkeit und all der Gefahren, die in Friedenszeiten nie größer waren als heute. Sie ist außerdem die Erbin unserer vereinten Stärke und Loyalität. Sie besteigt den Thron zu einer Zeit, in der offen ist, ob die gepeinigte Menschheit einer Weltkatastrophe oder einem Goldenen Zeitalter entgegengeht. Daß es ein Goldenes Zeitalter der Künste und der Literatur sein wird, können wir nur hoffen – Wissenschaft und Technik sprechen eine beredte Sprache –, aber wenn ein echter und dauerhafter Frieden erzielt werden kann und die Völker einander in Ruhe lassen, dann verbreitet sich vielleicht sogar ganz leicht und schnell ein großer und nie erträumter Wohlstand mit Kultur und Freizeit unter den Massen der Völker aller Länder. Laßt uns hoffen und beten, daß die Besteigung unseres altehrwürdigen Throns durch Königin Elizabeth die Zweite das Signal für eine solche glanzvolle Rettung der Menschheit ist.«

Beim Begräbnis des verstorbenen Königs in der St. George's Chapel in Windsor befand sich unter den Kränzen einer, dessen Botschaft Elizabeth besonders berührte. Er stammte von Churchill und trug dieselbe Aufschrift wie das Viktoriakreuz: »Für Tapferkeit«. Während die neue Königin zusah, wie der Sarg ihres Vaters in die Gruft hinabgelassen wurde, in der sie mit neun Jahren schon den Sarg ihres Großvaters hatte verschwinden sehen,[11] wurde ihr wieder die Kontinuität bewußt, für die ihre Familie stand. Sie war entschlossen, die Traditionen ihres Vaters und Großvaters aufopfernd und hingebungsvoll fortzusetzen und Pflicht und Dienst über alles zu stellen.

Der Hauptleidtragende von Elizabeths Thronbesteigung und der damit verbundenen Zwänge sollte ihr Mann sein. Seine Karriere bei der Marine fand ein jähes Ende. »Prinz Philip liebte das Meer und schwärmte für die Navy, und er war im Dienst immer in Hochform«, berichtete John Dean. »Daß er jetzt endgültig nach Hause zurückmußte, muß für ihn ein schreckliches Opfer gewesen sein ... Ich merkte an seiner Laune, daß er nur sehr ungern ein Leben aufgab, in dem er so glücklich gewesen war.« Philip mußte nicht nur den Beruf aufgeben, in dem er den größten Teil seines Lebens verbracht hatte, sondern auch Clarence House, das erste wirkliche Zuhause, das er gehabt und auf das er soviel Sorgfalt verwendet hatte. Niemand wollte umziehen. Die Königinmutter hing natürlich am Buckingham-Palast, in dem sie vor so kurzer Zeit noch mit ihrem Mann gelebt hatte und mit dem für sie so viele Erinnerungen verbunden waren. Philip wollte nicht, daß sie nach Clarence House zog. In einer Bemerkung zu Browning meinte er, Prinz Charles werde eines Tages eine eigene Bleibe benötigen, da seine Großmutter noch sehr lange leben könne, was sich als richtig erwies. Er schlug vor, daß er und seine Familie weiter in Clarence House leben und den Buckingham-Palast als Büro nutzen sollten. »Prinz Philip wollte nicht umziehen«, sagte ein Mitglied des Haushalts der Königin, »aber die alten Hofschranzen wie Lascelles sagten: ›Sie müssen.‹« Churchill gab ihnen Rückendeckung: Der Palast sei seit je die Residenz des Monarchen und solle das auch weiterhin bleiben.

Philip, der einst so sehr den Ton angegeben hatte, sah sich jetzt darauf beschränkt, bei öffentlichen Auftritten einen Schritt hinter seiner Frau zu gehen und ihr Privatleben nur so weit zu organisieren, wie ihm erlaubt wurde. Sein Vorgänger als königlicher Gemahl war schon lange vor seinem Tod 1861 der wirkliche Herrscher von England gewesen, wie Disraeli einmal gesagt hatte. Philip sollte nie den Titel »Prinzgemahl« erhalten, den Victoria ihrem Mann Albert verliehen hatte. Philip war zwar von König George VI. in den Kronrat aufgenommen worden, doch Elizabeth hatte nicht die Absicht, ihn in ihre Amtsgeschäfte einzubeziehen. Sie regierte künftig wie ihr Vater mit dem Recht auf Einsicht in Staatspapiere und mit Sitzungsberichten des Kabinetts und des Parlaments, ergänzt durch ein wöchentliches Gespräch mit dem Premierminister. Philip wurde dazu degradiert, offizielle Pflichten wahrzunehmen und die Besitzungen zu verwalten. Darüber hinaus mußte er sich seine künftige Rolle selbst suchen. Das Ungleichgewicht zwischen ihrer und seiner Stellung und Elizabeths ständiges Bestreben, dies auszugleichen, sollten ihr Leben und das ihrer Kinder entscheidend beeinflussen.

Der schmerzlichste Schlag traf Philip nur drei Tage nach dem Begräbnis des Königs. Am 18. Februar 1952 ließ Königin Mary aufgebracht Jock Colville zu sich kommen. Prinz Ernst August von Hannover hatte ihr auf dem Rückweg von einem Familientreffen in Broadlands mitgeteilt, Mountbatten habe vor einer Gruppe königlicher Gäste gesagt, daß nunmehr das Haus Mountbatten regiere. Königin Mary hatte vor Kummer eine schlaflose Nacht verbracht und war sehr erleichtert, als Colville ihr versicherte, er könne nicht glauben, daß die Regierung einen solchen Namenswechsel erwäge. Colville informierte Churchill, der unverzüglich das Kabinett zu Rat zog. Die Kabinettsmitglieder waren »entschieden der Meinung, daß der Familienname Windsor beibehalten werden solle« und baten den Premierminister, »Ihrer Majestät bei Gelegenheit diese Überzeugung mitzuteilen«.[12] Am 20. Februar unterrichtete Churchill das Kabinett, »daß die Königin hoch erfreut darüber gewesen ist, daß sie und ihre Nachfolger weiterhin den Familiennamen Windsor tragen sollten«, und der Lordkanzler wurde beauftragt, eine Proklamation ähnlich dem Patent Georges V. von 1917 auszuarbeiten.[13] Einem Hofbeamten zufolge hatte Philip deswegen anschließend einen »Riesenkrach« mit dem Lordkanzler in Sandringham: »Das lag ihm wirklich sehr am Herzen.« Philip ließ ein »hart, aber vortrefflich formuliertes Memorandum« folgen, in dem er sich gegen die beabsichtigte Proklamation und die Beibehaltung des Namens Windsor aussprach. Laut Colville ärgerte dies Churchill, der seinem Privatsekretär befahl, sich zweimal mit dem Lordkanzler, dem Lordsiegelbewahrer, dem Innenminister und dem Fraktionsführer der Regierungspartei zu treffen, »um eine entschieden ablehnende Antwort zu entwerfen«. Am 12. März segnete Churchill die Antwort ab und leitete sie weiter. Vermutlich wegen des heftigen Krachs hinter den Kulissen wurde beschlossen, die Frage nicht zum Gegenstand einer öffentlichen Proklamation zu machen, sondern in einer Erklärung der Königin gegenüber dem Kronrat zu behandeln, die anschließend in der

London Gazette veröffentlicht werden sollte.[14] Am 7. April legte der Lordkanzler dem Kabinett ein Memorandum vor, das den geänderten Entwurf für die Erklärung der Königin enthielt. Der Inhalt war unmißverständlich: »Ich erkläre hiermit meinen Willen und meine Freude, daß ich und meine Kinder als Haus und Familie Windsor tituliert und angeredet werden sollen und daß auch meine Nachfahren bei ihrer Heirat und deren Kinder den Namen Windsor tragen werden.«[15]

Weshalb gab Elizabeth diese Erklärung ab, die für ihren Mann einen Schlag ins Gesicht darstellte? Mountbatten, dessen Taktlosigkeit die ganze Affäre ins Rollen gebracht hatte, führte es auf den schlimmen Einfluß seines Gegners Lord Beaverbrook auf Churchill zurück, »und dazu kommt Winstons Enttäuschung über das, was ich in Indien getan habe«. Mit Sicherheit grassierte eine Paranoia bezüglich Mountbattens Ambitionen. John Gordon hatte Beaverbrook kurz vor dem Tod des Königs berichtet, laut Prinz Nikolaus von Griechenland seien die Mountbattens »gefährliche Leute, entschlossen, die Macht hinter dem Thron zu sein, sobald Elizabeth Königin ist«. Prinz Nikolaus glaubte allerdings nicht, daß ihnen dies gelingen würde, da »Elizabeth sich zu einer willensstarken Frau entwickelt, die sich nicht von ihrem Mann bevormunden läßt«. Gordon äußerte den Verdacht, die Mountbattens könnten versuchen, Philip zum König oder »Königsgemahl« zu erklären.[16] Laut Arthur Christiansen, dem Herausgeber des *Sunday Express* – beinahe dem einzigen Journalisten, den Philip kannte und mochte –, durchschaute Philip seinen Onkel aber selbst und erkannte, wie ehrgeizig Mountbatten war. Christiansen berichtete von einem Gespräch mit Philips Schwester, der Markgräfin von Baden, dem zufolge Philips Familie genauso verärgert über Mountbattens Ambitionen war wie der Hof.[17] Trotzdem teilte Philip in diesem speziellen Punkt, der Frage des Familiennamens, die Ansicht seines Onkels, obwohl er offenbar bereit gewesen wäre, sich als Kompromiß auf den Namen »Edinburgh« zu einigen. Die Mountbattens in der Familie entschuldigten Elizabeth später damit, daß sie noch jung gewesen und von Churchill unter Druck gesetzt worden sei; wie der Brief von Edward Ford aus dem Jahr 1948 zeigte, war Mountbattens Anspruch nicht ganz aus der Luft gegriffen. Elizabeths eigene Familie, insbesondere ihre Großmutter und ihre Mutter, lehnte jedoch jede Veränderung strikt ab, und Elizabeth ließ sich vielleicht vor allem von ihrem Familiensinn leiten. Man konnte von ihr nicht erwarten, daß sie die Namensänderung, die ihr Großvater vorgenommen hatte, wieder rückgängig machte oder daß sie sich gegen eine Meinung stellte, die zweifellos auch ihr Vater geteilt hätte. So ließ sie sich von den Argumenten des Lordkanzlers in seiner Denkschrift vom 7. April überzeugen: »Es kann kein Zweifel daran bestehen, daß König George V. mit seiner Proklamation von 1917 die Absicht verfolgte, daß der Name Windsor beibehalten werden sollte, solange Mitglieder seines Hauses Anwärter auf den Thron waren ...« Besonders überzeugend war der nächste Punkt: »Ebensowenig kann in Frage gestellt werden, was der Wunsch von George VI. war. Er ging, wie anzunehmen ist, davon aus, daß eine Tochter ihm nachfolgen würde; ganz gewiß aber hatte er den Wunsch, daß der Name des Königshauses in diesem Fall Windsor bleiben sollte. Als er Seiner Königlichen Hoheit dem Herzog von Edinburgh ein Herzogtum übertrug, beabsichtigte er keineswegs, daß der Name Edinburgh den Namen Windsor als Name des Königshauses ablösen sollte ... Beständigkeit und Kontinuität sind wichtige Stützen einer konstitutionellen Monarchie, und der Name eines Königshauses darf nicht geändert werden, wenn es sich vermeiden läßt.«

Philip traf dies schwer. »Ich bin nur eine Amöbe«, brach es aus ihm heraus. Der Vergleich war nicht ganz zutreffend für einen Mann, der bereits zwei Kinder gezeugt hatte; Amöben vermehren sich, wie jedes Schulkind weiß (nur Philip offenbar nicht), durch Zellteilung. Was er meinte, war jedoch klar genug: Er fühlte sich seiner Identität beraubt, und vielleicht brachte ihn auch Elizabeths neue Gelassenheit und ihr Selbstvertrauen aus der Fassung. »Ich bin nicht mehr verängstigt oder beunruhigt«, sagte Elizabeth einer Freundin. »Ich weiß nicht, woran es liegt – aber ich habe irgendwie meine ganze Schüchternheit verloren, während ich Königin wurde und den Premierminister empfangen mußte ...«[18] Philip hatte seine beherrschende Rolle verloren, und das machte ihm schwer zu schaffen. Ein Verwandter meinte: »Ich glaube, psychisch war es ein furchtbarer Schlag, weil der arme junge Mann schon vorher das Gefühl hatte, alle wollten ihm das Leben schwermachen, und dann sagt man ihm auch noch, daß seine eigenen Kinder nicht seinen Namen führen könnten. Das schmerzte ihn wirklich sehr, und er brauchte lange, um darüber hinwegzukommen. Es war ein Fehler. Ich kann verstehen, warum Elizabeth es tat. Man hat sie überzeugt, es sei ihre Pflicht, dies zu tun ... Vielleicht war sie zu jung, um zu verstehen, was das bedeutet, wenn man jemandem sagt, er könne seinen Kindern nicht den eigenen Namen geben. Ich glaube, eine Zeitlang war das Verhältnis zwischen ihnen sehr gespannt. Natürlich hat sie das später in Ordnung gebracht, aber der Schaden war angerichtet ... Jetzt ist das Vergangenheit, aber schade, daß dadurch so viele Schwierigkeiten entstanden. Ich meine, so etwas verkraftet man nicht leicht ...«

Die ganze Affäre belastete die vormals unbeschwerte Ehe stark.

Noch bevor die Erklärung am 9. April verlesen wurde, bekam Philips Selbstachtung einen weiteren Riß. Der Thron des Gemahls, den seine Schwiegermutter als Gemahlin des Königs bei der jährlichen feierlichen Parlamentseröffnung benutzt hatte, wurde aus dem Oberhaus entfernt und zur Aufbewahrung in das Landhaus von Lord Cholmondeley, dem Großkämmerer, gebracht, weil man irrtümlich glaubte, daß nur eine Gemahlin bei diesem Anlaß auf einem Thron und mit dem Monarchen unter dem Baldachin sitzen dürfe. Philip sollte auf einem Sessel eine Stufe tiefer Platz nehmen. Man kann es Philip nicht übelnehmen, wenn er den Eindruck gewann, daß das fanatische Festhalten der Regierung und des Palastes an dem ihrer Ansicht nach korrekten Protokoll darauf abzielte, ihn zu demütigen. Besonders reizbar war er gegenüber der alten Garde von Elizabeths Hofstaat, angeführt von Tommy Lascelles, in Philips Augen ein Wichtigtuer, den die neue Königin von ihrem Vater als Privatsekretär übernommen hatte, und dem zwar charmanten, aber sehr konventionellen Joey Legh, dem Haushofmeister; beide neigten dazu, Philip als unerwünschten Eindringling zu betrachten. Philip hatte laut einem seiner Angestellten »die Nase gestrichen voll von purpurfarbenen Gängen und Leuten, die ihm ständig sagten, was er nicht tun dürfe«. Erschwerend kam hinzu, daß das Sekretariat der Königin sofort in bereits vorhandene Büroräume einziehen konnte, während Philips Räume noch nicht fertig waren. Zwischen den beiden Büros bestand ein deutlicher Unterschied. »Tommy Lascelles war schrecklich, er starrte einen immer so an«, erinnerte sich eine junge Sekretärin, die für Philip arbeitete. »Im Büro des Privatsekretärs war keine Frau unter fünfundvierzig. Die jüngeren Frauen in

Prinz Philips Büro wurden angesehen, als kämen sie aus den Folies-Bergères…« Die Lage besserte sich ein Jahr später, als Lascelles in Pension ging und Michael Adeane ihm nachfolgte, der gut mit Edward Ford und Martin Charteris zusammenarbeitete. Philip glaubte freilich immer noch, wie die drei sich erinnerten, er müsse den Privatsekretären das Leben schwermachen.

Zur Beschwichtigung und angesichts seiner organisatorischen Fähigkeiten übertrug Elizabeth ihm den Vorsitz über die Krönungskommission. Diskussionen über den Tag der Krönung hatten bereits vor dem Begräbnis des Königs begonnen. Eine Krönung noch 1952 schied aus verschiedenen Gründen aus. Einmal würde die Restaurierung der Westminster Abbey bis dahin noch nicht abgeschlossen sein. Churchill schrieb jedoch Robert Menzies, dem Premierminister von Australien, den wichtigeren Grund: Die angespannte wirtschaftliche Lage mache es »lebensnotwendig, daß in diesem Krisenjahr kein einziger Arbeitstag unnötig verlorengeht«. Lascelles gegenüber wurde Churchill noch deutlicher: »Wir können keine Krönung abhalten, solange wir die Gerichtsvollzieher im Haus haben.«[19] Die Regierung favorisierte zunächst den Mai 1953, doch nach reiflicher Überlegung riet der Innenminister dem Kabinett, Elizabeth einen Tag zwischen dem 29. Mai und dem 2. Juni wählen zu lassen. Ein Zusammentreffen mit dem Derby Day am 3. Juni, einem heiligen Tag auf dem Terminplan der Pferderennen, sollte vermieden werden. Das Kabinett entschied, daß alles in allem Dienstag, der 2. Juni, der geeignetste Zeitpunkt sei. Elizabeth, damals bereits eine begeisterte Anhängerin des Pferderennsports, hatte dafür Verständnis, und man einigte sich auf den Tag. Lascelles teilte Colville am 10. April die Zustimmung der Königin zum 2. Juni mit. Colville schrieb daraufhin dem Herzog von Norfolk, der als Großzeremonienmeister für die Vorbereitung der Krönungszeremonie verantwortlich war, einen halb scherzhaften Brief, der freilich trotzdem die überwältigende Bedeutung zeigte, die die englische Oberschicht Pferderennen beimaß. Churchill selbst war ein begeisterter Besitzer von Rennpferden. Der 2. Juni, schrieb Colville, sei der erste Tag des Rennens in Epsom, und er sei nicht sicher, ob der Jockey Club, das oberste und exklusive Leitungsgremium der englischen Rennen, das Derby am nächsten Tag stattfinden lassen oder die Rennen in Epsom und in Ascot statt dessen lieber um eine Woche vorverlegen wolle. »Übrigens«, schrieb er weiter, »wurde der 2. Juni aus dem Grund ausgewählt, weil die in Frage kommenden Tage zunächst auf den Zeitraum vom 28. Mai bis zum 6. Juni begrenzt wurden. Das Kabinett war sodann aus Gründen der Produktivität gegen zwei Bank-Feiertage in der Pfingstwoche; der 1. Juni, ein Montag, würde eine Menge Reiseverkehr am Sonntag mit sich bringen, was wiederum Anhänger der Sonntagsruhe aufbringen könnte, und der 2. Juni schien der erste Tag zu sein, der niemanden stört außer die Rennpferde im Rosebery Memorial Handicap!«[20] Offenbar erhoben die Größen des Jockey Club, die allesamt der Krönung beiwohnen würden, keine Einwände, und so wurde der 2. Juni am 29. April offiziell als Tag der Zeremonie angekündigt. Gleichzeitig wurden die Mitglieder der Krönungskommission bekanntgegeben.

Die Kommission, die Elizabeth einberief, spiegelte in ihrer Zusammensetzung die Bedeutung wider, die die Prinzessin und die Regierung dem Commonwealth beimaßen. Elizabeth sollte als erster britischer Monarch bei der Thronbesteigung ausdrücklich mit dem Titel »Haupt des Commonwealth« belegt werden, während der Royal Titles Act, der die Titel der Königin gesetzlich regelt, aus dem Jahr 1953 festlegte, daß sie jeweils Königin derjenigen Länder des Commonwealth war, die keine Republiken waren. Elizabeth schlug den Herzog von Edinburgh als Vorsitzenden der Kommission vor und den Herzog von Norfolk als seinen Stellvertreter, ferner Vertreter der Regierungen aller Commonwealth-Länder. Bernard Fitzalan-Howard, der 16. Herzog von Norfolk und Großzeremonienmeister von England, entstammte einer traditionellen katholischen Familie, was für ein Mitglied des Hochadels ungewöhnlich war. Er war rauh, aber herzlich, konservativ und sportlich und, einem Biographen zufolge, »an der Aufnahmeprüfung zum Christ Church College in Oxford gescheitert, die damals, zumal für einen Herzog, keine hohen Anforderungen stellte«[21]. Danach war er Offizier der Royal Horse Guards geworden, eines der beiden Kavallerieregimenter, die den Monarchen zu schützen hatten. Er war ein begeisterter Anhänger des Pferderennsports, hatte an seinem einundzwanzigsten Geburtstag sein erstes Vollblutpferd gekauft, war Tafelmeister des Jockey Club, Vertreter der Königin bei den Rennen in Ascot und Präsident des Marylebone Cricket Club. Bereits mit elf Jahren Herzog geworden, zeigte er anderen Menschen gegenüber keine falsche Scheu. »Wenn Sie nicht lernen, im Gleichschritt zu gehen, verbringen wir hier die ganze Nacht«, belehrte er die Bischöfe bei einer Probe zur Krönungszeremonie, und auf die Frage, ob es zutreffe, daß die Peers zum Gottesdienst in ihren Adelskronen Sandwiches mitnehmen würden, antwortete er: »Vermutlich. Sie sind zu allem fähig.« Einige Monate vor der Krönung hatte ihm ein Peer ganz unglücklich mitgeteilt, er fürchte, keine Einladung zu erhalten, weil er geschieden sei. »Guter Mann«, entgegnete der Herzog, »es handelt sich hier um eine Krönung, nicht um ein Pferderennen.« Aufgrund seiner Erfahrung mit Truppenparaden, der Organisation seiner riesigen Güter und mit vergangenen Großereignissen wie dem Begräbnis Georges V. und der Krönung Georges VI. verfügte er über alle Voraussetzungen zur Inszenierung einer solchen theatralischen Zeremonie, voller Prunk und Glanz, die einen genauen Zeitplan erforderte.

Der allem Modernen aufgeschlossene Prinz Philip konnte sich offenbar nicht gegen seinen Stellvertreter durchsetzen, denn als erste und wichtigste Entscheidung beschloß die Kommission am 10. Juli 1952, daß das Fernsehen nicht zur Zeremonie in der Westminster Abbey zugelassen werden sollte, eine Entscheidung, für die Norfolk später kritisiert wurde. Statt dessen sollte ein »Kinofilm« gedreht werden, den die Fernsehzuschauer sich später ansehen konnten. Das Kabinett billigte die Entscheidung. Einige Historiker glauben, daß Elizabeth sich eingemischt und die Regierung überstimmt habe, doch eine sorgfältige Prüfung der Kabinettsunterlagen und weiterer zeitgenössischer Quellen ergibt ein anderes Bild. In dieser ersten offenen Auseinandersetzung ihrer Herrschaft zwischen Traditionalisten, die das »mystische« und magische Element des Königtums bewahren, und Modernisten, die das behütete Geheimnis etwas lüften wollten, stellte Elizabeth sich auf die Seite der Traditionalisten, wie sie überhaupt meist konservativ reagierte. In diesem Fall mögen ihr bestimmte Augenblicke der Zeremonie als so heilig erschienen sein, daß sie nicht öffentlich werden sollten. Churchill meinte, eine Live-Übertragung würde der Königin eine zu große zusätzliche Belastung auferlegen. Dabei ließ er sich aber sicherlich von einer Notiz vom 7. Juli 1952 leiten, in der Colville ihm mitteilte, die Königin sei selbst gegen eine Übertragung der Zeremonie im Fernsehen.[22]

Auf die Ankündigung der Kommission, daß östlich des Lettners von Westminster Abbey keine Filmaufnahmen zugelassen würden, folgten tumultartige Proteste. »Eine sehr merkwürdige Vorgehensweise«, kommentierte der Vorsitzende der BBC, Sir Alexander Cadogan, den man nicht zu Rat gezogen hatte, und er fügte spitz hinzu: »Ich denke, wir können es der aufgebrachten öffentlichen Meinung überlassen, auf die Regierung Druck auszuüben.« Am folgenden Tag bemerkte er mit Genugtuung: »Die Presse hat sich bereits auf den Ausschluß von der Krönungszeremonie eingeschossen …; alle [Regierung, Palast und Kommission] haben die Hosen bereits gestrichen voll.«[23] John Gordon forderte: »Laßt das Volk die Königin sehen.« Eilig gab man klein bei, und Tommy Lascelles erklärte der BBC, man sei zu einem »Kompromiß« bereit: Das Fernsehen dürfe den Gottesdienst in der Abtei filmen, nicht aber das Abendmahl. Das Kabinett schloß sich dem Kompromiß an. Die Öffentlichkeit sollte live die »Anerkennung« Elizabeths durch die Peers, die Krönung und die Huldigung verfolgen, war aber vom intimsten und heiligsten Teil der Zeremonie ausgeschlossen: von der Salbung, den Abendmahlsgebeten und dem Abendmahl der Königin. Die Debatte um die Fernsehübertragung der Krönung war ein typisches Beispiel für ein Gemisch aus Unverständnis und Hintertreiberei, wie Edward Pickering in seinem Bericht an Beaverbrook schreibt: »Der Hauptgegner des Fernsehens war offenbar die Königin selbst. Gerade weil ihre Abneigung bekannt war, wurde die Sache nie genau geprüft. Für einen Großteil der Verwirrung war Mangel an technischem Verständnis verantwortlich. Das Kabinett meinte etwa, daß es nötig wäre, leistungsstarke Scheinwerfer auf dem Krönungsstuhl zu installieren; die BBC wurde in keiner Phase zu Rat gezogen. Kabinett und Hof waren überrascht über die öffentliche Empörung, die ihre Entscheidung auslöste.«[24]

Erst als Elizabeth erkannte, wie sehr die Menschen sich wünschten, ihre Krönung mitzuverfolgen, und wie empört sie darüber waren, daß sie von einem Schauspiel, das hohen Beamten, Adligen und ausländischen Gästen vorbehalten war, ganz ausgeschlossen werden sollten, schickte sie Tommy Lascelles mit dem Kompromißvorschlag zur BBC.

Sie war aber ganz gewiß nicht der Initiator entsprechender Bestrebungen. Erstmals hatte die Öffentlichkeit auf ihrem Recht bestanden, an einem königlichen Spektakel teilzuhaben – ein bedeutsamer Präzedenzfall.

Königin Mary erlebte die Krönung ihrer Lieblingsenkelin nicht mehr. Ihrem Biographen zufolge hat sie sich nie von dem Schock über den Tod Georges VI. erholt. Sie war zu schwach gewesen, an seinem Begräbnis teilzunehmen, hatte allerdings vom Fenster verfolgt, wie der Trauerzug an Marlborough House vorüberzog. Dabei hielt sie die Hand ihrer alten Freundin Mabell Airlie umklammert, sah im Geiste einen kleinen Knaben im Matrosenanzug und flüsterte: »Da geht *er.*« Da sie sich selbst dem Tod nah fühlte, setzte sie ein neues Testament auf, überarbeitete den Katalog ihrer Sammlung und überließ sich ihren familiären Erinnerungen. Abgesehen von einigen Kisten und Kerzenleuchtern für den Herzog von Windsor hinterließ sie alles der neuen Königin; für ihre getreue Hofdame Lady Cynthia Colville blieb »nicht einmal ein Hut«, wie ein Freund bemerkte. Königin Mary starb am 24. März um 23.15 Uhr im Alter von 85 Jahren. In der großen Menge vor Marlborough House weinten einige Frauen. Es war beinahe, als sei ein nationales Denkmal verschwunden, die Verbindung zu einer glücklicheren Zeit. »Eine Woge des Mitgefühls erfaßte das Land«, schrieb Chips Channon. »Es gab kein Wort der Kritik an der großen alten Dame.«

Der Tod Königin Marys kam für Elizabeth nicht unerwartet; Mary war seit Ende Februar ständig krank gewesen, hatte Schmerzen im Unterleib gehabt und Freunden gesagt, sie wolle nicht als »altes Wrack« weiterleben. Allerdings bedeutete ihr Tod eine weitere Trauerzeremonie in Westminster Hall und eine Beerdigung in der St. Georgs Chapel in Windsor, für Elizabeth eine traurige Erinnerung an den Tod des Vaters ein gutes Jahr zuvor. Bei der Beerdigung würde peinlicherweise auch Onkel David anwesend sein, der zu der bevorstehenden Krönung nicht eingeladen worden war.

Man hatte den Herzog von Windsor vor allem deshalb nicht eingeladen, weil Elizabeth seine Anwesenheit nicht wünschte. Sie hatte dies dem Erzbischof von Canterbury, Dr. Fisher, bereits bei einem Treffen am 6. November 1952 mitgeteilt. Dabei kam man überein, daß es

»a) völlig außer Frage steht, daß der Herzog kommen soll, und b) gänzlich und vollkommen unerwünscht ist, daß der Herzog kommt«, notierte der Erzbischof. »Es würde alle Beteiligten vor eine sehr schwierige Situation stellen, und wenn er nicht genug Verstand hat, dies selbst einzusehen, sollte man es ihm sagen. Er kommt im Dezember nach England, und die Königin ist überzeugt, daß er die Frage ansprechen wird. Wir kamen überein, man solle ihm in diesem Fall zu verstehen geben, er möge der Krönung fernbleiben, und es sah so aus, als müsse die Königin ihm das sagen. Die Königin wünschte weniger als alle anderen seine Anwesenheit.«[25] Zum Glück für Elizabeth war Churchill derselben Ansicht. Als der Herzog ihn am 18. November fragte, ob man ihn nicht einladen wolle, sagte er unverblümt, daß es »völlig unschicklich wäre, wenn ein König, der abgedankt hat, als offizieller Gast bei der Krönung eines Nachfolgers anwesend wäre«.[26] Der Herzog akzeptierte dies offenbar und gab auf Churchills Rat hin eine Presseerklärung ab. Elizabeth war noch nicht bereit, den Familienstreit beizulegen.

Der Herzog hatte sich auf die Aufforderung des Arztes seiner Mutter hin in New York auf der »Queen Elizabeth« eingeschifft und war am 11. März in Begleitung seiner Schwester, der Princess Royal Mary, in England eingetroffen. Er war in rebellischer Stimmung, was keineswegs verwunderlich war. Seine Nichte weigerte sich, ihm weiterhin die 10000 Pfund jährlich zu zahlen, die ihm seiner Ansicht nach rechtmäßig zustanden; mittellos, wie er sich deshalb vorkam, hatte er sich vertraglich verpflichtet, einen ausführlichen Artikel über die Krönung zu schreiben, an der er nicht teilnehmen würde. Außerdem ärgerte er sich über die Trennung von seiner Frau, vielleicht um so mehr, als sie mitten in einer öffentlichen und aufsehenerregenden Affäre mit James Donoghue steckte, einem in New York stadtbekannten homosexuellen Playboy. »Was ich davon halte, diese lächerliche und kostspielige Reise machen zu müssen, statt gemeinsam mit Dir in Palm Beach zu bleiben, geht niemand etwas an«, schrieb er seiner Frau. »Bearbeite [wegen des Geldes] Cookie und Shirley [die Königin]«, befahl ihm die Herzogin. Die ganze Familie versammelte sich am Morgen nach Königin Marys Tod in Marlborough House »zu erzbischöflichen Gebeten und einem letzten Blick auf Mama«, wie der Herzog es ausdrückte. »Meine Traurigkeit mischte sich mit Ungläubigkeit darüber, daß eine

Mutter jahrelang so hart und grausam zu ihrem ältesten Sohn sein konnte und zuletzt so fordernd, ohne auch nur ein bißchen nachzugeben. Ich fürchte, das Blut in ihren Adern war schon immer so kalt wie jetzt nach ihrem Tod.«[27] Er war nie in der Lage gewesen oder hatte auch nur versucht, die Gefühle seiner Mutter wegen seiner Abdankung zu verstehen. Für sie war es der große Verrat, für ihn die große Entsagung. Doch darf man ihm nicht unrecht tun: Seine Angehörigen hießen ihn, mit Ausnahme der Schwester, während seines Aufenthalts in England nicht gerade willkommen. Er war entweder bei seinem Freund Lord Dudley auf dem Land untergebracht oder im Londoner Haus von Dudleys Sohn. Erst nach dem Tod der Mutter bat ihn sein noch lebender Bruder, der Herzog von Gloucester, als er von einem kurzen Besuch in Frankreich zum Begräbnis nach London zurückkehrte, im York House des St. James's Palace zu wohnen. »Es geschehen noch Zeichen und Wunder, denn, ob du es glaubst oder nicht, ich werde zu Gast beim ›Unbekannten Soldaten‹ sein«, schrieb er der Herzogin. »Vielleicht hat das Alter ihn wie Mary [die Royal Princess] ein wenig milder gestimmt.« Der Bruder war allerdings die einzige Ausnahme. Der Herzog von Windsor gehörte nicht zu den 28 königlichen Gästen, die nach dem Begräbnis am 31. März zum Dinner auf Schloß Windsor geladen wurden. Die Entfremdung schien einmal mehr endgültig; der Herzog fühlte sich, wie er sagte, »über den Adelsalmanach von Burke und Who's who hinaus« nicht länger als Teil der Königsfamilie. Der letzte Brief an seine Frau, geschrieben nach seiner Rückkehr vom Begräbnis nach London, klang verbittert: »Was für ein blasiertes, abstoßendes Pack meine Verwandten doch sind. Aus den meisten sind fiese alte Schachteln geworden, wie Du sie noch nicht gesehen hast...«

Königin Mary hatte in ihrem Letzten Willen ausdrücklich vermerkt, daß im Fall ihres Todes die Trauer um sie die Krönung nicht beeinträchtigen dürfe. Die Krönung war Anlaß für ein gewaltiges Fest der gesamten Bevölkerung, das im ganzen Land in verschiedener Form gefeiert wurde, vom dörflichen Volksfest bis zum Straßenfest im Londoner East End. Churchill wollte unbedingt, daß die Menschen sich freuten; Lebensmittel waren zwar noch rationiert, doch er bestand darauf, daß an alle ein Pfund Zucker zusätzlich ausgegeben wurde – ungeachtet der eindringlichen Warnungen des Ernährungsministeriums, daß dies zu einem Engpaß führen würde. Für die Krönungswoche wurde Nahrungsmittelherstellern eine Sonderration Zucker und Fett gewährt, damit sie Kartoffelchips, kandierte Äpfel und andere Leckereien liefern konnten, und die Organisatoren von Festen erhielten zu der üblichen Zuteilung Sonderrationen. Die Kontrolle über die Eiervergabe und die Rationierung von Süßigkeiten wurden aufgehoben, und sogar der Brauch, einen ganzen Ochsen zu grillen, wurde unter bestimmten Auflagen gestattet. Beim Krönungsball des Hofstaates auf Hampton Court am 29. Mai war von Rationierung sicher nichts zu spüren. Der ganze Palast war hell erleuchtet, die Springbrunnen von einem Blumenmeer umgeben; die Männer trugen Frack und Orden, die Frauen Ballkleider und Diademe. »Wir tanzten im Großen Saal und aßen in der Orangerie zu Abend«, schrieb Jock Colville. »Die Welt, die 1939 zusammengebrochen war, lebte für eine Nacht wieder auf. Die Königin sah beim Tanz mit dem Herzog von Edinburgh so wundervoll aus, wie man sich eine Königin vorstellt.«[28]

Auf Elizabeth ruhte, wie vor ihr auf Victoria, die »Hoffnung der Nation«, eine schwere Bürde für die Schultern einer sechsundzwanzigjährigen Frau, die keinen wirklichen Einfluß auf die Zukunft ihres Landes besaß, aber weiterhin ein Symbol seines Wohlergehens sein sollte. Der Optimismus war verhalten, und Großbritanniens künftige Rolle noch ungewiß. Obwohl die Regierung das Commonwealth ins allgemeine Bewußtsein zu rücken versuchte, war es für die meisten Menschen noch ein neumodischer Begriff, mit dem sie wenig anfangen konnten. Die kurz zuvor erfolgte Besteigung des Mount Everest durch den Neuseeländer Edmund Hillary und den Sherpa Tensing aus Nepal galt als Symbol eines neuen Zeitalters und als Errungenschaft des britischen Empire. »Ist die Lektion vom Mount Everest nicht klar und deutlich?« hieß es im Leitartikel des *Evening Standard* zum Krönungstag unter dem Titel »Vorwärts zum Ruhm«: »Gemeinsam schaffen die Menschen des Empire alles, allein nichts. Lang lebe die Königin! Lang lebe auch die Einheit des Empire, auf daß die Herrschaft der Königin zu einer Zeit glorreichen Friedens werde.« Die Regierung dagegen gab über zwei Millionen Pfund aus, um eine ganz andere Botschaft zu vermitteln: Großbritannien durfte sich nicht länger auf den Lorbeeren des alten Empire ausruhen und vergangenen Ruhmesträumen nachhängen; die Zukunft, so glaubte man damals, lag im Commonwealth und in Großbritanniens Fähigkeit, den neuen Herausforderungen gerecht zu werden.

Die Königin folgte den Plänen der Regierung bereitwillig. Als sie volljährig wurde, hatte sie sich in den Dienst des Empire gestellt, das nun zum Commonwealth umgestaltet worden war. Bei ihrer Thronbesteigung war sie zum »Haupt des Commonwealth« proklamiert worden, und sie legte Wert darauf, daß die Symbolik des Krönungstages ganz sichtbar auf die Länder des Commonwealth Bezug nahm. Im Oktober 1952 hatte sie Norman Hartnell, den königlichen Modeschöpfer, erstmals in den Palast gerufen, um über das Gewand zu sprechen, das sie bei der Krönung tragen wollte. Damals hatte sie lediglich bestimmt, daß es aus weißem Satin und »wie mein Hochzeitskleid geschnitten« sein sollte. Beim nächsten Treffen brachte Hartnell sie auf die Idee, das Weiß aufzulockern, und legte ihr Muster für gestickte Embleme des Vereinigten Königreichs vor. Bei einer folgenden Audienz fragte die Königin, ob er das Gewand auch mit Symbolen der Commonwealth-Länder verzieren könne. Also wurden der traditionellen Rose für England, der Distel für Schottland und dem Lauch für Wales unter anderem die Lotosblume für Ceylon, die Akazie für Australien und Weizen und Jute für Pakistan hinzugefügt. Als der Tag der Krönung näher rückte, probte Elizabeth im Palast, hörte sich Aufnahmen von der Krönung ihres Vaters an und ließ sich Bettlaken als Imitation der Robe, die sie tragen würde, an der Schulter befestigen. Wie ihr Vater probte auch sie das Sitzen mit der über zwei Kilo schweren St.-Edwards-Krone auf dem Kopf, die traditionell für die eigentliche Krönung verwendet wurde. Der Ballsaal im Palast wurde mit Pfosten und Bändern markiert, die ihr anzeigten, wohin sie gehen mußte. Sie besuchte auch einige Proben in der Westminster Abbey, bei denen die Herzogin von Norfolk nach den Anleitungen des Großzeremonienmeisters die rituellen Handlungen ausführte, die Elizabeth dann selbst ausführen mußte.

Am Tag der Krönung selbst fiel ein trüber Nieselregen, und es war ungewöhnlich kalt für die Jahreszeit, was der Begeisterung der Zuschauer jedoch keinen Abbruch tat. Vom Palast aus hörte Elizabeth die Jubelrufe der 30 000 Menschen, die in Zwölferreihen die Mall säumten, als sich die Nachricht von der Besteigung des Mount Everest verbreitete. Eine Prozession festlicher Wagen, die die Mall entlangfuhren und zur Westminster Abbey einbogen, unterhielt die Menge: der Oberbürgermeister von London in seiner kunstvoll verzierten Kutsche; die jüngeren Mitglieder der Königsfamilie in Autos; ausländische Monarchen, darunter die fröhliche, voluminöse Königin Salote von Tonga, die dem Regen in einem offenen Wagen trotzte und den schwächlichen Sultan von Kelantan, der ihr gegenübersaß, wie einen Zwerg aussehen ließ, und Churchill mit seinem rosigen Babygesicht, der sich verärgert aus dem Wagenfenster lehnte, als sich an der engen Durchfahrt durch den Admiralty Arch am Ende der Mall ein Stau bildete. Elizabeth im Palast wirkte ganz entspannt. Auf dem Weg nach draußen hielt sie kurz, um den Hausmädchen ihr Gewand vorzuführen, bevor sie an Philips Seite in die riesige vergoldete Staatskarosse stieg. Die Kutsche war verziert mit barocken Palmwedeln und Girlanden, die Türen hatte Cipriani im Jahr 1761 mit klassischen Szenen bemalt. Elizabeth trug Königin Victorias Diadem auf dem Kopf; das Georgskreuz und die anderen Embleme des Vereinigten Königreichs funkelten vor Diamanten. Wie sie in der weißen Robe und mit ihrem strahlenden Lächeln der Menge zuwinkte, hätte sie eine junge Braut auf dem Weg zur Kirche sein können, wären da nicht der Mantel und die Schleppe aus Samt und Hermelin gewesen. Neben ihr saß strahlend Philip in der Uniform eines Flottenadmirals – er war kurz zuvor zum Flottenadmiral, Feldmarschall und Marschall der Luftwaffe befördert worden – mit Dreispitz, goldenen Schulterstücken und dem Stern des Hosenbandordens. Die Kutsche wurde von vier Grauschimmelgespannen mit scharlachroten und goldenen Geschirren gezogen; auf dem linken Pferd jedes Gespanns saß ein Postillion in roter, goldbetreßter Jacke, neben den Pferden gingen zu Fuß Diener und »Beefeater«, königliche Leibgardisten in rot-goldenen Uniformen.

Punkt elf fuhr die Karosse vor dem Portal der Abtei vor. Elizabeth stieg aus und ging in den »Ruheraum«, um sich auf die Zeremonie vorzubereiten. Da der Raum fensterlos war, hatte Bauminister David Eccles den glücklichen Einfall gehabt, ihn mit einem realistischen Wandgemälde von Ronald Pym zu erhellen, das Victoria und Albert bei einer Fahrt im offenen Wagen durch den sonnenhellen Park von

Windsor zeigte. Bereits seit neun Uhr schritten in festlicher Prozession die verschiedensten Würdenträger das Kirchenschiff entlang zu ihren Plätzen, darunter königliche Hoheiten, Gesandte und ausländische Staatschefs, begleitet von Männern in farbenprächtigen Uniformen und mit exotischen, mittelalterlich klingenden Titeln. Der Zug der Mitglieder der königlichen Familie, darunter auch die Angehörigen der Häuser Harewood, Mountbatten und Cambridge, wurde von zwei Herolden begleitet; dasselbe galt für den Zug der Prinzen und Prinzessinnen königlichen Geblüts: Ihre Königlichen Hoheiten Princess Royal, die Herzoginnen von Gloucester und Kent und deren Kinder, Prinzessin Alice, Herzogin von Athlone, und ihr Mann, Königin Marys Bruder, Lady Patricia Ramsay, Tochter des Herzogs von Connaught, und Prinzessin Marie Louise. Der Zug mit Königin Elizabeth, der Königinmutter, und Prinzessin Margaret, dem Lord Chamberlain des königlichen Haushalts, Graf von Airlie, und der Ersten Kammerfrau, Herzoginwitwe von Northumberland, mit den königlichen Kammerfrauen und Hofdamen wurde begleitet von den Herolden von Somerset, Windsor, Richmond, Chester, York und Lancaster. Sechs Minuten später wurden die für die Zeremonie benötigten Reichsinsignien den Peers übergeben, die sie tragen sollten: der St.-Edwards-Stab dem Grafen von Lancaster, das Zepter mit dem Kreuz an den Vicomte Portal von Hungerford, die goldenen Sporen an die Lords Hastings und Churston, die verschiedenen Schwerter der Gerechtigkeit, der Gnade und des Staates an die Herzöge von Buccleuch und Queensberry, den Grafen von Home, den Herzog von Northumberland und den Marquis von Salisbury, den Stab mit der Taube an den Herzog von Richmond und Gordon, den Reichsapfel an den Grafen Alexander von Tunis, die St.-Edwards-Krone an den Großhofmeister und den Hostienteller, den Kelch und die Bibel an die Bischöfe von London, Winchester und Norwich.

Um 11.15 Uhr trat Elizabeth zu den Klängen der Hymne »Ich frohlockte, als sie zu mir sagten, wir werden in das Haus des Herrn eintreten« und unter den Blicken von 7500 Menschen, die sich in der Kirche drängten, und Millionen Menschen, die das Geschehen am Fernseher verfolgten, durch das Westportal in die Abtei. Von den Jubelrufen »Vivat Regina« (Es lebe die Königin), der Knaben der

Westminster School begrüßt, schritt Elizabeth feierlich den Gang entlang nach vorn. Ihr voraus ging ein langer Zug aus Würdenträgern der Kirche, Offizieren der Ritterorden und den Rittern des Hosenbandordens, die bei der Salbung den Baldachin über die Königin halten würden, ferner der Lordsiegelbewahrer, die Premierminister der Commonwealth-Länder, Churchill, der Erzbischof von York, der Lordkanzler und der Erzbischof von Canterbury. Den beiden Erzbischöfen wurden ihre Bischofskreuze vorausgetragen; außerdem gingen vor ihnen eine Gruppe hoher Beamter aus dem Wappenamt. Unmittelbar hinter ihnen schritt der Herzog von Edinburgh in seiner Peers-Robe, gefolgt von einem Pagen, der seine kleine Krone trug; links von ihm ging der sogenannte »Quartiermacher« mit drei Leibgardisten, rechts der Fahnenträger, ebenfalls mit drei Leibgardisten. Hinter ihm kamen die Beamten seines Haushalts, auch »des Herzogs wilde Tiere« genannt: Boy Browning, Mike Parker und Peter Horsley. Es folgten die Peers und Bischöfe mit den Reichsinsignien zusammen mit den hohen Hofbeamten und den wichtigsten Mitgliedern des Wappenamts, dem Wappenkönig von Norroy und Ulster, dem Wappenkönig von Clarenceux, dem Oberwappenkönig des Hosenbandordens, dem Großzeremonienmeister, dem Großhofmeister von Irland, dem Großkonnetabel von Schottland, dem Oberhofmeister von Schottland und dem Großkonnetabel von England. Hinter ihnen schließlich kam Elizabeth, die immer noch das Diadem, die »königliche Robe« aus karmesinrotem Samt mit Hermelin und Goldbesatz und die lange Schleppe trug, die von ihrer Ersten Kammerfrau, der Herzoginwitwe von Devonshire, und sechs Ehrenjungfrauen gehalten wurde. Letzte waren alle Töchter von Herzögen, Grafen oder Marquis und hatten, mit Ausnahme von Lady Anne Coke und Lady Moyra Hamilton, klingende Doppel- und Dreifachnamen: Lady Jane Vane-Tempest-Stewart, Lady Mary Baillie-Hamilton, Lady Jane Heathcote-Drummond-Willoughby und Lady Rosemary Spencer-Churchill. Neben Elizabeth schritten die Bischöfe von Durham, Bath und Wells, einer bei der Krönung Richards I. im Jahr 1189 eingeführten Tradition zufolge die »Beistände« der Königin. Den Schluß bildeten ihre Kammerfrauen und die Beamten ihres Haushalts, darunter Lascelles und als persönliche Diener ihr zweiter Privatsekretär Michael Adeane, Peter Townsend, Lord (Patrick) Plunket, den sie besonders mochte, und Vicomte Althorp, Vater der noch ungeborenen künftigen Prinzessin von Wales. Prinz Charles selbst, inzwischen viereinhalb Jahre alt, war von seiner Kinderfrau durch ein Seitenportal hereingeführt worden und hatte zwischen seiner Großmutter und Prinzessin Margaret, »Tante Margot«, Platz genommen. Seine Mutter hatte beschlossen, daß er Hemd und kurze Hosen tragen und nicht wie eine königliche Puppe mit Krönchen und Hermelinmantel erscheinen sollte.

Danach begann die Zeremonie, die sich in ihren Grundzügen 1200 Jahre lang kaum verändert hatte. Seit der Erbauung der Westminster Abbey durch Edward den Bekenner im 11. Jahrhundert finden die Krönungen dort statt; Henry III. ließ die Kirche im 13. Jahrhundert an derselben Stelle wieder aufbauen. Als erster wurde dort Wilhelm der Eroberer am Ersten Weihnachtstag des Jahres 1066 gekrönt; er wählte bewußt diesen Ort, um eine Verbindung zwischen seiner Krönung und Edward und den angelsächsischen Königen herzustellen. Diese Verbindung hielten auch seine Nachfolger aufrecht; der Krönungsstuhl, auf dem die Königin während der Zeremonie saß, heißt noch heute St.-Edwards-Stuhl, obwohl er erst 1300 auf Anordnung Edwards I. angefertigt wurde. Der Stuhl umschließt den »Stein des Schicksals« aus der Abtei Scone, den Edward den Schotten abgenommen hatte und der erstmals bei der Krönung seines Nachfolgers Edward II. benutzt wurde. Zwar hatten nationalistische schottische Studenten den Stein, der die Unterwerfung Schottlands durch England symbolisierte, 1950 gestohlen, doch er war bereits wieder zurückgebracht worden. Die Krone, mit der die Königin gekrönt wurde, hieß St.-Edwards-Krone, obwohl sie in Wahrheit erst für die Krönung von Charles II. im Jahr 1661 angefertigt wurde. Die Puritaner, die Charles I. geköpft hatten, hatten die Insignien verkauft; selbst die goldene Krone des angelsächsischen Königs Alfred, »besetzt mit kleinen Steinen und zwei kleinen Glöckchen«, mit der die englischen Könige bis zu Charles I. gekrönt worden waren, wurde zu einem Materialwert von 248 Pfund, 10 Schillingen und 6 Pence verkauft. Lediglich die Ampulle mit dem Adlerkopf, in der das heilige Öl für die Salbung aufbewahrt wird, und der Salbungslöffel stammen noch aus der Zeit vor der Herrschaft Charles' II.

Der Ablauf der Zeremonie war seit Jahrhunderten unverändert:

»Anerkennung« des Monarchen durch die versammelte Menge, Abnahme des Krönungseides, Salbung mit dem heiligen Öl, Verleihung der Reichsinsignien und die eigentliche Krönung. Die Königin stand neben dem St.-Edwards-Stuhl, als der Erzbischof nach allen vier Seiten der Kirche fragte: »Ihr Herren, ich zeige euch hier Königin Elizabeth, eure unbestrittene Königin, zu der ihr an diesem Tag alle gekommen seid, um ihr zu huldigen und zu dienen. Seid ihr willens, das zu tun?« Die Versammlung rief laut: »Gott schütze Königin Elizabeth!«, während eine Trompetenfanfare ertönte. Die Königin kehrte zum »Staatsstuhl« zurück und setzte sich zur Ablegung des Eides, in dem sie feierlich versprach, die Völker des Vereinigten Königreichs von Großbritannien und Nordirland, Kanadas, Australiens, Neuseelands, der Union Südafrika, Pakistans und Ceylons sowie ihrer Besitzungen und anderer zugehöriger Gebiete nach deren eigenen Gesetzen und Bräuchen zu regieren. Weder Commonwealth noch Empire wurden genannt. Elizabeth versprach auch, im Vereinigten Königreich die »gesetzlich festgelegte, protestantische reformierte Religion« nach Kräften zu bewahren. Sie trat zum Altar, legte die Hand auf die Bibel und sprach den Eid: »Alles, was ich hier soeben versprochen habe, werde ich durchführen und einhalten. So wahr mir Gott helfe.« Dann küßte sie die Bibel und unterzeichnete den Eid. Während der Chor Händels »Zadok, der Priester« anstimmte, wurde ihr die königliche Robe abgenommen. Dann setzte sie sich auf den St.-Edwards-Stuhl unter einen Baldachin, der von vier Rittern des Hosenbandordens leicht schwankend hochgehalten wurde. Der Erzbischof salbte sie mit einem Kreuz auf Handflächen, Brust und Stirn und sprach: »Wie Salomon von Zadok, dem Priester, und Nathan, dem Propheten, gesalbt wurde, so salbe, segne und weihe ich dich zur Königin über die Völker, die der Herr, dein Gott, dir übertragen hat, auf daß du über sie herrschest.« Die Ritter entfernten den Baldachin, und die Erste Kammerfrau half Elizabeth beim Anlegen eines schlichten weißen Kleides, einer Tunika und eines Gürtels aus goldfarbenem Stoff. Anschließend wurden, noch vor der eigentlichen Krönung mit der St.-Edwards-Krone, zahlreiche Roben an- und wieder ausgezogen und Schwerter, Sporen, Stolen, der Reichsapfel, das Zepter und der Ring präsentiert, während Elizabeth auf dem St.-Edwards-Stuhl saß.

Daraufhin setzten sich alle weiblichen Peers zur selben Zeit ihre kleinen Kronen auf den Kopf, und für einen Augenblick leuchtete ein wahrer Wald weißbehandschuhter Arme und glitzernder Juwelen auf. Dann nahm Elizabeth auf dem erhöhten Thron Platz, um die Huldigung entgegenzunehmen, die ihr der Erzbischof, der Herzog von Edinburgh, die Herzöge von Kent und Gloucester und der ranghöchste Peer im Namen aller Peers entboten. Auch Philip kniete vor ihr nieder, legte seine Hände in ihre und gelobte: »Ich, Philip, Herzog von Edinburgh, werde hiermit Euer Lehnsmann mit Leib und Gliedern und voll der irdischen Verehrung; und ich will Euch im Leben wie im Sterben gegen jedermann mit Glauben und Treue zur Seite stehen. So wahr mir Gott helfe.« Dann erhob er sich, berührte ihre Krone und küßte ihre linke Wange – eine beachtliche Leistung angesichts der sperrigen Krone auf ihrem Kopf. Nach dem Ende der Huldigung dröhnten Trommelwirbel und erklangen Trompetenstöße, während die versammelte Menge »Gott schütze Königin Elizabeth, lang lebe Königin Elizabeth, die Königin lebe hoch!« rief. Schließlich stieg Elizabeth während des Tedeums von ihrem Thron hinab, nahm in der St.-Edwards-Kapelle die königliche Robe aus rotem Samt ab und legte wieder die vorige aus purpurfarbenem Samt an. Dann tauschte sie die schwere St.-Edwards-Krone gegen die leichtere, gleichwohl beeindruckende Staatskrone, die neben anderen kostbaren Steinen mit dem Rubin des Schwarzen Prinzen, den Perlenohrringen Königin Elizabeths I., dem Saphir der Stuarts aus der Krone Charles' II. und einem Teil des riesigen Cullinan-Diamanten besetzt war. Mit dem Zepter in der rechten und dem Reichsapfel in der linken Hand schritt sie zum Westportal, während der Chor und die versammelte Menge die Nationalhymne sangen.

Während der Zeremonie waren wie bei der Krönung ihres Vaters einige Fehler passiert. Elizabeth hatte vergessen, an der festgelegten Stelle einen Knicks zu machen, und enttäuschte damit ihre Ehrenjungfrauen, die den Knicks stundenlang mit ihr einstudiert hatten. Erzbischof Fisher trat im falschen Moment vor und brachte damit den komplizierten Ablauf durcheinander, und der Dekan von Westminster hatte für das Opfer der Königin in Form eines kleinen Beutels voll Gold die falsche Schale bereitgestellt. »Ein riesiges Ding«, beklagte sich der

Erzbischof danach. »Ich konnte es so gerade hochheben … Als ich mich der Königin zuwandte, kam ich mit der Schale gar nicht richtig an sie heran, und sie mußte sich mit ihrem kleinen Beutel bis zur Mitte strecken …« Englands vornehmster Baron, Mowbray Segrave und Stowton, sorgte für eine komische Einlage: »Als er nach der Huldigung zu seinem Platz zurückging und dabei die Robe hochzog, flogen – wie die Königin erzählte – überall Mottenkugeln und Hermelinhaare herum.« Die Herzogin von Norfolk bemerkte außerdem, daß der Baron bei der Huldigung »dreckige Hände hatte und aussah, als komme er soeben aus einer komischen Oper«.[29]

Elizabeths Martyrium war vorüber. Einen Moment schien sie die Anspannung gespürt zu haben: Als man ihr um 12.20 Uhr, eine gute Stunde nach Beginn der Zeremonie, das Staatsschwert überreichte, hielt sie die Hand über die Augen und blickte nach rechts, als ob sie, wie der Parlamentarier Tom Driberg für die *Picture Post* feststellte, ihren Mann oder ihren Sohn ansehen wollte. Der Augenblick ging vorüber; als sie sich erhob, um das Schwert auf den Altar zu legen, war sie ruhig und gelassen. In ihrem weißen Gewand und der goldfarbenen Tunika, mit dem bloßen Haupt und dem jugendlichen Aussehen hätte sie eine vestalische Jungfrau sein können. Das Ganze gemahnte entfernt an ein feierliches Opfer, wie es der alten Rolle des Königtums anhaftete und durch das umständliche Zeremoniell, die Roben in Rot und Gold, den Glanz der Juwelen und die gemessenen Bewegungen der alten Männer bei der Ausübung des Rituals noch unterstrichen wurde. Für Elizabeth selbst bedeutete es, daß sie ihr Leben einer Idee widmete, auf die sie seit jenem Tag im Mai 15 Jahre zuvor vorbereitet worden war, an dem sie zugesehen hatte, wie ihr Vater sich derselben Sache weihte. Wie damals für ihn hatte die Zeremonie auch für sie eine tiefe, geistliche Bedeutung.

8

Die böse Prinzessin

»Die Leute erwarten von der königlichen Familie, daß sie in einer Art Fortsetzungsgeschichte auftritt ... Und natürlich gibt es in einer solchen Geschichte immer jemanden, der sich nicht so benimmt, wie er sollte, die böse Prinzessin, wenn man so will ... Die gute Prinzessin hat schöne goldene Haare, ihre Schwester dagegen schwarze ... Und sie betet den Mond an, nicht die Sonne ...«

Lord Charteris von Amisfield in einem Interview über die Fernsehserie »The Windsors«, 1994

Schon vor der Krönung hatte Elizabeth gewußt, daß ihre Schwester sich in einen geschiedenen, 16 Jahre älteren Mann verliebt hatte und daß vielleicht eine Krise bevorstand, die ähnlich wie 1936 eine öffentliche Diskussion über die Monarchie zur Folge haben würde. Anfang 1953 hatten Margaret und Oberst Peter Townsend Elizabeth unterrichtet, daß sie sich liebten und heiraten wollten. Und ausgerechnet am Tag der Krönung, kurz nachdem Elizabeth als strahlende Majestät mit ihrem Mann aus der Westminster Abbey ausgezogen war, stand Margaret am Portal der Kirche und schnippte, während sie auf die Kutsche wartete, die sie in den Buckingham-Palast zurückbringen sollte, eine Fussel von Townsends Uniform – eine zärtliche und besitzergreifende Geste, die der Öffentlichkeit eine weitere aufsehenerregende königliche Romanze ankündigte.

Die Affäre um Margaret und Townsend war das erste Beispiel dafür, welche Gefahren eine Familienpolitik in sich barg, die die Königinmutter eingeführt hatte: eine heikle Situation zu ignorieren und »den Kopf in den Sand zu stecken«, bis die Lage zu brenzlig wurde – eine Politik der »Nichteinmischung« und Vermeidung jeglicher Konfrontation. Königin Victoria hätte sich entschieden eingemischt und damit jeder drohenden Gefahr für die Monarchie vorgebeugt. Margarets Romanze war eine Zeitbombe, die kurz vor der Explosion stand, und niemand unternahm etwas, sie rechtzeitig zu entschärfen. Zu sehr mit der eigenen Liebe und Ehe sowie dem glücklichen Leben in Clarence House beschäftigt, ahnte Elizabeth trotz der engen Familienbande nichts von der keimenden Liebe ihrer Schwester zum Stallmeister ihres Vaters, bis es zu spät war. Die Königinmutter verschloß die Augen vor dem, was sich direkt vor ihrer Nase abspielte. Als Lascelles versuchte, sie zu warnen, überhörte sie dies nicht nur, sondern war – auch dies eine alte Tradition – geradezu verärgert. So unternahm Lascelles nichts mehr, bis die Affäre an die Öffentlichkeit drang und er sich gezwungen sah einzuschreiten. Als man Elizabeth unterrichtete, zeigte sie sich verständnisvoll und mitfühlend. »Die Königin sprach mit Prinzessin Margaret immer freundlich über Peter Townsend«, sagte ein Freund. »Sie gab sich alle Mühe, die Situation zu verstehen, doch ihr eigenes Leben war so unkompliziert und geradlinig verlaufen, daß sie nicht begreifen konnte, weshalb Prinzessin Margaret sich ausgerechnet in einen verheirateten Mann verlieben mußte ...« Elizabeth meinte aus Mitgefühl für die um den Vater trauernde Schwester – einem sehr ehrenwerten Motiv –, daß man Margaret ihr Schicksal selbst bestimmen lassen müsse. Am Ende wurde ihr freilich genau das Gegenteil vorgeworfen: Es hieß, sie habe das Glück der Schwester auf dem Altar der Monarchie geopfert.

Der verstorbene König hatte vermutlich schon Ende Mai oder Anfang Juni bemerkt, daß seine Tochter sich von seinem attraktiven Stallmeister angezogen fühlte. Damals weilten er, die Königin und Margaret in Balmoral, wo sich der Monarch von seiner schweren Erkrankung, die sich später als Lungenkrebs entpuppte, erholen sollte.

Townsend schildert einen Vorfall im Moor bei Balmoral anläßlich der traditionellen Ferien im Spätsommer: »Einmal streckte ich mich nach einem Picknick mit der Jagdgesellschaft im Gras aus, um ein

Nickerchen zu machen. Da spürte ich auf einmal, daß mich jemand mit einem Mantel zudeckte. Ich öffnete ein Auge und sah direkt in Prinzessin Margarets hübsches Gesicht. Ich öffnete auch das andere Auge und bemerkte hinter ihr den König, auf einen Stock gestützt, mit einem ganz bestimmten, für ihn typischen Gesichtsausdruck: freundlich, halb belustigt. Ich flüsterte: ›Wissen Sie, daß Ihr Vater uns beobachtet?‹ Worauf sie lachte, aufstand und neben ihn trat. Dann nahm sie seinen Arm, ging weg und überließ mich meinen Träumen.«[1]

Wie diese Träume aussahen, führte Townsend nicht näher aus, doch er hatte Margaret damals bereits gestanden, daß er sie liebe und seine Ehe in einer Krise sei. In seinen Memoiren verschwieg er das. Dort gestanden Margaret und er sich erst Anfang 1953 in einem spontanen Moment der Erregung ihre Liebe.

Der König hatte aus verschiedenen Gründen nicht ernsthaft geglaubt, daß sich eine Liebesaffäre entwickeln könnte: Margaret war ständig von einer Schar jüngerer und geeigneterer Männer umgeben – unverheiratete adlige Erben großer Vermögen und vornehmer Häuser, die in der Lage gewesen wären, ihr den gewohnten Lebensstil zu finanzieren. Zu ihnen gehörte etwa »Sunny«, der Marquis von Blandford, mit den charakteristischen Merkmalen der Familie Spencer-Churchill, hervortretenden Augen und fliehendem Kinn. Als Erbe des Herzogs von Marlborough hätte er ihr Blenheim anbieten können, einen Palast weit größer als die meisten königlichen Schlösser. Margaret hatte mit ihm geflirtet und ihren Eltern mitgeteilt, daß er einen idealen Ehemann abgeben würde, doch Blandford verlobte sich mit einer ihrer Freundinnen, Susan Hornby, bevor er sie 1951 heiratete.

Im August desselben Jahres feierte Margaret auf Balmoral ihren einundzwanzigsten Geburtstag, und ihre Eltern hofften sehr, daß sie den jungen Mann ihrer Umgebung heiraten würde, der am ehesten in Frage kam: Johnny Dalkeith, als Nachkomme des Herzogs von Buccleuch Erbe dreier riesiger Güter und prächtiger Häuser voller traumhafter Möbel und Gemälde, darunter der einzige Leonardo da Vinci in Privatbesitz.[2] Ein enger Freund Margarets, Colin Tennant, Sohn und Erbe des Millionärs Lord Glenconner, sagte später: »Wenn der König länger gelebt hätte, hätte er Prinzessin Margaret gedrängt, Johnny Dalkeith zu heiraten. Mit seinen Häusern und Ländereien hätte sie praktisch einen eigenen Staat gehabt.« Doch nach dem Tod des Königs verlobte und verheiratete sich Dalkeith mit einem schönen Fotomodell, der ehemaligen Debütantin Jane McNeill.

Für den König wäre eine ernste Affäre seiner Tochter mit einem verheirateten Mitglied des Hofes undenkbar gewesen. Genauso wenig hätte er daran gedacht zu erlauben, daß sie einen – wie schuldlos auch immer – geschiedenen Mann heiratete. Daß sie Townsend anziehend fand, hatte ihn dagegen nicht überrascht. »Prinzessinnen verlieben sich doch immer in Stallmeister«, bemerkte dazu eine Dame aus der königlichen Familie ironisch. Ein schönes Gesicht, eine Uniform, die Nähe und der Reiz des Ungewöhnlichen ergaben zusammen eben ein kräftiges Aphrodisiakum. Unter den Umständen, angesichts der glücklichen verheirateten Elizabeth, war der König wohl einfach froh, daß Margaret sich amüsierte und nicht einsam war.

Ironischerweise hatte sich die ganze Situation erst aufgrund einer an sich lobenswerten Absicht des Königs ergeben: Der königliche Stallmeister war früher über persönliche Beziehungen aus den beiden Teilstreitkräften Heer und Marine ausgewählt worden; jetzt sollte auch die Royal Air Force einbezogen werden, denn der König wollte die Luftwaffe ehren, der er einst widerwillig angehört hatte; sie hatte das Land in der Luftschlacht um England gerettet, war aber bei Hofe noch nicht vertreten. Oberst Peter Townsend, ein Held der Luftschlacht und »Hurricane«-Pilot der berühmten Schwadron Nr. 43, schien die ideale Besetzung.

Townsend sagt, er habe Prinzessin Margaret im Februar 1944 im Buckingham-Palast kennengelernt, auf dem Weg zu seiner ersten Audienz mit dem König. Die Prinzessinnen hatten auf ihn gewartet, weil sie einen Piloten der Schlacht um England aus nächster Nähe sehen wollten – die Helden von 1940 standen Filmstars damals an Ruhm nicht nach. Als er eintrat, sagte Elizabeth laut Margaret zu ihr: »So ein Pech. Er ist verheiratet.« Margaret verknallte sich augenblicklich in den jungen Piloten. Sie war dreizehn, im gleichen Alter, in dem Elizabeth sich in Philip verliebt hatte. »Er sah sehr gut aus«, räumte ein Freund der Familie ein.

Der König und Townsend verstanden einander auf Anhieb. »Der König versuchte gar nicht erst, mir meine Befangenheit zu nehmen, und mußte es auch gar nicht«, erinnerte sich Townsend. »Die Menschlichkeit dieses Mannes und seine bemerkenswerte Schlichtheit wirkten warm und herzlich … manchmal zögerte er beim Sprechen, und dann fühlte ich mich sofort zu ihm hingezogen, ich wollte ihm helfen, den Redefluß wiederzufinden. Ich kannte die Leiden des Stotterers aus eigener Erfahrung.« Beide Männer waren schüchtern und litten unter nervöser Anspannung – aufgrund von Erschöpfung, Angst und der Begegnung mit dem Tod hatte Townsend bereits mit sechsundzwanzig einen Nervenzusammenbruch erlitten. Wie es im Krieg üblich war, hatte er übereilt die schöne Rosemary Pawle geheiratet. Er war Vater eines Sohnes geworden und hatte nach dem schweren Zusammenbruch drei Monate im Krankenhaus gelegen. Zwar erholte er sich wieder, doch der unbekümmerte Mut von 1940 hatte ihn für immer verlassen.

»Ich spürte es in den Knochen, daß ich nie wieder der Pilot sein würde, der ich einmal gewesen war. Ich war zu tief gefallen, als daß ich je wieder ganz nach oben kommen konnte. In meinen Gedanken und Visionen sah ich mich immer wieder abstürzen, eines schrecklichen Todes sterben. Ich war überzeugt, daß ich sterben würde …, genau das Gegenteil von dem, was ich in jenen heldenhaften Tagen des Jahres 1940 empfunden hatte: Damals war ich sicher, daß ich leben würde! Je mehr ich flog – und fliegen mußte ich –, desto mehr packte mich die Angst, eine überwältigende, entwürdigende Angst. Jedesmal, wenn ich abhob, war ich überzeugt, daß es das letzte Mal sein würde …«[3]

Der König entwickelte für Townsend eine geradezu väterliche Zuneigung; der junge Stallmeister war der einzige Mensch außerhalb der Familie, der ihn beruhigen konnte, wenn er einen seiner »Anfälle« hatte. Townsends Versetzung, die ursprünglich auf drei Monate befristet gewesen war, dauerte fast zehn Jahre.

Townsend stand der Königsfamilie zuletzt näher als jedes andere Mitglied des königlichen Hofes. Was ihm, seiner Ehe und auch Margaret widerfuhr, zeigt beispielhaft, wie gefährlich es ist, wenn man der Sonne zu nahe kommt. Besonnenere Vertraute des Königshauses wie Jock Colville, die die Gefahren des Hoflebens besser kannten, ließen sich nur begrenzt hineinziehen. Mitglieder des Hochadels wie der Haushofmeister Joey Legh wußten, wie man mit königlichen Hoheiten umging und wo die Grenzen lagen. Legh scherzte und lachte mit dem König, und er wagte es sogar, ihm Ratschläge zu erteilen, als dieser einem Treiber versehentlich eine Ladung Schrot verpaßt hatte; doch er wußte immer, wie weit er gehen durfte. Er tat seine Pflicht und vergaß darüber nicht, seiner Frau liebevolle Briefe zu schreiben, wenn er von ihr getrennt war. Höflinge der alten Schule kannten die Belastung des Hoflebens für die Ehefrauen und Familien und hielten Beruf und Privatleben auseinander, so gut sie konnten.

Peter Townsend stammte nicht aus derselben sozialen Schicht wie die anderen Mitglieder des Hofes, sondern aus der Mittelschicht, der Hauptstütze des Empires. Sein Vater hatte als Kolonialverwalter in Burma gearbeitet. Peter hatte Haileybury besucht, eine staatliche Schule für die Mittelschicht. Dort hatte er als fünfzehnjähriger Schuljunge erlebt, wie der stotternde Herzog von York, der spätere König George VI., einen neuen Speisesaal eröffnete. Peter war naiv, verwundbar, feinfühlig und tief religiös, ein Idealist und Träumer. Er sah sehr gut aus, hatte braunes, gewelltes Haar, strahlend blaue Augen, feine Gesichtszüge und eine schlanke Figur. Am Hof gingen die Meinungen über ihn auseinander. Der Zweite Privatsekretär des Königs, Sir Edward Ford, soll einmal gesagt haben, er betrachte Townsend als engen Freund. Margarets aristokratische Freunde dagegen empfanden ihn als langweilig: »Er tut immer so feierlich, spricht über mystischen Unsinn, eine langweilige Person ...« Einer anderen Stimme zufolge war er »sehr fromm und zitierte ständig aus der Bibel«. Seine Nähe zur Königsfamilie provozierte auch Mißgunst und Eifersucht. »Er verliebte sich in die Königsfamilie, was immer ein Fehler ist«, sagte ein Angehöriger des Hofes. »Der König und die Königin machten ihn zu einer Art Schoßhund des Hofes ... Er war immer in ihrer Nähe.«

Rosemary Townsend war eine schöne Frau mit gesellschaftlichen Ambitionen, die Männer anzog. »Sie flirtete bis zum Überdruß«, meinte eine Hofdame. Townsend gab sehr uncharmant wieder, wie sie auf die Nachricht von der Stellung bei Hofe reagierte: »Jetzt sind wir gemachte Leute.« Wie bei zahlreichen Kriegsehen hatte sich bei den Townsends mit der Zeit herausgestellt, daß die beiden wenig gemeinsam hatten, abgesehen von einer körperlichen Anziehungskraft, die nach der Geburt von zwei Kindern und Townsends durch die Kriegserlebnisse ausgelösten Zusammenbrüchen verbraucht war. Stundenlang blieb Rosemary in Windsor in Adelaide Cottage allein – dem Haus, das ihnen der König zur Verfügung gestellt hatte, als abzusehen war, daß Townsends Versetzung längerfristig sein würde. Man kann ihr deshalb kaum einen Vorwurf machen, wenn ihre Augen anderswo Zerstreuung suchten. Auch daß ihr Mann 1947 als Stallmeister an der dreimonatigen Südafrikareise teilnahm, machte die Sache nicht leichter. Auf der Reise langweilte er die anderen Mitglieder des königlichen Gefolges mit seinen Träumen vom Auswandern und einem Leben als Farmer in Transvaal, bei dem er »alles dies hinter sich lassen« könne. Seiner Frau graute vor solchen Plänen. Sie wollte Windsor um keinen Preis für ein abgeschiedenes Leben in den Kolonien verlassen. Sie hatte eine Affäre mit einem flotten Gardeoffizier, der sie allerdings aufgab, als ihm die Sache zu heiß wurde; die Ehe der Townsends war damals bereits zerrüttet. Am Hof bemerkte man allmählich, daß Peter immer mehr Zeit mit Margaret verbrachte. Ein Angestellter, der einmal zum Geburtstag eines Townsend-Sohns in Adelaide Cottage weilte, erinnerte sich: »Das Telefon klingelte, und jemand fragte, ob Peter mit Prinzessin Margaret ausreiten wolle. Sein Sohn feierte Geburtstag, und er war nicht im Dienst, doch er ging. Er spielte ein doppeltes Spiel …«

Rosemary schwärmte wie viele Töchter von Höflingen für den König, und der König, für schöne Frauen stets empfänglich, zeigte seinerseits eine gewisse Zuneigung für sie. »Sie malte sehr gut und hielt sich ständig im Palast auf, kopierte Gemälde und flirtete mit dem König. Königin Elizabeth gefiel das ganz und gar nicht.« Die Königin mochte Townsend besonders. »Sie hatte ihn gern um sich – er war ein gutaussehender junger Mann.« Seine Anwesenheit war für ihre täglichen Vergnügungen unerläßlich. Er spielte mit ihr und Margaret Canasta und wirkte auf den König beruhigend, eine Fähigkeit, die mit der zunehmenden Krankheit und Reizbarkeit des Herrschers immer wichtiger wurde.

Erste Gerüchte über Margaret und Townsend tauchten in der ausländischen Presse auf, als die Prinzessin in Vertretung ihrer Schwester mit Prinzessin Alice, der Herzogin von Athlone, zur Amtseinsetzung von Kronprinzessin Juliana als Königin der Niederlande am 6. September 1948 fuhr – die erste Reise, die sie allein unternahm. Ganz in

Rosa und mit passender Straußenfeder auf dem Hut wurde Margaret der erfahrenen königlichen Cousine zufolge ihren Pflichten in bewundernswerter Weise gerecht, doch beim anschließenden Festball blühte sie laut Berichten immer dann sichtlich auf, wenn sie mit Townsend tanzte. Am folgenden Tag besichtigte sie, augenscheinlich an ihn gelehnt, an seinem Arm das Amsterdamer Rijksmuseum. Eine Hofdame, die die königliche Gesellschaft begleitete, sagte dagegen, entsprechende Berichte seien Unsinn; niemand aus der Umgebung habe etwas wahrgenommen, das so hätte interpretiert werden können. Theorien, daß die Affäre bereits auf der Südafrikareise begonnen habe, hielt sie für ähnlich unbegründet: »Tatsächlich schwärzte Prinzessin Margaret Peter für etwas an, das sie von ihm erwartet, er aber nicht getan hatte. Wir ärgerten uns sehr darüber, weil wir ihn mochten und das für unfair hielten.« Hofangehörige neigen im allgemeinen nicht dazu, das Privatleben ihrer Arbeitgeber auszuspionieren. Der Gedanke, ein verheiratetes Mitglied des Hofes könnte heimlich eine Affäre mit der Tochter des Königs haben, kam ihnen gar nicht erst in den Sinn.

Townsend nannte als Beginn der engen Freundschaft mit Margaret seine Beförderung zum Stellvertretenden Haushofmeister im August 1950; damals bekam er ein eigenes, mit grünen Teppichen ausgelegtes Arbeitszimmer im Südflügel des Buckingham-Palastes. Inzwischen verbrachte er noch mehr Zeit fern seiner Familie, und seine Ehe war nur noch Fassade. Townsend und Margaret führten lange Gespräche. Sie wußte von der Leere seines Familienlebens; er seinerseits kam zu der Erkenntnis, daß Margarets Leben trotz der Vielzahl junger Männer, der Nachtclubbesuche und der Schlagzeilen, in denen die Prinzessin als Mittelpunkt eines »Margaret-Sets« tituliert wurde, ebenso leer war oder noch leerer. »... Sie ist bereits eine Figur des öffentlichen Lebens geworden, und ich frage mich, was aus ihr einmal werden soll«, sinnierte Chips Channon, nachdem er die neunzehnjährige Prinzessin auf einem Ball in Windsor 1949 erlebt hatte. »Sie hat schon jetzt etwas von Marie-Antoinette an sich ...« Margaret hatte außer ihrer Existenz als Prinzessin und jüngerer Schwester keine Funktion und keine Rolle, und abgesehen von einigen kleineren offiziellen Verpflichtungen blieb ihr nichts anderes zu tun, als sich zu amüsieren. Sie war schlagfertig und geistreich, eine begabte Schauspielerin, Sängerin und Klavierspielerin, und sie tanzte gern. Mit ihrer Begabung und dem launischen Temperament einer Ballerina wäre Margaret in einem anderen Leben womöglich ein erfolgreicher Musical-Star geworden. Außerdem war sie intelligent, aber geistig unterfordert. Ihre schulische Ausbildung hatte mit Crawfies Weggang geendet, ein Umstand, den sie später bedauern sollte. Crawfie hatte zwar versucht, für Margaret wie für Elizabeth Geschichtsunterricht bei Sir Henry Marten zu organisieren, doch daraus war nichts geworden. »Sir Henry ging es gesundheitlich überhaupt nicht gut«, schrieb Crawfie, »und Margarets Gesellschaftsleben forderte einen immer stärkeren Tribut.« Als Crawfie der Königin Vorhaltungen machte, weil Margaret so spät zu Bett ging, entgegnete die Königin: »Man ist nur einmal jung, Crawfie. Wir wollen, daß sie sich amüsiert. Seit Lilibet weg ist, fühlt sie sich hier einsam ...« Crawfie bemerkte dazu: »Wie immer konnten sie sich nicht dazu überwinden, ihr etwas zu verbieten.«

Margaret war von Statur sehr klein, höflich ausgedrückt »zierlich« und sehr schlank. Königin Mary erregte das Mißfallen ihrer Enkelin, indem sie taktlos ständig fragte: »Wann wirst du endlich wachsen?« Von der Mutter hatte Margaret den Teint und die kornblumenblauen Augen geerbt, die sogar größer waren – der schönste Teil ihres Gesichts. Ansonsten wies sie keine Familienähnlichkeit auf; für einige sah sie mit ihren vollen, sinnlichen Lippen, der hellen, rötlichweißen Haut und den kontrastierenden dunklen Haaren semitisch aus. Die zwanzigjährige Margaret war eine schöne Frau, noch attraktiver als die ältere Schwester und für Männer noch anziehender. Doch Elizabeth hatte, wie gewöhnlich, alles, was Margaret sich wünschte: einen gutaussehenden Mann, den sie sehr liebte, und zwei entzückende kleine Kinder. Außerdem war sie glücklich, vielbeschäftigt und jetzt auch noch Königin. »Du Arme«, hatte Margaret gesagt, als den beiden Mädchen nach Onkel Davids Abdankung bewußt geworden war, was auf Elizabeth zukam. Im Innersten war sie freilich überhaupt nicht dieser Meinung, sosehr sie auch nach außen darauf beharrte. Margaret war eine vielschichtige Persönlichkeit: Sie konnte herzlich, großzügig und liebenswürdig sein, aber auch selbstsüchtig und grausam. Die Dienerschaft mochte sie, viele Höflinge allerdings nicht. Sie hielten Margaret für verzogen und arrogant, und insbesondere die Frauen waren wenig begeistert, wenn Margaret sich beim Tanzen gezielt auf ihre Männer stürzte und die Ehefrauen zum Zusehen verurteilte. Die Frau eines Hofbeamten sagte: »Sie hatte alles, und dann zerstörte sie sich selbst. Es lag in ihrer Natur, daß ihr alles danebenging. An einem Tag freundlich – am nächsten garstig. Sie war die einzige, die bei einem Fest auf dich zugehen und sich mit dir unterhalten konnte – um dich am nächsten Tag zu schneiden. Sie verärgerte ihre Freunde mit ihren Tricks und war gemein zu deren Ehefrauen. Sie forderte einen Mann zum Tanz auf und ließ die Frau stehen... Dann war sie wieder bei Festen im Haus so lästig. Wegen ihr mußten alle zu lange aufbleiben, und sie verdarb allen den Abend.«

Townsend dagegen lernte Margaret von ihrer besten, ernsten Seite kennen. Margaret war von ihrer geistigen und gefühlsmäßigen Veranlagung das religiöseste Mitglied der Familie und besuchte auch nach der Konfirmation noch den Religionsunterricht. Hier trafen sich Townsends und ihre Interessen. Im Rückblick auf jene Tage schrieb er: »Was Prinzessin Margaret letzten Endes so anziehend und liebenswert machte, war der Umstand, daß man hinter der glänzenden Fassade, der zur Schau getragenen Selbstsicherheit eine seltene Sanftheit und Aufrichtigkeit fand, wenn man nur danach suchte. Sie konnte einen dazu bringen, daß man sich vor Lachen ausschüttete, sie konnte einen aber auch tief bewegen. Ich war nur einer von vielen, auf die sie diese Wirkung hatte. Es gab Dutzende andere; ihre Namen standen in den Zeitungen, die sich beim Prognostizieren ihres künftigen Ehemannes gegenseitig hektisch und nutzlos übertrafen. Doch ich wage zu behaupten, daß keiner von ihnen von der Lebensfreude der Prinzessin mehr berührt war als ich, denn bei meinen damaligen Eheproblemen gab sie mir, was mir am meisten fehlte: Freude. Ja, ihre Lebensfreude schuf eine gegenseitige Sympathie, und ich begann zu spüren, daß in ihrem Leben ebenfalls etwas fehlte.«

Ihre gegenseitige Zuneigung verstärkte sich nach dem Tod des Königs. In ihrer Trauer und Einsamkeit lehnte sich Margaret noch stärker an Townsend an. »Peter war stets für sie da, er war unglaublich freundlich, feinfühlig, sanft und verständnisvoll«, sagte ein Freund. Andere Angehörige des Hofes beurteilten die Beziehung weniger günstig, was Townsend stets zum Widerspruch veranlaßte. Man versuchte, ihn vom

Hof zu entfernen: Boy Browning wollte ihm eine Stelle im Ministerium für Luftfahrt verschaffen, doch Townsend weigerte sich zu gehen. Statt dessen suchte er am Krönungstag die Königin auf und bat sie mit der Begründung, seine Ehe zerbreche, um eine andere Stelle. Er verschwieg damals, daß er Margaret liebte und sie heiraten wollte. Er wurde zum Comptroller, Rechnungsprüfer, der Königinmutter ernannt, eine Stellung, die seine ständige Nähe zu Margaret garantierte. Eine Versöhnung mit der ehebrüchigen Rosemary hatte er abgelehnt. Rosemary ließ sich daraufhin auf eine weitere, diesmal ernste Affäre mit John de Laszlo ein, dem Sohn Philip de Laszlos, dessen Porträts von Königen und Würdenträgern an den Wänden aller europäischen Paläste hingen. Als die neue Königin mit ihrem Gemahl Philip und Margaret im Juni 1952 in Adelaide Cottage mit den Townsends zusammen zu Mittag aßen, war die Scheidung bereits eingereicht. Sechs Monate später erreichte Townsend ein vorläufiges Scheidungsurteil gegen seine Frau wegen ihres Ehebruchs mit de Laszlo. Zwei Monate später heiratete Rosemary de Laszlo und schied damit aus dem königlichen Kreis, freilich nicht aus der höheren Gesellschaft aus. Die neue Ehe hielt nicht lang, und später heiratete sie den Marquis von Camden. Zu ihrer Ehre sei betont: Sie bewahrte strengstes Stillschweigen über ihre erste Ehe.

Mit der Scheidung erreichte die Affäre zwischen Townsend und Margaret eine neue Ebene. Townsend war jetzt gesetzlich frei, schuldlos geschieden. Doch das Paar schien in seinem neu gefundenen Glück zu vergessen, welchen öffentlichen Skandal ihre Heiratspläne auslösen würden. Im nachhinein beteuerten beide ihre Ahnungslosigkeit; aus heutiger Sicht klingt dies wenig wahrscheinlich. Zwar war Townsend in der Tat etwas weltfremd und Margaret intelligent, aber erst dreiundzwanzig Jahre alt, doch der Achtunddreißigjährige hätte sich davor hüten müssen, eine ernste Affäre mit der jungen Prinzessin anzufangen, ohne die Folgen für sie und für ihre Familie zu bedenken; Margaret kannte die Stellung der anglikanischen Kirche zur Scheidung, und sie wußte als Mitglied der königlichen Familie auch um die Gründe für die Abdankung Edwards VIII. Ihr Verhalten läßt sich nur dadurch vernünftig erklären, daß sie in ihrer Ichbezogenheit der Liebe zu Townsend und ihrem Heiratswunsch eine überragende Bedeutung beimaß.

Der Zeitpunkt war besonders unglücklich, weil die Affäre ernsthaft wurde, als die Krönung unmittelbar bevorstand. Dennoch reagierte Elizabeth zunächst wie eine Schwester, als Margaret ihr und der Mutter mitteilte, daß sie und Townsend sich liebten und heiraten wollten. »Wenn die beiden schockiert waren, wozu sie ja allen Grund hatten«, schrieb Townsend später, »so zeigten sie das nicht, sondern nahmen es ganz ruhig und zugegebenermaßen nachsichtig auf.«

Die Königinmutter versuchte das Ganze zu vertuschen, wie immer, wenn unangenehme Dinge ihren Weg kreuzten. Die Königin dagegen erkannte ganz genau, in was für eine schwierige Lage sie das als Monarchin, Familienoberhaupt und Oberhaupt einer Kirche, die Scheidungen nicht anerkannte, brachte. Sie mußte sich wohl oder übel offiziell mit dem Fall befassen, da nach dem Royal Marriages Act von 1772, der für alle Nachfahren Georges II. gilt – mit Ausnahme von Prinzessinnen, die in eine ausländische Familie einheiraten –, ihre Zustimmung als Herrscherin für die Eheschließung notwendig war. Ohne ihre Zustimmung müßte die Prinzessin bis zu ihrem 25. Geburtstag warten und dann innerhalb von zwölf Monaten heiraten, vorausgesetzt, sie hatte das Parlament schriftlich von ihrer Absicht in Kenntnis gesetzt und beide Häuser hatten zugestimmt. Die Königin reagierte verständnisvoll und spielte auf Zeit. »Unter den gegebenen Umständen«, sagte sie, »ist es nur vernünftig, daß ich dich bitte, ein Jahr zu warten.«

Lascelles' Reaktion, als Townsend ihn unterrichtete, war alles andere als nachsichtig. »Sie müssen entweder verrückt oder verdorben sein, oder beides!« rief er aus. Wie naiv Townsend war, zeigte seine Überraschung über Lascelles' Feindseligkeit. »Er war ein Freund, und ich bat ihn um Hilfe«, schrieb er später scheinheilig. Lascelles, der von seiner geistigen Einstellung ebenso wie von seiner gesellschaftlichen Position her ein Obersnob war, hätte Townsend sicher nie zu seinen Freunden gezählt. Nachdem er bereits das Trauma einer aus ähnlichen Gründen erfolgten Abdankung durchgemacht hatte, war er entsetzt von der Aussicht eines weiteren öffentlichen Skandals um die Monarchie. Was für eine Hilfe Townsend von Lascelles erwartet hat, dessen erste Pflicht dem Königshaus galt, ist unklar. Townsend bot an zurückzutreten, doch Lascelles wies ihn an zu bleiben. Er sah ganz richtig voraus, daß ein derartiger Schritt unweigerlich Spekulationen auslösen würde. Der

Königin riet Lascelles, Townsend sofort aus dem Dienst in Clarence House zu entfernen und ins Ausland zu versetzen. Die Königin mit ihrem weichen Herzen lehnte einen derart harten Kurs ab, weil sie ihre Schwester liebte und auch Townsend mochte. Sie wählte eine Kompromißlösung, indem sie Townsend zu ihrem Stallmeister machte und ihn aus Clarence House zurück in den Buckingham-Palast holte. Einem Informanten zufolge gab Lascelles daraufhin auf eigene Faust die Parole aus, dem Paar die kalte Schulter zu zeigen. Elizabeth und Philip begegneten den beiden jedoch weiterhin freundlich. Am Abend des Tages, an dem Margaret der Königin die Affäre gestanden hatte, lud Elizabeth das Paar zum Dinner mit ihr und Philip ein. Philip verstand sich mit Townsend sehr gut, obwohl die beiden Männer völlig verschiedene Charaktere hatten. Er hatte Townsends älteren Bruder Michael als Kapitän des Zerstörers »Chequers« kennengelernt, auf dem sie nach Griechenland gefahren waren. Gelegentlich spielte er mit Peter Squash im Buckingham-Palast oder Badminton und Golf in Windsor. Margaret behandelte er wie eine etwas lästige jüngere Schwester. »Er war immer sehr streng mit ihr«, sagte ein Angehöriger des Hofes. Bei jenem Essen benahm er sich jedoch laut Margaret »wie ein Kumpel«, auch wenn einige heitere Bemerkungen, mit denen er die Atmosphäre auflockern wollte, den beiden Verliebten ganz und gar nicht gefielen. Die Affäre war für Philip wie für Elizabeth völlig überraschend gekommen, und er ärgerte sich besonders, als die Zeitungen später über seine Mißgunst gegenüber Townsend spekulierten. »Was habe ich denn getan? Ich habe doch nichts getan!« rief er nach der Lektüre eines entsprechenden Artikels aufgebracht, und richtig wütend wurde er, als die Zeitungen nach dem Vorfall mit der Fussel ausführlicher über Townsend berichteten als über die Königin und ihre Krönung.

Die Affäre um Margaret und Townsend, auch wenn sie weit weniger bedrohlich war als die Entschlossenheit Edwards VIII., Mrs. Simpson zu heiraten, traf einen empfindlichen Nerv im britischen Staatsgefüge und löste in allen gesellschaftlichen Schichten reflexartige Reaktionen aus. Bei den tonangebenden Höflingen und Politikern läuteten die Alarmglocken laut und deutlich. »Wir mußten einschreiten«, sagte ein Beamter des Hofes. »Wir konnten uns nicht noch eine Edward-Mrs. Simpson-Konstellation leisten…« Parallelen zu 1936 waren eindeutig vorhanden, und in vielerlei Hinsicht wirkte die neue Affäre sogar wie eine Wiederholung der alten. Die britische Presse hatte die Geschichte bislang, ungeachtet der Artikel in ausländischen Zeitungen, nicht aufgegriffen und tat dies erst, als der Fussel-Vorfall Kommentare provozierte, die nicht länger ignoriert werden konnten. Lascelles erkannte, daß die Angelegenheit sich nicht länger verheimlichen ließ und sofortiges Handeln nötig war. Am 13. Juni, einen Tag bevor die Geschichte in den britischen Zeitungen gedruckt werden sollte, suchte er Churchill in dessen Landhaus Chartwell auf und unterrichtete ihn von Prinzessin Margarets »Wunsch, den vor kurzem geschiedenen Peter Townsend zu heiraten«. Auch für Churchills Mitarbeiter war das Ganze eine Reprise von 1936. »Eine schöne Bescherung«, bemerkte Colville; er benutzte kurioserweise dieselben Worte, die Königin Mary zu Baldwin gesagt hatte, als er sie wegen der Abdankung aufgesucht hatte. Auch Churchill reagierte zunächst wie damals: Der Lauf einer wahren Liebe dürfe nicht gestört werden, und warum solle die schöne junge Prinzessin nicht ihren stattlichen Kriegshelden heiraten? Mrs. Churchill wies ihren Mann streng darauf hin, daß er »denselben Fehler begehen würde, den er bei der Abdankung begangen hatte«. Diesmal hörte Churchill auf seine Frau. Er wies Generalstaatsanwalt Sir Lionel Heald an, einen Bericht über die rechtlichen Implikationen zu verfassen und inoffiziell bei den Premierministern des Commonwealth zu sondieren, wie sie zu der Heirat stehen würden. Im Kabinett wurde beschlossen, daß die Regierung der Heirat nicht zustimmen könne – der Marquis von Salisbury, ein hoher Kirchenmann und enger Freund des verstorbenen Königs, zeigte sich in dieser Frage besonders unnachgiebig. In der Zwischenzeit versprach Churchill Lascelles, daß er bei seinem nächsten Treffen mit der Königin Townsends Versetzung vom Hof fordern werde.

Die Presse beschleunigte Townsends Weggang noch. Am 14. Juni brachte *The People* einen Artikel unter der Schlagzeile »*The People* erstattet Bericht«. Das britische Volk, hieß es dort, müsse unterrichtet werden, daß die Prinzessin weltweiten »skandalösen Gerüchten« zufolge einen geschiedenen Mann liebe und heiraten wolle. Der Mann heiße Townsend. Das Ganze sei natürlich, hieß es ironisch weiter, »frei erfunden«, da »ganz undenkbar ist, daß eine königliche Prinzessin, zudem noch in der Thronfolge an dritter Stelle, auch nur in Erwägung ziehen könnte, einen Mann zu heiraten, der vor dem Scheidungsrichter gestanden hat«. Daß Townsend unschuldig geschieden sei, ändere »nichts daran, daß eine Heirat zwischen Prinzessin Margaret und ihm eine Provokation der Monarchie und der christlichen Tradition wäre«. Es gelang *The People*, den Stein des Anstoßes aus dem Palast zu entfernen. Lascelles und Commander Richard Colville, der Pressesekretär der Königin, wiesen Elizabeth nachdrücklich darauf hin, daß Townsend gehen müsse, um endlosen Spekulationen zuvorzukommen. Churchill stärkte ihnen den Rücken, als er Elizabeth von der ablehnenden Haltung des Kabinetts zur Heirat unterrichtete. Bislang konnte nicht geklärt werden, ob er ihr auch mitteilte, daß die Kabinettsmitglieder der Ehe vermutlich auch nach Margarets 25. Geburtstag nicht zustimmen würden. Nach Ansicht ihres Biographen wußte Margaret davon nichts. Sie und Townsend kamen überein, sich für eine Zeitlang zu trennen, ohne den Gedanken an eine spätere Heirat aufzugeben. Margaret zeigt sich noch heute darüber verbittert, daß Lascelles ihr verschwiegen hat, daß sie die Zustimmung der Regierung zu einer Heirat auch nach ihrem fünfundzwanzigsten Geburtstag nicht bekommen würde. Ein Angehöriger des Hofs hatte damals den Eindruck, daß Lascelles »der ganzen Sache allmählich überdrüssig war und nicht mehr glaubte, daß sie überhaupt jemals über die Bühne gehen würde. Der Umstand, daß Townsend die Wahl hatte, sich als Luftwaffenattaché nach Singapur, Johannesburg oder Brüssel versetzen zu lassen, zeigt, daß er [Lascelles] das Ganze nicht ernst nahm ...« Natürlich wählte Townsend Brüssel, weil er zwei schulpflichtige Söhne in England hatte.

Am 30. Juni flogen die Königinmutter und Margaret zu einem sechzehntägigen Besuch nach Süd-Rhodesien. Townsend zufolge war die Prinzessin am Morgen der Abreise »sehr ruhig, da wir spürten, daß jeder sich des anderen sicher war, und obwohl die Trennung uns schwerfiel, beruhigte uns die Zusicherung – ich weiß nicht mehr, woher sie stammte, jedenfalls von einer offiziellen Stelle –, daß meine Abreise bis zu ihrer Rückkehr am 17. Juli verschoben würde.« Churchill erteilte jedoch die Anweisung, daß Townsend Großbritannien spätestens sieben Tage nach seiner Versetzung zu verlassen habe, zwei Tage vor der

Rückkehr der Prinzessin. Vor seiner Abreise machte Elizabeth gegenüber Townsend trotz einer entsprechenden Nachricht in der *Evening Post* eine besonders freundschaftliche Geste, indem sie ihn bei ihrem ersten Besuch in Belfast nach der Krönung als Stallmeister mitnahm. »Ich fand das sehr nobel und bewundernswert von ihr«, erinnerte er sich. »Auf der Rollbahn gab sie mir die Hand. Ich sollte sie erst viele Jahre später wiedersehen.«[4] Margaret hatte die Rhodesien-Reise zur Hälfte hinter sich, als sie erfuhr, daß Townsend noch vor ihrer Rückkehr abreisen würde. Die Wirkung war niederschmetternd. »Sie brach zusammen wie immer, wenn etwas Furchtbares passierte«, sagte ein Mitglied der Gruppe. »Sie war so aufgeregt, daß sie nicht in der Lage gewesen wäre, ihn nach ihrer Rückreise zu treffen. Offiziell wurde erklärt, sie sei krank, doch es war lediglich der emotionale Schock. Die Königinmutter mußte den Besuch ohne sie fortsetzen.«

Die Trennung sollte zwei Jahre dauern und nicht eines, wie ursprünglich vorgesehen, doch verfehlte sie mit Sicherheit ihr Ziel: Margaret Peter vergessen zu machen. Sie glaubte, daß man ihn schlecht behandelt hatte, und fühlte sich nach den Worten eines Freundes »völlig verloren und einsam«. Elizabeth war glücklich verheiratet und zu beschäftigt, um viel Zeit für sie zu erübrigen. Sie weilte auf ihrer Krönungsreise durch das Commonwealth sechs Monate lang außer Landes, vom 24. November 1953 bis zum 10. Mai 1954. »Und ihre Mutter«, sagte ein Freund, »war ganz unnahbar und zurückgezogen. Sie wollte das alles nicht glauben und mit niemandem darüber reden, so daß Prinzessin Margaret sie nicht um Rat fragen konnte.« Da Margaret als Mitglied der Königsfamilie keine Beziehungen und Interessen wie andere Menschen haben konnte, nahm Townsends Bedeutung für sie in seiner Verbannung noch zu. »Die beiden waren echte Kameraden und Seelenverwandte«, erklärte ein Freund. Einem anderen tat sie »schrecklich leid, weil nicht abzusehen war, wie die beiden jemals würden heiraten können; dabei waren sie wahnsinnig verliebt«. Sie schrieben sich jeden Tag »lange, lange Briefe«, eine Korrespondenz, die niemand zu unterbinden suchte. Margaret setzte nach außen ihr geselliges Leben fort, doch am vierundzwanzigsten Geburtstag ihrer Schwester, an einem »gräßlichen Abend« auf Balmoral, erhielt Elizabeth Einblick in deren innerste Gefühle. Die Schlagzeilen waren voller Gerüchte über eine Verlobung Colin Tennants mit der Prinzessin – sie sagt, daß er ihr einen Antrag gemacht und sie ihn abgewiesen habe; er leugnet, jemals einen Antrag gemacht zu haben –, und das Schloß wurde von Reportern belagert. Als Folge davon waren beide, Tennant und Margaret, überaus nervös und angespannt. Die Königinmutter wollte, daß die Gäste sich verkleideten und ein eigens für Margarets Geburtstag komponiertes Lied sangen, wie sie es zu Lebzeiten des Königs immer getan hatten. »Die Königin fürchtete, daß das böse ausgehen könnte, doch sie wollte der Mutter die Freude nicht verderben«, also verkleideten sich alle mit Bettlaken als Druiden und sangen das Lied. Die Folge war genau das, was Elizabeth befürchtet hatte: Der Abend wurde ein Fiasko. Ein Freund erinnerte sich: »Die Königinmutter konnte nicht begreifen, was Prinzessin Margaret so aufgeregt hatte, und die Königin hatte gewußt, daß es so kommen würde, konnte es aber nicht verhindern. Margaret brach in Tränen aus, teils weil das Lied sie an die Zeit erinnerte, als der König und Peter noch da waren, teils weil sie sich von Colin Tennants Anspannung hatte anstecken lassen …«

Es sollte noch ein weiteres Jahr vergehen, bis die Affäre ihren Höhepunkt erreichte. Im Februar und März 1955 unternahm Margaret eine triumphale Reise zu den Westindischen Inseln. »Sie wirkte beflügelt«, sagte ein Freund. Ihr zu Ehren wurden Calypsos komponiert, und ihr Empfang stellte sogar den Elizabeths auf ihrer Krönungsreise im Jahr zuvor in den Schatten. Am Tag nach ihrer Rückkehr ließ Townsend dann alle Spekulationen wiederaufleben, als er in Brüssel ein Interview für den *Daily Sketch* gab. Auf die Frage, ob er Prinzessin Margaret heiraten werde, antwortete er: »Warten wir's ab.« Es kam zu einem riesigen Eklat, und Townsend behauptete, man habe ihn falsch zitiert. Der Eigentümer der Zeitung beharrte jedoch darauf, daß die Initiative für das Interview von Townsend ausgegangen sei. Freunde von Margaret mutmaßten, daß er im Zuge der aufsehenerregenden Westindien-Reise seine Ansprüche anmelden wollte. Am 21. August würde Margaret fünfundzwanzig, und dann stand es ihr frei, ohne die Zustimmung der Schwester zu heiraten, obwohl die Hürde des Parlaments blieb.

Anfang August herrschte auf Sandringham, wo die Königinmutter Margaret und ihre Freunde zu Gast hatte, eine sehr gespannte Atmosphäre. Cecil Beaton hatte für den Geburtstag eine Reihe Fotos von der Prinzessin gemacht, und es wurde lange diskutiert, welches man Peter schicken solle. Margaret war einem Freund zufolge »sehr launisch, traurig und schwierig«. Sie weigerte sich, abends ins Bett zu gehen, und tat genau das Gegenteil von dem, was ihre Mutter sagte. »Königin Elizabeth tat uns leid. Sie begriff, was los war, hatte aber keine Ahnung, wie sie die Lage in den Griff bekommen sollte, und sie war viel zu reserviert, um mit irgend jemandem darüber zu sprechen.« Margaret ihrerseits wußte, daß die Zeit für eine Entscheidung näher rückte. Ihr Standpunkt war: Heirat oder nichts. Da die Familie sich keinen Skandal leisten konnte, »rechtfertigte sie sich damit, daß es ja keinen Schaden anrichten würde, wenn sie ihn heiratete«. Als Freunde sie darauf hinwiesen, daß eine Eheschließung mit Townsend der Stellung der Königin schaden könnte, entgegnete sie, das sei Unsinn. Jeder Vergleich mit dem Herzog von Windsor und seiner Frau machte sie rasend. »Sie hat die Windsors immer verachtet, weil sie die Grenze des Erlaubten überschritten hatten«, sagte ein Freund.

Die Königsfamilie reiste demonstrativ mit Dominic Elliot als Begleiter Margarets nach Norden in die jährlichen Ferien. Reporter folgten ihnen, und am Sonntag, dem 21. August, befanden sich schätzungsweise dreihundert in der Nähe von Balmoral. Sie hofften, dies wäre der Tag der Entscheidung. Doch nichts geschah, weder nach außen noch intern. Im September wechselte der Schauplatz: Townsend machte auf der Fahrt zur Farnborough Air Show in London Station. Zum Entsetzen des Hofes zeigte er keinerlei Anstalten, Zurückhaltung zu üben. Er fuhr in einem roten Daimler mit Chauffeur durch die Stadt, verfolgt von einer Schar Journalisten, die Häuser von Freunden Margarets ausfindig machten, von denen aus er mit der Prinzessin auf Balmoral telefonierte. »Er war der Ansicht, alle seien so gemein zu ihm und es gebe keinen Grund, weshalb er nicht nach Balmoral fahren sollte«, sagte ein Hofbeamter. »Er sprach viel über Religion, war sehr gefühlsbetont und unglaublich egozentrisch. Es sei Gottes Wille, daß er diese Ehe schließe … An Prinzessin Margarets Probleme oder irgend etwas anderes dachte er anscheinend überhaupt nicht.« Eines Abends, als der Mittelsmann für die Anrufe in Balmoral sich verspätete, faßte Townsend sich ein Herz und rief selbst im Schloß an. »Sie hätten ihre

Gesichter sehen sollen, als der Page eintrat und sagte, Oberst Townsend sei am Telefon für Prinzessin Margaret«, berichtete ein Augenzeuge. Als Townsend nach Brüssel zurückkehrte, war weiterhin nichts entschieden.

Auf Balmoral wurde das Thema nicht mehr angeschnitten. Die Königinmutter regte sich, von Margaret um Rat gebeten, so sehr auf, daß nicht mehr darüber gesprochen werden konnte. Elizabeth, aufrichtig und redlich wie immer, war entschlossen, keinen Druck auf Margaret auszuüben. Margaret sollte frei entscheiden, ohne daß die Schwester ihr sagte, was sie der Monarchie oder Kirche schuldete. Deshalb wich Elizabeth auch Margarets Versuchen, ihre Meinung zu ergründen, konsequent aus, obwohl sie persönlich den Eindruck hatte, daß es keine glückliche Ehe werden würde; ihrer Ansicht nach war Townsend nämlich wie viele Menschen nach einer Scheidung in einer schwierigen emotionalen Lage und hatte den Bezug zur Realität verloren. Elizabeth sollte sich in künftigen Familienkrisen ähnlich verhalten. Margarets Verlangen, mit der Familie zu sprechen, war ein Indiz für die Zweifel, die sie selbst plagten, und für den natürlichen Wunsch, die Last der Verantwortung auf andere Schultern abzuwälzen. Obwohl Elizabeth nunmehr Königin und Oberhaupt der Familie war, schreckte sie davor zurück, der Schwester ihren Standpunkt als »Monarchin« unmißverständlich klarzumachen. Einem Beobachter zufolge schien sie keine Vorstellung vom Ernst der Lage und von der Intensität der Gefühle der Bevölkerung zu haben. Sie handelte wie eine kluge ältere Schwester – oder genaugenommen Mutter, da die Königinmutter sich vor der Verantwortung drückte – und meinte, Freunde sollten das Paar zusammenbringen, damit sie sich so oft wie möglich in normaler Umgebung treffen konnten, bevor sie sich entschieden. Margaret jedoch dämmerten allmählich die möglichen Folgen ihrer Entscheidung. In Glassalt Shiel, dem Ort in Balmoral, an dem der Geist Königin Victorias am stärksten zu spüren ist, schrieb sie: »Gründe, aus denen ich Peter nicht heiraten sollte: weil es der Königin schadet« und »Gründe, aus denen ich Peter heiraten sollte: weil ich ohne ihn nicht leben kann ...«

Anthony Eden, der Nachfolger Churchills als Premierminister, kam fünf Monate nach seinem Amtsantritt am 1. Oktober zu seinem ersten Besuch bei Elizabeth nach Balmoral. Damals wurde spekuliert, die

Frage von Margarets Heirat stehe ganz oben auf der Tagesordnung. Vermutlich sprach Elizabeth den Fall an und bat Eden zu sondieren, wie das Kabinett auf eine Heirat reagieren würde und ob die Zustimmung des Parlaments zu erwarten sei. Margaret hatte damals, wie bereits erwähnt, noch gar nicht mit ihrer Schwester gesprochen, noch war sie zu einer endgültigen Entscheidung gelangt. Eden sagte später Freunden, er sei erleichtert gewesen, daß die Königin ihn nicht nach seiner Meinung gefragt habe. Er befand sich in einer peinlichen Lage, da er ebenfalls unschuldig geschieden war und 1952 wieder geheiratet hatte; seine zweite Frau war Churchills Nichte Clarissa Churchill. Auch nach Edens Abreise wurde in der Familie nicht über die Affäre gesprochen, obwohl alle wußten, daß Townsend am 12. Oktober für drei Wochen nach London zurückkehren würde. Elizabeth war Margarets eigenen Worten zufolge »sehr nett, weigerte sich aber, ›es‹ überhaupt zu erwähnen«. Nach einem letzten Picknick an dem Tag, an dem Margaret Balmoral verlassen sollte, ging sie absichtlich mit den Hunden spazieren, um das Gespräch zu vermeiden, von dem sie wußte, daß Margaret es wünschte, und kam gerade rechtzeitig zurück, um sich von ihrer Schwester zu verabschieden.

Margaret jedenfalls scheint nicht entfernt mit Schwierigkeiten seitens der Regierung gerechnet zu haben, als sie am 11. Oktober in den Nachtzug nach Süden stieg. Im Abteil unterhielt sie sich aufgeräumt mit ihren Begleitern und zeigte ihnen die großen Fotos von Townsend, die auf den Titelseiten sämtlicher Zeitungen abgebildet waren. »Sieht er nicht toll aus?« fragte sie stolz und war ganz verstimmt, als Prinzessin Alexandra taktlos sagte, ihrer Meinung nach habe Townsend zu viele Falten. Man frühstückte in Clarence House, und Townsend, der in der Wohnung der Abergavennys, Lowndes Square, untergebracht war, kam am selben Nachmittag zum Tee, kurz bevor die Königinmutter von Schloß Mey eintraf. Am selben Abend fand die erste einer Reihe von Dinnerpartys mit Freunden statt. »Es war damals ein komisches Gefühl, dorthin zu gehen [nach Clarence House]«, sagte ein Freund. »Auf der Straße standen Unmengen von Menschen, es wurde von nichts anderem gesprochen, und die Presse schrieb über nichts anderes, aber drinnen war keine einzige Zeitung zu sehen. Der Frieden und die Ruhe des Hauses, in dem sich das fürchterliche Drama abspielte, waren unglaublich.« Elizabeth blieb auf Balmoral. Auch wenn es schwerfällt, das zu glauben: Bis zu diesem Moment hatte die Königsfamilie noch mit keinem Menschen über die Situation gesprochen. Lord Salisbury riet dann in Clarence House, eine öffentliche Stellungnahme sei unerläßlich, da die Spekulationen dem Ansehen der Königsfamilie sehr schadeten. Die Königinmutter und ihr Privatsekretär Oliver Dawnay führten stundenlange chiffrierte Telefongespräche zwischen Clarence House und Buckingham-Palast und diskutierten über den Wortlaut einer Erklärung, die der Pressesekretär Richard Colville am 14. Oktober abgeben sollte. Darin wurde vergeblich an die Presse appelliert, die Prinzessin in Ruhe zu lassen, und erklärt, daß »im Augenblick keine Verlautbarung hinsichtlich der Zukunft von Prinzessin Margaret erwogen wird«. Die Presse gab sich damit nicht zufrieden. Noch am selben Tag, am Freitag, dem 14. Oktober, folgten Reporter dem Paar nach Allanbay, einem prächtigen spätgeorgianischen Landhaus oberhalb eines Sees in der Nähe von Binfield in Berkshire, das Margarets Cousine Hon. Mrs. Wills gehörte. Aus Clarence House kam die Klage, Townsend hofiere die Pressevertreter, statt sie zu meiden, wie ihm geraten worden sei. »Wir waren entsetzt darüber, daß die Zeitungen offenbar vor uns wußten, wohin er fahren würde«, sagte ein Hofbeamter. Townsend lehnte es ab, sich zu verstecken oder durch Hinterausgänge davonzustehlen, was der Hof lieber gesehen hätte.

Während das Paar ein romantisches Wochenende in Allanbay verbrachte und Polizisten die Reporter abwehrten, befand sich die Königinmutter in der Royal Lodge, und Elizabeth weilte auf Balmoral. Die Königinmutter war inzwischen zutiefst unglücklich. Sie fühlte sich außerstande, mit Margaret zu sprechen, die nicht auf sie hören wollte und allem widersprach. Die Königinmutter hielt es deshalb für das beste, sich soweit wie möglich herauszuhalten, litt aber unter Schuldgefühlen, weil sie glaubte, daß sie in der Affäre mehr hätte unternehmen müssen und daß es jetzt zu spät sei. Das öffentliche Aufsehen hatte ihr und auch Elizabeth endlich vor Augen geführt, welchen Schaden die Affäre der Familie zufügte. Unterdessen kam Eden am 18. Oktober zu seiner dienstäglichen Audienz mit Elizabeth nach Balmoral, soweit wie möglich die Beobachtung durch die Öffentlichkeit umgehend. Die Nachricht, die er ihr mitteilen mußte, lautete genauso wie die im Jahr

1953; Lord Salisbury hatte mit Rücktritt gedroht, falls das Kabinett der Heirat zustimme. Da Margaret jetzt fünfundzwanzig war, stand es ihr frei, Townsend zu heiraten, falls sie dies wünschte, doch Eden stellte Elizabeth vor eine schwere Wahl: Da die Regierung der Eheschließung nicht zustimmen würde, müsse er, wenn Margaret weiterhin darauf bestehe, einen Gesetzesantrag im Parlament einbringen, der sie und alle ihre Kinder von der Thronfolge ausschließen und ihre Rechte als Counsellor of State und ihren Anspruch auf ein Einkommen nach der Zivilliste widerrufen würde. Bei einer vom Parlament gebilligten Ehe hätte sich das Einkommen von 6000 Pfund auf 15 000 Pfund mehr als verdoppelt. Zusätzlich würde man die Townsends vermutlich auffordern, wie die Windsors zunächst mehrere Jahre im Ausland zu leben. Eden teilte Elizabeth ferner mit, daß die ganze Angelegenheit seiner Ansicht nach dem Ansehen der Krone schaden würde.

Oberflächlich betrachtet – und in der Presse – wirkte das Ganze wie eine Wiederholung von 1936, und Margaret hatte wie seinerzeit Onkel David bei Wallis Simpson das Gefühl, daß sie ohne Peter Townsend nicht leben konnte. Die populäre und die linksgerichtete Presse warfen dem Establishment und der Kirche Scheinheiligkeit vor. »Weiter so, Marg, mach', was du willst!« riefen Frauen der Prinzessin zu, als sie dem Londoner East End einen Besuch abstattete. Die Traditionalisten dagegen hielten es für undenkbar, daß die Prinzessin einen geschiedenen Mann heiratete. Dabei ging es um wesentlich weniger, als der Trubel vermuten ließ. Die Prinzessin war schließlich nicht wie ihr Onkel David Staatsoberhaupt, Haupt des Commonwealth und Oberhaupt der Kirche von England. Und der Rücktritt des Marquis von Salisbury, so wichtig er für die Regierung war, hätte keine Verfassungskrise ausgelöst. Vieles hatte sich geändert seit jenen Tagen, als Lord Halifax erst sein Gewissen hatte befragen müssen, ehe er sich zum Essen neben eine geschiedene Frau setzte. Zugegeben, Geschiedene wurden nicht in die Paläste der Königin oder an Bord ihrer Jacht eingeladen; in Ascot durften sie zwar inzwischen in die »königliche Einfassung«, aber nicht auf den »königlichen Rasen«. Doch immerhin waren der Premierminister und zwei weitere Minister seines Kabinetts geschieden. Die Königsfamilie galt jedoch immer noch als Sonderfall. Die *Times* brachte es 1955, wie schon 1936, auf den Punkt: »In der Vorstellung, die sich im

20. Jahrhundert von der Monarchie gebildet hat, ist die Königin zum Symbol für alle Aspekte des gesellschaftlichen Lebens geworden, seine universale Repräsentantin, in der die Menschen als Ideal ein Spiegelbild ihres besseren Selbst erblicken. Und da das Familienleben zu den Idealen der Menschen gehört, spielt auch das Familienleben der Königin hier eine besondere Rolle. Falls die Ehe, über die jetzt so viel geredet wird, zustande kommt, ist es unvermeidlich, daß dieses Spiegelbild verzerrt wird ...«

So sollte die Königsfamilie in eine moralische Zwangsjacke gesteckt werden und von einem Image eingeengt werden, das sie sich selbst geschaffen hatte.

Die öffentliche Diskussion über diese Zwangslage führte dazu, daß das Paar sich Gedanken über die Aussichten einer gemeinsamen Zukunft machte. Townsend schilderte ein Treffen mit Prinzessin Margaret am Abend des 22. Oktober: »Wir waren beide erschöpft, geistig, seelisch und körperlich. Im Zentrum dieses Mahlstroms fühlten wir uns wie sprachlos und betäubt.« Margaret verbrachte den folgenden Tag mit ihrer Schwester und ihrem Schwager auf Windsor. Niemand hat bislang enthüllt, worüber damals in Windsor gesprochen wurde, doch zweifellos wurde Margaret bei dieser Gelegenheit über die Haltung der Regierung unterrichtet. Später kam es zu einem peinlichen Vorfall, bei dem Elizabeth, Philip, Margaret und ihre Mutter anwesend waren. Als die Königinmutter pathetisch erklärte, Margaret habe nicht einmal darüber nachgedacht, wo sie und Townsend wohnen könnten, warf Philip »sehr sarkastisch« ein, daß es auch heutzutage noch möglich sei, ein Haus zu kaufen, worauf die Königinmutter wütend das Zimmer verließ und die Tür zuschlug. Vielleicht erinnerte die Umgebung Margaret an ihre Kindheit, ihren Vater und daran, was er von der beabsichtigten Eheschließung gehalten hätte, und führte ihr vor Augen, was sie für ihre Liebe aufgeben würde. Sie rief Townsend »in höchster Not« an. »Sie sagte nicht, was zwischen ihr, ihrer Schwester und ihrem Schwager vorgefallen war«, schrieb er, »aber zweifellos dämmerte ihr die bittere Wahrheit.« Sie dämmerte inzwischen auch Townsend. Während bei der Heirat der Windsors beträchtliche Summen geflossen waren, würden die Townsends allein von seinem Einkommen leben müssen, das bereits durch die Erziehung seiner beiden

Söhne stark geschmälert wurde. Für eine Prinzessin, die einmal gesagt hatte: »Ich kann mir nichts Schöneres vorstellen, als die zu sein, die ich bin«, war die Aussicht, den königlichen Status zu verlieren, unvorstellbar. Townsend wußte, daß er von ihr nicht verlangen konnte, ihr verwöhntes Luxusleben aufzugeben und eine gewöhnliche Hausfrau zu werden. Beide erkannten wahrscheinlich, daß ihre Liebe das schlichte Leben, das sie erwartete, kaum überdauern würde. Daß man von ihnen erwartete, wie die Windsors im Ausland zu leben, gab dann den letzten Ausschlag. Nach einer schlaflosen Nacht hatte Margaret sich entschieden. Früh am Morgen rief Townsend an, um ihr zu erklären, er sei der Ansicht, sie liebten sich genug, um zu entsagen und nicht zu heiraten. Es war eine gemeinsame Entscheidung.

Am Abend nach Margarets Rückkehr aus Windsor machten sie sich gemeinsam daran, eine Verzichterklärung aufzusetzen. Als sie fertig waren, »sahen wir uns einige Augenblicke an«, schrieb Townsend. »In ihrem Blick lag eine wunderbare Zärtlichkeit, die, wie ich vermute, meinen Blick spiegelte. Wir waren am Ende des Weges angelangt.« Am 27. Oktober machte Margaret ihren Entschluß unwiderruflich und teilte ihn offiziell Dr. Fisher, dem Erzbischof von Canterbury, mit. Der ängstliche Prälat, der ein unangenehmes Gespräch erwartet hatte, griff nach einem Nachschlagewerk. »Sie können Ihre Bücher weglegen, Exzellenz«, sagte die Prinzessin. »Ich werde Peter Townsend nicht heiraten.« Die beiden verbrachten ein letztes gemeinsames Wochenende mit Lord und Lady Rupert Nevill in deren Haus in der Nähe von Uckfield in Sussex. Margaret äußerte später Freunden gegenüber, dies sei das schönste Wochenende ihres Lebens gewesen. Alle schwierigen Entscheidungen waren getroffen: »Sie wußten beide, daß sie den anderen über alle Maßen liebten, und sie spürten beide, daß sie sich richtig entschieden hatten.« Am Montag, dem 31. Oktober, trat Townsend frühmorgens zu Margaret ins Zimmer, um sich zu verabschieden. Sie verspürten beide keinen Schmerz, sondern vollkommene Zufriedenheit. Sie kehrten getrennt nach London zurück, und um 18 Uhr besuchte Townsend ein letztes Mal die Prinzessin in Clarence House, wo sie auf ihre Vergangenheit und auf ihre getrennte Zukunft anstießen. Auf dem Weg nach Brüssel fuhr Townsend noch einmal nach Uckfield. Die Erklärung, auf die sie sich geeinigt hatten, wurde um 19 Uhr am selben Abend veröffentlicht: »Ich möchte hiermit bekanntgeben, daß ich mich entschlossen habe, Oberst Townsend nicht zu heiraten. Es ist mir klar, daß ich, nach Verzicht auf meine Rechte in der Thronfolge, eine Zivilehe hätte eingehen können. Aber eingedenk der kirchlichen Lehre, daß die Ehe unauflösbar ist, und eingedenk meiner Pflichten gegenüber dem Commonwealth habe ich diese Rücksichten an die erste Stelle gesetzt. Ich bin ganz allein zu diesem Entschluß gekommen und bin darin bestärkt worden durch die unerschütterliche Zuneigung von Oberst Townsend. Ich danke aus tiefstem Herzen all denjenigen, die beständig für mein Glück gebetet haben.

Margaret.«

Einem Freund sagte Margaret, daß sie Wert darauf gelegt habe, den religiösen Aspekt ihres Verzichts zu unterstreichen, und daß Eden wegen seiner eigenen Scheidung und erneuten Heirat – und vermutlich auch wegen der Ehen der anderen geschiedenen Kabinettsmitglieder – versucht habe, diesen Passus zu streichen. Die Bevölkerung reagierte auf die Erklärung ganz anders: Margaret erhielt 6000 Briefe, deren Absender ihr vom eigenen Liebeskummer erzählten.

Erstaunlicherweise war am Abend ihres offiziellen Verzichts niemand aus der Königsfamilie bei Margaret. Sie aß allein, während ihre Mutter einer offiziellen Verpflichtung an der Londoner Universität nachkam. Die Königinmutter sagte der Tochter bei ihrer Heimkehr nicht einmal gute Nacht. Eine Zeitlang sprachen die beiden kaum miteinander; für die Königinmutter war die Townsend-Affäre ebenso traumatisch gewesen wie für Königin Mary die Abdankung. Elizabeth rief einmal an, und nach dem kurzen Telefonat kehrte Margaret vor den Fernseher zurück, an dem sie Boxkämpfe verfolgte. Der Tod des Königs, das zurückgezogene Leben seiner Witwe, Elizabeths Ehe und Margarets Affäre hatten die Familienbande geschwächt, die das Quartett einst so fest zusammengehalten hatten.

Margarets Leben ist nicht glücklich oder erfolgreich verlaufen; angesichts ihrer Stellung und ihrer Persönlichkeit konnte das vielleicht gar nicht anders sein. Es ist durchaus nicht sicher, daß sie glücklich geworden wäre, wenn sie Townsend geheiratet hätte, selbst wenn sie Stellung und Einkommen behalten hätte. Eine Ehe unter Verlust ihres Status aber wäre eine Katastrophe gewesen. Margaret gilt als ein Opfer der Monarchie, durch Scheinheiligkeit oder Tugend – je nachdem, wie man es sieht – zur grausamen Wahl zwischen der Liebe einerseits und der Pflicht, der Sicherheit und dem fürstlichem Luxus andererseits gezwungen, das Ansehen des Könighauses zu wahren. Die Reue über das 1955 erbrachte Opfer fraß in ihr und erschwerte es ihr, ein zufriedenes Leben zu führen. Sie warf vor allem Lascelles vor, daß er ihr nicht sofort mitgeteilt hat, daß eine Heirat unmöglich sei. Als sie ihn einmal vom Auto aus sah, war sie versucht, ihrem Chauffeur zu sagen, er solle ihn überfahren, doch sie hielt sich zurück. Sie lebten in gespannter Nähe im Kensington-Palast, bis Lascelles 1981 im Alter von 94 Jahren starb. Doch er diente lediglich als Sündenbock; wenn irgend jemandem ein Vorwurf zu machen ist, dann in erster Linie dem Paar selbst und in zweiter Linie Margarets Angehörigen, die nicht grausam zu ihr sein wollten und ihr damit keinen Gefallen erwiesen. Die Königinmutter hatte die Augen vor einer Beziehung verschlossen, die sich in ihrem eigenen Haus anbahnte; seit dem Tod ihres Mannes klammerte sie sich an den Hof und seine Angehörigen, und hier war sie, soweit das möglich war, glücklich. Sie brauchte Townsend. Elizabeth, nunmehr Haupt der Familie, hing sehr an Mutter und Schwester und konnte es nicht ertragen, sie unglücklich zu sehen. Sie spürte, daß sie vom Vater die Verantwortung für beide geerbt hatte. Im Interesse der Monarchie hätte sie vielleicht, wie es Königin Victoria ganz sicher getan hätte, auf die Undenkbarkeit einer Eheschließung hinweisen und Townsend wegschicken müssen, bevor der Skandal an die Öffentlichkeit drang und sich ausweitete. Als kluger und liebenswürdiger Mensch spielte sie jedoch auf Zeit und weigerte sich, Druck auf die Schwester auszuüben; Margaret sollte ihre eigene Entscheidung treffen. Letzten Endes stand es der Prinzessin frei zu heiraten, wen immer sie wollte, sofern sie bereit war, für ihre Liebe alles aufzugeben und die Folgen zu tragen. Als Elizabeths Privatsekretär Martin Charteris im Fernsehen gefragt wurde, ob man Margaret auf dem Altar des Establishments geopfert habe, entgegnete er mit einem bedeutsamen Schulterzucken: »Sie hat sich selbst geopfert.«

Das Ende der Townsend-Affäre im Jahr 1955 hatte sowohl öffentliche als auch private Folgen. Die Bevölkerung verknüpfte, so unberechtigt das auch sein mochte, die Monarchie zunehmend mit einer Haltung der Scheinheiligkeit, während Elizabeth sich im Familienkreis noch stärker für Margaret verantwortlich fühlte. Elizabeth hatte bei der Affäre ihrer Schwester nicht bedacht, daß das Privatleben der königlichen Familie eine öffentliche Dimension hat. Sie sollte denselben Fehler begehen, als es um das Leben ihrer eigenen Kinder ging.

9

Weltweit beliebt

»England hatte jetzt drei Aktivposten: seine weltweit beliebte Königin, Winston Churchill und seine ruhmreiche Vergangenheit.«

Bernard Baruch im Gespräch mit Jock Colville, 5. Januar 1953

Am 24. November 1953, gut fünf Monate nachdem Millionen von Menschen auf der ganzen Welt Elizabeths Krönung verfolgt hatten, trat die Königin eine sechsmonatige Reise durch das Commonwealth an, der erste Schritt zur Erfüllung jenes Gelöbnisses, das sie in der Rede an ihrem 21. Geburtstag 1947 getan hatte. Elizabeth nahm ihre Rolle als Oberhaupt des Commonwealth genauso wichtig wie ihre Stellung als Königin von Großbritannien. Was ihren Eltern das Empire bedeutet hatte, bedeutete Elizabeth das Commonwealth, eine Haltung, an der sie beharrlich festhalten sollte und die manchmal sogar im Gegensatz zu den Ansichten ihrer Premierminister stand. Seit 1949 war der britische Monarch »Haupt des Commonwealth« und wurde als solches auch in Ländern anerkannt, die wie Indien trotz ihrer Mitgliedschaft Republiken waren. Im Jahr 1953 hatte der Royal Titles Act der Tatsache Rechnung getragen, daß die anderen Mitglieder des Commonwealth mit dem Vereinigten Königreich gleichberechtigt waren, so daß Elizabeth nicht nur Königin von Großbritannien, sondern ebenso Königin ihrer anderen Reiche war. Sie hatte nach dem Rat der jeweiligen Landesminister zu handeln, und der Royal Titles Act mußte vom Parlament jedes einzelnen Landes verabschiedet werden.

Bei ihrer Reise mit Philip auf der »SS Gothic« legte Elizabeth in sechs Monaten rund 70 000 Kilometer zurück. Sie besuchte zuerst die Bermudas, reiste dann über die Bahamas und Jamaica nach Belize und durch den Panamakanal nach Fidschi und Tonga. In Tonga erneuerte sie die Bekanntschaft mit der riesigen Königin Salote und der ebenso riesigen Schildkröte Tuimalila, die fast zweihundert Jahre zuvor bereits Captain Cook vorgestellt worden war. Weihnachten weilte sie in Neuseeland und erhielt von den Maoris den Ehrentitel »seltener weißer Reiher, der allein fliegt«. Später auf der »Gothic« lachten sich ihre Begleiter halb tot, als Elizabeth im Abendkleid den »haka« mit dem dazugehörigen Stöhnen und Armgefuchtel tanzte. In ihrem Hochzeitskleid eröffnete sie die Parlamente von Neuseeland, Australien und Ceylon. In Ceylon kam es zu langwierigen Verhandlungen zwischen der britischen und der ceylonesischen Regierung darüber, ob Elizabeth beim Betreten des Heiligen Schreins im Tempel des Zahns in Kandy die Schuhe ausziehen müsse oder nicht. In dem Heiligtum wurde ein Zahn verehrt, der angeblich von Buddha stammte. Elizabeth betrat den Schrein schließlich ohne Schuhe und wurde anschließend Zeugin der königlichen Perahera, einer Prozession von etwa 600 Oberhäuptern Kandys, 125 »aufwendig geschmückten« Elefanten, 1000 Fackelträgern und über 600 kandyschen Tänzern und Trommlern.[1] In Neuseeland wurde sie – wie der britische Hochkommissar berichtete – mit »überschwenglichem Jubel« empfangen, genau wie Philip, »der unabhängig von der Königin ebenfalls großen, nachhaltigen Eindruck machte«. Der Hochkommissar des Vereinigten Königreichs in Australien meldete ähnliche Begeisterung aus seinem Land. »Weder zur Zeit der Krönung noch während des Aufenthalts der Königin in Australien hörte oder las ich je die unsinnige Prophezeiung, daß diese Krönung die letzte sein sollte«, schrieb er.[2]

Wie bei ihren Bahnreisen und Fahrten im offenen Wagen in Kanada bereitete das Lächeln Elizabeth Probleme. Ihre Begleiterin Lady Pamela erinnerte sich: »Es belastete die Königin, daß die Leute, an denen sie vorbeifuhr, sie nur dieses einzige Mal in ihrem Leben zu Gesicht bekamen und sie deshalb lächeln mußte. Sie konnte jedoch bei einer Fahrt von vielleicht einer Dreiviertelstunde nicht ständig lächeln. Man bekommt Zuckungen. Irgendwann muß man die Muskeln entspannen, und natürlich enttäuscht man in diesem einen Moment, in dem man nicht lächelt, Menschen, die meilenweit gereist sind, um einen zu sehen.«

»Sieht sie nicht mürrisch aus?« hörte Elizabeth manchmal Leute sagen. Oft hob sie verstohlen ihre Perlenkette an, damit sie abends nicht einen weißen Ring um den Hals hatte. Lady Pamela erinnerte sich auch an die schamlose Neugier der Menschen: Die Königin stand manchmal schreckliche Qualen aus. So saß sie etwa in ihrer Loge und sah einem Rennen zu, aber alle Menschen zwischen Tribüne und Rennbahn hatten dem Rennen den Rücken zugekehrt und ihre Ferngläser auf die Königin gerichtet. Nach etwa zwanzig Minuten wird das zu einer Belastung. Auf allen staatlichen Bällen und so weiter war es das gleiche. Die Leute waren völlig fasziniert. Die Königin war für sie eine Art Wachspuppe, die sprach und sich bewegte.«[3]

Einmal drängte sich eine übermäßig begeisterte Zuschauerin zwischen die Königin und ihre Hofdame. »Ich mußte meine Hutnadel herausziehen und die blöde Frau stechen, damit sie endlich Platz machte.« Hofdamen gehen auf Reisen unmittelbar hinter der Herrscherin. Sie haben eine Kopie der Ansprachen in der Handtasche und müssen sich um die Blumensträuße kümmern, die der Königin ständig überreicht werden. Und dann das ständige Problem mit den Toilettenbesuchen: Es obliegt der Hofdame, die Toilettenfrau zum Verlassen des Raumes zu überreden, wenn die Königin sich ungestört die Nase pudern will, und vor der Tür Wache zu stehen. Hon. Mary Morrison hatte in Philadelphia vor der Tür der Damentoilette einmal eine handgreifliche Auseinandersetzung mit einer FBI-Agentin im grünseidenen Abendkleid, die es mit ihrer Pflicht, die Königin zu beschützen, allzu genau nahm.

In Tobruk beobachteten Elizabeth und Philip, wie die neue königliche Jacht »Britannia« mit dem inzwischen fünfjährigen Prinz Charles und der dreijährigen Prinzessin Anne an Bord in den Hafen einlief. Fünf Monate lang hatten die Kinder ihre Mutter nicht gesehen, eine Erfahrung, die Elizabeth selbst als Einjährige gemacht hatte, als ihre Eltern nach Australien und Neuseeland gereist waren. Trotzdem war das öffentliche Wiedersehen in echter Windsor-Tradition sehr förmlich. Elizabeth gab Charles lediglich die Hand, umarmt wurde er erst später unter Ausschluß der Öffentlichkeit. Elizabeth sollte noch oft abwesend sein; in ihrer neuen Rolle als »Haupt des Commonwealth« reiste sie mehr als jeder andere britische Monarch in der Geschichte und vielleicht sogar mehr als sämtliche Staatsoberhäupter aller Zeiten. Damit dies angemessen stilvoll geschehen konnte, war die »Britannia« gebaut worden. Daß man eine neue Jacht als Ersatz für die veraltete, 1899 vom Stapel gelaufene »Victoria & Albert« brauchte, hatte erstmals Alfred Duff Cooper, der Erste Seelord der Regierung Chamberlain, im Juni 1938 angesprochen.[4] Der König hatte damals geantwortet, er wisse zwar, daß die »Victoria & Albert« veraltet und nicht mehr im besten Zustand sei, wolle jedoch nicht durch den Bau einer neuen Jacht das allgemeine Schiffbauprogramm durch Abzug von Arbeitskräften und Geldern »verlangsamen oder behindern«.[5] Auch die Regierung hielt den Zeitpunkt für ungünstig, den ohnehin schon erweiterten Verteidigungshaushalt um weitere 900 000 Pfund für eine neue Jacht aufzustocken, und bei Kriegsausbruch wurde der Plan fallengelassen. Nach dem Krieg hatte Mountbatten als Vierter Seelord den skurrilen, aber kostensparenden Vorschlag gemacht, von einem gewissen Mr. Arida die »Grille« zu kaufen, ein Schiff, das für Hitler gebaut, aber nie von ihm benutzt worden war.[6] Seine Majestät antwortete erwartungsgemäß, er werde »eine in Großbritannien gebaute Jacht einer in Deutschland für Hitler gebauten entschieden vorziehen«.[7] Mountbatten hatte daraufhin einen Neubau vorgeschlagen, ein kostspieliger und phantasievoller Einfall, der typisch für ihn war. Gerechtfertigt wurde der Bau eines Luxusschiffes in einer Zeit, in der das Geld knapp war, mit der Idee, es in Kriegszeiten in ein Lazarettschiff umzuwandeln, was jedoch nie geschah. Von Mountbatten überredet und von der Vorstellung motiviert, eine solche Jacht könnte zur Genesung des kranken Königs beitragen, genehmigte die Regierung Attlee im Juni 1951 den Bau des Schiffes in der John-Brown's-Werft am Clyde. Der König starb, noch bevor mit dem Bau begonnen wurde, und das Schiff lief schließlich im April 1953 in Anwesenheit Elizabeths vom Stapel. »Mein Vater war wie ich der festen Überzeugung, daß eine Jacht für das Haupt unseres großen britischen Commonwealth eine Notwendigkeit und kein Luxus bedeutete, ist doch das Meer nicht die Barriere, sondern der natürliche Verbindungsweg zwischen unseren Ländern«, erklärte sie in ihrer Rede. Die »Britannia« verschaffte der Familie zunächst viel Freude und Prestige, brachte sie jedoch, als das Schiff älter und die Reparaturen immer häufiger und teurer wurden, in Verlegenheit und wurde zum Gegenstand öffentlicher Kritik. J. P. Thomas, der Erste Seelord einer Labour-Regierung, sagte über das Schiff: »Das Land will, daß die Königin diese Jacht hat, und es will, daß sie der Königin und ihrer Familie würdig ist.« Aber die Gesamtkosten für die »Britannia« beliefen sich bei ihrer Fertigstellung auf über zwei Millionen Pfund. Sie wurde, noch bevor sie Tobruk erreicht hatte, von John Gordon im *Sunday Express* vernichtend kritisiert, und dieser Artikel wurde tonangebend für die Zukunft.

Hugh Casson, der kurz zuvor Philips Arbeitszimmer und Bibliothek im Buckingham-Palast eingerichtet hatte, wurde von Philip auch zur Innenausstattung der »Britannia« konsultiert. Die Königin, schrieb Sir Hugh in sein Tagebuch, sei ängstlich darauf bedacht gewesen, die Kosten niedrig zu halten, und gleichzeitig für eine traditionelle Ausstattung eingetreten, so daß ein Großteil der Möbel aus der alten Jacht »Victoria & Albert« wiederverwendet wurde. »Das Königspaar bewies lebhaftes Interesse an allen Aspekten der Ausstattung«, erinnerte sich Casson. »Die Königin ist eine scharfe Beobachterin mit unerschütterlichen Ansichten. Es kam nicht in Frage, daß man ihr nur eine Zeichnung zeigte und sie ›gut, einverstanden‹ sagte. Sie hatte zu allem eine feste Meinung, von den Türgriffen bis zur Form der Lampenschirme.« Was die Empfangsräume betraf, »gingen wir von der Grundidee aus, den Eindruck eines Landhauses auf See zu erwecken«.[8] Schon als neues Schiff wirkte die »Britannia« mit den großen Doppeltüren aus Mahagoni, die das Vorzimmer mit dem Salon verbanden, dem Sandelholzschreibtisch Königin Victorias an der Wand und den Hepplewhite-Stühlen aus der »Victoria & Albert« im Speisezimmer gravitätisch und altmodisch.

Elizabeth entwickelte, wie ihre ganze Familie, eine ungemein starke Bindung an die Jacht. An Bord hat sie mehr Privatsphäre als irgendwo sonst. Es kombiniert auf einzigartige Weise die Strenge des Buckingham-Palastes mit der gelockerten Atmosphäre königlicher Feriendomizile wie Balmoral oder Sandringham. Bei Staatsbesuchen kann die Königin auf der Jacht große Empfänge abhalten, oder sie kann sich nach einem langen, ermüdenden Tag an Land an Bord entspannen.

Ihre und Philips Gemächer liegen auf dem Oberdeck mit Zugang zu einem Sonnendeck. Sie sind durch einen Aufzug mit den darunterliegenden Prunkzimmern verbunden, und zwei weitere Etagen tiefer befinden sich die Büros der Privatsekretäre und weiblichen Büroangestellten. Der Boden der Schlafzimmersuiten Elizabeths und Philips liegt einen halben Meter über dem Deck; die Fenster liegen deshalb so hoch, daß vorübergehende Matrosen nicht hineinschauen können – als ob sie das wagen würden. Offiziere und Matrosen tragen besondere Schuhe mit weichen Sohlen, damit sie das makellose Deck nicht beschmutzen und der Lärm der Schritte die Mitglieder der königlichen Familie nicht stört. Außerdem werden Befehle so leise wie möglich erteilt. Bobo belegte auch an Bord wie überall sonst den Ehrenplatz nach der Queen; sie wurde von der Mannschaft der Jacht »QE3«, Queen Elizabeth 3, getauft, und wehe, wenn ein Steward es versäumte, zur vereinbarten Stunde mit Champagner und Gläsern bei ihr zu erscheinen. An Bord war ständig eine Kabine für sie reserviert. Als diese einmal von Prinzessin Alexandras Tochter Marina Mowatt benutzt wurde, ermahnte man sie, ja nichts zu verändern, weil Bobo es bemerken könnte. Bobo hatte damals schon einen beherrschenden Einfluß auf Elizabeth; auf der Commonwealth-Reise von 1954/55 wurden Hofbeamte gewarnt: »Tun Sie um Himmels willen nichts, was Bobo aufregen könnte, sonst verderben Sie Ihrer Majestät den Tag.«

Die wiedervereinte Familie fuhr über Gibraltar nach Hause; auf Gibraltar soll Philip mit Erdnüssen auf Fotografen geworfen haben, die in Affenkäfigen Stellung bezogen hatten. Vor der Themsemündung wurde Churchill von einer Barkasse an Bord gebracht, um die Königin zu begrüßen. Sie standen zusammen auf der Brücke, als die königliche Jacht die Themse hinauffuhr, und Churchill unterhielt Elizabeth und Philip mit der Geschichte des Flusses. »Wir sahen auf den verschmutzten Fluß«, erinnerte sich Elizabeth, »und er beschrieb ihn als das silberne Band, das die Geschichte Großbritanniens durchzog. Er sah alles in einem sehr romantischen und strahlenden Licht.« Churchills Begrüßungsansprache war selbst für seine großzügigen Maßstäbe übertrieben formuliert: »Was diese königliche Reise für die Weisheit, die geistige und körperliche Gesundheit und die Hoffnung der Menschheit bedeutet haben mag, überschreitet alle Grenzen.«[9]

Churchills Beziehung zu Elizabeth war zärtlich und romantisch. Als ihr Vater starb, hatte Jock Colville den alten Mann mit Tränen in den Augen allein am Schreibtisch sitzend vorgefunden, unfähig, sich auf seine Papiere zu konzentrieren. Colville hatte versucht, Churchill damit zu trösten, daß er mit der neuen Königin sehr gut zurechtkommen werde. Doch Churchill hatte nur geantwortet, daß er sie nicht kenne und sie noch ein Kind sei. Einige Wochen später hatte Churchill einen Arterienkrampf erlitten, der als Vorbote eines Schlaganfalls gelten konnte. Sein Arzt Lord Moran hatte mit Colville und Salisbury darüber beraten, ob man ihn zum Rücktritt überreden oder ihm Salisburys Vorschlag unterbreiten sollte, als Premierminister im Oberhaus statt im Unterhaus weiter zu amtieren. Moran, der wußte, welchen Respekt Churchill vor der Monarchie hegte, schlug vor, die Königin solle ihn zum Rücktritt überreden. Er war enttäuscht, als Lascelles ihm das ausredete. »Wenn sie das tut, wird er nur charmant antworten: ›Es ist sehr nett von Ihnen, Ma'am, daß sie daran gedacht haben‹ und sehr höflich zu einem anderen Thema übergehen.« Churchill neigte nicht dazu, Frauen in intellektueller Hinsicht ernst zu nehmen, schon gar nicht die unerfahrene Elizabeth, obwohl er von ihrer anziehenden Erscheinung, ihrer Ernsthaftigkeit und ihrem Pflichtbewußtsein beeindruckt war. Je genauer er sie kennenlernte, desto mehr schwärmte er für sie. Im Jahr 1955, als Churchill mit 81 Jahren kurz vor dem Rückzug aus der aktiven Politik stand, beschrieb Colville ihn als »wahnsinnig verliebt« in die Königin, und die anfangs halbstündigen Audienzen dauerten inzwischen anderthalb Stunden.

»Winston behandelte die Königin mit außerordentlicher Ehrerbietung und Höflichkeit«, erinnerte sich ein Angestellter des Hofes. »Einmal wurde, glaube ich, zur Vorführung bei Hofe der Film ›Beau Brummel‹ ausgewählt. Der Film zeigt George III. als Verrückten und George IV. als Libertin. Offensichtlich beschwerte sich die Königin am Tag darauf bei Winston, daß sie sich ein solches Porträt ihrer Vorfahren habe ansehen müssen. Winston war empört. »Die Königin hatte einen schrecklichen Abend«, brummte der Alte, als er aus ihrem Zimmer kam. »Das darf nicht wieder passieren.« Am nächsten Tag zitierte er den Innenminister oder den ständigen Unterstaatssekretär im Innenministerium zu sich und sagte ihm, ein solches Erlebnis dürfe der Königin nicht noch einmal zugemutet werden, es müsse daher ein Ausschuß zur Überprüfung der ihr gezeigten Filme eingerichtet werden. Und wer, glauben Sie, wurde zum Vorsitzenden des Ausschusses ernannt? Natürlich Lord Radcliffe, der in allen wirklich wichtigen Kommissionen und Ausschüssen den Vorsitz führte. Diese prompte Reaktion auf die Beschwerde der Königin war typisch für Winston.«

Bei den Audienzen sprachen Premierminister und Königin über eine Fülle von Themen. »Winston kam beispielsweise heraus und sagte: ›Sie hat mich über meine Jagderlebnisse im Nordwesten ausgefragt …‹«

Im ersten Jahr ihrer Zusammenarbeit als Königin und Premierminister lud Churchill sich selbst nach Balmoral ein, um Elizabeth besser kennenzulernen. Er war vom 1. bis zum 3. Oktober dort. Colville, der ihn begleitete, wertete den Aufenthalt als Erfolg: »Die Königin und Prinz Philip hatten eine Gruppe sehr junger Leute zu Gast und reagierten zunächst vielleicht etwas zurückhaltend. Der Besuch nahm jedoch einen guten Verlauf und wurde schließlich von beiden Parteien genossen, auch wenn Winston – er war fast achtundsiebzig und hatte seit Jahren kein Gewehr mehr angerührt – sich auf dem Heimweg bei mir beschwerte, man habe ihn nicht zum Schießen aufgefordert.«[10]

In Balmoral hatte Churchill Elizabeth als Zweieinhalbjährige kennengelernt und war von ihrem »Charakter« beeindruckt gewesen. In dem Brief, in dem er sich für ihre Gastfreundschaft bedankte, ließ er seine Gedanken weit in jene Vergangenheit schweifen, als er Gast ihres Vaters und ihres Großvaters, ja sogar ihres Urgroßvaters Edward VII. gewesen war. Er äußerte sich auch positiv über Prinz Charles: »Ich war wirklich beeindruckt, wie sich Prinz Charles als Persönlichkeit entwickelt hat, seit ich ihn in Windsor das letzte Mal sah. Er macht sich für sein Alter erstaunlich viele Gedanken.« Auch mit dem Herzog von Edinburgh habe er »sich sehr gut über die Marine, die Fliegerei, Polo und Politik unterhalten«. Er war enorm geschmeichelt, als ihn Elizabeth kurz nach dem Besuch in Balmoral aufforderte, sich von Oskar Nemon in einer Porträtbüste verewigen zu lassen, die sie in Schloß Windsor aufstellen wollte. Laut Nemon sagte Churchill, die Ehre, die ihm die Königin damit erweise, »habe ihn mehr gerührt, als wenn sie ihm den Hosenbandorden verliehen hätte! … Er ist zutiefst bewegt und sehr stolz, wie sein großer Vorfahr, der Herzog von Marlborough, unsterblich gemacht zu werden.«[11] Tatsächlich verlieh Elizabeth ihm auch den Hosenbandorden, nachdem sie vorher sorgfältig Erkundigungen eingezogen hatte, ob er ihn auch annehmen würde. Im Jahr 1945, als die Empfänger des Ordens noch von der Regierung nominiert worden waren, hatte er ihn abgelehnt. Über Churchills Ablehnung tief enttäuscht, war es König George VI. 1946 gelungen, die Verleihung des Ordens völlig unter die Kontrolle des Monarchen zu bringen. Churchill empfand es nun als unhöflich, erneut abzulehnen. Er wäre zwar immer noch am liebsten Mr. Churchill geblieben, fand es aber doch reizvoll, daß der Vater des ersten Herzogs von Marlborough auch Sir Winston Churchill geheißen hatte. Und so nahm er an, als Elizabeth ihn im April 1952 formell vorschlug, und wurde am 14. Juni 1954 feierlich zum Ritter des Hosenbandordens geschlagen.

Für Elizabeth war Churchill der überragende Kriegsheld ihrer Jugend und der Freund ihres Vaters. Churchill repräsentierte mehr als jede andere Gestalt die »glorreiche historische Vergangenheit Großbritanniens«. Er hatte 1898, noch zu Zeiten von Elizabeths Urgroßmutter Victoria, in der Schlacht von Omdurman an der letzten britischen Kavallerieattacke teilgenommen, in der Regierung ihres Großvaters gedient und im Ersten Weltkrieg gekämpft, und er war im Zweiten Weltkrieg der Premierminister ihres Vaters gewesen. Sie war von seinem tiefen Verständnis für Weltpolitik, seinem leidenschaftlichen Patriotismus und seiner gewandten Sprache fasziniert, die er mit boshaftem Humor würzte. Beide hegten eine Leidenschaft für Pferderennen, und Gespräche über den Rennsport beanspruchten in den wöchentlichen Audienzen einen gewissen Raum. Churchill trauerte mit der Königin, als ihr Pferd Aureole im Derby nach der Krönung von Pinza geschlagen wurde. Elizabeth gratulierte Churchill Weihnachten in einem Brief zum Sieg seines Pferdes Pol Roger in Kempton Park. Und als Aureole am 16. Mai 1953 das Derby Trial Stakes in Lingfield gewann, schickte Churchill ein Glückwunschtelegramm, auf das die Königin antwortete: »Vielen Dank für ihre lieben Glückwünsche. Schade, daß Sie nicht dabeisein konnten.«

Mit achtundsiebzig war Churchill nicht mehr der alte. Er hörte schlecht und hatte 1941 eine leichte Koronarthrombose und 1949 den ersten Schlaganfall erlitten. Sein eisernes Durchhaltevermögen, sein unbeugsamer Charakter und seine Lust an der Macht hatten ihn getragen, nun jedoch war er noch zusätzlich mit dem Außenministerium belastet, da Anthony Eden sich in Boston einer Operation unterziehen mußte. Trotz alledem hatte er seinen Lebensstil in keiner Weise geändert; noch immer rauchte er dicke Zigarren und trank halbliterweise Champagner und reichlich Brandy, während er in Gesprächen nach dem Abendessen bis spät in die Nacht seine Kollegen gleichzeitig faszinierte und ermüdete. Das Schicksal ereilte ihn am 23. Juni 1953 während eines Essens zu Ehren des italienischen Ministerpräsidenten Alcide de Gasperi. Churchill erhob sich und führte seine männlichen Gäste zu den Damen in den Salon. Dort taumelte er und ließ sich in den nächsten Stuhl sinken. Er ergriff die Hand seiner Nachbarin Jane Clark, der Frau des Kunsthistorikers Kenneth Clark, und murmelte: »Ich brauche einen Freund... Man hat mir zuviel aufgebürdet. Die Außenpolitik...« Dann brach er ab. Er konnte nicht mehr gehen und nur noch undeutlich sprechen; er hatte einen schweren Schlaganfall erlitten. Irgendwie gelang es Christopher Soames, dem Mann seiner Tochter Mary, und Jock Colville, die Gäste und Bediensteten hinauszukomplimentieren, ohne daß jemand merkte, was geschehen war. Wer etwas bemerkt hatte, glaubte, Churchill sei betrunken. Es gelang Churchill sogar, eine Kabinettssitzung am folgenden Morgen durchzustehen, ohne daß seine Minister den Ernst der Lage erkannten. R. A. »Rab« Butler kam er nur »seltsam und unerwartet ruhig« vor, und Harold Macmillan fand, er sei »sehr bleich« und habe »sehr wenig gesprochen«. Wenn Churchill etwas sagte, schaffte er es durch eine gigantische Willensanstrengung, die Worte so deutlich auszusprechen, daß niemandem auffiel, daß etwas nicht stimmte. Er war fest entschlossen, nicht aufzugeben, und obwohl sich sein Zustand verschlechterte, gab er Colville am nächsten Tag »strikten Befehl, niemanden wissen zu lassen, daß er zeitweise arbeitsunfähig war, und sicherzustellen, daß die Regierung weiterarbeitete, als ob er die volle Kontrolle habe«.

Colville als alter Hofbeamter wußte jedoch, daß Elizabeth informiert werden mußte. Am Freitag war Churchill fast völlig gelähmt, und Moran sagte Colville, er halte es für »ausgeschlossen, daß der Premierminister das Wochenende überlebt«. »Ich mußte mich der Tatsache stellen«, erinnerte sich Colville, »daß Mr. Anthony Eden, der als Churchills Nachfolger anerkannt war, just zu diesem Zeitpunkt auf dem Operationstisch in Boston lag … und daß wir, sollte Lord Moran recht behalten und der Premierminister am Wochenende sterben, vor einem sehr ernsten verfassungsrechtlichen Problem stehen würden.«[12] Es war und ist ein verfassungsrechtliches Prinzip, daß die Regierung der Königin fortgeführt werden muß und die Königin beim Tod eines Premierministers das Recht hat, zu bestimmen, wen sie mit der Bildung einer neuen Regierung beauftragen will. In diesem Fall hatte Eden, der arbeitsunfähig im Krankenhaus lag, so lange darauf gewartet, das Amt von Churchill zu übernehmen, der ihn, sehr zu seinem Verdruß, »meine Prinzessin Elizabeth« zu nennen pflegte –, daß es nicht gerade fair gewesen wäre, ihm keine Chance zur Genesung zu geben. Colville mißachtete Churchills Befehl und informierte Lascelles über ein abhörsicheres Telefon, »daß die Königin bereits so kurz nach ihrer Krönung mit der Notwendigkeit konfrontiert werden könnte, am Montag morgen einen neuen Premierminister zu ernennen«. Zusammen heckten die beiden Privatsekretäre einen Plan aus, der, nicht zum letzten Mal, darauf abzielte zu verhindern, daß Rab Butler, der naheliegende Kandidat für das Amt des Premierministers, in die Bresche sprang. Statt dessen riet Lascelles zusammen mit Salisbury der Königin, eine Übergangsregierung zu bilden, die Salisbury ohne den Titel des Premierministers führen sollte, bis Eden in der Lage wäre, die Führung zu übernehmen. Das Wissen um diese ausgesprochen verfassungswidrige Verschwörung sollte auf einen kleinen Kreis von Insidern beschränkt bleiben; Colville zog die Pressezaren Camrose und Beaverbrook auf seine Seite und schaffte es mit ihrer Hilfe und der von Churchills Freund Brendan Bracken, die Presse so zu knebeln, daß kein Wort über Churchills Gesundheitszustand an die Öffentlichkeit drang. Es wurde lediglich eine beruhigende Presseerklärung herausgegeben, daß der Premierminister müde sei und »absolute Ruhe« brauche.

Elizabeth machte das Spiel mit, und Churchill erfuhr nicht, daß man ihr gesagt hatte, er werde das Wochenende vielleicht nicht überleben. Am Tag nachdem Lascelles sie über sein Gespräch mit Colville informiert hatte, schrieb sie Churchill einen persönlichen Brief aus Edinburgh, einer Station auf der Rundreise durch das Vereinigte Königreich, die sie mit Philip nach der Krönung angetreten hatte. Es ist nicht weiter verwunderlich, daß das Schreiben unter den gegebenen Umständen etwas unbeholfen klingt. »Mein lieber Premierminister, es tut mir so leid, von Tommy Lascelles hören zu müssen, daß es Ihnen in den letzten Tagen nicht besonders gutgegangen ist«, schrieb sie. »Ich hoffe sehr, es ist nichts Ernstes und Sie erholen sich bald wieder.« Nach diesem kurzen Kommentar zu Churchills Gesundheitszustand wandte sie sich einem weniger heiklen Thema zu, dem Wetter: »Unser Besuch hier verläuft gut, und in Edinburgh ist man von all der Pracht begeistert. Wir hatten Glück mit dem Wetter, aber dann hatten wir ein Gewitter, und jetzt regnet es leider ...«[13] Laut Moran war Churchill über den Brief »entzückt«. Er antwortete sofort, berichtete ihr ein wenig über »die Umstände, die ihn niedergestreckt hätten«, und »sprach von seiner mißlichen Lage, als ob sie einen anderen beträfe«. Er schrieb, daß er hoffe, bald wieder auf den Beinen zu sein und seine Arbeit bis zu Edens Genesung im Herbst weiterführen zu können.

Churchill überlebte entgegen aller Wahrscheinlichkeit und den Voraussagen seines Arztes und erlangte nach und nach fast alle seine Fähigkeiten wieder. In der letzten Juliwoche ging es ihm wieder so gut, daß er aus seinem Haus in Chartwell in seinen offiziellen Landsitz Chequers umziehen konnte, und am 2. August besuchte er Elizabeth in Windsor. Er hatte sich noch immer nicht zum Rücktritt entschlossen und sagte ihr, er werde die Entscheidung in einem Monat treffen; bis dann könne er absehen, ob er gesundheitlich in der Lage sein würde, wieder vor das Parlament zu treten und den jährlichen Parteitag der Konservativen im Oktober durchzustehen. Zwei Wochen später lud Elizabeth ihn ein, mit ihr einen Tag auf dem Rennplatz in Doncaster zu verbringen, Aureole im St. Leger laufen zu sehen und sie danach nach Balmoral zu begleiten. Churchill mißachtete den Rat seiner Ärzte und seiner Frau und nahm die Einladung an. Er und Clementine fuhren am 11. September mit dem Zug nach Doncaster, sahen dem St. Leger von der königlichen Tribüne aus zu und fuhren anschließend mit dem königlichen Zug nach Balmoral. Churchill besuchte mit Elizabeth den Sonntagsgottesdienst in der Kirche von Crathie, die er zuletzt vor 45 Jahren mit Edward VII. besucht hatte, lange vor Elizabeths Geburt. Vor der Kirche wartete eine Menge, die ihn mit beispiellosem Jubel begrüßte. Elizabeth sagte einer Freundin, sein Zustand habe sich, seit sie ihn Anfang August das letzte Mal gesehen habe, »erstaunlich« gebessert.

Seit dem Schlaganfall im Juni 1953 beschäftigte ihn und Elizabeth die gleiche Frage: Wann würde er zurücktreten? Eden war noch immer sehr schwach, aber trotzdem erwartungsvoll aus Boston zurückgekehrt, und die Frage hing unausgesprochen in der Luft, wann immer er mit Churchill zusammen war. Churchill war inzwischen fest entschlossen, sich dem Parteitag der Konservativen im folgenden Monat zu stellen. Dort hielt er eine große Rede, und die Delegierten beobachteten ihn wie die Luchse. Der Schlaganfall war noch immer ein Geheimnis, auch wenn Gerüchte darüber kursierten, doch Churchills Vorstellung in Margate überzeugte sein Publikum, daß er noch nicht am Ende war. Man erwartete, daß er zurücktreten und Eden sein Amt übergeben würde, bevor die Königin im November zu ihrer Reise durch das Commonwealth aufbrach. Aber seine Abneigung, die Macht aus der Hand zu geben, sollte den politischen Horizont noch zwei Jahre verdunkeln. »Daß die Königin das Land verläßt, macht alles noch komplizierter«, sagte Colville zu Moran. »Der Premierminister sagt, wenn er zurücktrete, werde er es bald tun, damit der Nachfolger sich an sein Amt gewöhnen kann, bevor die Königin das Land verläßt. Aber er wird nicht zurücktreten.«[14] Colville behielt recht. Als Elizabeth am 24. November 1953 abreiste, war Churchill noch immer Premierminister.

Als sie im Mai 1954 zurückkehrte, mochte sie wohl damit rechnen, daß sein Rücktritt unmittelbar bevorstand. Er hatte zuvor geäußert, er wolle mit der Einreichung seines Rücktritts warten, bis sie wieder im Land sei. Dann hatte er Eden erzählt, er werde Ende Juli abtreten. Doch an seinem achtzigsten Geburtstag, dem 30. November 1954, residierte er immer noch in der Downing Street 10. Elizabeth schenkte ihm einen Satz silberner Untersetzer und als persönliches Geschenk, das ihre gemeinsame Leidenschaft für Rennpferde unterstrich: die Deckung einer Stute durch ihren preisgekrönten Hengst Aureole. »Ich werde die beste Stute kaufen und auf die Zukunft hoffen«, antwortete der achtzigjährige Premierminister.

Elizabeth war sich wohl bewußt, daß allgemein, insbesondere jedoch im Kabinett, die Meinung herrschte, Churchill solle abtreten.

Selbst Churchill-Anhänger wie Macmillan waren mit ihrer Geduld am Ende. »Churchill weigert sich zu gehen, und es ist nicht wahrscheinlich, daß er seine Meinung ändert«, schrieb er in der zweiten Dezemberwoche in sein Tagebuch. Die Regierungsmannschaft begehrte allmählich auf, und Edens Verhältnis zu Churchill glich immer mehr dem des meuternden Fletcher Christian zu Kapitän Bligh von der »Bounty«. Am 22. Dezember fand eine Kabinettssitzung statt, auf der angeblich der Termin für die nächsten Wahlen diskutiert wurde. Wie Macmillan einräumte, bestand ihr wirklicher Zweck jedoch darin »zu erörtern, wie lange Churchill noch bleiben sollte«. Als Churchill trotzig knurrte, man wolle offensichtlich, daß er gehe, widersprach keiner. Ende Februar schien er sich fast zum Rücktritt durchgerungen zu haben. Er plane für den 4. April 1955, den Vorabend seines Rücktritts, ein Abschiedsdinner für Elizabeth, schrieb er Sir Michael Adeane, der inzwischen die Nachfolge Lascelles als Privatsekretär der Königin angetreten hatte. Seine Kollegen ließ er jedoch immer noch im unklaren. Nach einem offiziellen Mittagessen im Buckingham-Palast anläßlich des Staatsbesuchs des Schahs von Persien und seiner Frau Soraya führte man Prinz Charles und Prinzessin Anne herein und stellte sie den Gästen vor. Prinzessin Anne war von dem alten Premierminister fasziniert. Er saß zusammengesackt auf seinem Stuhl und sah dem ihm verhaßten Porträt, das Graham Sutherland zu seinem achtzigsten Geburtstag geschaffen hatte, nur allzu ähnlich. Für den 29. März planten Eden und seine Frau Clarissa ein Dinner, das ein Abschiedsessen für den Premier sein sollte. Am selben Tag beschloß Churchill jedoch, seinen Rücktritt noch einmal zu verschieben. Bei einer Audienz am Abend erklärte er Elizabeth, »er denke daran, seinen Rücktritt aufzuschieben. Er fragte sie, ob ihr das etwas ausmachen würde, und sie verneinte!« Gerührt von der Liebenswürdigkeit der Edens beim Dinner des Vorabends entschied er sich dann doch wieder für den 5. April 1955, und am 31. März ließ er Elizabeth durch Adeane wissen, daß er wie geplant an dem Zeitpunkt zurücktreten werde.

Elizabeth teilte ihm über Adeane mit, »daß sie die Klugheit der von Ihnen getroffenen Entscheidung zwar erkenne, jedoch von großem persönlichem Bedauern erfüllt sei und insbesondere die wöchentlichen Audienzen vermissen werde, die für sie so informativ und, wenn man das von Staatsangelegenheiten sagen könne, unterhaltsam gewesen seien«.[15] Das war mehr als die übliche Höflichkeit, mit der man auf die Ankündigung eines Rücktritts reagierte. Elizabeth meinte, was sie sagte. Auf die Frage, bei welchem ihrer Premierminister ihr die Audienzen am besten gefallen hätten, antwortete sie einmal: »Bei Winston natürlich. Es hat immer soviel Spaß gemacht.« Als sie jedoch gefragt wurde, ob es wie bei Lord Melbourne und der jungen Victoria gewesen sei, erwiderte sie: »Überhaupt nicht. Er konnte sehr dickköpfig sein ...« Über Churchill berichtete einer der Privatsekretäre der Königin, er sei »schnurrend« aus den Audienzen gekommen. Daß er zusammen mit der Macht auch das Vernügen dieser wöchentlichen Privatgespräche würde aufgeben müssen, war sicher mitverantwortlich für die gedrückte Stimmung, in der er an seinen Rücktritt dachte.

Die romantische Zuneigung des alten Mannes für Elizabeth hätte bei der Audienz anläßlich seines Rücktritts am Tag nach dem Abschiedsessen in der Downing Street fast zu einem peinlichen Zwischenfall geführt. Es war Colvilles Idee, daß es aufgrund der außerordentlichen Verdienste Churchills als Premierminister »angemessen« wäre, wenn er von der Königin auch auf außerordentliche Weise geehrt würde – mit einem Herzogtum wie sein berühmter Vorfahr John Churchill, der für den Dienst an seinem Land zum Herzog von Marlborough gemacht worden war. Im Palast wurde der Vorschlag mit dem Hinweis abgelehnt, Herzogtümer würden nur noch an Mitglieder der königlichen Familie verliehen. »Trotzdem«, so Colville, »schien es angemessen. Ob ich zusichern könnte, daß der Premierminister den Titel ablehnen werde?« Colville fühlte Churchill auf den Zahn, und dieser winkte entschieden ab; er wollte als Winston Churchill und Mitglied des Unterhauses sterben. »Ich eilte ans Telefon«, erinnerte sich Colville, »rief Sir Michael Adeane an und sagte, die Königin könne Churchill das Herzogtum gefahrlos anbieten.« Als der entscheidende Tag kam, hatte Colville jedoch schwere Bedenken: »Ich war sehr verstört, als ich den Premierminister mit Gehrock und Zylinder losziehen sah, denn ich wußte, daß er schrecklich in die Königin verliebt war ... Ich hatte große Befürchtungen, daß er aus gefühlsmäßigen Gründen im letzten Moment doch noch annehmen könnte. Und ich wußte, daß sowohl die Königin als auch Sir Michael in diesem Fall sehr wütend auf mich sein würden, weil ich das Gegenteil versprochen hatte. Sobald Churchill von der Audienz zurückgekehrt war und wir im Kabinettszimmer saßen, fragte ich: ›Wie war es?‹ Er sagte mit Tränen in den Augen: ›Wissen Sie, was das bemerkenswerteste war? Sie bot mir an, mich zum Herzog zu machen.‹ Zitternd fragte ich, was er geantwortet habe. ›Ach, wissen Sie, ich hätte fast angenommen, ich war so bewegt von ihrer Schönheit und ihrem Charme und von der Herzlichkeit, mit der sie das Angebot machte, daß ich einen Moment daran dachte anzunehmen. Aber dann fiel mir ein, daß ich als der sterben muß, der ich immer gewesen bin, als Winston Churchill. Und so bat ich sie um Verzeihung, weil ich nicht annehmen könne. Und wissen Sie, es ist schon seltsam, aber sie schien fast erleichtert.‹«[16]

In einem Brief aus Windsor schrieb Elizabeth Churchill mit eigener Hand, wie sehr sie ihn vermisse und daß weder sein Nachfolger Anthony Eden noch irgendeiner von dessen Nachfolgern »mir je meinen ersten Premierminister wird ersetzen können, dem sowohl mein Mann als auch ich so viel verdanken und für dessen weise Beratung in den frühen Jahren meiner Herrschaft ich immer zutiefst dankbar sein werde«.

Churchills Antwort wirft ein Licht auf seine Beziehung zu Elizabeth und zeigte, wie sehr er sie zu respektieren gelernt hatte. »Ich habe immer versucht, Eure Majestät offen mit den schweren und komplexen Problemen unserer Zeit zu konfrontieren. Schon sehr bald, nachdem ich das Amt des Premierministers übernommen hatte, erkannte ich, welch großes Verständnis Eure Majestät für die erhabenen Pflichten einer modernen Monarchin hat und über welches Wissen Ihr dank einer ebenso weisen wie lebendigen Erziehung bereits verfügtet. Dies befähigte Eure Majestät, offenbar instinktiv die Bezüge und die Ausgewogenheit der britischen Verfassung zu verstehen, die von der überwiegenden Mehrheit der Nation und ihren stärksten und stabilsten Kräften so hoch geschätzt wird. Mir wurde Eure königliche Entschlossenheit bewußt, sowohl zu dienen als auch zu herrschen, ja durch Dienen zu herrschen.« Schließlich pries er noch ihre »glänzende Ausstrahlung«, durch die sie »unser neu gebildetes Commonwealth« verbinde und erleuchte.[17]

Die Königin hatte noch mit niemandem über einen Nachfolger gesprochen. Bei der Abschiedsaudienz fragte sie Churchill aus Höflichkeit, ob er einen Nachfolger vorschlagen wolle, aber er antwortete, er wolle ihr die Entscheidung überlassen. In der Praxis gab es nur eine Wahl, Anthony Eden, Churchills schon seit langem anerkannter Erbe, der den in der Verfassung nicht vorgesehenen Titel eines »Stellvertetenden Premierministers« trug. George VI. hatte gegen den Titel protestiert, weil er eine automatische Nachfolge zu beinhalten schien und damit das königliche Vorrecht verletzte, in dieser Angelegenheit zumindest theoretisch die Wahl treffen zu können. Eden war der politische Star der dreißiger Jahre. Er hatte damals die Bewunderung Churchills und seiner Anhänger gewonnen, als er aus Protest gegen Chamberlains Verhandlungen mit den totalitären Diktatoren zurückgetreten war. Er sah hervorragend aus, zeigte sich immer makellos gekleidet, war kultiviert und intelligent und hatte seit 1940, als er Halifax als Außenminister nachgefolgt war, mit nur sechs Jahren Unterbrechung auf der höchsten Ebene der Weltpolitik gearbeitet. Als er Premierminister wurde, war er zwar erst achtundfünfzig, hatte seine beste Zeit jedoch bereits hinter sich; seine Gesundheit war angeschlagen, seit einem Chirurgen bei einer Gallensteinoperation im April 1953 das Skalpell ausgerutscht war. Sein Verhältnis zu Elizabeth war entschieden herzlicher als das zu ihrem Vater und ihrem Großvater, denen er beiden in der Regierung gedient hatte. »Als er sein Amt antrat«, berichtete ein Berater, »war er sich deutlich der Tatsache bewußt, daß er der überragenden Gestalt Churchills nachfolgte, der die Königin wie eine Enkelin angesehen und auch so mit ihr gesprochen hatte. Er war sich deutlich bewußt, daß die Königin ihn in seinem Amt für weniger bedeutend halten könnte, aber die Königin behandelte ihn so gut, daß er es nicht so empfand... Eden sprach immer mit herzlicher Zuneigung von ihr; er mochte sie sehr gern. Er war ihr gegenüber sehr einfühlsam und konsultierte sie in einer Vielzahl von Fragen.« Sowohl Eden als auch sein Kolonialsekretär Alan Lennox-Boyd waren überrascht, wie sehr sich die Königin für das Commonwealth interessierte und wieviel sie schon in diesen ersten Jahren ihrer Herrschaft darüber wußte. »Als Lennox-Boyd Kolonialsekretär war«, erinnerte sich Professor Dilks, »wollte er mit Eden eine Frage klären, in der es um Weiderechte somalischer Stammesmitglieder ging. Eden spottete über die

Vorstellung, daß die Queen sich danach erkundigen könnte, geschweige denn überhaupt von dem Problem wußte, aber das war der Fall.«[18]

Elizabeth lernte, sich professionell zu verhalten, wie es zuvor auch ihr Vater sehr schnell hatte lernen müssen. Während in der kurzen Regierungszeit Edwards VIII. Kuriertaschen ungeöffnet zurückgeschickt worden waren und Cocktailgläser auf Regierungsakten verräterische Ringe hinterlassen hatten, hatte George VI. seine Aufgaben ernst genommen und mit Vergnügen Minister entlarvt, die ihre Akten nicht genau gelesen hatten. Auch seine Tochter liebte dieses Spiel; einmal ertappte sie sogar Churchill bei dieser Nachlässigkeit. Er war in seinen späteren Jahren zu faul geworden, Akten zu bestimmten Themen zu lesen, obwohl Jock Colville, der als ehemaliger Privatsekretär Elizabeths Arbeitsmethoden genau kannte, ihn gewarnt hatte. Harold Wilson, der Elizabeth zwei Amtszeiten, 1964–1970 und 1974–1976, als Premierminister diente, schämte sich in Grund und Boden, als ihm bei seiner ersten Audienz dasselbe passierte.

Elizabeth war immer gut informiert. Sie sah nicht nur die Regierungsakten durch, die ihr täglich in Lederkoffern geliefert wurden, an deren Farbe erkennbar war, aus welchem Ministerium sie kamen, sie studierte auch Protokolle von Kabinettssitzungen und erhielt täglich Zusammenfassungen der Vorgänge im Parlament. »Ich war erstaunt«, sollte ihr Premierminister Harold Macmillan 1960 in sein Tagebuch schreiben, »wie genau Ihre Majestät im einzelnen über die Zusammenhänge im Bilde war, die in den verschiedenen Berichten und Telegrammen zum Ausdruck gekommen waren.« Der königliche Biograph Robert Lacey schrieb dazu: »Bei den Audienzen fiel ihm ihre bemerkenswerte Fähigkeit auf, sich nicht aus der Reserve locken zu lassen. Sie reagierte nie im Überschwang des Augenblicks. Sie wählte jedes Wort mit Vorbedacht. Sie äußerte nie ihre eigene Meinung schon zu Anfang des Gesprächs, sondern hörte sich zunächst aufmerksam alle seine Argumente an.« Und ein ehemaliger Privatsekretär der Königin sagte: »Man hätte keine bessere Arbeitgeberin finden können. Schnell, mit gesundem Menschenverstand, entscheidungsfreudig. Ließ nichts in der Schwebe. Wenn man eine Frage stellte, bekam man eine Antwort. Wenn man Arbeit für sie daließ, war sie immer am nächsten Morgen getan. Sehr offen für Vorschläge, aber keineswegs eine Jasagerin…

Und sie war erschreckend zugänglich; wenn Probleme auftauchten, sagte sie nie: ›Stören Sie mich jetzt nicht.‹« »Die Queen liest keine Bücher«, sagte ein anderer, »aber wenn es um Regierungsakten geht, ist sie eine sehr schnelle und aufmerksame Leserin; nichts entgeht ihr. Sie beeindruckt alle Premierminister.«

Elizabeth diktiert ungern Briefe. Sie zieht es vor, ihre Sekretäre Briefe entwerfen zu lassen, die sie dann mit ihnen bespricht und korrigiert. Außerdem schreibt sie gerne kleine Notizen, oft humorvoll und immer zur Sache, zum Beispiel bei einem Staatsbesuch des Königs und der Königin von Thailand: »Bitte sagen Sie der Kapelle, daß sie unter keinen Umständen Teile aus ›The King and I‹ spielen soll.« Oder: »Keine Krankenhäuser mehr. Davon haben wir dieses Jahr genug gehabt.« Und über eine Biographie von Prinz Charles: »Sehr schmalzig und sentimental, aber ganz nett. Sie enthält vier Ungenauigkeiten [es folgen die Seitenangaben].«

In einem Bereich ihrer Arbeit fehlte es Elizabeth allerdings an Selbstvertrauen und Geschick. »Sie war nicht besonders gut, was Reden betraf«, sagte ein Berater. »Es lag ihr nicht, welche zu verfassen. Sie verließ sich dabei ziemlich stark auf Prinz Philip. Der Entwurf wurde von einem der Privatsekretäre gemacht, und dann änderte sie ihn, oder besser gesagt, Prinz Philip tat es. Reden, die von mehreren verfaßt werden, fallen nicht besonders originell aus.« Ein anderer Berater meinte: »Sie ist ein sehr ehrlicher Mensch. Sie sagt oder zitiert ungern etwas, worüber sie nicht wirklich Bescheid weiß. Wenn man beispielsweise vorschlug, sie solle sagen: ›Wir sind sehr erfreut, heute hier in Hull zu sein‹, strich sie das ›sehr‹.« Da es ihr nicht leichtfällt, Ansprachen zu halten, liest sie sie immer ab, was den Eindruck mangelnder Spontaneität noch verstärkt. Sie kann sich wie ihre Mutter weder die Worte merken noch improvisieren. Vielleicht hat sie diese Eigenschaft geerbt. Einer nicht verbürgten Anekdote zufolge sagte Königin Mary auf dem Weg zum Stapellauf des Linienschiffs »SS Queen Mary« zu ihrer Hofdame: »Ach du liebe Zeit, ich bin sicher, ich werde mich nicht an den Namen des Schiffes erinnern.«

Im Jahr 1956 war Elizabeth dreißig, noch jung, hübsch und populär. Sie wurde auf der ganzen Welt verehrt, die sich seit den Tagen ihres Vaters kaum verändert zu haben schien, und doch sollten die rosigen Zeiten, die vier Jahre lang angehalten hatten, für die Königin bald zu Ende sein. Eden war kaum ein Jahr im Amt, als er ein katastrophales Abenteuer inszenierte, das Strömungen an die Oberfläche brachte, die die britische Psyche seit den dreißiger Jahren belastet hatten und zu heftiger Kritik an britischen Institutionen führte, von der auch die Monarchie nicht verschont blieb. Ende Juli 1956, als Elizabeth die Rennen in Goodwood besuchte, wurde ihr eine Proklamation in die Loge des Herzogs von Richmond gebracht, die zur Einberufung von Reservisten ermächtigte. Auf einer hastig einberufenen Sitzung des Kronrats am 2. August auf Schloß Arundel, dem Sitz ihres Gastgebers, des Herzogs von Norfolk, unterzeichnete sie das Dokument und tat damit den ersten öffentlichen Schritt hin zum Krieg mit Ägypten, der drei Monate später ausbrach.

Am 13. Juni 1956 hatten die letzten britischen Truppen das Gebiet um den Suezkanal verlassen, wo sie über 70 Jahre lang stationiert gewesen waren. Zehn Tage später wurde Oberst Gamal Abd el Nasser ägyptischer Präsident. Knapp einen Monat später verstaatlichte er, nachdem Amerikaner und Briten ihre Zusage für die Finanzierung des Assuan-Staudamms zurückgezogen hatten, am 26. Juli die britisch-französische Suezkanalgesellschaft. In Großbritannien und Frankreich war die Empörung zunächst groß. Eden mit seiner eingefleischten Abneigung gegen Diktatoren im allgemeinen und gegen Nasser im besonderen erklärte: »Nasser drückt Großbritannien die Gurgel zu.« Großbritannien und Frankreich berieten über geheime Angriffspläne gegen Ägypten, die in einem dreiseitigen Abkommen zwischen Frankreich, Großbritannien und Israel gipfelten, das am 24. Oktober in Sèvres unterzeichnet wurde. Das Geheimabkommen stellte eine Verschwörung der drei Länder dar: Israel sollte am 29. Oktober Ägypten angreifen; Großbritannien und Frankreich sollten am 30. eine Feuerpause und zeitweise Besetzung der Kanalzone durch ihre Truppen fordern und, falls weder Israel noch Ägypten der Feuerpause zustimmten, am 31. Oktober in Ägypten einmarschieren. Die Israelis griffen wie vereinbart am 29. Oktober an. Am 30. Oktober stellten Großbritannien und Frankreich ihr Ultimatum, und Eden gab in einer Erklärung vor dem Unterhaus seine Pläne bekannt. Auf einer Sitzung des UN-

Sicherheitsrats in New York am selben Tag erzürnten Großbritannien und Frankreich die Vereinigten Staaten und die Sowjetunion, indem sie gegen eine amerikanische Resolution ihr Veto einlegten, die Israel zum Rückzug aufforderte. Die Briten bombardierten ägyptische Flugplätze und zerstörten die ägyptische Luftwaffe – eine erfolgreiche Militäroperation, die politisch einen hohen Preis kostete.

Daß Großbritannien ein Land bombardierte, mit dem es sich gar nicht im Kriegszustand befand, löste im Unterhaus einen ähnlichen Sturm aus, wie er im Mai 1940 dem Sturz Chamberlains vorausgegangen war. Viele Abgeordnete waren empört und über den offenen Bruch zwischen Großbritannien und den Vereinigten Staaten in der UNO besorgt. Die Länder des Commonwealth, die genausowenig wie die USA vor der Operation konsultiert worden waren, reagierten laut Edens Biograph »mit Zorn, Verwirrung und Entsetzen«. Die arabische Öffentlichkeit stand natürlich geschlossen hinter Nasser, und arabische Staaten, die Großbritannien freundlich gesonnen waren wie die irakische Monarchie, gerieten in Schwierigkeiten. Die Mehrheit der britischen Bevölkerung war zunächst wie Eden der Meinung gewesen, man müsse Nasser eine Lektion erteilen. Diese Mehrheit schmolz jedoch dahin, als sich herausstellte, daß die militärischen Strategen bei der Aktion nicht die Zeit einkalkuliert hatten, welche die britische Hauptstreitmacht brauchte, um von ihren Stützpunkten auf Zypern nach Ägypten zu gelangen. Die Truppen waren noch unterwegs, als Israel und Ägypten sich auf eine Waffenruhe einigten und der Expedition damit die Grundlage entzogen. Bei einer Gallup-Umfrage im November sprach sich die Mehrheit der Briten gegen die Aktion am Suezkanal aus. Als die britischen Fallschirmspringer und die anglo-französischen Landungstruppen am 5. und 6. November landeten, hatte ein Ansturm auf das Pfund eingesetzt. Großbritannien verlor in jenem Monat 15 Prozent seiner Gold- und Dollarreserven, und als es sich hilfesuchend an die Amerikaner wandte, bedeuteten diese schonungslos, daß sie vor einem Waffenstillstand keinen Finger rühren würden. In Kabinett und Parlament isoliert, erklärte Eden sich zu einem von der UNO vermittelten Waffenstillstand bereit. Die Operation am Suezkanal war zu einem Fiasko geworden. Selbst die Befürworter eines Waffenstillstands waren entsetzt, daß Eden so jämmerlich kapitulierte, ohne auch nur eines seiner Ziele erreicht zu haben, wenn man von der Zerstörung der ägyptischen Luftwaffe absah. »Damals aufzuhören«, schrieb Edens Biograph, »bedeutete für die Briten minimale Vorteile, aber maximale Ächtung.«

Eden war körperlich und politisch am Ende. Er hatte seit Oktober infolge der verpfuschten Gallenoperation wiederholt Fieberanfälle gehabt. Am 19. November rieten ihm seine Ärzte, sich eine Zeitlang völlig zurückzuziehen, vorzugsweise in ein warmes Land. Ian und Ann Fleming boten den Edens ihr Haus auf Jamaica an, und am 23. November flog der erschöpfte Premierminister mit seiner Frau zum allgemeinen Erstaunen in die Karibik. Bei seiner Rückkehr im Dezember wurde er von seiner Partei und seinen Landsleuten auffallend kühl empfangen. Es war das traurige Ende einer großen Karriere im Parlament und im Außenministerium. Am 20. Dezember wurde Eden, bisher der unangefochtene Herr im Unterhaus, bei einer Debatte über die Zusammenarbeit mit Israel in der Suezkrise in die Enge getrieben, und er belog das Parlament. »Es war nicht geplant, beim Angriff auf Ägypten gemeinsame Sache zu machen«, sagte er. »Wir wußten nicht, daß Israel Ägypten angreifen würde.« Und trotzig erklärte er zum Schluß: »Wenn ich dieselben unangenehmen Entscheidungen noch einmal zu treffen hätte, wäre ich gezwungen ... sie noch einmal genauso zu treffen.« Damit brachte er alle gegen sich auf – die Befürworter der Operation, die über die militärischen Fehler und den erzwungenen Rückzug entsetzt waren, ebenso wie ihre Gegner. Es war sein letzter Auftritt im Unterhaus, wo Berichten zufolge fatalerweise weniger eine feindselige als eine gleichgültige Stimmung herrschte. Anfang Januar sagten ihm seine Ärzte, wenn er im Amt bleibe, werde er nicht mehr lange leben. Er entschloß sich zum Rücktritt, weil er, wie seine Frau es formulierte, »am Leben bleiben wollte«. Am 8. Januar fuhr er mit ihr nach Sandringham und suchte Elizabeth auf; die Edens blieben zum Dinner und übernachteten dort. Elizabeth sprach ihr persönliches Bedauern aus und bot ihm eine Grafschaft an. Man kam überein, daß er sich am folgenden Tag in den Buckingham-Palast begeben sollte, um formell sein Amt niederzulegen. Dies geschah am 9. Januar um 18 Uhr.

Die Gespräche, die am 8. Januar in Sandringham zwischen Eden und der Königin geführt wurden, sind bis heute geheim, obwohl Eden damals ein Memorandum darüber anfertigte und in der Folge noch zwei weitere verfaßte. Die Frage, ob Elizabeth der Operation am Suezkanal zugestimmt habe oder nicht, war für Eden besonders heikel. Als Robert Lacey im Januar 1976 einen Artikel in der *Sunday Times* veröffentlichte, der den Schluß nahelegt, die Königin sei entschieden gegen die Operation gewesen, habe sie jedoch nicht verhindern können, hatte Lord Avon, wie Eden inzwischen hieß, darüber »eine recht erbitterte Auseinandersetzung mit Martin Charteris« und äußerte sich Lacey gegenüber im April 1976, die Königin habe »sehr wohl gewußt, was wir vorhatten«. Er betonte immer wieder, daß die Königin die Operation nicht abgelehnt habe, war jedoch seinem Biographen zufolge ehrlich genug, nicht zu behaupten, »daß sie dafür gewesen sei«. Laceys Erinnerung nach hatte Elizabeth sich verfassungsgetreu und unparteiisch verhalten, und mehr zu sagen oder zu enthüllen wäre, so räumte er ein, ungehörig gewesen. In seiner später erschienenen Biographie der Königin greift Robert Lacey den Verdacht »mindestens eines seiner [Edens] Kabinettskollegen« auf, er habe Elizabeth zunächst nicht die ganze Wahrheit gesagt und sie erst nachträglich vollständig über die anglo-französisch-israelischen Verhandlungen informiert, die zum Vertrag von Sèvres führten. Eden kommentierte den Vorwurf mit den Worten, Laceys Quelle Mountbatten sei »plemplem und ein geborener Lügner«.

In Wahrheit hatte die Haltung des Palastes die Verwirrung und das Entsetzen des ganzen Landes widergespiegelt. Im Sekretariat der Königin war Sir Michael Adeane für die bewaffnete Intervention, die beiden Stellvertretenden Privatsekretäre Martin Charteris und Edward Ford waren dagegen. Sowohl Charteris als auch Ford kannten sich im Nahen Osten und der arabischen Welt aus. Charteris war 1946 Chef des militärischen Geheimdienstes in Palästina gewesen; Ford hatte die zweifelhafte Ehre gehabt, Prinz Faruk von Ägypten als Hauslehrer zu dienen, und im Nordafrikafeldzug gekämpft. Beide befürchteten, daß sich die gesamte arabische Welt von Großbritannien abwenden könnte. Genau dies war jedoch die unvermeidliche Folge, als Großbritannien sich ein knappes Jahrzehnt nach dem Arabisch-Israelischen Krieg von 1948 zusammen mit den Israelis gegen den wiedererwachten arabischen Nationalismus stellte, wie er von Nassers Ägypten symbolisiert wurde. Aufgrund seiner Ölimporte war Großbritannien auf ein gutes Verhältnis zu den arabischen Staaten angewiesen, insbesondere zum Irak. Dieser wurde jedoch durch die Suezkrise destabilisiert, was wenig später zum Sturz seiner prowestlich eingestellten Monarchie führte.

Eine andere wichtige Stimme im Palast war Mountbatten. Er war einem Hofbeamten zufolge im Palast »ständig präsent«. Als Stabschef der Flotte war er an der Operation beteiligt, über deren Charakter aber zunehmend unglücklich. Er brachte seine Bedenken in zwei Briefen an Eden zum Ausdruck – den ersten verfaßte er bereits Mitte August –, die er jedoch nie abschickte. Während Mountbatten dem Premierminister vielleicht aus Angst um seinen Posten nicht sagte, daß er seiner Meinung nach unrecht habe, nahm er gegenüber Elizabeth und Philip kein Blatt vor den Mund. Elizabeth selbst fand die Operation am Suezkanal im privaten Gespräch »idiotisch«, wie ein ihr damals nahestehender Mitarbeiter berichtete.

Daß Eden der Königin tatsächlich schon vor der Operation gesagt haben könnte, daß Großbritannien, Frankreich und Israel beabsichtigten, gemeinsam Ägypten anzugreifen, ist höchst unwahrscheinlich. Nur der britische Außenminister Selwyn Lloyd und die beiden britischen Repräsentanten, die den Vertrag – oder das Protokoll – von Sèvres unterzeichneten, waren über seinen geheimen Inhalt informiert, und alle Vertragspartner waren sich darin einig, daß er nicht nur kurz-, sondern auch langfristig geheimgehalten werden müsse. Eden weihte nicht einmal das Kabinett ein. Elizabeth dagegen war mit den gegensätzlichen Ansichten ihrer Berater konfrontiert und wußte nichts von den tatsächlichen Risiken, die Eden einging; sie fühlte sich deshalb verständlicherweise nicht in der Lage, ihr verfassungsmäßiges Recht der »Beratung und Warnung« auszuüben.

»Die Königin war noch so unerfahren, daß sie Eden wahrscheinlich nicht gefragt hat, ob er die Premierminister des Commonwealth konsultiert habe«, sagte ein Berater. »Heute würde sie das tun. Als Folge wandten sie sich alle in den Vereinten Nationen gegen Großbritannien.«

Eden fand Elizabeths Verhalten völlig korrekt, und als er in der Öffentlichkeit schließlich völlig isoliert war, stellte er fest, daß sie ihm weiter freundlich begegnete. Wie sein Biograph berichtet, bedeutete ihm von allen Schreiben, die er nach seinem Rücktritt erhielt, ein handgeschriebener Brief Elizabeths am meisten. Taktvollerweise erwähnte sie darin nicht die Suez-Krise, sondern bedauerte nur seinen Rücktritt und die Krankheit, die ihn dazu gezwungen habe. »Sie wissen bereits, wie schwer mich Ihr Rücktritt letzte Woche getroffen hat und daß ich wegen dieser tragischen Wendung des Schicksals großes Mitgefühl für Sie empfinde … Zweifellos haben Sie den einzig richtigen Weg beschritten, nachdem Sie das Urteil der Ärzte gehört hatten, aber man kann nur vermuten, wie schwer Ihnen das gefallen ist. Ich möchte Ihnen nicht nur für die treue und hervorragende Arbeit danken, die Sie zunächst als mein Außenminister und dann als mein Premierminister geleistet haben, sondern auch für die vielen Jahre, die Sie in und außerhalb Ihres Amtes der Größe und dem Wohl unseres Landes gewidmet haben. Über Ihre Leistungen im Unterhaus und als Staatsmann ist in den letzten Wochen viel gesagt und geschrieben worden. Es ist mir ein großes Bedürfnis, daß Sie wissen, daß ich diese Leistungen, die Sie in bewegten Zeiten erbracht haben, als Ihr Souverän hoch schätze und nie vergessen werde.«[19]

Eden antwortete, er sei ihr für die »großzügigen Worte dankbarer, als ich ausdrücken kann«, ging kurz auf die »bittere« Entscheidung zum Rücktritt ein und äußerte sich enttäuscht darüber, daß er die Amerikaner nicht zu einem gemeinsamen Vorgehen gegen die Pläne der Russen im Nahen Osten hatte bewegen können. Er fuhr fort: »Aber nicht über diese Dinge, mit denen Eure Majestät nur allzu vertraut ist, will ich schreiben. Ich will vielmehr versuchen auszudrücken, was mir das Verständnis und die Ermutigung durch meine Herrscherin in dieser Zeit außerordentlicher Belastungen bedeutete. Es ist die reine Wahrheit, wenn ich sage, daß ich mich auf die wöchentlichen Audienzen gefreut habe, weil ich wußte, daß ich von Eurer Majestät eine weise und unparteiische Reaktion auf die Ereignisse erhalten würde, die ganz einfach die Stimme unseres Landes war. Vor vielen Jahren sagte mir Baldwin, das Amt des Premierministers sei das einsamste auf der Welt. Dies mag für einige Kollegen zutreffen. Daß es mir anders erging, lag an der unerschütterlichen Sympathie und dem Verständnis Eurer Majestät … Wenn ich jetzt in der Welt herumreise, um wieder gesund zu werden, werde ich nie vergessen, mit welcher Freundlichkeit

Eure Majestät mir begegnet sind, und ich bin stolz und glücklich, Euch als Euer Erster Minister gedient zu haben ...«

Die Nachwehen der Suezkrise, Edens Rücktritt und die Art, wie sein Nachfolger ernannt wurde, hatten ernste Folgen für Elizabeth. Seit Königin Victoria sich in den Jahren nach 1870 in eine, wie viele fanden, selbstsüchtige und selbstverschuldete Isolation geflüchtet hatte, war keine britische Monarchin mehr so scharf kritisiert worden. Eden selbst nahm auf die Wahl seines Nachfolgers keinen direkten Einfluß; er glaubte uneingeschränkt an das Recht der Königin, in dieser Angelegenheit selbst zu entscheiden. Trotzdem führte sein Vorschlag, Lord Salisbury solle die Meinung der Kabinettsmitglieder einholen, später zu dem Vorwurf, die Ernennung sei vom politischen Establishment manipuliert worden. Edens Rücktritt kam für das Kabinett völlig überraschend. Lediglich den Schatzkanzler Harold Macmillan, einen der beiden wichtigsten Kandidaten für die Nachfolge, hatte er am Nachmittag vor der entscheidenden Sitzung persönlich informiert. Es wurde ein sehr gefühlsbetontes Gespräch, bei dem die beiden der ernüchternden Erfahrung des Ersten Weltkriegs und ihrer späteren politischen Karrieren gedachten. »Ich sehe ihn jetzt noch vor mir an diesem traurigen Winternachmittag«, erinnerte sich Macmillan. »Er sah noch so jung aus, so lebenslustig, so elegant, eine Verkörperung der besten Eigenschaften aller jungen Leute, die in dem Krieg von 1914 bis 1918 gekämpft hatten.« Die Kabinettssitzung, in der Eden seinen Beschluß bekanntgab, verlief kurz, aber emotional. Salisbury kamen fast die Tränen, als er von seiner lebenslangen Freundschaft mit Eden erzählte. Auch Butler und Macmillan sagten ein paar Worte. Dann verließen sie das Kabinett, wo nun über die Nachfolge beraten wurde. »Es war alles vorbei«, schrieb Macmillan. »Ein dramatisches Ende einer außerordentlichen, in vieler Hinsicht einzigartigen Karriere. Das Schreckliche war, daß er so lange auf das Amt des Premierministers gewartet und es nur so kurze Zeit innegehabt hatte.«[20]

Nun begann das Ritual der Häuptlingswahl. Die Mitglieder des Kabinetts wurden einzeln in Salisburys Zimmer im Büro des Kronrats gerufen – »wie Schuljungen zum Schuldirektor«, wie es die meisten empfanden. Dort wurden sie von Salisbury im Beisein von Lordkanzler Lord Kilmuir befragt. Salisbury, der lispelte, machte es kurz: »Na, wer soll es sein?« fragte er die Minister. »Wab [Butler] oder Hawold [Macmillan]?« Das Ergebnis war eine überwältigende Mehrheit für »Hawold«, nur ein Minister hatte für »Wab« gestimmt. Salisbury konsultierte auch den Parteivorsitzenden der Konservativen, Edward Heath, zugleich Vorsitzender des »Komitees 1922«. Alle drei sprachen sich für Macmillan aus. Butler hatte sich mit seiner unklaren Haltung in der Suezkrise keine Freunde gemacht. Heath zufolge entsprach die Stimmung in der Fraktion derjenigen der Kabinettsmehrheit: In der Partei herrschte eine starke Abneigung gegen Butler, nicht jedoch gegen Macmillan. Am folgenden Tag begab sich Salisbury in den Palast und teilte der Königin das Ergebnis seiner Nachforschungen mit, während Adeane die beiden einflußreichen konservativen Peers Lord Chandos und Lord Waverley konsultierte. Auch Churchill erschien im Palast. Am Hof hatte zunächst niemand daran gedacht, ihn zu kontaktieren, und auch er selbst hatte mit der Sache eigentlich nichts zu tun haben wollen. Er hatte sich sogar geweigert, von Chartwell nach London zu kommen, als Eden ihn telefonisch darum bat. Seinem Sekretär Anthony Montague-Browne kam es jedoch darauf an, die äußere Form zu wahren. »Ich sagte zu Adeane, man müsse ihn zum Palast gehen sehen«, erzählte er dem Biographen Churchills. Churchill empfahl ebenfalls Macmillan. »Tja, alter Knabe«, sagte er später zu Butler, »Sie sind gar nicht so übel, Sie haben sich um mich gekümmert, als ich krank war. Aber ich habe ihr geraten, den Älteren zu nehmen. Harold ist zehn [tatsächlich nur acht] Jahre älter als Sie.«

Und so wurde der zweiundsechzigjährige Harold Macmillan, der in seiner offiziellen Residenz Downing Street 11 – neben der des Premierministers in Downing Street 10 und mit ihr symbolhaft durch einen Gang verbunden – wartete und seine Nerven mit der Lektüre von Jane Austens »Stolz und Vorurteil« beruhigte, der nächste Premierminister der Königin. Als Elizabeth ihn am 10. Januar kurz nach 14 Uhr im Palast empfing, faßte sie sich kurz, war aber freundlich. Sie hatte Macmillan bereits als Verteidigungsminister, Außenminister und Schatzkanzler in den Regierungen Churchill und Eden kennengelernt, und die beiden waren sich wiederholt offiziell begegnet. Nun jedoch begann eine andere Beziehung, wie Macmillan in seinem Tagebuch festhielt. Während Elizabeth ihn bisher nur oberflächlich gekannt hatte, sollte sie ihn jetzt persönlich kennenlernen. Er war ein komplizierter Charakter. Als Politiker verkörperte er eine seltsame Mischung aus Idealismus, Schauspielerei, machiavellistischer Hinterlist und Skrupellosigkeit, als Mensch war er gehemmt, verwundbar, intelligent sowie hoch kultiviert, doch zugleich unsicher und anfällig für Depressionen – den »Katzenjammer«, der auch Churchill heimgesucht hatte. All dies verbarg er unter dem makellosen Äußeren eines Angehörigen der Oberschicht. Er hielt sich stets kerzengerade und befolgte peinlich genau die Kleiderordnung der Eliteeinheit Brigade of Guards, bei der er im Ersten Weltkrieg gedient hatte. Er war Mitglied des exklusiven White's Club im St. James's Palace, damals Angehörigen des grundbesitzenden Adels vorbehalten, und war mit der Tochter eines der reichsten Herzöge Englands verheiratet, des Herzogs von Devonshire, dem Chatsword und zahlreiche andere Häuser und Besitzungen gehörten, einschließlich eines erstklassigen Moores in Yorkshire für die Moorhuhnjagd. Als Macmillan in den Palast bestellt wurde, reagierte seine Frau Lady Dorothy mit einem ihrer Klasse angemessenen Staunen: »Was wollen denn die?« Der Öffentlichkeit prägte Premierminister Macmillan sich als in Tweed gekleidete Gestalt ein, das Gewehr geschultert oder elegant in der Armbeuge beim Moorhühnerschießen auf dem Besitz irgendeines adligen Freundes. Die Wirklichkeit sah jedoch völlig anders aus: Macmillan war der Enkel eines armen schottischen Kleinbauern, und seine angeheiratete adlige Verwandtschaft neigte dazu, ihn als humorlosen Langweiler zu betrachten, keinesfalls aber als »einen von uns«. Im Privatleben war er einsam und litt unter der ständigen Demütigung durch die schon lange bestehende Affäre seiner Frau mit einem anderen konservativen Abgeordneten, dem geistreichen und beliebten Robert »Bob« Boothby – eine Tatsache, die den Kreisen, in denen die Macmillans verkehrten, wohlbekannt war. Diese persönliche Einsamkeit, gepaart mit der Isolation durch sein Amt »an der Spitze einer rutschigen Stange«, wie Disraeli es formuliert hatte, führte dazu, daß ihm die Beziehung zu Elizabeth auf persönlicher Ebene besonders wichtig war; dazu kam eine altmodische, aber streng verfassungskonforme Auffassung seiner Stellung in bezug auf die Königin. »Der Premierminister ist vor allem der Erste Minister der Königin«, schrieb er in seinen Memoiren. »Seine größte Loyalität gilt ihr.«

Macmillans Ernennung rief in der breiten Öffentlichkeit Überraschung und Mißbilligung hervor, denn die Zeitungen hatten die Erwartung geweckt, Butler werde der neue Premier sein. Man zog den Schluß, Elizabeth sei von »Bobbety« Salisbury, dem alten Freund ihres Vaters, überredet worden, statt des verdienten Butler den Schwiegersohn eines Herzogs zu ernennen. In Wirklichkeit waren die führenden Vertreter der konservativen Partei völlig korrekt befragt worden, und Salisbury scheint persönlich gar nicht besonders viel von Macmillan gehalten zu haben. Daß dies nach außen anders wirkte, hatte mehrere Gründe. Wenn Salisbury kein Adliger gewesen wäre und die Königin einen Mann ernannt hätte, der mit einer bürgerlichen Frau verheiratet gewesen wäre, hätte die Verschwörungstheorie sicher keinen Erfolg gehabt. Großes Aufsehen erregte auch, daß Macmillan Heath zur Feier seiner Ernennung zu einem Dinner mit Champagner und Austern in den Turf Club einlud, damals der bevorzugte Tummelplatz blaublütiger Rennbahnbesucher. Dabei wurde übersehen, daß Macmillans Gast Edward Heath, der als Parteivorsitzender mit ihm die Bildung der neuen Regierung diskutieren sollte, selbst der Sohn eines kleinen Geschäftsmanns mit einer eigenen Bau- und Malerfirma in Broadstairs in Kent war. Was die Öffentlichkeit dagegen registrierte, war, daß eine ganze Prozession hoher Lords zum Palast pilgerte, darunter mit Chandos und Waverley sogar zwei, die nicht einmal in der Regierung saßen. Sie zog daraus den Schluß, daß Elizabeth unter dem Einfluß der alten herrschenden Klasse des Adels einen Premierminister nach deren Vorstellungen ernannt habe. Man hat Elizabeth dies vorgeworfen und sie als naiv kritisiert, weil sie nicht erkannt habe, wie dies auf die Öffentlichkeit wirken mußte. Man muß jedoch gerechterweise sagen, daß der Fehler eher in dem alten System lag, nach dem der Führer der Konservativen erkoren wurde; Elizabeth schien in eine Verschwörung verwickelt zu sein, als es nicht wie in Edens Fall nur einen offensichtlichen Kandidaten gab. Übrigens hatte der scheidende Premierminister selbst Salisbury als Leiter der Beratungen vorgeschlagen. Es trifft allerdings zu, daß Elizabeth sowie ihre Berater in der Downing Street und im Palast nicht den radikalen Wandel erkannten, der sich in der Haltung der britischen Bevölkerung gerade damals zu vollziehen begann.

Die Suezkrise hatte diesen Wandel beschleunigt. Ihre Wirkung auf die Psyche der Briten war genauso traumatisch wie später der Vietnamkrieg für die Amerikaner; sie veränderte ihr Selbstbild und ihre Vorstellung von ihrer Rolle in der Welt. Um mit den Worten von Macmillans Biograph zu sprechen: Die Briten gingen eines Abends in dem Glauben zu Bett, sie seien eine Großmacht; doch da verstaatlichte Nasser am 26. Juli 1956 den Suezkanal, und als sie wieder aufwachten, stellten sie fest, daß sie in die zweite Liga abgestiegen waren und ihre globalen Interessen nicht mehr auf die gleiche imperiale Art wie früher abwickeln konnten. Nichts würde je wieder dasselbe sein. Die Menschen waren zornig und ratlos und suchten nach Sündenböcken. Verschlimmert wurde alles noch dadurch, daß der Westen, vollauf beschäftigt mit diesem unnötigen postimperialen Abenteuer, tatenlos zusah, wie zur selben Zeit der ungarische Aufstand ausbrach und niedergeschlagen wurde. Die Ursache der Katastrophe schien eine nicht mehr zeitgemäße Haltung des Establishments, dessen Mitglieder in einer Vergangenheit lebten, die für die Gegenwart keine Bedeutung mehr hatte. Die Wochenschauen aus jener Zeit wirkten, als seien sie in den dreißiger Jahren gedreht; die Kommentatoren sprachen mit sonorer Stimme von »unseren Männern« und der »Lektion«, die Nasser erteilt würde. Edens Reaktion auf Nasser und die Suezkrise wurzelte in seinen während der dreißiger Jahre gemachten Erfahrungen und erfolgte genauso automatisch wie 20 Jahre zuvor die Reaktion auf Hitler und das Münchner Abkommen. Das Ansehen Elizabeths, das erst seit der Krönung mit dem Glanz der britischen Vergangenheit verknüpft war, mußte zwangsläufig leiden, als sich bei der Suezkrise herausstellte, daß der Kaiser keine Kleider trug. Die Monarchie war zum Symbol der Nation geworden, und nach der Suezkrise mußte im traumatisierten Großbritannien die Frage auftauchen, ob sie noch das richtige Symbol war. Die Art von Macmillans Ernennung und der Ausgang der Townsend-Affäre, der die Schwester der Königin vielen als Opfer überholter Moralvorstellungen erscheinen ließ, verstärkten noch den Eindruck, daß Großbritanniens alte herrschende Klasse nur im eigenen Interesse regierte und die Monarchie als goldene Fassade für ihre korrupte Politik mißbrauchte.

John Osborne, der nach dem Erfolg seines im Arbeitermilieu spielenden Theaterstücks »Blick zurück im Zorn« von der Presse als »zorniger junger Mann« bezeichnet wurde, meinte genau dasselbe, als er im Oktober 1957 im Gefolge der Suezkrise die Monarchie angriff: »Ich bin deshalb gegen das königliche Symbol, weil es tot ist. Es ist eine Goldfüllung in einem Mund voller Verfall.« Er beschrieb die Verehrung des Königshauses als »albernen Rummel«, der von leeren Köpfen und leeren Existenzen am Leben erhalten werde. »Wenn die Menschenmassen auf der Mall nach vorn drängen, spielen sie mit im letzten Zirkus einer Kultur, die den Glauben an sich selbst verloren hat und sich für schillernde Trivialitäten verkauft.« Malcolm Muggeridge, der Fernsehexperte und ehemalige Herausgeber von *Punch*, analysierte die damalige Begeisterung für die königliche Familie als »königliche Seifenoper, eine Art Ersatzreligion«. Seine Bemerkungen in einem Artikel für die *Saturday Evening Post* wurden von großen Teilen der britischen Presse fälschlich als persönlicher Angriff auf die königliche Familie gedeutet, und Muggeridge wurde von der BBC vom Fernsehschirm verbannt. Weder seine noch Osbornes Kritik zielten jedoch auf Elizabeth persönlich, im Unterschied zu der eines jungen Peer: Der dreiunddreißigjährige Lord Altrincham wurde über Nacht berühmt oder, besser gesagt, berüchtigt, als 1957 die Augustausgabe seiner Zeitschrift *National and English Review* erschien. Die Ausgabe enthielt Artikel über die Monarchie von Autoren wie Dermot Morrah, der für die *Times* über das Leben bei Hofe berichtete.

Altrincham kritisierte in seinem einführenden Artikel das Königshaus, wobei er sich vor allem auf die Beamten des Hofes bezog, aber auch die Königin nicht verschonte. »Die Umgebung der Königin«, schrieb er, »besteht fast ausschließlich aus ›Tweed‹-Gestalten.« Diese Adligen vom Land hätten den Anschluß an die heutige Zeit verloren; während die Monarchie »volkstümlich« und aufgrund ihrer Beziehungen zum Commonwealth multikulturell geworden sei, »ist der Hofstaat eine enge kleine Enklave englischer Ladys und Gentlemen« geblieben. Die Hofbeamten mochten »klug, tolerant und bestens geeignet für Stellungen bei Hofe« sein, das könne man jedoch mit gleichem Recht auch von allen möglichen anderen Leuten sagen. Daß der Kreis, aus dem das Personal der Königin stammte, ethnisch und sozial so eingeschränkt war, erweckte in Altrinchams Augen einen unglücklichen Eindruck. In sozialer Hinsicht erschien es ihm »völlig absurd«, daß die Zeremonie zur Einführung der Debütantinnen bei Hofe, »die 1945 in aller Stille hätte abgeschafft werden sollen«, auch damals noch alljährlich stattfand. »Das erweckt unvermeidlich den Eindruck, als identifizierte die Monarchie sich nur mit einer bestimmten Klasse.« Von Reportern zur Rede gestellt, äußerte sich Altrincham recht offen über bestimmte Beamte des königlichen Hofes, konkret über Lord Chamberlain, den Grafen von Scarbrough, über Sir Michael Adeane und über den Oberstallmeister, den Herzog von Beaufort, und nannte sie eine »phantasielose, zweitklassige Clique, der es schlicht und einfach an Grips fehlt«.

Die größte Aufregung verursachten jene Passagen in Altrinchams Artikel, die als direkte Kritik an Elizabeth interpretiert und zitiert wurden, auch wenn Altrincham mit ihnen nur hatte zeigen wollen, wie Elizabeths »wahrer Charakter« von ihren Beratern verfälscht wurde, indem sie ihr eine völlig unnatürliche Sprache und ein völlig unnatürliches Benehmen abverlangten. Dahinter steckte laut Altrincham die Befürchtung, daß der geheimnisvolle Nimbus der Monarchie bedroht sein könnte, wenn Elizabeth in der Öffentlichkeit sprechen und handeln würde wie eine normale Frau ihre Alters. Die Reden der Königin seien deshalb »steife kleine Predigten«, ihr Stil verursache »Nackenschmerzen«. »Das Persönlichkeitsbild, das sich aus den Äußerungen, die man ihr in den Mund legt, ergibt, ist das eines affektierten Schulmädchens, der Spielmacherin einer Hockeymannschaft, einer Musterschülerin und einer Konfirmandin.« Die meisten Leute hatten nicht den eigentlichen Artikel, sondern nur verfälschte Versionen in der Zeitung gelesen und bezogen diese Aussage nicht auf den Inhalt der Reden, sondern auf Elizabeths Stimme, die wie die ihrer Mutter hoch, mädchenhaft und leicht schrill klingt. Altrincham versündigte sich noch mehr, indem er auch die hochverehrte Königinmutter in seine Kritik einzuschließen schien: »Wie ihre Mutter kann sie anscheinend nicht einmal einige wenige Sätze ohne einen vorgeschriebenen Text aneinanderreihen. Wenn sie ihre Jugendfrische verloren hat, wird der Ruf der Königin in weit höherem Maße, als es jetzt der Fall ist, von ihrer Persönlichkeit abhängen. Dann wird sie sich nicht mehr damit begnügen können, sich lediglich an das Zeremoniell zu halten. Sie wird Dinge sagen müssen, die den Leuten im Gedächtnis haftenbleiben, und sie wird aus eigener Initiative Dinge tun müssen, die den Leuten auffallen. Aber vorläufig deutet wenig darauf hin, daß eine solche Persönlichkeit in Erscheinung treten wird.«

Altrincham wurde vor laufenden Fernsehkameras von einem vierundsechzigjährigen Mitglied der monarchietreuen League of Empire Loyalists tätlich angegriffen, der ihm auflauerte, als er die Sendeanstalt verließ. Die Stadt Altrincham in Cheshire, von der sein Vater Edward Grigg, ein verdienter Staatsbeamter, seinen Titel abgeleitet hatte, distanzierte sich von ihm, und der Lord revanchierte sich, indem er auf seinen Titel verzichtete und sich John Grigg nannte, sobald er gesetzlich dazu berechtigt war (1963). In dem Sturm der Empörung, der über ihn hereinbrach, achtete niemand darauf, warum er seinen Artikel geschrieben hatte. Die Gründe waren dieselben, die auch Osborne und Muggeridge zu ihrer Kritik motiviert hatten: Unbehagen über die gedankenlose Anbetung der Monarchie seit dem Tod Georges VI. und der Krönung seiner Tochter. Altrincham schrieb später: »Etwas Unangenehmes lag in der Luft, verwandt dem japanischen Shintoismus. Nach dem Zweiten Weltkrieg kehrte die Monarchie zu ihrem Vorkriegsleben zurück, fast als ob nichts geschehen wäre, und auch die Königin führte praktisch keine Veränderungen ein, als sie ihrem Vater 1952 auf den Thron nachfolgte. Gleichzeitig war die Einstellung der Öffentlichkeit zur Monarchie von einem Ausmaß an Schmeichelei und Servilität gekennzeichnet, das der britischen Tradition durchaus fremd ist. Es gab viel törichtes Gerede über ein neues elisabethanisches Zeitalter, obwohl sich das Zeitalter von dem der ersten Elizabeth ebenso sehr unterschied wie die junge Königin von ihrer berühmten Vorgängerin. Großbritannien schien seinen Machtverlust in der Weltpolitik zu kompensieren, indem es in einen Zustand kollektiven Wunschdenkens verfiel; die hierokratischen Aspekte der Monarchie wurden stark übertrieben, und die gesunde Gewohnheit, Amtsträger zu kritisieren, fand allmählich auf die Monarchin keine Anwendung mehr.«[21]

Bezeichnenderweise ergab eine Umfrage der *Daily Mail* trotz allen aufgebrachten Geschreis und der Forderung, dem »Schurken« die Pferdepeitsche zu geben, daß die jüngeren Leser im Alter zwischen 16 und 34 mit Altrincham übereinstimmten und daß eine Mehrheit aller Altersgruppen befand, der Kreis der Hofbeamten solle erweitert werden. Das Bild von der jungen Elizabeth als Gefangene eines Kreises alter Männer und überholter Einstellungen erwies sich, verstärkt durch Märchen um die Ernennung Macmillans, als sehr wirkungsvoll. Zum ersten Mal stand sowohl Elizabeths öffentliches, als auch ihr privates Leben im Zentrum der Kritik.

10

Tweed und Diamanten

»Der arme junge Altrincham hat einen schrecklichen Streit heraufbeschworen, als er behauptete, daß die Königin langweilig und von Langweilern umgeben sei, daß sie sich nur für Pferde interessiere und banale Reden halte … Aber im Grunde hat er recht.«

Harold Nicolson in seinem Tagebuch am 7. August 1957[1]

Elizabeth war wütend auf Altrincham. Obwohl alles andere als eingebildet, war sie sich wie ihre Vorgänger ihrer Stellung als Herrscherin und Monarchin bewußt. Eigentlich hatte sie das veraltete Ritual der Vorstellung der Debütantinnen bei Hofe abschaffen wollen, doch einer Quelle am Hof zufolge führte sie die Tradition noch ein Jahr fort, »nur um zu zeigen, daß sie sich Altrincham nicht beugt«.

In Wahrheit wechselte die alte Garde im Buckingham-Palast langsam und fast unmerklich. Philips Modernisierungsmaßnahmen hatten nicht viel bewirkt, nicht einmal als Lascelles nach der Krönung 1953 den Hof verließ. Lascelles war zum Abschluß seiner Karriere noch ein peinlicher Fehler unterlaufen, der zu einer Kränkung der Schotten durch die ahnungslose Elizabeth geführt hatte: Als sie im Juni 1953 auf der Krönungsreise auch ihr schottisches Königreich besuchte, befolgte sie Lascelles' Rat und trug beim feierlichen Höhepunkt des Besuchs, der Verleihung der schottischen Insignien Krone, Zepter und Schwert in der St.-Giles-Kathedrale, Alltagskleider; nach dem ungeheuren Pomp und Prunk in London schätzten die Schotten Elizabeths Schlichtheit nicht als Geste der Sparsamkeit und Volksnähe, sondern fühlten sich von den Engländern vor den Kopf gestoßen. Lascelles lehnte die Peerswürde ab, die einem aus dem Amt scheidenden Privatsekretär normalerweise angeboten wird, und er war verärgert, als Churchill ihn für das Großkreuz des Bathordens – mit dem Titel »Sir« – vorschlug. Er lebte noch 30 Jahre und war der Hüter vieler Geheimnisse, festgehalten in seinem Tagebuch, das er in Auszügen Freunden oder auserwählten Historikern zeigte. Noch in seiner Amtszeit hatte er sich in Gegenwart von Menschen, die er wie Harold Nicolson mochte, als sehr gesprächig erwiesen. »Tommy ist ganz sicher der höfischste Höfling«, vertraute Nicolson nach einem aufschlußreichen Gespräch mit Lascelles seinem eigenen Tagebuch an. Zensierte Auszüge aus Lascelles' Tagebuch sind veröffentlicht worden; der Rest bleibt auf unbestimmte Zeit in Windsor unter Verschluß: Lascelles blühte nach seinem Abschied vom Hof regelrecht auf und pflegte seine literarischen Neigungen. Sein Tagebuch beweist, daß an ihm ein Schriftsteller verlorengegangen ist. Ein von Elizabeth in Auftrag gegebenes Porträt zeigt ihn mit Bart, hochgeschlossenem Pullover und Tweedjacke; er sieht aus wie der Künstler, als der er sich im Grund seines Herzens fühlte, und keineswegs wie der »Stockfisch«, als der er bei Hofe galt.

Sir Michael Adeane, Lascelles' Nachfolger als Elizabeths Privatsekretär, der der Königin fast 20 Jahre lang, von 1953 bis 1972, dienen sollte, könnte man als »Produkt des Palastes« beschreiben. 1910 geboren, war er der Enkel von Lord Stamfordham, dem Stellvertretenden Privatsekretär Königin Victorias und Privatsekretär Georges V. als Prinz von Wales und als König. Stamfordham hatte nicht dem Hochadel angehört; er wurde als Arthur Bigge und Sohn eines Pfarrers aus Northumberland geboren. Dennoch war er vielleicht der einflußreichste Privatsekretär des Jahrhunderts, ein Mann, auf den George V. sich voll und ganz verließ und dem er seit seiner Jugend vertraute. Der König tat nichts, ohne zuvor Stamfordhams Rat einzuholen, sogar als es um den Namen seiner Dynastie ging. Stamfordhams Enkel Michael Adeane hatte den Lebenslauf vorzuweisen, der für hohe Beamte des Hofstaates typisch war: Eton und Cambridge, dann Dienst im Regiment seines Vaters, bei den Coldstream-Guards. Nach einer Stelle als Adjutant des Generalgouverneurs von Kanada, Lord Tweedsmuir – der Schriftsteller John Buchan –, war er 1937 Stellvertretender Privatsekretär König Georges VI. und damit Mitglied des königlichen Hofes geworden. Bei Kriegsausbruch kehrte er zu seinem Regiment zurück. 1945 nahm er die Tätigkeit im Palast wieder auf und löste schließlich Lascelles als Privatsekretär ab. Adeane war der ideale Hofbeamte, intelligent, zurückhaltend und nicht zuletzt mit jenem Sinn für Humor begabt, der nötig war, um das Leben am Hof aushalten zu können. Er war beherrscht und von ruhigem Temperament, was ihm bei einer berühmt gewordenen Gelegenheit sehr zustatten kam: Als er eines Tages in einer dringenden Angelegenheit eilig den Buckingham-Palast verließ, wurde er von einem königlichen Biographen aufgehalten, der ihm einige Fragen stellen wollte. Er hörte ihm mit vollendeter Höflichkeit zu und gab lediglich durch einige schwache Anzeichen zu erkennen, daß er es eilig hatte. Doch vergingen noch einige Minuten, bis Adeane sagte: »Ich hoffe sehr, Sie werden mir verzeihen, aber ich habe soeben erfahren, daß mein Haus brennt. Es würde mir ja nichts ausmachen, aber da es ein Teil des St. James's Palace ist...«

Adeane galt allgemein als höchst zuverlässig; die Tätigkeit im Palast war wie für ihn geschaffen. Für Elizabeth verkörperte er Beständigkeit, Traditionsbewußtsein und Umsicht, alles Eigenschaften, die sie sehr schätzt. Altrinchams Behauptung, Adeane sei »zweitklassig« und es fehle ihm an »Grips«, war ungerecht. Adeane hatte sein Geschichtsstudium an der Universität Cambridge mit Auszeichnung abgeschlossen und war »hoch gebildet«, wie sein Künstlerfreund John Ward von der Royal Academy sagte, den Adeane dem Hofstaat vorstellte. »Er zeichnete und malte mit Wasserfarben. Er war ein sehr feiner, kluger Mensch, der Probleme in Angriff nahm, statt ihnen aus dem Weg zu gehen.« Adeane neigte jedoch mehr zu einer vorsichtig konservativen Haltung und zu altmodischen Ansichten als seine beiden Kollegen im Private Office. Er unterstützte als einziger Sekretär des Buckingham-Palastes das Suez-Unternehmen und tendierte eher als seine Kollegen zu der Ansicht, daß das, was zu seines Großvaters Zeiten gut genug war, auch für ihn gut genug sei.

Hon. Martin Charteris, heute Lord Charteris von Amisfield, ausgebildet in Eton und an der Königlichen Kriegsakademie Sandhurst, Enkel eines Grafen und eines Herzogs, hatte den für den Königshof idealen Werdegang vorzuweisen, ohne jene Engstirnigkeit und Neigung zur Wichtigtuerei, die damit häufig Hand in Hand gingen. Hochintelligent und gebildet, verfügte er über einen schrulligen Humor sowie eine heitere Lebenseinstellung, die im Büro der Privatsekretäre oft für eine entspannte Atmosphäre sorgten. Hinter Charteris' Charme verbarg sich ein flexibler und weitblickender Geist, hinter seiner ruhigen Art ein ausgesprochenes diplomatisches Geschick und eiserne Entschlossenheit, wenn es darum ging, die Königin zu verteidigen. Charteris war und ist einer der wenigen Höflinge, die begriffen haben, daß Offenheit die beste Verteidigung gegen Schnüffelei ist und daß der geringste Anschein von Heimlichtuerei Journalisten in ihrem Enthüllungsdrang nur bestärkt. Genauso war er als Elizabeths treuer Freund und Diener bereit, ihr Dinge zu sagen, die sie seiner Meinung nach wissen sollte und die andere Personen nicht anzusprechen wagten. Er entdeckte in sich ein verborgenes Talent für die Bildhauerei, als Oscar Nemon an einer Porträtbüste der Königin arbeitete; später wurde er Ehrenmitglied der Royal Academy. Er verehrte Elizabeth und war, wie er offen zugab, ein wenig in sie verliebt, seit er sie bei seiner Ernennung zu ihrem Privatsekretär kennengelernt hatte. Sie war damals noch Prinzessin gewesen. »Die Beziehung der Königin zu Martin hatte zweifellos etwas ganz Besonderes«, sagte ein Hofbeamter.

Charteris' Kollege Edward Ford beschrieb sich selbst einmal als »umgeben von Pfaffenkrägen«. Er war der Sohn eines Yorker Dekans, des Direktors von Harrow, und der Enkel eines Bischofs von Westminster. Einer seiner Onkel war Bischof von Pretoria, ein anderer Mönch. Ford selbst hatte eine juristische und militärische Ausbildung absolviert. Er besuchte Eton und das New College in Oxford, ließ sich noch vor dem Krieg in der Kanzlei von Ronald Armstrong-Jones, Prinzessin Margarets späterem Schwiegervater, zum Rechtsanwalt ausbilden und kämpfte dann in der Grenadiergarde. Lascelles, dessen einzigem Sohn er Privatunterricht erteilt hatte, führte ihn schließlich am Hof ein; dort diente er als Stellvertretender Privatsekretär unter George VI. und dann Elizabeth. Groß, von dunklem Typ und mit dem Löwenhaupt eines Bischofs aus dem 19. Jahrhundert, war er wie Charteris weltzugewandt und besaß einen lebhaften Humor. Beide hielten Altrinchams Kritik insgeheim zumindest teilweise für »das Beste, was dem Palast seit Jahren passiert ist«.

Das konnte man von dem Pressesekretär der Königin, Commander Richard Colville, den Elizabeth wie einige andere Beamten von ihrem Vater übernommen hatte, nicht gerade behaupten. Colville, ein Verwandter Jock Colvilles, wurde von Peter Townsend beschrieben als »dünner Mann mit hagerem Gesicht, glatten schwarzen Haaren und schwarzrandiger Brille, der [offenbar immer] förmliche schwarze Kleidung trug«. Er hatte sich während des Zweiten Weltkrieges in der Navy »durch Tapferkeit ausgezeichnet«, und seine Haltung gegenüber Journalisten war eher die einer Preßpatrouille als die eines Pressesprechers. Einem kanadischen Journalisten, der den Buckingham-Palast ansehen wollte, erklärte er: »Ich bin nicht das, was man in Nordamerika einen Pressesprecher nennen würde.« 1907 geboren, war er nicht mehr der Jüngste, als er 1947 zum Pressesekretär ernannt wurde. Er blieb bis 1968 in diesem Amt und vertrat die Interessen seiner Königin in den »Swinging Sixties« mit derselben Entschlossenheit, die er in der Navy gezeigt hatte. Dabei brachte er keinerlei Voraussetzungen für sein Amt mit und war nicht imstande, die Skandalpresse von ernsthaftem Journalismus zu unterscheiden. »Er gab allen das Gefühl«, schrieb Kenneth Rose, der Biograph von George V., »daß ihre Fragen unverschämt oder sogar vulgär seien.« Colville schirmte den Buckingham-Palast ab wie eine Festung, was viele Reibereien zwischen Hofbeamten, Journalisten und anderen Schreibern verursachte und ihm außerdem einen Verweis vom Presserat eintrug. »Den Fragen der Journalisten«, schrieb Rose, »begegnete er bestenfalls mit zurückhaltender Höflichkeit, bisweilen mit ungeduldiger Verachtung, niemals aber mit Humor.« Er war bereit, Fragen zu öffentlichen Auftritten der Königin zu beantworten, gab aber nur ungern Auskünfte über das, was er als ihr Privatleben betrachtete; er teilte dem Presserat mit, daß die Königin und ihre Familie seiner Meinung nach »zu Hause genauso das Recht auf Privatleben haben wie andere Familien«.

Der Presserat erklärte daraufhin, daß »das Privatleben von Männern und Frauen im Dienst der Öffentlichkeit, insbesondere von Mitgliedern der Königsfamilie, schon immer Gegenstand natürlicher Neugierde gewesen ist. Das folgt aus Ruhm und Ansehen oder aufrichtigem Nationalstolz. Alles, was mit der Krone zu tun hat, ist von öffentlichem Interesse und Belang.«[2] Dies war der Beginn eines

Meinungsstreites, der Elizabeths Herrschaft in den folgenden Jahren immer stärker überschatten sollte. Einige Menschen, nicht zuletzt Elizabeth selbst, haben womöglich gespürt, daß Commander Colville mit seinem »Recht auf Schweigen« in bezug auf das Privatleben der königlichen Familie zu weit ging.

Nicht alle Hofbeamten, die Elizabeth von ihrem Vater übernahm, waren höheren oder auch nur mittleren Alters. Patrick, der siebte Baron Plunket, ein Mann, den sie seit ihrer Kindheit kannte, war nur drei Jahre älter als sie. Seine Familie hatte eine besondere Beziehung zu ihrer Familie; seine Eltern Terence »Teddy« und Dorothé waren mit Elizabeths Mutter und Vater eng befreundet gewesen, als diese noch Herzog und Herzogin von York waren. Terence, der sechste Baron Plunket, war ein gutaussehender, unterhaltsamer anglo-irischer Adliger, ein guter Erzähler und begabter Porträtist, der sich darauf spezialisiert hatte, Karikaturen seiner Freunde anzufertigen; seine Frau Dorothé, zur Hälfte Amerikanerin, war die Tochter der Schauspielerin Fannie Ward und »Diamond Joe« Lewis, der in Südafrika mit Solly Joel und »Babe« Barnato ein Vermögen gemacht und zum Großteil wieder verloren hatte. Die Plunkets waren Mitglieder der internationalen High-Society. Im Frühjahr 1938 befanden sie sich in einem Privatflugzeug auf dem Weg nach Kalifornien, wo William Randolph Hearst ihnen zu Ehren eine Party gab, als das Flugzeug abstürzte. Beide kamen ums Leben. Patrick, der älteste der drei Brüder, war zwar erst fünfzehn, aber nach einer Ausbildung in Eton und Cambridge alt genug, um sich zur Irischen Garde zu melden; im Zweiten Weltkrieg wurde er verwundet. König George VI. ernannte ihn zu seinem persönlichen Diener, die Königin machte ihn 1954 zum Stellvertretenden Haushofmeister. Patrick Plunket war alles andere als eine dieser langweiligen »Tweed-Gestalten«; er war wie seine Eltern amüsant und spielte gern und gut den Entertainer. Er liebte es, große Feste zu organisieren – Bankette und offizielle Empfänge der Königin oder Dinnerpartys in Windsor während der Pferderennen in Ascot –, und er belebte die Gästeliste mit einem großen Freundeskreis, der über die jagenden, schießenden und Pferderennen veranstaltenden Adligen hinausging, die Elizabeth kannte. Bei solchen Anlässen wurden die Räume mit Pyramiden von Rittersporn oder ganzen Fliedersträuchern geschmückt und die Tische mit altem Familiensilber gedeckt, das Plunket in irgendwelchen Tresoren im Keller ausfindig gemacht hatte. Plunket war ein Kunstkenner und besaß das Auge eines Sammlers für Gemälde und Möbel; er war einer der Direktoren der Wallace Collection und des National Art Collections Fund. Außerdem hatte er eine wichtige beratende Funktion, als die durch eine Bombe beschädigte königliche Kapelle, in der Elizabeth getauft worden war, zur Queen's Gallery umgewandelt wurde. Die Galerie wurde 1962 der Öffentlichkeit zugänglich gemacht und zeigt Ausstellungen mit Kunstwerken aus den königlichen Sammlungen. Patrick Plunket war ein aufrichtiger Freund Elizabeths und bildete ein Gegengewicht zu »Tweed-Gestalten«, Pferdenarren wie Rupert Nevill, die eher ihre spießigen und antiintellektuellen Neigungen förderten.

Die Hierarchie und die Titel der Offiziere und Beamten am Hof Elizabeths sind dieselben wie zur Zeit ihrer Vorfahren. An der Spitze des Hofstaats steht der »Lord Chamberlain« – damals der Graf von Scarbrough; ihm untergeordnet sind die Leiter von sechs Abteilungen, darunter der Privatsekretär, der sich um die offiziellen Aufgaben der Königin kümmert, der Intendant der Zivilliste – damals Lord Tryon –, der als Schatzmeister der Königin fungiert, und der »Comptroller« im Büro des Lord Chamberlain, verantwortlich für königliche Großereignisse wie Hochzeiten und Beerdigungen sowie für eher weltliche Festivitäten wie Gartenfeste, Ordensverleihungen und die Organisation von Besuchen ausländischer Staatsoberhäupter. Bis 1987 hatte das Büro des Lord Chamberlain auch die königlichen Sammlungen von Büchern, Gemälden, Möbeln und anderen Kunstwerken und die entsprechenden Bibliothekare und Verwalter unter sich. Zum Büro des Lord Chamberlain gehören weiter Hofherren, königliche Leibgardisten, die Kompanie der königlichen Bogenschützen, der Marschall des diplomatischen Korps und der Sekretär der Zentralkanzlei der Ritterorden und so exotische Personen wie der Bootsmeister der Königin und die königlichen Fährleute. Der Comptroller überwacht auch den jährlichen Zuwachs bei den königlichen Schwänen. Weitere Abteilungen sind die des Haushofmeisters, zuständig für häusliche Belange, Personal, Versorgung und Unterhaltung, und des königlichen Stallmeisters, zuständig für den königlichen Marstall mit seinen Pferden,

Kutschen, Wagen und dem dazugehörigen Personal. Zu den zeremoniellen Pflichten des Lord Chamberlain gehört, die Königin bei feierlichen Anlässen wie Staatsbanketten zu begleiten, wo er dann die wenig beneidenswerte Aufgabe hat, rückwärts mit seinem weißen Amtsstab vor ihr herzulaufen, bis sie an ihrem Platz angekommen ist; beim Begräbnis des Herrschers zerbricht er den Stab über dem königlichen Sarg, bevor dieser in die Erde gesenkt wird. Der Stab besteht vorsorglich aus zwei zusammengeschraubten Teilen. Die drei sogenannten »Great Officers of State«, deren Titel aufs Mittelalter zurückgehen – der »Lord Steward«, Oberhofmeister, der »Master of the Horse«, Oberstallmeister, und der »Lord Great Chamberlain«, der Großkämmerer, dessen Amt erblich ist und abwechselnd von den Marquis von Cholmondeley ausgeübt wird –, müssen nur gelegentlich zeremoniellen Pflichten nachkommen.

Die Erste Kammerfrau der Königin – fast immer eine Herzogin, 1957 die Herzogin von Devonshire – ist die hochrangigste der königlichen Hofdamen. Sie ist nicht für die Garderobe der Königin zuständig, sondern versieht überwiegend ehrenamtliche Pflichten: Sie regelt die Dienstpläne der Hofdamen und ist bei offiziellen Ereignissen und wichtigen Staatsbesuchen anwesend. Ihr unterstellt sind die »Women of the Bedchamber«, Hofdamen und gewöhnlich die Frauen von Peers, die der Königin bei wichtigen Anlässen sowie auf Auslandsreisen zur Verfügung stehen, mit dem täglichen Leben am Hof jedoch nichts zu tun haben. Dafür sind vier andere Hofdamen zuständig, die meist adligen »Women of the Bedchamber«, die Elizabeth bei allen möglichen öffentlichen und halb privaten Anlässen begleiten, sich um ihre privaten – im Gegensatz zu ihren öffentlichen – Angelegenheiten kümmern und um ihre private Korrespondenz, um die Briefe, die sie von Kindern bekommt, und persönliche Einkäufe wie Geschenke und anderes. Sie arbeiten in vierzehntägigem Rhythmus, und ihre Tätigkeit ist, von Vergünstigungen wie freier Verpflegung und Unterkunft in den verschiedenen königlichen Palästen und Residenzen abgesehen – wenn die Frauen das wollen –, sehr schlecht bezahlt. Hofdamen werden bis heute informell aufgrund persönlicher Empfehlung eingestellt; Elizabeth muß außerdem das Gefühl haben, daß sie sich in ihrer Gesellschaft wohl fühlt und mit ihnen scherzen kann.

Das Personal ist der Königin wichtig; sie will nicht, daß ihre Angestellten »Diener« genannt werden. Durch den engen Kontakt zu bestimmten Schlüsselpersonen wie Bobo und Bennett erfuhr sie, was sich im Palast und beim Personal wirklich abspielte. Elizabeth fand Gefallen an der Verantwortung, und im Buckingham-Palast hatte, anders als noch in Clarence House, sie das Sagen. »Ich hatte von Anfang an das Gefühl«, erinnerte sich ein älteres Mitglied des Personals, »daß es bei einem Problem am besten war, sie direkt anzusprechen... Ich spürte immer, daß ich mit der Königin über alles reden konnte und daß sie mich verstehen würde... Sie war immer ganz ruhig, manchmal vielleicht etwas gereizt, aber immer sehr freundlich, wenn man ihr die Wahrheit sagte. Ich kannte einige Leute, die versuchten, ihr Sand in die Augen zu streuen, aber sie war sehr verärgert, wenn sie herausfand, daß man ihr nicht die reine Wahrheit sagte.« Wie wichtig eine Stellung in der Palasthierarchie ist, hängt davon ab, welche Nähe zur Königin sie ermöglicht. Elizabeth war von alten Vertrauten wie Cyril Dickman umgeben, der schon in Windsor während des Krieges ihr Diener gewesen war und in der Hierarchie stetig nach oben klettern sollte, bis er die Spitzenstellung des Palast-Stewards erreichte. Ein anderer Vertrauter, Ernest »Bennie« Bennett, in Clarence House Elizabeths Butler, wurde schließlich Page der Königin, eine Position, die ihrem Inhaber engen persönlichen Kontakt zum Herrscher ermöglicht.

Elizabeth sah sich als Herrscherin jedoch nicht nur vor die Aufgaben ihres Vaters als König gestellt, sondern auch vor die ihrer Mutter als Königin. Wie ein Mitglied des Personals meinte: »Sie braucht angesichts der vielen öffentlichen Aufgaben und Zeremonien eine eiserne Konstitution. Natürlich hatte sie für alle Belange des Palastes den Haushofmeister, aber sie hatte ihre Augen trotzdem überall. Sie sah alles und machte sich überall kundig, und sie wollte über alles unterrichtet werden. Vor einem großen Essen oder einem Besuch zum Beispiel kümmerte sie sich immer rührend um die Vorbereitungen... Sie ging durch die Gästezimmer, sah danach, daß alles in Ordnung war, daß genügend Zeitungen, Schreibmaterial und Lampen vorhanden waren, all diese Dinge. Sie sorgte dafür, daß die Gäste Schokolade und Getränke auf ihre Zimmer bekamen... Sie warf einen prüfenden Blick auf die Bücher in den Zimmern, und wenn sie Vorlieben und Abneigungen eines Gastes besonders gut kannte, kam es durchaus vor, daß sie eines der Bücher als unpassend erachtete oder daß sie zu einem Diener sagte: ›Holen Sie das Buch aus der Bibliothek, und stellen Sie es hierher.‹ Auch die Auswahl des Menüs erfolgte nie ohne ihre Zustimmung. Zum Frühstück ließ sie sich die Menükarte nach oben bringen.« Am meisten wirkliche Macht und den größten Einfluß hatte natürlich Bobo; das sollte auch so bleiben, bis sie altershalber ausschied. Obwohl offiziell eine der beiden Ankleidedamen der Königin und damit dem königlichen Haushofmeister unterstellt, betrachtete sie sich in der Praxis als nur Elizabeth verantwortlich. Sie sah es als ihr volles Recht an, die Vorschriften des Haushofmeisters zu ignorieren, wenn sie ihr nicht zusagten. Versuche, die persönliche Bedienung, an die sie in Sandringham gewöhnt war, zu reduzieren, scheiterten kläglich. Sogar hochrangige männliche Mitglieder des Hofstaats wie Boy Browning fürchteten sie. »Ich habe gehört, daß sie zu einigen Mitgliedern des Haushalts ziemlich abscheulich war«, sagte ein Angesteller des Hofes. Bobos Macht beruhte auf ihrer außerordentlichen Treue und völligen Ergebenheit gegenüber ihrer »kleinen Lady«. »Sie betete die Queen an und hatte alles fest im Griff«, erzählte ein anderer Hofbeamter, »und sie war eine resolute Schottin und ganz schön zäh.« Ein Kollege meinte: »Sie hatte großen Einfluß auf die Queen und war eine beeindruckende Frau. Ich kam sehr gut mit ihr aus, aber ich mußte mit dem, was ich sagte oder tat, vorsichtig sein. Miß MacDonald war im Palast so etwas wie Auge und Ohr der Queen, und es war nicht unbedingt ratsam, sich mit ihr anzulegen. Wenn etwas schiefging, machte Miß MacDonald mehr Aufhebens davon als die Queen selbst. Wer Miß MacDonald einmal verärgerte, dem nahm sie das ihr ganzes Leben lang übel ...« Elizabeths Respekt vor Bobos Loyalität und die Tatsache, daß sie Bobo seit ihrer Kindheit kannte, führten dazu, daß sie sich Bobos Wünschen stets fügte. »Wenn die Königin etwas sagte und Miß MacDonald anderer Meinung war, setzte meist Bobo ihren Willen durch. Sie war der Königin gegenüber sehr fürsorglich und paßte gut auf, daß keiner Elizabeth irgendwie ausnutzte. Sie beriet die Königin auch in der Kleiderfrage und bei anderen Problemen ... Wenn die Königin etwas tat, womit Bobo nicht einverstanden war, machte sie Elizabeth auf ihren Fehler aufmerksam, aber natürlich gab sie ihr keine Befehle.« Dennoch war Bobo

Gerüchten zufolge die einzige Person im Palast, die Elizabeth zum Weinen bringen konnte.

Eine von Bobos Lieblingsbeschäftigungen war es, mit den Ausstattern der Königin zu verhandeln. Bei Sitzungen mit Norman Hartnell, Hardy Amies, später Ian Thomas und dem Schneider John Anderson war sie stets anwesend. Mr. Rayne, der stets im förmlichen Anzug im Palast erschien, entwarf die Schuhe der Queen, Aage Thaarup und Simone Mirman kreierten damals die viel kritisierten Hüte – in letzter Zeit ist dafür Frederick Fox zuständig, ein Favorit der königlichen Damen. Sie alle standen unter der strengen Aufsicht Bobos. Hardy Amies, der einmal eine unglückliche Bemerkung gemacht hatte, die dann Bobo zu Ohren kam und von ihr als Kritik aufgefaßt wurde, war unter ihnen das »schwarze Schaf«. Bobo verzieh ihm nie. Elizabeth hielt zwar treu zu ihm, aber es gab Kämpfe, die Bobo unweigerlich gewann. Wenn ihr ein Kleid nicht gefiel, wurde es unverzüglich weggeräumt, vielleicht nur, um 40 Jahre später, nach ihrer Pensionierung, wieder hervorgeholt zu werden. Bobo schränkte die Macht der Schneider ein, indem sie ihnen keinerlei Einfluß auf Accessoires wie Schuhe, Hüte oder Handtaschen zubilligte. Wenn einer von ihnen es wagte, einen Vorschlag zu machen, erwiderte Bobo scharf: »Sie wissen doch, daß Sie für die Kleider zuständig sind, nicht für die Accessoires.« Bobo erlaubte Elizabeth nie, eine teure Handtasche zu besitzen, weil dies ihrer schottischen Vorstellung von Sparsamkeit zuwiderlief.

Elizabeth war nie einer Mode hörig, aber einer ihrer Modisten sagte: »Sie interessiert sich für ihr Aussehen, sie mag Kleider, die praktisch und bequem sind. Sie will sich in ihren Kleidern wohl fühlen.« Für Elizabeth sind Kleider Requisiten, ein Teil ihrer Tätigkeit. Deshalb liebt sie klare, auffallende Farben wie Gelb oder Türkis. »Ich kann kein Beige tragen, weil die Leute mich dann nicht erkennen«, sagt sie. Schwarz ist nicht erlaubt, was sehr schade ist, denn sie sieht großartig darin aus. Auch andere dunkle Farben sind nicht zulässig, da sie auf Fotos wie Schwarz wirken. Elizabeth weiß ganz genau, was ihr steht. »Das ist zu schick für mich«, sagt sie oft. Als ausladende Schulterpolster in Mode kamen, meinte sie: »Ach, das ist etwas für Miß [Joan] Collins, aber weniger für mich.« In den sechziger Jahren ließ sie ihre Röcke kürzen, aber sie setzte sich mit jedem Kleid hin und prüfte, ob es nicht zu hoch rutschte. Für sie ist entscheidend, ob ein Kleid angemessen ist, ob es zu einer bestimmten Gelegenheit paßt. Sie muß immer wie eine Königin aussehen. »Wenn die Königin hereinkommt, ist das immer ein großer Auftritt«, sagte einer ihrer Schneider. »Sie weiß deshalb, daß ein Hut nun einmal sein muß, einfach aus Höflichkeit ihrem Publikum gegenüber. Sie muß sich schön herrichten. Deshalb trägt die Königin um 10 Uhr morgens Kleider, die für nachmittags vorgesehen sind.« In dieser Beziehung folgt sie ganz Königin Mary nach; wie in so vielen anderen Gewohnheiten ist sie auch hier von »Grannie« beeinflußt. Genau wie diese trägt sie immer und überall die gleiche, viel kritisierte Frisur, weil sie erstens aus Gründen der Kontinuität auf Münzen und Briefmarken immer gleich aussehen muß, weil zweitens die Frisur bei feierlichen Anlässen tagsüber rasch unter einem Hut und abends unter einem Diadem untergebracht werden muß und drittens, weil Elizabeth gern dieselben Menschen beauftragt. Während ihrer langen Regierungszeit hat sie nur zwei Friseure gehabt; der jetzige, Mr. Charles Martyn, arbeitet seit 1968 für sie. Wie in allen anderen Dingen denkt sie auch in punkto Kleidung außerordentlich praktisch. Als sie 1983 in Kalifornien ein Staatsbankett für Mr. und Mrs. Reagan gab, hatte Amies für sie ein Kleid mit riesigen Schleifen an den Schultern entworfen, das überhaupt nicht zu ihren langen Ohrringen und ihrem Diadem paßte. »Es ist allein unsere Schuld«, sagte Amies. Doch die Königin erwiderte: »Lassen Sie doch. Ich finde, es ist ein sehr hübsches Kleid, es wird mir schon noch gefallen. Entfernen Sie einfach die Schleifen.« Im Gegensatz zur oft sehr direkten Bobo ist Elizabeths Verhalten gegenüber ihren Schneidern stets »tadellos«; sie sagt nie, wenn ihr etwas nicht gefällt, sondern gibt lediglich durch das Hochziehen einer Augenbraue zu erkennen, daß etwas nicht ganz in Ordnung ist.

Obwohl nur gut 1,60 Meter groß, kann sie ohne Probleme Schmuck tragen, der bei den meisten Frauen ordinär oder übertrieben aussehen würde. Ihre Haltung strahlt eine natürliche Würde aus, ihre Bewegungen sind anmutig. »Die Königin hat Charisma«, sagte einer ihrer königlichen Verwandten. Doch obwohl sie eine der wunderbarsten Schmucksammlungen der Welt besitzt, interessiert sie sich nicht sonderlich dafür und überläßt die Entscheidung, welchen Schmuck sie tragen soll, ihrer Ankleidefrau. Sie vergißt häufig, welche Schmuckstücke sie gerade trägt; als Margaret einmal eine Bemerkung über eine besonders hübsche Brosche machte, die Elizabeth gerade trug, sagte diese geistesabwesend: »Ach, findest du?« Worauf die Königinmutter sagte: »Die habe doch ich dir geschenkt.« Für die meisten Leute ist die Königin außer Dienst eine ländliche Frau mit dem unvermeidlichen, wie in den frühen fünfziger Jahren unter dem Kinn zusammengeknoteten Kopftuch; wenn sie reitet, trägt sie Reitjacke und Reithose, ihre Hunde führt sie im Regenmantel und im Tweed- oder Schottenrock spazieren; bei weniger förmlichen Gelegenheiten zu Hause auf dem Land kombiniert sie den Rock mit dem zeitlosen Twinset und Perlen.

Wie Altrincham festgestellt hatte, unterschied sich das geistige Klima am Hof Elizabeths II. insgesamt kaum von dem unter George VI.; es spiegelte den, wie Lacey sagte, »engen Horizont ihrer Erziehung«. Elizabeth war in einer von Männern beherrschten Welt aufgewachsen, und ihrer Auffassung nach konnte die Welt auch so bleiben. Wie ihre Mutter und ihre Schwester machte sie kein Hehl daraus, daß sie die Gesellschaft und das Gespräch von Männern bevorzugte. Ihre Arbeit, insbesondere deren politische Komponente, brachte es mit sich, daß sie fast ausschließlich mit Männern in Kontakt kam. Sie war die beherrschende Gestalt einer von Männern geprägten Welt; ihre Stellung machte sie auch zum Oberhaupt der Streitkräfte. Als Tochter und Enkelin aktiver Offiziere, die auch selbst Offizier war, wenn auch nur für kurze Zeit, und als Oberst der Grenadiergarde hatte sie auch einen besonderen Draht zu dieser Welt. »Im Palast«, sagte ein königlicher Beobachter, »herrscht die Moral eines Garderegiments.«

Unter den hohen Beamten des Hofes gab es keine Frauen; Frauen waren weiterhin in ihren traditionellen Bereichen tätig als Kammerfrauen und Hofdamen oder, auf einer niedrigeren Ebene, Sekretärinnen. Frauen galten allgemein als von ihrer Erziehung und Veranlagung her den Spitzenjobs am königlichen Hof nicht gewachsen und ebensowenig der Welt der Politik und Industrie. Elizabeth wählte ihre Damen hauptsächlich nach deren Fähigkeit zur Zusammenarbeit aus. Das Leben im Palast mußte reibungslos funktionieren, was auch der Grund war, warum die Angestellten meist derselben Schicht oder Klasse entstammten. Persönliches Streben nach Macht oder Geld war nicht angesagt; wer sich bei der »Chefin« einzuschmeicheln versuchte, erntete Stirnrunzeln. Für die meisten Hofbeamten war es eine eherne Regel, keinem Mitglied der königlichen Familie zu nahe zu kommen. Es war kein Zufall, daß die Spitzenbeamten eine Privatschule besucht und in der Armee gedient hatten; dies bedeutete, daß sie eine feste Hierarchie gewohnt waren. Die Sekretärinnen und sogar die jüngeren Hofdamen hatten vor den Privatsekretären großen Respekt. Jeder kannte seinen Platz, und deshalb lief alles wie am Schnürchen. Das System hatte noch einen weiteren – finanziellen – Vorteil: Sämtliche Mitglieder des Hofes, vom höchsten Beamten bis zum niedrigsten Angestellten, arbeiteten für weitaus weniger Geld, als sie außerhalb des Palastes verdient hätten. Für die Königin zu arbeiten galt als Ehre. Umgekehrt fühlte man sich in der Gemeinschaft geborgen, als Teil einer nationalen Institution, geführt auf persönlicher Basis mit freier Kost und Logis als Lohn. Es war ein feudales, doch kein repressives System, und es vermittelte ein beruhigendes Gefühl der Beständigkeit, wie die Arbeit auf einem großen Landgut.

Altrincham hatte den Nagel auf den Kopf getroffen, als er Elizabeths Angestellte als ländliche »Tweed-Gestalten« charakterisiert hatte; sie ist selbst ein »Mädchen vom Land«. Als Kind hatte sie zu ihrem Reitlehrer Horace Smith gesagt, daß sie gerne »eine auf dem Land lebende Frau« wäre, »mit vielen Hunden und Pferden«. Das Züchten und Dressieren von Jagdhunden und Vollblütern sind ihre beiden privaten Hobbys; beiden geht sie mit ihrer gewohnten Professionalität nach. Sie züchtet in Sandringham Labradors und Spaniels, und sie weiß sehr viel über Jagdhunde. »Weil sie aber die Königin ist, nehmen die Leute ihr dieses Wissen nicht so recht ab«, sagte einer ihrer Angestellten in Sandringham. »Und sie versteht die Tiere, sie läßt sich keinen Unsinn von ihnen gefallen; wenn sie bocken, werden sie auf der Stelle bestraft, wie es sich gehört. Sie hat nicht viel Zeit zum Dressieren, aber sie hat ein sagenhaftes Talent, mit jedem Hund fertig zu werden … Sie holte sich einen Hund aus dem Zwinger, ob dressiert oder nicht, und ging mit ihm spazieren; immer hing der Hund wie eine Klette an ihr. Das ist wirklich sehr merkwürdig, weil es in der Regel eine Weile dauert, bis man die Hunde ihren bisherigen Pflegern entwöhnt.« Die Königin gilt auch als Expertin, bis zu vier Hunde dazu zu bringen, auf der

Jagd angeschossene Vögel aufzuspüren und zu apportieren; man muß dazu wissen, aus welcher Richtung der Wind kommt, wo es natürliche Deckungsmöglichkeiten gibt, wie die Vögel fliegen und wohin die angeschossenen Vögel wahrscheinlich fliegen werden. Elizabeth hat all das aus eigenem Antrieb gelernt; der König war der Meinung, Prinzessinnen mit Jagdhunden hätten in einem Jagdrevier nichts zu suchen. Da er Elizabeth nicht erlaubte, sich mit seinen Labradors in Balmoral zu beschäftigen, nahm sie eben ihre Spaniels; als sie dann Königin wurde und Sandringham erbte, hatte sie eigene Labradors. Elizabeth ist sehr ehrgeizig; sie ist stets auf Perfektion aus und gewinnt gern. Es gelang ihr, die Leistung der Jagdhunde in Sandringham so zu steigern, daß diese während ihrer Regierungszeit bei internationalen Wettbewerben viermal Spitzenpreise und außerdem die Meisterschaft in der Felddisziplin gewannen.

Elizabeths wahre Leidenschaft sind jedoch die Zucht von Vollblütern und der Pferderennsport, eine Leidenschaft, die sie von ihrem Großvater George V. geerbt hat, der ein braunes Stutenfohlen nach ihr »Lilibet« nannte. »Kein Pferdebesitzer interessierte sich mehr für seine Pferde als er … Er interessierte sich nicht nur für Rennen, sondern noch mehr für die Zucht und das Wohl junger Pferde«, schrieb der Leiter des königlichen Gestüts in Sandringham. Als George VI. den Thron bestieg, gestand er dem Gestütsleiter seines Vaters, er habe »von Pferdezucht und dergleichen keine Ahnung«. Für seine Rennpferde interessierte er sich jedoch sehr stark: für die »Mietpferde« Big Game und Sun Chariot, die sein Rennsportmanager Charles Moore vom nationalen Gestüt ausgeliehen hatte und die seit 1940 bei Fred Darling in Beckhampton trainierten, und für seine eigenen Pferde, aufgeteilt auf die Gestüte in Hampton Court, Sandringham und Wolferton bei Sandringham, deren Trainer Cecil Boyd-Rochfort in Newmarket war. Im Krieg gab der König Elizabeth die Berichte seines Trainers zu lesen und nahm sie mit nach Beckhampton, damit sie sich die Pferde ansehen konnte. Fred Darling bemerkte, daß es Elizabeth war, die die einzelnen Pferde für ihren Vater identifizierte. Bei dieser Gelegenheit durfte sie Big Game tätscheln; später gestand sie, daß sie sich danach lange die Hände nicht gewaschen habe, weil sie es als eine Ehre empfand, ein so erstklassiges Fohlen berührt zu haben.

1945 war sie zum ersten Mal beim Pferderennen in Ascot dabei und sah, wie die königlichen Farben mit Rising Light, dem Pferd ihres Vaters, gewannen; als Aga Khan ihr zur Hochzeit ein Stutfohlen namens Astrakhan schenkte, meldete sie 1949 eigene Rennfarben an: Scharlachrot und Violett für die Ärmel, Schwarz für die Mütze. In diesem Sommer kauften sie und ihre Mutter einen Steepler, ein für Hindernisrennen ausgebildetes Pferd namens Monaveen, aber nachdem es am Neujahrstag 1951 bei einem Rennen im Hurst Park getötet wurde, kaufte sie nie mehr ein anderes Springpferd. In dieser Zeit, am 14. April 1950, wurde ihr erfolgreichstes Rennpferd geboren; Elizabeth gab ihm den Namen Aureole. Es war ein Fohlen von unberechenbarem Temperament und so dreist, nach Ihrer Majestät auszuschlagen, als diese ihm im Frühjahr 1952 in Boyd-Rochforts Freemason Lodge einen Apfel geben wollte. Dennoch nahm es sogar am Tag ihrer Krönung einen wichtigen Platz in ihren Gedanken ein. Als eine Hofdame sie auf dem Weg vom Buckingham-Palast zur Westminster Abbey fragte, ob alles in Ordnung sei, bejahte Elizabeth: Boyd-Rochfort habe gerade angerufen, um ihr mitzuteilen, daß Aureole bei den Proberennen in Derby gut abgeschnitten habe. Das Pferd erreichte schließlich nach Pinza den zweiten Platz, aber als es im Juli 1954 sein letztes Rennen in Ascot gewann, sah man eine aufgeregte Elizabeth noch vor ihrem Rennsportmanager zu dem Platz eilen, wo die Pferde abgesattelt wurden, um es zu begrüßen. 1954 war sie die strahlende Siegerin unter den Pferdebesitzern, aber von da an ging es in Sachen Pferderennen, wie in anderen Bereichen ihres Lebens, bergab. 1956 befand sich das königliche Gestüt in einer Krise, 1959 war das schlechteste Jahr seit 1944.

Rennsport und Pferdezucht sind für Elizabeth eine wohltuende Abwechslung von den Strapazen des Alltags – ihr Privatsekretär ist sogar sonntags bei ihr, und es vergeht kein Tag im Jahr, an dem sie sich nicht mit ihren Akten abgeben muß.

Für die Königin, die von der Außenwelt normalerweise so isoliert ist, bietet der Pferderennsport die Möglichkeit, mit anderen Leuten in engeren Kontakt zu kommen, weniger mit anderen Pferdebesitzern als mit dem Personal der Gestüte und Trainingseinrichtungen. Elizabeth weiß gern über alles Bescheid. »Ach«, sagt sie etwa, »Herrn Soundso, der für die Zuchthengste zuständig ist, geht es nicht gut, er hat Probleme mit seiner Frau...« Neuigkeiten aus der Rennsportszene bieten ihr eine willkommene Abwechslung zu den überwiegend schlechten Nachrichten, mit denen sie als Königin konfrontiert wird. »Die Leute begreifen nicht, daß die Queen meist schlechte Nachrichten erhält«, sagte ihr Rennsportmanager. »Einer unserer Botschafter ist irgendwo gestorben, ein Flugzeug ist abgestürzt, und viele Menschen sind dabei ums Leben gekommen, oder es gibt schlechte Nachrichten aus der Politik, alles mögliche. Und alles kommt bei ihr an. Die Nachricht, daß die Pferde gewonnen haben oder das erhoffte Fohlen geboren wurde, muntert sie ein wenig auf... Wenn wir ein Pferd kaufen, versuchen wir, eine Telefonverbindung zu ihr herzustellen, so daß sie miterleben kann, wie das Pferd, für das wir uns interessieren, in den Ring kommt und der Auktionsleiter beginnt.«[3]

Wie anderswo ist Elizabeth auch hier die perfekte Expertin: »Das Wunderbare an der Königin ist, daß sie alles über Rennsport und Tierzucht weiß und man ihr nichts erklären muß. Wenn sie ein Pferd in Warwick im Rennen hat, weiß sie zum Beispiel, daß es sich um einen Linkskurs handelt, sie kennt die Leute auf dem Platz, sie kennt deren Funktion, und sie kennt die Rennpferde.«

In der Pferdezucht, die Elizabeth womöglich noch mehr interessiert als der Rennsport, wuchs ihre Sachkenntnis, die sie sich schon als Teenager angeeignet hatte, stetig: »Was die Königin über ihre Stuten und über Wesen und Verfassung eines Pferdes weiß, darüber, wie ein Tier aussehen sollte und wie nicht, das ist beachtlich«, sagte ihr Rennsportmanager. »Sie kennt sich im Stall hervorragend aus und wäre eine sehr gute Trainerin geworden, wenn das für sie in Frage gekommen wäre. Sie interessiert sich sehr für die Leitung eines Stalles, eines Gestüts, sie interessiert sich dafür, wie das Personal mit den Pferden umgeht, für all diese Dinge...«[4]

Über die gemeinsame Leidenschaft für den Rennsport lernte sie einen ihrer langjährigsten und engsten Freunde kennen, Lord Porchester, genannt »Porchy«. Er ist gut zwei Jahre älter als sie. Die Freundschaft zwischen Elizabeth und Porchy geht auf das Jahr 1944 zurück, als er gerade 20 war. Porchester hatte im Krieg im Ersten Gardekavallerieregiment gedient, den Royal Horse Guards. Er trat in der ersten Whitehall-Garde, die nach dem Krieg gebildet wurde, zum ersten Mal öffentlich in Erscheinung; kurz darauf begleitete er den Monarchen als berittene Eskorte neben dem königlichen Wagen zur St.-Pauls-Kathedrale, in der ein Dankgottesdienst zum Kriegsende abgehalten wurde. Seitdem waren er und seine Offizierskameraden häufig zu Gast im Buckingham-Palast; sie nahmen als Begleiter der Prinzessinnen an abendlichen Festen oder Dinners teil. Was Elizabeth und Porchy miteinander verband, waren Pferde oder, genauer, Rennpferde. Porchester besaß seit seinem achtzehnten Lebensjahr ein Rennpferd, das er von seinem Vater geschenkt bekommen hatte und das ebenfalls in Beckhampton unter Fred Darling trainierte. Als der König und die Königin bemerkten, daß Elizabeth sich für den Rennsport begeisterte und Porchester deshalb ein idealer Kamerad für sie war, förderten sie die Freundschaft.

Porchester, seit 1987 der siebte Graf von Carnarvon, gehört nicht zu den etwas vertrottelten Adligen, die Noël Coward in Prinzessin Margarets Umgebung bemerkte. Er ist zur Hälfte Amerikaner und der ernsthaftere Sohn aus der ersten Ehe von »Porchy« Carnarvon, einem legendären Frauenhelden. Carnarvon ist ein verantwortlich denkender, scharfsichtig urteilender Mann und Vorsitzender einer Vielzahl von Ausschüssen und Wohltätigkeitsvereinen, von denen sich die meisten mit dem Schutz der ländlichen Gebiete, Sport, Regionalplanung und lokaler Verwaltung befassen. Er war Grafschaftsrat, königlicher Forstmeister und Jagdpfleger im New Forest, ist hoher Verwaltungsbeamter in Winchester, Ehrenmitglied des Polytechnikums von Portsmouth und Ehrendoktor der Universität Reading, ferner einflußreiches Mitglied des Jockey Club, Mitglied des White's Club, des Portland Club – ein Londoner Bridge-Club, dessen Spieler nicht vor hohen Einsätzen zurückscheuen – und des Cricket Club von Hampshire. Sein Großvater erlangte Berühmtheit, als er zusammen mit Howard Carter das Grab des Tut-ench-Amun entdeckte. Elizabeth schätzte an Porchester nicht nur seine Kenntnisse und seine Begeisterung für den Rennsport und die Pferdezucht oder die Tatsache, daß er ein treuer Freund war, dem sie völlig vertrauen konnte, sondern auch, daß ihr Vater ihn gemocht hatte. Beide interessierten sich für die Jagd und für Wildparks, beide wußten viel über das Leben auf dem Lande. Porchester war einer der wenigen jungen Männer, die der König zusammen mit seinen eigenen Freunden, hervorragenden Schützen wie dem Bruder der Königin David Bowes-Lyon und Lord Eldon, auf die Jagd mitnahm. Porchy war trotz seiner Jugend bei den Jagden in Sandringham und Balmoral nach dem Krieg bereits ein erfahrener Jäger; er durfte in der Linie der Schützen, gegen die die Vögel getrieben wurden, oft neben dem König stehen, eine große Ehre. Porchester gründete die »Game Research Association« zur Erforschung freilebender Tiere. Das Thema faszinierte den König so sehr, daß er alle Wildhüter von Sandringham zu einem Vortrag über die Aufzucht von Rebhühnern in seinem Privatkino versammelte. »Nach dem Vortrag fragte er, ob noch jemand Fragen hätte«, erinnerte sich Porchester. »Natürlich herrschte Totenstille. Ich glaube, die Wildhüter von Norfolk hielten sich auch ohne Forschung für kompetent genug.«

Bei der ersten Ascot-Party in Windsor nach dem Krieg beging Porchester Majestätsbeleidigung, doch man verzieh ihm. Sowohl der König als auch Porchester hatten an diesem Tag Siegerpferde gehabt und waren in Hochstimmung, als der Herzog von Beaufort (der Oberstallmeister, einer von Altrinchams »zweitklassigen Typen«) auf den Tisch klopfte, aufstand und sagte: »Mit Erlaubnis des Königs möchte ich einen Toast auf das erste Siegerpferd des Königs beim königlichen Rennen von Ascot ausbringen.« Der König, der es haßte, Reden aus dem Stegreif zu halten, stand auf und sagte nervös: »Ich danke Ihnen, doch da noch jemand heute in Ascot ein Rennen gewonnen hat, kann er für mich auf den Toast antworten.« Er setzte sich wieder. Die Aussicht, in dem riesigen Waterloo Room vor den versammelten Gästen im Namen des Königs sprechen zu müssen, erfüllte den jungen Porchester mit Entsetzen. Ohne richtig zu wissen, was er sagte, versuchte er einen Witz – der Name eines damals bekannten Jockeys, Charlie Smirke, fiel ihm ein; Smirke war als rücksichtsloser Reiter berüchtigt. In Anspielung auf seine Zwangslage platzte Porchester heraus: »Ich glaube nicht, daß es viele Leute gibt, denen der König wie Charlie Smirke mitgespielt hat.« Totenstille trat ein. Dann lachte der König, und alle anderen folgten seinem Beispiel; es war jedoch, wie Porchester sich erinnerte, »ein schrecklicher Moment«. Beim Verlassen des Raumes sagte Ulick Alexander, der Intendant der Zivilliste, zu Porchester: »Na, da sind Sie ja gerade noch mal davongekommen.«[5]

Wie ihr Vater und anders als ihre Mutter und ihre Schwester hat Elizabeth für Intellektuelle und Schriftsteller nichts übrig. Daphne du Maurier, deren Mann als Comptroller im Haushalt des Herzogs von Edinburgh arbeitete, fand Philip bei einem Aufenthalt in Balmoral aufgeweckt und gesprächig, während das Gespräch mit Elizabeth angeblich sehr mühsam war. So brillant und selbstsicher Elizabeth war, wenn es um ihre Arbeit ging – Politik und die allgemeine Weltlage – oder ihr Lieblingshobby Pferde (du Maurier zufolge leuchtete ihr Gesicht geradezu auf, wenn sie von Pferden sprach), so wenig war sie selbst dem banalsten literarischen Small talk gewachsen. Die Literatur war eine Welt, mit der sie überhaupt nicht vertraut war. Während ihre Mutter Leute wie Duff Cooper, Osbert Sitwell und Kenneth Clark zu ihrem Freundeskreis zählte, beschränkte sich Elizabeths Freundeskreis fast ausnahmslos auf Gardeoffiziere. Als Prinzessin hatte sie Verwandte der Mountbattens wie Patricia Brabourne und ihren Mann als Freunde gehabt, mit denen sie und Philip oft aufs Land gefahren waren, oder ihre Cousine ersten Grades Jean, eine geborene Elphinstone, und ihren Mann John Wills. Dann gab es noch Freunde, die nicht zur Familie gehörten und die Elizabeth aus ihrer Zeit in Windsor kannte, ehemalige Mitglieder der »Leibwache«, wie die dort stationierten jungen Gardeoffiziere genannt wurden. Zu ihnen gehörten Lord Rupert Nevill, der Sohn des Marquis von Abergavenny, und seine Frau »Micky« sowie Hugh Euston, inzwischen Herzog von Grafton, und natürlich Porchester.

Freunde zu haben ist für Elizabeth überhaupt schwierig. Wallis Simpson, die in ihren Memoiren schreibt, wie traurig der Prinz von Wales angesichts der bevorstehenden Hochzeit seines bisher von ihm unzertrennlichen Freundes Prinz George gewesen sei, diagnostizierte diese Einsamkeit, von der besonders Mitglieder des Königshauses betroffen sind. Auch wenn Prinz George und sein Bruder mit ihren Freunden lachten und scherzten, seien die beiden Prinzen durch eine »unsichtbare Barriere« von den anderen getrennt gewesen. Als Elizabeth Königin wurde, entstand um sie ebenfalls eine unsichtbare Barriere, nicht weil sie es so gewollt hätte, sondern weil ihre Stellung sie einsam machte. Eine Cousine der Königin antwortete auf die Frage, ob Elizabeth eine »beste Freundin« habe: »Ich glaube nicht. Ich zähle mich zwar zu ihren Freunden, aber es ist unmöglich, an jemanden in dieser Position wirklich nahe heranzukommen. Gegenüber Menschen, denen sie vertraut, ist sie zwar erstaunlich mitteilsam, aber viele kann es davon nicht geben.« Elizabeth hat alte Freunde, aber keine besten Freunde. »Ich halte sie für eine in vielerlei Hinsicht sehr offene Frau, die sich allerdings viel mehr beherrschen muß als andere Menschen, weil alles, was sie sagt oder tut, registriert, kommentiert oder anders wiedergegeben wird, als sie beabsichtigt hat; deshalb muß sie sehr vorsichtig sein …«

Zum Glück für jemanden in dieser einzigartigen Stellung ist Elizabeth im Grunde ihres Wesens sehr häuslich und selbstgenügsam. Dies macht ihre Stärke aus und ermöglicht ihr, dem mit ihrer Tätigkeit verbundenen Druck mit einer scheinbaren Mühelosigkeit standzuhalten, die die Menschen überrascht. Elizabeth gibt nicht viel von sich preis, weder öffentlich noch privat, und sie spielt ihre Rolle mit Würde und unter weitgehendem Verzicht auf Gefühlsäußerungen, was sie dazu befähigt, die ihr aufgebürdete Last zu tragen. Sie genießt öffentliche Auftritte ebenso wenig wie ihr Vater und um einiges weniger als ihre Mutter. Sie kennt das Leben in der Öffentlichkeit seit ihren Kindertagen, in denen sie ihre Großmutter schockierte, als sie ihr zuflüsterte: »Grannie, wir können doch die Leute, die draußen auf uns warten, nicht enttäuschen«, und betrachtet es als ihre Pflicht. Im Lauf der Jahre ist ihr diese Haltung in Fleisch und Blut übergegangen, und sie macht ihre Sache noch immer tadellos; Botschafter sind nach Audienzen begeistert, Premierminister spüren, daß sie Elizabeth vertrauen können. Es gibt jedoch Grenzen, Schwellen, die niemals überschritten werden. James Callaghan, Elizabeths zweiter Premierminister aus der Labour-Partei, sagte bezeichnenderweise über sie: »Sie bietet einem Freundlichkeit, aber keine Freundschaft an.« Elizabeth hat für ihr hohes Amt einen hohen Preis bezahlt; sie kann selten, wenn überhaupt, in Gegenwart anderer aus sich herausgehen. Ein Zeitgenosse, der sie von Kindheit an kennt, sagte über sie: »Sie wäre eine ganz wunderbare Freundin, wenn sie nicht die Königin wäre.« Ihr Nachahmungstalent, ihr Sinn für Humor und das spontane Lachen, das im kleinen Kreis häufig zu hören ist, mußten in der Öffentlichkeit unterdrückt werden; das Äußerste, was Elizabeth sich erlaubt, sind trockene Einzeiler, die bisweilen einen unangenehm kritischen Blick erkennen lassen. »Man spürt, daß sie sehr gehemmt ist«, sagte eine Politikerin. Und ein Verwandter meint: »Ich finde, sie strahlt eine unglaubliche Wärme aus, wenn sie sie zuläßt. Aber sie hält ihre Gefühle immer unter Verschluß. Sie mag auf Fotos mürrisch aussehen, aber in Wirklichkeit lächelt sie verdammt viel. Sie hat einen wunderbaren Humor; das ist etwas, was den Leuten, wenn sie die verdrießlichen Fotos sehen, verborgen bleibt. Wenn sie lächelt, kommt Leben in ihr ganzes Gesicht. Sie lacht sehr gerne; ich habe gesehen, wie die Königin über irgend etwas gelacht hat, bis ihr die Tränen über die Wangen liefen.« Einer ihrer Modeberater erzählt: »Die Frau, die ich sehe, steckt voller Scherze und Späße, sie ist lustig und jederzeit bereit, über alles mögliche und besonders sich selbst zu lachen. Wenn die Leute sie nur sehen könnten, wie sie wirklich ist.« »Sie ist sich selbst genug und mit ihren Hunden und ihren Fotoalben vollkommen glücklich«, sagte ein ehemaliger Berater. »Sie ist kein geselliger Typ, sie ist gern allein und liest Krimis.« »Sie braucht keine Menschen um sich, sondern ihre Pferde und Hunde, sie ist gerne ihr eigener Herr«, sagte ein anderer Verwandter. »Sie findet es leichter, eine Beziehung zu Pferden und Hunden aufzubauen als zu Menschen, und sie kann sich sehr gut in die Tiere hineinversetzen.«

Elizabeth mußte vorsichtig zwischen den konservativen Einflüssen ihrer Erziehung – der Rücksicht auf die Gefühle ihrer Mutter und anderer Leute und dem Lebensstil, den sie vom verstorbenen König übernommen hatte – und den Modernisierungsbestrebungen ihres Mannes vermitteln. Die offizielle Haltung des Palastes bezüglich Altrinchams Kritik war ablehnend. Der Lord Chamberlain Graf von Scarbrough, der den Titel »Leiter des königlichen Haushalts« führte und ebenfalls zu dem Trio gehörte, das Altrincham als »zweitklassig« und »mit zu wenig Grips« charakterisiert hatte, war ein einundsechzigjähriger Adliger aus Yorkshire, der bei Rennveranstaltungen in Doncaster häufig als Gastgeber der Königin fungierte und von Elizabeth selbst bei ihrer Thronbesteigung in sein Amt berufen worden war; er hatte zu Protokoll gegeben, Lord Altrinchams Ansichten interessierten ihn nicht. Trotzdem versuchte er sich vorsorglich einer seiner traditionellen Verpflichtungen zu entledigen, der Theaterzensur. Angesichts von Dramatikern wie John Osborne hielt Scarbrough es für höchste

Zeit, daß der Palast sich von dieser kontroversen Einrichtung lossagte. Doch als er 1957 Innenminister Rab Butler zu verstehen gab, er wolle sich von dieser lästigen Pflicht befreien, bekam er als Antwort, daß die Zensur doch bestens funktioniere. Es gelang dem Palast erst 1968 unter Butlers Nachfolger Lord Cobbold, die Last loszuwerden. Der langweilige und veraltete Zirkus der Vorstellung der Debütantinnen bei Hofe, den man, wie Altrincham zu Recht gesagt hatte, eigentlich schon 1945 stillschweigend hätte fallenlassen sollen, wurde erst nach 1958 abgeschafft. Die Zeremonie war zu einer Zeit, als, in Disraelis Worten, »der Hochadel sich um den Thron drängte«, notwendiger Bestandteil der Einführung in die Gesellschaft gewesen. Sie fand in dem Jahr statt, in dem die Mädchen vom Schulzimmer in die Gesellschaft »hinaustraten« – meist im Alter von 17 Jahren –, um sich einen Mann zu suchen und rechtzeitig zu Bällen und anderen Ereignissen der Londoner Saison eingeladen zu werden. Nach der Hochzeit wurden sie dann erneut »vorgestellt«. In den fünfziger Jahren war die Einführung bei Hofe kein glanzvolles Ereignis mehr, sondern lediglich ein snobistisches Relikt; man erschien nicht mehr mit Straußenfedern, Juwelen und Satinkleid mit Schleppe einer vorgeschriebenen Länge; die ganze Zeremonie war lediglich ein nachmittäglicher Empfang, bei dem Hunderte junger Damen in »Nachmittagskleidern«, mit Hüten und weißen, bis zum Ellbogen reichenden Glacéhandschuhen in einer Reihe an der Queen und dem Herzog von Edinburgh vorbeidefilierten. Wenn ein Hofbeamter ihren Namen aufrief, machten sie einen Hofknicks, im Hintergrund spielte eine Militärkapelle Tanzmusik. Es fand keinerlei persönlicher Kontakt statt wie bei Ordensverleihungen, bei denen die Königin stundenlang unverdrossen Medaillen und Orden austeilte und an die Empfänger, die sich ihr Recht, anwesend zu sein, zumindest verdient hatten, einige Worte richtete. 1958 wurde angekündigt, daß die Königin keine Debütantinnen mehr empfangen, sondern statt dessen Gartenfeste im Buckingham-Palast und in Holyrood House in Edinburgh veranstalten werde; auf diese Weise sollte ein größerer Kreis die Möglichkeit bekommen, der Monarchin vorgestellt zu werden. Im gleichen Jahr wurde, wie als Antwort auf Altrinchams Vorschlag, einige Beamten des königlichen Hofes aus dem Commonwealth zu holen, ein Kanadier zum Stellvertretenden Pressesekretär ernannt; eine Person aus einem Commonwealth-Land sollte das Amt mindestens zwei Jahre innehaben. Altrinchams Vorstellung einer ethnischen Mischung im Palast wurde jedoch nicht entsprochen; die Kandidaten stammten immer aus dem »alten [also weißen] Commonwealth«. Eine andere Neuerung, die der Außenwelt mehr Zugang zum Palast ermöglichen sollte, ging auf Prinz Philip zurück: informelle Mittagessen, bei denen ein halbes Dutzend Leute anwesend waren, sollten Elizabeth die Gelegenheit geben, einen Querschnitt der Bevölkerung kennenzulernen. Unter den ersten Gästen waren der Herausgeber der *Times*, der Bischof von London, der Direktor des Wembley-Stadions, der Direktor von Eton und der Vorsitzende des »National Coal Board«, der nationalen Kohlebehörde; dies war eine Auswahl, die man kaum besonders gewagt nennen konnte. In Elizabeths späterer Regierungszeit sollte der Kreis erweitert und auch Schauspieler, Schriftsteller und Persönlichkeiten aus dem Sport einbezogen werden.

In einem anderen zentralen Punkt von Altrinchams Kritik glaubten einige Beobachter eine sofortige Veränderung zu bemerken: Die Weihnachtsansprache der Königin war laut Harold Nicolson »von einer solchen Leidenschaft erfüllt, wie man es vor Altrincham nicht für möglich gehalten hätte«. Man hatte auf Elizabeths erste im Fernsehen übertragene Weihnachtsansprache in der Tat viel Mühe verwendet. Boy Brownings Gattin Daphne du Maurier hatte Vorschläge ausgearbeitet, doch wurden sie anscheinend nicht aufgegriffen. Genauso wie ihrem Vater die Aussicht, nach dem Mittagessen live eine Rundfunkansprache halten zu müssen, immer den Appetit verdorben hatte, verdarb dieser erste Live-Auftritt Elizabeth den Tag. »Ich hoffe, Sie hatten ein schönes Weihnachtsfest«, sagte sie zu einem Hofbeamten. »Unseres wurde durch das Fernsehen völlig durcheinandergebracht; es war nervenaufreibend.« Elizabeth ist vor der Fernsehkamera kein Naturtalent. Sie hat zwar eine außergewöhnliche Begabung, bei öffentlichen Auftritten vor Foto- und Fernsehkameras völlig unbefangen zu wirken, doch direkt in die Kamera zu sprechen ist für sie etwas ganz anderes, wie Michael Adeane dem Pressesprecher Macmillans 1963 erklärte: »Vorher ist die Königin fröhlich und entspannt, aber vor der Kamera erstarrt sie, und man kann nichts dagegen machen.« Zwei Jahre zuvor hatte Adeane Harold Nicolson gestanden, »er würde seine

Seele dafür geben, wenn man die Weihnachtsansprache abschaffen könnte. Er sagt, sie würde auf Dauer langweilig werden, weil sie immer dasselbe sein müsse ...«[6]

Die Erfüllung, die Elizabeth in ihrer Tätigkeit fand, entschädigte sie für diese Zwänge. Gemessen an den Anforderungen ihrer Stellung, verlief ihr Leben für eine Frau ihrer Veranlagung und Ausbildung relativ unkompliziert. Niemals rebellisch, hatte sie ihr Los fraglos akzeptiert. Als ihr Selbstvertrauen und Sachverstand wuchsen, begann sie, an der politischen Seite ihrer Arbeit Gefallen zu finden. Rab Butler erzählte Robert Lacey, wie sehr sie politischen Klatsch genoß: »Das Parlament mit seinen Siegern und Verlierern schien sie zu faszinieren. Wie alle klugen Frauen interessierte sie sich sehr für Persönlichkeiten, und abgesehen von den nationalen Interessen bereitete es ihr Vergnügen zu beurteilen, in welchem Maße die Regierung einen Rückschlag erlitten oder politische Erfolge zu verzeichnen hatte. Sie schien den persönlichen Ehrgeiz, der den politischen Menschen antreibt, sehr gut zu verstehen, und es faszinierte sie, wie weit ein Mensch gehen konnte, um sich auf Kosten eines anderen einen Vorteil zu sichern ...«[7] Zu einer Zeit, in der das Leben anderer Frauen vorwiegend darauf ausgerichtet war, einen Mann zu finden, sich um ihn zu kümmern, Kinder zu bekommen und für sie zu sorgen, war Elizabeth dank der Möglichkeiten und der Macht, die ihre Tätigkeit ihr verschaffte, eine Ausnahme.

Ihre Weiblichkeit kam ihr in ihrem öffentlichen Leben zugute; bereits bei ihrem Debüt war die ganze Welt von der jungen Frau beeindruckt. Später beurteilte man sie in ihrer anderen privaten Rolle als Ehefrau und Mutter, wo sie wie andere Frauen in leitenden Positionen eine Gratwanderung zwischen den Zwängen des öffentlichen Lebens und den Bedürfnissen des Privatlebens vollbringen mußte. Ihre Bemühungen, ihren Kindern so etwas wie ein »normales« Leben zu ermöglichen, waren zum Scheitern verurteilt; das Wesen des Königtums liegt darin begründet, daß es über der Masse steht, nicht zu ihr gehört. »Normale« Menschen verhalten sich wie ihre Zeitgenossen, weder besser noch schlechter. Ende der fünfziger Jahre kann Elizabeth noch nicht geahnt haben, daß ihr zukünftiges Leben und das ihrer Familie sich in einem zunehmend grelleren Rampenlicht abspielen würde. Fast ein Jahrhundert lang war die Monarchie von der Presse verschont geblieben. Die sich lang hinziehende Affäre zwischen Margaret und Townsend hatte der Presse zum ersten Mal Gelegenheit gegeben, sich genüßlich Spekulationen über einen Skandal und eine Romanze im Königshaus hinzugeben; die Affäre hatte gezeigt, wie das Privatleben der Windsors eine ganze Nation in Atem halten und den Verkauf einer Unmenge von Zeitungen ankurbeln konnte. Im Juli 1955 teilte einer von Elizabeths Beratern Harold Nicolson mit, daß die Lage sich seiner Ansicht nach »erheblich zugespitzt« habe, »seit die Presse von Woche zu Woche immer vulgärer und reißerischer wird«. Altrincham wollte Elizabeth mit seiner Kritik helfen, er wollte verhindern, daß sie der Presse weiterhin Angriffsflächen bot. Nicolson wies jedoch darauf hin, daß »Altrinchams Artikel über die Dummheit der Monarchie die Wirkung von ›Des Kaisers neue Kleider‹ gehabt hat und daß die Leute jetzt um so kritischer sind, wenn sie Elizabeths Reden hören oder sie im Fernsehen sehen. Ich fürchte, wir treten gerade in eine dieser antimonarchistischen Phasen ein, die von Zeit zu Zeit wiederkehren, wie im Jahr 1871 ...«[8] Als die Nation an der Schwelle zur dramatischsten, jedoch gewaltlosen sozialen Revolution ihrer Geschichte stand, konzentrierte sich die öffentliche Aufmerksamkeit auf Elizabeth und in einer höchst unerfreulichen Art und Weise auf den privatesten Bereich ihres Lebens, ihre Ehe.

11

Mountbatten-Windsor

»Die Königin ist völlig aufgelöst; da steht ein Kerl mit Namen Jones im Billardzimmer, der ihre Schwester heiraten will, und Prinz Philip sitzt in der Bibliothek und will den Familiennamen in Mountbatten ändern...«

Der Herzog von Gloucester zu Harold Macmillan im Dezember 1959[1]

Zum Zeitpunkt, als britische Fallschirmjäger vom Himmel über dem Suezkanal herabglitten, befand sich Königin Elizabeths Gemahl auf der königlichen Yacht »Britannia« vor der Ostküste von Ceylon – wie die Insel damals hieß. In Begleitung von Mike Parker und dem Künstler Eward Seago hatte er zur Hälfte das absolviert, was als Reise durch die entlegenen Gebiete des Commonwealth bezeichnet wurde, wovon viele nie zuvor von einem Mitglied der königlichen Familie besucht worden waren. Der offizielle Anlaß für die Reise war eine Einladung gewesen, die im Jahr 1956 in Melbourne stattfindenden Olympischen Spiele zu eröffnen. Philip flüchtete vor dem Leben im Palast. Auf der vier Monate dauernden Reise konnte er sich ohne Rücksicht auf die Etikette einen seemännisch aussehenden Bart wachsen lassen und seinen Interessen nachgehen: der Aquarellmalerei, einem Talent, das er von seinem Vater geerbt hat, der Tier- und Pflanzenwelt sowie der Wissenschaft mit Besuchen auf der britischen wissenschaftlichen Station in der Antarktis und auf den Galapagosinseln – nicht einmal britisches Territorium. Scheinbar hat niemand die Kosten dieser Reise beanstandet, die gleichermaßen eine Suche nach persönlichem Freiraum wie öffentliche Pflichterfüllung war. Für einen kurzen, gefährlichen Augenblick hatte es so ausgesehen, als ob die »Britannia«, die als Hospitalschiff eingetragen war, umkehren müßte, um am Suez-Feldzug teilzunehmen; zum Glück für Philip wurde die Operation abgebrochen, bevor eine Entscheidung getroffen werden mußte. Er war seit Oktober unterwegs. Als die Reise sich dem Ende näherte, hatten Gerüchte, daß es Probleme in Elizabeths Ehe gäbe, Schlagzeilen in der ganzen Welt gemacht. »Letzte Woche«, berichtete die *Time* am 18. Februar 1957, »hat der Wind aus der Gerüchteküche lauter um den Buckingham-Palast geheult, als es seit den Tagen von Wallis Warfield Simpson und Edward VIII. je der Fall gewesen ist.«

Ähnlich wie bei der Fussel, die Prinzessin Margaret von Peter Townsends Uniform gezupft hatte, waren der Auslöser für die Berichte Neuigkeiten über etwas, das offenbar in keinem Zusammenhang damit stand. Eileen Parker hatte ihren Mann Michael auf Scheidung verklagt. Die Ehe der Parkers war bereits seit einiger Zeit in Schwierigkeiten geraten. Ähnlich der von Townsend, war es eine Entscheidung in Kriegszeiten gewesen, in Eile getroffen und in ruhigen Zeiten bereut. Wie im Fall der Townsends, hatten die Anforderungen des Königshauses das Faß zum Überlaufen gebracht. Als die Sache bekannt wurde, fast am Ende ihrer Reise, näherten sich Philip und Parker gerade Gibraltar. Nachdem sie die Halbinsel erreicht hatten, flog Parker, begleitet von einem Anwalt und einem Troß von Presseleuten aus aller Welt, zurück nach London. Um seinem Arbeitgeber weitere Peinlichkeiten zu ersparen, trat er zurück. Die Erfahrung mit der Townsend-Affäre, nur zwei Jahre zuvor, hatte bewiesen, daß Scheidung noch immer eine schmutzige Angelegenheit war, soweit es Kreise des Königshauses betraf. Das wurde verdeutlicht durch den Pressesekretär der Königin, Commander Colville, der sich die Mühe machte, zum Londoner Flughafen hinauszufahren, um Parker dort abzufangen und eine wenig freundliche Nachricht zu überbringen. »Hallo, Parker«, sagte er, »ich bin nur gekommen, um Ihnen mitzuteilen, daß Sie von jetzt an auf sich gestellt sind.«

Parkers Opfer bewahrte den Herzog jedoch nicht vor den Auswirkungen. Tatsächlich rief es eine nationale Gefühlswelle zu seinen Gunsten hervor und erinnerte an etwas, das die *Time* den »emotionalen

Katzenjammer« über den Ausgang der Townsend-Affäre nannte. »Weshalb«, so fragte das Blatt *Daily Express* – im Besitz von Lord Beaverbrook, den es immer freute, eine langjährige Fehde mit der königlichen Familie fortzusetzen –, »sollte eine zerbrochene Ehe als disqualifizierend für den königlichen Dienst angesehen werden«, wenn der zweimal verheiratete Eden bis vor kurzem der Erste Minister der Königin war?

Klatschkolumnisten, die in Parkers – und auch in Philips – Vergangenheit herumwühlten, stießen auf den Thursday Club, die Donnerstag-Runde, die von Baron, dem Fotografen der High-Society, eingeführt worden war und der daraufhin zwangsläufig als »Hof-Fotograf« bezeichnet wurde. Der Thursday Club war eine informelle Mittagsrunde, die sich in einem Raum im Obergeschoß des »Wheeler's Restaurant« in der Old Compton Street traf; Bernard Walsh, der Besitzer des Restaurants, war eines der Gründungsmitglieder. Mitglieder waren Journalisten wie Arthur Christiansen, Herausgeber des *Daily Express*, und Frank Owen, Herausgeber der *Daily Mail*; Schauspieler wie James Robertson Justice, David Niven und Peter Ustinov sowie Komiker wie Patrick Campbell und Larry Adler. Ein anderes Mitglied war Don Stewart, politisch links orientierter Drehbuchautor, der während der Säuberungsaktionen der McCarthy-Ära aus Hollywood verbannt wurde und welcher sich einmal neben eine Taube auf das Straßenpflaster gelegt und diese gefragt haben soll: »Gibt's etwas Neues?« Der großartige konservative Politiker Iain Macleod war erst Gast und wurde später Mitglied, während es auch andere, etwas zwielichtige Gestalten gab, die von Zeit zu Zeit erschienen, wie Stephen Ward, der später während des Profumo-Skandals berüchtigt werden sollte, und der Spion Kim Philby. Es war eine typische Einrichtung ausschließlich für Männer, mit keinem anderen Zweck, als früh ins Wochenende zu starten. Die Mitglieder aßen Fisch und tranken Wheeler's weißen Hauswein. Die Atmosphäre konnte, so ein Mitglied, beschrieben werden als »gehobene Stimmung, angeheizt durch das Feuer gesellschaftlichen Klatsches«, witzige Schilderungen, lautstarke Diskussionen und schlüpfrige Geschichten.

Baron Henry Stirling Nahum, immer nur unter seinem ersten Namen bekannt, war treibende Kraft und ursprünglich Gründer des

Thursday Club und eine schillernde Figur in der Londoner Gesellschaft. Er war der Abkömmling von italienischen Juden aus Tripoli, die sich in Manchester ansiedelten, wo sie ein Unternehmen im Baumwollhandel gründeten. Baron und sein Zwillingsbruder Jack, ein Anwalt, hatten beide erfolgreich Karriere in London gemacht. Baron machte sich im Jahr 1936 einen Namen mit einem Bild von Larry Adler, der von Peter Ustinov als »Genius und Wunderkind auf der Mundharmonika« geschildert wurde. Baron war eine amüsante, charmante, draufgängerische Persönlichkeit, der Frauen, Ballett und schnelle Autos liebte. Er war in vielem ein Exzentriker mit einer leidenschaftlichen Schwäche für Mitglieder des Königshauses. Sein Freund Peter Ustinov beschrieb ihn als »einen Individualisten mit den genetischen Merkmalen von Walter Mitty in einer ewig jungen Seele«.

Baron lernte Philip im Jahr 1947 in den Broadlands kennen, als er Aufnahmen von den Mountbattens machte. Philip lud ihn ein, auf seiner eigenen Hochzeit Fotos zu machen, und innerhalb kurzer Zeit waren sie Freunde. Baron führte Philip, seinen Vetter David Milford Haven und Parker in einen gesellschaftlichen Kreis Londons ein, der nicht weiter hätte entfernt sein können von Philips angeheirateten, königlichen, »in Tweed gekleideten« und ultra-respektablen Freunden. Der Fotograf war ein begeisterter Veranstalter von Festen – seine Kostümparty am Silvesterabend in seinem Atelier in der Brick Street im Mayfair-Viertel war ein Jahresereignis – und war immer umgeben von schönen Frauen. Es war eine Welt, in der Aristokraten Showgirls trafen, ein besonderes Londoner Phänomen der fünfziger Jahre, welches in dem Profumo-Skandal von 1963 endete. Stephen Ward war einer von Barons Freunden und machte eine Zeichnung von ihm. Baron und sein Bruder waren »der Schlüssel zu allen möglichen Arten von Leuten in London … Sie waren lebenslustige Typen in einer sehr lebenslustigen Zeit«.

Der Thursday Club beschränkte sich nicht auf gemeinsame Mittagessen. Laut Larry Adler, einem Gründungsmitglied wie Baron, gaben sie für Philip eine Abschiedsparty vom Junggesellenleben in Barons Wohnung in den ehemaligen Stallungen von Bruton Place. »Junge, Junge, war der nervös …, sein Gesicht war ganz weiß vor Angst«[2] – und zudem wurde noch ein jährliches Abendessen für Philip in Mike Parkers Wohnung veranstaltet. Es gab eine Menge schuljungenhafter Ausgelassenheit – bei einem Lunch anläßlich der bevorstehenden Hochzeit von Guy Middleton wetteten Philip und Milford Haven gegen Baron, daß dieser kein Foto davon machen könne, wie der Kuckuck aus der Uhr herauskommt. Baron hatte seine Kamera schußbereit aufgestellt, als, gerade vor der vollen Stunde, Philip und Milford Haven Rauchbomben in den offenen Kamin warfen, so daß der Raum voller Qualm war. Alle Gesichter waren schwarz, die Polizei wurde gerufen, das Ganze jedoch vertuscht. Schabernack war eine Sache, Sexskandale eine ganz andere.

Das Königshaus war nicht begeistert, als Klatschkolumnisten Philip mit Barons Freundin in Verbindung brachten, dem schönen Musical-Star Pat Kirkwood, deren Beine Kenneth Tynan einst als »das achte Weltwunder« beschrieben hatte. Ihr erstes Treffen fand statt, als Elizabeth hochschwanger mit Charles war. Laut Aussage von Pat Kirkwood, gut vierzig Jahre später, lernten sie sich kennen, als Baron sie vom Hippodrome Theatre in der Nähe des Leicester Square abholte, wo sie in dem Musical »Starlight Roof« spielte, und Philip sowie einen Marineoffizier namens »Basher« Watkins mitbrachte. Sie aßen zu Abend im »Les Ambassadeur«, einem hochnoblen Restaurant im Mayfair-Viertel, das oft eine Rolle in Ian Flemings James-Bond-Büchern spielt, und gingen dann hinauf in den »Milroy Nightclub«, wo Philip Pat Kirkwood zum Tanzen aufforderte. Einige Paare, die Pat Kirkwood als »Höflinge« beschrieb, schauten entsetzt. Philip zog ihnen gegenüber Grimassen, doch natürlich erstatteten sie dem Königshaus Bericht. Der König war empört, und Baron fiel in königliche Ungnade.[3] Pat Kirkwood hat immer geleugnet, daß sie und Philip eine Affäre hatten, aber Gerüchte in Theaterkreisen, daß es doch so war, hielten sich hartnäckig. Baron selbst erweckte in seinen Memoiren eher den Eindruck, daß seine eigenen Gefühle für Pat Kirkwood unerwidert geblieben waren: »Mehrere Jahre meines Lebens sind in blinder Hingabe an die schöne und glamouröse Pat Kirkwood verschwendet worden«, schrieb er in »Baron by Baron«, veröffentlicht nach seinem Tode im Jahr 1957. Es gab auch Gerüchte über Philips Beziehungen vor seiner Hochzeit zu Hélène Cordet, die in den späten fünfziger Jahren den Nachtclub »The Saddle Room« in Hamilton Place betrieb. Doch der autorisierte Biograph des Herzogs, Tim Herald, behauptet beharrlich, daß die Beiden nur Freunde aus Kindheitstagen waren.

Philips immer gleichbleibende Schutzbehauptung gegen Beschuldigungen der Untreue war die, daß es unmöglich sei, seinen Bewachern zu entkommen. Auf einer Party mit Prinz Bernhard von den Niederlanden, Gemahl der Königin Juliana, ließ er sich einmal in die Knie sinken und machte eine tiefe Verbeugung zu ihm hin. »Sie sind ein Glückspilz«, vertraute er ihm an. »Niemand erkennt Sie – Sie können so viele Freundinnen haben, wie Sie wollen. Mir sind immerzu sechs Sicherheitsleute auf den Fersen.« Prinz Bernhard soll nach der Aussage eines Zeugen nicht sehr angetan gewesen sein.

Die viermonatige Abwesenheit des Herzogs und die Ehescheidung der Parkers waren für die Medien Aufhänger, an denen sie ihre Gerüchte festmachen konnten. Joan Graham, in London stationierte »Korrespondentin der Mayfair-Clique« für *Baltimore Sun*, gab einen Bericht »hinter vorgehaltener Hand« weiter, daß »der Herzog von Edinburgh ein mehr als nur flüchtiges Interesse an einer ungenannten Frau habe und daß er sie in dem Appartement des Hoffotografen träfe«. Die gesamte amerikanische Presse übernahm die Geschichte mit »Bericht von der Königin, Herzog in Schwierigkeiten wegen Party-Girls«, angeblich Pat Kirkwood. Zu der Zeit rief die Geschichte große Aufregung hervor. Die Mittagstreffen im Thursday Club wurden als Orgien hingestellt, und das Gerücht ging um, daß man Mike Parker ganz gezielt habe fallenlassen, damit er den Herzog nicht länger vom richtigen Weg abbringen könne. Verbissen bestritt Michael Adeanes Büro, daß es irgendwelche Unstimmigkeiten zwischen der Königin und ihrem Gemahl gab, und Elizabeth ließ wissen, daß sie plane, in jener Woche nach Lissabon zu fliegen, um Philip zwei Tage vor Beginn des gemeinsamen Staatsbesuches dort zu treffen.

Nicht weniger als hundertfünfzig Reporter drängten sich auf der Rollbahn des Montijo-Militärflughafens bei Lissabon, als das Flugzeug der Königin landete. Sie hatten genau ausgerechnet, wie lange das königliche Paar getrennt gewesen war – 124 Tage und 5 Stunden. Philip wirkte entspannt, als er mit Diplomaten der Krone plauderte, die darauf warteten, die Königin zu begrüßen. In Erwartung des Treffens hatte er den rötlichen Bart abrasiert, den er sich während eines sechswöchigen Bartwuchs-Wettbewerbs an Bord der »Britannia« hatte wachsen lassen. Als er an Bord des Flugzeugs ging, stellte er fest, daß die ganze Gesellschaft, einschließlich seiner Frau, falsche rötliche Schnurrbärte trug. Elizabeth trat »mit einem breiten Lächeln« aus dem Flugzeug heraus, und nachdem sie allen versammelten Würdenträgern die Hand gegeben hatte, fuhr das Paar »in würdevollem Schweigen« davon. So lautete die Aussage der Reporter, von denen einer behauptete, daß er einen »kleinen Fleck von Lippenstift« auf der herzoglichen Wange habe entdecken können – »ein untrügliches Zeichen dafür, daß alles in bester Ordnung ist, was sich sofort in aller Welt verbreitete«, gab die *Time* bekannt.

Elizabeth war sehr verliebt in ihren Mann, was man auch sehen konnte. Baron selbst sagte, als er sie das erste Mal in der Zeit vor der Hochzeit fotografierte: »Sie war eine scheue junge Frau, überaus freundlich und bereitwillig zur Mitarbeit, aber nicht immer ganz gelöst vor der Kamera. Das einzige, dessen man sich ganz sicher sein konnte, waren ihre Gefühle gegenüber Prinz Philip. Sie war immer um so vieles fröhlicher, sobald er im Raum war.« [4]

Philip dagegen war absolut zurückhaltend. Mike Parker, der sich bis an die Grenze verständnisvoller Nachsicht und Freundschaft vorwagte, bat ihn immer wieder inständig, Elizabeth doch ein bißchen mehr Zuneigung in der Öffentlichkeit zu zeigen – »Leg den Arm um sie oder so etwas« –, nur um dem starren, grimmigen Blick zu begegnen, den Philip Leuten zuteil werden ließ, die er als »verdammte Dummköpfe« ansah.

Der Thursday Club lieferte Philip das Ventil, das er brauchte, um sich mit geistesverwandten Menschen, denen er trauen konnte, zu unterhalten. Es glich alles sehr der Atmosphäre in einer Offiziersmesse der Marine. Doch schließlich sorgten die Medien dafür, daß er nicht einmal mehr das genießen konnte; ab den späten fünfziger Jahren wurde er nicht mehr bei den Mittagstreffen des Thursday Club gesehen. Mike Parker war sehr wichtig für ihn gewesen als Bindeglied zu einem glücklicheren Leben als Marineoffizier und später ebenso als Gefährte bei seinen kühneren Aktivitäten – dem Fliegen und Segeln, die ihm zugleich eine Fluchtmöglichkeit vor den bodenständigen Zwängen des königlichen Lebens boten. Philip liebte das Segeln so sehr, wie Elizabeth es ablehnte. Sie begleitete ihn nie zur Woche von Cowes, dem Höhepunkt des gesellschaftlichen Segelkalenders. Philip hatte das Segeln in Gordonstoun und Dartmouth gelernt, es aber erst seit seiner Hochzeit zu seinem Vergnügen wiederaufgenommen, als der »Island Sailing Club«, der Segelclub der Insel Wight, ihm eine Jacht der Dragon-Klasse zur Hochzeit geschenkt hatte. Dieses Boot, dem er den Namen »Bluebottle« gab, segelte er für viele Jahre bei den Wettkämpfen von Cowes in Begleitung seines Mannschaftskameraden und vielseitigen Segelgefährten, dem »trinkenden, Seemannsgarn spinnenden und singenden Kumpel« Uffa Fox. Philip und Fox, der selbst kleine Boote baute und segelte, wurden zum Mittelpunkt der Regattawoche von Cowes. Mit Fox segelte der Prinz die »Coweslip«, eines der von Fox entworfenen Boote, das die Bewohner von Cowes ihm geschenkt hatten, sowie die »Bloodhound«, ein Zwölf-Meter-Boot aus der Vorkriegszeit, speziell gemacht für Rennen auf hoher See. Philip war äußerst wettkampfbewußt; Leute, die mit ihm segelten, mußten so starke Nerven haben wie er. »Er wäre ein wunderbarer Rudergänger gewesen, hätte er nur mehr Zeit dazu gehabt«, meinte ein Segelfreund. »Nichts brachte ihn aus der Fassung – in Cowes konnte er in tobendem Wasser in ein Gedränge von Jachten rund um eine Boje geraten; er segelte hinein in das Gewühl und kam sicher hindurch, ohne mit jemanden in Berührung zu kommen.«

In Cowes genoß Philip das gesellschaftliche Leben nach den Wettkämpfen, so weit es ihm irgend möglich war. Er trat einem Juxclub bei, der bekannt war als der »Imperial Poona Yacht Club«, ursprünglich von Studenten aus Oxford ins Leben gerufen, um koloniale Langweiler zu parodieren. In der Mitgliederliste wird er als »Maharaja of Cooch Parwani« geführt, was locker übersetzt »der Maharadscha vom Nicht-Viel« bedeutet, und als Buz Mosbacher, ein amerikanisches Mitglied, sein Boot im Amerika-Cup zum Sieg steuerte, schickte ihm der Prinz ein Telegramm: »Poona ist stolz auf Sie. Cooch Parwani«. Wie der Thursday Club gleicht der Poona Yacht Club einer Offiziersmesse, in der man alle Hemmungen fallenlassen kann und wo sich erwachsene Segler mit anerkannten Segelfähigkeiten wie kleine Jungen aufführen. Der Herzog hatte seinen Spaß daran und fühlte sich sicher in der Gesellschaft von Männern, die nichts weitergeben würden an die Presse, der er immer mißtrauischer begegnete. »Er wäre nicht in der Lage gewesen, den Poona Club oder ähnliches zu besuchen, wenn Frauen dortgewesen wären, wegen eventueller, von den Medien verbreiteter Gerüchte«, sagte ein Freund. »Es gab immer Gerüchte…«

Die vier Monate »allein« auf der »Britannia« bedeuteten einen Wendepunkt in Prinz Philips Leben. Bezeichnenderweise verschwand gerade zu diesem Zeitpunkt Baron aus seinem Leben, schnell gefolgt von Parker, wie wir gesehen haben.

Philip hatte Baron eingeladen, mit ihm nach Australien zu den Olympischen Spielen zu kommen, und Baron hatte beschlossen, um sich für die Reise etwas beweglicher zu machen, sich einer Operation zu unterziehen, die die Schmerzen in seinen arthritischen Hüften lindern sollte, die Folge eines bösen Autounfalls aus dem Jahr 1922. Die Operation nahm einen tragischen Verlauf, und er starb sehr plötzlich im Krankenhaus am 5. September 1956, im Alter von 49 Jahren. Sein Tod erregte zu der Zeit großes Aufsehen.

»Ein Lord durch Name und Lebensart, traute er sich, gegen den Strom zu schwimmen«, schrieb ein Freund, der Journalist Donald Edgar, in einem zweiteiligen Nachruf mit dem Titel »Der Mann, der jeden kannte«.

»Baron war ein Spieler«, schrieb Peter Ustinov, »und manchmal, wenn ich ihn bei der Arbeit oder beim Spiel beobachtete, schien es mir, daß für ihn das ganze Leben ein Spiel wie russisches Roulette war.«[5]

Als Parker nach Barons Tod dessen Atelier aufsuchte, um einen Ersatzfotografen für die Reise zu finden, wies er den besten Schüler Antony Armstrong-Jones seltsamerweise als zu »unkonventionell« zurück. Parkers erzwungener Abgang hinterließ ein großes Loch in Philips Leben; sie waren für lange Zeit Kampfgenossen und »Gefährten« im eigentlichen Sinn des Wortes gewesen. Parker hatte einen Stoß frischen Windes in die muffigen Korridore des Königshauses gebracht, indem er dort zu dem unbeschwerten Umgangston unter Philips Personal beitrug. Er war freundlich, gelöst und ein guter Unterhalter. Er leistete Philip Gesellschaft, wann immer erwünscht, und erlernte sogar mit ihm das Fliegen unter der Anleitung von Peter Horsley. »Prinz Philip war ein ausgezeichneter Pilot – flog sehr schnell selbständig«, sagte Horsley. »Parker dagegen war ein fürchterlicher Pilot – sah das Ganze mehr als einen Spaß an.« Andere Leute im Königshaus waren weniger traurig über das Verschwinden von Baron und Parker, nachdem beide dafür verantwortlich gemacht wurden, daß Philip vom rechten Weg abkam.

Boy Browning erlitt im Juli des Jahres 1957 einen Nervenzusammenbruch und mußte schließlich im Jahr 1959 seine Position als Schatzmeister des Herzogs von Edinburgh aufgeben. Er war sehr leicht erregbar und oft bei schlechter Gesundheit; laut Aussage seiner Freunde gab er sich die Schuld an dem Desaster von Arnheim. Er stand unter großem seelischem Druck wegen der ernsten Affäre mit einer Frau in London, während er zugleich Daphne du Maurier zutiefst verbunden blieb, und als Folge seiner Schwierigkeiten trank er zuviel. Seine persönlichen Probleme hatte er für sich behalten. Als Margaret Forsters ausgezeichnete, aber deprimierende Biographie von Daphne herauskam, schrieb Elizabeth seiner Familie in einem Brief, wie erstaunt sie gewesen sei zu erfahren, daß er ein derart trauriges Leben gehabt habe. Browning war, wie die gesamte ältere männliche Belegschaft der königlichen Hofhaltung, ein bißchen verliebt in Elizabeth.

»Man konnte immer genau sagen, wann er zu ihr ging«, sagte ein Mitarbeiter von Clarence House. »Er putzte seine Schuhe besonders blank und überprüfte sein Aussehen nochmals im Spiegel.« Trotz der Unterschiede in Charakter und Herkunft hatte er Philip unendlich gern gemocht – »Ihm Lebewohl zu sagen hat mich mehr getroffen, als ich erwartet habe«, schrieb er.

Für einen überaktiven und intelligenten Mann wie Philip war die Rolle des königlichen Gemahls keine leichte. Bereits Prinz Albert hatte sich im Januar des Jahres 1854 beklagt: »Ein recht beträchtlicher Teil der Nation hat sich nie die Mühe gemacht, darüber nachzudenken, welche Position der Gemahl der regierenden Königin tatsächlich innehat. Als ich nach hier herübergekommen bin, stieß ich auf diesen Mangel an Kenntnis und auf den Widerwillen, sich auch nur mit einem Gedanken mit der Position dieser glücklosen Person zu befassen. Peel kürzte mein Einkommen, Wellington verweigerte mir meinen Rang, die königliche Familie schrie auf ob des fremden Eindringlings, die liberalen Whigs – zu der Zeit im Amt – wollten mir gerade nur so viel Raum zugestehen, wie ich brauchte, wo ich stand.«[6]

Hundert Jahre später befand sich Philip in einer sehr ähnlichen Lage; sein gequälter Aufschrei – »ich bin nichts als eine verdammte Amöbe« – drückte weitgehend die gleichen Gefühle aus wie die seines Vorgängers. Er mußte sich erst seinen eigenen »Raum, wo er stand« schaffen.

Seine einzige konstitutionelle Funktion ist die eines »Privy Councillor«, eines internen Beraters. Er bekommt keine Staatspapiere zu Gesicht. Offensichtlich hat er den Titel »Prince Consort«, Prinzgemahl, der Albert von Victoria verliehen wurde, selbst nie gewollt, noch ist er ihm verliehen worden.

»Er wollte nie in die Staatsgeschäfte hineingezogen werden«, sagte ein Mitarbeiter. »Er war immer darum bemüht, sein eigenes Feld zu bestellen.«

Laut Parker sah er seine wichtigste Rolle darin, »sich um die Königin zu kümmern, an erster, zweiter und dritter Stelle«. Er mußte dies in einer Weise tun, ohne seine ganze Persönlichkeit der Rolle des Nur-Gemahls unterzuordnen, etwas, das er als geborener Anführer auch als unmöglich empfunden hätte. Das starke Gefühl für Pflicht und Dienst, welches ihm in Gordonstoun und in der königlichen Marine eingepflanzt worden war, gab ihm die Kraft. Die Einsicht, selbst eine Rolle für sich finden zu müssen, entmutigte einen Mann wie Philip nicht. »Er sah es als eine Herausforderung an«, sagte ein Mitarbeiter. »Er unterstützte die Königin immer hundertprozentig, und er übernahm Dinge, die sonst Sache des Königs gewesen waren, wie die Verwaltung der Landgüter.« Ein Kollege berichtete: »Die fünfziger Jahre waren eine sehr produktive Zeit für ihn. Er fing an, sich einen eigenen Zeitplan aufzustellen, und so ab 1956 hatte er die Dinge wirklich gut im Griff.«

Philip übernahm auch die Leitung verschiedener Organisationen, die sich mit Anliegen befaßten, die ihn besonders interessierten, wie dem technischen Fortschritt der Industriegesellschaft, der Förderung der Wissenschaften, der Körpererziehung von jungen Menschen im allgemeinen und diverser Sportarten im besonderen, der Einrichtung von

Sportplätzen sowie der Durchführung von internationalen Sportveranstaltungen; er war Schirmherr der »Industrial Society« und Präsident der »British Association for the Advancement of Science«, Präsident der »National Playing Fields Association« und Schirmherr des »Outward Bound Trust«, Präsident des »Central Council of Physical Education«, des »Amateur Athletics Board« und der »Commonwealth Games Federation« sowie der »Royal Yachting Association«, alles Unternehmungen der fünfziger Jahre. Als Antwort auf eine Anregung seines alten Schulleiters Kurt Hahn rief er das »Duke of Edinburgh's Award Scheme«, ein Förderungs- und Auszeichnungsprojekt, ins Leben mit der Absicht, die geistigen und körperlichen Fähigkeiten von Jugendlichen zu wecken und zu fördern. Darüber hinaus mußten endlose Kontrollbesuche absolviert werden; »anfänglich hatte er recht langweilige Verpflichtungen, Gaswerke und die Art von Sachen«, so ein Angestellter.

In manchen Situationen – zunehmend gegenüber den Medien – machte seine scharfe Intelligenz und die ruhelose, oft aggressive Persönlichkeit die Dinge für ihn schwieriger, als es bei einem weniger ehrgeizigen Mann der Fall gewesen wäre. Zu dieser Schlußfolgerung kam Tim Herald, einer seiner autorisierten Biographen, am Ende einer Periode der genaueren Beobachtung seines Untersuchungsobjekts: »Ich werde einfach nicht klug aus ihm. Wirkliche Bescheidenheit ist widerstrebend gepaart mit offensichtlicher Arroganz. Energie und Optimismus stehen neben plötzlichen Anfällen von Schwarzseherei; echte Freundlichkeit ist vermischt mit unerklärlicher Brüskierung; Sicherheit und Unsicherheit, Einfühlsamkeit und Gefühllosigkeit gehen Hand in Hand. Er ist gesellig, er mag die Einsamkeit; er liebt die Auseinandersetzung, kann es aber nicht ertragen, eine zu verlieren. Auf der einen Seite wird er einen Umweg von Tausenden von Meilen machen, um Opfern eines Wirbelsturms Trost zuzusprechen; auf der anderen ist er einmal so in Rage geraten wegen eines königlichen Kämmerers, der es versäumt hatte, Schießunterricht zu nehmen, daß er das Auto anhielt und ihm befahl auszusteigen. Diese offensichtlichen Widersprüchlichkeiten machen ihn sicher faszinierend, können aber auch zur Verzweiflung treiben. Er ist energiegeladen, launisch, idealistisch und läßt sich unmöglich in irgendeiner Weise festlegen – zum Teil ganz bewußt ...«[7]

Wenn man das herzogliche Temperament so betrachtet, kann man durchaus bezweifeln, ob er in der Marine letztlich eine erfolgreiche Karriere gemacht hätte. Trotz seiner Intelligenz und Fähigkeiten – er hat einen schärferen Verstand als sein Onkel Mountbatten oder sein Sohn, der Prinz von Wales – wäre er durch seine Abneigung dagegen, von aufgeblasenen Beamten herumkommandiert zu werden, und auf dem Weg nach oben sicher sehr heftig mit den vorgesetzten Goldtressen zusammengestoßen. Er hat von Natur aus ein rebellisches Temperament; sogar sein Pflichtgefühl läßt unter dem Druck der Verärgerung über die Bürokratie nach. Als er einmal mit seinem Flugzeug nach Australien flog, war ein Stopp zum Auftanken in einem der Golfstaaten geplant. Als der Verbindungsoffizier des Foreign Office herausfand, daß der Herzog nur kurz unterbrechen, auftanken und dann weiterfliegen wollte, machte er das Königshaus darauf aufmerksam, daß einige der dortigen Herrscher, die wichtig für die britischen Interessen in der Region waren, zutiefst verletzt wären, wenn der Gemahl der Königin anläßlich der Durchreise nicht mit ihnen zusammentreffen würde. Philip war gezwungen einzulenken, aber er hat dem betreffenden Beamten nie vergeben. Als Elizabeth diesen Beamten am Ende der diplomatischen Karriere persönlich ehren wollte, protestierte ihr Mann. »X ist wirklich der größte Esel, den das Foreign Office jemals hervorgebracht hat«, explodierte er. Der Mann erhielt seine Anerkennung dennoch. Unduldsamkeit, so folgerte Philips Biograph, ist der Grundton seines Charakters. Niemals bereit, Dummköpfe zu ertragen, und mit einem fein abgestimmten Detektor für dummes Zeug stürzte er sich auf das kleinste Beispiel von Einfalt, Unvermögen oder Unsinn, und auf der Strecke blieben bestürzte Beamte, Politiker und selbstgefällige Geschäftsleute.

Bei einer Gelegenheit führte ihn der Bürgermeister einer lokalen Stadt stolz durch ein neu entwickeltes Wohnprojekt, das sorgfältig in Preiszonen eingeteilt war. »Und das«, erläuterte der Bürgermeister, »ist der untere Einkommensbereich.«

»Oh, Sie meinen das Ghetto«, sagte der Herzog.

Philips Barschheit gegenüber den Medien und seine Empfindlichkeit gegenüber dem, was die Zeitungen über ihn schrieben, haben der königlichen Familie keinen Vorteil gebracht. Kritik wird mit Wut beantwortet, freundliche Worte übergangen. In früheren Zeiten pflegte

Mike Parker seinen Clubkameraden Arthur Christiansen aus dem Thursday Club anzurufen und ihn um Rat zu bitten wegen der schlechten Beziehungen seines Herrn zur Presse. »Meistens natürlich, wenn es bereits zu spät für die positive Auswirkung eines Rates war«, bemerkte Christiansen.[8]

Bereits im Jahr 1955, während des Margaret-Townsend-Skandals, gab einer von Elizabeths Privatsekretären gegenüber Harold Nicolson zu, daß »dem Herzog die Journalisten langsam auf die Nerven gehen … und daß [vom Königshaus] immerzu ein Ausbruch befürchtet wird«.[9]

Das böse Blut zwischen Philip und der Presse war mit der Party am Vorabend seiner Hochzeit aufgekommen und kochte weiter über solchen Episoden, daß er auf Gibraltar einen Kameramann mit Nüssen bewarf, in der Blumenschau von Chelsea »aus Versehen« einen Wasserschlauch auf Reporter richtete und einem irgendwo hochkletternden Fotografen erklärte, daß er hoffe, er werde sich das Genick brechen. Sogar seine Freundschaft mit Christiansen hielt ihn nicht davon ab, öffentlich den *Daily Express* als »eine saumäßig schlechte Zeitung« hinzustellen. Um gegenüber Philip fair zu sein, muß gesagt werden, daß John Gordon vom *Sunday Express* häufig provozierend war und keine Mühe scheute, solche Dinge herauszufinden, welche die königliche Familie und ganz besonders die Mountbattens und Philip in Mißkredit bringen konnten. Im Jahr 1961 unterrichtete er Beaverbrook davon, daß er sich mit dem Herzog von Edinburgh auf heißem Boden bewege, weil er herausgefunden habe, daß der Herzog der einzige zivile Hubschrauberpilot sei, der die Erlaubnis habe, über die Hausdächer von London zu fliegen. »Die Sicherheitsregel, die auf alle anderen angewandt wird, besagt, daß Hubschrauber nicht vom Flußverlauf abweichen dürfen.« Dagegen verstieß Philip jedes Mal, wenn er mit seinem Hubschrauber zum oder vom Buckingham-Palast flog. Beaverbrook behauptete weiter, daß das »Purpurband«, das Flugverbot für alle Flugzeuge auf der Route des königlichen Flugzeuges bedeutet, inoffiziell an Philips Hubschrauber angebracht würde und somit zu Behinderungen im übrigen Flugverkehr führe.[10]

Elizabeth unternahm, was sie konnte, um die schwierige Position ihres Gemahls zu erleichtern. Viele Männer hätten es sicher nicht hingenommen, in der Öffentlichkeit dauernd auf den zweiten Platz verwiesen zu werden. Sogar innerhalb ihrer Familie ist Elizabeth noch immer die Königin, die »vom Herrn Gesalbte«. Sie kommt als letzte in den Raum, und sollte ihr Mann doch einmal zu spät sein und den Raum nach ihr betreten, dann hat er sich zu entschuldigen. Während dies für einige Männer sicher ein Problem gewesen wäre, war es für Philip, der selbst in eine königliche Familie hineingeboren wurde, selbstverständliche Etikette, ein Teil des Lebens. Größere Probleme bereiteten ihm die schwerfälligen Traditionen des britischen Hofes und dessen Widerstand gegen jede Veränderung – durch die »Herren mit den Schnurrbärten«, die ihn als Fremden ablehnten. Elizabeth erkannte dies, und um seine Position zu stärken und, soweit es ihr möglich war, einen Ausgleich zu finden für die erlittene Schmach bei der Auseinandersetzung über den Namen Mountbatten-Windsor, verfügte sie mehrere öffentliche Gesten des Wohlwollens. Im September des Jahres ihrer Thronbesteigung räumte sie ihm den Rang gleich nach dem ihren ein, und im Dezember teilte sie dem Kabinett ihren Wunsch mit, ihrem Gemahl jeweils den höchsten Rang in jeder der drei Abteilungen der Streitkräfte zuzuerkennen. Er sollte Admiral der Flotte, Feldmarschall und Marschall der Luftwaffe werden.[11] Prinz Philip erschien zur Krönung in dem reich mit Goldtressen besetzten Feststaat eines Admirals der Flotte, aber als er die Königin zur feierlichen Eröffnung des Parlaments begleitete, trug er als ein Zeichen der Unabhängigkeit die schlichte Uniform eines Marineoffiziers. Im frühen Sommer des Jahres 1953, kurz vor der Krönung, hatte sie das Kabinett informiert, daß auf ihren Wunsch hin der Herzog von Edinburgh im Falle ihres Todes oder ihrer Geschäftsunfähigkeit zum Regenten berufen werden solle, bis Prinz Charles – zu dem Zeitpunkt noch als Herzog von Cornwall bekannt – das achtzehnte Lebensjahr erreicht habe. Der Herzog von Edinburgh würde dann als Regent die königlichen Aufgaben weiterleiten an die »Counsellors of State«, die Stellvertreter der Königin, unter denen sie ausdrücklich die Königinmutter nominiert sehen wollte.[12] Die Regierung entschied, daß das Regency Bill, das Gesetz zur Regentschaft, im November im Parlament eingebracht und verabschiedet werden sollte, bevor Elizabeth ihre Reise durch das Commonwealth antrat. Der Zeitpunkt war unglücklich gewählt: Die Presse entschied, dies alles als Brüskierung Margarets wegen der Townsend-Affäre hinzustellen.

Philips letzte Beförderung, die vom Kabinett am 22. Februar 1957 abgesegnet wurde, war der Titel eines »Prinzen des Vereinigten Königreiches«. Dies war nicht Elizabeths Idee gewesen, sondern der Vorschlag von Churchill, der dem Kabinett am 2. März 1955 erklärte, daß er es gewesen sei, der ihn »in einer informellen Unterhaltung mit der Königin« vorgebracht habe, und daß sie dem Vorschlag wohlwollend gegenübergestanden habe.[13] Elizabeth jedoch unternahm – vielleicht bedeutsamerweise –für nahezu zwei Jahre, bis zum Februar 1957, nichts, um den Vorschlag zu realisieren. Im Kabinett versuchte dann Premierminister Harold Macmillan, die Angelegenheit als sein Verdienst hinzustellen. Er habe, sagte er, der Königin die Idee vorgetragen »in Anerkennung der großen Dienste, die Seine Königliche Hoheit dem Land erwiesen habe, und wegen seines herausragenden Beitrages zum Fortbestehen des Commonwealth, wobei die Reise, die er gerade beendet habe, als Höhepunkt anzusehen sei«.[14]

Was Macmillan nicht sagte, aber was er fast sicher beabsichtigte, war, den Gerüchten über Risse in der königlichen Ehe den Boden zu entziehen, indem Elizabeth in aller Öffentlichkeit ihren Gemahl für seine Verdienste auszeichnete.

Wenn es tatsächlich einen Riß gegeben hatte, dann kam es sicher zu einer Versöhnung anläßlich Philips Rückkehr später im Jahr 1957. Philips Verhalten, nicht zuletzt die lange Reise, ließ vermuten, daß ihm die Enge des Ehelebens im Königshaus zu schaffen gemacht hatte. Nach zehn Jahren Ehe wollte Elizabeth weitere Kinder haben, nun, da sie meinte, den Anforderungen ihrer Aufgabe gewachsen zu sein. Sie und ihr Gemahl zeigten sich in jenem Frühjahr und Sommer häufig gemeinsam in der Öffentlichkeit. Dem Staatsbesuch in Portugal folgte im April ein Besuch in Paris, wo die Bevölkerung regelrecht über das Paar herfiel. Vor der Oper drängten die »Willkommen« rufenden Massen so stark vor, daß sie durch berittene Wachen mit gezogenem Schwert zurückgetrieben werden mußten, und auf einem Empfang für zweitausend Personen im Louvre kletterten selbst namhafte Geladene auf die Sockel von Statuen, um sie besser sehen zu können. Im Oktober waren sie zum dreihundertfünfzigsten Jahrestag der Gründung des Staates

Virginia in den Vereinigten Staaten. Macmillan, der sehr bemüht war, die durch die Suezkrise entstandene Verstimmung in den angloamerikanischen Beziehungen zu bereinigen, kam in Washington an und fand »das ganze Land noch völlig bezaubert von dem Besuch der Königin«; der britische Botschafter Harold Caccia teilte ihm mit, daß Elizabeth »George III. ein für alle Mal begraben« hätte.[15]

Eine Folge der »Riß-Episode« war, daß Philip offenbar eine zunehmend dominante Rolle auf einem Feld einnahm, das ihm offenstand: seine eigene Familie. Elizabeth betrachtete das als besonders wichtig für ihn, da er, wie sie gegenüber Freunden äußerte, »selber niemals ein eigenes Familienleben gehabt hat«. Darüber hinaus trug ihre Sorge, ein Gleichgewicht zwischen ihren jeweiligen Positionen im öffentlichen wie im privaten Leben herzustellen, dazu bei, ihn zur letzten Instanz zu machen, was ihre Kinder betraf. Ihre eigene Erziehung hatte sie gelehrt, daß die traditionelle Rollenverteilung in der Familie nicht umgekehrt werden sollte. Die Königinmutter war die stärkere Persönlichkeit der Eheleute gewesen, aber sie hatte nie versucht, die Position ihres Gemahls als Haupt der Familie an sich zu reißen, auch wenn in jenen Bereichen, die ihr besonders am Herzen lagen, wie die Windsors und die deutschen Verwandten, ihre Gefühle dominiert hatten. Aus Elizabeths Sicht sollte die Familie nach traditionellen Grundsätzen geführt werden. Ihre Rolle als Mutter sollte streng getrennt gehalten werden von ihrer Position als Königin, und aus diesem Grunde kämpfte sie härter als ihre Eltern darum, die Privatsphäre ihrer Kinder zu bewahren. Commander Colville war ihr Angestellter, und seine Ansichten, wie unpopulär sie auch in bezug auf die Öffentlichkeit und die Presse sein mochten, waren ihre Ansichten.

Elizabeths instinktiver Entschluß, ihrem Mann die Entscheidungen zu überlassen, soweit es die Familie betraf, sollte ernste Folgen haben, ganz besonders für ihren ältesten Sohn. »Mutterschaft ist nicht die Stärke der Königin«, sagte eine Freundin. »Sie hat es gern, mit ihrer Arbeit voranzukommen, und sie ist äußerst fleißig.« Sie hielt sich für die Kinder eine Stunde am Vormittag und eine weitere für die abendliche Badestunde frei, aber ansonsten sah sie keinen Nachteil darin, daß die Kinder die meiste Zeit in Gesellschaft von Kindermädchen und Erzieherinnen verbrachten, so wie sie und Margaret es getan hatten. Behauptungen, daß Philip ein sehr distanzierter Vater gewesen sei, als die Kinder klein waren, sind nach Aussagen seiner Kinder und ihrem früheren Kindermädchen unwahr; dies wird durch Mike Parkers Aussage und die anderer Leute, die zu der Zeit im Buckingham-Palast arbeiteten, bestätigt. Prinzessin Anne erzählte dem Biographen ihres Vaters, wie Philip immer versucht habe, einige Zeit mit ihnen vor dem Schlafengehen zu verbringen, ein Muster, daß sie übernommen hat. Charles' über alles geliebtes Kindermädchen, Mabel Anderson, beschrieb ihn als einen »wunderbaren Vater. Als die Kinder noch jünger waren, plante er immer Zeit ein, um ihnen vorzulesen oder ihnen die kleinen Modellspielsachen zusammensetzen zu helfen«.[16] Das Personal hat ihn zu der Zeit als »zugänglicher als die Königin« in Erinnerung, wenn er mit den Kindern vor dem Schlafengehen noch Verstecken spielte, begleitet von entzücktem Geschrei. Elizabeth konnte sehr distanziert und manchmal etwas furchterregend wirken. Einmal in Balmoral, als Charles ein sehr kleiner Junge war, bat er seine Großtante, die »Princess Royal«, ihm ein Glas mit Süßigkeiten herunterzureichen, doch da hörten sie Elizabeth kommen. Charles erstarrte vor Entsetzen, und Prinzessin Mary setzte das Glas hastig auf das Regal zurück.

Charles wurde als einsamer kleiner Junge dargestellt, den seine Kindermädchen in leicht altmodische Kleidung steckten, die sich in Stil und Schnitt seit den dreißiger Jahren nicht geändert hatte, und die für ihn von zwei exklusiven Läden auf der Bond Street, »Rowes« und »The White House«, angefertigt wurde. Die unausweichliche Folge der häufigen, langen Abwesenheit seiner Mutter war, daß er, wie viele Kinder der oberen Gesellschaftsschicht, eine vertrautere Beziehung zu seinen Kindermädchen – erst Helen Lightbody und später Mabel Anderson – hatte als zu seiner Mutter. Sein vierter Geburtstag, im Jahr 1952, war der erste, an dem sein Vater anwesend war. An seinem fünften waren seine Eltern in Sandringham, um Pläne für die große Commonwealth-Reise zum Abschluß zu bringen, während Charles den Tag mit seiner Großmutter und seiner Tante Margaret in Windsor verbrachte. Seine Mutter schenkte ihm einen Helm und ein Schwert; seine Großmutter überraschte ihn mit einem Satz Gartengeräte, Geschenke, die irgendwie als symbolisch angesehen werden können für die unterschiedliche Beurteilung von Charles' Zukunft. Vor dem Ab-

21 Am Tag der Krönung, 2. Juli 1953

22

23

24

22 Interessierte Zuschauer: Peter Townsend (links außen stehend), Margaret (mit ihrem Markenzeichen, der Zigarettenspitze) und Elizabeth (mit Kamera) bei den Olympic Horse Trials in Badminton, Frühjahr 1953

23 Ein schönes Paar: Margaret und Tony Armstrong-Jones posieren im Februar 1960 für das Verlobungsfoto in der Royal Lodge von Windsor.

24 Eine junge Mutter: Elizabeth mit Anne und Charles in den frühen fünfziger Jahren

25 Ein Baron sieht sich selbst: Selbstporträt von Baron Henry Stirling Nahum, 1956

26 Von nun an auf getrennten Wegen: Philip am 6. Februar 1957 mit seinem alten Freund und Privatsekretär, Kommandant Michael Parker, vor dessen Abreise nach London auf dem Flughafen von Gibraltar

27

28

29

30

32

27 Die zuverlässige »Bobo«: Margaret MacDonald, Elizabeths Ankleidefrau und Vertraute

28 Ein Freund aus Kindertagen: Lord Plunket, Februar 1953

29 Oberstleutnant Martin Charteris, der zukünftige Lord Amisfield und damalige Stellvertretende Privatsekretär der Königin, November 1961

30 Eine schicksalsschwere Begegnung: Elizabeth trifft am 18. Oktober 1963 mit ihrem Privatsekretär Sir Michael Adeane am King Edward VII. Hospital ein, um Harold Macmillan zu besuchen.

31 Robin Javrin, damals Stellvertretender Privatsekretär, und Sir Robert Fellowes, Privatsekretär, 1992 im Hof des Buckingham-Palastes

32 Lady Susan Hussey, Hofdame Elizabeths und Vertraute des Prinzen Charles

33 David George Coke Patrick Ogilvy, seit 1984 amtierender Lord Chamberlain

34

34 Eine glückliche Familie: Philip, Elizabeth, Andrew, Edward, Anne und Charles 1972 in Balmoral

35 Die Märchenprinzessin und ihr Soldat: Anne und Captain Mark Phillips posieren im November 1963 für das Verlobungsfoto in Schloß Windsor.

36 Versöhnung mit der königlichen Familie? Die Herzogin von Windsor tritt am 7. Juni 1967 erstmals öffentlich mit Verwandten ihres Gatten auf.
Von links nach rechts: die Königinmutter, der Herzog und die Herzogin von Gloucester, der Herzog und die Herzogin von Windsor und Elizabeth beim Enthüllen einer Erinnerungstafel für Königin Mary

37 Ein Mountbatten-Trio: Der Prinz von Wales mit Onkel und Vater anläßlich eines Polo-Spiels im August 1979, ein Jahr vor der Ermordung des Onkels. Die Körpersprache ist bezeichnend: Der Prinz zeigt fragend auf sich selbst, sein Mentor hat ihm väterlich die Hand auf die Schulter gelegt, während sein Vater mit verschränkten Armen beiseite steht und seine Aufmerksamkeit auf etwas anderes richtet.

35

38 Love-Story Nr. I: Der Prinz und die Prinzessin von Wales in den Flitterwochen auf Balmoral, 1981

39 Love-Story Nr. II: Der Prinz von Wales und Camilla Parker Bowles, 1975

38

39

schied ging Elizabeth zu »Harrod's« und kaufte seine Weihnachtsgeschenke, ein rot-weiß-blaues Segelflugzeug zum Spielen und ein paar Sandkastenförmchen, Gaben, die ihm am ersten Weihnachtsfeiertag überreicht werden sollten, wenn sie und sein Vater in Neuseeland sein würden. Am 22. November deckte sie ihre Kinder im Bett zu – Charles, verantwortungsvoll wie immer, versprach, »auf Anne aufzupassen«; draußen vor dem Kinderzimmer brach sie dann in Tränen aus. Ihrem Sohn war bereits beigebracht worden, warum seine Mutter ihn so oft allein lassen mußte. »Mami hat wichtige Arbeit zu tun«, erzählte er einem Freund und zeigte auf den Globus, der neuerdings im Kinderzimmer aufgestellt war, so daß er den Reisefortschritt seiner Eltern verfolgen konnte. »Sie ist da unten.« Erst am 2. Mai sah er sie wieder, mit Dudelsackmusik auf der »Britannia« in Tobruk empfangen, und dann mußte er warten, während sie die Hände einer ganzen Reihe von Würdenträgern schüttelte, und versuchte, sich ihnen anzuschließen. »Nein, nicht du, Lieber« waren die ersten Worte Ihrer Majestät zu ihrem Sohn nach der sechsmonatigen Trennung, bevor zu einem späteren Zeitpunkt das private Wiedersehen stattfand. Zum ersten Mal wurde ihm die königliche Lektion zuteil, daß private Gefühle in der Öffentlichkeit nicht gezeigt werden. Elizabeth verhielt sich gemäß der Tradition. Als ihre eigenen Eltern im Jahr 1927 von einer fünfmonatigen Reise nach Australien zurückkamen, hatte die strenge Anweisung ihres Großvaters gelautet: »Wir werden uns auf dem Bahnhof vor so vielen Leuten nicht umarmen. Wenn du Mama einen Kuß gibst, nimm deinen Hut ab …«

Während der häufigen Abwesenheit seiner Eltern wurde die Welt von Charles im wesentlichen von Frauen regiert und geprägt, hauptsächlich von seinen zwei Kindermädchen, während im Hintergrund die geliebte Großmutter und lebenslange Stütze, die Königinmutter, verweilte. Er war immer ein schüchternes, empfindsames Kind und wirkte in den Augen seiner Eltern oft bedrückt, verglichen mit seiner robusteren jüngeren Schwester. »Wenn man ihm gegenüber die Stimme erhob«, erinnerte sich seine Erzieherin Miß Catherine Peebles, bekannt als »Mispy«, »zog er sich in sein Schneckenhaus zurück, und für eine ganze Weile war nichts mit ihm anzufangen.« »Er war nie so ausgelassen und laut wie Prinzessin Anne«, sagte Mabel Anderson.

»Sie war eine viel stärkere und extrovertiertere Persönlichkeit. Sie schob ihn nicht direkt zur Seite, aber sie war sicher ein viel energischeres Kind.«[17] »Prinzessin Anne war ein sehr ungezogenes kleines Mädchen, ein regelrechter Schlingel«, erinnerte sich ein Mitglied von Philips Personal. »Sie kam einfach in unseren Raum, sehr selbstsicher, und fragte: ›Schreibt ihr Briefe für Papa?‹ Prinz Charles versuchte immer, korrekt zu sein und sie hinauszubringen, aber sie schüttelte ihn einfach ab.« Einmal, als sie erst so um die vier Jahre alt war, ließ sie Harvey, das Lieblingskaninchen von Charles, aus seinem Stall und stand dann lachend da, mit den Händen auf den Hüften, als die Gärtner hinterherjagten, um es einzufangen.

Elizabeth und Philip hatten sich dafür entschieden, daß ihre Kinder in einer möglichst »normalen« Lebensweise aufwachsen sollten, aber Elizabeth merkte bald, daß Prinz Charles, auch wenn sie vorhatten, ihn später auf die Schule zu schicken, jetzt noch nicht bereit war für die rauhe Wirklichkeit des Konkurrenzdenkens in der Außenwelt. Sie stellte die Kindererzieherin Miß Peebles ein, die ihm zu Hause im Palast Unterricht erteilen sollte. Mit fünf Jahren war Charles an die Welt der Erwachsenen gewöhnt, jedoch gar nicht an den Austausch mit Kindern seines Alters. Wie seinerzeit Elizabeth war er scheu und zurückhaltend, aber auch empfindlich, und es mangelte ihm an der inneren Widerstandsfähigkeit seiner Eltern. Charles und seine Schwester standen sich nie so nah, wie es bei seiner Mutter und deren Schwester der Fall gewesen war, obwohl der Altersunterschied wesentlich kleiner war – weniger als zwei Jahre. Charles stand alleine da aufgrund der einsamen Position als Thronfolger und mußte mit den Belastungen dieser herausragenden Stellung selbst fertig werden. Die langsam dämmernde Erkenntnis, daß seine Mutter die Königin war und daß es eine »königliche« Art gab, sich zu benehmen, hatte offenbar eine hemmende Wirkung. Er wußte, daß er »anders« war, ein Gefühl, das für jedes Kind zum unüberwindlichen Hindernis werden kann, wenn es eine Verbindung zur Außenwelt herstellen will. Sogar bei einem Besuch auf der Farm eines Freundes war zu erkennen, daß seine Reaktionen verhalten und nicht spontan waren, sein Interesse fast höflich war, als absolviere er eine königliche Visite.

Charles' frühe Kinderzeit glich sehr der seiner Mutter, dagegen in keiner Weise der gleichaltriger Zeitgenossen. In der Mitte der fünfziger Jahre war es recht unüblich für einen Jungen, von einer Erzieherin unterrichtet zu werden, anstatt in einen Kindergarten zu gehen. Sein Stundenplan beinhaltete wie der seiner Mutter das Fach Geschichte, das er liebte und Geographie, die ihm durch die Reisen seiner Eltern nahegebracht wurde; er war schlecht in Mathematik, aber nachdem sein zukünftiger Wirkungsbereich kaum etwas mit kommerzieller Betrachtungsweise zu tun haben würde, schien das kaum von Belang zu sein. Wie die Mutter begann er sehr früh mit Französisch, und seine Ausbildung wurde ebenso wie ihre durch Ausflüge zu Museen und historischen Bauwerken ergänzt. Diese Unternehmungen waren ebenfalls zeitlich sehr begrenzt wegen der Anteilnahme der Öffentlichkeit. Elizabeth war betroffen über das Ausmaß des öffentlichen Interesses an seinen Besuchen und erteilte Colville die Anweisung, einen persönlichen Brief an die Zeitungsherausgeber zu schreiben: »Die Königin geht davon aus, daß Seine Königliche Hoheit in die Lage versetzt wird, sich in gleicher Weise an diesen Dingen zu erfreuen wie andere Kinder, ohne die Belastung konstanten öffentlichen Aufsehens ...« Das war im April 1955; Elizabeths dringende Bitte brachte ihrem Sohn vorübergehende Erleichterung, aber das sollte nicht lange andauern. Die Königin schickte sich an, Charles auf den Anfang seiner Schullaufbahn einzustimmen. Um diesen Wechsel vorzubereiten, ersetzte ab Weihnachten des Jahres 1956 ein männlicher Lehrer und Gesellschafter, Michael Farebrother, die Erzieherin Miss Peebles in Sandringham. Mrs. Lightbody ging in den Ruhestand. Laut Aussage von Charles' autorisiertem Biographen Jonathan Dimbleby warf Philip sie hinaus, weil sie ihn verhätschelte und zu sehr gegenüber Anne bevorzugte. Mispy wie auch Mabel Anderson wechselten zu Anne. Charles' Kindheit war vorbei.

»Mami, Schuljungen, was sind das?« soll der Prinz seine Mutter gefragt haben. Am 28. Januar 1957 wurde er der erste Thronfolger, der die Primary School, die Grundschule, besuchte. In seiner Schuluniform, bestehend aus einem ockerfarbenen Pullover und rötlichgelben Cordsamtshorts, wurde der Prinz in einem der weniger auffälligen Autos des Palastes zu einem überfüllten roten Ziegelgebäude am Hans Place, einem teuren Viertel direkt hinter Harrod's, gefahren. Das war

Hill House, seine erste Schule, die erst kurz zuvor gegründet worden war und nach hohen, individuellen Maßstäben von Colonel Townend geleitet wurde, einem früheren Artillerieoffizier, der sich im sportlichen Bereich als Fußballstar von Oxford und Leichtathlet für England Verdienste erworben hatte. Eine Aufnahme in Hill House hing von der ganz persönlichen Billigung des Colonel ab. Wenn er die Mutter mochte, dann war der Junge aufgenommen. Die Einrichtung war nicht versnobt und, vom akademischen Standpunkt aus gesehen, nicht zu leistungsorientiert. Die Lehrer waren fast alles Frauen, die meisten von ihnen jung und hübsch, und es gab keine körperliche Züchtigung. Das Motto der Schule lautete: »Der Geist eines Jungen ist kein Gefäß, das gefüllt werden, sondern ein Feuer, das entfacht werden muß.« Sport wurde auf den Sportplätzen der »Duke of York's Barracks« in der nahe gelegenen King's Road betrieben, und der Schwimmunterricht fand zusammen mit Charles' Klassenkameraden im Schwimmbecken des Buckingham-Palastes statt.

Charles' erster Tag verlief ohne Zwischenfall, da weder die Presse noch die Öffentlichkeit über die Entwicklung auf dem laufenden waren, aber am nächsten Morgen verstopften riesige Menschenmassen die engen Durchfahrtsstraßen rund um die Schule, und Elizabeth verlor fast die Nerven darüber, ihn überhaupt hinzuschicken. Er ging, aber es war ein Spießrutenlaufen vor der Menschenmenge beim Hineingehen wie auch beim Herauskommen – keine angenehme Erfahrung für einen Achtjährigen. Am dritten Tag behielt ihn Elizabeth zu Hause, während Colville persönlich die Zeitungsherausgeber anrief und ihren Appell weitergab, die Reporter zurückzuziehen und ihren Sohn in Frieden zur Schule gehen zu lassen. Wieder einmal hatte diese Methode Erfolg, und am Ende des Schulhalbjahres nahmen Elizabeth und Philip am Field Day, dem großen Festtag der Schule, teil. Charles war wesentlich daran beteiligt, eine Schrotflinte auseinanderzunehmen und wieder zusammenzusetzen, was ihm ein »Gut gemacht, Charles!« von seinem Vater einbrachte. Es sah so aus, als ob dieses erste Experiment ein Erfolg gewesen sei, so daß seine Eltern eine Verlängerung in Betracht zogen. Philip hatte in einem Interview, das er in jenem Jahr (1956) in den Staaten gegeben hatte, klar umrissen, welches die Ziele in Bezug auf die Erziehung von Charles waren. »Die Königin und ich«, sagte er, »möchten, daß Charles zusammen mit Jungen seiner Generation zur Schule geht, damit er lernt, mit anderen Kindern zusammenzuleben und von Kindheit an die Disziplin verinnerlicht, die in der Erziehung zusammen mit anderen erforderlich ist...«[18]

Jedoch sollte es für einen Jungen wie Charles, dessen Erziehung und gesellschaftlicher Hintergrund so gänzlich anders waren als bei seinen Altersgenossen, nie einfach werden. Von Hill House aus war es Charles immer möglich gewesen, sich hinter die vertrauten Mauern des Buckingham-Palastes und in die sichere Nähe von Mabel Anderson zurückzuziehen. Doch am 23. September 1957, zwei Monate vor seinem neunten Geburtstag, brachten ihn seine Eltern nach Cheam zur Preparatory School, eine vorbereitende Privatschule in Hampshire, die von allen männlichen Mountbattens, einschließlich seines Vaters, besucht worden war. Damit wurde das brutale Ritual eingeleitet, das den Übergang von der Kindheit zum Erwachsenwerden markiert und dem jeder britische Junge ausgesetzt ist, dessen Eltern es sich finanziell erlauben können – die Vorbereitung auf den Besuch der British Boarding School, eine Art Gymnasium mit Internat. Seine Mutter machte die gleichen Gefühle durch wie jede andere Mutter, die ihr Kind zu solch einer fürchterlichen Erfahrung in die Welt hinausschickt – eine Mischung aus Schuldgefühlen, Trennungsschmerz, Besorgnis über die Reaktionen und der Hoffnung, daß doch noch alles gutgeht. In Elizabeths Fall waren die Emotionen sehr heftig; es war nur zu klar, daß Charles sich vor dieser Zukunft fürchtete. Auf der langen Bahnreise von Balmoral gen Süden sah sie, wie er vor Entsetzen schauderte; später erinnerte sich Charles an den ersten Tag in Cheam als an den einsamsten in seinem Leben. Wenige Stunden nach seiner Ankunft schaute der junge Mathematiklehrer, der abkommandiert war, ein Auge auf ihn zu haben, aus einem Fenster und sah einen kleinen Jungen, der ganz deutlich abseits stand, »eine einsame und todunglückliche Figur«. In Cheam waren die Jungen um einiges älter, deshalb weniger unschuldig und zugleich bedrohlicher, als es in Hill House der Fall gewesen war. Man hatte allen gesagt, daß der Sohn der Königin einer von den zwölf neuen Jungen des Schulhalbjahres sein werde und daß die Königin wünsche, daß er behandelt werde wie jedermann. Doch gerade das war ihnen unmöglich. »Charles selber«, schrieb sein Biograph

Anthony Holden, »hatte keine Erfahrung, wie man sich in einer Gruppe von Fremden durchsetzt oder wie man die Anerkennung Gleichgesinnter gewinnt...« Elizabeth wußte, daß sich ihr Sohn während des ersten Jahres in Cheam unglücklich fühlte, aber sie meinte, daß das etwas sei, was er zu ertragen habe, um sich auf seine zukünftige Position vorzubereiten.

Die Jungen verhielten sich nicht feindlich, aber der Herdeninstinkt machte sie mißtrauisch gegenüber jemandem, der so offensichtlich »anders« war; einem ungeschriebenen Ehrenkodex folgend, wollten sie nicht in den Verdacht geraten, dem Sohn der Königin »in den Hintern zu kriechen«. Charles machte die Erfahrung, daß gerade die nettesten Jungen, mit denen er am liebsten Freundschaft geschlossen hätte, diejenigen waren, die sich zurückhielten, und daß die, welche auf ihn zugingen, oft diejenigen waren, die er am wenigsten leiden konnte. Es machte die Sache auch nicht besser, daß er etwas dicklich war und nicht besonders gut in Sport, der schnellste Zugang zur Beliebtheit. Sein Selbstwertgefühl wurde auch nicht durch das Beispiel seines Vaters gefördert – Prinz Philip von Griechenland war erster Mannschaftstorwart und Kapitän der Kricket-Elf gewesen. Das Verhalten der Presse machte das Leben für ihn und alle anderen in der Schule sehr schwierig. Journalisten lungerten herum und sollen sogar Bestechungsgelder für Geschichten über Charles geboten haben. »Sogar der Schulfriseur hat für die Zeitungen gearbeitet«, wetterte Philip, und Elizabeth schaltete wieder einmal Colville ein. Während der Schulferien fand eine Zusammenkunft der nationalen Zeitungsherausgeber im Buckingham-Palast statt, auf der Colville sie warnte, daß sie entweder ihre Belästigungen in Cheam einzustellen hätten und nur Geschichten von echtem Interesse druckten, oder die Königin würde ihren Sohn von der Schule nehmen und im Palast erziehen lassen, wobei die Presse das Nachsehen hätte. Es klappte, auch wenn die ausländischen Zeitungshaie es weiterhin versuchten und von den Bewachern des Prinzen, die ihn zur Schule begleiteten, verjagt werden mußten. Charles kam ganz gut zurecht, auch wenn sein bester Freund in der Schule die Tochter des Schulleiters war, Mary Beck, das einzige Mädchen.

Als Charles am Ende des Sommerhalbjahres 1958 noch in Cheam war, wurde ein großer Teil des Versuchs, sich selbst vorzumachen, daß er genauso sei wie die anderen, durch die Ankündigung zunichte gemacht, daß Elizabeth sich entschieden habe, ihren Sohn zum »Prinzen von Wales« zu ernennen. Elizabeth war krank nach einer Nebenhöhlenoperation, aber sie hatte eine Botschaft auf Tonband aufnehmen lassen, die anläßlich der Eröffnung der Commonwealth-Spiele in Cardiff durch Philip ausgestrahlt werden sollte: »Ich möchte diese Gelegenheit ergreifen«, sagte sie, »um zu dem ganzen walisischen Volk zu sprechen, nicht nur in diesem Wettkampfstadion, sondern wo immer es sein mag. Die Spiele des Britischen Empire und Commonwealth in der Hauptstadt, zeitgleich mit all den Aktivitäten der Festspiele von Wales haben dieses Jahr zu einem denkwürdigen für Wales gemacht. Ich habe deshalb beschlossen, die Bedeutung noch hervorzuheben durch einen Akt, der, so hoffe ich, allen Walisern ebenso viel Freude bereiten wird wie mir. Ich beabsichtige, meinen Sohn Charles heute zum Prinzen von Wales zu ernennen. Wenn er erwachsen ist, werde ich ihn euch in Caernarvon vorstellen ...«

Der neunjährige Junge, der mit einer Gruppe von Klassenkameraden im Arbeitszimmer des Schulleiters vor dem Fernseher saß, war plötzlich Prinz von Wales, Graf von Chester und Ritter des höchst ehrenhaften Hosenbandordens geworden. Niemand hatte auch nur daran gedacht, ihn deswegen vorzuwarnen, was man als einen ungewöhnlichen Mangel an Feingefühl seitens Elizabeths ansehen muß. Vielleicht nahm sie an, daß es als Willkommensüberraschung aufgefaßt würde, aber wenn sie wirklich wollte, daß ihr Sohn wie jeder andere Junge behandelt wurde, dann war diese Ankündigung über das Fernsehen kaum der richtige Weg dazu. Elizabeth besaß außerhalb des Palastes keine persönliche Schulerfahrung und wußte sehr wenig über das Verhalten von Schuljungen. Charles erinnerte sich später an ein Gefühl entsetzlicher Peinlichkeit, das er damals empfand. Es gab keinen besonderen Grund für Elizabeth, ihren Sohn zu diesem Zeitpunkt zum Prinzen von Wales zu ernennen. Die Entscheidung war erst einen Monat zuvor gefallen, und die zeitliche Abstimmung war zurückzuführen auf Harold Macmillans Instinkt für sinnvolle Öffentlichkeitsarbeit. Bei seiner Audienz am 25. Juni 1957 hatte Elizabeth Macmillan wegen der Ernennung um Rat gebeten. Macmillan versicherte ihr, daß, »wenn die Königin erklären würde, daß es ihre Absicht sei, Prinz Charles zum

Prinzen von Wales zu ernennen, solches nicht nur für die Menschen von Wales, aber natürlich ganz besonders für diese, ein Anlaß zu großer Freude wäre. Es müsse daran erinnert werden, daß niemand unter fünfundzwanzig Jahren jemals einen lebenden Prinzen von Wales gekannt habe, und deshalb werde die Ernennung nicht lediglich eine nichtssagende Formalität, sondern ein wirklich bedeutendes Ereignis sein«. Er gab ihr den Hinweis, der geplante Besuch in Cardiff, um auf der Abschlußveranstaltung der Spiele des Empire und Commonwealth zu sprechen, sei die ideale Gelegenheit für ihre Ankündigung. Ferner meinte er, daß für einige Zeit keine Zweifel an einer später stattfindenden Investitur-Zeremonie aufkommen sollten, zumindest nicht bis zum achtzehnten Lebensjahr von Prinz Charles.[19] Elizabeth erklärte sich mit beiden Punkten einverstanden, jedoch wurde die Entscheidung sogar vor dem Kabinett bis gerade zwei Tage vor der Ankündigung in Cardiff geheimgehalten.[20] Zweifelsohne gefiel es den Walisern – mehr als 36000 jubelten im Stadion, warfen ihre Hüte in die Luft, tanzten auf den Rängen und sangen »Gott segne den Prinzen von Wales«. Doch das unmittelbare Ergebnis war, daß sich das öffentliche Interesse noch heftiger auf Charles konzentrierte, da seine Position als zukünftiger König so sehr hervorgehoben wurde, eine wahrhaft schwere Last für ein neunjähriges Kind.

Seine Mutter schaute aber noch weiter voraus; Anfang 1959 schlug sie Macmillan vor, daß sie Marlborough House als »Commonwealth Centre«, als Gästehaus und Konferenzzentrum für Besucher aus dem Commonwealth, abgeben wolle. Marlborough House war ein königlicher Palast, der zur Benutzung durch Mitglieder der königlichen Familie vom Bauministerium zu Lasten des Staates unterhalten wurde. Die letzte Bewohnerin war Königin Mary gewesen, die dort im März des Jahres 1953 gestorben war. Das Haus hatte riesige Räume, keine Zentralheizung und wenige Badezimmer. Eine Modernisierung würde sehr viel Geld kosten, und Elisabeth hatte das Gefühl, daß sie für solch einen Zweck keine öffentlichen Gelder verlangen könne. Als königliche Residenz wurde es zu der Zeit nicht benötigt, jedoch dachte sie bereits daran, ein Haus für Prinz Charles bereitzustellen, wenn er heiratete, und so fragte sie Macmillan ganz schlau, ob er ihr eine Zusicherung geben könne, daß, sollte dieser Fall eintreten, die amtierende

Regierung das Parlament darum bitten würde, eine »passende Residenz« zur Verfügung zu stellen, sozusagen im Austausch für Marlborough House.[21]

Anfang Juni 1959 wurde Martin Charteris auf eine besondere Mission nach Accra geschickt. Die Königin hatte ihm gerade mitgeteilt, daß sie ein Kind erwartete und deshalb ihren später im Jahr geplanten Besuch in Ghana streichen müsse. Sie befürchtete, Kwame Nkruma, ein berüchtigt schwieriger Mensch, der als Präsident Ghana praktisch diktatorisch regierte, könne beleidigt sein und einen Wutanfall mit entsetzlichen Folgen bekommen, sollte er die nackten Tatsachen lediglich durch ein Telegramm erfahren. Charteris sollte Nkruma wahrheitsgemäß anvertrauen, daß sie und der Herzog seit längerem versucht hätten, ein weiteres Kind zu bekommen. Charteris flog nach Accra unter dem Vorwand, daß er Dekorationsfragen mit dem zuständigen Verwaltungsbeamten des Präsidenten, einem Engländer namens »Jacko« Jackson, erörtern müsse. Als Jackson erfuhr, daß er gekommen sei, um Nkrumah mitzuteilen, die Reise sei abgeblasen, meinte er zu Charteris: »Ich möchte um nichts in der Welt in Ihrer Haut stecken – Sie könnten leicht im Gefängnis landen!« Mit einem unguten Gefühl begab sich Charteris zu Nkrumah nach Christiansborg in das Schloß mit Ausblick über die alten Sklavenviertel auf den Atlantik. Als er Nkrumah die Neuigkeit mitteilte, trat eine bedrückende Stille ein; der Präsident starrte den Privatsekretär aus ausdruckslosen braunen Augen unverwandt an; nach einer Weile gab ihm Charteris einen freundlichen Klaps auf die Knie, um die Spannung abzubauen. Schließlich sagte Nkruma: »Wenn Sie mir gesagt hätten, meine Mutter sei tot, hätten Sie mir keinen größeren Schock versetzen können. Ich habe mein ganzes persönliches Glück in sie [die königliche Reise] hineingelegt ...« Dann fügte er noch hinzu: »Ich muß nach Balmoral fahren und die Königin sehen«, und er fuhr nach Balmoral. Als sie dann später nach Ghana kam, sagte Charteris, daß Elizabeth »ihn um ihren kleinen Finger wickelte«.[22]

Elizabeths Schwangerschaft war noch immer ein Geheimnis, als sie gegen Ende Juni zu einer einundzwanzigtausend Kilometer langen Mammutreise von sechs Wochen in Kanada ankam, in deren Verlauf sie in Anwesenheit des kanadischen Präsidenten John Diefenbacher und seiner Gattin sowie des Präsidenten Eisenhower in Begleitung seiner Frau Mamie die Eröffnung des St.-Lorenz-Kanals vornahm. Sie besuchte auch Chicago mit der »Britannia«, um dort der Beschreibung der *Time* zufolge »die tollsten zwei Wochen in der Geschichte Chicagos« und den wärmsten Empfang, der ihr und Prinz Philip bis dahin auf ihrer Nordamerikareise zuteil geworden war, zu erleben. Sie mußte zwei freie Tage einlegen und in Whitehorse am Yukon ausruhen, angeblich mit Magenbeschwerden; im übrigen war die lange, manchmal zu anstrengende Reise, nach Darstellung der *Time*, im stark unabhängigen und zunehmend nationalistischen Kanada eher ihr ganz persönlicher Erfolg als ein Triumph der Monarchie – so, wie es ihr der »Whitehorse Star« übermittelte: »Königin, du bist o.k. für uns!« Elizabeth flog mit der Comet zurück, um zu enthüllen, was bisher nur die Höflinge und die Oberhäupter der besagten Staaten wußten – ihre Schwangerschaft. Anläßlich des Jahresfeiertages war die Familie wieder vereint in Balmoral, wo sich die Eisenhowers kurz dazugesellten – der Präsident, seine Frau, ihr Sohn John und die Enkelkinder –, die über Nacht blieben und in den Genuß der unausweichlichen Picknick-Teestunde am Loch Muick kamen.

Elizabeth und Philip freuten sich über die Schwangerschaft. Beobachter in Balmoral erinnerten sich, »wie glücklich die zukünftige Mutter und der Vater waren, die sich gegenseitig neckten. Die Königin sagte, wie wunderbar das alles sei nach so langer Zeit. Sie waren beängstigend zufrieden und glücklich miteinander – schließlich hatten sie durchaus Höhen und Tiefen hinter sich«. Seit Philip von der viermonatigen Kreuzfahrt mit der »Britannia« zur großen Versöhnung von Lissabon zurückgekehrt war, hatten sie sich bereits seit zwei oder drei Jahren ein Kind gewünscht. Im Frühjahr war er wiederum mit der »Britannia« auf einer langen Seereise rund um den Globus gewesen, mit Besuchen in Indien und Pakistan und dann quer über den Pazifik vom 20. Januar bis zum 30. April. Das erwartete Baby war das Produkt ihres Wiedersehens. Jahre später verbreiteten Insider, ohne die Daten zu berücksichtigen, Gerüchte, daß Prinz Andrew das Kind von Porchester sei, empfangen, als Philip fort war. Die Geburt von Andrew im Buckingham-Palast am 19. Februar 1960 wurde überall als Besiegelung einer erfolgreichen Ehe angesehen, untermauert von Enthüllungen in der Sonntagsausgabe einer Boulevardzeitung, welche auf das Konto eines früheren Polizeikommissars in Windsor gingen, inzwischen Gastwirt der Kneipe »Plough and Dial« in Hertfordshire; seine Indiskretionen über die Schlafgewohnheiten des königlichen Ehepaares – zusammen in einem riesigen, viktorianischen Bett von ungefähr 230 Zentimeter Breite, das mit einer festgestopften Roßhaarmatratze ausgestattet sei – brachten ihm eine richterliche Verfügung ein. Nach dem Grund für den fast zehnjährigen Altersunterschied zwischen Prinzessin Anne und ihrem jüngsten Bruder befragt, gaben Freunde unterschiedliche Erklärungen – von »Zunächst war sie zu beschäftigt, da sie Königin geworden war« über »Dann wurden Wünsche nach mehr Kindern in ihr wach« bis zu »Prinz Philip dachte, zwei seien genug«. Das Baby bekam den Namen Andrew nach seinem Großvater väterlicherseits, eine weitere freundliche Geste gegenüber Philip.

Elf Tage bevor das Baby geboren wurde, hatte Elizabeth eine andere öffentliche Geste des Wohlwollens bewiesen, in der Absicht, etwas von der Kränkung wiedergutzumachen, die durch die im Jahr 1952 getroffene Entscheidung, Philips Familiennamen nicht an ihre Kinder weiterzugeben, verursacht worden war. Königin Mary war tot, Churchill im Ruhestand; die Vorbehalte der Königinmutter gegenüber der Namensänderung waren möglicherweise die gleichen geblieben, aber Elizabeth bot jetzt einen Kompromiß an. Am 8. Februar 1960 gab sie ein Statement in der Ratsversammlung: »Hiermit erkläre ich es als meinen Willen und meine Freude ..., während ich und meine Kinder weiterhin als das Haus und die Familie von Windsor angeredet und bekannt sein werden, sollen meine Abkömmlinge, sofern sie nicht die Anrede, den Titel oder die Attribute der Königlichen Hoheit und die Adelswürde eines Prinzen oder einer Prinzessin innehaben, und weibliche Abkömmlinge, die heiraten, sowie deren Abkömmlinge, den Namen Mountbatten-Windsor tragen ...«

Die Erklärung schloß: »Es ist immer der Wunsch der Königin gewesen, ohne dadurch den von ihrem Großvater eingeführten Namen des königlichen Hauses zu ändern, den Namen ihres Gemahls mit dem ihren und mit seinen Nachkommen zu verbinden. Die Königin hat dies seit langem zu tun gedacht, und es ist ihr eine Herzensangelegenheit.«

Die Episode der Namensänderung in Mountbatten-Windsor ist in obskures Dunkel gehüllt. Am 27. Januar 1960 teilte Rab Butler, der als Stellvertretender Premierminister fungierte, da Macmillan auf einer Reise durch Südafrika, einer »Mission der Erneuerung«, weilte, dem Premier in einem Telegramm mit, daß er ein Gespräch mit der Königin gehabt habe: »An diesem Wochenende ist mir klargeworden, was im Palast vor sich geht. Der Lordkanzler, Vorsitzender des britischen Oberhauses, rief mich am Samstag nachmittag in Gloucestershire an, und aus den gleichnishaften Andeutungen konnte ich entnehmen, daß für die Kinder eine Namensänderung ins Auge gefaßt war... Heute konnte die Situation durch ein Gespräch mit der Königin geklärt werden... Sie bestätigte unmißverständlich, daß die Entscheidungen des Jahres 1952 [Beibehaltung des Familiennamens Windsor] verbindlich getroffen worden seien und sie diese auch aus Vernunftgründen akzeptiert habe, aber sie bestätigte nicht, daß diese Entscheidungen auch ihrer inneren Einstellung entsprochen hätten. Sie betonte, daß Philip nichts von der jetzigen Entscheidung wisse, die ihr ein absolutes Herzensanliegen sei«.[23]

Macmillan war nach Weihnachten bei der Königin in Sandringham gewesen und hatte die Angelegenheit bereits zu diesem Zeitpunkt mit ihr erörtert, obwohl er keinen Grund sah, Butler irgend etwas darüber zu sagen. Laut Aussage seines Biographen Alastair Horne machte Macmillan später »gern eine gute Geschichte« aus dem dortigen Zusammentreffen mit dem Herzog von Gloucester: »Zutiefst beunruhigt. ›Gott sei Dank, Premierminister, daß Sie gekommen sind. Die Königin ist völlig aufgelöst; da steht ein Kerl mit Namen Jones im Billardzimmer, der ihre Schwester heiraten will, und Prinz Philip sitzt in der Bibliothek und will den Familiennamen in Mountbatten ändern.‹« Ferner, nach einer Quelle aus dem nahen Umfeld von Butler, soll er zu der Zeit vertraulich geäußert haben, daß »es das erste Mal gewesen sei, daß er die Königin unter Tränen gesehen habe«, als er die Angelegenheit mit Elizabeth durchgesprochen habe.

Was auch immer Elizabeth Butler diplomatisch verschleiert erzählt haben mochte, es ist durchaus anzunehmen, daß es Versuche nachhaltiger Beeinflussung seitens Mountbattens und Philips gegeben hatte, genauso wie es im Jahr 1952 der Fall gewesen war. Elizabeth stand noch immer zu der ursprünglichen Entscheidung, den Namen »Windsor« nicht durch »Mountbatten« zu ersetzen. Wozu sie sich bereit erklärte, war, nicht den Namen der königlichen Familie als solchen zu ändern, der »das Haus von Windsor« bleiben sollte, sondern nur, den entfernteren Nachkommen einen Nachnamen zu geben, da sie keine Königlichen Hoheiten waren und deshalb einen brauchen würden. Es war kein Nachgeben gegenüber dem, was Mountbatten und Philip im Jahr 1952 gewollt hatten, aber es war eine symbolische Geste in die Richtung und bedeutete, daß Philips Name zumindest bei einigen seiner Nachkommen erscheinen würde. Macmillan sah den Kompromiß »Mountbatten-Windsor« als sein Verdienst an und sagte – fälschlicherweise, wie sich zeigte – voraus, daß der erste Teil des Doppelnamens wie im Fall »Spencer-Churchill« schnell fallengelassen würde. Einer der königlichen Mitarbeiter von damals erinnerte sich jedoch, daß der Name eine Lösung war, die von Martin Charteris vorgeschlagen wurde. Ob nun Elizabeth zu der Sache gedrängt wurde oder ob die Sache ihr, wie sie versicherte, »besonders am Herzen lag«, jedenfalls schickte sie eine private Botschaft über Butler an Macmillan, die besagte, daß die Entscheidung »ihr eine große Last von der Seele genommen habe«.

Bei einer Befragung am 2. Februar äußerten einige Mitglieder des Kabinetts »ihr tiefes Bedauern darüber, daß dieser Schritt durchgeführt werden solle, aber obwohl die Gefahren der Kritik und Unpopularität besonders in Verbindung mit dem Gemahl erkannt wurden, wollte niemand der Königin ihren Wunsch verweigern«.[24] Trotzdem bestanden sie darauf, daß die königliche Deklaration es »eindeutig macht, daß die Königin und ihre Kinder auch weiterhin als das »House of Windsor« angeredet und bekannt bleiben.[25] Das Mißtrauen gegen die Ambitionen von Mountbatten war groß, und das zu Recht, wie sich herausstellte. Als im Jahr 1973 Prinzessin Anne Captain Mark Phillips heiratete, erschien ihr Name in direktem Widerspruch zu Elizabeths Deklaration vom Februar 1960 im Heiratsregister als »Mountbatten-Windsor«.

Das Jahr 1960 hatte für Elizabeth gut angefangen, nicht nur wegen der Geburt von Prinz Andrew und der Freude, wieder ein Baby im Kinderzimmer zu haben, sondern auch weil die Aussicht bestand, das immerwährende Problem mit dem Liebesleben ihrer Schwester glücklich zu beenden. Nachdem die Townsend-Affäre vorüber war, hatten alle Freunde Margarets nach und nach geheiratet, und um das Jahr 1956 schien es so, als ob nur Billy Wallace, der Prototyp eines vertrottelten Vertreters der Oberschicht, übriggeblieben sei. Nachdem der millionenschwere Sohn eines Kriegsministers von George VI. die Prinzessin wiederholt gebeten hatte, ihn zu heiraten, willigte sie letztendlich ein, wohl eher aus Furcht, mit sechsundzwanzig als »sitzengeblieben« zu gelten, als aus dem tatsächlichen Wunsch, seine Frau zu werden. Doch dann tobte sich der dumme Kerl zu ihrer Empörung bei einem Urlaub auf den Bahamas noch einmal richtig aus und versäumte es, seiner königlichen Verlobten mitzuteilen, daß er wieder zu Hause war. Sie spürte ihn auf, und er platzte mit der ganzen Wahrheit heraus. Zu seinem großen und bleibenden Erstaunen warf sie ihn hinaus. Margaret war wieder allein.

Elizabeth fühlte sich in gleichem Maße für ihre Schwester verantwortlich wie seinerzeit, als sie das Kinderzimmer von Piccadilly Nr. 145 teilten. Als aus »wir vier« dann »wir drei« geworden und ihr die Führung der Familie zugefallen war, fühlte sie sich sogar noch verantwortlicher. Margaret nachzugeben war zur Familientradition geworden, sogar wenn sie sich schlecht benahm, was sie des öfteren tat. »Seit dem Bruch mit Townsend«, erzählte Lascelles einem Freund, ist die Prinzessin »egoistisch, hart und unberechenbar geworden«. »Sie [Elizabeth] ist verärgert über sie, aber die Familie geht ihr über alles, und von dem Standpunkt aus gehört Margaret zur ›ersten Elf‹«, sagte ein Freund. Im Unterbewußtsein immer eifersüchtig auf ihre Schwester, konnte Margaret es nicht lassen, ihrer Schwester gelegentlich eine lange Nase zu drehen, auch jetzt noch, als sie die Königin war. Das Verhältnis der beiden glich in vielem dem in ihrer Kindheit. Bei einem Picknick in Balmoral konnte es geschehen, daß Margaret ihrer Schwester ein Geschirrtuch ins Gesicht warf. Eine Ministerin fand Margarets Benehmen gegenüber Elizabeth »zwanglos bis zur Ungeschliffenheit«. Nach einem Staatsbankett zogen sich die Frauen gemeinsam zum Ausruhen zurück, wie es Brauch war. Eine Ministerin fand die Königin in einem duftigen Abendkleid mit dem Band des Hosenbandordens als

Schärpe diagonal über dem Oberteil ganz besonders hübsch und machte ihr ein Kompliment, worauf Margaret zu ihrer Schwester meinte: »Meine Liebe, es betont deinen Busen etwas zu stark...« Am 20. November 1957 feierte Elizabeth ihren zehnten Hochzeitstag mit einem Ball im Buckingham-Palast. Ihre Schwester jedoch zog es an dem Abend vor, eine Gesellschaft in das »Coliseum« auszuführen, um »The Bells are Ringing« anzusehen. Hinterher aß sie im »Savoy« zu Abend und erschien erst gegen Mitternacht im Palast, eineinhalb Stunden nachdem der Tanz angefangen hatte, und blieb weniger als eine Stunde. Die Presse sah darin einen gezielten Affront gegenüber Elizabeth; Margaret war noch immer verbittert wegen Townsend und nachtragend, weil sie gezwungen worden war, ihn wegen der königlichen Stellung ihrer Schwester aufzugeben. Elizabeth konnte zehn Jahre Eheleben mit einem gutaussehenden Ehemann und zwei Kindern feiern, aber Margaret war noch immer unverheiratet und allein.

Sie hatte Townsend nicht vergessen, der für siebzehn Monate auf eine lange Weltreise von mehr als sechsundneunzigtausend zurückgelegten Kilometern gegangen war, um sich von dem Trauma des Jahres 1955 zu erholen. Im März 1958 war er zurück und rief sie an, um ein Treffen zu vereinbaren; am 26. des Monats traf sich das Paar in Clarence House mit dem Segen der Königinmutter. Letztere verhielt sich ähnlich wie seinerzeit während der berühmten Affäre: Sie gab ihrer Tochter und gleichzeitig ihrem eigenen Wunsch nach, Townsend wiederzusehen, ohne die Folgen zu berücksichtigen. Am nächsten Tag war das Treffen Thema der Schlagzeilen. Elizabeth, »mit angespannter Miene« auf einem Staatsbesuch in Holland, soll wütend gewesen sein, als ihr Besuch durch die Taktlosigkeit ihrer Schwester auf die hinteren Zeitungsseiten verbannt wurde. Trotzdem traf Margaret Townsend weiterhin, wobei die Initiative sogar von ihr ausging. Als sie im Mai von einer erfolgreichen Reise durch die Karibik zurückkam, spürte sie Townsend im Haus seiner Schwester in Somerset auf und lud ihn zu einem Mittagessen ein, das die Königinmutter in Clarence House gab; sie trafen sich in der darauffolgenden Woche zweimal dort. Wieder kamen Hochzeitsgerüchte auf; doch dieses Mal schritt das Königshaus ein, eine Übung in Schadensbegrenzung. Ein ausdrückliches Dementi wurde herausgegeben; das Paar verstand den Wink, und nach einer weiteren Zusammenkunft ging Townsend. Etwas mehr als ein Jahr später sollte Margaret einen Brief von ihm erhalten mit der Nachricht, daß er sich in ein neunzehnjähriges belgisches Mädchen, Marie-Luce Jamagne, verliebt habe und sie heiraten wolle. Der Umstand, daß viele Leute merkten, wie sehr Townsends neue Liebe seiner alten glich, war kein Trost. Nach Auskunft ihres Biographen Christopher Warwick empfand Margaret es »als Verrat an einer Übereinkunft, die sie betreffend Wiederverheiratung nach einer Scheidung getroffen hatten«.

Merkwürdigerweise traf Townsends Brief ein, als Margaret sich selber gerade verliebt hatte und eine Heirat in Betracht zog. Der Mann war Antony Armstrong-Jones, immer bekannt als »Tony«. Er war nur fünf Monate älter und gerade ein paar Zentimeter größer als die Prinzessin und das genaue Gegenteil ihrer ersten Liebe Peter Townsend, abgesehen von der Tatsache, daß er wie Townsend nicht aus den hohen aristokratischen Kreisen kam, in denen sich ihre Freunde Johnny Dalkeith, »Sonny« Blandford und Colin Tennant bewegten. Sein Vater Ronald Armstrong-Jones war ein erfolgreicher Rechtsanwalt, dessen Familiensitz Plâs Dinas in Caernarvonshire, heute Gwynedd, lag. Seine Mutter Anne Messel war die schöne Tochter einer wohlhabenden Familie von Effektenmaklern, Besitzer eines berühmten Parks in Nyman in Sussex, und Schwester des Designers und Raumgestalters Oliver Messel. Die Eltern hatten sich scheiden lassen, als Armstrong-Jones fünf war, und beide hatten wieder geheiratet; Anne den Grafen von Rosse, einen irischen Großgrundbesitzer mit Gütern in England und Irland sowie Hauptwohnsitz auf Birr Castle in der Grafschaft Offaly. Armstrong-Jones' Vater hatte eine Australierin zur Frau genommen, von der er später getrennt lebte.

Tony Armstrong-Jones war in Eton und Cambridge gewesen, aber er war völlig anders als die Produkte, die diese beiden Tempel der Erziehungskunst sonst zur Bereicherung des Hofstaates lieferten. In Cambridge hatte er keinerlei Interesse an wissenschaftlicher Betätigung gezeigt; seine einzige Leistung hatte darin bestanden, das Siegerboot im jährlichen Rennen zwischen Oxford und Cambridge zu steuern und seinen höflicheren Gegner zu nerven, indem er ihn anschrie: »Warum weichst du verd... nicht aus?«, als die zwei Boote einander berührten. Er hinkte etwas, weil er in seiner Jugend schwer an Kinderlähmung erkrankt war. Er war künstlerisch begabt – eine von den Messels geerbte Veranlagung –, ein Bohemien und unkonventionell, mit einem großen Kreis von Freunden und Bewunderern. Er war intelligent und amüsant, hart im Nehmen, entschlossen und ehrgeizig; zu seinen Freunden in Cambridge zählte der ebenso robuste und entschlossene Erbe eines Teils des Hulton-Verlagsvermögens, Jocelyn Stevens. Armstrong-Jones verließ Cambridge, wo er sich gut unterhalten hatte, ohne einen Abschluß und baute sich aus seinem Hobby, der Fotografie, eine Karriere auf, indem er erst sein Handwerk in Barons Atelier erlernte und sich dann sein eigenes aufbaute. Als Jocelyn Stevens im Jahr 1957 das *Queen Magazin* aufkaufte und sich selbst zum fünfundzwanzigsten Geburtstag zum Geschenk machte, lud er Armstrong-Jones ein, ihm zu helfen, das verstaubte Image der Zeitschrift zu beleben. Tony erzielte seinen Durchbruch in königliche Kreise durch den Auftrag, den Herzog von Kent anläßlich seines einundzwanzigsten Geburtstages zu fotografieren – eine Arbeit, die er einfach dadurch bekommen hatte, daß er einen Brief an die Mutter des Herzogs geschrieben hatte. Von da an war er allmählich dazu aufgestiegen, Prinz Charles und Prinzessin Anne zu fotografieren, bis er schließlich die letzten Weihen erhielt und die Königin ablichten durfte.

Margaret traf Armstrong-Jones bei einem Dinner, das ihre Freundin und Hofdame Lady Elizabeth Cavendish, die jüngste Schwester des elften Herzogs von Devonshire, im Herbst des Jahres 1958 gab. Die Party sollte Margaret aufmuntern und von einem Anfall von »Weltschmerz« befreien, der nach dem unglücklichen, endgültigen Ende der Townsend-Saga im Mai des Jahres über sie hereingebrochen war. Lady Elizabeth war eine äußerst intelligente Frau, die Freundin von John Betjeman, und in ihrem Gesellschaftszirkel bewegten sich Künstler, Intellektuelle und auch Aristokraten. An dem besonderen Abend hatte sie auch Armstrong-Jones eingeladen, wohl mit dem leisen Gefühl, daß gerade er den Typus junger Männer verkörperte, der die Prinzessin interessieren und unterhalten könnte. Armstrong-Jones wirkte entspannt und in keiner Weise durch Mitglieder des Königshauses eingeschüchtert; er hatte eine leichte, freundliche, aber bestimmende Art, wie es alle Starfotografen im Umgang mit ihren lebenden Motiven haben. Jocelyn Stevens sagte von Margaret: »Ich habe sie immer als einen Vogel in einem Käfig aus Gold gesehen. Sie wäre nur zu gerne ausgebrochen, aber sie hat es niemals geschafft.« Der junge Fotograf sprach gerade diese Seite in ihr an, und bald war allen ihren Freunden klar, daß es eine starke geistige und körperliche Anziehung zwischen ihnen gab. Margaret war hübsch und sexy, bezaubernd, wenn sie ihren Charme bewußt ausspielte. Tony war an Sex interessiert und wirkte sehr anziehend auf Frauen; eine seiner ersten Mitarbeiterinnen war gegangen, als sie zufällig einen Film entwickelte, der seine eurasische Freundin in pornographischen Posen zeigte.

Margaret stellte Tony ihrer Mutter vor, die hingerissen von ihm war. Um die Sache geheimzuhalten, mietete er einen Raum in Rotherhithe mit Ausblick über die Themse. Das Haus war ein verwahrlostes Bauwerk aus dem 18. Jahrhundert mit Erkerfenstern direkt über dem Fluß; Tonys Zimmer, dessen Wände und Möbel er ganz in Weiß hielt, wurde ihr vertraut als das »kleine weiße Zimmer«. Es wirkte romantisch und verzaubernd: »Man ging in das Zimmer hinein, und da war der Fluß direkt vor einem«, erinnerte sie sich später. »Bei Flut schauten die Schwäne herein. Und weil es in einer Biegung des Flusses lag, war der Blick zum Tower und zur Tower Bridge frei, überragt von der Kuppel der dahinter liegenden St.-Pauls-Kathedrale ...«[26] Hier und in Tonys Atelier in der Pimlico Road genoß Margaret eine Zwanglosigkeit des Lebensstils und der Unterhaltung mit Gästen, die sie nie zuvor erlebt hatte, wobei das Gewicht mehr auf Witz und amüsantem Zeitvertreib lag als auf Blumen, Essen und gutem Wein; und sie konnte sich mit Tonys künstlerischen Freunden auf gleicher Ebene unterhalten. Im Frühsommer des Jahres 1959 machte Tony, um ihren neunundzwanzigsten Geburtstag zu dokumentieren, eine Reihe von offiziellen Aufnahmen, die im August veröffentlicht wurden. Elizabeth lud ihn nach Balmoral ein, aber noch immer schöpfte die Presse keinen Verdacht; sein Beruf lieferte den perfekten Schutz. Als Margaret im Oktober den Brief von Townsend mit der Nachricht von seiner Verlobung mit Marie-Luce Jamagne erhielt, weilte Tony auch dort. Zwei Monate später, im Dezember 1959, verlobte sich das Paar heimlich. Die Königinmutter wurde zu ihrer großen Freude eingeweiht, doch erst im Januar fragte Tony die Königin in Sandringham in aller Form, ob er ihre Schwester heiraten dürfe.

Elizabeth war in fast mütterlicher Weise über das Glück ihrer Schwester erfreut, eine Freude, in die sich zweifellos die Erleichterung darüber mischte, daß »das« schwierige Problem scheinbar endgültig gelöst war. Das unausbleibliche Schuldgefühl, das sie seit der Townsend-Affäre gegenüber Margaret empfunden hatte, war besänftigt. Die Nachricht von der Verlobung wurde zunächst zurückgehalten; als Clarence House sie jedoch am Abend des 26. Februar, genau eine Woche nach der Geburt von Prinz Andrew, bekanntgab, war die Überraschung überwältigend. In der breiten Öffentlichkeit herrschte allgemein Freude darüber, daß die Prinzessin endlich doch noch ihr Glück gefunden hatte; der jungen Generation gefiel vor allem die Tatsache, daß die Prinzessin jemanden heiraten würde, der nicht aus den »in Tweed gekleideten« Kreisen kam und der aufgrund seiner Begabung und nicht durch seine Herkunft Karriere gemacht hatte. Dennoch war nicht jeder begeistert. Noël Coward bemerkte eine »froideur«, eine Eiseskälte, als das Thema Verlobung während eines Mittagessens mit der Herzogin von Kent und Prinzessin Alexandra angesprochen wurde. Wenn schon die Königinmutter und die Herzogin von Gloucester, die eine die Tochter eines Grafen und die andere die eines Herzogs, von Prinzessin Marina als nicht blaublütig genug erachtet wurden, um in die königliche Familie hineinzuheiraten, wie konnte sie dann einen Mann mit Namen Jones willkommen heißen, der seinen Lebensunterhalt als Fotograf verdiente? Als Patrick Lichfield seiner Mutter, einer Bowes-Lyon, die den Prinzen Georg von Dänemark geheiratet hatte, sagte, daß er Fotograf werden wolle, rümpfte sie die Nase und meinte, daß er ebensogut Balletttänzer oder Friseur werden könne. Viele Mitglieder der europäischen Königshäuser ignorierten die Einladung zu der Hochzeit aus den gleichen Gründen. Sehr viel Blasiertheit trat in den älteren aristokratischen und höfischen Kreisen offen zutage, deren Mitglieder gerne die Geschichte zum besten gaben, wie Lady Pembroke dafür gesorgt hatte, daß Armstrong-Jones mit den Bediensteten essen mußte, als er gekommen war, um Aufnahmen in Wilton zu machen. Ein alter Höfling erzählte Harold Nicolson, wie sehr er die ganze Angelegenheit beklage und ganz besonders den angekündigten Plan einer Hochzeitsreise auf der königlichen Jacht. »Der Knabe Jones hat ein sehr abwechslungsreiches und teilweise wildes Leben geführt, so daß die Gefahr von Skandal und Verleumdung nie allzu fern ist.«[27] Die königliche Familie jedoch, so sagte ein Freund, »mochte ihn sehr« und war »erleichtert«.

Während die Freunde der Prinzessin froh darüber waren, daß das Paar zweifelsohne verliebt war – »Wir sind ja *so* glücklich und selig miteinander«, schrieb Margaret an eine Freundin –, und die Mutter wie auch die Schwester der Prinzessin scheinbar geneigt waren, ihr Urteil aufzuschieben, weil Margaret in den sicheren Hafen der Ehe steuerte, hatten einige von Tonys Freunden schwerwiegende Vorbehalte. Jocelyn Stevens ging so weit, ein Telegramm zu schicken, das, anstatt Glückwünsche auszusprechen, einer düsteren Prophezeiung glich: »Noch nie wurde eine so schicksalsschwere Entscheidung getroffen.« Der Vater des Bräutigams sagte diesem rundheraus, daß er ein zu großer Freigeist sei, um sich mit den Einschränkungen des höfischen Lebens abfinden zu können. Tony könne nie richtig zur königlichen Familie gehören, sein zügelloses Temperament werde ihn daran hindern, und Margaret könne noch so sehr versuchen, sich seiner Lebensweise anzupassen, sie könne niemals etwas anderes sein als ein Teil der königlichen Familie. Es sei die einzige Welt, die sie kenne.

Die Hochzeit von Prinzessin Margaret und Antony Armstrong-Jones wurde am 6. Mai 1960 in Westminster Abbey gefeiert – oder besser gesagt: inszeniert. Es war das erste überragende königliche Ereignis seit der Krönung und zumindest teilweise vom Bräutigam persönlich geplant. Norman Hartnell, dessen Spezialität eigentlich über und über bestickte Festgewänder für große Gelegenheiten waren, so wie er sie für die Krönung und die Hochzeit der Königin angefertigt hatte, erhielt strikte Anweisung von Armstrong-Jones, das Kleid einfach zu halten. Es war aufsehenerregend schlicht. Die Wirkung beruhte auf einer einfachen Linienführung und dem raffinierten Einsatz von etwa 27 Meter weißen Seidenorganzas. Ein Schleier aus Seidentüll, von Hartnell in Paris bestellt, fiel in Kaskaden von dem prachtvollen Poltimore-Diadem herab, das für 5000 Pfund Sterling auf einer Auktion für die Prinzessin gekauft und jetzt kunstvoll auf ihrem dunklen, zu einem Haarknoten zusammengesteckten Haar befestigt war. Margaret sah aus wie eine Märchenprinzessin, als sie in einer gläsernen Kutsche zur Abtei gefahren wurde, Mittelpunkt aller Fernsehkameras, die ihr Bild in die ganze Welt ausstrahlten.

Attacken aus dem Hintergrund seitens der Presse gegen den unkonventionellen Freundeskreis des Bräutigams – gegen seine Exfreundin Jacqui Chan, die genau den Augenblick gewählt hatte, um eine Popschallplatte herauszubringen, und gegen seinen Trauzeugen Jeremy Fry, der unter dem Vorwand der Gelbsucht, in Wahrheit aber wegen Gerüchten um einen angeblich homosexuellen Vorfall in seiner Vergangenheit, in letzter Minute einen äußerst peinlichen Rückzieher machte – lösten sich angesichts des glanzvollen Ereignisses in nichts auf.

Die Hochzeit kostete damals 26000 Pfund; im Parlament waren wegen des geplanten Einsatzes der »Britannia« mit einer Mannschaft von 20 Offizieren und 237 Matrosen für die sechswöchigen Flitterwochen Einwände laut geworden, weil die Unterhaltskosten der Jacht den Steuerzahler mit nicht weniger als 10000 Pfund wöchentlich belasteten. Die Königinmutter entschärfte die Situation, indem sie ankündigte, daß sie die Kosten aus der eigenen Tasche begleichen werde. Die Regierung von Macmillan, eifrig bemüht, von dem »Gefühl der Hochstimmung« zu profitieren, steuerte das Geld jedoch ohne Murren bei. Suez, die Kritik an Altrincham, Osborne und Muggeridge verschwanden im Dunst der Vergangenheit, als die Öffentlichkeit in einer der periodischen Orgien schwelgte, bei denen sie an dem Familienereignis des Königshauses teilhaben und sich mit ihm identifizieren konnte. Das Spektakel war von dem alten Meister, dem Herzog von Norfolk, großartig inszeniert wurde und vom »Great Royal Communicator« Richard Dimbleby, ohne dessen Stimme keine königliche Veranstaltung vollständig gewesen wäre, vermittelt. Kurz zuvor war bei Dimbleby Krebs festgestellt worden – er starb fünf Jahre später –, aber die Wahl seiner Worte, um das Bild, das dem Publikum über die Kameras vermittelt wurde, zu erläutern, sowie der ehrfürchtige Tonfall seiner Stimme, der den Ritualcharakter des Anlasses unterstrich, waren wie immer perfekt: »Für einen Augenblick sehen wir die Braut, wie sie in der Abtei einen Blick um sich wirft, in dieser herrlichen Robe aus weißem Seidenorganza mit dem glitzernden Diadem auf dem Haar, den Orchideen in der Hand und daneben, die beruhigende, hohe, freundliche, wachsame Gestalt des Herzogs von Edinburgh, auf dessen rechten Arm sie sich stützen kann ...«

Die Sonne schien, die Braut war wunderschön; nur die Geschlechterrollen aus dem alten Märchen vom Aschenputtel waren umgekehrt. Der Bräutigam spielte den Part des mißachteten Stiefkindes und verband damit symbolisch die traditionelle königliche Familie mit einer jungen, talentierten Generation, die das nächste Jahrzehnt beherrschen sollte. Die sechziger Jahre waren eine Ära der Bilder, in der die Fotografen ihren Göttern, den Models und Rockstars, als Hohepriester dienten. Auf den Westindischen Inseln, dem Ziel der Hochzeitskreuzfahrt, hatte ein Calypsosänger aus Trinidad bereits ein Lied zur Begrüßung komponiert. Es ging etwa so: »Unsere wunderschöne Prinzessin dachte, es ist doch alles Unsinn ..., weshalb sollte eine Prinzessin nicht einen Kameramann heiraten dürfen? ...«

12

Hinweise, Ratschläge und Warnungen

»Sie [die Königin] hat ihre Pflichten im Commonwealth immer sehr ernst genommen, und das ist auch gut so, weil die Pflichten innerhalb der britischen Monarchie dermaßen geschrumpft sind, daß, hätte man sich nur darauf beschränkt, man ebenso gut einen Filmstar hätte nehmen können.«

Harold Macmillan zu Harold Evans am 18. November 1961

Das Zeitalter des Düsenflugzeugs und Elizabeths Rolle als Oberhaupt des Commonwealth bewirkten, daß sie weiter gereist ist als alle Monarchen des Hauses Windsor. Ihre ausgedehnten Reisen in den sechziger Jahren sollten vor dem Hintergrund des kalten Krieges gesehen werden, als Großbritannien und die Vereinigten Staaten mit der Sowjetunion um das Fühlen und Denken der Bevölkerung der gerade in die Unabhängigkeit entlassenen Entwicklungsstaaten in Asien und Afrika kämpften. Sie war eine Symbolfigur, der die Menschen mit Wohlwollen und Respekt begegneten, da sie frei von dem Makel einer früheren Kolonialmacht war. Der Premierminister hatte mit seiner Königin einen wichtigen Trumpf in der Hand; Macmillan war ein Politiker der alten Schule, der einer globalen Denkweise zuneigte und den Übergang vom Empire zum Commonwealth als leicht ansah. Er betrachtete Großbritanniens Führerrolle im Commonwealth als gute Voraussetzung dafür, dem Land ein Ausmaß an Macht und Status zu garantieren, das seinen wirtschaftlichen Möglichkeiten längst nicht mehr entsprach. Aber er bereitete auch ganz pragmatisch, manche würden sagen, zynisch, einen Wechsel in den Bündnissen vor. In dieser Zeit eröffnete Großbritannien sein unbeholfenes Menuett mit dem wachsenden Gemeinsamen Europäischen Markt unter der Ägide des allgewaltigen General de Gaulle.

Seit Ende 1959 hatte Macmillan sich nach Europa ausgerichtet und darin eine mögliche Lösung der britischen Probleme gesehen; damals setzte er Elizabeth in einem langen Brief auseinander, daß, »wenn wir bei dem derzeitigen Stand von Europa irgendwelche für dieses Land hilfreiche Abkommen erreichen wollen, die Franzosen als der Schlüssel anzusehen sind, solange de Gaulle an der Macht ist«. Ein prachtvoll inszenierter Staatsbesuch de Gaulles in London fand im April des Jahres 1960 statt. Es war ein überwältigender Erfolg; de Gaulle wußte nur zu gut, wie sehr ihn Elizabeths Vater in den Kriegsjahren sogar gegen Churchill unterstützt hatte. Auf dem Bankett im Buckingham-Palast sprach er tief bewegt von dem unschätzbaren ermutigenden Zuspruch, den er von der königlichen Familie empfangen hatte. »Wo, Madame, könnte ich meine Dankbarkeit besser bekunden als in Ihrer Gegenwart?« fragte er, während draußen vor dem Palast große Lothringer Kreuze als Feuerwerk am Himmel erstrahlten. Am Ende der parlamentarischen Sommersitzungsperiode des Jahres 1961 schrieb Macmillan an Elizabeth und berichtete von den Debatten über Europa: »Die große Mehrheit ist der Meinung, daß unsere Position im Commonwealth letztlich immer schwächer werden wird, sollten wir auf dem Industrie- und Wirtschaftssektor absteigen. Sollte es nicht möglich sein, daß wir in der zweiten Hälfte dieses Jahrhunderts die Gelegenheit ergreifen, um in Zusammenarbeit mit Europa ein starkes, aktives und wirtschaftlich ausgewogenes Land zu werden? Schon aus dem Grund würden wir dann ein besseres Mitglied des Commonwealth sein und eher in der Lage, es zu führen ...«[1]

Es gab nicht viel, das Elizabeth in bezug auf Europa tun konnte, außer de Gaulle mit ihrem fließenden Französisch zu bezaubern. Fast so, als ob damit das Interesse an guten Beziehungen mit dem Kontinent unterstrichen werden sollte, machte sie im Mai einen höchst erfolgreichen Staatsbesuch in Italien, traf den Papst und wurde von hunderttausend Menschen in Neapel jubelnd begrüßt. Die Besuche im Commonwealth waren anstrengender; im Jahr 1961 unternahm sie zwei längere Reisen – nach Indien und Afrika. Ende Januar legten sie und Philip auf dem Weg nach Indien einen Zwischenstopp auf Zypern ein, um Orangensaft mit Präsident Makarios zu trinken, den ihre Regierung einst auf die Seychellen deportiert hatte. In Neu-Delhi kamen mehr als eine Million Inder, um sie zu begrüßen, den ersten britischen Monarchen, der seit ihrem Großvater George V. fünfzig Jahren zuvor das Land besuchte. Präsident Rajendra Prasad erinnerte sich: »Unsere Verbindung mit dem Vereinigten Königreich ist seit den letzten zweihundert Jahren Teil unserer Geschichte…« Elizabeth wohnte einer Parade zum Tag der Republik bei und legte einen Kranz aus fünfhundert weißen Rosen am Grabmal von Mahatma Gandhi nieder. In Jaipur ritt sie auf einem festlich geschmückten Elefanten, und Philip beteiligte sich an einer Tigerjagd. Die Empörung in London war groß, als er einen prächtigen Tiger von knapp drei Meter Länge mit einem einzigen Schuß tötete. Der *Daily Mirror* parodierte Blake: »Tiger mit dem Fell so hell, ranntest durch die Nacht so schnell, sag, war es nur des Zufalls Halt, daß der Herr dich abgeknallt?«

Es gab noch mehr schlechte Presse, als die königliche Gesellschaft nach einem Besuch in Pakistan weiterfuhr nach Nepal, wo König Mahendra ein noch prachtvolleres »Shikar« organisiert hatte, indem er von lokalen Stammesangehörigen dreihundertfünf Jagdelefanten hatte zusammentreiben und ein Feldlager für den Empfang der Königin hatte errichten lassen. Zwei Quadratmeilen Bodens waren bis zu einer Tiefe von etwa fünfzehn Zentimetern abgetragen worden, um die Fläche von Schlangen und Insekten zu befreien und durch abgestochene Rasenstücke zu ersetzen, die von einer Sprinkleranlage bewässert wurden. Alle Sorten von Käfern wurden »eimerweise« fortgetragen und die ganze Fläche mit DDT eingesprüht. In Elizabeths Zelt mit zwei Schlafzimmern war ferner eine weiße Emailbadewanne mit fließend warmem Wasser installiert sowie eine Toilette mit Wasserspülung, deren Brille mit königlich rotem Samt bezogen war. Während auf dem Rücken der Elefanten Getränke gereicht wurden, trieben acht Elefanten eine erregte Tigerin in einen »Jagdbereich«. Elizabeth weigerte sich, etwas Lebensgefährlicheres als eine 8-mm-Filmkamera zu betätigen, während Philip, vielleicht zum Glück, ein Furunkel an seinem Abzugsfinger hatte. Die Ehre, die Tigerin zu töten, fiel dem widerstrebenden britischen Außenminister, dem Grafen von Home, zu, der dreimal danebenschoß, bevor er Sir Michael Adeane und den Schatzmeister des Herzogs, den Konteradmiral Christopher Bonham Carter, um Hilfe bat. Bonham Carter und Adeane feuerten gleichzeitig und erlegten das Tier auf der Stelle. Home schoß wieder daneben und erklärte zur Entschuldigung: »Ich bin noch nie zuvor auf einem Elefanten geritten, noch habe ich einen Tiger außerhalb eines Zoos gesehen …« Er schaffte es jedoch, ein weibliches Nashorn zu erlegen, nahm damit dem Kalb die Mutter und handelte sich nach der Rückkehr eine äußerst schlechte Presse ein, als er sagte, er wolle aus den Füßen eventuell Papierkörbe machen lassen.

Es waren hauptsächlich die Probleme von Südafrika als die von Asien, die Elisabeths Aufmerksamkeit als Oberhaupt des Commonwealth während der nächsten drei Jahrzehnte in Anspruch nehmen sollten. Im Oktober 1959 hatte Macmillan einem Kollegen gesagt, daß Afrika das größte Problem sei, welches bedrohlich über dem politischen Horizont des Landes auftauche. Im Januar 1960 war er nach Accra und Salisbury abgeflogen, um sich selbst ein Bild von der Situation zu machen, und es war schließlich in Kapstadt, wo er in seiner berühmten Rede über den Wandel von »frischem Wind« sprach und die weißen Südafrikaner vor der wachsenden Kraft des afrikanischen Nationalbewußtseins warnte, welches sie als »eine politische Tatsache« akzeptieren müßten. Weniger als zwei Monate nach seiner Abreise wurden am 21. März neunundsechzig schwarze Demonstranten in Sharpeville getötet und weitere hundertachtzig verletzt. Macmillan teilte Elizabeth mit: »Die Härte, ja der Fanatismus, mit dem die nationalistische Regierung in Südafrika die Apartheidpolitik verfolgt, hat – wie ich fürchtete, als ich dort war – zu einer gefährlichen, wenn nicht sehr beunruhigenden Lage geführt … Ich muß Ihre Majestät darauf hinweisen, daß ich eine sehr schwere Zeit auf das Commonwealth zukommen sehe … Meine vornehmliche Aufgabe wird der Versuch sein, alles zu vermeiden, was in die Richtung von Auflösung geht.«[2]

Im Oktober 1960 stimmte das weiße Südafrika dafür, eine Republik zu werden; der Antrag von Premierminister Verwoerd auf erneute Mitgliedschaft im Commonwealth vom März 1961 scheiterte an seiner Weigerung, die Rassentrennung aufzuheben, und somit waren die Voraussetzungen für die Auseinandersetzungen der nächsten dreißig Jahre gegeben.

Der königliche Besuch in Ghana, der wegen Elizabeths Schwangerschaft mit Prinz Andrew aufgeschoben worden war, fand schließlich im November 1961 statt, als Ghana inzwischen auch eine Republik geworden war und sich Befürchtungen verbreiteten, daß Nkrumah ebenfalls das Commonwealth verlassen könnte. Nkrumah war immer diktatorischer geworden und, wie es schien, gegen den Westen eingestellt. Von einem Besuch in Moskau war er in feindseliger Stimmung zurückgekommen, hatte die meisten seiner westlichen Berater hinausgeworfen und einen Teil seiner Gegner ins Gefängnis gesteckt. Die innere Lage in Ghana war explosiv, und man fürchtete, daß Elizabeth das Opfer eines Attentatversuchs auf Nkrumah werden könnte, während sie sich in seiner Nähe aufhielt. Darüber hinaus war die liberal gesinnte öffentliche Meinung in Großbritannien gegen die Reise, weil sie den Anschein erwecken konnte, daß man ein undemokratisches Land unterstützte. »Es ist wirklich eine schreckliche Vorstellung, daß die Königin dorthin fahren soll, nachdem sich Nkrumah derart verhalten hat und noch verhält«, schrieb Lord Salisbury am 28. März 1961 an Lord Swinton.[3] Keine frühere Reise der Königin war von solch einem Gebrüll – wie Regierungsberater sich ausdrückten – in der Presse und im Parlament begleitet gewesen. Die Situation wurde sogar noch kritischer, als sich zwei Tage vor der geplanten Abreise zwei Bombenexplosionen in der Hauptstadt Accra ereigneten, wovon eine die Beine von Nkrumahs Standbild vor dem Parlamentsgebäude in die Luft jagte; darauf zog die britische Regierung die Absage des Besuches in Betracht. Der Leiter des britischen Sicherheitsdienstes war bereits hingeschickt worden, und der Sekretär des Commonwealth Duncan Sandys machte einen zweiten Besuch, um die Lage persönlich zu überprüfen. Ihr Beschluß lautete schließlich, daß, alles in allem betrachtet, die Königin reisen sollte. Macmillan war bereit, das Wagnis einzugehen. Er wie auch der neue amerikanische Präsident John F. Kennedy spielten in Afrika mit hohem Einsatz, und es war ihr Ziel, Ghana aus dem sowjetischen Einflußbereich herauszuhalten. Um dies zu erreichen, zog Kennedy in Betracht, die Gelder für den Bau des Staudammes am Oberen Volta zur Verfügung zu stellen; Elizabeths Besuch war Macmillans Trumpfkarte.

Elizabeth bestand auf der Reise. Sie hatte Nkrumah ihr Wort gegeben, und sie sah es als ihre Pflicht an, alles nur Erdenkliche zu unternehmen, um Ghana im Commonwealth zu halten. »Wie lächerlich ich dastehen würde«, sagte sie, »wenn ich Angst davor hätte, Ghana zu besuchen, und dann Chruschtschow hinführe und einen guten Empfang bekäme.« Wie Macmillan in seinem Tagebuch schrieb: »Die Königin war während der ganzen Zeit fest entschlossen. Sie empfindet es dankbar, daß sich die Parlamentsmitglieder und die Presse so sehr um sie sorgen, aber sie findet die Haltung ihr gegenüber, sie nur als eine Frau, einen Filmstar oder ein Maskottchen zu behandeln, unerträglich … Sie glaubt fest an die Arbeit, die sie innerhalb des Commonwealth leisten kann … Sie liebt ihr Pflicht und möchte eine wahrhafte Königin sein und keine Marionette.«[4]

Ihr Besuch war der erste eines britischen Herrschers in Ghana. Die britische Regierung hatte sich bemüht, den Weg für die Königin zu ebnen, indem sie die zeremoniellen Stühle und Sessel zurückgab, die von britischen Soldaten in den Ashanti-Kriegen während der Regierungszeit ihrer Ururgroßmutter erbeutet worden waren. In der Öffentlichkeit herrschte große Aufregung wegen des Ereignisses. Der Erste Sekretär des Ministeriums für Staatsaufgaben, David Awotwi, mit den gesellschaftlichen Belangen des Besuches befaßt, mußte in einem geheimen Büro untertauchen, um dem Druck von Politikern zu entkommen, die sich selbst, ihre Familien und Freunde in alles einbezogen sehen wollten. Am Vorabend des Besuches stahl ein junger Minister mehrere hundert Eintrittskarten für das begehrteste Ereignis, den »High Life Ball«, und gab sie seinen Freunden, so daß alle Karten in einer anderen Form neu herausgegeben werden mußten. In Kumasi, im zentralen Teil des Landes, fand ein prachtvolles »Durbar« von Häuptlingen statt, dessen Gastgeber der Asantehene Otumfuo Sir Osei Agyeman Prempeh II. war. Der König von Ashanti brachte in einem riesigen schwarzen Rolls-Royce den goldenen Stuhl der Ashanti mit, der selten in der Öffentlichkeit zu sehen war. Es gelang Elizabeth und Philip, im Krankenhaus von Accra den siebenjährigen Kwame Appiah zu besuchen, den Sohn des eingekerkerten Oppositionsführers und seiner englischen Frau Peggy, der Tochter des früheren Labour-Kanzlers Sir Stafford Cripps.

»Als ich das letzte Mal hier war«, erzählte Philip dem Jungen, »habe ich mit deiner Mutter zu Mittag gegessen. Grüße sie von mir.« Nkrumah war alles andere als erfreut.

Die regierungstreue lokale Presse nannte die Reise »unsere größte Stunde« und bejubelte sie als den Boten eines »erstaunlichen Wandels« im Verlauf der Beziehungen zwischen Großbritannien, dem Commonwealth und Ghana, »eine Brücke, über die der Verkehr der Zukunft auf das Gebäude einer neuen und wohlhabenderen Welt zurollen wird«. Ganz Ghana, so erklärte die neomarxistische *Evening News*, sei zutiefst bewegt gewesen von dieser »so bescheidenen und liebenswerten Herrscherin«. Das Blatt ließ ihr die höchste Anerkennung zuteil werden – »der Welt größten sozialistischen Monarchin in der Geschichte«. Die britische Presse jedoch unternahm einem Bericht des amtierenden Hochkommissars zufolge alles, um »in ihrer üblichen, mißgünstigen Art« Unruhe auszulösen, indem sie Nkrumah beschimpfte und Horrorgeschichten von angeblichen Bombendrohungen, sogar von einer an der »Britannia« angebrachten Haftmine verbreitete, alles Behauptungen, welche die Regierung von Ghana so in Wut versetzten, daß die Korrespondenten des *Daily Mail* und des *Daily Express* das Land nicht mehr verlassen durften und vom Hochkommissar gegen Bürgschaft herausgeholt werden mußten.

Der Bericht des amtierenden Hochkommissars spiegelte die Verärgerung der offiziellen Stellen darüber wider, was als die unverantwortliche Haltung der britischen Presse und ihre zunehmend gegen das Establishment gerichtete Einstellung angesehen wurde. Diese Haltung der Presse war ein neuer Faktor, mit dem Elizabeth sich in Zukunft auseinandersetzen mußte. Ihre direkten Vorgänger waren, mit Ausnahme der Zeitungen von Beaverbrook, noch an respektvolle Berichterstattung gewöhnt. Sogar *The Times* aus den Zeiten vor Murdoch war schuldig: »Es war ganz besonders erfreulich zu sehen, wie *The Times* versuchte, wegen ihrer unverantwortlichen Artikel früher in diesem Jahr, etwas gutzumachen«, bemerkte der Hochkommissar. »Auf der anderen Seite«, fuhr er fort, »blieben der *Daily Telegraph* und der *Daily Express* bis zum Schluß unbelehrbar, zweifelsohne, um ihre übliche These zu belegen, daß schwarze Menschen, die sich selbst regieren, nur alles durcheinanderbringen… Wir zahlen einen hohen Preis für eine freie Presse, und es ist ein empörender Gedanke, daß nur weil eine kleine Gruppe von britischen Journalisten versucht, die Regierung des Gastgeberlandes in Mißkredit zu bringen, die guten Resultate einer königlichen Reise, die sich unbestreitbar als ein allgemeiner Erfolg erwiesen hat, völlig unterminiert werden könnten…«[5] Die königliche Familie war geübt darin, die Presse zu ignorieren – »diese dreckigen Lappen von Zeitungen«, wie George V. sie zu nennen pflegte. Zum Unglück für Elizabeth sollten die Presse und die sich entwickelnden Kommunikationsmittel jedoch die Bühne werden, auf der sie ihrem Volk nahegebracht wurde. Persönlicher Kontakt sollte für sie ab dem Zeitpunkt wichtig werden, als sie versuchte, über diese Bühne die Menschen auf einer Reihe von zunehmend beschwerlicher werdenden königlichen Reisen zu erreichen.

Macmillan, der die Verantwortung zu tragen gehabt hätte, wenn Elizabeth etwas passiert wäre, wurde zweimal täglich durch Telegramme von Michael Adeane beruhigt, die in Einzelheiten die Herzlichkeit des Empfangs bei den jeweiligen Tagesereignissen wiedergaben. Seiner Ansicht nach war der Besuch in Ghana ein Erfolg. Er war gefolgt von Besuchen in anderen westafrikanischen Ländern einschließlich Sierra Leone, wo Elizabeth als Antwort auf die Kritik an ihrer schmucklosen Erscheinung bei Tage zu jeder Gelegenheit Diademe und Diamanten trug. Elizabeth hatte ihren Wert, und damit auch den von Großbritannien, sowohl auf der internationalen Bühne wie auch als Waffe im kalten Krieg unter Beweis gestellt. Ihr Erfolg in Afrika, in den sechziger Jahren Schauplatz des kalten Krieges, war ein Glücksblatt in der Hand ihres Premierministers bei seinem Werben um die Gunst von Präsident Kennedy. Er hatte mit Kennedy wegen des Ghana-Besuches in Verbindung gestanden, hatte das Risiko, welches Elizabeth einging, hervorgehoben und es ausdrücklich mit dem finanziellen Risiko in Verbindung gebracht, das der Präsident mit dem Projekt des Oberen Volta-Staudammes eingehen mußte. Als sie zurückgekehrt war, rief er den Präsidenten an. »Ich habe meine Königin riskiert«, berichtete er Kennedy und spielte bewußt auf das international bekannte Schachspiel an. »Sie müssen jetzt Ihr Geld riskieren!« Kennedy verstand die Spielersprache. Während er dem Premierminister antwortete, daß er dem Mut der Königin seinen eigenen zur Seite stellen werde, gebrauchte er gegenüber der international bekannten Wirtschaftswissenschaftlerin Barbara Ward die gleichen bildhaften Redewendungen, als die Vereinigten Staaten am 12. Dezember 1961 offiziell ihre Beteiligung an dem Volta-Projekt ankündigten: »Wir haben eine ganze Menge Chips auf ein sehr schwarzes Pferd gesetzt, aber ich glaube, das Spiel ist es wert.«[6]

Elizabeth hat sich nie von ihrer hingebungsvollen Arbeit für das Commonwealth abbringen lassen, eine Einstellung, die von Macmillan nicht geteilt wurde. Da sich sein Denken auf die Beziehungen zu den Vereinigten Staaten und zu Europa sowie auf die unsichtbaren Schlachtfelder des kalten Krieges von Kuba bis Berlin konzentrierte, betrachtete er das Commonwealth eher als ein Ideal, dem er mit Lippenbekenntnissen diente, denn als eine Realität. Ein erstes Krachen in den Beziehungen wurde im September 1962 auf der Commonwealth-Konferenz in London hörbar, als Macmillan vor den versammelten Premierministern versuchte, die logische Grundlage seiner Annäherungsversuche an die Europäische Wirtschaftsgemeinschaft zu rechtfertigen. Auch wenn er durch einen ausgezeichneten, von Edward Heath verfaßten Kommentar zu Großbritanniens Verhandlungsposition unterstützt wurde, war Macmillan erwartungsgemäß nicht in der Lage, die Konferenzteilnehmer davon zu überzeugen, daß »ein Beitritt Großbritanniens in die EWG keineswegs unvereinbar mit dem Commonwealth wäre, da beide Zusammenschlüsse sich ergänzen würden«. Sogar Sir Robert Menzies, der australische Premierminister, ein alter, vertrauenswürdiger Freund, hielt eine, wie Macmillan es ausdrückte, »sehr schädliche Rede«. Elizabeth, die in jener Woche alle Premierminister einzeln empfangen hatte, war wahrscheinlich besser über deren tatsächliche Ansichten informiert als Macmillan. Bei seiner wöchentlichen Audienz bei Elizabeth erlebte Macmillan sie als »verständnisvoll«, aber »besorgt wegen der Haltung des Commonwealth«. Das Schlußkommuniqué machte klar, daß die Commonwealth-Führer gravierende Vorbehalte gegen Großbritanniens Verhandlungen über den EWG-Beitritt hatten und zudem der Ansicht waren, daß der Preis, den das Land dafür zu zahlen hätte, zu hoch sei, sowohl aus britischer Sicht als auch aus der des Commonwealth.

Zu Beginn des Jahres 1963 legte de Gaulle schließlich zu Macmillans völliger Bestürzung ein donnergleiches Veto gegen Großbritanniens Beitritt zum neuen Europa ein. Die Antwort der Regierung auf diese Abweisung bestand darin, dem General einen Denkzettel zu verpassen: Ein für den Monat März in Paris geplanter Besuch von Prinzessin Margaret und ihrem Gemahl, jetzt Graf von Snowdon, wurde abgesagt. Die beiden sollten dort zur Premiere von »Lawrence von Arabien« an einer Gala für wohltätige Zwecke teilnehmen und mit de Gaulle zu Mittag essen. Sir Pierson Dixon, der britische Botschafter in Paris, hatte dringend zu der Absage geraten, weil die französische Regierung versuchen würde, aus der Gelegenheit ein Politikum zu machen. Er schlug vor, als Entschuldigung die Tatsache anzuführen, daß, nachdem die Königin wegen ihrer Reise nach Australien und Neuseeland abwesend war, Prinzessin Margarets konstitutionelle Verpflichtungen als Stellvertreterin der Königin sie daran hinderten, ebenfalls außer Landes zu gehen. »Die Entschuldigung mag durchsichtig erscheinen«, so der Rat des Botschafters, »aber das ist nicht von so großer Bedeutung …«

Auf der anderen Seite der Erde, in Australien und Neuseeland, wurde Elizabeths Reise durch das Gefühl der Verletztheit und des Verrats beeinträchtigt, eine Folge der britischen Annäherung an den Gemeinsamen Markt. Die »Aura der Märchenkönigin«, die sie vor fast zehn Jahren bei ihrem Besuch kurz nach der Krönung im Jahr 1954 umgeben hatte, war verschwunden. Die Königin war älter geworden und galt nicht mehr als außergewöhnliches Phänomen. Das Fernsehen hatte das Bedürfnis, sie persönlich zu sehen, schwinden lassen, und die Menschenmengen waren sehr viel kleiner als 1954. Elizabeth sollte im Verlauf ihrer Regierungszeit auf all ihren überseeischen Reisen durch das »Old Commonwealth« abnehmende Begeisterung erfahren.

Wieder zu Hause in England, mußten Elizabeth und Philip bei dem umstrittenen Staatsbesuch von König Paul I. der Hellenen und Königin Frederika im Juli des Jahres erstmals die bittere Erfahrung machen, in aller Öffentlichkeit ausgebuht zu werden. Nach dem Abbruch der Beziehungen wegen der Unabhängigkeit von Zypern war der Besuch als Symbol der Versöhnung zwischen Griechenland und dem Vereinigten Königreich gedacht gewesen. Er hatte unter einem schlechten Stern gestanden. Im April war Königin Frederika in England, um an der Hochzeit von Prinzessin Alexandra mit Hon. Angus Ogilvy teilzunehmen, und wurde vor dem »Claridge's« von Mrs. Ambatielos angesprochen, der in Großbritannien geborenen Ehefrau eines im Gefängnis sitzenden griechischen Politikers. Die Regierung wußte, daß Demonstrationen von Antiatom-Vereinigungen und anderen linksgerichteten Gruppierungen geplant waren. Der griechische Ministerpräsident Konstantinos Karamanlis hatte König Paul von dem Besuch abgeraten und war zurückgetreten, als der König seinen Rat mißachtete. Ein großer Teil der gespannten Stimmung konzentrierte sich auf Königin Frederika, Tochter des Herzogs und der Herzogin von Braunschweig-Lüneburg, die in Großbritannien von Konservativen wegen ihres leidenschaftlichen Eintretens für eine Vereinigung von Zypern mit Griechenland und von linksorientierten Kreisen wegen ihrer mutmaßlichen Sympathien für die Nazis abgelehnt wurde. Als Mädchen war sie Mitglied in der Naziorganisation »Bund Deutscher Mädel« gewesen, obwohl sie eine englische Erzieherin gehabt und eine bekannte englische Boarding School, die North Foreland Lodge, besucht hatte. Erst kürzlich war ein Zeitungsredakteur, der Klatsch über ihre schwierigen Beziehungen zu ihrer exzentrischen Mutter, der alten Herzogin von Braunschweig, veröffentlicht hatte, ins Gefängnis gesteckt worden. Königin Frederika war freimütig, taktlos, mischte sich in alles ein und war deswegen in politischen Kreisen von Athen unbeliebt. Väterlicherseits eine Nachfahrin von Königin Victorias Onkel, dem König von Hannover, und mütterlicherseits eine Urenkelin von Königin Victoria, war sie zweifach verwandt mit Elizabeth, während König Paul ein Vetter ersten Grades von Philip war.

Die Demonstranten, die von der entschieden antikommunistischen *Time* als ein »bunt zusammengewürfelter Haufen von Kommunisten, Sozialisten, Antimonarchisten, von Bertrand Russel angeführten Pazifisten und Beatnicks« beschrieben wurden, waren anfangs von dem Führer der Labour-Partei Harold Wilson und seinem Vize George Brown unterstützt worden, die ein Staatsbankett zu Ehren des griechischen Königspaares boykottierten. Am ersten Abend demonstrierte eine skandierende Menge von fünfzehnhundert Menschen, die schwarze Binden trugen, in Whitehall, wurden aber durch die Polizei daran gehindert, bis zum Buckingham-Palast vorzudringen, wo Elizabeth ein Bankett gab. Das Foreign Office hatte als Vorsichtsmaßnahme alle Eintrittskarten für eine besondere Aufführung des folgenden Abends von »Ein Sommernachtstraum« aufgekauft, doch als die königliche Gesellschaft kam und ging, wurde sie mit einem Chor von Buhrufen und den Ausrufen »Sieg Heil!« begrüßt. Elizabeths Reaktion wurde als »erschrocken und bestürzt« beschrieben, trotz einiger begeisterter Gegenrufe. Es war das erste Mal, daß ein britischer Monarch sich einer solchen Behandlung ausgesetzt sah, seit Edward VII. von Zuschauern des Rennens in Ascot, die über seine Verwicklung in einen Scheidungsskandal schockiert waren, ausgezischt worden war. Im allgemeinen verdammte die Presse die Demonstranten; der *Daily Mirror* erteilte den Anführern des »Komitees der 100« eine Lektion wegen »Bereitstellung eines Schutzschildes für schädliche kommunistische Agitation« und wies darauf hin, daß Griechenland praktisch das einzige Land im Osten Europas sei, das nicht von einer totalitären Diktatur regiert werde.

Erinnerungen an das fremde Blut der königlichen Familie waren unpopulär in Großbritannien. Als im Jahr 1958 Bundespräsident Heuss aus Westdeutschland zu einem offiziellen Besuch nach London kam, war der Empfang spürbar kühl, und die meisten Kommentatoren richteten den Blick zurück auf den Krieg.. Das Geschenk von Heuss, 5000 Pfund Sterling für den Wiederaufbau der Kathedrale von Coventry, wurde von dem Spitzenkolumnisten des *Daily Mirror* mit einem bissigen Knurren begrüßt: »Wir brauchen keine Entschuldigungstrinkgelder für unsere Grabmale … Alles, was ich von ihnen möchte, ist, daß sie sich eine Generation lang zurückhalten, bevor sie sich wieder auf uns stürzen unter dem Vorwand, alles sei nur ein großes Mißverständnis gewesen …« Elizabeths Ansprache auf dem Staatsbankett im Buckingham-Palast, in welcher sie an ihre deutschen Vorfahren und die ihres Gemahls erinnerte, wurde in der Öffentlichkeit schlecht aufgenommen. »Unser deutsches Blut«, lautete die Schlagzeile im *Daily Express* am nächsten Morgen, und das war keineswegs höflich gemeint. Der Besuch von König Paul und Königin Friederike war nur eine weitere unwillkommene Erinnerung. Das neue satirische Magazin *Private Eye* bezog sich auf Philip gern als »Phil the Greek« (Philip, der Grieche).

Ein anderer Besuch eines Staatsoberhauptes, welcher einige Feindseligkeiten auslöste, war der des Kaisers Hirohito von Japan im Oktober 1969. Elizabeth, die neben dem Kaiser saß, als sie in einem offenen Wagen die Mall hinauffuhren, lächelnd und winkend wie gewohnt, konnte die Kommentare der Menge nur zu deutlich hören. »Ich bin froh, daß der Kaiser kein Englisch verstanden hat«, gestand sie später.

Elizabeths erster direkter Kontakt mit dem Land ihrer Vorfahren war eine zehntägige Reise durch die Bundesrepublik Deutschland, bereits im Jahr 1963 als Teil von Macmillans Europapolitik geplant, aber erst im Jahr 1965 verwirklicht. Schon vor dem Ersten Weltkrieg hatte der letzte Staatsbesuch der königlichen Familie in Deutschland stattgefunden, eine Tatsache, die in peinlicher Weise offenbar wurde. Im Januar 1963 war die Königin das einzige Oberhaupt eines bedeutenden Staates, das noch nicht in die Bundesrepublik gereist war; den Besuch von Bundespräsident Heuss in Großbritannien hatte sie nicht erwidert. Kennedy hatte im Sommer 1963 seine berühmte Rede an der Berliner Mauer gehalten, de Gaulle war häufig zu Gast gewesen und hatte bei einem dieser Besuche viel Aufhebens wegen seiner teilweise deutschen Abstammung gemacht – ein Bereich, so betonte der britische Botschafter, »in dem die Königin ihn mit Leichtigkeit übertreffen konnte«. Im Vergleich zu den deutsch-französischen Beziehungen, besonders was die Zusammenarbeit in der EWG betraf, fristeten die deutsch-englischen Beziehungen ein Schattendasein.

Zwei Jahre waren nötig, um den Besuch vorzubereiten; eine nicht zu unterschätzende Schwierigkeit bereiteten die zahlreichen deutschen Verwandten des Königspaares. Philip warnte den britischen Botschafter Sir Frank Roberts,[7] vor den protokollarischen Problemen, die kurz zuvor bei einem Besuch des Königs von Griechenland und Königin Friederike in Deutschland aufgetreten waren. Deutsche fürstlichen Geblüts, die nach republikanischem Protokoll über keinen Rang verfügten, hatten dennoch schweren Anstoß daran genommen, als die Sitzordnung ihnen bei den Diners für ihre »griechischen« Vettern einen schlechteren Platz als relativ jungen Regierungsfunktionären zugewiesen hatte. Um Ärger zu vermeiden, schlug Philip vor, daß Roberts dem deutschen Bundespräsidenten Lübke die Lage erläutern und zugleich sagen solle, daß die Königin es verstehe, wenn ihre Verwandten zu offiziellen Anlässen nicht eingeladen würden. Lübke weigerte sich nachdrücklich, solches zu billigen, und erklärte dem Botschafter in seiner bodenständigen Art, daß in seinem heimatlichen Sauerland die Verwandten zum Wiedersehen eingeladen werden mußten, wenn ein Mädchen nach wieviel Jahren auch immer zurückkehrte, und deshalb habe er ganz sicher die Absicht, ihre Verwandten einzuladen. Prinz Ludwig von Hessen und bei Rhein, seit dem Jahr 1937 mit der Britin Margaret Geddes verheiratet, einer der wenigen deutschen Verwandten, die häufig nach Windsor und in den Buckingham-Palast eingeladen wurden und deshalb von den anderen als Autorität in bezug auf die britische Königsfamilie anerkannt, fand die Lösung. Deutsche »Königliche« sollten nur dann eingeladen werden, wenn die Königin deren besonderen Landesteil in Deutschland besuchte; das würde die früheren Protokollschwierigkeiten, als Scharen von ihnen zum selben Anlaß geladen waren, auf ein Minimum reduzieren. Das jedoch war noch nicht das Ende kniffliger Situationen. Philips Verwandte, deren Güter zumeist in Westdeutschland lagen, besaßen noch ihre Schlösser und Landgüter, wo sie das Königspaar empfangen konnten, während die Güter einiger Verwandter Elizabeths im kommunistischen Osten lagen.

Der erste Besuch der Königin im Land ihrer Vorväter würde für sie eine Gefühlserfahrung sein, von der sie nicht so sicher wußte, ob sie sie genießen würde. Sie beherrschte die Sprache nicht, und in den besonders prägenden Jahren ihrer Kindheit im Krieg waren die antideutschen Gefühle sehr stark gewesen, sogar innerhalb der eigenen Familie; ihre zutiefst patriotische Mutter hatte nicht nur den »Blitz« sondern auch den Ersten Weltkrieg erlebt, und durch den Tod eines Bruders und die Verwundung und Gefangennahme eines anderen hatte sie tiefes Leid erfahren. Elizabeth war, wie den meisten Leuten ihres Alters, beigebracht worden, die Deutschen zu hassen, und sie hatte in einer Spezialausbildung gelernt, sie zu bekämpfen. Ihr Vater hatte keinen Wert auf seine deutschen Verwandten gelegt und pflegte sich laut darüber zu beklagen, daß sie immerzu eingeladen werden wollten. Einige, wie die Coburger, wurden als völlig indiskutabel angesehen, weil der alte Herzog ein Gauleiter der Nazis gewesen war. Der Herzog von Braunschweig, das Oberhaupt des Hauses Hannover, war unbeliebt, weil seine Frau ein Hitlermädchen gewesen war und darüber hinaus kürzlich ihre Loyalität allzu deutlich auf General de Gaulle übertragen hatte. Der Herzog von Braunschweig legte großen Wert darauf, daß seine Bediensteten eine Windsor-Livrée trugen, wenn er ein großes Bankett gab – etwas, das ungeachtet der Tatsache, daß er dazu berechtigt war, keinesfalls die Zustimmung des britischen Hauses Windsor fand. Er und seine Mutter sprachen nicht miteinander, und auf einem Empfang für die Königin in Hannover, auf dem beide anwesend sein mußten, waren der Botschafter und seine Gattin gezwungen, sich einzeln um sie zu kümmern, nachdem sie die Königin getroffen hatten.

Prinz Ludwig von Hessen und seine Frau, in der Familie unter dem Namen »Prinzessin Peg« bekannt, waren alte Freunde des Königspaares. Prinz Ludwig war ein äußerst talentierter Mann, sehr musikalisch und ein Freund von Benjamin Britten, dessen Opern er ins Deutsche übersetzt hat. Vor dem Zweiten Weltkrieg war er gegen die Nazis gewesen und hatte nach der Heirat mit seiner englischen Frau in England bleiben wollen; er war nur widerstrebend nach Deutschland zurückgekehrt, um seine Familienpflichten zu erfüllen, als sein älterer Bruder, Philips Schwager Prinz Georg-Donatus, bei einem Flugzeugabsturz auf dem Weg zu seiner Hochzeit im Jahr 1937 getötet worden war. Elizabeth hatte Philips jüngste Schwester Sophie, bekannt als »Aunt Tiny«, und ihren zweiten Mann Prinz Georg von Hannover, einen jüngeren Bruder des Herzogs von Braunschweig und von Königin Friederike von Griechenland, sehr gern. Während ihres Aufenthaltes in Deutschland nahm sie sich die Zeit, Philips Familie zu besuchen und Wolfgarten und Salem aufzusuchen, zwei Orte, wo er in seiner Jugend vor dem Krieg so viel Zeit verbracht hatte.

Zum Schluß genoß Elizabeth ihren Besuch in Deutschland sowie die Wärme des Empfangs regelrecht. Ein Abend auf Schloß Brühl bei Bonn wurde für sie zum Triumph, als sie »umwerfend schön«, wie ein Beobachter bemerkte, zu einem Fanfarenstoß der Trompeten im doppelstöckigen Treppenhaus die Stufen herunterschritt und die Stickerei auf ihrem blaßblauen Kleid die Rokokoschwünge der Deckenstukkatur widerspiegelte. »Oh«, meinte Cecil Beaton, der neben Hardy Amies, dem Schöpfer der Robe, stand, »sie sieht wirklich königlich aus«. Auf einem Botschaftsempfang führte der Botschafter Elizabeth herum, weil er glaubte, ihr eine Abwechslung bieten zu müssen. Dabei machte er sie mit der Baronin Oppenheimer bekannt, die Elizabeths Interesse an der Pferdezucht teilte. Das stellte sich, wie er sagte, als kleiner Fehler heraus: »Ich konnte sie nicht dazu bewegen weiterzugehen.« In München lud der Ministerpräsident von Bayern die Königin in Anwesenheit des Herzogs von Bayern zu einer Operngala ein. »Sie liebt Opern nicht besonders«, sagte ein Funktionär, »also bestanden wir auf einer leichten Oper, dem Rosenkavalier.« Seltsamerweise war der Herzog von Bayern als Familienoberhaupt der Wittelsbacher der Anwärter der Stuarts auf den englischen Thron. Der Herzog war im Vorfeld etwas nervös gewesen, da er gebeten worden war, im folgenden Januar als Gastredner der Stuart-Gesellschaft auf ihrem jährlichen Dinner eine Ansprache zu halten. In dem Wunsch, diese Einladung anzunehmen, ohne die gegenwärtige Throninhaberin zu brüskieren, die er binnen kurzem treffen sollte, ließ er durch den Herzog von Edinburgh, den scheinbar alle deutschen Prinzen als Mittelsmann zum Buckingham-Palast benutzten, um Rat fragen. Philip antwortete dem Herzog in seiner berühmt-direkten Art: »Also, Sie können ihm sagen, daß wir nichts dagegen haben, aber ich habe mir sagen lassen, daß es eine verdammt langweilige Angelegenheit sein soll.«

Nach einem Empfang in Duisburg hatte Elizabeth einen freien Abend. Als der Botschafter die Bemerkung machte, wie sehr sie sich auf einen ruhigen Abend ganz für sich allein freuen müsse, erwiderte sie zu seinem Erstaunen und zu seiner Freude: »Ja, aber meinen Sie nicht, daß es nett wäre, das deutsche Gefolge, das so nett zu uns gewesen ist, einzuladen?« »Ich glaube, daß sich alle sehr freuen würden«, antwortete der Botschafter, »aber ich sehe es nicht als Ihre Verpflichtung an.« »Nein, nein«, sagte sie, »ich würde das wirklich gerne machen ...« Im Kölner Dom sprach der ältere Kardinal kein Wort Englisch, aber anläßlich des Empfangs der Königin brachte er es fertig, eine ungefähr fünf Minuten lange Ansprache »in bestem Englisch« zu halten, die er zuvor auswendig gelernt hatte. Als der Botschafter dies der Königin mitteilte, meinte sie, es sei »eine der nettesten Ansprachen gewesen, die jemals zu ihrer Ehre gehalten worden« seien. In Hamburg, der großen Hafenstadt, die einst ein Teil des demokratischen Hansebundes gewesen war, tauchte eine schwierige Frage auf anläßlich des Empfangs von Elizabeth im Rathaus, das eine riesige Treppe hat. Es war sogar in den Tagen des Kaiserreichs Tradition gewesen, daß der Bürgermeister von Hamburg ganz oben auf der Treppe stehenblieb und niemals hinabstieg, um den Kaiser zu begrüßen. Es gab beträchtliche Diskussionen, und am Ende sagte der Bürgermeister: »Ich kann nicht hinuntergehen, nicht einmal um die Königin von England zu begrüßen, aber ich werde hinuntergehen, um eine Dame zu begrüßen.«

In der Zwischenzeit hatten eine Reihe von Ereignissen zum Rücktritt von Macmillan geführt. »Supermac«, wie ihn Karikaturisten in seinen frühen Amtsjahren als Premier darstellten, hatte den festen Zugriff auf die Öffentlichkeit und die Partei verloren, ein Kontaktverlust, der verstärkt wurde durch die übereilte und rücksichtslose Entlassung seines Schatzkanzlers Selwyn Lloyd und anderer Kabinettskollegen am 12. und 13. Juli 1962, darunter Lordkanzler Lord Kilmuir und David Eccles, der Erziehungsminister, eine Episode, die in die Geschichte als »die Nacht der langen Messer« einging. »Größere Liebe kann kein Mensch zeigen«, kommentierte der liberale Politiker Jeremy Thorpe, »als seine Freunde für sein Leben zu opfern«. Die entlassenen Minister hatten in den Abschiedsaudienzen bei Elizabeth keinen Hehl aus ihrer Bestürzung gemacht, und ihr Vertrauen in Macmillan und in seinen Ruf der »Unerschütterlichkeit« war ins Wanken geraten. Um den Schlag zu mildern, brach Elizabeth mit der Tradition und lud die Ehefrauen ein, die Minister in den Palast zu begleiten. Macmillan hatte schnell und brutal gehandelt, um endlosen Pressespekulationen während des nahenden Wochenendes vorzubeugen, eine Taktik, die er im Oktober 1963 wiederholte, um die Nachfolge als Premierminister für den Grafen von Home sicherzustellen. Einige der unglücklichen Herren, erinnert sich ein königlicher Mitarbeiter, »waren den Tränen nahe«. Lord Kilmuir hatte seine Entlassung so wenig zur Kenntnis genommen, daß er im Frack erschien, komplett angetan mit dem Großkreuz des Königlich Viktorianischen Ordens, den die Königin ihm verliehen hatte, weil er dazu ausersehen war, an dem Abend bei einem Treffen der »Dairy Society« als Lordkanzler zu sprechen.

Der Fall Vassall, der sich um einen homosexuellen Staatsbeamten drehte, den die Russen zur Weitergabe von Verteidigungsgeheimnissen angeworben hatten, wurde im selben Jahr, im Oktober 1962, zum Auslöser einer Hysterie um Sex und Spionage, die die nächsten Jahre charakterisieren sollte. Zwei Journalisten kamen in der Folge im März 1963 ins Gefängnis, weil sie sich geweigert hatten, ihre Quellen aufzudecken, und damit erklärte die Presse Macmillan den Krieg. Dann brach im Juni 1963 der Profumo-Skandal herein. Der Kriegsminister John Profumo hatte mit dem Callgirl Christine Keeler geschlafen, unter deren Liebhabern sich ein russischer Marineattaché mit Namen Ivanov befand, der zugleich ein russischer Nachrichtenoffizier war. Die ganze Affäre hatte vor der Kulisse eines großen Gesellschaftsskandals stattgefunden; Profumo und Keeler hatten sich in Cliveden getroffen, wo Viscount Astor an seinem Swimmingpool Nudistenpartys veranstaltete und Stephen Ward, ein Spezialist für Knochenleiden aus höheren Kreisen, ein Wochenendhaus besaß, in welches er Keeler und ihre »Kollegin« Mandy Rice-Davies einlud. Nach einem Prozeß zwischen Keeler und einem ihrer Liebhaber, der beschuldigt wurde, sie vergewaltigt zu haben, schaukelten sich die Gerüchte derart in die Höhe, daß Profumo gezwungen war, eine Erklärung abzugeben, wobei er im Parlament feierlich bestritt, daß es irgendeine »Unanständigkeit« in seiner Beziehung zu Keeler gegeben hätte. Einige Monate später, im Juni des Jahres, beichtete Profumo seiner Frau die Wahrheit und beschloß, seine Lüge im Parlament richtigzustellen; er legte sein Amt nieder, zog sich aus dem öffentlichen Leben zurück und widmete sich der Wohltätigkeitsarbeit im East End. Verständlicherweise bat er darum, von der üblichen Abschiedsaudienz bei Elizabeth entbunden zu werden. Stephen Ward wurde wegen diverser Vergehen gegen das »Sexual Offences Act«, das Gesetz gegen Sexualdelikte aus dem Jahr 1956, angeklagt, unter anderem, weil er Bordelle betrieben und seinen Lebensunterhalt aus den Einnahmen von Prostituierten bestritten haben sollte. Von seinen Freunden aus den hohen Kreisen verlassen, nahm er eine Überdosis Nembutal. Er war ein Teilnehmer der Mittagsrunden im Thursday Club gewesen und hatte Portraits vom Herzog von Edinburgh und anderen Mitgliedern der königlichen Familie gezeichnet. Als Wards Zeichnungen von seinen Anhängern verkauft wurden, um die Kosten des Rechtsstreits zu decken, kaufte sie Sir Anthony Blunt, seit April 1945 Kustos der Gemäldesammlung der Königin, in aller Stille auf, um der königlichen Familie Peinlichkeiten zu ersparen.

Zur gleichen Zeit lief Duncan Sandys, ein anderer von Macmillans Ministern, Gefahr, in einen anrüchigen Scheidungsfall zwischen dem Herzog und der Herzogin von Argyll hineingezogen zu werden. Das ganze Szenario schockierte Macmillan. Sex war ein Thema, vor dem er zurückschreckte, weil damit die zentrale Tragödie seines Lebens verbunden war, die Affäre seiner Frau mit Boothby, einem Mann, der für seine exzentrischen sexuellen Gepflogenheiten bekannt war. Macmillan war abgestoßen von der schmutzigen Kehrseite des menschlichen Miteinander, die sich in diesen Skandalen offenbarte, und zögerte, in der Öffentlichkeit Stellung zu beziehen. Der amerikanische Botschafter in London, David Bruce, beschrieb Macmillans Erklärung im Parlament als »erbärmlich und äußerst schädlich«, wo er in der ganzen Angelegenheit Unwissenheit vorgab und mit der lahmen Entschuldigung endete: »Ich selbst lebe nicht viel unter jungen Leuten.« Am 23. Juni schrieb er Elizabeth, was sein Biograph beschrieb als »einen fast weinerlichen Entschuldigungsbrief, der den Eindruck eines schwer geschlagenen Mannes erwecken sollte«, in dem er tiefes Bedauern über »die Entwicklung der letzten Affären« ausdrückte und das Gefühl, sich entschuldigen zu müssen »für die unzweifelhafte Schande, die das schreckliche Verhalten eines Ministers Ihrer Majestät nicht nur über die Regierung, sondern, vielleicht schlimmer noch, über eine der großen Streitkräfte gebracht hat …« Er bediente sich wieder des pathetischen Klagetons seiner Erklärung vor dem Unterhaus: »Ich hatte natürlich keine Ahnung von der seltsamen Unterwelt, in die sich, leider Gottes, auch andere Leute außer Profumo haben hineinziehen lassen …« Er schloß mit einem Anflug von Paranoia, daß er allmählich »all diese wilden Anschuldigungen gegen zahlreiche Leute, gegen Minister und andere, als eine Art Verschwörung einstufe, um das etablierte System zu zerstören …«[8]

Elizabeth beruhigte ihn, zeigte Verständnis für ihn wegen der »schrecklichen Zeit«, die er durchzumachen habe, tröstete ihn mit der Versicherung, daß sie sehr gut wisse, wie schwer es für Leute mit hohen Standards sei, Kollegen eines würdelosen Verhaltens zu verdächtigen. Sie kannte Cliveden, den Schauplatz des Profumo-Skandals, recht gut, da sie oft mit ihrer Mutter und Schwester zum Tee dort gewesen war, als noch Bill Astors Mutter, die beeindruckende Nancy, das Regiment führte. Auch wenn die Königin eher in Bills als in Macmillans Alter war, so war sie von den Vorgängen, die täglich in der Presse aufgedeckt wurden, wahrscheinlich ebenso schockiert wie ihr Premierminister. Im Gegensatz zu Macmillan jedoch, schien sie sich relativ gelassen damit abzufinden, daß sie eine der Zielscheiben der Satiriker geworden war, die auf der neuen Welle ritten. Im Jahr zuvor war berichtet worden, daß sie sich durch die Zeitschrift *Beyond the Fringe* regelrecht »hindurchgekichert« habe, in guter Gesellschaft von zwei weiteren Zielscheiben: dem Außenminister Graf von Home und dem Lord Chamberlain, dem Grafen von Scarbrough. Die Akteure spürten, daß sie versagt hatten; von einem wurde die Äußerung berichtet, daß die Berater der Königin die Zeitschrift nicht zugelassen hätten, wenn sie das Establishment so sehr getroffen hätten, wie es von ihnen beabsichtigt war.

In dem ganzen Wirbel der Gesellschafts- und Spionageskandale erfuhr der Spionageabwehrdienst MI5 durch das amerikanische FBI, daß der angesehene Kunsthistoriker Sir Anthony Blunt als sowjetischer Spion überführt war. Blunt war es gewesen, der den Spionen Guy Burgess und Donald Maclean mit einem Hinweis im Jahr 1952 zur Flucht nach Moskau verholfen hatte – nach einem Telefonanruf von Kim Philby, der im Jahr 1963 selbst nach Moskau flüchtete. Nach dem Untertauchen von Burgess, einem der engsten Freunde Blunts, hatte der Abwehrdienst Blunt vierzehnmal verhört, aber erst im Jahr 1964 wurde der Verdacht, den sie gegen ihn hegten, bestätigt. Oberflächlich betrachtet, erschien es völlig abwegig, daß ein Mann wie Blunt, ein Mitglied des königlichen Hofes, ein Favorit der verstorbenen Königin Mary und seit dem Jahr 1947 der beliebte und geachtete Direktor des Courtauld Institute seit 1936/37 ein Spion der Sowjets gewesen sein sollte. Er hatte von 1940 bis 1945 für den Spionageabwehrdienst gearbeitet und war im Jahr 1956 für seine Verdienste als Kustos zum Ritter des Königlich Viktorianischen Ordens ernannt worden, eine Auszeichnung, deren Vergabe das ganz persönliche Recht von Elizabeth ist.

Blunt war ein sehr englischer Spion. Hochgewachsen, dünn, blond und charmant, ungeheuer intelligent und kultiviert; er kam als Sohn eines kirchlichen Würdenträgers und der Tochter eines indischen Staatsbeamten in dem respektablen, langweiligen Seebad Bournemouth zur Welt. »Sein Vater war ein Verwandter des Dichters, Anti-Imperialisten und Freigeistes Wilfrid Scawen Blunt, seine Mutter eine Freundin der künftigen Königin Mary«, schrieb sein Biograph; »diese beiden Verbindungen sollten von seltsamer Bedeutung für Blunts zukünftige Karriere sein.«[9] Während seiner Zeit am Trinity College in Cambridge war er Mitglied in einer exklusiven Gemeinschaft, den »Aposteln«, gewesen, die sich dem Verstandeskult, der Freiheit des Denkens und der Ablehnung aller moralischen Einschränkungen mit Ausnahme der Loyalität gegenüber Freunden verschrieben hatte. Eine einflußreiche Minderheit der »Apostel« war wie Blunt und sein Freund Burgess homosexuell, ein geheimes Netzwerk zu einer Zeit, als homosexuelles Verhalten illegal war. Wie Burgess und andere Freunde aus Cambridge wurde er in den dreißiger Jahren von den Russen in Cambridge angeheuert. Offenbar wurde Blunt durch seinen Haß auf den Faschismus, die bewundernde Hingabe an Burgess und von dem Nervenkitzel motiviert, ein spießbürgerliches Establishment hinters Licht zu führen. All dies läßt seinen langen Dienst im Palast, dem Mittelpunkt des Establishments, nur noch paradoxer erscheinen.

Für Elizabeth war er eine vertraute, wenn auch distanzierte Erscheinung. Er war von dem königlichen Bibliothekar Sir Owen Morshead eingestellt worden, um bei der Katalogisierung der Zeichnungen alter Meister in der Bibliothek von Windsor zu assistieren, und er hatte im Jahr 1945 einen Katalog über die französischen Zeichnungen der königlichen Sammlung veröffentlicht. Im Frühjahr des Jahres 1945 wurde ihm in königlichen Kreisen so weitgehend vertraut, daß König George VI. ihn mit Morshead mit einem Auftrag nach Deutschland schickte. Viele mysteriöse Annahmen ranken sich grundlos um diese Mission. Der König hatte Morshead und Blunt nach Deutschland geschickt, weil Pattons Dritte Armee das Gebiet um Schloß Friedrichshof erobert hatte, das von Königin Victorias ältester Tochter, der deutschen Kaiserin und Königin von Preußen, erbaut worden und nun Sitz des Landgrafen von Hessen und seiner Familie war. Philipp von Hessen, das Oberhaupt der Familie, war von den

Amerikanern wegen seiner Verbindungen zu den Nazis festgenommen worden, und seiner Familie war eine Villa in einem nahe gelegenen Dorf zugewiesen worden, während das Schloß als Club für Offiziere beschlagnahmt worden war. Der König war offensichtlich besorgt um die Sicherheit von Familiendokumenten, sehr zu Recht, da einer der amerikanischen Offiziere und sein Liebchen Schmuckkassetten und andere Gegenstände aus dem Schloß entwendeten, die später in Chicago wiedergefunden wurden. Mit der Erlaubnis des Landgrafenamtes entfernten Morshead und Blunt einen Koffer mit Korrespondenz zwischen Königin Victoria und ihrer Tochter, der Gemahlin von Kaiser Friedrich, aus dem Schloß. Ein Teil dieser Briefe war bereits vor etlichen Jahren von einem anderen Höfling aus Windsor, Sir Frederick »Fritz« Ponsonby, entfernt worden, der sowohl George V. wie auch den Kaiser verärgert hatte, als er die Briefe der Kaiserin an ihre Mutter, die Königin, in einer nicht autorisierten Version veröffentlichte. Die von Blunt und Morshead mitgenommenen Papiere, die als »Kronberg-Papiere« bekannt sind, wurden im August des Jahres 1945 in den königlichen Archiven von Windsor deponiert und im Jahr 1951 dem Landgrafen von Hessen zurückgegeben.

Das Geheimnis, das die Expedition von Morshead und Blunt später umgab, entstand in dem Durcheinander einer gleichzeitig gemachten Entdeckung. In einem Versteck in den Bergen des Harzes fanden sich Dokumente des Foreign Office, darunter auch ein Ordner, der später als der »Marburg-Ordner« bekannt wurde. Er enthielt Angaben über die Beziehungen des Herzogs von Windsor zu den Deutschen, einschließlich der Episoden von Lissabon im Juli 1940. Trotz Churchills Versuchen, dies zu verhindern, wurden die Unterlagen im Jahr 1957 in den Ausgaben der »Captured German Documents« veröffentlicht. Es ging das Gerücht um, Blunt habe die gefährlichsten dieser Briefe entwendet und setze sie zur Erpressung der königlichen Familie ein. Zusätzlich ausgeschmückt wurde die Geschichte mit der Behauptung, Blunt sei mit dem Fallschirm hinter die feindlichen Linien geschleust worden, um an diese belastenden Dokumente heranzukommen. Der offizielle Biograph Edwards VIII. berichtete jedoch, nicht ein einziges der Papiere, die Blunt und Morshead aus Deutschland hätten, bezöge sich auf den Herzog von Windsor.

Im Dezember 1945 betraute der König Blunt mit einer anderen delikaten Rettungsaktion in Deutschland. Dieses Mal ging es um Familienschätze der Hannoveraner, von denen der König befürchtete, daß sie von den Russen geplündert werden könnten. Nach Verhandlungen mit Prinz Ernst August wurde eine Anzahl wertvoller Gegenstände, darunter die Diamantkrone von Königin Charlotte, der Gemahlin Georges III., und das Evangeliar von Heinrich dem Löwen, in einer geheimen Operation, die das Foreign Office mit Entsetzen aufnahm, aus Deutschland hinausgeschmuggelt und zur sicheren Aufbewahrung in Windsor deponiert. Sie wurden später in ähnlich geheimnisvoller Weise während der Regierungszeit von Elizabeth an die Familie in Hannover zurückgegeben.[10] Zwei Jahre später, im August 1947, schickte der König Blunt und Morshead in des Kaisers früheres Domizil, Haus Doorn in Holland, wo er im Exil gestorben war. Dieses Mal gab es eine Verbindung. John Wheeler-Bennett, der beauftragt war, die erste Durchsicht des Marburg-Ordners vorzunehmen, teilte mit, daß er darin eine Angabe zu der Rolle gefunden habe, die der Kaiser in der Herzog-von- Windsor-Saga gespielt habe, dessen Sohn Friedrich Wilhelm sowie seine Gemahlin Cecilie von Hitler als königliche Mittelsleute benutzt worden waren. Es kann keine andere ernsthafte Erklärung dafür geben, warum der König Haus Doorn durchsuchen ließ, da es längst nicht mehr der Gefahr feindlicher Plünderung ausgesetzt war. Tatsächlich wurde keinerlei bedenkliches dokumentarisches Material entdeckt, nur des Kaisers Hosenbandorden und der Marschallstab, eine Conway-Miniatur des Herzogs von Clarence und eine paar Abschriften von Briefen aus dem neunzehnten Jahrhundert. Weitere Verdächtigungen über die Bedeutung der Mission von Blunt und Morshead nährten die Aussage des »Spionenfängers« Peter Wright, für das Königshaus seien alle Fragen dazu tabu gewesen, als er zwanzig Jahre später, im Jahr 1967, Blunt verhört habe. Das allein genügte, um den Verdacht derjenigen zu erregen, die nicht mit den Methoden und Empfindlichkeiten des Königshauses vertraut waren. Die Beamten des Palastes wollten die königliche Familie jedoch lediglich aus einem Fall heraushalten, in den sie eindeutig nicht verwickelt war, der aber alle möglichen unangenehmen Fragen aufwerfen konnte, was dann auch eingetroffen ist. Vermutlich ging es ihnen dabei nicht, wie unterstellt, um die Verwicklung des Hauses Windsor, sondern um Fragen der Ein- und Ausfuhr von Wertgegenständen.

Die Autoritäten des Nachrichtendienstes entschieden sich dafür, Blunt nicht öffentlich zu entlarven. Es gab verschiedene Gründe für diese Entscheidung, nicht zuletzt die, daß die Enttarnung des »vierten Mannes« nach Philbys Flucht und nach dem Profumo-Skandal äußerst schädlich und peinlich sein würde. Die Enthüllung, daß der königliche Kunsthistoriker und Ritter des Königlich Viktorianischen Ordens ein weiterer hochrangiger sowjetischer Spion gewesen war, kam ganz einfach nicht in Betracht. Ferner gaben Beamte der Spionageabwehr den Rat, daß es das beste sei, Butler zu isolieren und die Auskünfte aus ihm herauszubekommen, die der MI5-Offizier Nicholas Elliot nicht aus Philby hatte herausholen können: eine komplette Liste derjenigen, die angeworben worden waren und wie sie operierten. Die Vereinbarung wurde vom Innenminister Humphrey Brooke in Abstimmung mit Michael Adeane genehmigt. Das Königshaus, so muß angenommen werden, hat alle diese Gründe berücksichtigt, als es sich bereit erklärte mitzuspielen. »Blunt hat wie ein Kanarienvogel gesungen«, erklärte ein Höfling. Von da an bis zum Jahr 1979, als er schließlich durch Margaret Thatchers Erklärung vor dem Unterhaus öffentlich demaskiert und ihm die Ritterwürde aberkannt wurde, gelangte Blunt niemals mehr in das Büro der Privatsekretäre. Er wußte Bescheid, und sie wußten Bescheid; aber es war ein wohlgehütetes Geheimnis. Einmal gelang es Martin Charteris nur durch geschicktes Taktieren, eine automatische weitere Auszeichnung von Blunt innerhalb des Königlich Viktorianischen Ordens zu vereiteln. Es hätte keine besondere Gunsterweisung bedeutet: »Die Beförderung innerhalb des Königlich Viktorianischen Ordens«, sagte ein Höfling, »ist so unvermeidlich wie der Tod.«

Elizabeth war von Anfang an über Blunt und die Vereinbarung, seine Immunität zu wahren, informiert, wie Roy Jenkins herausfand, als ein Beamter meinte, daß er als Innenminister doch eigentlich im Jahr 1966 darüber hätte informiert werden müssen – sechs Monate nachdem er sein Amt angetreten hatte. Als Richard Crossman im Oktober 1967 zu Besuch auf Balmoral war, versuchte er über die Philby-Geschichte zu sprechen, doch man reagierte kurz angebunden. Er fragte, ob die Königin die Enthüllungen in den Sonntagszeitungen gelesen habe, daß Philby, der vier Jahre zuvor nach Moskau geflohen war, bereits vor dem Krieg ein sowjetischer Spion gewesen sei. Die Antwort lautete, daß sie diese Art von Sachen nicht lese. »Mir war plötzlich klar«, schrieb Crossman, »daß dies kein Thema war, das von uns erörtert werden sollte«.[11] Außer Elizabeth und ihren Privatsekretären wußte niemand im Palast davon, nicht einmal Blunts Stellvertreter Oliver Millar, der im Jahr 1972 sein Nachfolger als Kustos geworden war. Millar erinnerte sich: »Schon zu einem ziemlich frühen Zeitpunkt, als ich noch Stellvertreter war, wurde die gesamte, alltägliche Verwaltungsarbeit mir überlassen. Er [Blunt] betrat das Büro im St. James's-Palast sehr selten. Ich ging immer hinauf ins Courtauld, um mit ihm zu sprechen, oder wir telefonierten miteinander. Es war sehr angenehm, für ihn zu arbeiten, und er besaß die Gabe, auch die ›alleinige Verantwortung‹ an denjenigen abzutreten, dem er sie übertragen hatte. In seiner ersten Zeit als Kustos war er sehr beschäftigt gewesen, grundlegende konservatorische Maßnahmen – Reinigung und Restaurierung – einzuleiten und detaillierte Kataloge über die verschiedenen Abteilungen der Sammlung herauszugeben. Als er von dem Posten des Kustos zurückgetreten war, sah man ihn nur noch äußerst selten ... Große formelle Veranstaltungen hat er – soweit ich mich erinnern kann – jedoch schon immer gemieden ... Er zog sich stets zurück mit der Ausrede, zu müde oder zu beschäftigt zu sein.«[12]

Deshalb sah Elizabeth den Verräter, dem sie innerhalb ihrer Tore Unterschlupf gewährte, kaum. Der letzte öffentliche Anlaß, an dem er mitwirkte, war die Eröffnung der »Queen's Gallery« im Jahr 1962. Trotzdem war es für sie und in der Tat auch für Blunt eine pikante Situation, die Alan Bennett in seinem Stück »A Question of Attribution« aus dem Jahr 1988 treffend darstellte. Elizabeths Zustimmung zur Übereinkunft in Sachen Blunt ersparte dem Establishment sicher eine Menge Peinlichkeit, wie der Krach zeigte, der auf Blunts Demaskierung im Jahr 1979 folgte. Selbst damals wurde das Eingeständnis von Blunts Schuld nur durch die Enthüllungen des detektivisch vorgehenden Autors Andrew Boyle aus der damaligen Premierministerin Margaret Thatcher herausgepreßt, und erst zu diesem Zeitpunkt wurde ihm die Ritterwürde von Elizabeth aberkannt.

Die Profumo-Affäre, die direkt auf die Spionageskandale von 1962 und 1963 folgte, ließ das Ende der Ära von Macmillan erahnen. Elizabeth hatte von Macmillan wahrscheinlich mehr gelernt als von früheren Premierministern. Auch wenn er ihre ersten Kontakte bei den Dienstag-Audienzen als »irgendwie schwierig« und gezwungen empfunden hatte, legte er schließlich großen Wert darauf und traf alle Vorbereitungen, daß der Arbeitsplan so voll wie möglich war, indem er Elizabeth zuvor eine Zusammenstellung der Punkte übermittelte, die er erörtern wollte. »Dies gab Ihrer Majestät die Gelegenheit, die anstehenden Themen im vorhinein zu überdenken und sich ihre eigene Meinung zu bilden«, schrieb sein Biograph. Macmillan ging auf Elizabeth mit einer ähnlichen Haltung formeller Galanterie zu, wie Disraeli auf Königin Victoria, und gelegentlich neigte er auch zu einem prachtvollen, blumigen Redestil. Er war sehr beeindruckt von ihrem Wissen, von der Beharrlichkeit, mit der sie die Stapel von ihr zugesandten Dossiers durcharbeitete, und ihrer beachtlichen politischen Erfahrung, die sie in den wenigen Jahren ihrer Herrschaft bereits erworben hatte. Abgesehen von den wöchentlichen Audienzen führten sie eine rege Korrespondenz. Macmillan schrieb lange Berichte und vermittelte ihr dadurch eine genaue Kenntnis der Ereignisse, sobald sie stattfanden, besonders wenn er im Ausland auf Treffen und Konferenzen war. Elizabeth antwortete in einer, wie Macmillan es beschrieb, »sehr informierten und informellen Weise«; sie verfaßte die Schreiben handschriftlich und adressierte die Umschläge selbst, obwohl sie genug Personal dazu hatte. Zweifelsohne übertrieb Macmillan in der Darstellung der Vertrautheit; er konnte nie der Versuchung widerstehen, aus seinem jeweils letzten Aufenthalt in Windsor oder Sandringham eine gute Geschichte zu machen, um Freunde in den besseren Londoner Clubs oder bei großen Landhauspartys zu beeindrucken. »Manchmal«, so erzählte er einmal Mountbatten, »fühle ich mich wie auf einem Lauschposten.« Bei einer Gelegenheit wurde er nach Windsor zur Königin gerufen, und er unterhielt sich mit ihr in ihrem Wohnraum, als die Tür aufging und Prinzessin Margaret im Morgenrock hereinkam; sie sah ihn und sagte verstimmt zu ihrer Schwester: »Niemand würde mit dir sprechen, wenn du nicht die Königin wärst«, ging Türen schlagend wieder hinaus und ließ den Premierminister peinlich berührt zurück.

Macmillan war immer sehr rücksichtsvoll gegenüber Elizabeths Gefühlen und mühte sich, ihre Privilegien nicht zu verletzen, so zum Beispiel, als Rab Butler im September 1961 der Titel des »Deputy Prime Minister«, des Stellvertretenden Premierministers verliehen werden sollte. Elizabeths Vater George VI. hatte vehement reagiert, als Churchill 1952 Anthony Eden diesen Titel verleihen wollte. Der König hatte darauf hingewiesen, daß solch ein Titel die Nachfolge impliziere und somit gegen das königliche Vorrecht verstoße, den Premierminister auszuwählen. Elizabeth, ganz Vaters Tochter, hatte Macmillan zufolge bereits früher einmal Einspruch erhoben. »Die Königin hat in der Vergangenheit zu Recht darauf hingewiesen, daß es sich dabei *nicht* um einen offiziellen Posten handelt, für den ihre Zustimmung nicht erforderlich ist...«[13]

Trotzdem machte Macmillan im Anschluß an die »Nacht der langen Messer«, Butlers Biographen zufolge, Butler die »inoffizielle Mitteilung«, die auch den Parlamentskorrespondenten übermittelt und in den jeweiligen Zeitungen am 14. Juli 1962 veröffentlicht wurde, »daß er von jetzt an praktisch Stellvertretender Premierminister ist«.[14] Nach der erst kürzlich erfolgten Aussage von Vernon Bogdanor, einer Autorität auf dem Gebiet der Verfassung, weigerte sich Elizabeth erneut, Butler den Titel offiziell zu verleihen, und Macmillan sagte deshalb im Unterhaus, daß es »keine Ernennung sei, die durch den Souverän zu erfolgen habe, sondern lediglich eine Erklärung seitens der Regierung«.[15] Das Königshaus hält noch immer an dem Standpunkt fest, daß das Amt des Stellvertretenden Premierministers »keinerlei verfassungsmäßige Bedeutung hat«.

Kurioserweise sollte Macmillans Amtshandlung als Premierminister Elizabeth, trotz der Verehrung, die er ihr und ihrem Amt entgegenbrachte, noch enger und unheilvoller an das »Establishment« ketten und letztlich zur Beschneidung ihres Vorrechts führen, den Premierminister auszuwählen. Bei seiner wöchentlichen Audienz am 20. September 1963 unterrichtete er sie von seiner Entscheidung, die Partei nicht mehr in die nächsten allgemeinen Wahlen zu führen, was einen Führungswechsel im Januar oder Februar nach sich ziehen würde. Er schrieb in seinem Tagebuch: »Die Königin drückte ihr volles Verständnis aus. Aber es schien mir, daß sie recht niedergeschlagen war, zum Teil (vielleicht) wegen des Gedankens, ein Mitglied des Parlaments zu verlieren, an das sie sich gewöhnt hatte, aber in der Hauptsache (zweifellos) wegen all der Schwierigkeiten um den Nachfolger, in welche die Krone verwickelt werden würde. Wir haben die verschiedenen Möglichkeiten ausgiebig erörtert. Für sie ist es sehr wichtig, daß das alte Vorrecht erhalten bleibt. Welcher Schaden könnte denn schon entstehen, wenn sie irgend jemanden beauftragte, eine Regierung zu bilden, und dieser dann scheiterte? Solches war bereits des öfteren in der ersten Hälfte des neunzehnten Jahrhunderts geschehen, in einem gewissen Zeitraum sogar fast ausnahmslos. Natürlich wäre es besser für das Ganze, wenn alles reibungslos abliefe, wie in meinem Fall ...«[16]

Seinem Biographen zufolge, »erklärte sich Macmillan um jeden Preis dazu entschlossen, dieses Vorrecht, das Recht der Königin, ihren Premierminister selbst auszuwählen, zu bewahren«, doch wie sich herausstellte, bewirkte sein Vorgehen in der Frage seiner Nachfolger genau das Gegenteil.

Später, als er die möglichen Parteiführer mit Kollegen erörterte, wurde er schwankend und beschloß letztlich doch, in den Wahlkampf zu gehen, aber am 7. Oktober bekam er akute Probleme mit der Prostata. Da er starke Schmerzen hatte und zur Hypochondrie neigte, war er überzeugt, Krebs zu haben und vielleicht sterben zu müssen; so sah er sich nicht in der Lage, die Partei weiterhin zu führen. Am Abend vor der Prostata-Operation teilte er Elizabeth in einem Brief von seinem Krankenbett im King Edward's VII. Hospital mit, daß er gezwungen sei zurückzutreten. Sie rief in den Tagen nach der Operation immer wieder an, um sich nach seinem Gesundheitszustand zu erkundigen – an einem Tag dreimal –, aber in einem Zustand postoperativer Benommenheit konnte er nicht verstehen, was sie sagte. In der Zwischenzeit war in heilloser Verwirrung die Versammlung der Konservativen in Blackpool eröffnet worden. Die zwei führenden Bewerber um die Parteiführung, Hailsham – der kürzlich die Peerswürde niedergelegt hatte und jetzt Quintin Hogg hieß, auch wenn man weiter von Hailsham sprach – und Butler schienen sich selbst aus dem Rennen hinauszuwerfen, der erste wegen übermäßigen Selbstvertrauens, der zweite wegen offensichtlicher Zaghaftigkeit. Macmillan hatte bereits bei dem eigentlich unwilligen Grafen von Home vorgefühlt. Von seinem Krankenbett aus war der Premierminister entschlossen, die Vorgänge um die Wahl seines Nachfolgers fest in der Hand zu behalten. Noch im Bewußtsein der Anschuldigungen aus Zeiten seiner eigenen Nachfolge, daß die Wahl praktisch in den Händen von zwei Mitgliedern des Hochadels gelegen habe und die Meinungsfindung auf das Kabinett begrenzt gewesen sei, gab er dem Lordkanzler Anweisung, das Kabinett und den Parteisprecher zu veranlassen, mit anderen Ministern und Parlamentsmitgliedern der Konservativen Kontakt aufzunehmen, während der Vorsitzende der Konservativen Partei in den Wahlbezirken vorfühlen sollte und Lord St. Aldwyn bei den politisch aktiven Peers unter den Konservativen. Nach diesen Beratungen und dem Meinungsaustausch mit den vier Kandidaten Home, Hailsham, Reginald Maudling und Butler verbrachte Macmillan den gesamten 17. Oktober damit, Elizabeth einen langen Brief zu schreiben, in welchem er ihr bis ins kleinste den Gang der Dinge in den letzten Tagen auseinandersetzte. »Es geht mir darum«, schrieb er ihr, »daß alles, was bisher unternommen wurde, ausführlich schriftlich niedergelegt ist, damit nicht die Art von Verwirrung entsteht, durch die frühere Krisen im nachhinein vergiftet wurden, mit den bekannten katastrophalen Auswirkungen auf alle Beteiligten.« Er diktierte auch ein »streng geheimes« Memorandum, welches er ihr geben wollte, sollte sie um seinen Rat nachfragen, in welchem er den Weg für Home ebnete: »Meiner Ansicht nach ist es wichtig zu wissen, daß Lord Homes Kandidatur nicht aufgrund seiner persönlichen Vorzüge erfolgt ist, sondern als Lösung in letzter Minute ergriffen wurde, um Butler außen vor zu halten, jetzt, nachdem sich Lord Hailsham – nach Aussage der Auguren – durch sein dummes Benehmen in Blackpool selbst aus dem Rennen gebracht hat … Abgesehen von Homes tatsächlichen Führungsfähigkeiten, bin ich beeindruckt von dem allgemeinen Wohlwollen, das ihm entgegengebracht wird, sogar von denen, die Gründe zugunsten anderer Kandidaten anführen, und ich kann nicht anders, als zu der Ansicht zu gelangen, daß er am meisten geeignet wäre, sich die Unterstützung aller zu sichern.«[17]

Am Abend sickerte die Neuigkeit durch, daß die Königin den Grafen von Home als Nachfolger Macmillans vorgeschlagen hatte. Es herrschte allgemeine Bestürzung, und über Nacht drohte eine Revolte auszubrechen. Ein Lobbyist machte im Königshaus seinen Einfluß gegen Home geltend, doch es wurde ihm entschieden mitgeteilt, daß die Königin nicht dazu gedrängt werden dürfe, den Führer der Tory-Partei ernennen zu müssen. Aus sicherer Quelle wurde bekannt, daß Macmillan das Königshaus gebeten hatte, seine Audienz mit der Königin, die am nächsten Tag um 11.45 Uhr anberaumt war, um eine halbe Stunde vorzuverlegen, um jedem Schritt der Rebellen zuvorzukommen. Am nächsten Morgen, dem 18. Oktober, um 11.15 Uhr traf die Königin in Begleitung von Adeane im Krankenhaus zur Abschiedsaudienz ein – ein nie zuvor von einem britischen Souverän unternommener Schritt. Sie ging allein in den Konferenzraum des Krankenhauses, wo ein angespannter und unglücklicher Premierminister auf sie wartete, anläßlich der außergewöhnlichen Gelegenheit mit einem weißen Seidenhemd bekleidet; jedoch mit einer Flasche im Bett und einem Gefäß darunter, in das durch ein Röhrchen Flüssigkeit tropfte. Sein Arzt Sir John Richardson wartete draußen mit dem Ohr an der Tür für den Notfall, aber Elizabeth sprach so leise, daß sie kaum zu hören war. Der Arzt bemerkte, daß »ihr tatsächlich die Tränen in den Augen standen, und vielleicht konnte ich deshalb nichts hören, weil ihre Stimme nicht sehr fest war«. »Was werden Sie jetzt machen?« fragte sie Macmillan, der bemerkte, daß sie sehr erschüttert war. »Ja, ich fürchte, ich kann nicht weitermachen«, erwiderte er. Sie fuhr fort: »Möchten Sie mir irgendeinen Rat geben?« Daraufhin las Macmillan ihr das vorbereitete Memorandum vor und übergab es ihr zur Aufbewahrung in den königlichen Archiven.

Es gab einige Aufregung im Palast über die Verfassungskonformität von Macmillans Vorgehensweise. »Macmillan glaubte, ein Recht dazu zu haben, der Königin Ratschläge in bezug auf seinen Nachfolger zu geben«, sagte einer der königlichen Sekretäre, »aber rein technisch gesehen hatte er keines, weil er bereits zurückgetreten war.« Da die Entscheidung innerhalb der Konservativen Partei Unruhe ausgelöst hatte, was im Königshaus sehr wohl bemerkt wurde, war es durchaus nicht sicher, daß Home in der Lage sein würde, eine Regierung zu bilden. Präzedenzfälle wurden untersucht, vornehmlich der, als George V. nach dem Sturz von Lloyd George im Jahr 1922 Bonar Law beauftragt hatte. Danach lud Elizabeth Home in den Palast ein und bot ihm den Posten des Premierministers an. Und so wurde der vierzehnte Graf von Home Premierminister von Großbritannien, legte seinen Grafentitel ab, um ganz einfach Sir Alec Douglas-Home zu werden, wie es die kurz zuvor verabschiedete Gesetzgebung ermöglichte, die ursprünglich darauf abzielte, Viscount Stansgate die Möglichkeit zu geben, Herr Wedgwood Benn zu werden. Der nachfolgende Aufruhr übertraf sogar die Auseinandersetzungen, die seinerzeit um Macmillans Berufung entbrannt waren. In einem dreiseitigen Artikel im *Spectator* behauptete Iain Macleod, daß acht oder neun Tory-Granden, die alle bis auf einen in Eton gewesen seien und die er als »den magischen Zirkel« bezeichnete, die Parteiführung zugunsten eines der ihren, des Grafen von Home, geregelt hätten. Macmillans Memorandum hatte der Königin keine andere Wahl gelassen. Enoch Powell erhob die gleiche Beschuldigung; Macmillan habe die Königin vorsätzlich an der Ausübung ihres angestammten Vorrechts gehindert. Es steckte viel Wahrheit in dieser Behauptung. Nimmt man seine veröffentlichten Tagebücher als Beweis, so scheint Macmillan tatsächlich Home mit Nachdruck dazu veranlaßt zu haben, sich als Kandidat für die Parteiführung aufstellen zu lassen, in der Absicht, ihn dann als seinen Nachfolger zu präsentieren und, hauptsächlich, um so Butler an der Nachfolge zu hindern. Scheinbar hat das Königshaus keinen Versuch gemacht, eigene, unabhängige Sondierungen durchzuführen, wobei der Hauptgrund gewesen sein mag, daß man die Königin nicht in die Zwangslage versetzen wollte, den Führer der Tory-Partei ernennen zu müssen, was nach der Verfassung sicherlich nicht ihre Aufgabe war. Macmillan argumentierte, daß er nur zum Schutz der Königin so gehandelt und die Verantwortung auf seine Schultern genommen habe, aber das Resultat hinterließ in den Augen der Öffentlichkeit einen unglückseligen Eindruck. Entweder hatte Mitleid mit dem alten Zauberkünstler die Königin dazu gebracht, seine Empfehlung eines zweifellos dem Hochadel angehörenden Mannes anzunehmen, oder sie hatte wegen ihrer ganz persönlichen Neigungen für »Gestalten in Tweed« eingewilligt und wegen der Tatsache, daß Home ein alter Familienfreund war, der als Chamberlains parlamentarischer Privatsekretär einer Meinung mit der Königinmutter gewesen war in bezug auf die Vorgänge in München. Keine der beiden Erklärungen diente dem Ansehen der Monarchie in dem neuen Großbritannien, das zu jener Zeit gegen das Establishment eingestellt war.

Es konnte sicherlich argumentiert werden, daß Home, ein ehrenwerter Mann, der von allen, die ihn kannten, respektiert und gemocht wurde, unter dem Gesichtspunkt der Parteigeschlossenheit der beste Kompromißkandidat war, doch er schleppte für das aktuelle Klima zu viel altmodischen Ballast mit sich herum. Elizabeth hatte sich von einem aus dem Amt ausscheidenden Premierminister in die Lage hineinmanövrieren lassen, dessen Rat bezüglich seines Nachfolgers annehmen zu müssen. Dies widersprach den konstitutionellen Gepflogenheiten, wie sehr Macmillan es auch mit Beweismaterial über von Tory-Granden durchgeführte Sondierungen zu bemänteln versuchte. Er hatte für sich die Entscheidung getroffen, daß Home sein Nachfolger sein sollte, um Butler auszuschalten, und er stellte sicher, daß er ihn bekam, indem er auf Elizabeths Mitgefühl und ihre relative Unerfahrenheit setzte. Michael Adeane, als Privatsekretär der Königin, hätte ihr den Rat geben sollen, das ihr zustehende unabhängige Recht der Konsultationen von Bewerbern auch auszuüben, um der Falle auszuweichen, in die Macmillan sie geführt hatte. Aber Adeane, der überzeugteste »Träger von Tweed« unter ihren Beratern, hatte wie Macmillan den Kontakt zu den zeitgenössischen Strömungen verloren. Vielleicht sah er Home auch als sichere Alternative an, die ihm und auch Elizabeth eine problemlose Zusammenarbeit garantierte. Die Wahl des vierzehnten Grafen von Home zum Premierminister vor dem Hintergrund des Wandels von sozialen Einstellungen, der sich in den frühen sechziger Jahren vollzog, zeigte, daß das Königshaus und der »magische Zirkel« einer anderen Epoche angehörten. Darüber hinaus sollte die nachfolgende Änderung der Methode, den Führer der Konservativen Partei zu bestimmen – vom Prozedere eines päpstlichen Konklave hin zu einer Direktwahl –, bewirken, daß das Auswahlrecht der Königin und damit ihr Privileg, noch stärker eingeschränkt wurde.

Ein Jahr später verlor der vierzehnte Graf bei den allgemeinen Wahlen vom Oktober 1964 seinen Job an den »vierzehnten Mr. Wilson«, wie er den Führer der Labour-Partei gerne nannte. Elizabeths vier vorhergehende Premierminister – Churchill, Eden, Macmillan und Douglas-Home – stammten alle mehr oder weniger aus ähnlichen

Verhältnissen mit gleichen Interessen, die sie verstand. Wilson sorgte für eine neue Erfahrung, da er aus provinziellen Kreisen der unteren Mittelschicht des Nordens kam. Trotz brillanter akademischer Leistungen in Oxford hatte er sich nicht weit von seinen Wurzeln entfernt, was manche als Absicht ansahen. Er sprach noch immer mit einem Yorkshire-Akzent und verfolgte die Erfolge seines lokalen Fußballvereins von Huddersfield Town. Man sah ihn selten ohne eine Pfeife im Mund, die er auch während der wöchentlichen Treffen rauchte, als die Beziehung zur Königin vertraulicher wurde. Er war jedenfalls der erste von Elizabeths Premierministern, der fast die gleiche Generation wie sie verkörperte; im Jahr 1916 geboren, war er zehn Jahre älter als sie, und er war ein Mann, der die Gesellschaft von Frauen mochte und ihre Intelligenz respektierte.

Wilson brach mit den Traditionen. Er eröffnete sein erstes formelles Treffen mit Elizabeth mit »Handkuß« und traf zur Entgegennahme des Amtssiegels als ihr Erster Minister mit zwei Wagenladungen voll von Familienmitgliedern und Anhängern ein: mit Vater, Ehefrau, zwei Söhnen und seiner persönlichen Sekretärin Marcia Williams. Normalerweise kommt ein Premierminister allein. Die Wilson-Gesellschaft saß auf einem Sofa im »Equerries' Room« und wurde von Patrick Plunket mit Sherry bewirtet.

Marcia Williams' Erinnerung an den Anlaß war nicht sehr schmeichelhaft: »Es waren eine Reihe anonymer Palastindividuen anwesend. Für mich sahen sie alle völlig gleich aus. Wenn ich mich recht erinnere, drehte sich die Unterhaltung um Pferde. Vielleicht ging man davon aus, daß jeder an Pferden interessiert sein müsse, obwohl mein diesbezügliches Wissen gering war, und das der Familie Wilson noch geringer. Das Ganze erschien mir damals wie ein satirischer Auftakt zu der technologischen Revolution und einer Regierungszeit, in der diese Herausforderung gemeistert werden mußte …«[18]

Bei der allerersten Dienstag-Audienz mit Elizabeth hatte Wilson einen außerordentlich schlechten Start, als sie ihn nach etwas aus den Kabinettsprotokollen fragte und ihn auf dem völlig falschen Fuß erwischte, unvorbereitet und uninformiert. Nach der Erfahrung ließ Wilson den Privatsekretär vorab wissen, welche Themen er zur Diskussion mit Elizabeth vorschlug, und verwandte einige Zeit darauf, sie vor der Audienz durchzugehen. Außerdem pflegte er seinen Privatsekretär mitzunehmen, so daß die zwei direkt während der Audienz Kontakt aufnehmen konnten; wenn alles vorbei war, ging Wilson auf einen schnellen Drink und zur weiteren Diskussion hinunter in das Büro des Privatsekretärs. Elizabeth fühlte sich bald zu Wilson hingezogen, genoß seine gemütliche Art, seinen Witz und die Fachkenntnis, mit der er als geborener Lehrer die Themen darstellen konnte. »Harold kam gut mit der Königin zurecht, und sie mochte ihn sehr gern«, erinnerte sich ein Mitarbeiter. »Seine Audienzen wurden länger und länger. Einmal blieb er zwei Stunden und wurde noch aufgefordert, auf ein paar Drinks zu bleiben. Üblicherweise sehen die Premierminister sie nur für zwanzig bis dreißig Minuten, und es ist nicht normal, daß ihnen Drinks vom Monarchen angeboten werden.«[19] »Ich glaube, die Königin sprach sehr offen mit Wilson«, sagte einer ihrer früheren Privatsekretäre. Es war ein Verhältnis auf sehr persönlicher Ebene, das nichts zu tun hatte mit gleichen Interessen, da sie absolut nichts gemeinsam hatten. Wilson ging nie zu Rennen, er ritt nicht, schoß nicht, hatte nicht einmal einen Hund, aber er öffnete Elizabeth ein Fenster in eine Welt, die sie nicht kannte, das Provinzleben, die Ansichten der Labour-Anhänger und die politischen Ziele der Gewerkschaften. Er gab ihr das Gefühl, mit ihrem Volk in Verbindung zu stehen, in einer Weise, wie es seine aristokratischen Vorgänger nicht vermocht hatten. Wilson wiederum fand in ihr eine Vertraute, der er trauen konnte. »Harold brachte ihr große Zuneigung entgegen, und sie erwiderte diese«, sagte seine Kollegin Barbara Castle. »Sie fühlte sich wohl in seiner Nähe, er hielt sie über alles auf dem laufenden und war wahrscheinlich recht schwungvoll in seiner Berichterstattung. Er genoß es regelrecht, zu ihr zu gehen und ihr berichten zu können.«

Nach Barbara Castles Ansicht konnte seine tiefe Sympathie für Elizabeth seine politische Urteilsfähigkeit und den Abstand, den ein Premierminister der Labour-Partei zum Thron wahren sollte, durchaus beeinträchtigen. Als es im Jahr 1975 zu Diskussionen um die Anhebung des Budgets der Zivilliste kam, stimmte Wilson den Vorschlägen des Königshauses zu, ohne sie dem Kabinett überhaupt vorgelegt zu haben, erinnerte sie sich. »Es gab Gemunkel in Labour-Kreisen.«[20] Als er schließlich sein Amt im Jahr 1976 aufgab, waren seine Dienstag-

Treffen mit Elizabeth das, was er am meisten vermißte. Richard Crossman, einer von Wilsons Ministern, war ebenfalls der Ansicht, daß manchmal die Beziehungen zwischen der Königin und dem Premierminister zu eng waren, zum Nachteil des letzteren. Als Emrys Hughes, Parlamentsabgeordneter der Labour-Partei von South Ayrshire, ein Gesetz zur Abschaffung von erblichen Titeln vorschlagen wollte, dachte Crossman, daß es besser sei, ihn machen zu lassen, da ihn sowieso niemand ernst nahm und jeder Versuch, ihn zum Schweigen zu bringen, falsch ausgelegt werden könnte. Elizabeth jedoch sah das ganz anders. Adeane ging zu Wilson, der daraufhin befahl, den Gesetzesvorschlag zu stoppen. »Das ist ein gutes Beispiel dafür, wie die Königin und der Premierminister zusammengluckten«, schrieb Crossman am 15. Februar 1967. Später jedoch konnten Roy Jenkins und Crossman Wilson von der Gefährlichkeit dieses Kurses überzeugen, und Hughes durfte weitermachen. Elizabeth, immer wachsam gegenüber jeder potentiellen Bedrohung der Monarchie, sah in der Abschaffung von Titeln den ersten Schritt zu Gleichmacherei, die irgendwann zu einer Bedrohung des Thrones führen konnte. Sie erzählte Crossman, als dieser sie zu Ostern in Angelegenheiten des Privy Council in Windsor besuchte, daß sie »recht besorgt in allen Sonntagszeitungen« nach einem Bericht über die Sitzung gesucht habe, in der das Gesetz vorgeschlagen worden sei. Crossman konnte nicht widerstehen zu sagen, daß es zwei Berichte in *The Times* und *The Guardian* gegeben habe, die beide dargestellt hätten, was für ein Flop das Ganze gewesen sei, und dann fügte er noch hinzu, wie froh er sei, daß er und Jenkins mit ihrem Rat an den Premierminister recht gehabt hätten. »Es war wohl ein Fehler, dies zu sagen, denn sie erwiderte nichts.«

Es ist eine Binsenweisheit, daß Labour-Premierminister mit ihren königlichen Hoheiten besser zurechtkommen als die meisten ihrer konservativen Kollegen. Elizabeth ist wie ihr Vater, jedoch im Unterschied zu ihrer Mutter ein wirklich unpolitischer Mensch; Ideologie ist ihrem Denken fremd und wird es auch bleiben. Richard Crossman fragte den Schriftführer des Privy Council, Sir Godfrey Agnew, »ob sie uns die Tories vorzieht, weil die auf der sozialen Leiter höher stehen«. »Das glaube ich nicht«, erwiderte Agnew. »Die Königin macht keine feinen Unterschiede zwischen Politikern der verschiedenen Parteien.

Aus ihrer Sicht gehören alle in etwa der gleichen sozialen Kategorie an.« »Ich glaube, das trifft zu«, fügte Crossman hinzu. Königin Victoria kam bekanntlich immer besser mit der Arbeiterklasse und Bediensteten wie John Brown und dem Munshi aus als mit der Aristokratie und der High-Society. Der Hochadel in der Tradition der Liberalen, wie die Herzöge von Devonshire, neigte dazu, auf die königliche Familie als Spießbürger der Mittelklasse herabzusehen. Daher kam die Königin auch viel besser mit Harold Wilson aus als mit Anthony Eden. Wilson war ebenso patriotisch und konservativ mit kleinem »k« wie sie. Man konnte kaum erwarten, daß Elizabeth sich in der Gesellschaft eines radikalen Sozialisten wie Tony Benn wohl fühlen würde, der seinen ererbten Titel Viscount abgelegt hatte und der von seinem intellektuellen Background und seinen politischen Ambitionen her darauf hinarbeitete, das »House of Lords« und letztlich auch die Monarchie zu beseitigen. Die Königin sah und sieht es als ihre Aufgabe an, sich mit den Politikern jeglicher Partei zu arrangieren, da sie gewählte Vertreter ihres Volkes sind. »Ich habe immer ihre Professionalität geschätzt«, sagte Barbara Castle. »Sie war außerordentlich pflichtbewußt, machte ihre Hausaufgaben. Besonders habe ich das Geschick bewundert, mit dem sie sich jeder Situation anpaßte, seien es wechselnde Minister oder Regierungen. Es kann nicht einfach für die Königin sein, wenn ein ganzes Kabinett abgelöst wird«, sagte sie. »Sie darf kein Mitgefühl zeigen, denn das würde bereits einer Beurteilung der neuen Regierung gleichkommen, aber ebensowenig darf sie ungerührt bleiben. Ihre Art, diese Schwierigkeit zu meistern, war die, sich an alles zu erinnern, was einen Minister unmittelbar betraf – als ich von dem neuen Labour-Premier James Callaghan entlassen wurde, war es: ›Wie geht es mit dem Krankenhaus (das die Königin eröffnet hatte) voran?‹ –, wodurch sich die Unterhaltung auf völlig sicherem und politisch neutralem Boden bewegte.« Wenn sie nach einem Abendessen im Palast mit ihren weiblichen Gästen allein war, habe Elizabeth genau den richtigen zwanglosen Ton gefunden. Einmal sagte sie zu Barbara Castle: »Der arme Prinz Charles hat morgen sein ›O-level‹ [Abschluß der Mittelstufe], ich muß gehen und ihm gute Nacht sagen.« Danach gefragt, ob sie jemals geahnt hätte, was Elizabeth wirklich dachte, erwiderte Barbara Castle, daß sie nie etwas preisgab: »Sie bewies stets eine professionelle Diskretion.« Sie fühlte auch, daß dafür ein Preis gezahlt werden mußte: »Man hatte das Gefühl, daß sie sich nie für einen Augenblick entspannte – da wurde viel unterdrückt.« Elizabeth habe zu sehr versucht, korrekt zu erscheinen, und »ein bißchen menschliche Schwäche wäre manchmal willkommen gewesen«.

Ihr Gemahl hingegen war weniger erfolgreich darin, seine Meinung über Politiker zu verbergen. Baronin Castle beschrieb ihn als »anmaßend« und war verwundert über sein Benehmen bei der offiziellen Eröffnung der Brücke über den Severn. Während die Kapelle die Nationalhymne spielte, versuchte Barbara Castle strammzustehen, als Philip ihr aus dem Mundwinkel zuflüsterte: »Wann werdet ihr endlich mit dem Bau der M4 fertig? Ihr seid schon eine Ewigkeit zugange…« Der radikale Tony Benn mochte seine bilderstürmerischen Ansichten über verschiedene Aspekte der königlichen Rolle. Philip sprach sich in einer Weise, die seiner Frau kaum gefallen hätte, für die Notwendigkeit aus, Änderungen im Status der Königin im Commonwealth vorzunehmen, womit er darauf anspielte, daß die Königin ebenso Königin von Kanada wie auch von Großbritannien war. »Sie wollen uns nicht, und dann sollen sie eben eine Republik oder so etwas werden«, sagte er im Februar 1968 zu Benn.[21] Er sagte auch, daß er der Meinung wäre, die Treffen des Privy Council seien »eine absolute Zeitverschwendung«, und daß die Audienz des Premierministers erweitert werden und andere Minister einschließen sollte, die der Königin Themen aus den einzelnen Regierungsressorts erläutern könnten. Seltsamerweise vertrat er die Meinung, daß die Regierung dezentralisiert werden solle, und zeigte sich als starker Befürworter des schottischen und walisischen Nationalismus. All dies war Musik in Benns Ohren. »Er ist eine nachdenkliche und intelligente Person«, bemerkte er über Philip. Elizabeth mißtraute er mehr, da er sie als Sirene ansah, welche die Mitglieder der Labour-Partei von ihrer inneren Verbundenheit gegenüber der reinen Demokratie und der Arbeiterklasse fortlockte. »Sie ist nicht sehr clever, aber einigermaßen intelligent, und sie hat Erfahrung«, schrieb er. »Sie ist jetzt seit achtzehn Jahren mit der Regierung beschäftigt…« Er war erstaunt über die Heftigkeit, mit der sie ihre Meinungen verteidigen konnte. »Das Projekt Concorde *dürfen* Sie nicht streichen«, sagte sie zu ihm. Und auch ihre Ehrlichkeit verwunderte ihn. Als er sie fragte, was sie über den kanadischen Premierminister Pierre Trudeau dächte, erwiderte sie, daß sie ihn »recht enttäuschend« gefunden hätte.[22]

Richard Crossman beklagte ebenfalls Elizabeths betörende Wirkung auf seine Kollegen und die Parteimitglieder. Nach einem Treffen am 11. November 1969 zur Erörterung der königlichen Finanzen schrieb er: »Barbara [Castle], Roy [Jenkins] und ich sind Republikaner. Wir lehnen die Position eines Königs ab, wir gehen weder gerne zum Hof, noch fühlen wir uns dort wohl, und wir wissen, daß die Königin sich mit uns nicht wohl fühlt. Fred Peart dagegen kommt mit der Königin ähnlich gut aus wie George Brown und Callaghan ... Harold ist ein ewig Getreuer, und, vereinfacht gesagt, es stimmt, daß die Geschäftswelt in diesem Sinne radikal ist und daß die Sozialisten der Arbeiterklasse zumeist unverbesserliche Monarchisten sind. Je näher die Kabinettsmitglieder der Arbeiterklasse an die Königin herankommen, desto stärker mögen sie sie ...«[23]

Einige der intellektuelleren Minister des linken Flügels konnten sich nur schwer mit der historisch aufgemachten Zurschaustellung des Königshauses abfinden. Crossman, wie Wilson ein früherer Dozent aus Oxford, aber im Gegensatz zu ihm nur Journalist, wurde in Wilsons erster Regierung im Jahr 1964 Lord President des Privy Council, eine Stellung, die ihn in häufigen Kontakt mit Elizabeth brachte. Er war empört über den Brauch, der verlangte, daß vielbeschäftigte Minister den Treffen des Privy Council beizuwohnen hatten, wenn sie im entfernten Balmoral oder Sandringham stattfanden, nur weil die Königin sich gerade dort aufhielt. »Der Privy Council ist der beste Beweis für nutzloses Brimborium, der sich finden läßt«, schrieb er am 20. September 1966 in seinem Tagebuch. »Es ist schon interessant, darüber nachzudenken, daß schwer beschäftigte Männer sich eine Nacht und einen Tag Zeit nehmen und dahinauf [Balmoral] fahren mußten, zusammen mit Godfrey Agnew, dem Schriftführer des Council, um dann dort für zweieinhalb Minuten zu stehen, während eine Liste von Titeln [der Regierungserlasse] laut vorgelesen wurde. Es wäre bei weitem einfacher gewesen, wenn die Königin südwärts zum Buckingham-Palast gekommen wäre, doch es ist ›lèse-majesté‹ [Majestätsbeleidigung] so etwas auch nur anzudeuten.« Eine seiner Aufgaben als Lord President war, Elizabeth bei dem »pricking of the Sheriffs«, der Ernennung oder, besser, bei dem »Herauspicken« der Sheriffs, zu unterstützen, wobei sie einfach nur mit einer Haarnadel auf die Namen der lokalen ehrenamtlichen Würdenträger »pickte«, die auf einem Dokument niedergeschrieben waren – tatsächlich mit »einer Haarnadel«, wie Crossman beinahe ungläubig am 23. März 1967 berichtete, »nur weil Elizabeth I. es seinerzeit mit einer Haarnadel gemacht hatte und diese Tradition aufrechterhalten wurde.«

Crossman stellte seine Abneigung gegen das »Brimborium«, das die Vermischung von Monarchie und Regierung mit sich brachte, gerne heraus. Als er Lord President war, brachte er den Traditionalisten, den Herzog von Norfolk, völlig aus der Fassung, als er sich weigerte, an der offiziellen Parlamentseröffnung teilzunehmen, und gab erst nach, als Michael Adeane ihn darauf hinwies, daß er die Königin bitten könne, ihn zu entschuldigen, aber hinzufügte: »Natürlich hat die Königin eine ebenso starke Abneigung gegen öffentliche Zeremonien wie Sie. Ich möchte jedoch nicht die Tatsache vor Ihnen verbergen, daß sie sich sicher Gedanken zu der Frage machen wird, warum Sie entschuldigt werden sollen, wenn sie selber zu gehen hat, nachdem Sie beide offizielle Würdenträger sind …« Crossman war fasziniert von Elizabeth, die in seinen recht indiskreten Tagebüchern eine große Rolle spielt. In Sandringham bemerkte er ihr Geschick im Umgang mit einem riesigen Puzzle, das immer auf einem großen runden Tisch ausgelegt war: »Während sie dastand und sich ausführlich mit der Gesellschaft unterhielt, schweiften ihre Finger ab, und sie paßte die Teile in aller Ruhe ein, offensichtlich, ohne lange suchen zu müssen.« Er war auch sehr erstaunt über ihre Sensibilität, wenn es um die Gefühle anderer ging. »Sie fragte mich, wie die Morgensitzungen liefen, und ich schaute sie erstaunt an. ›Oh, Entschuldigung‹, sagte sie, ›ich wollte nicht etwa Kritik üben.‹ Und da wurde mir erst bewußt, wie feinfühlig sie ist und daß aus meinem Gesicht die Irritation abzulesen gewesen sein mußte.« Im Juni 1967, als er die Königin am Vorabend ihrer Abreise nach Kanada zur Weltausstellung traf, sagte er, daß er hoffe, sie würde es genießen, auch wenn die Exponate scheußlich seien. Sie meinte: »Ich bin viel zu klein, um irgend etwas zu sehen«; und er hatte plötzlich das Bild von der winzig kleinen Frau vor Augen, die nach oben schaute und nichts als die Fußsohlen der Statuen über sich sah, während sie Kilometer um Kilometer über den roten Teppich gelotst wurde. Einige Höflinge verdächtigten ihn der Scheinheiligkeit, als er anfragte, ob er seine Familie mitbringen dürfe, um ihr den Buckingham-Palast zu zeigen, und später in der Presse unverschämte Bemerkungen über die Monarchie machte.

Das Jahr 1964 war in vieler Hinsicht ein Wendejahr. Prinz Edward, Elizabeths letztes Kind, wurde am 10. März geboren. Am Anfang des neuen Jahres 1965 erlitt Churchill, inzwischen bereits neunzig Jahre alt und seit langem ein erloschener Vulkan, einen schweren Schlaganfall, dem er am 24. Januar erlag. Auf Betreiben von Elizabeth erhielt er ein Staatsbegräbnis; der Sarg war in Westminster Hall aufgebahrt, wo mehr als dreihunderttausend Menschen daran vorüberzogen. Bei der Beerdigungsfeier in der St. Paul's Cathedral »wischte Elizabeth alle Traditionen beiseite«, wie Mary Soames, Churchills Tochter, schrieb, »und wartete auf die Ankunft ihres größten Untertanen«. Am Ende des Gottesdienstes verließ wiederum die Familie die Kirche vor ihr und folgte dem Sarg, bevor dieser zu dem einfachen Landfriedhof nach Bladon in Oxfordshire gebracht wurde, weniger als zwei Kilometer von seinem Geburtsort Blenheim entfernt. An der Grabstätte lag ein Kranz aus weißen Blumen mit Elizabeths eigenhändiger Widmung: »Von der Nation und dem Commonwealth. In dankbarer Erinnerung. Elizabeth R.« Im gleichen Jahr starb Richard Dimbleby, der großartige Vermittler des positiven Ansehens des Royalismus, an Krebs. Weder die Königin noch ihr Gefolge scheinen die wichtige Rolle erkannt zu haben, die Dimbleby für das Ansehen der Monarchie gespielt hatte. Die Ritterwürde wurde ihm nicht verliehen; aber die Königin schickte ihm sechs kleine Flaschen Sekt eines unbekannten Jahrgangs an sein Sterbelager. In gewisser Weise war der Tod von Dimbleby so symbolisch wie der von Churchill. Sie markierten das Ende einer Ära des öffentlichen Respekts, der Ehrfurcht gegenüber der Monarchie. Als Elizabeth im Jahr 1963 den zehnten Jahrestag der Krönung feierte, nahm kaum jemand Notiz davon. »Die Monarchie langweilt die Engländer allmählich«, verbreitete Malcolm Muggeridge im Jahr 1964 in Amerika in der »Jack Parr Show«.

13

Familienoberhaupt

»Die Königin hat Festigkeit in allen Lebensbereichen gezeigt, außer bei ihren Kindern...«

Anonymus

Mit der Geburt von Prinz Edward war Elizabeths Familie vollständig. »Meine Güte, was für eine Freude das ist, wieder ein Baby im Haus zu haben!« erzählte sie Freunden. »Wir haben alle Spaß daran, besonders Andrew, der völlig hingerissen von ihm ist. Tatsächlich sieht er es als sein persönliches Eigentum an, und er sagt selbst zu Charles und Anne: ›Kommt und schaut euch *mein* Baby an!‹« In den sechziger Jahren, als Anne und Charles Teenager und Andrew und Edward noch Kleinkinder waren, konnte sie die Anforderungen, die ihre Arbeit und ihre Kinder an sie stellten, scheinbar gut vereinbaren. Prinz Charles ließ verlautbaren, daß er seine Familie immer als »eine ganz besondere Sorte von Menschen« empfunden habe. »Ich wollte nie von zu Hause fort«, sagte er. »Wir scheinen eine sehr eng miteinander verbundene Familie zu sein. Ich fühle mich zu Hause bei meiner Familie glücklicher als irgendwo anders.«

Später, als sich das Bild seines Privatlebens in der Öffentlichkeit verdüsterte, machte er die Distanziertheit seiner Mutter und die unduldsame Strenge seines Vaters für das Desaster verantwortlich. Der Prinz übertrieb zwar etwas mit seiner Anklage, doch steckte in dem, was er seinem Biographen Jonathan Dimbleby erzählte, mehr als nur ein Körnchen Wahrheit. Elizabeth hatte zu ihren zwei jüngeren Kindern Andrew und Edward ein wesentlich entspannteres Verhältnis als zu ihm. Dies traf ganz besonders auf Andrew zu, ein unkompliziertes, unbändiges Kind, das ihr besonderer Liebling war. »Als Andrew geboren war, wuchs in ihr das Gefühl, daß sie sich mehr mit ihren Kindern befassen müßte«, sagte jemand aus dem Verwandtenkreis. Elizabeth liebte Charles und er sie, aber er schaute in Ehrfurcht zu ihr auf, und sie konnte ihre Gefühle nicht offen zeigen. Ein Höfling erinnerte sich daran, daß er im gleichen Raum wie die Königin weilte, als Charles hereinkam, um seiner Mutter, die noch an ihren Papieren arbeitete, gute Nacht zu sagen. Er gab ihr einen Gutenachtkuß und war auf dem Weg hinaus, als Elizabeth geistesabwesend »Gute Nacht, mein Schatz« sagte. Charles blieb auf der Stelle stehen, drehte sich um und sagte erstaunt: »Du hast ›mein Schatz‹ zu mir gesagt!« Das bedeutete nicht, daß ihre Kinder in ihrem Leben eine untergeordnete Rolle spielten, sie hatte nur weniger Zeit für sie als die meisten Mütter. Als Charles im Jahr 1959 direkt vor Ostern die Windpocken bekam, war es ihr untersagt, ihn zu sehen, weil sie die Krankheit noch nie gehabt hatte, doch sobald die Ansteckungsgefahr vorüber war, lehnte sie alle Einladungen ab, um mit ihm zusammenzusein. »In Anbetracht der Tatsache, daß ich ihn sowenig sehen durfte«, schrieb sie, »habe ich das Gefühl, daß es unfair wäre, gerade jetzt, wo Charles wieder unter Menschen gehen darf, fortzufahren …«

Auch wenn es oberflächlich betrachtet so aussah, als sei Elizabeth völlig unempfänglich für den Wandel, der sich außerhalb der Palastmauern vollzog, als die »wilden sechziger Jahre« so richtig in Schwung kamen, so wußte sie sehr wohl, daß die Außenwelt auf einen ihr wichtigen Lebensbereich – die Kinder – einwirken würde. So hart sie auch kämpfte, um deren Privatsphäre zu schützen, so wußte sie auch, daß sie irgendwann nicht mehr von der Welt ihrer Altersgenossen abgeschirmt werden könnten und daß sie wachsendem Druck ausgesetzt sein würden, je unersättlicher die Medien würden. Sie hätte ihren Kindern so gerne ein »normales« Leben ermöglicht, wußte jedoch zugleich, daß dies letzten Endes unmöglich war. In der Erkenntnis, daß sie allein durch ihre Zugehörigkeit zur »königlichen Familie« zu leiden hätten, versuchte sie in übertriebener Weise dafür einen Ausgleich zu schaffen, indem sie ihnen nachgab, wo es ihr möglich war. Dies galt besonders für die zwei jüngeren Kinder, die in das anbrechende Zeitalter allgemeiner Freizügigkeit hineingeboren wurden. Es traf auch auf Anne zu,

Vaters Mädchen, dessen Anwesenheit Philips Gesicht aufleuchten ließ, eine zuversichtliche, unabhängige und willensstarke Persönlichkeit, die niemals gezwungen sein würde, die Last des Königtums zu tragen. Das galt jedoch nicht für den Prinzen von Wales, der dazu geboren war, König zu werden, und deshalb den Regeln unterworfen war, die ihm seine Bestimmung auferlegte.

Elizabeth und Philip sahen es als ihre Pflicht an, Charles so aufzuziehen, daß er seiner künftigen Rolle gewachsen sein würde. Deshalb war die Tatsache, daß er ein empfindsames und zurückhaltendes Kind war, in ihren Augen auch kein Plus, noch wurde das, was sie als Schwäche empfanden, durch seine Anhänglichkeit und Herzensgüte wettgemacht. Sein Mangel an innerer Härte und seine Neigung zu Selbstmitleid beunruhigte sie. Anfangs war er ein tolpatschiges und unsportliches Kind gewesen, das die geringe Geduld seines Vaters schnell erschöpfte. Er strahlte eine »Weichheit« aus, die ihm seine Eltern austreiben wollten. Als die Go-Karts aufkamen, erhielten Anne und Charles beide so ein Fahrzeug. Anne sprang mit einem Satz hinein; Charles weigerte sich zunächst, seines auch nur zu besteigen. »Verschissert« war das Wort, womit die Eltern sein Verhalten beschrieben, dessen Bedeutung sich höflich mit »mangelnder Mut« umschreiben ließe. Wie sich jedoch zeigte, sollte Charles später beweisen, daß sie mit ihrer Einschätzung unrecht hatten. Wärme und Anerkennung fand er bald bei anderen Frauen als bei seiner Mutter: bei seinem Kindermädchen Mabel Anderson, bei der Hofdame seiner Mutter, Lady Susan Hussey, und bei seiner über alles geliebten »Granny«, Königinmutter Elizabeth, die bei ihm die Verletzlichkeit ihres über alles geliebten Gemahls wiedererkannte und seine Neigung zu Musik, Kunst und Büchern unterstützte. Obwohl durchaus zu großer Liebenswürdigkeit fähig, war Philip von Natur aus ein Tyrann, und er schikanierte Charles, bis dem manchmal die Tränen kamen. Elizabeth verhielt sich wie Königin Mary in einer vergleichbaren Situation und machte niemals den Versuch, ihren Sohn zu schützen, hauptsächlich wohl, weil sie meinte, daß ihr Mann richtig handelte, und außerdem, weil sie glaubte, daß seine Männlichkeit ihm das Recht einräumte, in der Erziehung seines ältesten Sohnes den Ton anzugeben.

Elizabeth, die nur von Hauslehrerinnen aufgezogen worden war, hatte keine persönliche Erfahrung mit öffentlicher Erziehung. Die Mountbattens trafen die entscheidenden Beschlüsse bei der Auswahl einer Schule für Charles – was Gordonstoun bedeutete, die spartanische Schule an der Nordostküste Schottlands, die auch Philip besucht hatte. Die Königinmutter war entschieden der Meinung, daß er nach Eton gehen sollte, weil die Schule am ehesten seinem Temperament entsprach und die Jungen dort eher an den Umgang mit Mitgliedern des Königshauses gewöhnt waren und sich leichter mit ihm tun würden, und er mit ihnen.

Wie Elizabeths zukünftiger Außenminister Lord Carrington schrieb: »Was Schulen angeht, so war Eton, glaube ich, ein Ort der Toleranz. Es gab keines dieser schrecklichen Rituale für neu hinzugekommene Jungen, institutionalisierte Schikanen wie in anderen Schulen, über die man hörte oder las. Man hatte vom ersten Tag an sein eigenes Zimmer – ein kleines Arbeits- und Schlafzimmer ...«[1]

Elizabeth sorgte sich, daß die Nähe der Schule zu Schloß Windsor und zu London bei Charles Heimweh auslösen könnte, obwohl die meisten Leute sicher davon ausgegangen wären, daß ein mit seinem Zuhause so sehr verbundener Junge wie er diese Nähe als beruhigend empfunden hätte. Vielleicht setzte sie wider besseres Wissen auf die Hoffnung, daß es für ihn in der Ferne einfacher sein würde, sich an die neue Umgebung zu gewöhnen. Was immer sie auch gedacht haben mag, sie hatte in der Angelegenheit sehr wenig zu sagen. »In dem Stadium wurde der Königin ganz einfach keine eigene Meinung zugestanden«, sagte eine Vertrauensperson. »Sie sagte immer nur – ›meine Meinung muß überprüft werden‹. Es war recht befremdend. Philip war sehr starrköpfig und wollte nichts von Eton wissen ... Die Königin war leicht zu überstimmen; sie hatte keinerlei Kenntnis über Schulen und gab Philip nach, weil es sein sehnlichster Wunsch war, daß sein Sohn in seine Fußstapfen treten möge.« Philip argumentierte auch nicht zu Unrecht, daß Eton für das Wohlergehen zu nahe an der Fleet Street, der Pressemeile, läge. Der Dekan von Windsor, Robin Woods, wurde außer Mountbatten natürlich ebenfalls zu Rate gezogen. Niemand nahm den Vorschlag von Lord Altrincham ernst, den Thronerben auf eine Staatsschule zu schicken.

Weder Philip noch Mountbatten schienen erkannt zu haben, daß

Charles ein völlig anderes und sehr viel empfindsameres Wesen hatte als sie. Zweifellos waren sie der Ansicht, daß »es einen Mann aus ihm machen würde«, und wie so oft setzten sie sich durch. Wenn es um reine Familienangelegenheiten ging, neigte Elizabeth dazu, zur traditionellen Rolle der unterwürfigen Ehefrau zurückzukehren. Während sie in ihrer Führungseigenschaft als Monarchin ein sicheres Gespür und eine Entschlossenheit zeigte, die selbst erfahrenste Politiker erstaunte, verhielt sie sich in persönlichen Angelegenheiten zurückhaltend, ja sogar zaghaft und tat alles, um einer Konfrontation aus dem Weg zu gehen. Und Philip war entschlossen, sich durchzusetzen. Bereits im Jahr 1959 forcierte er, nach Meinung des Biographen seines Sohnes, »ganz eindeutig den Gang der Familiendiskussion«[2], als er mit 1000 Pfund ein Umbauvorhaben in Gordonstoun unterstützte und seinem Schwager, dem Prinzen Georg von Hannover, schrieb: »Wäre es nicht schön, wenn mein Sohn bereits in den Genuß all dieser Verbesserungen kommen würde?« Prinz Georg war selbst Direktor in Salem gewesen, der »Schwesterschule« zu Gordonstoun in Deutschland. Im gleichen Jahr kam Kurt Hahn, der Gründungsdirektor von Gordonstoun, nach London, um auf einer Versammlung zu sprechen, deren Vorsitz Patricia Brabourne, die älteste Tochter von Mountbatten, führte; die Dankesrede wurde von Lady Rupert Nevill, der Ehefrau eines der besten Freunde der Königin, gehalten, und unter den Zuhörern war James Orr, Philips Privatsekretär und ebenfalls ein ehemaliger Schüler der Einrichtung.

Und so kam es, daß Charles am 1. Mai 1962 in den Norden reiste, an Bord eines Flugzeugs der königlichen Luftflotte, mit seinem Vater am Steuerknüppel. Er hatte ein sehr ungutes Gefühl; alles, was er von dem Ort gehört hatte, hatte »recht schaurig« geklungen, und es wurde nicht anziehender durch die Tatsache, daß der Sohn des Herzogs von Bedford, Lord Rudolph Russel, kürzlich von dort fortgelaufen war. Bei einem früheren Besuch zusammen mit seinen Eltern hatte Gordonstoun im Vergleich mit Cheam sogar spartanisch gewirkt. Wie sich herausstellte, war es schlimmer, als Charles erwartet hatte. Auch wenn Elizabeth sich vielleicht mit der Tatsache getröstet haben mochte, daß drei seiner Vettern dort waren, Prinz Welf von Hannover, Prinz Alexander von Jugoslawien und Mountbattens Enkel Norton Knatchbull, so schützte ihn dies jedoch keineswegs vor Schikanen. Offiziell waren Schikanen strikt verboten, doch gute Absichten können die aggressiven Instinkte heranwachsender Jugendlicher kaum unter Kontrolle halten, und Charles war mit seinem empfindsamen Gemüt das gegebene Opfer. Die abstehenden Ohren, die von den Karikaturisten erbarmungslos ins Visier genommen wurden, taten ein übriges. Charles' Eltern offenbarten sehr wenig Mitgefühl, als sie Mountbattens Rat mißachteten, diesen Fehler noch vor der Einschulung operativ beseitigen zu lassen. Laut Aussage seiner Schulkameraden wurde auf Charles »boshaft, grausam und ohne Unterbrechung« herumgehackt; er war unendlich und unübersehbar einsam, weil jeder Junge, der auch nur den Versuch machte, sich an seiner Seite zu zeigen oder Freundschaft mit ihm zu schließen, damit rechnen konnte, von einer Horde verfolgt zu werden, die als Hinweis, daß er dem Prinzen »in den Hintern kroch«, schlürfende Geräusche von sich gab. Auf dem Fußballplatz machten sich die Jungen das größte Vergnügen daraus, so hart wie möglich mit dem Thronfolger zusammenzuprallen. Der Schriftsteller William Boys, ein Mitschüler, hörte zufällig, wie eine Horde Rugbyrowdies sich brüstete: »Wir haben ihn fertiggemacht. Wir haben gerade dem künftigen König von England eins übergebraten.«[3]

Solche Erfahrungen hinterlassen bei einem Menschen bleibende Spuren. Charles bekam das Gefühl, daß ihn niemals jemand um seiner selbst willen mögen würde, empfand noch schmerzhafter die Kluft, die ihn von seinen Altersgenossen trennte. In ihrer charakteristischen Häßlichkeit und Unbehaglichkeit gleichen britische Privatschulen eher Gefängnissen oder Besserungsanstalten. Für jemanden, der in einem Palast aufgewachsen war, wo man sich um jede Einzelheit des täglichen Lebens in liebevoller Weise gekümmert hatte, erzeugte Gordonstoun so etwas wie einen Kulturschock. Windmill Lodge, das Haus, dem Charles zugeteilt worden war, erwies sich als ein niedriges Gebäude aus Bruchsteinen und Holzbalken mit einem Minimum an Komfort. Vierzehn Jungen schliefen in einem Schlafsaal mit ungestrichenen Wänden und harten Holzbetten, rohen Dielenbrettern und nackten Glühbirnen. Die Fenster blieben über Nacht offen, auch wenn Stürme den Wind und Regen waagerecht von der Nordsee her hereinbliesen.

Die mangelnden Bequemlichkeiten oder die Betonung von körperlicher Fitneß und Aktivitäten im Freien störten Charles sehr viel weniger als die feindselige Atmosphäre. Auch wenn er später pflichtbewußt in der Öffentlichkeit sagte, daß Gordonstoun gut für ihn gewesen sei, so gestand er doch ein, daß er die Zeit dort verabscheute, und die Briefe, die er an seine Freunde zu Hause schrieb, konnten wirklich traurig stimmen. Die Schule war vielleicht insofern für ihn gut, als sie ihn genügsam machte und ihn abhärtete, genau das, was sein Vater wollte. Er suchte Zuflucht auf dem Lande, auf der See, in der Musik und in Besuchen bei seiner Großmutter in Birkhall auf dem Besitz von Balmoral. Das Herz der Königinmutter blutete wegen ihres Lieblingsenkelkindes. »Er ist ein sehr sanftmütiger Junge mit einem sehr guten Herzen«, sagte sie über ihn, »was, wie ich glaube, das Wesentliche von allen Dingen ist.« Wenn er sie jedoch anflehte, seine Eltern dahin zu bringen, ihn in Gordonstoun abzumelden, wies sie ihn ab. Wegen der peinlichen Folgen und der schlechten Publicity für alle Beteiligten, die ein solcher Schritt in Charles' Fall nach sich gezogen hätte, war das völlig undenkbar.

Trotz der Entfernung von der Fleet Street machte die Presse Charles das Leben nicht leicht. Ein Heft mit seinen Aufsätzen wurde gestohlen, verkauft und schließlich in einer deutschen Zeitschrift veröffentlicht. Schlimmer noch: Als er einmal in eine Bar flüchtete, um der neugierigen, bedrängenden Menge zu entkommen, geriet er bei der Frage, was er trinken wolle, in Panik und antwortete: »Cherry Brandy«, weil er das früher einmal auf der Jagd getrunken hatte. Dies wurde von einem Journalisten aufgeschnappt, und die Geschichte von dem vierzehnjährigen Prinzen, der illegal Alkohol konsumierte, machte Schlagzeilen, was großes Aufsehen erregte, Charles zutiefst erschütterte und ihm seine erste schlechte Erfahrung mit Presseberichten vermittelte. Die Episode demütigte Charles nicht nur, sondern sie brachte ihn auch aus der Fassung, weil die Polizei seinen Freund und Beschützer, den Detektiv Donald Green, von seinem königlichen Dienst entband. »Er hat sich für mich in der wunderbarsten Weise eingesetzt und war ein einzigartiger, treuer Mann«, erzählte Charles später seinem Biographen. Der ganze Vorfall ließ ihn denken: »Das ist das Ende der Welt.«

Charles schreckte jedesmal davor zurück, wenn er von zu Hause nach Gordonstoun zurückfahren mußte. »Es gab Tränen, und er war nie auffindbar, wenn das Auto wartete – entweder war er oben und badete Prinz Edward oder sonst irgend etwas«, erinnerte sich ein Höfling. Philip versuchte, die ganze leidige Angelegenheit so schnell wie möglich hinter sich zu bringen. »Papa hetzte mich montags dermaßen zur Abreise, daß ich kaum Zeit fand, mich ordentlich von Mabel und June, der Helferin im Kinderzimmer, zu verabschieden«, beklagte sich Charles. »Immerzu scheuchte er mich wieder auf.« Der ganze Ablauf forderte auch von Philip seinen Tribut; ein Freund erinnerte sich, daß er kreidebleich zurückkam, wenn er Charles zur Schule gebracht hatte, und wortlos zum Tablett mit den Getränken ging, um sich einen starken Drink einzuschütten, was sehr ungewöhnlich für ihn war. Inzwischen gestanden sich auch Elizabeth und Philip ein, daß das Experiment mit Gordonstoun gescheitert war. Dermot Morrah erhielt von Elizabeth die Zustimmung, in seinem »privilegierten Bericht« über den jungen Charles zu schreiben: »Der Gegensatz zwischen dem introvertierten Naturell ihres Sohnes zu den extrovertierten Idealen, die von Kurt Hahn in seinem Schulprojekt vertreten wurden, trieb ihn nur noch tiefer in seinen inneren Rückzug hinein ... Der Prinz versuchte drei Jahre lang mit seinem angeborenen Pflichtbewußtsein bei den Schulaktivitäten in die Fußstapfen seines Vaters zu treten ..., aber er handelte wider die eigene Natur.«[4]

Im Jahr 1965, als Charles fast siebzehn war, wurde ihm eine Verschnaufpause von Gordonstoun gegönnt, indem er in Australien zur Schule geschickt wurde. Den Idealen seiner Erziehung gehorchend, ging er nicht zu seinem Vergnügen dorthin, sondern weil Elizabeth der Meinung war, daß der Thronfolger allmählich einige persönliche Erfahrungen mit dem Commonwealth sammeln sollte, zugleich war es die Erfüllung eines Versprechens, das sie im Jahr 1954 auf ihrer Australienreise im Anschluß an die Krönung gegeben hatte. Charles sollte sechs Monate in Timbertop verbringen, einer ländlichen Nebenstelle von Geelong, vielfach bekannt als das »Eton von Australien«, obwohl es dem Vorbild Gordonstoun nachgebildet war. Philip fällte die Entscheidung nach Absprachen mit Sir Robert Menzies, dem anglophilen, monarchistischen Premierminister von Australien, und mit Robin

Woods, der als Dekan von Windsor dem Königshaus als Kirchenvertreter am nächsten stand und dessen Bruder zufällig der Erzbischof von Melbourne und Vorstandsvorsitzender von Geelong war.

Charles war beunruhigt wegen Australien und einer neuen Schulumgebung, wozu er nach den vergangenen Erfahrungen nur zu berechtigt war. Noch mit siebzehn Jahren hatte er eine fast unglaubliche innere Bindung an das vertraute Kinderpersonal. »Es ist so entsetzlich weit weg, und ich werde nur höchst ungern für so lange von allen hier fortgehen, besonders von Edward und Mabel [Anderson]«, schrieb er. Seiner Großmutter erzählte er, daß er zwei Armbanduhren mitnehmen wolle, wovon eine immer auf die Zeit in England eingestellt sein solle, damit er wisse, wieviel Uhr es zu Hause sei und was jeder gerade mache. Verständnisvoll ordnete Elizabeth an, daß die Entscheidung, ob er ein oder zwei Halbjahre in Timbertop verbringen würde, ihm überlassen bleiben sollte.

Wie seinem schüchternen Großvater George VI., als dieser ungewohntes Territorium in Cranwell und Cambridge betrat, wurde Charles nun ein »Aufpasser«, ein Beschützer vor der Außenwelt, zur Seite gestellt: der Kammerherr seines Vaters, der fünfunddreißig Jahre alte Major der Luftwaffe David Checketts, ein Mann, der in den folgenden dreizehn Jahren die wichtigste Stütze im Leben des Prinzen werden sollte. Checketts ließ sich mit Frau und Kindern auf einer Farm nieder, die – nach australischen Maßstäben – nicht weit von Timbertop entfernt war. Als ein geschulter Public-Relations-Mann war er ideal dazu geeignet, mit Presseanfragen umzugehen und Charles an den Wochenenden eine heimische Umgebung zu schaffen. Checketts beschützte den Prinzen nicht nur, sondern drängte ihn auch sanft dazu, sich seinen öffentlichen Verpflichtungen zu stellen. Einmal, bei einer Zwischenlandung zum Auftanken, fand sich eine riesige Menschenmenge ein, um Charles zu sehen. Charles' erste Reaktion war, für jeden unsichtbar im Flugzeug zu bleiben, innerlich darum betend, daß es bald wieder startete, doch Checketts zwang ihn, auszusteigen und mit den Leuten zu sprechen. Es war ein prägendes Erlebnis; nachdem er einmal einer solchen Menschenmasse gegenübergestanden hatte, fürchtete er sich nie wieder davor. Bei dem einmal jährlich stattfindenden Ausflug der Schule zu den Missionsstationen von Papua und Neuguinea war er beeindruckt von dem prächtigen Federkopfschmuck der rituellen Tänzer sowie von den Gebräuchen und dem handwerklichen Geschick der Stammesangehörigen; der Keim war gelegt für sein Interesse an Anthropologie. Desgleichen war er tief bewegt von dem christlichen Geist der Missionskirchen. Charles genoß die Zeit in Australien aufrichtig; die Vorliebe der Familie für ländliche Gegenden war auch in ihm sehr stark. Er war auf Freundlichkeit gestoßen und nicht auf die Feindseligkeit, die er in den britischen Privatschulen angetroffen hatte. Fern von zu Hause wurde er erwachsen, auch wenn er sich bei seiner Abreise noch immer so unsicher fühlte, daß er darauf bestand, daß Checketts die Abschiedserklärung, die er selbst geschrieben hatte, für ihn vorlas.

Er kehrte sehr viel zuversichtlicher in das gefürchtete Gordonstoun zurück. Dieses Mal fuhr er den Wagen selbst, und sein Vater saß hinten, was den deutlichen Entwicklungsschritt vom Kind zum Erwachsenen unterstrich. Er wurde zum »Guardian« der Schule ernannt, der verwässerten Gordonstoun-Version eines Schulsprechers. Drei Semester später verließ er die Schule, nachdem er sein »A-level« (Abschluß der Oberstufe) mit Zensuren erreicht hatte, die für die Zulassung zur Universität gut genug waren. Ebenso hatte er bewiesen, daß er schauspielern konnte – indem er eine meisterhafte Vorstellung als Macbeth gab –, und er hatte seine Liebe für das Cello entdeckt. Er schloß keine dauerhaften Freundschaften in Gordonstoun. Es war ein brutaler Übergangsritus gewesen, der Wunden in seiner Seele hinterlassen hatte.

Zu ihrer Bestürzung mußte Elizabeth feststellen, daß das Experiment, Charles in die Welt hinauszuschicken, damit er Kontakt zu seinen Zeitgenossen fand, fehlgeschlagen war. Sie und Philip hatten gehofft, daß diese Erfahrung seinen Charakter formen und ihn von seiner Schüchternheit und Unsicherheit befreien würde. Doch er ging noch immer nicht aus sich heraus, sondern wurde nur noch introvertierter und isolierter als zuvor. Mit der ihr eigenen Ehrlichkeit gab Elizabeth das weiter, was Morrah über Charles schrieb. Charles war inzwischen achtzehn Jahre alt, konnte also ohne Regent die Thronfolge antreten und seinen Platz als einer der Stellvertreter der Königin einnehmen, wenn sie außer Landes war. Morrah berichtete: »Seine angeborene Introvertiertheit scheint Barrieren aufzubauen, deren er sich zwar selbst bewußt ist und die er gerne abbauen würde, die ihn jedoch immer noch vor das gleiche Rätsel stellen, wie es seinerzeit in frühen Tagen in Cheam der Fall war. Er hat auch weiterhin das Gefühl, daß andere, die seine Vertrauten sein könnten, davor zurückschrecken aus Furcht, daß ihnen spontane Annäherungsversuche als kriecherisches Gebaren ausgelegt werden könnten. Er fühlt sich noch immer am wohlsten in der Gesellschaft derer, die entweder zu alt oder zu jung sind, um in solch einen Verdacht zu geraten. Jeder, der ihn in der Gesellschaft von Kindern erlebt, stimmt zu, daß er wunderbar mit ihnen umgehen kann. Er kommt ausgezeichnet mit älteren Leuten aus, indem er dem Alter die gebührende Achtung erweist, aber trotzdem seine Meinung offen ausspricht. Doch mit seinen Altersgenossen, abgesehen von der nahen Verwandtschaft, muß er erst noch zu einer tieferen Beziehung finden. Er leidet wahrscheinlich mehr, als ihm selbst bewußt ist, an den unvermeidlichen Hemmungen, die aus der Zugehörigkeit zum Königshaus resultieren.«[5]

Dermot Morrah, ein Leitartikler von *The Times* und als »Arundel Herald Extraordinary« ein führendes Mitglied des »Royal College of Arms« kam für einen Angehörigen des Establishments, der zugleich Journalist war und über die königliche Familie schrieb, in den Genuß einer ungewöhnlichen Vorzugsstellung. Sein Buch »To Be a King« trug den Untertitel: »Ein besonderer Bericht über das frühe Leben und die Erziehung Seiner Königlichen Hoheit, des Prinzen von Wales, niedergeschrieben mit der Genehmigung Ihrer Majestät der Königin.« Was er geschrieben hat, darf man deshalb als Spiegel dessen ansehen, was Elizabeth von ihrem Sohn dachte. Aus Andeutungen von Morrah geht hervor, daß Elizabeth schon im August 1966 bezweifelte, daß er es jemals zum Sprecher seines Hauses bringen würde, geschweige denn zum Sprecher der ganzen Schule. »Sie erkannten nicht, was für ein Juwel sie hatten«, sagte ein Freund. Elizabeths Antwort auf die Aussage einer Freundin, die meinte, wie toll sie es fände, daß Charles auf das Trinity College in Cambridge gehen sollte, war ein niederschmetterndes »Wenn er hineinkommt«. Philips Benehmen bei der Konfirmation seines Sohnes in der königlichen Kapelle von Windsor im Jahr 1964 war mehr als seltsam und kaum dazu angetan, einem sechzehnjährigen Jungen das Gefühl zu vermitteln, daß er in den Gedanken seines Vaters eine zentrale Position einnahm. Während der erzbischöflichen Ansprache in dem Gottesdienst sah man ihn ein Buch lesen. Ob dies nun eine Geste des Protestes gegen Charles' Konfirmation in der anglikanischen Kirche war oder ob es darauf abzielte, den Erzbischof Ramsey, dessen Beziehungen zur königlichen Familie etwas gespannt waren, aus dem Konzept zu bringen, es war »verdammt rüde«, wie sich der Erzbischof später gegenüber dem Dekan von Windsor ausdrückte. Rüde nicht nur gegenüber dem Erzbischof von Canterbury, dem geistigen Oberhaupt der anglikanischen Kirche, sondern auch gegenüber seinem Sohn, dessen großer Tag es war und der bei diesem Ereignis echte religiöse Gefühle hegte. Philips eigene religiöse Vergangenheit war recht bewegt, vom griechisch-orthodoxen Glauben seiner Kindheit über den deutschen Protestantismus bis zu seinem nach dem Gesetz erforderlichen Anglikanismus.

Das offensichtliche mangelnde Vertrauen der Eltern in seine Fähigkeiten war wenig hilfreich für den von Natur aus zurückhaltenden Charles, der seinen Vater als Helden anbetete und ihn nachahmte bis hin zu der Eigenheit, mit auf dem Rücken verschränkten Händen herumzugehen. Durch den Schulbesuch von Cheam und Gordonstoun war sichergestellt, daß der Prinz an den Leistungen seines Vaters gemessen und für unzureichend befunden werden würde. In Gordonstoun war Philip der Kapitän der Kricket-Elf gewesen und nach Aussagen von Fachleuten gut genug, um auf Clubebene zu spielen. Er war der geborene Athlet, gut in jeder Sportart, die er aufgriff, sogar wenn er erst relativ spät damit anfing, wie mit Schießen und Polo. Charles war als Junge kein »Naturtalent«, auch wenn er durch Mut und Ausdauer einiges wettmachte; als er älter wurde, teilte er die Leidenschaft des Vaters für das Schießen und das Polospiel, das Segeln jedoch mochte er nie. Er zeigte kein Interesse an Naturwissenschaften und Technologie, zur Enttäuschung des Vaters, die Charles verletzte. Im Grunde ein Einzelgänger, liebte er den Lieblingssport seiner Großmutter, das Angeln. Laut Morrah wurde jeder ältere Freund der Familie, der zu Besuch kam, »vom Prinzen zu langen Spaziergängen durch die einsamen Berg- und Flußlandschaften von Morayshire mitgenommen, wo ihn der junge Gastgeber mit großer Konzentration und offensichtlicher Sachkenntnis auf jeden Teich, Tümpel oder Strudel aufmerksam machte, in dem ein Fisch nach einer Fliege springen könnte«.

Häufig wurde Bischof Woods nach Gordonstoun geschickt, um etwas mit Charles zu unternehmen, wenn seine Eltern zu beschäftigt waren – manchmal dauerte es sechs Wochen, bis sie einen Besuch einschieben konnten.

Mit seinem achtzehnten Geburtstag im November 1966 erreichte Charles nach seiner Rückkehr aus Gordonstoun das Alter, in dem er seiner Mutter offiziell auf den Thron folgen und für den Fall ihres Todes in eigener Verantwortung regieren konnte; ferner konnte er seinen Vater als Regenten ersetzen für den Fall, daß sie durch Krankheit behindert sein sollte, und als einer der Stellvertreter der Königin auftreten mit dem Recht, ihre Funktionen auszuüben, wenn sie sich im Ausland aufhielt. Das Ganze war so etwas wie eine Wiederholung seiner Erfahrungen von 1957, wo er als peinlich berührter Schuljunge in Cheam über die Ansage im Fernsehen unerwartet die Neuigkeit seiner Ernennung zum Prinzen von Wales erfahren hatte. Wieder hatte niemand daran gedacht, ihm etwas zu sagen. Er hörte die Ankündigung seiner neuen Machtbefugnisse um 18 Uhr in den Abendnachrichten.

Am 22. Dezember 1965, ein Jahr bevor Charles Gordonstoun verlassen sollte, hatten Elizabeth und Philip im Buckingham-Palast ein Abendessen gegeben. Die Teilnehmer waren der Premierminister Harold Wilson, der Erzbischof von Canterbury Michael Ramsay, der Dekan von Windsor Robin Woods, der Vorsitzende des »Committee of University Vice Chancellors« Sir Charles Wilson, Mountbatten, der die Streitkräfte in seiner Eigenschaft als Flottenadmiral vertrat, und Michael Adeane. Die Bühne für die nächsten Schritte bei der Erziehung des Prinzen sollte bereitet werden. Er hatte gezeigt, daß er Universitätsniveau erreichen konnte, und zumindest hier gab es keine väterlichen Fußstapfen, denen er folgen konnte. Auf dieser Konferenz übernahm scheinbar Mountbatten die Führung. »Trinity College [Cambridge] wie sein Großvater«, sagte er. »Dartmouth wie sein Vater und Großvater; und danach zur See in die Royal Navy mit einem eigenen Kommando als Abschluß.« Mountbatten war ein unermüdlicher Planer und Drahtzieher, wenn es um die königliche Familie ging; er ließ sich keine Gelegenheit entgehen, die sich durch die Verwandtschaft ergab. Er schaute immer mal schnell im Palast vorbei und bot seinen Rat an; manchmal nahm Elizabeth ihn an, manchmal nicht. Jetzt bot sich das Mitspracherecht bei der zukünftigen Karriere des Thronfolgers an. Er und Philip legten Wert auf die Marine; die Wahl des College und der Universität dagegen war eher auf die Wünsche der Königinmutter zurückzuführen. Trinity College, Cambridge, war nicht nur das College gewesen, das ihr verstorbener Gemahl während seiner kurzen, mittelmäßigen Universitätslaufbahn besucht hatte, sondern der Rektor von Trinity, Rab Butler, war auch ein alter und vertrauter Freund von ihr. In Cambridge war es George VI. und seinem Bruder, dem Herzog von Gloucester, nicht erlaubt gewesen, im College selbst zu wohnen, sie lebten in einem gemieteten Haus in den Außenbezirken, das von ihrem Beschützer Louis Greig und dessen Frau geführt wurde. Als Folge war das Leben recht langweilig für sie, da sie nur von den Dozenten hofiert wurden, aber sehr wenig Studenten trafen. Nach den Erfahrungen ihres Enkelsohnes in Cheam und Gordonstoun war es für die Königinmutter beschlossene Sache, daß er die Gelegenheit haben sollte, intelligente und kultivierte Menschen seines Alters kennenzulernen und ein normales, vergnügliches Universitätsleben zu führen. Rab Butler wurde als der ideale Mann dargestellt, um sich des Prinzen anzunehmen, und so wurde die Entscheidung getroffen, daß Charles im College wohnen sollte. Wieder hatte Elizabeth eine passive Rolle dabei gespielt, die Zukunft ihres Sohnes in entsprechende Bahnen zu leiten, aber dieses Mal hatte auch Philip, der nie auf einer Universität gewesen war, nur wenig beizusteuern. Allerdings machte er inkognito einen Kontrollbesuch, eingefädelt von Bischof Woods, dessen Sohn in Trinity war.

Während Philip sich später an das Universitätsleben gewöhnte und das Zusammensein mit den Butlers bei zwanglosen Besuchen in Trinity sehr genoß, wurde Elizabeth nie heimisch dort und wirkte bei ihrem ersten Besuch irgendwie gehemmt, als sie während des Mittagessens schweigsam auf der Stuhlkante saß. Allerdings schickte sie den »Tapissier«, den offiziellen Dekorateur des Palastes, nach Cambridge hinaus, damit er Charles' Zimmer herrichtete.

Charles ging im Herbst des Jahres 1967 nach Trinity, um Archäologie und Anthropologie zu studieren, Fächer, die dem Nachkommen des Germanengottes Wotan gut anstanden, dem fast der gesamte Rest der Welt wie eine fremde und gänzlich andere Rasse erschien. Er hatte seine eigenen Zimmer, einschließlich einer Küche, und mehr Privatsphäre, als er bisher jemals fern von zu Hause gehabt hatte. Der Rektor und seine Frau Mollie, beide freundlich, gelassen und hochintelligent, stellten dem Prinzen ein Refugium im Haus des Rektors zur Verfügung, zu dem er seinen eigenen Schlüssel hatte. Studenten im ersten Studienjahr sollten eigentlich keine Autos haben, aber Butler drückte ein Auge zu bezüglich des MGB des Prinzen, wohl wissend, daß er die Möglichkeit haben mußte fortzufahren. Die Butlers stellten ihn Lucia Santa Cruz vor, Butlers wissenschaftliche Assistentin und Tochter des chilenischen Botschafters. Wahrscheinlich war sie Charles' erste richtige Freundin; der Prinz, bemerkte Mollie Butler, »erwarb sich bei ihr die ersten Sporen«. Elizabeth war immer »sehr nett zu ihr«; sie war ein passendes Mädchen, und es wurde Zeit, daß Charles seine Scheu vor Mädchen seines Alters verlor.

Charles arbeitete hart und genoß das Universitätsleben – Schauspiel, Musik und Clubessen. Zu Butlers Enttäuschung fand er keine Freunde außerhalb der oberen Gesellschaftsschichten, an die er gewöhnt war; er war zu zurückhaltend, um Anstrengungen zu machen, solche Gräben zu überwinden, obwohl er vorübergehend fast von einem sozialistischen Studenten, der die gleiche Treppe benutzte, bekehrt worden wäre und Butler fragte, ob er es für einen guten Einfall hielte, wenn er dem Labour Club beiträte. Butler war sehr darauf bedacht, daß dem Prinzen genügend Zeit und Raum gewährt wurde, um eine gute, fundierte Universitätsausbildung zu erlangen, etwas, das in seiner Familie bisher unbekannt war. Während George VI. sich seinerzeit ein nützliches Grundwissen angeeignet hatte durch das Studium von Diceys »The English Constitution« und mit der letzten Abhandlung aus Walter Bagehots gleichnamigem Werk, das sich mit der britischen Monarchie befaßte, hatte sich der Herzog von Gloucester darauf beschränken müssen, Mäuse zu fangen, um sich die Langeweile zu vertreiben; der zukünftige Edward VIII. hatte sich in Oxford auf Sport konzentriert und war dann gegangen, wobei sein Rektor die Meinung vertrat: »Ein Bücherwurm wird er nie werden ...«

Für alle drei war eine Universitätsausbildung nichts weiter als eine formelle Angelegenheit gewesen; Charles dagegen nahm sie ernst und war fest entschlossen, mit seinen persönlichen Voraussetzungen zum

Erfolg zu gelangen. Aber hier, wie bei all den anderen Versuchen, ein normales Leben zu führen, kam ihm seine Bestimmung in den Weg. Elizabeths Versprechen gegenüber den Walisern, welches sie im Jahr 1957 in Cardiff gegeben hatte, nämlich Charles dem Volk als Prinz von Wales vorzustellen, mußte eingehalten werden, und so war ein Datum im Juni 1969 für die offizielle Investitur festgelegt worden. Als das Datum näher rückte, wurde ihr klar, daß der zukünftige Prinz von Wales bisher kaum selbst in seinem Fürstentum gewesen war. Die »Britannia« hatte im Jahr 1958 kurz Holyhead angelaufen, wobei Mountbatten und seine Tochter Pamela den neunjährigen Prinzen an Land begleitet hatten und, wie es Mountbatten in charakteristischer Weise darstellte: »So wurde uns das einzigartige Privileg zuteil, den neu ernannten Prinzen von Wales das erste Mal nach Wales zu bringen.« Den walisischen Nationalisten war die Vorstellung eines englischen Prinzen von Wales äußerst zuwider. Die ursprüngliche Präsentation des »Black Prince«, des sogenannten Schwarzen Prinzen Edward (1330–1376), als Prinz von Wales auf Caernarvon, dem Schloß des besiegten walisischen Prinzen Owen Glendower, war ein offener Akt des Triumphes gewesen. Jetzt sollte ihnen ein Prinz präsentiert werden, der durch die Königinmutter nur ein paar Tropfen walisischen Blutes hatte, der weder walisisch sprach, noch jemals in Wales gelebt hatte. Zu Butlers Wut und des Prinzen Bestürzung war es Elizabeths Lösung, Charles auf die Universität von Aberystwyth wechseln zu lassen, damit er die walisische Sprache erlernte. Alles war Teil eines Planes, die Monarchie im Jahr 1969 wieder auf festen Boden zu stellen. Von jetzt an sollte das Gewicht bei der jüngeren Generation liegen.

Als Charles Gordonstoun verließ, war seine Schwester Anne sechzehn und im letzten Schuljahr in Benenden, einer der besten Boarding-Schools für Mädchen im ganzen Land. Mit ihrem energischen, extrovertierten Wesen hatte sie wenig Probleme gehabt, sich in einer neuen Umgebung unter ihre Altersgenossinnen zu mischen, obwohl sie im Buckingham-Palast von Mispy aufgezogen und erzogen worden war und ihr einziger Kontakt zu Gleichaltrigen der zu Brownies Mädchen im Buckingham-Palast gewesen war. Als Kind war sie ein Wildfang ohne jedes Interesse für Puppen – als ein Besucher sie einmal zufällig mit einer Puppe in ihrem Puppenwagen antraf und nach dem Namen der Puppe fragte, starrte sie ihn finster an und sagte kurz: »Kein Name.« Später erzählte Anne: »Da ich einen älteren Bruder hatte, war ich sehr viel mehr daran interessiert, bei der Art von Spielen mitzumachen, die er spielte ...« Sie war sachkundig, zuversichtlich und sportlich. Ihr Vater hatte ihr das Schwimmen beigebracht, ihre Mutter das Reiten; sie fühlte sich ebenso natürlich wie ihre Mutter zu Tieren hingezogen, besonders zu Hunden und Pferden. Eine Reihe aufschlußreicher Fotografien zeigt, mit welcher Leichtigkeit die junge Prinzessin ein widerspenstiges Kalb bändigte, während ihr besorgt dreinblickender älterer Bruder sein Tier am Ende des Stricks unbeholfen herumstieß. Als zweites Kind und zudem als Mädchen war sie nie dem Druck ausgesetzt, den ihr Bruder als Thronfolger zu ertragen hatte; gleichzeitig, so erzählte sie einem Interviewer, »hatte ich bereits in sehr jungen Jahren die Rolle als ewig zweite in allem akzeptiert«. Wenn sie diese Rolle auch innerhalb der Familienhierarchie akzeptiert haben mag, so hieß das nicht, daß es in ihrem Alltagsleben auch so war. Sie war ungeheuer leistungsfähig und, soweit es ihre Familie betraf, ein Rebell, wie es ihr Vater gewesen war, »ungezogen, aber nicht garstig«, wie es sein Schulleiter in Gordonstoun ausgedrückt hatte. »Als Kind und bis in die Teenagerjahre hinein«, sagte sie, »habe ich mich, glaube ich, nicht gut in die Familie eingeordnet, zumindest so lange nicht, wie andere in dem Alter auch. Jetzt habe ich den Wert der Familie erkannt, aber damals, so bis zum Backfischalter, war das nicht der Fall ...« Später war sie dankbar: »Der größte Vorteil in meinem Leben ist immer die Familie gewesen, in der ich aufgewachsen bin. Ich bin ewig dankbar, daß es mir vergönnt war, in dieser Atmosphäre groß zu werden – und daß es auch weiter so ist, jetzt, wo ich erwachsen bin.«[6]

Elizabeths Verhältnis zu Anne war außergewöhnlich unkompliziert, so wie ihr eigenes Verhältnis zu ihrer Mutter gewesen war. Nachdem sie es geschafft hatte, sich mit der starken Persönlichkeit ihres Mannes zu arrangieren, hatte sie wenig Probleme mit ihrer Tochter, die ihm in vielem völlig ähnlich war; es traten keine von den Konflikten auf, die sonst für viele Mutter-Tochter-Beziehungen bezeichnend sind. Dagegen waren gegenseitige Bewunderung und Respekt für die Fähigkeiten der anderen vorherrschend, wie auch gemeinsame Interessen. Wie ihre Mutter und – in geringerem Ausmaß – auch ihr Vater, hatte Anne eine

Leidenschaft für Pferde. Charles behauptete später, daß er sich zu Hause oft ausgeschlossen gefühlt habe, wenn Mutter, Vater und Schwester die tieferen Geheimnisse der Reiterei und der Pferdezucht diskutierten, und daß sie ihn auslachten, wenn er irgendwelche grundlegend falsche Bemerkungen zu diesem Thema machte. »Oh, Anne ist so praktisch veranlagt«, begeisterte sich Elizabeth, »sie weiß immer, was getan werden muß«, wenn einer der Hunde verletzt war. Sie besaßen sogar die gleichen Hunde; Anne hatte einen schwarzen Labrador und einen Corgi – einen männlichen Flüchtling aus dem königlichen Rudel, das ausschließlich weiblich war. Das Verhältnis zu ihrem Vater war ebenso unkompliziert; Anne hatte für ihn in vieler Hinsicht die Rolle des Sohnes übernommen, jedoch ohne das unterschwellige männliche Konkurrenzverhalten. Sie war es auch und nicht so sehr Charles, die es genoß, mit ihm in Cowes die »Bluebottle« oder »Bloodhound« zu segeln.

Wie ihr Vater hatte Anne Führungsqualitäten; in ihrem letzten Schuljahr wurde sie Sprecherin ihres Hauses, und die Beschreibung ihrer Schulleiterin über ihr Auftreten hätte man leicht auf ihn übertragen können. Anne, so sagte sie, sei dazu fähig, sich »in natürlicher Weise durchzusetzen, ohne aggressiv zu wirken. Wenn es überhaupt einen Schwachpunkt gab, dann war dies am ehesten ihre Ungeduld. Sie selbst erfaßte Dinge äußerst schnell und konnte nicht verstehen, daß es bei anderen nicht ebenso war.« Wie ihr Vater war auch Anne nicht akademisch ausgerichtet; sie arbeitete in den Unterrichtsstunden gerade so viel, um durchzukommen, und konzentrierte sich im übrigen auf den Sport, vor allem auf das Reiten. Sie verließ die Schule mit zwei schwachen Abschlußnoten in Geschichte und Geographie und hatte keinerlei Ambitionen, zur Universität zu gehen, was sie als »einen reichlich überbewerteten Zeitvertreib« ansah. In der Schule war es ihr sehr viel besser als Charles gelungen, die unsichtbare königliche Barriere zwischen sich und ihren Altersgenossinnen zu überwinden. Dennoch machte sie sich selbst etwas vor, wenn sie wie die Mitschülerinnen und Lehrer ihrer Schule behauptete, daß sie genauso behandelt wurde wie jedes andere Mädchen auch. »Zum Glück sind Kinder nicht so dumm«, sagte Anne über ihre ersten Tage in Benenden. »Sie beurteilen Menschen eher als Erwachsene danach, was sie tatsächlich sind. Sie haben keine Vorurteile, wie sollten sie auch? Sie akzeptierten die Menschen als das, was sie waren, und hatten anderes zu tun, so daß es sie nicht weiter kümmerte.«[7] Wenn auch die Mädchen Anne als eine der ihren akzeptiert haben mochten, so entsprach die Annahme, daß ihre Schulkameradinnen mit zwölf Jahren keine Ahnung davon hatten, daß sie die Tochter einer Frau war, die Königin genannt wurde und deren Bild pausenlos im Fernsehen, in den Zeitungen, auf Briefmarken, Münzen und Banknoten erschien, ganz sicher nicht den Tatsachen. Ein normales Mädchen geht nicht zur Boarding-School in Begleitung eines eigenen Detektivs und wird von den Lehrern auch nicht mit »Prinzessin« angeredet.

Anne hätte aus allem, was sie in Angriff nahm, eine Erfolgsstory gemacht, auch wenn sie nicht zum Königshaus gehört hätte, und so geschah es denn auch – zunächst als Spitzenreiterin von olympischem Format und dann als Präsidentin des Kinderhilfswerks. Ihre Einführung in die Welt der Pferde verdankt sie ihren Eltern und ganz besonders dem königlichen Stallmeister ihrer Mutter, Colonel Sir John Miller, der seinen eigenen Wallach Purple Star zu dem Spitzen-Militaryreiter und Trainer Alison Oliver schickte, damit das Pferd für Anne ausgebildet wurde. Sir John, der bei den Olympischen Spielen von 1952 für England geritten war, oblag als Stallmeister der Krone offiziell die Betreuung der königlichen Stallungen, was alle Pferde der Königin, Kutschen und alle Motortransportmittel ebenso wie das königliche Gestüt in Hampton Court und Prinz Philips Polopferde beinhaltete. Er war in Eton und Sandhurst ausgebildet worden, und in der Nähe von Oxford besaß er einen großen Landsitz; er war Kommandeur des Ersten Bataillons der walisischen Garde gewesen, bis er im Jahr 1961 zum Stallmeister der Königin ernannt worden war, ein Posten, den er bis zum Jahr 1987 innehatte. Als ein Mann weniger, aber prägnanter Worte führte er den Befehl über die königlichen Pferde, mit Ausnahme der Rennpferde, sowohl bei sportlichen Familienaktivitäten wie auch bei offiziellen Anlässen mit militärischer Präzision, Perfektionismus und einem Blick für das Detail, was ein besonderes Merkmal des königlichen Dienstes ist. Sir John war sein eigenes Gesetz; wenn er meinte, daß etwas Bestimmtes getan werden müsse, rief er die Königin direkt an; es gehörte auch zu seinen Gewohnheiten, ohne Voranmeldung schnell bei ihr vorbeizugehen, um Dinge zu erörtern. Es war vornehmlich er gewesen, der Anne den Weg für ihre Teilnahme an Military-Turnieren geebnet hatte. Nachdem Anne Benenden verlassen hatte, begann sie das Training in Alison Olivers Rennställen auf Brookfield Farm in Warfield mit der fanatischen Hingabe und der Selbstdisziplin, die sie bei allem zeigte, das sie in Angriff nahm. Sie bestritt ihr Military-Debüt auf Purple Star im Jahr 1968 und erreichte einen bemerkenswerten fünften Platz bei den »Eridge Horse Trials«. Von da an wurde sie auf die Military-Parcours geschickt; sie reiste mit Alison Oliver durch das Land, wohnte in den großen Landhäusern, in deren Parks die Veranstaltungen stattfanden, und lernte so die Pferdewelt kennen, in der sie sich besonders heimisch fühlte. Und in diesem auf das Reiten eingeschworenen Kreis sollte sie ihren zukünftigen Ehemann, Captain Mark Phillips, einen der bedeutendsten Military-Stars, kennenlernen.

Ab ihrem achtzehnten Geburtstag im August 1968 hatte man auf Veranlassung der Königin von Anne als »Prinzessin Anne« zu sprechen, die Hofhaltung hatte sie mit »Ma'am« anzureden und das Personal mit »Your Royal Highness«, Ihre Königliche Hoheit. Sie hatte ihre eigene Suite im Buckingham-Palast, teilte einen Wohnraum mit ihrem Bruder und hatte Anspruch auf 15 000 Pfund. Sie hatte ihr eigenes Auto, einen Rover 2000, und war bereits eine ausgezeichnete Fahrerin, da sie wie ihr Bruder schon in jungen Jahren auf den Familiengütern das Autofahren gelernt hatte. Im März des Jahres hatte sie bereits das erste Mal ganz allein ihre offizielle Verpflichtung als Vertreterin des Königshauses erfüllt, als sie das Erste Bataillon, die Walisische Garde mit dem walisischen Emblem, dem Lauch, am »St. David's Day« präsentierte. Hierfür und für weitere Einzeltermine »lieh« ihr die Königin eine ihrer jüngeren Hofdamen, Lady Susan Hussey, aus.

Als pummeliges Schulmädchen wurde Prinzessin Anne von *Women's Wear Daily*, einem Frauenmagazin, wegen ihres Babyspecks, ihrer »Pelzstolen ohne jeden Schick und wegen ihrer mittelalterlichen Abendkleider« kritisiert; doch dann wurde sie langsam schlanker, trug zeitgemäße Kleidung – sogar Hosenanzüge – und wurde gesehen, wie sie auf der Bühne in dem umstrittenen Musical »Hair« tanzte, sehr zum Entsetzen eines älteren Herzogs, der sich selbst beschrieb als

»sehr erstaunt über sie. Sie ist nicht besonders hübsch, doch trug sie obendrein noch einen Hosenanzug. Ich habe die Show selber gesehen. Gräßlich … Leute, die da alles mögliche unter dem Tuch machen und nackt dastehen …«[8] Sie fing an, ihr eigenes Leben zu leben, abseits von ihren Brüdern. Charles sah sie kaum, obwohl sich ihre Zimmer am Ende eines Flurs gegenüberlagen; Andrew und Edward waren neun beziehungsweise vierzehn Jahre jünger als sie, und sie hatte für deren Gesellschaft nicht allzuviel übrig. Sie während der Schulferien zu sehen war »ausreichend, ganz offen gesagt«, gab sie in einem Fernsehinterview in dem Kinderprogramm »Blue Peter« zu, wo sie auch andeutete, daß sie sie für recht verwöhnt hielt: »Man kommt doch immer zu dem Schluß, daß sie nicht in dem Maße diszipliniert worden sind wie man selber, als man klein war.«

In der Zwischenzeit war sie in ihrem Lieblingssport – dem Militaryreiten – immer erfolgreicher geworden, so daß sie sich bis zum Jahr 1971 für den Reitwettbewerb von Badminton qualifiziert hatte, ein großes Ereignis für die königliche Familie, die es als Gast des Herzogs von Beaufort in seinem prächtigen Haus in Gloucestershire erlebte. Anne ritt eines von Philips früheren Polopferden, Doublet, und im Wettstreit mit Spitzenreitern aus Großbritannien und Europa erkämpfte sie sich den fünften Platz, während ihr zukünftiger Ehemann Mark Phillips die Meisterschaft gewann. Später im gleichen Jahr gewann sie vor ihren Eltern und fünfzigtausend Zuschauern die europäische Einzelmeisterschaft in Burghley; stolz überreichte Elizabeth ihr den Pokal. Sie war eben dreiundzwanzig Jahre alt und erst seit drei Jahren aktive Militaryreiterin, als sie den Gipfel erreichte. Die Fernsehzuschauer des Senders BBC wählten sie zur Sportlerin des Jahres, und sie bekam den höchsten Stimmenanteil von der britischen Vereinigung der Sportberichterstatter als »Person, die am meisten dazu beigetragen hat, das Prestige des britischen Sports auf internationaler Ebene zu heben«. Sie hatte vor nichts Angst, sie war ein athletisches Naturtalent und steuerte einen Londoner Bus auf dem Schleudertrainigsgelände der Polizei wie ein Experte; sie fuhr sogar einen Chieftain-Panzer oder schoß, als sie das Regiment der »14/20 Hussars« besuchte, dessen Regimentskommandeur sie war.

Trotz ihrer sportlichen Erfolge war Anne in der Öffentlichkeit nicht beliebt. Wie ihr Vater war sie freimütig und oft unhöflich, und sie hatte keine Geduld mit dem Medienzirkus, dem sie sich schlichtweg verweigerte. Sie war entschlossen, sie selbst zu sein, und machte keinen Versuch, ihre Gefühle zu verbergen oder etwa »für die Galerie zu spielen«, wie es ihre Großmutter machte. Sie war nicht an Kleidung interessiert und hatte keinen Sinn für Mode. Wie ihre Mutter konnte sie furchteinflößend wirken, wenn sie sich über etwas ärgerte. Anläßlich eines gemeinsamen Besuches mit Charles im Jahr 1979 bei Präsident Nixon im Weißen Haus mißlang es ihr in einzigartiger Weise, die amerikanischen Medien für sich einzunehmen; die *Washington Post* titulierte sie als »königlichen Miesepeter« und bezichtigte sie, »mürrisch, unhöflich und stinklangweilig« zu sein. Die britische Öffentlichkeit hielt sie für arrogant; sie und Prinzessin Margaret rangierten unter den Mitgliedern des Königshauses regelmäßig aus nahezu identischen Gründen am unteren Ende der Beliebtheitsskala. Der Tiefpunkt ihrer Beziehungen zur britischen Presse stand jedoch noch bevor: Im Jahr 1982 teilte sie während des Reiterwettbewerbes in Badminton einem Fotografen unverblümt mit: »Hau ab!« Laut Wörterbuch ist der Ausdruck im Englischen ein vulgärer Begriff aus der Mitte des 19. Jahrhunderts in der Bedeutung »fuck«, obwohl Anne sich dessen wahrscheinlich nicht bewußt war. Später im Jahr auf einem anderen Reitwettbewerb sagte sie zu zwei Reportern vom *Daily Mirror*, sie sollten sich »verpissen«. Elizabeth, die trotz gegenteiliger Gerüchte eine permissive Mutter ist, war nur ungern bereit, etwas gegen das Benehmen ihrer Tochter zu unternehmen. Auch wenn sie wie jede andere Mutter besorgt war, daß Anne beim Autofahren Risiken einging – sie hatte wenigstens zweimal Bußgeld wegen Geschwindigkeitsüberschreitung zahlen müssen –, und sie beschwor, vorsichtig zu sein, so war es doch eine ganz andere Sache, sie zu tadeln. Als nach dem »Hau ab-Skandal« ein Höfling anregte, daß sie wirklich mit ihrer Tochter wegen deren Ausdrucksweise sprechen müsse, erwiderte Elizabeth bedrückt: »Ich fürchte, ich werde *gezwungen* sein, es zu tun.«

Anne war trotz ihres leichten »Pferdegesichts« – die größte Familienähnlichkeit verband sie mit ihrer Großtante, der »Princess Royal«, mit ihrer starken, direkten Persönlichkeit und ihrem gesunden Interesse an Sex für Männer recht attraktiv. Sie hatte viele Freunde, darunter auch der einflußreiche Andrew Parker Bowles, der zukünftige Ehemann von Camilla Shand. Aber Anne war kein Snob; keiner ihrer zwei Ehemänner war aristokratisch oder reich. Sie neigte dazu, Männer zu bevorzugen, die sie auf dem Military-Parcours traf, wie Richard Meade, einen unverschämt gutaussehenden Mann mit lockigem, blondem Haar und makellosem Profil, der auch ein glänzender Reiter war; zweimal hatte er die olympische Goldmedaille gewonnen und außerdem jeden bedeutenden Titel der Military-Veranstaltung. Meade beschrieb Anne als »humorvoll, amüsant und von anregender Gesellschaft«, leugnete aber, daß sie jemals über Ehe gesprochen hätten. Mark Phillips kam aus den gleichen Militarykreisen; er war ein kräftiger, ausgezeichneter Reiter, der von dem Badminton-Komitee dazu auserwählt worden war, das große graue Militarypferd der Königin, Columbus, zu reiten, sonst noch bekannt als »das Monster« oder »die Bestie«. Anne selbst hatte ihn ihrer Mutter nahegebracht als den »nettesten der wirklich guten Reiter, die ich je gesehen habe«.

Dadurch, daß Charles und Anne das meiste Medieninteresse auf sich zogen, gelang es Elizabeth besser, ihre zwei jüngeren Kinder vor der Öffentlichkeit zu schützen. Es wurde so gut wie keine Notiz von ihnen genommen, bis sie größer wurden, und auch dann wurden sie keine Stars wie ihr älterer Bruder und die Schwester. Elizabeth hatte viel Freude an der um zwei Kinder erweiterten Familie. »An diesem Weihnachtsfest haben wir viel Spaß gehabt mit Andrew, für den alles neu und wunderbar war«, schrieb sie im Jahr 1961 an eine Freundin. »Der Baum und die Geschenke, dann die Massen von Leuten, alle bereit und nur zu willig, mit ihm zu spielen – absolut wunderbar.« Sie bewahrte alles auf, was mit der Kindheit ihrer Kinder zusammenhing, und war deshalb völlig niedergeschmettert, als entdeckt wurde, daß Charles' Kindermädchen versehentlich alle Briefe fortgeworfen hatte, die sie ihm geschrieben hatte, als er klein war. Auch Charles mochte kleine Kinder sehr gern. »Ich wünschte, ich hätte eins von ihnen«, sagte er eines Tages wehmütig, als er seine Brüder im Kinderzimmer besuchte.

Elizabeth hat ein starkes Pflichtgefühl gegenüber der Familie. Sie war immer sehr großzügig zu Philips Verwandtschaft, zu seinen Schwestern und deren Familien und seiner Mutter Prinzessin Alice, welche die letzten drei Jahre ihres Lebens bis zu ihrem Tod im Jahr

1969 im Buckingham-Palast verbrachte. Nach dem Krieg hatte Prinzessin Alice einen Pflegeorden für Nonnen gegründet. Der Orden war ständig in Geldnöten und von reichen Geldgebern abhängig, zu denen auch Elizabeth gehörte. Als Prinzessin Alice in Athen erkrankte, wollten ihre Töchter sie dazu überreden, Athen zu verlassen und nach London zu gehen, aber sie weigerte sich hartnäckig, bis man ihr sagte: »Libet hat gesagt, du sollst kommen.« Da lautete die Antwort: »Oh, gut, in dem Fall kann es gleich morgen losgehen.« Elizabeth war für sie eine »alles überragende Erscheinung«, sagte Prinzessin Alices Tochter, Prinzessin George aus dem Hause Hannover.[9] Elizabeth unterhielt sich gern mit ihrer Schwiegermutter, die über eine scharfe Intelligenz und ein breites Wissen der Familiengeschichte und der Verwandtschaftsbeziehungen verfügte. Prinzessin Alice war in Windsor geboren worden und erinnerte sich gut an Königin Victoria – sie war achtzehn Jahre alt, als die alte Königin starb. Prinzessin Alice hatte ein ähnliches Temperament wie Philip. »Sie waren beide sehr direkt und sprachen oft recht grob miteinander«, sagte ein Höfling, »doch war da ein tiefes inneres Band.« Sie pflegte ihren Bruder Mountbatten »den kleinen, ungezogenen Jungen« zu nennen. Sie verstand sich sehr gut mit Prinz Edward, der in der richtigen Lautstärke schreien konnte, um sich ihr verständlich zu machen. »Er saß gerne bei ihr auf dem Bettrand, so daß sie ihm aus Büchern vorlesen und Halma mit ihm spielen konnte.« Weltfremd bis zum Ende, wollte sie unbedingt in Jerusalem begraben werden, »weil es das Zentrum der christlichen Welt ist«. Als ihre Kinder protestierten, daß das zu weit fort sei und daß es schwierig für sie sein werde, ihr Grab zu besuchen, antwortete sie ihnen ganz forsch: »Überhaupt nicht, da gibt es doch eine sehr gute Busverbindung von London.«

Elizabeth haftet der Ruf an, kleinlich zu sein, doch es ist eher Sparsamkeit als Geiz. Sie haßt Verschwendung, und die Geschichten, daß sie durch den Buckingham-Palast geht, um überall das Licht zu löschen, und Prinz Charles hinausschickt, um nach einer verlorenen Hundeleine zu suchen, vermitteln ein lebendiges Bild davon. Ebensowenig mag sie Dinge fortgeben oder zuviel für etwas bezahlen, aber wenn es darum geht, ihre ausgedehnte Familie zu unterstützen, dann ist sie großzügig. »Sie zahlt für jeden«, sagte ein Höfling, »für die Kents und die Art Leute.« Elizabeth pflegte sich ironisch zu beklagen: »Nun ja, was soll ich denn machen mit meiner Mutter und ihren Schlössern und mit meiner Schwiegermutter und ihren Klöstern ...«

In den sechziger Jahren unternahm Elizabeth vorsichtige Versuche, den Bruch zwischen dem Königshaus und dem Herzog und der Herzogin von Windsor zu kitten. Die Situation war für sie sehr schwierig: Als Souverän durfte sie die Abdankung nicht billigen. Als loyale Tochter von König George VI. und Königin Elizabeth zur Mißbilligung von Onkel David und besonders von Wallis Simpson erzogen, konnte sie die beiden nicht mit offenen Armen willkommen heißen, ohne ihre Mutter in Aufregung zu versetzen, und eigentlich wollte sie dies auch nicht. Aber Onkel David gehörte noch immer zur Familie, die großgeschrieben wurde, und die Fortführung der Windsor-Fehde brachte der Königsfamilie in den Augen der Öffentlichkeit nichts Gutes, da die Mehrheit der Leute inzwischen zu jung war, um sich noch an die Ereignisse von 1936 zu erinnern. Eine Umfrage, die von dem Magazin *Express* im Jahr 1962 zum Zeitpunkt des fünfundzwanzigsten Hochzeitstages der Windsors durchgeführt wurde, zeigte, daß ein überwältigender Prozentsatz dafür stimmte, daß dem Herzog und der Herzogin die Rückkehr nach England erlaubt werden sollte.

Das Verhältnis war während der ersten zehn Jahre von Elizabeths Regierungszeit recht kühl geblieben. Der Herzog war wütend gewesen, als sie sich geweigert hatte, ihm auch weiterhin jährlich die zehntausend Pfund zu gewähren, die George VI. ihm zugestanden hatte. Der königlichen Familie mißfiel die Flut von Veröffentlichungen, die von den Windsors zur Rechtfertigung der Angelegenheit ausgegangen war, ebenso wie die ständigen Täuschungsmanöver über drohende Armut und den Bedarf an riesigen Geldsummen, mit denen sie ihren extravaganten Lebensstil aufrechterhalten wollten. Die Memoiren des Herzogs, »A King's Story« (Die Geschichte eines Königs), waren im Jahr 1951 erschienen, als George VI. noch lebte, und die Familie war über das Ausgraben der Abdankungsgeschichte mit all ihren schmerzlichen Erinnerungen und gefährlichen Implikationen nicht erfreut. Im Königshaus herrschte die Meinung, daß es eines Ex-Souveräns und Familienmitgliedes höchst unwürdig sei, sich als »Nestbeschmutzer« aufzuführen. Die Autobiographie der Herzogin, »The Heart Has Its

Reasons« (Das Herz hat seine Gründe), erschien im Jahr 1956 und war wie die des Herzogs ein Bestseller. »Wenn man ihre Boshaftigkeit bedenkt, war ihr Buch in Wirklichkeit erstaunlich sanft«, schrieb Charles Murphy, der das Buch als Ghostwriter für die Herzogin geschrieben hatte, wie er auch das des Herzogs verfaßt hatte. Murphy hatte seine Auftraggeberin überreden können, ihre Böswilligkeit im Zaum zu halten. Weitere unangenehme Enthüllungen aus der Vergangenheit des Herzogs tauchten mit der Veröffentlichung des Bandes X der »Captured German Documents« (Beschlagnahmte Deutsche Dokumente) im Jahre 1957 auf, die sich auf Verbindungen des Herzogs mit den Nazis während seines Aufenthaltes in Lissabon im Juli 1940 bezogen. Auch wenn es keinen tatsächlichen Beweis in den Dokumenten dafür gab, daß der Herzog an Hochverrat gedacht hatte, machten die Papiere zumindest doch klar, daß die Deutschen geglaubt hatten, der verbitterte Herzog könnte beeinflußt werden, seinen Bruder zu verraten, indem er für den Fall eines Friedens auf dem Verhandlungsweg oder nach einer erfolgreichen Invasion von Großbritannien Ersatzkönig würde. Auf Druck der Königinmutter hatte Churchill 1945 und 1953 versucht, diese Unterlagen vernichten zu lassen, und wollte später ihre Veröffentlichung hinauszögern.[10] Als es soweit war, konnte der Herzog in Zusammenarbeit mit dem Foreign Office auf Anraten seines Anwaltes Walter Monckton die Wichtigkeit der Dokumente herunterspielen, indem er behauptete, sie kämen aus einer »obskuren Quelle« und seien »zum Teil reine Erfindungen und zum Teil grobe Verdrehung der Wahrheit«. In Elizabeths Augen waren die Windsors bestenfalls lästig und im schlechtesten Fall blamabel.

Mehr Ärger verursachte die offizielle Biographie des verstorbenen Königs von Sir John Wheeler-Bennett, die im Jahr 1958 veröffentlicht wurde. Der Herzog hatte dem Autor mehrere Interviews gegeben sowie Zutritt zu seinem Archiv gewährt; verständlicherweise war er wütend, als das Königshaus ihm seine Bitte verweigerte, die Passagen, die sich auf ihn bezogen, in der maschinengeschriebenen Fassung zu sehen. Letzten Endes, so argumentierte er, »wenn Sie auf mich Bezug nehmen …, schreiben Sie in Wirklichkeit über Abschnitte aus der Lebensgeschichte eines noch lebenden früheren Herrschers«. Wheeler-Bennett erwiderte vorsichtig, daß er zunächst Elizabeth konsultieren müsse, die schließlich das Buch in Auftrag gegeben hätte. Sie sagte ihm, daß sie das Buch zunächst lesen werde, bevor sie eine Entscheidung treffen könne, welche Familienmitglieder es vor der Veröffentlichung sehen sollten. Eine autorisierte Biographie eines Souveräns ist wie ein offizielles Dokument. Elizabeth war der Meinung, daß nur sie das Recht wahrnehmen sollte, die endgültige Entscheidung darüber zu treffen, wie das Leben ihres Vaters dargestellt wurde. Der Herzog jedoch faßte ihre Entscheidung als eine weitere Verunglimpfung auf und schrieb im Juli 1956 wütend an seinen Anwalt: »Ich bin erzürnt über diese letzte Grobheit seitens des Palastes mir gegenüber, und ich habe mich entschlossen, daß mein Name darin überhaupt nicht erwähnt werden darf, es sei denn, meine Nichte bringt die allgemein übliche Höflichkeit auf, mir Gelegenheit zu geben, alle mich betreffenden Stellen in Wheeler-Bennetts offizieller Biographie über meinen verstorbenen Bruder zu lesen.«[11] Michael Bloch, dem Biographen des Herzogs, zufolge war Elizabeth erst nach der Androhung rechtlicher Schritte gewillt, ihn die entsprechenden Abschnitte des Textes sehen zu lassen, und auch das erst im Fahnenstadium. Allerdings kann er wenig Anlaß zu Klage in Wheeler-Bennetts Buch gefunden haben. Elizabeth hatte darauf geachtet, daß die Wunden, die der Familie durch die Abdankung zugefügt worden waren, nicht wieder aufgerissen wurden. Hinweise auf Wallis Simpson waren äußerst skizzenhaft. Die Heirat der Windsors auf Candé wurde nur in einer Fußnote von eineinhalb Zeilen Länge erwähnt, wobei der Name des Schlosses mit »Landé« auch noch verdruckt war. All die Ängste und der Streit wurden übergangen. Offensichtlich zog es Elizabeth vor, in der Öffentlichkeit keine schmutzige Wäsche zu waschen. Der Zugang zu den Papieren von Baldwin und Chamberlain, die mit der finanziellen Regelung zusammenhingen, wurde verwehrt. Als H. Montgomery Hyde die Lebensgeschichte von Baldwin schrieb, sah er noch alles, was späteren Historikern verschlossen blieb; Elizabeth schwärzte eine Passage in seinem Buch, die sich auf einen Brief des Königs bezog, worin dieser sich nachteilig über die Herzogin von Windsor geäußert hatte. Wheeler-Bennett brachte nur einen sehr flüchtigen Hinweis auf den bitteren Streit zwischen der königlichen Familie und dem Herzog von Windsor, der im Jahr 1937 nach der Entscheidung des Königs, der Herzogin den Titel »Königliche Hoheit« vorzuenthalten, entbrannt war. Dies war der einzige Grund, der die Familie unwiderruflich trennte. Erst in den achtziger Jahren, als die Nachforschungen verschiedener Historiker dokumentarisches Material über diese Auseinandersetzungen ans Licht brachten, erlaubte Elizabeth schließlich Philip Ziegler, dem offiziellen Biographen von Edward VIII., Briefe abzudrucken, die in aller Deutlichkeit die breite Kluft zwischen beiden Seiten zeigten.

Zwei Jahre später hat Elizabeth Wiedergutmachung für die Schwierigkeiten mit dem Buch von Wheeler-Bennett geleistet, indem sie dem Herzog und seinem Mitautor Lord Kinross Zugang zu den Windsor-Archiven gewährte, damit sie Nachforschungen für einen schmalen Band von Erinnerungen anstellen konnten, der unter dem »A Family Album« (Ein Familienalbum) veröffentlicht werden sollte. Als »A King's Story« veröffentlicht werden sollte, hatte George VI., zutiefst unglücklich über das Projekt seines Bruders, ihm und seinen Helfern jegliche Unterstützung verwehrt. »A Family Album« versprach ein sehr viel weniger umstrittenes Buch zu werden, und Elizabeth war äußerst bestrebt, die Beziehungen zu ihrem Onkel nicht noch unnötig zu verschlechtern. Aber selbst zu dem Zeitpunkt machte sie keinen Gebrauch von der Gelegenheit, ihn wiederzusehen, wie die Zeitschrift *Time* bemerkte. Der Herzog und Lord Kinross waren direkt vor Weihnachten 1959 auf Schloß Windsor aufgetaucht, um das Archiv zu besuchen. Elizabeth, die sicher gewußt hatte, daß sie kamen und wann sie kamen, war eine Stunde zuvor fortgefahren, um Philip auf einem Jagdessen zu treffen, und hatte es vorgezogen, einem etwas peinlichen Zusammentreffen mit ihrem Onkel, den sie seit 1935 nicht gesehen hatte, auszuweichen. Wenige Stunden später entschwanden der Herzog und Kinross durch den Hintereingang, als Elizabeth und Philip am königlichen Haupteingang eintrafen.

Elizabeths mangelnde Bereitschaft, ihren Onkel zu sehen, könnte mit dem Wissen um des Herzogs illegale, möglicherweise sogar kriminelle Devisengeschäfte auf dem schwarzen Markt zu tun gehabt haben, über die man sie in jenem Sommer unterrichtet hatte und die zu einem bestimmten Zeitpunkt zum Skandal zu werden drohten und »die Position sowie den Ruf der Krone« hätten beeinträchtigen können.[12]

Als der Herzog im späten Sommer des Jahres 1959 in Windsor war, wiederum ohne die Familie zu treffen, die Ferien auf Balmoral machte, hatte er einen staubigen Raum betreten. Fast war es so, als hätte er die Tür zu einer Kammer geöffnet, in der das Monster von Glamis eingesperrt war, ein verschämt vor der Öffentlichkeit gehütetes Geheimnis. Es war das Zimmer, wo er im Jahre 1936 seine berühmte Abdankungs-Rundfunkansprache gehalten hatte. Nichts hatte sich verändert. »Dort vor dem Fenster stand der Sessel, in dem ich damals gesessen hatte, und der Tisch, auf dem ich mein Manuskript liegen hatte«, schrieb er. Ein Ausflug nach Frogmore, einem eleganten Haus im Regency-Stil, wenige Minuten den Hügel hinunter vom Schloß entfernt, hatte ihn sehr bewegt. Frogmore in seiner friedlichen Umgebung neben einem See war das Zuhause seiner Kindheit gewesen, als George V. und Königin Mary noch Prinz und Prinzessin von Wales waren. Dort hatten die Kinder friedliche Ferien mit ihrer Mutter verbracht, während ihr Vater zum Segeln oder Jagen war. In seiner Abwesenheit hatten sich die Kinder und ihre Mutter einen Spaß daraus gemacht, den Lehrern dumme Streiche zu spielen; so hatten sie der Französischlehrerin M. Hua ein Sandwich mit Kaulquappen offeriert oder einige der eher düster wirkenden Familienbüsten in bunte Jagdkleidung gehüllt. Frogmore hatte eine besondere Bedeutung in der Ikonographie des Königshauses; es war der Mausoleumsbereich, errichtet von Königin Victoria, deren Totenkult auch eingedenk ihres hohen Alters sehr übertrieben war. Der kleine Hügel über dem See wurde überragt von einem Denkmal, das die Königin zur Erinnerung an ihre Mutter hatte aufstellen lassen, während der Garten von dem Mausoleum beherrscht wurde, das sie nach dem Tod von Albert hatte errichten lassen, und in dem die Marmorstatuen des Paares nebeneinander unter einem Sternenbaldachin ruhten. Während er durch den romantischen Garten schritt, entlang dem See mit den Wasserlilien und beschattet von riesigen Zedern und Trauerweiden, kam dem Herzog der Gedanke, daß er und vor allem Wallis im Tod mit der Familie vereint sein könnten, wie es ihnen im Leben nicht vergönnt gewesen war. So richtete er eine Anfrage an Elizabeth, ob er und Wallis im Anschluß an Beerdigungsfeierlichkeiten in der St. George's Chapel in Windsor in einem persönlichen Mausoleum in Frogmore beigesetzt werden könnten. Seine Bitte, die letztlich Wallis' Anerkennung als Mitglied des Königshauses gleichkam, wurde zunächst sehr vorsichtig behandelt, fand aber schließlich im Dezember 1960 Zustimmung.

Im März des Jahres 1965, als der Herzog sich in einer Londoner Klinik einer Augenoperation unterzog und dort drei Wochen verbrachte, unternahm Elizabeth einen wichtigen Schritt zur Versöhnung. An einem Abend besuchte sie ihn und traf dort auch die Herzogin. Nach fünfundzwanzig Minuten ging sie wieder, scheinbar in bester Stimmung, zweifelsohne erleichtert, daß der Alptraum, das Schreckgespenst der Familie zu treffen, vorüber war. Ein Sprecher beschrieb die Begegnung als »sehr persönlich und wirklich sehr angenehm«. Vom Standpunkt der Familie aus gesehen, war das ein riesiger Schritt vorwärts; in den nächsten Tagen, als der Herzog auf dem Weg der Besserung war, lernten er und Elizabeth sich allmählich kennen, während sie in den Gärten des Buckingham-Palastes spazierengingen. Am 7. Juni 1967, vier Tage nach ihrem dreißigsten Hochzeitstag, wohnten der Herzog und die Herzogin das erste Mal zusammen einer Familienfeierlichkeit bei; sie saßen bei der Enthüllung der Gedenktafel für Königin Mary an der Wand von Marlborough House gegenüber dem St. James's Palace mit Elizabeth, Philip, der Königinmutter, den Kents und Gloucesters in der ersten Reihe. Aus allen Augen wurde heimlich beobachtet, ob die Herzogin vor ihrer alten Feindin Königinmutter Elizabeth den üblichen Hofknicks machen würde. Sie tat es nicht. Ein Beobachter beschrieb die Herzogin als »unglaublich nervös«, die Königinmutter als »gefaßt«. Philip Ziegler meinte, daß es nicht der Ironie entbehrte, daß ausgerechnet bei solch intimer Familienzusammenkunft zu Ehren der Frau, die am stärksten darauf hingewirkt hatte, die Herzogin von Windsor niemals als königliches Familienmitglied anzuerkennen, die Herzogin das erste Mal einen Platz in der Mitte der Familie einnahm. Diese öffentliche Versöhnung war jedoch nur eine teilweise Versöhnung; die Windsors wurden nicht zum Mittagessen mit der königlichen Gesellschaft eingeladen, sondern aßen statt dessen mit Prinzessin Marina im Kensington-Palast, bevor sie mit einem Flugzeug der königlichen Flotte nach Paris zurückkehrten. »Die jungen Leute konnten gar nicht verstehen, was der ganze Wirbel zu bedeuten hatte«, bemerkte ein Höfling dazu.

Am nächsten Ereignis des Königshauses, dem Begräbnis von Prinzessin Marina im Jahr 1968, nahm der Herzog allein teil. Die Feierlichkeiten schienen wie ein Memento mori auf ihn gewirkt zu haben; er brachte seine Vorstellungen von einer letzten Ruhestätte für ihn und Wallis zum Abschluß, indem er Elizabeth um die endgültige Einwilligung bat, daß sie auf dem Familiengelände in Frogmore beerdigt werden würden. Er wußte, daß bei seinem Tod die 10 000 Pfund, die Walter Monckton vor dem Krieg anstelle seiner lebenslangen Leibrente von Sandringham und Balmoral ausgehandelt hatte, nicht weitergezahlt würden, und hatte Elizabeth bereits am 17. August schriftlich gebeten, Wallis den Betrag weiterzuzahlen, solange sie lebte. Er sprach das Thema im September in Windsor erneut an, im Anschluß an Prinzessin Marinas Begräbnis am 30. August.

Elizabeth brauchte fast sechs Monate für ihre Entscheidung, ein Zeichen für die äußerste Zurückhaltung, mit der sie solch persönliche Fragen anging, aber als sie am 26. Februar 1969 antwortete, war ihr Ton nett und freundlich. »Lieber Onkel David«, schrieb sie, »es tut mir leid, daß ich so lange gebraucht habe, um Deinen Brief vom 17. August zu beantworten, über den wir bereits im September in Windsor gesprochen haben, aber es hat seine Zeit gedauert, alle Einzelheiten zu überprüfen. Ich verstehe Deine Argumentation und bin bereit, folgendes zu veranlassen: Sollte Wallis Dich überleben, werde ich ihr freiwillig einen Jahresbetrag von 5000 Pfund zukommen lassen, und sollte ich vor ihr sterben, so bin ich sicher, daß mein Nachfolger diese Vereinbarung fortführen wird. Dies versteht sich unter der Voraussetzung, daß die zwei Pakete von Kriegsanleihen, auf die Du Dich beziehst, bei Deinem Tod durch die Erbschaftssteuer auf Grundvermögen nicht gemindert werden ... Jedenfalls hoffe ich, daß die Frage der Versorgung Deiner Witwe noch in weiter Zukunft liegen möge. Ich hoffe, daß dies dazu beitragen wird, Deine Sorgen zu erleichtern.«

Elizabeth hatte das, worum der Herzog gebeten hatte, halbiert, doch angesichts der unnachgiebigen Haltung ihrer Eltern gegenüber seiner Frau stellte die Tatsache, daß sie bereit war, eine weitreichende Verantwortung für die Herzogin zu übernehmen, einen erstaunlichen Wandel dar. Elizabeth verhielt sich so anständig und verantwortungsvoll, wie es ihr möglich war. Sie war nicht kleinlich genug, um anzudeuten, daß die Windsors vielleicht ihren extravaganten Lebensstil etwas bescheidener gestalten könnten, wenn er wirklich so besorgt um seine finanzielle Lage wäre, wie es den Anschein hatte. Sie wies auch nicht darauf hin, daß die Herzogin beim Tode ihres Mannes eine sehr reiche Frau sein oder daß sie dann immer noch ein Vermögen an Juwelen besitzen würde, das mit seinen Einnahmen als Prinz von Wales erworben worden sei, Erträge, die aus seinem früheren herzoglichen Land- und Pachtbesitz stammten.

Mit diesem Versprechen finanzieller Hilfe verband Elizabeth sehr vorsichtig eine Einladung zur nächsten großen Veranstaltung des Königshauses, der Investitur von Charles als Prinz von Wales am 1. Juli 1969 im Schloß von Caernarvon. »Wie Du weißt«, schrieb sie, »findet Charles' Investitur in Caernarvon am 1. Juli statt, aber ich habe gezögert mit der Anfrage, ob Dir eine Einladung in Anbetracht all der Umstände recht ist. Doch ich werde Dich verstehen, wie auch immer Deine Antwort auf diese indirekte Form der Einladung ausfallen mag.« Man konnte kaum behaupten, daß es sich um eine drängende Einladung gehandelt hätte. Die Redewendung »in Anbetracht all der Umstände« wirkte etwas abschreckend – was meinte sie damit? Die Tatsache, daß die Herzogin nicht einbezogen war? Die unvermeidlichen Pressespekulationen, die allein durch die Anwesenheit des Herzogs heraufbeschworen würden und Charles' großen Tag belasten könnten? Ohne jeden Zweifel war die Abdankung ein Thema, das die königliche Familie lieber vergessen hätte, und tatsächlich lichteten sich ja die Reihen derer, die sich noch erinnerten. Die jüngere Generation wußte nichts davon, noch kümmerte es sie, aber jedesmal, wenn der Herzog zu einem königlichen Ereignis erschien, war er der lebende Beweis für eine Leiche im Keller der Familie, und die Herzogin noch weit mehr. Wie jedermann wußte, hatte die Königinmutter der Frau keineswegs vergeben, die sie einst »die Geringste der Geringen« genannt hatte. Vermutlich hatte Elizabeth genau das im Hinterkopf, als sie diese »indirekte Form der Einladung« wählte, welche die Herzogin ausschloß, ohne dies direkt auszusprechen, ein Ausschluß, der, wie sie annehmen mußte, es dem Herzog unmöglich machen würde, die Einladung anzunehmen. Caernarvon hätte die Gelegenheit für eine offizielle Versöhnung der Familie Windsor bieten können, doch noch immer stand die Vergangenheit im Weg. So als ob sie etwas gutzumachen hätte, beendete sie ihren Brief, indem sie sich auch auf Wallis bezog: »Ich hoffe, daß es Euch beiden gutgeht, mit herzlichen Grüßen und in Gedanken der Zuneigung von Lilibet.«[13]

Der Herzog antwortete großzügig. »Da ich nicht annehme, daß die Anwesenheit seines betagten Onkels sehr viel zu den prachtvollen Feierlichkeiten um die Person von Charles beitragen könnte«, schrieb er, »möchte ich der Einladung nicht Folge leisten«; und er fügte hinzu: »Gleichzeitig weiß ich Dein nettes Anerbieten wirklich zu schätzen.« Als er jedoch wenige Wochen später eine Einladung zur Weihe des neuen Garter-Fensters in der St. George's Chapel erhielt, lehnte er mit der Begründung ab, daß er zu dem Zeitpunkt in die Vereinigten Staaten unterwegs sei, und fügte noch etwas hinzu, was sein Biograph als »einen milden Tadel« beschrieb. »Auch wenn Du Wallis nicht namentlich in Deine Einladung eingeschlossen hast«, schrieb er, »so gehe ich doch davon aus, daß Du erwartet hast, daß sie mich begleitet. Weißt Du, nach mehr als dreißig Jahren glücklichen Ehelebens nehme ich nicht gern allein an solchen Anlässen teil«.[14] Zumindest auf privater Ebene war der Anschein normaler Familienbeziehungen wieder hergestellt worden.

Charles' Investitur als Prinz von Wales nahm ordnungsgemäß ihren Lauf, trotz der Tatsache, daß die Atmosphäre in Wales sich bedauerlicherweise für die königliche Familie dramatisch geändert hatte seit dem Tag im Jahr 1957, als Elizabeths Absichtserklärung, ihren Sohn zum Prinzen von Wales zu ernennen, in Cardiff die Jubelrufe von Tausenden treuer walisischer Untertanen hervorgerufen hatte. Die nationalistische Bewegung von Wales, »Plaid Cymru«, war sehr viel lautstärker geworden und außerdem auch gewalttätig; es hatte Bombenanschläge auf öffentliche Gebäude in Wales gegeben, und Elizabeth teilte Harold Wilson mit, daß sie um die Sicherheit ihres Sohnes fürchte. Trotzdem hatte sie zwei Jahre zuvor entschieden, daß Charles das Sommersemester vor seiner Investitur auf dem ultrawalisischen College von Aberystwyth verbringen sollte, und jetzt konnte sie diesen Plan nicht rückgängig machen, ohne damit große Verstimmung hervorzurufen. Die Nationalisten von Wales waren auf Charles' Aufenthalt in ihrem Land vorbereitet und desgleichen das Innenministerium, das eine nicht zu übersehende Sicherheitsoperation in Aberystwyth einleitete, indem es an die siebzig Polizeioffiziere in der Stadt stationierte und getarnte Männer in die Universität einschleuste, die als Putzkräfte oder Studenten verkleidet waren. Unter den Umständen bewies Charles wahren Mut, als er trotzdem hinging; vier Studenten von Aberystwyth traten aus Protest gegen seine Ankunft in den Hungerstreik, eine Bombe zerstörte ganz in der Nähe eine Radiostation der Royal Air Force, und es wurde versucht, auf der Stadtpromenade den Kopf einer Statue des vorherigen Prinzen von Wales, Charles' Großonkel David, abzusägen.

Im Gegensatz zu seinem Großonkel, für den diese mittelalterliche Scheinzeremonie der Investitur wieder ins Leben gerufen worden war, um die Popularität des walisischen Schatzkanzlers David Lloyd George zu stärken, nahm Charles die ganz Sache sehr ernst. Prinz Edward hatte zu Recht gegen die ganze Angelegenheit protestiert und vor allem gegen die »groteske Montur«, die für ihn entworfen worden war; Charles war mit Begeisterung bei den Vorbereitungen, die von dem Herzog von Norfolk und Lord Snowdon geleitet wurden. Während Norfolk die Einzelheiten der Zeremonie plante, überwachte Snowdon, der von der Königin im Jahr 1963 zum Konstabler von Caernarvon ernannt worden war, das Design: Darunter fiel für ihn persönlich eine dunkelgrüne Uniform, bestehend aus Röhrenhosen und einer Jacke mit Reißverschluß und Kragenrolle, und für Elizabeth, Philip und Charles ein modernistischer Thronhimmel aus Plexiglas und Thronsessel aus walisischem Schiefer. Den Entwurf für die Uniform oder die Krone des Prinzen machte er jedoch nicht. Charles, sehr besorgt darum, nicht in irgendeine moderne Version der »grotesken Montur« gesteckt zu werden, trug seine Uniform mit einem purpurfarbenen Umhang, der in einer Art Konzession an den theatralischen Akt mit Hermelin besetzt war. Leider wurde Snowdon bei der Krone des Prinzen überstimmt, die er als einfaches klassisches Band aus reinem Gold konzipiert hatte. Am Schluß entschied man sich für eine kunstvolle, modernistische Version der traditionellen Krone des Prinzen von Wales, die mit Juwelen besetzt und mit Kreuzen und Lilien verziert war.

Als der Tag näher rückte, muß Elizabeth ihre Entscheidung, dem Vorbild von 1911 zu folgen, bedauert haben. Obwohl Charles eine Menge Sympathie damit gewonnen hatte, daß er soviel von der Sprache erlernt hatte, um eine Rede in walisischer Sprache vor der League of Youth Eisteddfod in Aberystwyth halten zu können, hatte es Klagen über den finanziellen Aufwand dieser »Minikrönung« gegeben, und es war nur zu deutlich, daß eine Menge Waliser gegen die ganze Angelegenheit waren. Schlimmer noch war, von Elizabeths Standpunkt aus betrachtet, die Möglichkeit eines Bombenanschlags auf den Prinzen. Doch nachdem man so weit gegangen war, mußte die Sache zu Ende gebracht werden. Um es mit den Worten des Ministers von Wales, George Thomas, zu sagen: »Es sollte keinen Ort im Vereinigten Königreich geben, wo die königliche Familie nicht hingehen kann.« Er betonte jedoch: »Es wird dem jungen Mann großen Mut abverlangen.« Sowohl am Vorabend der Investitur wie auch am Tage selbst gab es Bombenalarm. Der königliche Eisenbahnzug wurde unterwegs durch einen blinden Bombenalarm aufgehalten, aber am nächsten Vormittag explodierte ein echter Sprengkörper in einer Stadt dreißig Meilen von Caernarvon entfernt und tötete die zwei Männer, die ihn gelegt hatten. In London stellte die BBC bereits vorab aufgezeichnete, ehrerbietige Nachrufe auf den Prinzen zusammen, die für den Fall seiner Ermordung ausgestrahlt werden sollten. Während Charles in dem festlich hergerichteten Eisenbahnwagen zusammen mit dem Staatssekretär von Wales sowie seinem Kammerherrn David Checketts zu dem Schloß unterwegs war, hörte man einen lauten, dumpfen Knall – eine weitere Bombe.

Die ausgefeilte Zeremonie wurde eröffnet, als Elizabeth in einem schlüsselblumengelben Mantel und Hut von Norman Hartnell am Schloß eintraf. Patrick Plunket, der Haushofmeister des Königshauses, klopfte an das Tor über dem Wassergraben, das von Lord Snowdon geöffnet wurde, der einen fast vierzig Zentimeter langen Schlüssel in der Hand hielt. »Madam, ich übergebe den Schlüssel dieses Schlosses in die Hände Eurer Majestät.« Elizabeth berührte den Schlüssel und sagte: »Sir Konstabler, ich gebe den Schlüssel in Ihre Obhut zurück.« Dann ging sie weiter zu dem Podium mit den Schieferthronen unter dem Thronhimmel, bevor der Prinz in Erscheinung trat, begleitet von seinem eigenen Gefolge, in dem sechs walisische Adlige seine Insignien trugen – das von seinem Onkel benutzte Schwert, einen goldenen Stab oder ein Zepter, einen goldenen Ring mit eingravierten walisischen

Drachen, den Samtmantel und die Krone. Während der Innenminister James Callaghan das Inthronisationsdekret intonierte – »Elizabeth die Zweite, eingesetzt durch die Gnade Gottes, Königin des Vereinigten Königreiches von Großbritannien und Nordirland … Mit diesem Unserem Dekret erheben und ernennen Wir Unseren über alles geliebten Sohn Charles Philip Arthur George, Prinz des Vereinigten Königreiches von Großbritannien und Nordirland, Herzog von Cornwall und Rothesay, Graf von Carrick, Baron von Renfrew, Lord der Inseln, Großverweser von Schottland, Prinz von Wales und Graf von Chester …« –, übergab Elizabeth ihrem Sohn die Insignien, und danach kniete er nieder in einem Akt der Huldigung. Während er seine Hände zwischen die ihren legte, schwor er: »Ich, Charles, Prinz von Wales, bekenne mich als Euer Lehnsmann mit Leib und Leben und ganzer Seele; ich gelobe Euch Gehorsam und Treue im Kampf auf Leben oder Tod, gegen wen auch immer.«

Charles sagte später, daß er diesen Augenblick als äußerst bewegend empfunden habe, während Elizabeth George Thomas erzählte, daß es ein »wunderbarer Tag« gewesen sei.

Die Antwort von Thomas war bezeichnend: »… es war ein größerer Triumph, als wir erwarten konnten. Er war wirklich Prince Charming, der bezaubernde Prinz. Wales hat sich in einem Zustand der Euphorie befunden, und Caernarvon allein hat mindestens eine halbe Million Dollar gekostet.«

Der vorherige Prinz von Wales hatte das Ganze realistischer gesehen: »Ich hatte den Eindruck, daß es Papa in seinen Geschäften mit dem schwierigen Lloyd George helfen würde, wenn ich erfüllte, was von mir erwartet wurde.«

Die Zeremonie im Jahr 1911 hatte dazu gedient, den Premierminister zu stärken, die des Jahres 1969 sollte die Monarchie stärken. Es wurde ein Erfolg, weil deutlich sichtbar war, daß die Königin und der Prinz an das glaubten, was sie taten. Von ihren Beratern mochte es als reine Public-Relations-Veranstaltung geplant gewesen sein, aber für sie war es Teil ihrer Aufgabe als Ikonen des weiterbestehenden Mythos der Monarchie. Königliche Hoheiten müssen an diesen Mythos glauben, andernfalls wirken sie nicht überzeugend; es ist ihre Weise, einen Kontakt zum Volk herzustellen. Ihre Glaubwürdigkeit wurde auch über das Fernsehen deutlich, und die Zeremonie rief die überschwengliche Gefühlswelle hervor, welche die »raison d'être« solcher Anlässe ist. Die Investitur von Caernarvon war Teil einer noch nie dagewesenen Public-Relations-Kampagne, die der Monarchie zu einem neuen Start verhelfen sollte.

14

Entzauberte Magie

»Sie sollten wissen, daß sie mit ihrem Film die Monarchie töten. Die ganze Institution lebt von dem Nimbus des Geheimnisvollen und dem Stammesfürsten in seiner verschlossenen Hütte. Sollte jemals ein Stammesmitglied in die Hütte hineinsehen, nimmt das ganze System des Stammesfürstentums Schaden, so daß der Stamm schließlich zerfällt.«

David Attenborough, Anthropologe und Naturfilmautor zu Richard Cawston, dem Produzenten und Regisseur von »Royal Family«

Instinktiv gab Elizabeth dem Privaten Vorrang, und sie bemühte sich, ihr Familienleben soweit als möglich vor öffentlichen Blicken zu schützen. Sie war wie ihr Vater nach den Prinzipien von Walter Bagehot erzogen worden, der vor der Zerbrechlichkeit des königlichen Nimbus gewarnt hatte: »Wir dürfen nicht zulassen, daß die Magie entzaubert wird.«

Ihre Berater fürchteten jedoch, daß die Monarchie in den sechziger Jahren als langweilig und überholt angesehen werden könnte. Deshalb hielten sie es für angezeigt, die Monarchie der Öffentlichkeit näherzubringen, indem man das Volk mit Fernsehkameras durch das Schlüsselloch blicken ließ. Als erstes entstand »Royal Palaces«, eine Gemeinschaftsproduktion von Rundfunk und Fernsehen, die die Menschen einlud, die königlichen Sammlungen der Paläste zu bestaunen. Mit dem Film »Royal Family« erhielt die Öffentlichkeit nicht nur Einblick in die Paläste, sondern sie durfte Elizabeth bei privaten und offiziellen Anlässen über die Schulter schauen.

Zwei Jahre zuvor hatte das Independent Television, das kommerzielle, britische Fernsehen ITV, einen Film über Mountbatten gedreht, »The Life and Times of Lord Mountbatten«. Mountbatten selber war ein eifriger Publizist, während sein Schwiegersohn Lord Brabourne ein erfolgreicher Filmproduzent war. Die Familie Mountbatten überredete Elizabeth, ihre Vorbehalte zu überwinden. Philip sprach sich wie immer, wenn es um die Monarchie ging, für die neuen Ideen und den Wandel aus. Mit dem jungen Australier William Heseltine, der im Jahr 1965 zunächst als Stellvertretender Pressesekretär eingestellt wurde und 1968 den Meister in Hinhaltetaktik Commander Colville ersetzte, wurde im Palast eine neue Richtung eingeschlagen. Im Gegensatz zum Commander sah Heseltine seine Aufgabe darin, der Presse leichteren Zugang zur königlichen Familie zu vermitteln, deshalb wurde der Film zeitlich so abgestimmt, daß er mit Charles' prachtvoll inszenierter Investitur in Caernarvon zusammenfiel. Der Filmkommentar kündigte das ganze werbewirksam als revolutionären Schritt an, der es erlaubte, die königliche Familie wie normal sprechende und handelnde Menschen zu erleben, während sie vorher immer als Ikonen erschienen waren, die förmlich »königlich« auftrat und vor allem förmlich sprach. Die Idee, die Königsfamilie als »normal« und »gewöhnlich« hinzustellen, ohne die außergewöhnlichen Umstände zu bedenken, unter denen sie agieren muß, sollte sich als gefährlicher Schritt erweisen, auch wenn das damals noch nicht deutlich wurde.

Von seiner ersten Ausstrahlung im Juli 1969 an und bei nicht weniger als fünf Wiederholungen in den folgenden achtzehn Monaten zog der Film allein im Vereinigten Königreich vierzig Millionen Zuschauer in seinen Bann. Elizabeth, die in den Weihnachtsansprachen immer so steif war, wirkt völlig natürlich, so wie man sie in ihrem engsten Kreis kennt; sie ist entspannt, strahlt Glück und Freude aus, macht lustige Bemerkungen und lächelt unentwegt. Sie ist jedoch nicht die einzige Hauptdarstellerin. Ein Ziel des Films war es auch, für Charles als Hoffnung der Zukunft zu werben. Die ersten Einstellungen zeigen den zwanzigjährigen Prinzen beim Wasserskifahren und dann auf einem Fahrrad in einer Londoner Straße. Die Bildfolge sollte besonders betonen, daß er mit der Zeit ging, aber mit seinem ernsten, eher traurigen Gesichtsausdruck, mit konventioneller Kleidung und Haarschnitt, wirkt Charles alles andere als »in«; er scheint Lichtjahre entfernt von den meisten jungen Leuten seines Alters. Da schwingen eher kammermusikalische Klänge von Edward Elgar mit als die Songs der Rolling Stones. Das altmodische Fluidum, das ihn zeit seiner Jugend bis in die mittleren Jahre umgab, führte dazu, daß spätere Kommentatoren ihn als »gesellschaftlichen Dinosaurier« abstempelten.

Die Kamera schwenkt dann hinüber zu seiner Mutter in Uniform und rückt damit auch das Erbe, das er antreten würde, in den Mittelpunkt. Sie sitzt feierlich und aufrecht auf ihrem Kavalleriepferd Burmese und nimmt ihre offizielle Geburtstagsparade ab. Die in dem gesamten Film vorherrschende Atmosphäre großer Zwanglosigkeit zeigt sich beispielhaft in der nächsten Einstellung, in der ein Lakai ein Tablett mit sorgfältig vorbereiteten Möhren bereithält, die Elizabeth den Pferden zu fressen gibt, nachdem sie trotz des hinderlichen Reitkostüms schwungvoll abgestiegen ist. Tradition und Kontinuität werden von den Dudelsackspielern dokumentiert, die um neun Uhr morgens unter dem Fenster der Königin auf der Westseite des Buckingham-Palastes vorbeimarschieren, eine Sitte, die zur Erinnerung an ihr geliebtes schottisches Hochland von Königin Victoria eingeführt worden war. Die gleiche Zeremonie findet in Balmoral und in Windsor statt, jedoch nicht in Sandringham. Bei dem offiziellen Besuch der Königin im Jahr 1975 in Tokio sorgten die Japaner mit charakteristischer Gründlichkeit für einen japanischen Dudelsackspieler im Schottenrock, der unter ihren Fenstern im Akasaka-Palast spielen mußte, damit sie sich wie zu Hause fühlte.

Man sieht Elizabeth bei der Arbeit zusammen mit ihrem Privatsekretär Sir Michael Adeane. Ihr Verhalten, als sie ihre persönliche Post öffnet und eine Rede durchgeht, die man für ihren Besuch in Brasilien vorbereitet hatte, ist knapp und geschäftsmäßig. »Zu viel Geschichte, die sie meiner Meinung nach bereits kennen«, sagt sie, »aber nicht genug Ausdruck des Dankes. Es wirkt etwas ungehobelt, ihnen nicht dafür zu danken ...« Das Ausmaß an Vorausplanung für den offiziellen Teil ihres Jahreskalenders ist beeindruckend. Sie wird in einem Sessel gezeigt, während Bobo neben ihr steht, beide mit ähnlichen Frisuren und den üblichen Perlenkolliers mit drei Schnüren; sie stellen die Garderobe für die nächsten Reisen zusammen und benutzen dazu farbige Skizzen der Kleider. »Ich denke, das da würde ich gerne für Australien zurücklegen.« Elizabeth wühlt in einem Lederbeutel und bringt ein märchenhaftes Goldkollier mit prachtvollen Cabochon-Rubinen in der Größe von Taubeneiern zum Vorschein, das früher den »Persern« – wie sie vermutlich die Mogulherrscher von Indien nannte – gehört hatte und das Königin Victoria als Geschenk zugesandt worden war. »Recht hübsch«, sagt sie und bedient sich damit der relativierenden, untertreibenden »Windsor-Sprache«, die so charakteristisch für die königliche Familie ist. Offensichtlich hatte sie das prachtvolle Objekt noch nie getragen. »Man sollte ein Kleid entwerfen lassen, zu dem man es tragen kann ...« Der Gebrauch von »man« als eine indirekte Form von »ich« ist ein anderes Merkmal der königlichen Konversation.

Auch die Morgenaudienzen wurden gefilmt. Die Verleihung eines goldenen Ordens an den Dichter Robert Graves mutet merkwürdig an. Obwohl Graves von dem Hofdichter C. Day Lewis begleitet wird, scheinen beide keine Ahnung davon zu haben, wie man sich bei einem königlichen Tête-à-tête zu benehmen hat, und fallen durch eine recht unangenehme vertrauliche Lustigkeit auf – wobei Elizabeth, die schließlich auch an solche Begebenheiten gewöhnt ist, mit ihrem Lächeln und ihrer Ungezwungenheit natürlich am besten dasteht. Ein schneller Druck auf den Summerknopf, und die zwei ältlichen Dichter werden hinausgeführt.

Eine förmlichere Zeremonie ist der Empfang eines kurz zuvor akkreditierten Botschafters. Er beinhaltet die Entsendung von Wagen aus den königlichen Stallungen, um die Gesellschaft des Botschafters abzuholen, sowie eine beeindruckende Zurschaustellung von Uniformen der verschiedenen Amtspersonen, einschließlich der des Marschalls des Diplomatischen Korps, dessen Robe auf dem Kongreß von Wien im Jahr 1815 nicht fehl am Platz gewesen wäre. Der Marschall ist der gutaussehende Sir Lees Mayall; der Botschafter ist der neue Repräsentant der Vereinigten Staaten, der anglophile Millionär Walter Annenberg. Der Botschafter ist sichtlich nervös, als der Marschall, der die Sache sicher schon hundertmal gemacht hat, genau beschreibt, was gemacht werden muß. »Wenn sich die Türen des Audienzsaales der

Königin öffnen«, erläutert er, »machen Sie mit dem linken Fuß einen Schritt nach vorne, dann bleiben Sie stehen und verbeugen sich. Danach gehen Sie auf die Königin zu, die ungefähr sechs oder sieben Schritte entfernt steht. Wenn sie Ihnen die Hand hinhält, machen Sie wieder eine Verbeugung und eine weitere, wenn Sie sich die Hände geben. Dann nehmen Sie Ihr Beglaubigungsschreiben in die rechte Hand und überreichen es ihr ...« Die Etikette ist so förmlich und exakt, als wäre man am Hof des Kaisers von China. Scharen von Botschaftern ziehen vorbei, die entweder ihr Beglaubigungsschreiben übergeben oder ihren Abschied nehmen und die vom Haushofmeister Patrick Plunket in seiner schicken hochgeschlossenen Uniform vorgestellt werden: »Der Botschafter von Venezuela, Eure Majestät ... Der Botschafter von Italien, Eure Majestät ...«

Einige Ausschnitte zeigen, wie das königliche Mittagsmahl von der Küche im Kellergeschoß aus auf eine lange Reise geht. Die Schüsseln und Platten stehen auf einem hohen schweren Servierwagen aus Holz, der mit seinen zwei Böden so altmodisch aussieht, als sei er mindestens seit der Zeit vor dem Ersten Weltkrieg in Betrieb. Die Dinge im Buckingham-Palast sind auf Dauer gemacht; im Jahr 1969 wurden noch Bettücher aus Königin Victorias Regierungszeit benutzt und sogar Decken aus der Regierungszeit ihres Onkels und Vorgängers William IV. Der Servierwagen rumpelt über hundertachtzig Meter die Gänge entlang, dann mit einem Fahrstuhl zwei Stockwerke nach oben, bevor er in dem privaten Eßzimmer ankommt, wo Elizabeth mit Philip vor einer der jährlich stattfindenden sommerlichen Gartenpartys das Mittagessen einnimmt. Dieses Mal sind neuntausend Gäste geladen, welche die königliche Familie anstarren – auch Charles und Anne sind anwesend – und ebenso die rosa Flamingos im See. Auf diesem und vielen anderen Empfängen bringt es die Königin tatsächlich fertig, so auszusehen, als ob sie sich gut unterhalte, sie lächelt und bietet ein ganz anders Bild als in der Öffentlichkeit.

Als dieser Film gedreht wurde, war sie 43 Jahre und noch immer äußerst hübsch; sie bewegte sich scheinbar ganz unbefangen, wenn die Kameras ihrem Landrover folgen und zeigen, wie sie den fünfjährigen Prinzen Edward in Sandringham im Schnee herumfährt oder wie sie am Loch Muick in Balmoral zwischen Kiefern und bellenden Corgis ein Picknick macht. Philip und Anne kümmern sich um ihn, ein komisches Gerät aus Gußeisen, das aussieht, als sei es vom Schmied vor Ort angefertigt worden; ihre Methode, den Grill in Gang zu setzen, wirkt ausgesprochen pfadfinderhaft – Anne und Elizabeth knüllen Zeitungspapier zusammen, breiten es auf dem Boden aus, stapeln säuberlich kleine Haufen Anmachholz darüber und zünden dann das Ganze sorgfältig mit einem Streichholz an. »Zum Scheitern verurteilt«, scherzt Anne, was jedoch nicht zutrifft, da spätere Aufnahmen sie und ihren Vater beim Grillen riesiger Steaks zeigen. Charles kümmert sich besonders liebevoll um Edward, zeigt ihm, wie er seine spezielle Salatsauce anrichtet – seltsamerweise mit Sahne –, und erweist sich als sehr geduldig bei den endlosen »Warums«. Eine andere Aufnahme zeigt ihn, als er seinem Bruder erklärt, wie ein Cello funktioniert. Eine Saite springt schmerzhaft gegen Edwards Wange; er weint zwar nicht, wird aber recht ungehalten: »Warum hast du das gemacht?«

Elizabeth wird auf der »Britannia« aufgenommen, wie sie Margarets Tochter Lady Sarah Armstrong-Jones mütterlich im Arm hält. Es ist August, und die Familie ist auf dem Weg nach Balmoral; die Snowdons sind vermutlich irgendwo am Mittelmeer. »Manchmal meine ich, daß die Snowdon-Kinder die Königin als ihre Mama angesehen haben«, sagte eine Freundin. Charles, Anne und ihr Vater werden auffallend als »Tatmenschen« herausgestellt, als sie bei rauher See mit einer Winde von der »Britannia« zu dem begleitenden Zerstörer hinübergezogen werden und das gleiche wieder zurück. Es wird berichtet, daß Charles' Lieblingssportarten »das Schießen, Skifahren und Wasserskifahren und der Lieblingssport seines Vaters das Polo« sind. Philip wird gezeigt, wie er mit einem Hubschrauber auf dem Rasengelände des Buckingham-Palastes landet, und danach im Cockpit eines Flugzeugs der königlichen Luftflotte: »Er hat fünfundfünfzig verschiedene Flugzeugtypen geflogen.« Das Personal seines Privatbüros besteht vorwiegend aus Mädchen der oberen Gesellschaftsschichten, deren graue Lambswoolpullover mit zweireihiger Perlenkette wie eine Uniform wirken.

Elizabeth arbeitet auch unterwegs. Der königliche Eisenbahnzug hat zehn Wagen, in denen unter anderem drei Büros, drei Eßabteile, fünf Badezimmer und drei Küchen untergebracht sind. Auf dem Weg nach Schottland überprüft sie mit ihrem Stellvertretenden Privatsekretär Martin Charteris Papiere, während Bobo die Kleidung bügelt, in Vorbereitung auf die offiziellen Verpflichtungen, die während ihres jährlichen Aufenthaltes Anfang Juli im Palast von Holyrood in Edinburgh auf sie zukommen. Sir Hugh Casson, damit beauftragt, das Innere des Zuges neu zu entwerfen, hatte von Bobo Anweisungen bis in alle Einzelheiten erhalten. »Eigentlich war Bobo die Auftraggeberin«, sagte er. Sogar nach Balmoral folgen Elizabeth ihre »Kisten« mit offiziellen Unterlagen; wenigstens ein Dutzend werden täglich an der Hintertür auf einen Servierwagen geladen und durch die Halle mit der lebensgroßen Statue von Prinz Albert gerollt, dann die Treppen hinauf und vorbei an Geweihen und Velourstapeten im Distel-Design bis in Elizabeths Arbeitszimmer im ersten Stock befördert. Wenn sie in Urlaub ist, arbeitet sie vor dem Abendessen in ihren Unterlagen, und sogar auf Balmoral ist der Jahresbesuch unausweichlich, den ihr der amtierende Premierminister mit Ehefrau abstattet.

Auf der »Britannia« ist alles anders; die königliche Jacht ist ein Zufluchtsort für eine Familie, auf deren Mitglieder die Kameras gerichtet sind, sobald sie im Tageslicht erscheinen, und vermittelt die besondere Atmosphäre eines Seeurlaubs. Elizabeth trägt lange Hosen und Twinsets. Die Mannschaft trägt besondere Schuhe mit weichen Sohlen und nimmt Befehle über Handsignale entgegen, damit die Familie auf den unteren Decks nicht gestört wird. Wenn die »Britannia« zu Beginn eines Staatsbesuches, in diesem Fall Brasilien, einen fremden Hafen anläuft, setzt ein gewaltiges Tschingderassa von Sousa-Märschen ein, das von einer Marinekapelle in weißen Uniformen und Tropenhelmen gespielt wird, und wenn die Königin entweder das sie begrüßende Schiff oder die königliche Barkasse besteigt, erklingt das ohrenbetäubende Pfeifen der Dudelsackspieler, während die schnellen offiziellen und inoffiziellen Begleitboote riesige weiße Wasserfontänen aufpeitschen. An Land ist Elizabeth dauernd in das Pflichtprogramm eingebunden; sie kann nie das sehen, was sie gerne sehen möchte, lediglich das, wovon ihre Gastgeber glauben, daß sie es sehen sollte. Es gibt eine Menge offizieller Essen, sowohl an Land wie auch an Bord. Manchmal, wie auf dem Staatsbesuch in Amerika, gibt sie selbst ein Staatsbankett in einem großen Hotel, wobei die gesamte Ausstattung bis hin zum letzten Kaffeelöffel vom Buckingham-Palast mitgebracht wurde. Dann ist auch der Palaststeward, der nur bei großen Anlässen mit auf Reisen geht, zur Überwachung dabei, und er hat das erforderliche Personal mitgebracht. Oft fährt auch der königliche Küchenchef mit. Alles muß Monate im voraus geplant werden, nicht nur der Speiseplan, sondern auch die Gedecke, das Tafelgeschirr, das Besteck, die Kandelaber, die Tischdekorationen, die Blumengefäße, Essig- und Ölfläschchen, und alles muß sorgfältig verpackt werden, weil die verschiedenen Teile so wertvoll sind – ein Dessertteller kann 500 Pfund kosten. So wurde bei Banketten an so verschiedenen Orten wie Lusaka und Nepal verfahren, eine beachtliche Meisterleistung der Organisation und Logistik. Elizabeth kümmerte sich persönlich darum, daß alles angemessen war für den Ort, wo das Bankett stattfinden sollte. Als der Steward und sein Personal einmal im Unterschied zu ihrem Vorgesetzten, dem obersten Haushofmeister, die Meinung vertraten, daß einige besonders große Kandelaber und das Goldgeschirr nicht mitgenommen werden sollten, stärkte die Königin ihnen den Rücken und sagte, daß sie zu protzig für das Reiseziel seien: »In Spanien, wo man erwartet, daß ein Bankett ein großes, verschwenderisches Ereignis ist, wäre es angebracht, aber dort nicht.«

Das wichtigste bei diesen Anlässen ist Elizabeths Gesundheit. Obwohl sie körperlich sehr widerstandsfähig ist und normalerweise nur Erkältungen bekommt, könnte ein sorgfältig geplanter Besuch durch eine Lebensmittelvergiftung völlig mißlingen. Das Personal stellt sicher, daß die Eiswürfel für ihre Getränke aus entkeimtem Wasser hergestellt sind und daß sie das richtige Glas mit den speziellen Eiswürfeln nimmt, wenn ein Tablett mit Gläsern herumgereicht wird. Sie wird einen kurzen Blick mit dem Steward tauschen und wissen, daß ihr Getränk in Ordnung ist. Aus dem gleichen Grunde ißt sie auf Reisen keine Schalentiere. Obwohl sie auf Balmoral gelegentlich Hummer ißt, mag sie keine Austern, Muscheln und auch keine Avocados: »Sie schmecken wie Seife.« Sie mag Hühnchen, Lamm und, ganz in der Familientradition, Wild, besonders Rebhuhn. Auf Balmoral bestand der verstorbene König fast jeden Abend darauf, schottisches Rebhuhn zu essen, und in den knappen Jahren nach dem Krieg, als Fleisch rationiert war, aß das Personal von Balmoral so viel Hirsch- und Rehfleisch, daß jemand bemerkte, es sei ein Wunder, »daß uns nicht Geweihe gewachsen sind«. Leute in der ganzen Welt bewundern Elizabeths Durchhaltevermögen und fragen sich, wie sie den mörderischen Zeitplan auf diesen Staatsbesuchen durchhalten kann, ohne sichtbar zu ermüden. »Sie hat zwei große persönliche Vorteile«, sagte einer ihrer Privatsekretäre, »zuerst einmal schläft sie sehr gut, zum anderen hat sie sehr gute Beine und kann lange Zeit stehen … Die Königin ist zäh wie ein Yak.«

Die Schlußszenen des Films sind ganz eindeutig »Familienszenen« mit Elizabeth, Philip und ihren zwei älteren Kindern, die alle um den Familien-Mittagstisch herum sitzen und sich nicht übermäßig lustige Geschichten erzählen. Elizabeth berichtete von Königin Victorias »unglaublicher Selbstbeherrschung«; als ein orientalischer Potentat auf einem Durbar gestolpert und dadurch mit den Füßen voran auf ihren Thron zugeschossen sei, habe sie ihren Drang zu lachen eisern unterdrückt, und man habe nichts gesehen als »ein leichtes Zucken, und das war alles«. Sie selbst habe ihren schlimmsten Moment bei einer Audienz erlebt, als der Innenminister hereingekommen sei und mit der Hand über dem Mund leise zu ihr gesagt habe: »›Der nächste ist ein Gorilla.‹ Und das war er dann auch …, ihr wißt schon, mit langen, herunterhängenden Armen …« Philip konterte mit einer Geschichte über seinen Schwiegervater, den verstorbenen König: »Er hatte recht seltsame Gewohnheiten, manchmal dachte ich, er sei verrückt.« Einmal sei er zur Royal Lodge hinuntergegangen, um den König zu sprechen, und auf seine Frage habe man ihm geantwortet, der König sei im Garten. Er sei hinausgegangen, habe aber niemanden gesehen, dann jedoch einen unglaublichen Ausbruch wilder Flüche gehört, die aus einem Rhododendronbusch kamen; als er angestrengt in den Busch hineingespäht habe, habe er den König mit einem Gartenmesser beim Auslichten entdeckt, und der habe bei der Arbeit die große Bärenfellmütze auf dem Kopf getragen, mit der er sonst auf der großen Fahnenparade zu erscheinen pflegte.

Der überwältigende Eindruck, den dieser Film vermitteln sollte, war der einer Frau, die in ihrem öffentlichen wie in ihrem privaten Leben glücklich und fleißig ist und an ihrer Arbeit ebenso viel Freude wie an der Gesellschaft ihrer vier Kinder hat. Das übermittelte Bild war das einer zufriedenen, heilen Familie, deren Mitglieder in charmanter Weise altmodisch wirkten in ihren Kilts, Pullovern und dem kurzen Haarschnitt, ein Leben mit Pferden und Hunden, das der traditionellen britischen Lebensweise der oberen Gesellschaftsschichten entsprach. Das Projekt, das mit dieser Darstellung – oder Neudarstellung – der Monarchie scheinbar die größten Hoffnungen der königlichen Berater erfüllt hatte, erwies sich im nachhinein voller Gefahren. Der Traum von der idealen Familie sollte für Elizabeth zwanzig Jahre später zum Alptraum werden, als die Ehetragödien ihrer Kinder die Risse in dem Gefüge erkennen ließen. In aller Unschuld regte der Film den öffentlichen Appetit auf königliche Seifenopern an, der epidemische Ausmaße mit katastrophalen Folgen erreichen sollte, als die Dinge schiefzulaufen begannen.

Der Fernsehkritiker Milton Shulman vom *Evening Standard* warnte: »Richard Cawstons Film »Royal Family« hätte keine besseren Kritiken haben können, wenn es eine Gemeinschaftsarbeit von Eisenstein, Hitchcock und Fellini gewesen wäre. Jedoch könnte die Herstellung und Verbreitung eines solchen Films unter Mitwirkung des Monarchen konstitutionelle und historische Auswirkungen haben, die weit über das augenblickliche Interesse an einem Stück Fernsehunterhaltung hinausgehen. Was sich tatsächlich ereignet hat, ist, daß ein altes Bild durch ein neues ersetzt worden ist. Die Betonung von Autorität und großer Distanz, welches die Hauptmerkmale des früheren Bildes waren, hat seit der Zeit Georges VI. nach und nach einem freundlicheren Bild Platz gemacht, einem Bild behaglicher Häuslichkeit, Emsigkeit und Entspanntheit. Doch so wenig es der Wahrheit entspricht, daß die Mitglieder der königlichen Familie sich mit der Krone auf dem Haupt an den Frühstückstisch setzen, um ihre Cornflakes zu mümmeln, so wenig kommt es der Wahrheit nahe, daß sie sich in ihrem Privatleben wie eine bürgerliche Familie aus Surbiton oder Croydon verhalten. Wenn man nach Cawstons Film urteilt, kann man sagen, daß es ein glücklicher Zufall ist, daß wir momentan eine königliche Familie haben, die so hundertprozentig der Traumvorstellung eines Public-Relation-Mannes entspricht. Wird es sich jedoch auf lange Sicht als weise herausstellen, daß die Berater der Königin einen Präzedenzfall schufen, indem sie den Fernsehkameras das Recht zugestanden, bei der

Gestaltung des Bildes eine entscheidende Rolle zu spielen? Jede Institution, die bislang versucht hat, das Fernsehen zu benutzen, um sich Popularität und größere Macht zu verschaffen, ist von diesem in die Trivialität hinabgestoßen worden.«

Das Jahr 1969 war ein Schlüsseljahr für die Monarchie, in dem sich zwei höchst gefährliche Tendenzen abzeichneten. Als erstes dadurch, daß die Fernsehkameras in das Privatleben der Königin vordringen durften, entzauberten sie nicht nur die Magie des Königshauses, sondern regten auch den Appetit der Öffentlichkeit auf weitere intime Einzelheiten an. Nachdem man die Öffentlichkeit bis zum Wohnzimmer vorgelassen hatte, würde diese bald erwarten, auch in das Schlafzimmer hineinzudürfen. Als zweites machte Philip öffentlich auf die Frage der finanziellen Kosten der Monarchie aufmerksam, als er in »Meet the Press« des Senders NBC ankündigte: »Im nächsten Jahr geraten wir in die roten Zahlen, das ist klar, und wenn nichts passiert, müssen wir entweder – ja, ich weiß nicht, vielleicht müssen wir in bescheidenere Räumlichkeiten umziehen, wer weiß? Wir haben uns bereits verkleinert – nun, zum Beispiel hatten wir eine kleine Jacht, die wir verkaufen mußten, und ich werde wohl in naher Zukunft das Polo aufgeben müssen oder solche Sachen …«

Es war eine außergewöhnliche Demonstration dessen, was Philip selbst »Dontopedalogy« zu nennen pflegte, nämlich das Bemühen, aus seinem Herzen keine Mördergrube zu machen. Als Philip mit dieser schon immer heiklen Frage der königlichen Finanzen, die damals bereits im stillen erörtert wurde, an die Öffentlichkeit trat, lenkte er das Interesse der Öffentlichkeit auf ein Thema, das sowohl die Regierung wie auch das Königshaus lieber weiterhin so unbemerkt wie möglich behandelt hätten. Was er sagte, war im wesentlichen richtig; die Auswirkungen der Inflation auf die Zivilliste hatten es mit sich gebracht, daß die Summe, die bei Elizabeths Amtsantritt im Jahr 1952 vereinbart worden war, 475 000 Pfund Sterling im Jahr einschließlich einem Inflationsausgleich von 70 000 Pfund, die Kosten nicht mehr decken konnte und die Bilanz tatsächlich, wie er sagte, im Jahr 1970 in die roten Zahlen abrutschen würde. Die schnodderige Art, in der er das Ganze vorbrachte, besonders die Sätze, die sich um die erzwungene Aufgabe des Polos drehten, riefen sowohl bei der Regierung wie im

Buckingham-Palast Bestürzung hervor. Es machte den denkbar schlechtesten Eindruck in der Öffentlichkeit. Eine Gruppe von Hafenarbeitern aus einer Kneipe in Bermondsey richtete einen sarkastischen Brief an den Prinzen, in dem sie ihm anboten, eine Sammlung durchzuführen, um ihm ein Polopferd zu kaufen. Sogar Elizabeths ergebener Harold Wilson kritisierte die Äußerungen in der Kabinettssitzung, während Barbara Castle berichtete, daß der Aufschrei über drohende Armut seitens des Ehemannes »einer der reichsten Frauen der Welt« allgemein auf wenig Verständnis gestoßen sei.

Frühere Klagen der Monarchen hinsichtlich des Budgets der Zivilliste waren immer streng vertraulich behandelt worden. Jetzt hatte Philip eine öffentliche Diskussion über eines der heikelsten Themen überhaupt in Gang gesetzt, die Kosten der Monarchie, und hatte damit eine Debatte entfacht, die sich immer gefährlicher aufheizte, bis sie mit dem Ausbruch republikanischer Gewaltakte in den von Rezession geplagten frühen neunziger Jahren einen Höhepunkt erreichte. Am 11. November 1969 teilte Harold Wilson dem britischen Unterhaus mit, daß das Thema mit dem Königshaus eingehend erörtert worden sei mit dem Ergebnis, daß mit Beginn der nächsten Parlamentsperiode eine neue Sonderkommission eingesetzt werden sollte. Die Auseinandersetzungen dauerten noch an, als Wilsons Regierung die allgemeinen Wahlen des Jahres 1970 verlor; der Rücktritt des Premierministers mußte aufgeschoben werden, weil die Königin auf dem königlichen Turnier in Ascot weilte. Als Antwort auf eine Botschaft der Königin, die der Republikaner Willie Hamilton, Labour-Abgeordneter für den Bezirk Fife, als »die schamloseste, uneinfühlsamste Geldforderung der letzten zweihundert Jahre« beschrieb, beschloß das Unterhaus, an dessen Spitze jetzt der Premierminister der Konservativen, Edward Heath, stand, eine Sonderkommission einzusetzen, um die Angelegenheit zu untersuchen und darüber zu berichten.

Die Situation hatte bereits im Vorjahr für das Königshaus ein kritisches Stadium erreicht. Die jährlichen Geldzuwendungen für den Unterhalt der Königin in ihrer offiziellen Rolle waren fast zwanzig Jahre zuvor, bei ihrem Amtsantritt im Jahr 1952, festgesetzt worden. Seit jenem Jahr waren die Gehälter um 126 Prozent und die Verbraucherpreise um 74 Prozent gestiegen. Weniger als zehn Jahre zuvor, im Jahr

1962, hatte der Gesamtaufwand der Zivilliste das erste Mal die im Jahr 1952 gesetzlich festgeschriebene Summe von 475 000 Pfund überschritten, und von da an hatte man auf den angesammelten Fonds für unvorhergesehene Ausgaben zurückgegriffen, um die beständig steigenden Defizite auszugleichen. Im Jahr 1970 hatten die Ausgaben der Zivilliste 745 000 Pfund erreicht, und es war nur noch eine Reserve von 30 000 Pfund geblieben. Das sich hieraus ergebende Defizit wurde aus der Privy Purse, der Privatschatulle, gedeckt, aus der bis zum Ende des Jahres 1971 schätzungsweise 600 000 Pfund beigesteuert wurden. Die Kommission setzte sich aus einer gemischten Gruppe von Parlamentsmitgliedern aller Parteien und Flügel des politischen Spektrums zusammen, die treue Anhänger wie William Whitelaw ebenso wie den Anti-Monarchisten Willie Hamilton einschloß, und für die weitreichendste öffentliche Diskussion sorgte, die jemals über die Kosten der Monarchie geführt worden war. Von Elizabeths Seite wurden Auskünfte durch ihren Privatsekretär Sir Michael Adeane erteilt; hinsichtlich des Umfanges ihrer offiziellen Verpflichtungen und der Geldmittel kamen die Informationen von dem höchsten Vorsteher des königlichen Hofstaates, dem Lord Chamberlain Lord Cobbold. Auskünfte über ihr persönliches Einkommen wurden jedoch zurückgehalten, was den berechtigten Einwand hervorrief, daß ohne derartige Auskünfte über den Betrag, den das Königshaus tatsächlich benötigte, nur spekuliert werden könne. Auch die Frage ihrer Steuerfreiheit wurde das erste Mal öffentlich angesprochen. Es wurde vom Königshaus kategorisch erklärt, daß die königlichen Paläste, die königlichen Juwelen und die königlichen Sammlungen, deren Wert »als astronomisch angesehen werden konnte«, Rechtsansprüche des Souveräns und deshalb unveräußerlich seien. Dies beinhaltete ausdrücklich auch die ungeheuer wertvolle Briefmarkensammlung, die von George V. und George VI. zusammengetragen worden war. Andeutungen, daß die Königin über ein Privatvermögen von rund fünfzig Millionen Pfund verfüge, waren, so wurde der Kommission versichert, »wilde Übertreibungen«.

Mountbatten, der immer etwas empfindlicher auf öffentliche Reaktionen reagierte als etwa Elizabeth oder Philip und ihre Berater, war ganz besonders darum bemüht gewesen, daß dieser Punkt in der Öffentlichkeit geklärt werden sollte. Er war besorgt wegen des schlechten Eindrucks, den die immer weiter steigenden öffentlichen Ausgaben der Monarchie hinterließen, besonders wenn sie mit dem verglichen wurden, was weithin als Elizabeths riesiges Privatvermögen angesehen wurde. Schon die Tatsache, daß sie regelmäßig in der Liste der reichsten Frauen der Welt in dem amerikanischen Magazin *Fortune* auftauchte, verursachte nach seiner Meinung immensen Schaden in den Augen der Öffentlichkeit. Mountbatten sah in der traditionellen Geheimnistuerei des Königshauses in diesen Angelegenheiten einen gewaltigen Fehler. »Wenn du es nicht schaffst, der Presse zumindest ein fundiertes Argument für diese Haltung zu liefern, wird das Bild der Monarchie schweren Schaden nehmen«, warnte er Prinz Philip am 5. Juni 1971. »Es trifft schließlich zu, daß es sich um ein sehr großes Vermögen handelt, aber der überwiegende Teil sind Bilder, Kunstobjekte, Möbel und ähnliches in den drei Palästen, die sich im Besitz des Staates befinden. Die Königin kann nichts davon verkaufen, die Sachen bringen kein Einkommen im eigentlichen Sinne.« Er empfahl, in *The Times* einen maßgebenden Artikel zu lancieren, der dann von der Weltpresse übernommen würde, andernfalls würde das Volk es ablehnen, daß man weiter Zahlungen von ihm verlangte, während die Königin nichts von ihrem »Vermögen von hundert Millionen Pfund« beitrug. »Deshalb glaubt ihr beide besser einem liebenden alten Onkel und nicht euren konstitutionellen Ratgebern, und folgt meinem Rat«, beschwor er sie.[1] Vier Tage später gab Jock Colville, jetzt ein Bankier, in *The Times* eine Erklärung ab, die besagte, daß die Königin etwa zwölf Millionen Pfund wert sei.

Mountbatten, so schien es, war zu optimistisch gewesen; *Fortune* zählte weiterhin Elizabeths Paläste, Juwelen und Sammlungen als ihre Vermögenswerte auf, während die Fakten und Zahlen, die der Sonderkommission vorgelegt wurden, offenbarten, daß die tatsächlichen, vom Steuerzahler zu tragenden Kosten der Monarchie erheblich höher waren als die veröffentlichten Summen der Zivilliste und der Privy Purse. Es zeigte sich, daß, ganz unabhängig von den direkten Zuwendungen der Zivilliste, viele der Kosten für königliche Aktivitäten zusätzlich von verschiedenen Regierungsstellen getragen wurden:

Marschall des diplomatischen Korps	6000 £
Besuche in Übersee auf Anfragen von Regierungsstellen	214000 £
Waffenträger und königliche Leibgardisten	13000 £
Paläste, die von der Königin und Mitgliedern der königlichen Familie genutzt werden	974000 £
Zugfahrten einschließlich königlicher Zug	36000 £
Schreibwaren und Büroausstattung	46000 £
Ritterorden	25000 £
Erstattung von Verbrauchssteuern	5000 £
Königliche Stallmeister	22000 £
Königliche Jacht	839000 £
Königliche Luftflotte	700000 £
Post- und Fernmeldegebühren (gezahlt von der Postverw.)	52000 £
Gesamtsumme	2932000 £

Von den Einnahmen aus dem Grundbesitz der Krone flossen 3800000 £ in den konsolidierten Fonds.[2]

Die königlichen Finanzen bestehen aus drei Teilen: 1. Aus der Zivilliste, Zuwendungen der Regierung zum Unterhalt der Königin in ihrer Funktion als Oberhaupt des Staates, mit denen die Personalkosten und Aufwendungen an dem Ort beglichen werden, wo der Hof sich gerade aufhält; Spenden für wohltätige Zwecke sowie Zahlungen an bestimmte andere Mitglieder der königlichen Familie. 2. Aus der Privy Purse, die für die privaten Ausgaben aufkommt, die der Königin aus ihrer Verantwortung als Staatsoberhaupt entstehen, wie Angestelltenpensionen, die laufende Pflege von Sandringham und Balmoral, Wohltätigkeit, Wohlfahrt und besondere Einrichtungen für die Mitglieder der königlichen Hofhaltung. Die Königin hatte mit beträchtlichen Schenkungen aus ihren Privatbezügen das Budget anderer Mitglieder der königlichen Familie aufgestockt und in diesem Zusammenhang auch angeboten, der Privy Purse 60 000 Pfund zurückzuerstatten. Das Herzogtum von Lancaster, dazumal ein steuerfreies Areal, welches der Königin als Souverän direkt gehörte, steuerte mit einem Teil seiner Einnahmen zur

Privy Purse bei, Zahlungen, die von 110000 Pfund im Jahr 1952 auf 300000 Pfund im Jahr 1970 angestiegen waren. 3. Aus Elizabeths ganz privatem Einkommen, welches sowohl von der Grundsteuer wie auch von der Einkommenssteuer befreit war.

Auf den Kommissionssitzungen wurde erhebliche Kritik laut, als Vorschläge gemacht wurden, neben den Zuwendungen der Königin auch die jährlichen Bezüge der Zivilliste der anderen Mitglieder der königlichen Familie zu erhöhen: für Königin Elizabeth, die Königinmutter, von 70000 auf 95000 Pfund; für den Herzog von Edinburgh von 40000 auf 65000 Pfund; für Prinzessin Anne von 6000 auf 15000 Pfund; für Prinzessin Margaret von 15000 auf 35000 Pfund; für den Herzog von Gloucester von 35000 auf 45000 Pfund. Zusätzlich wurde vorgeschlagen, den jüngeren Söhnen ab dem achtzehnten Lebensjahr vor der Heirat eine Summe von 20000 Pfund jährlich zu zahlen, die nach der Heirat auf 50000 Pfund ansteigen sollte; Töchter sollten ab achtzehn 15000 Pfund erhalten und nach der Heirat 35000 Pfund; die Witwe des Prinzen von Wales sollte 60000 Pfund bekommen. Unterhaltszahlungen für die Herzogin von Gloucester und die Witwen jüngerer Söhne sollten sich auf jeweils 20000 Pfund belaufen. Eine globale Summe von 60000 Pfund sollte verbleibenden Mitgliedern der Familie zuerkannt werden. Diese Rentenzahlungen zu Lasten der Zivilliste wurden damit begründet, daß die Mitglieder der königlichen Familie zum einen an der Wahrnehmung der königlichen Pflichten beteiligt seien, zum anderen wegen ihrer nahen Verwandtschaft zu dem Souverän daran gehindert seien, eine bezahlte Berufstätigkeit zu ergreifen. Es wurde darauf hingewiesen, daß Elizabeth aus der Privy Purse und aus ihrem persönlichen Einkommen zusätzliche Gelder zu den Ausgaben für offizielle Pflichten von anderen königlichen Familienangehörigen hatte beisteuern müssen.

»Es wurde keine Erklärung darüber abgegeben, wie es überhaupt zu der Unterhaltszahlung von 70000 Pfund an die Königinmutter gekommen ist«, lautete der Einwand der Kommission. Der Lord Chamberlain Lord Cobbold brachte als »seine persönliche Meinung« zum Ausdruck, daß es »als eine Art Entgelt für geleistete Dienste in Jahren des Krieges und des Friedens« angesehen werden sollte. Die Kommission jedoch vertrat den ganz unsentimentalen Standpunkt, daß die Aufgaben der Königinmutter unvermeidlich mit zunehmendem Alter geringer werden würden, was deshalb auch für einen »solch umfangreichen Etat« gelten müsse, und machte den Vorschlag, daß ihre Rente nicht die Pension übersteigen solle, die ein in den Ruhestand versetzter Premierminister erhielt. Wenn schon das beliebteste Mitglied des Königshauses mit solch einer Behandlung vorliebnehmen mußte, war es kaum verwunderlich, daß der Herzog von Edinburgh noch schlechter abschneiden sollte, trotz des Zugeständnisses, daß er äußerst hart arbeitete. Der Bericht beklagte sich über unzureichende Auskünfte: »Die Kommission hat einen Überblick über den Gesamtumfang der Aktivitäten der Königin erhalten; es war ihr jedoch, wie in anderen Fällen, nicht möglich, zwischen offiziellen und persönlichen Ausgaben zu unterscheiden. Noch war es möglich, daraus zu entnehmen, in welcher Größenordnung irgendwelche der derzeitigen finanziellen Schwierigkeiten eine Folge der Inflation oder zusätzlicher, freiwillig übernommener Aufgaben sind. Es wurden keine Aufstellungen gemacht oder angeboten.«

Philip benötigte einen gesonderten Etat und empfahl, seinen mit dem von Elizabeth zusammenzulegen und ihm für seine Ausgaben jährlich 20000 Pfund zur Verfügung zu stellen. Was Anne betraf, war die Kommission der Meinung, ihre derzeitige Rente von 6000 Pfund sollte beibehalten werden und die Anhebung auf 15 000 Pfund bei Heirat sollte nicht automatisch, sondern nötigenfalls – vermutlich je nach Vermögen ihres Ehemannes – erst nach einer Überprüfung erfolgen. »Sie steht dem Thron relativ fern und hat ein ausgeprägtes Verlangen nach größerer persönlicher Freiheit gezeigt, als es normalerweise einer Tochter des Monarchen zugestanden wird«, bemerkte die Kommission. Obwohl die Kommission dieses Verlangen ausdrücklich begrüßte, stand dahinter ganz klar die Haltung, daß die Prinzessin deshalb nicht erwarten konnte, ein größeres Stück von dem Kuchen zu bekommen.

Margaret mußte sich mit einer strengeren Behandlung zufriedengeben. Seit ihrer Heirat hatte sie eine Jahresrente von 15 000 Pfund genossen und zusätzlich rund 80 000 Pfund für Ausgaben im Zusammenhang mit ihrer Wohnung im Kensington-Palast erhalten. Im Jahr 1970, so bemerkte die Kommission, verbrachte sie »nur 31 Tage« auf offiziellen Anlässen außerhalb Londons. Die Kommission äußerte sich so:

»Da die Prinzessin einen arbeitenden Ehemann hat und ihre öffentlichen Verpflichtungen nach Anzahl, Ausmaß und Wichtigkeit äußerst begrenzt zu sein scheinen, vertritt die Kommission die Ansicht, daß es nicht richtig ist, vom Steuerzahler weiterhin die Zahlung der Rente zu verlangen; die freie Unterkunft sollte als angemessenes Entgelt für die geleisteten Dienste betrachtet werden.« Der Onkel der Königin, der Herzog von Gloucester, wurde auf ähnliche Weise abgefertigt. Offensichtlich hatte der Herzog seit dem Amtsantritt von George VI. im Jahr 1937 eine Rente von 35 000 Pfund erhalten, eine Summe, die bis zum Jahr 1952 unverändert geblieben war. Die Kommission jedoch bemerkte dazu: »Der Herzog und seine Familie sind sehr weit vom Thron entfernt. Es hat keinen Nachweis wahrgenommener öffentlicher Aufgaben während der letzten neunzehn Jahre gegeben.« Deshalb sah die Kommission auch keinen zwingenden Grund, diese Zahlung beizubehalten, und plädierte für deren Aufhebung. Ebenso empfahl sie die Einstellung der Zuwendung von 10 000 Pfund jährlich an Edward und Andrew, die sie als »unvertretbar« einstufte.

Wie berichtet, verfolgte die Kommission weiterhin eine ähnlich radikalen, Linie. Der Prinz von Wales sollte ein Gehalt bekommen, doch dafür sollten ihm die Einnahmen aus dem Herzogtum von Cornwall entzogen werden. Es sei ganz einfach falsch, das Herzogtum als privates Grundvermögen anzusehen, erklärte die Kommission. Die Revolution des Jahres 1688 habe die Verträge zwischen der Monarchie und dem Parlament umgewandelt, und deshalb zählten die Güter der Monarchen seitdem nicht mehr zu ihrem Privatbesitz. »Keine Person aus dem Königshaus sollte Anspruch auf die vollen Erträge von etwas haben, das in den Staatsbesitz übergegangen ist«, erklärte die Kommission. Als die Sprache auf den staatlichen Grundbesitz der Krone kam, der im Jahr 1760 von George III. der Regierung übergeben worden war und die Bereitstellung staatlicher Mittel durch die Zivilliste rechtfertigte, meinte die Kommission, daß diese Anbindung an die Monarchie auf »tönernen Füßen stehe, weil sich das Ganze aus Plündereien nach der normannischen Eroberung ableiten lasse«. In Anbetracht dessen, fuhr die Kommission fort, »sollte man endgültig mit der Farce aufhören, die sich bei dem Amtsantritt eines jeden Monarchen abspielt, wenn dieser pro forma den Anspruch auf alle Einnahmen aus den Ländereien der Krone an die Zivilliste abtritt«. Die Empfehlung der Kommission war, den »Crown Estate«, den staatlichen Grundbesitz der Krone, einschließlich der noch privaten Herzogtümer von Lancaster und Cornwall, insgesamt als »Public Estates«, als allgemeines Staatseigentum, zu behandeln, um doppelte Kosten zu sparen und um die Einkünfte dem konsolidierten Fonds direkt zufließen zu lassen.

Die Kommission griff das Problem der Steuerfreiheit der Königin auf und bedauerte, daß keine genauen Angaben über die Höhe des steuerfreien Einkommens vorgelegt worden seien. Solche Angaben wären »eine wichtige Voraussetzung gewesen, um Umfang und Wert der Zivilliste beurteilen zu können, da davon auszugehen sei, daß durch die einzigartig bevorzugte Behandlung im Hinblick auf jede Art von Steuer sich ein hohes Privatvermögen ansammeln mußte«. Die von Hamilton verfaßte Schlußfolgerung war so herausfordernd, daß sie schon an Grobheit grenzte: »Die Kommission Ihrer Majestät hat eine Menge Informationen erhalten, die vorher nicht bekannt waren. Aber ein großer Teil ist noch immer in geheimnisvolles Dunkel gehüllt. Eines ist allerdings hinreichend klargeworden, nämlich daß, wenn man das enorme Ausmaß an Steuervergünstigungen in Betracht zieht, die der königlichen Familie gewährt werden, sich die ›erlauchte Botschaft‹ vom 19. Mai 1971 als die unsensibelste und schamloseste Geldforderung der letzten zweihundert Jahre erwiesen hat.«

Wären die Schlußempfehlungen durchgeführt worden, hätten sie die größte Revolution in dem Verhältnis zwischen Souverän und Parlament seit dem Jahr 1688 dargestellt. Sie beinhalteten die Abschaffung des Begriffs »Zivilliste« zugunsten von »Ausgaben für die königliche Familie«, wobei alle Zahlungen an die jeweiligen Mitglieder der königlichen Familie offen ausgewiesen werden sollten; ein jährliches Gehalt für Elizabeth in Höhe von 100 000 Pfund, die Gehälter für die Hofhaltung Ihrer Majestät sollten dem Etat des Finanzministeriums zugeschlagen werden, und für andere Ausgaben der Hofhaltung sollte ein neuer Etat eingerichtet werden mit zusätzlichen 80 000 Pfund für Post- und Fernmeldedienste; die Rente der Königinmutter sollte der Höhe nach auf die Pension eines im Ruhestand befindlichen Premierministers reduziert werden; Philips Bezüge sollten auf 20 000 Pfund jährlich herabgesetzt und sein gesonderter Etat ganz gestrichen werden; Annes derzeitige Rente sollte beibehalten, aber die automatische Anhebung auf 15 000 Pfund bei Heirat gestrichen und die Situation, wenn nötig, neu überdacht werden; die Bezüge von Margaret und dem Herzog von Gloucester sollten entfallen, und Zahlungen an andere Mitglieder der königlichen Familie sollten aus den 100 000 Pfund, die der Königin zugestanden worden waren, bestritten werden; der Prinz von Wales sollte ein Gehalt bekommen, das nicht höher sein sollte als das des Premierministers, und sein Herzogtum von Cornwall sowie das der Königin gehörende Herzogtum von Lancaster sollten mit dem staatlichen Grundbesitz der Krone zusammengelegt und zum »Public Estate« erklärt werden. Das gesamte Einkommen der königlichen Familie sollte der allgemeinen Besteuerung unterliegen, und die königlichen Ausgaben sollten alle fünf Jahre als umbenannte Zivilliste einer Überprüfung durch das Unterhaus unterworfen werden. Schließlich schlug noch ein Labour-Mitglied der Kommission, Douglas Houghton, vor, der königliche Haushalt solle zu einem Regierungsressort umgebildet werden. Seine Absicht war wohl, für die Königin die Notwendigkeit auszuschalten, die Regierung wiederholt um Mittel für diesen Bereich bitten zu müssen, was bei der Inanspruchnahme größerer Summen unvorteilhaft aussehen konnte. Houghton argumentierte: »Die zentrale Frage scheint die der Kontrollmöglichkeit zu sein. Wer aber sollte die maßgebliche Kontrolle über die königliche Hofhaltung ausüben? Sollte es Sache der Königin oder des Parlaments sein? Wenn die Monarchie ihre Angelegenheiten selber erledigen würde ohne die Zwischenschaltung des Parlaments, so gäbe es doch nur eine Antwort... Sie würde ihren eigenen Haushalt führen und dafür auch bezahlen... Aber die Kosten einer konstitutionellen Monarchie liegen nun einmal in der Verantwortung des Staates.«

Elizabeth ließ durch Lord Cobbold in aller Deutlichkeit erklären, daß Houghtons Plan nicht annehmbar sei: »Auch wenn der königliche Haushalt in gewissem Sinn ein Staatsministerium ist, so ist es zugleich ein Familienbetrieb; die zwei Seiten sind etwas vermischt, und somit kann es kein eindeutiges Ministerium sein... Es ist fast eine Sache des Prinzips, daß die Königin diese Menschen als ihre ganz persönlichen Bediensteten betrachtet und diese sich wiederum als ihre Bediensteten ansehen. Ich meine, sie vermitteln auch das Bild von der Würde der

Monarchie, welches von der Vorstellung getragen wird, daß die Kontrolle der königlichen Hofhaltung allein der Königin zusteht.«

Als im Unterhaus darüber debattiert wurde, sorgte die Mehrheit der Konservativen dafür, daß nicht eine Empfehlung der Sonderkommission angenommen wurde. Elizabeth erhielt im Jahr 1972 eine Erhöhung der Zivilliste von 475 000 Pfund auf 980 000 Pfund sowie entsprechende Erhöhungen für die anderen Familienmitglieder und behielt die persönliche Kontrolle über ihren Haushalt. Doch die Erkenntnis, daß die Zivilliste nur die Spitze eines Eisbergs war, was die Kosten der Monarchie betraf, weil so viele Ausgaben von den Regierungsstellen direkt getragen wurden, bildete die Grundlage für künftigen Ärger. Der Experte Philip Hall erklärte kürzlich, die Zivilliste decke lediglich 30 Prozent der Regierungsausgaben für die Monarchie, während die anderen 70 Prozent von Ressorts wie dem Verteidigungsministerium oder dem Umweltministerium beigesteuert würden. Da die breite Öffentlichkeit von dieser Sachlage nichts wußte und die Frage der Steuerfreiheit der Königin auch noch nicht zur Debatte stand, wurde die Notwendigkeit einer Aufstockung der Zivilliste nicht überall verstanden. Laut einer Meinungsumfrage, die zur Zeit der Debatten im Dezember durchgeführt wurde, dachten 31 Prozent der Konservativen und 74 Prozent der Labour-Anhänger, daß die vorgeschlagene Anhebung zu hoch sei.

Der starke Inflationsanstieg nach der Anhebung der Ölpreise hatte zur Folge, daß die Situation im Jahr 1975 bereits wieder bedenklich geworden war. Wieder einmal mußte sich Elizabeth um Hilfe an die Regierung wenden; ihr Premierminister in seiner zweiten und letzten Amtsperiode war inzwischen Harold Wilson. Entgegenkommend setzte sich die Labour-Regierung für jährliche Anpassungen der Zivilliste ein, um ihren realen Wert aufrechtzuerhalten. Wieder einmal führte dies zu unerfreulichen Auseinandersetzungen im Unterhaus, als aufsässige Mitglieder der Labour-Seite die volle Offenlegung der Fakten bezüglich des persönlichen Vermögens sowie der Steuerfreiheit der Königin forderten und vorschlugen, eine königliche Kommission zu beauftragen, die finanzielle Situation der Monarchie zu untersuchen. Das allerdings kam dem Stich in ein Wespennest gleich, und keine Regierung fühlte sich dem gewachsen.

All diese Nachforschungen waren für Elizabeth kaum eine angenehme Erfahrung. Tatsachen aus dem Beweismaterial der Sonderkommission sickerten durch und wurden von der Presse aufgegriffen. Die Kosten der königlichen Jacht boten ausreichend Munition für jeden Zeitungsherausgeber, der es als seine Pflicht ansah, Auswüchse der Monarchie zu beschneiden. Während der fünfziger und sechziger Jahre hatte sich die Beaverbrook-Presse mit besonderem Eifer auf das Thema gestürzt; die kanadischen Presseerzeugnisse wurden zu der Zeit ebenso häufig als antimonarchistisch verschrien, wie es in den neunziger Jahren bei den australo-amerikanischen Blättern eines Rupert Murdoch der Fall war. Unterlagen der Kommission enthüllten, daß der Bau der »Britannia« 2,15 Millionen Pfund Sterling gekostet hatte und daß die Unterhaltskosten von 29188 Pfund von 1953 bis 1954 auf 757300 Pfund im Zeitraum 1970 bis 1971 angestiegen waren; außerdem wurde bekannt, daß täglich 189 Leute Dienst an Bord tun mußten, wenn das Schiff im Hafen lag, und die Crew auf 297 Personen anwuchs, wenn die königliche Familie an Bord war.

Trotz des allgemeinen Lobes, womit Mountbatten und Philip, der selbst sehr stark mit dem nicht-technischen Design der Jacht befaßt gewesen war, das Unternehmen überschüttet hatten, erwies sich die Jacht als recht reparaturanfällig und mußte relativ häufig unter erheblichen Kosten für das Verteidigungsministerium überholt werden. Bereits im Jahr 1960, nur sieben Jahre nachdem sie in Betrieb genommen worden war, mußte die »Britannia« für neun Millionen Pfund generalüberholt werden. Elizabeth bestellte den Verteidigungsminister zu sich, als dies bekannt wurde. »Ich weiß schon«, sagte sie säuerlich, »Sie zahlen, und ich bekomme die Schuld.« Sie war sich immer sehr stark der Auswirkungen bewußt, welche die königliche Jacht als schwimmendes Symbol für Privilegien hatte und benutzte sie so selten als möglich für Reisen, die als reines Privatvergnügen ausgelegt werden konnten. Die Hochzeitsreise der Snowdons auf der »Britannia« war noch auf sehr wenig Kritik gestoßen, aber als Anne und Mark Phillips es ihnen gleichtun wollten, erfolgte ein Aufschrei. Als man sie im Fernsehen dazu befragte, fegte die königliche Braut die Kritik recht unwirsch damit zur Seite, daß es das Volk »nichts angeht«, und rechtfertigte die Reise damit, daß die Königin beabsichtige, mit der »Britannia« von den Westindischen Inseln nach Neuseeland weiterzufahren, um dort die Commonwealth-Spiele des Jahres 1974 zu eröffnen. Trotzdem benutzte Elizabeth als Gewohnheitsmensch die »Britannia« auch weiterhin einmal im Jahr in ihren Ferien in Schottland; es war zu einem jährlich wiederkehrenden Ritual geworden, die Königinmutter mit der Jacht auf ihrem Schloß Mey an der entlegenen Küste von Caithness zu besuchen. Außerdem konnte Elizabeth die »Britannia« jeden Sommer drei Wochen lang benutzen, oft für eine Reise ins Mittelmeer.

Wieviel Kritik an der Monarchie es auch in der Presse geben mochte, Elizabeth wußte, daß sie mit der Unterstützung ihrer Premierminister rechnen konnte, einerlei, ob sie der Partei der Konservativen oder der Labour-Partei angehörten. Keiner der führenden Politiker, die mit ihr zusammengearbeitet haben, empfindet etwas anderes für sie als Bewunderung und Zuneigung; Bewunderung für ihre hohe Professionalität und die Hingabe an ihre Arbeit; Zuneigung wegen ihrer Freundlichkeit und der ihnen immer gewährten Unterstützung sowie wegen des völligen Fehlens von Parteilichkeit. In ihrer Beziehung zu Wilsons Nachfolger Edward Heath fehlte allerdings die Wärme, die sie mit dem Labour-Führer verbunden hatte. Heaths Biograph John Campbell beschrieb die Beziehung als »korrekt, aber kühl«.[3] Zum Teil war dies eine Folge der Persönlichkeit des Premierministers der Konservativen. Er hielt nichts von kleinen Plaudereien und hatte wenig Zeit für Frauen; Ehefrauen von Kollegen, die bei Abendessen neben ihm saßen, empfanden die Unterhaltung mit ihm als sehr mühsam. Abgesehen von der Politik, gab es zwischen Elizabeth und Heath keinerlei Gemeinsamkeiten. Wie Wilson kam er aus Verhältnissen, die ihr völlig fremd waren. In einem kleinen Badeort an der Südostküste Englands in eine Familie hineingeboren, die sein Biograph als »soziale Aufsteiger, gesellschaftlich aufstrebende, fachlich qualifizierte Arbeiterklasse, gerade am Übergangspunkt zur unteren Mittelklasse« beschrieb. Aber im Gegensatz zu Wilson war Heath introvertiert, gehemmt und förmlich, von seinem Temperament her nicht fähig, Elizabeth mit Witzen und überwältigenden Darstellungen zu unterhalten. Wie Heath selber Elizabeth Longford berichtete, waren ihre Treffen äußerst geschäftsmäßig: »Ich meinte, ich müsse der Königin über alles berichten. In Abstimmung mit dem Privatsekretär wurde immer eine Tagesordnung aufgestellt. Diese lag auf einer Unterlage auf dem Tisch neben ihr, um sicherzugehen, daß alle Punkte behandelt wurden, aber ich meinte, ihr noch über alles mögliche, was so passierte, berichten zu müssen, weil ich wußte, daß es sie interessieren würde, worüber ich dem Privatsekretär aber nichts gesagt hatte ... Sie spricht auch über ihre eigenen Reisen und was sie dort selbst beobachtet hat; Reaktionen der verschiedenen Menschen; sie gibt einem Anhaltspunkte ...«[4]

Man konnte sich kaum eine Kommunikation vorstellen, die vergleichsweise weiter entfernt gewesen wäre von einer Unterhaltung beispielsweise zwischen der Königin und Winston Churchill. Heath war kein Mann, der das Ländliche liebte; er war ein guter Amateurmusiker und ein international bekannter Segler; beides interessierte Elizabeth nicht. »Die Königin«, sagte ein Mitglied des Hofes, »fand Heath recht mühsam.« Ihre einzige gemeinsame Ebene war die Politik. Doch bei einer wichtigen Sache gab es einen sehr großen Interessenunterschied. Elizabeth sieht sich in zwei Hauptrollen, die einander ergänzen und für sie gleichermaßen wichtig sind: Sie ist Königin von Großbritannien und Oberhaupt des Commonwealth, beides heilige Vermächtnisse ihres Vaters. Wie Macmillan der erste Premierminister gewesen war, der versucht hatte, dem europäischen Bündnis beizutreten, und – seit Churchill – sich am meisten engagiert hatte, um ein »besonderes Verhältnis« mit den Vereinigten Staaten zu bewahren, das bei de Gaulle großes Mißtrauen wachgerufen hatte, war Heath der erste von Elizabeths Premierministern, der ein leidenschaftlicher Europäer war, zu Lasten aller anderen Bündnisse. Er hatte keine Zeit für das Commonwealth und zeigte es auch. Elizabeth war nach Aussage von Campbell »zutiefst unglücklich über Heaths unverhohlene Geringschätzung gegenüber der Institution im allgemeinen und gegenüber den meisten afrikanischen Führern im besonderen, und sie war höchst bestürzt über die Ausschreitungen, die im Jahr 1971 die Commonwealth-Konferenz in Singapur belasteten«. Der »casus belli« war die Entscheidung der Regierung, die Waffenverkäufe an Südafrika wiederaufzunehmen, was etliche der afrikanischen Führer dazu veranlaßte, nach Großbritannien zu reisen, um die Regierung wegen ihrer Unterstützung der Apartheid anzuprangern. Elizabeths alte Freunde Julius Nyerere und Kenneth Kaunda, kamen und drohten, das Commonwealth zu verlassen; bei der

Ankunft auf dem Flughafen Heathrow erklärte Kaunda, daß er gekommen sei, um an das britische Volk über die Köpfe seiner Regierung hinweg zu appellieren [und zweifelsohne auch privat an Elizabeth]. Bei einem stürmischen Abendessen, das Heath für Kaunda in Downing Street gab, bezichtigte Heath den sambischen Führer der Scheinheiligkeit, weil er die Briten verdamme, während Sambia selbst weiterhin Handel mit Südafrika treibe. Während Heath afrikanische Drohungen, Großbritannien aus dem Commonwealth auszuschließen, verächtlich abtat, konnte Elizabeth, obwohl nach außen ganz gelassen, der Situation nichts Gutes abgewinnen. Offenbar hätte sie sehr gerne der Konferenz der Commonwealth-Regierungschefs in Singapur im Januar 1971 beigewohnt, aber Heath wollte ihr nicht erlauben hinzufahren. Am 21. Januar 1972 unterzeichnete Heath den Beitrittsvertrag, der Großbritanniens Eintritt in die Europäische Wirtschaftsgemeinschaft ab dem 1. Januar 1973 besiegelte. In ihrer Weihnachtsansprache des Jahres 1972, die wenige Tage vor dem kritischen Datum in alle Welt übertragen wurde, machte Elizabeth Anstrengungen, um das Commonwealth zu beruhigen. Im Gegensatz zu der Rede der Königin anläßlich der Parlamentseröffnung, wo sie lediglich als Sprachrohr der jeweiligen Regierung fungiert, ist die Weihnachtsansprache ihr eigenes Werk, und sie schreibt sie mit Philips Hilfe selbst. »Die neuen Bande mit Europa werden jene mit dem Commonwealth nicht verdrängen«, sagte sie. »Sie können unsere historischen Bindungen und persönlichen Beziehungen zu Verwandten und Freunden in Übersee nicht verändern. Alte Freunde werden nicht fallengelassen. Großbritannien wird seine Verbindungen mit dem Commonwealth nach Europa einbringen.« Vom Standpunkt der Realpolitik und ebenso aus Sicht der Regierung machte das Ganze keinen Sinn, doch Elizabeth stand hinter dem, was sie sagte; es war ihre verschlüsselte Botschaft persönlicher Unterstützung für das Commonwealth. Später im Jahr soll sie, nach Campbells Aussage, »nachdrücklich gegen Heaths Wunsch darauf bestanden haben, bei dem nächsten [Commonwealth-] Treffen in Ottawa dabeizusein«.

Einen großen Teil ihrer Zeit in diesem und den folgenden Jahren widmete Elizabeth Reisen nach Übersee, in der Absicht, die »weißen« Länder des »Old Commonwealth« – Kanada, Australien und Neuseeland – darüber zu beruhigen, daß Großbritanniens neue Verpflichtungen gegenüber Europa die alten Bande zwischen ihnen nicht beeinträchtigen würden. Tatsache war jedoch, daß diese Bande bereits geschwächt waren durch die Spannungen und den Schock, den Großbritanniens früherer fehlgeschlagener Versuch, der EWG beizutreten, verursacht hatte; was das »Old Commonwealth« anging, konnte nichts mehr wie früher sein. Großbritannien hatte zu erkennen gegeben, daß seine Interessen bei Europa lagen und daß die »historischen Bindungen und persönlichen Beziehungen«, von denen Elizabeth gesprochen hatte, dadurch unvermeidbar schwächer werden mußten. In Kanada beschäftigte sich der *Toronto Star*, bislang ein Befürworter der Verbindung zur Krone, das erste Mal in seinen Leitartikeln mit der Frage, ob es für Kanada nicht an der Zeit sei, anstelle eines Staatsoberhauptes, das einer fremden Nation angehörte, ein eigenes zu haben. Im gleichen Jahr, 1973, unterzeichnete Elizabeth anläßlich eines Besuches von sechs Tagen in Australien ein Gesetz, das man als ersten formalen Schritt zur Durchtrennung der Nabelschnur mit Großbritannien ansehen konnte: das »Royal Styles and Titles Bill«, das von dem Labour-Premierminister Gough Whitlam eingebracht worden war. Dies besagte ganz kategorisch, daß man von Elizabeth nur noch als »Königin von Australien« sprechen durfte, wenn sie in Australien weilte, und nicht mehr als »Königin des Vereinigten Königreiches sowie Ihrer anderen Reiche und Hoheitsgebiete« wie bisher. Im Jahr 1975 verstärkte die Entlassung von Gough Whitlam durch den Generalgouverneur Sir John Kerr, den Repräsentanten der Königin in Australien, die antibritischen Gefühle und den Zweifel, ob eine weitere Verbindung zur britischen Krone noch beständig und wünschenswert sei.[5]

In Großbritannien hatten die Unruhen, welche die Industrie des Landes für das restliche Jahrzehnt heimsuchen sollten, Heath veranlaßt, eine Krisenwahl anzuberaumen, die unter dem Motto stand: »Wer regiert Großbritannien?« – die Regierung oder die Gewerkschaften? Elizabeth flog am 29. Februar 1974 von Canberra zurück, gerade rechtzeitig, um das Ergebnis zu hören. Zum allgemeinen Erstaunen verlor die Regierungspartei, wodurch ihr ein Problem mit der Verfassung erwuchs. Die Labour-Partei gewann unter der Führung von Wilson 301 Sitze, die Konservativen 297 Sitze und die Liberalen 14, die schottischen und walisischen Nationalparteien 9 als Gegengewicht. Aber obwohl die Labour-Partei vier Sitze mehr als die Konservativen hatte erringen können, hatte sie einen geringeren Stimmenanteil auf sich vereinigen können als je zuvor in einer allgemeinen Wahl seit dem Jahr 1931. Die Folge war das erste Parlament ohne absolute Mehrheit seit dem Jahr 1929. Heath versuchte deshalb eine Regierung mit Unterstützung der Liberalen zu bilden und bat Elizabeth um die Erlaubnis. Elizabeth hätte ihre Zustimmung verweigern können, aber sie tat es nicht. Als Amtsinhaber war Premierminister Heath uneingeschränkt berechtigt, in dieser Weise zu handeln. Denis Healey, der in Wilsons folgender Regierung Schatzkanzler werden sollte, sagte, daß das Königshaus über Heaths Vorschlag außer sich war, weil es den Eindruck hinterließ, daß die Monarchie das Privateigentum der Konservativen Partei sei;[6] Martin Charteris, der Adeane im Jahr 1972 nach dessen Pensionierung im Amt gefolgt war, bestritt jedoch, daß es solche Gefühle gegeben habe. Es war in bezeichnender Weise entgegenkommend von Elizabeth, daß sie Heath die Gelegenheit gab, eine Regierung zu bilden, sofern er das konnte. Es gibt keinen Grund anzunehmen, daß sie einer Regierung der Konservativen den Vorzug gegeben hätte gegenüber einer Labour-Regierung, ein Eindruck, den einige ältere Konservative zu vermitteln versuchten; vom ganz persönlichen Standpunkt aus gesehen, mochte sie wahrscheinlich Wilson am liebsten von all ihren Premierministern. Als die Liberalen einer Koalition nicht zustimmten, trat Heath zurück, und Elizabeth forderte Wilson auf, noch einmal ihr Premierminister zu werden.

Der Harold Wilson des Jahres 1974 unterschied sich sehr von der energiegeladenen Figur, die im Jahr 1964 in Downing Street No. 10 hineingeplatzt war. Elf Jahre Drahtseilakt als Parteiführer hatten ihn ausgelaugt, obwohl er erst achtundfünfzig Jahre alt war. »Er hatte nichts von seinem Scharfsinn verloren«, schrieb sein Biograph, »aber er verfügte nicht mehr über die gleiche Energie, die gleiche Angriffsfreude oder den gleichen Ehrgeiz. Er verschaffte sich weniger Bewegung, trank mehr Brandy und sprach weitschweifiger. Die Änderung seines äußeren Erscheinungsbildes spiegelte sich in Gerüchten um seine Gesundheit wider. Er sah älter aus, als er war, und ging mit gemessenerem Schritt. In seiner ersten Amtszeit war es für die Funktionäre schwer gewesen, mit ihm Schritt zu halten. In seiner zweiten vermittelte er denen, die ihm am nächsten standen, den Eindruck von Erschöpfung, manchmal sogar von Lustlosigkeit... Er fing an, den Leuten zu sagen, daß er das alles schon kenne...«[7]

Elizabeth war sich sehr schnell des Wandels in Wilsons Persönlichkeit bewußt; sie wußte auch, daß er bereits seinen Ruhestand plante und daß er beabsichtigte, sich am oder um seinen sechzigsten Geburtstag am 11. März 1976 formell vom politischen Leben zu verabschieden. Wilson bestätigte ihr dies im Winter des Jahres 1975; es war ein Geheimnis, das er vor jedem, außer vor seinen engsten Mitarbeitern, verbarg. Am 5. April 1976 nahmen Elizabeth und Philip an Wilsons Abschiedsdinner in Downing Street No. 10 teil – ein Zeichen der Ehre, nachdem der letzte Anlaß, aus dem sie ihren Fuß in die Downing Street gesetzt hatte, das Abendessen anläßlich der Pensionierung von Winston Churchill vor einundzwanzig Jahren gewesen war. Am 23. April wurde bekanntgegeben, daß Elizabeth Wilson als persönliches Geschenk die höchste Ehre hatte zuteil werden lassen, indem sie ihn zum Ritter des Hosenbandordens ernannt hatte. Die Tatsache, daß sie diese Ehre all ihren Premierministern hatte zukommen lassen, war bedeutungslos. Harold Macmillan hatte sie zurückgewiesen; Wilson betrachtete es als die Krönung einer äußerst glücklichen Geschäftsbeziehung.

James »Jim« Callaghan, Wilsons Nachfolger als Premierminister und Führer der Labour-Partei, war immer einer der stärksten Befürworter von Elizabeth in den Labour-Kabinetten der sechziger und siebziger Jahre gewesen. Als überzeugter Pragmatiker mit starken Verbindungen zur Gewerkschaft zeichnete Callaghan eines der einfühlsamsten Porträts von Elizabeth, liebevoll, bewundernd und äußerst zutreffend. Im Gegensatz zu Wilson hatte er sich nie der Illusion hingegeben, daß er in irgendeiner Weise durch besondere Gunsterweisung ausgezeichnet wurde. Seine Audienzen bei Elizabeth dauerten von einer bis eineinhalb Stunden. »Keine Drinks – das war die klare Regelung –, Gleichbehandlung für alle. Aber jeder meint ja, daß er mit mehr Freundlichkeit behandelt wird als sein Vorgänger! Obwohl ich sicher bin, daß das nicht stimmt. Die Königin ist gerechter. Was man bekommt, ist Freundlichkeit, aber keine Freundschaft.« Callaghan erzählte Elizabeth Longford: »Man erntet eine große Menge Freundlichkeit, und Premierminister können mit sehr viel Verständnis für ihre Probleme rechnen – ohne daß die Königin direkt Anteil an ihnen hat, da sie außerhalb der Politik steht. Ich glaube, sie wägt ab, aber sie gibt selten einen Rat. Sie hört zu. Natürlich machte sie schon mal Andeutungen, aber ich kann mich nur an sehr seltene Gelegenheiten erinnern, in denen sie sagte: ›Warum machen Sie nicht dies, das oder jenes?‹ Sie steht den Dingen recht unvoreingenommen gegenüber. Aber sie ist sehr interessiert an den politischen Entwicklungen – wer aufsteigt und wer absteigt. Aber nicht sonderlich wild auf MLR [Mindestlombardsatz].«

Laut Callaghan war sich Elizabeth in hohem Maße ihrer Position und der damit zusammenhängenden Verflechtungen bewußt und wußte, wie jeder weise Herrscher, was es heißt, das Überleben der Monarchie zu sichern: »Die Königin hat ein tiefes Gefühl für Pflicht und Verantwortlichkeit auf diesem [politischen] Gebiet und sieht es als ein Mittel an, die Institution der königlichen Familie weiterhin aufrechtzuerhalten. Wenn der Premierminister der Königin gern noch etwas Zusatzinformation geben und über bestimmte politische Persönlichkeiten schwatzen wollte, hörte sie sehr aufmerksam zu, denn sie weiß den Wert einer konstitutionellen Monarchie sehr wohl zu schätzen. Ich glaube, sie hat völlig recht, wenn sie wachsam ist. Ich denke, das Ansehen der Monarchie könnte sinken, wenn sie nicht so hart daran arbeiten würde … Sie weiß wirklich Bescheid darüber, wie man die Monarchie bewahrt und wie man sich bei öffentlichen Anlässen zu verhalten hat. Wann man ins Rampenlicht hineingehen und wann man herausgehen muß. Sie geht wirklich sehr professionell damit um, ich bewundere sie, und ich habe sie sehr gern.«[8]

David Owen, Außenminister in Callaghans Regierung, sprach ebenso von Elizabeths Freundlichkeit; ihre Fähigkeit, sich in formeller Umgebung natürlich zu bewegen, die meisterliche Art, mit der sie eine sachkundige und geistreiche Unterhaltung über ein Thema führen konnte, ohne Rückschlüsse auf ihre tatsächliche Meinung zuzulassen: »Wenn auf der ›Britannia‹ der letzte Gast gegangen ist, schleudert die Königin die Schuhe fort, steckt ihre Füße auf dem Sofa unter ihren Rock und spricht sehr lebhaft über die Leute, die an dem Abend dagewesen sind – ihr Gesicht leuchtet auf, und sie wird richtig attraktiv –, so daß man merkt, wie sehr sie alles unter Kontrolle gehalten hat. Sie gewinnt das Zutrauen der Menschen, weil sie von ihr in solch einer herzlichen und zuvorkommenden Weise behandelt werden.«

Er war beeindruckt von der Natürlichkeit, mit der Elizabeth sich unter den prüfenden Blicken der Kameraleute, die sie in Horden belagerten, bewegte – sie kümmerte sich nicht um ihr Erscheinungsbild und ließ sich nicht festlegen.[9] Das war auch etwas, womit sie die Ehefrau von Owens Vorgänger als Außenminister, Anthony Crosland, im Jahr 1976 überraschte, als sie anläßlich der Zweihundertjahrfeiern zur Unterzeichnung der Unabhängigkeitserklärung auf Staatsbesuch in den Vereinigten Staaten waren. Auf einem Bankett, das am 6. Juli im Kunstmuseum von Philadelphia gegeben wurde, saß Elizabeth neben dem Bürgermeister Frank Rizzo, der häufig aufstand und um die Tische ging, um Gästen die Hand zu schütteln. Elizabeths Hofdamen, die Herzogin von Grafton und die Hon. Mary Morrison, waren empört und beschwerten sich hinterher bei Elizabeth über das Benehmen des Bürgermeisters. Elizabeth selbst war völlig ruhig geblieben. »Was für ein hochinteressanter Mann er ist« war alles, was sie sagte.

Nachdem sie drei Tage mit der »Britannia« auf dem Weg von den Bermudas nach Philadelphia unterwegs gewesen war, jeden Tag mit Elizabeth und Philip beim Mittag- und Abendessen verbracht hatte, beschrieb Susan Crosland es wie Owen als »wirklich gemütlich«. Sie bemerkte die große Zuneigung zwischen Elizabeth und ihren beiden Hofdamen, ihre »Vertrautheit und kleinen Scherze«; sie bemerkte ebenso, wie vollkommen natürlich sich Elizabeth vor ihrem Außenminister und dessen Ehefrau verhielt. Als Philip einmal über irgend etwas schwadronierte, sagte Elizabeth »recht scharf« zu ihm: »Ach, Philip, sei doch ruhig. Du weißt ja nicht, worüber du sprichst.«[10]

Am zweiten Tag, nachdem sie die Bermudas verlassen hatten, kam ein schwerer Sturm mit Windstärke 9 auf. Die »Britannia« stampfte und rollte in einem Hexenkessel riesiger Wellen. Zu einem Drink vor dem Abendessen zusammengerufen, spekulierten die Passagiere, wer überhaupt erscheinen würde. Elizabeth, so meinte man, war kein Freund von rauher See. Sie erschien jedoch, »sah ganz gelassen, ja fast fröhlich aus, mit einem acht Meter langen Chiffonschal über der

Schulter. Einen halben Schritt dahinter erschien ihr Gemahl, das Gesicht weniger frisch als sonst, aschfahl und abgespannt, um genau zu sein. Wir saßen nicht lange am Tisch an jenem Abend, und bald nachdem wir zum Kaffee in den Aufenthaltsraum zurückgekehrt waren, erhob sich die Königin, um sich für die Nacht zu verabschieden. Sie ließ eine Hand auf dem Griff der offenen Schiebetür ruhen, die gerade in dem Augenblick langsam zuglitt, als der ›Britannia‹ keine Atempause vergönnt war und sie zur anderen Seite tanzte. Die Königin packte den Griff ganz fest, lehnte ihren Rücken gegen die Tür und bewegte sich mit ihr, als sie langsam ins Schloß glitt, während der Chiffonschal in die entgegengesetzte Richtung flatterte. ›Huiiiii‹, sagte die Königin. Die ›Britannia‹ bebte und schwankte zur anderen Seite. Der Chiffonschal flatterte in die andere Richtung. ›Huiiiii‹, sagte die Königin wieder. Die ›Britannia‹ zögerte vor dem nächsten Aufbäumen. ›Gute Nacht‹, sagte die Königin und schlüpfte durch die Tür, Prinz Philip einen halben Schritt hinter ihr … Als wir uns vor dem Mittagessen im Aufenthaltsraum trafen, war die allgemeine Gesichtsfarbe besser als am Abend zuvor. ›Ich habe noch *nie* so viele graue und grimmige Gesichter um einen Abendessentisch herum gesehen‹, sagte die Königin. Sie hielt inne. ›Philip hat sich gar nicht gut gefühlt.‹ Wieder hielt sie inne. ›Freut mich, das sagen zu können.‹ Sie kicherte. Ich hatte ganz vergessen, daß ihr Gemahl ein Admiral der Flotte war.«[11]

Die Julihitze in Philadelphia und Washington war fürchterlich, die Temperaturen lagen nachts und im Schatten bei achtunddreißig Grad Celsius, und die Luftfeuchtigkeit war erstickend. Das Programm, das vom Königshaus und den US-Behörden ausgearbeitet worden war, erwies sich als mörderisch. In Washington beinhaltete es an einem Tag eine Begrüßungszeremonie auf dem Rasen vor dem Weißen Haus, einen Empfang für auswärtige Missionsoberhäupter in der britischen Botschaft, einen Empfang und ein Mittagessen im Kapitol, gefolgt von einer Besichtigung der Magna Charta in der Rotunde, dem Besuch der »Smithsonian Institution« und einer Ausstellung von Londoner Kunstschätzen sowie der Nationalgalerie, wo die Ausstellung »Eye of Jefferson« zu sehen war; weiter ein Empfang im Distriktgebäude und ein Abendessen in der britischen Botschaft, verbunden mit einem Empfang für Präsident Ford und seine Gattin. »Die Königin wankte nicht einmal während des Bades in der Menge unter einer erbarmungslosen Sonne, als Menschenmassen ihr die Arme entgegenstreckten«, schrieb Susan Crosland. Am Montag abend, vor dem ersten Tag des Staatsbesuches, hatte ihr die Königin gezeigt, wie man für Stunden stehen kann, ohne müde zu werden. »Man muß seine Füße so hinstellen«, sagte Ihre Majestät und zog den Rock über die Knöchel hoch, um es vorzuführen. »Sie sollten immer parallel zueinander stehen. Passen Sie auf, daß Ihr Körpergewicht gleichmäßig verteilt ist. Das ist alles, was dazu zu sagen ist.«

Staatsbesuche der Königin verbreiten einen Glanz, mit dem kein Politiker konkurrieren kann; ihr Wert ist nicht greifbar, sondern liegt eher in der Symbolhaftigkeit; trotzdem sind sie höchst bedeutsam. Elizabeth ist sich in hohem Maße der Tatsache bewußt, die Repräsentantin des britischen Volkes zu sein, und »die Befindlichkeit von Großbritannien« ist etwas, das ihr sehr am Herzen liegt. Hier und da in den späten sechziger Jahren, als das Land durch eine geschwächte Wirtschaft und steigende Arbeitslosenzahlen unaufhaltsam dem Niedergang entgegenzugehen schien, offenbarte sie in beiläufigen Bemerkungen gelegentlich Besorgnis, zumeist wenn es für sie bei einem offiziellen Besuch in historischem Zusammenhang deutlich wurde. Auf einem Staatsbesuch in Deutschland im Jahr 1978, als die Repräsentanten der deutschen Marine mit denen der britischen Marine auf der »Britannia« zu Abend aßen, kamen allgemein Gedanken auf, wie die Dinge vor 1914 sich auch hätten entwickeln können. Elizabeth flog nach Berlin; noch immer die Stadt der Mauer zwischen Ost und West und mit dem Checkpoint Charlie. Noch waren Nachwirkungen des Jahres 1945 spürbar; sie konnte nicht anders, als sich des abnehmenden Ansehens ihres Landes seit der Regierungszeit ihres Vaters bewußt zu werden. Ein mächtiger Wandel in den anglo-deutschen Beziehungen hatte seit ihrem letzten Staatsbesuch im Jahr 1965 stattgefunden; 1975 hatte Großbritannien sich in einem Referendum dafür entschieden, in der EWG zu bleiben. Elizabeth hatte es als die offizielle Politik ihrer Regierung akzeptiert. Darüber befragt, was ihre Gefühle gegenüber Europa seien, meinte ein früherer Minister: »Es würde mich erstaunen, wenn sie sich nicht der vorherrschenden Meinung anschließen würde. Mein Instinkt sagt mir, daß sie nicht ausgesprochen feindlich eingestellt ist.« Ein anderer meinte, daß sie »ziemlich proeuropäisch« eingestellt sei. Als der kurz zuvor zum Präsidenten der Europäischen Kommission berufene Roy Jenkins im Juli 1977 eine halbstündige Audienz bei ihr hatte, fand er sie »freundlich und zuvorkommend«. »Ihre proeuropäische Einstellung ging nicht so weit, daß sie den wichtigen europäischen Staatsoberhäuptern kritiklos zustimmte. Giscard schätzte sie richtig sein, aber bei Schmidt lag sie falsch, vielleicht weil sie zu sehr davon beeinflußt war, daß er seinerzeit seine Zigarettenasche über alle Platten im Buckingham-Palast verstreut hatte. Trotzdem schien ihr Interesse an Europa recht stark zu sein, und als ich die Frage anschnitt, ob sie die Gemeinschaft nicht einmal besuchen wolle, war sie tatsächlich ganz begeistert davon und sagte, daß etwas dieser Art im neuen Jahr möglich sein sollte.«[12] Eine andere Quelle ließ verlauten: »Mein ganz starker Eindruck war, daß sie einer proeuropäischen Richtung zuneigte, Philip dagegen nicht.« Im Brüsseler Kommissions-Hauptquartier war es Tradition, daß Staatsoberhäupter auf Besuch der Kommission Fragen stellen durften. Elizabeths Privatsekretär gab zu verstehen, daß er nicht annahm, daß sie irgendwelche Fragen stellen wollte. Auf die Andeutung, daß vielleicht Philip gerne solches tun würde, erwiderte er: »Das ist genau das, was wir befürchten.« Als der Besuch dann im November 1980 stattfand, gefiel es Elisabeth offensichtlich gut, und sie wurde als »äußerst gut gelaunt während der ganzen Zeit« beschrieben.

Das Jahr 1977, in dem Elizabeth ihr fünfundzwanzigjähriges Thronjubiläum feierte, wurde für sie selbst, aber auch für ihr Land zu einem unerwarteten Höhepunkt. Fünfundzwanzig Jahre nach ihrer Thronbesteigung waren die Vorzeichen für Festivitäten nicht gerade vielversprechend. Großbritannien befand sich mit einer Inflationsrate von 16 Prozent und 1,5 Millionen Arbeitslosen in der schlimmsten wirtschaftlichen Talsohle seit 1945. Der Schatzkanzler war gezwungen gewesen, den Internationalen Währungsfonds wegen eines riesigen Kredits anzugehen, was zu schwerwiegenden Einschnitten bei den Ausgaben der öffentlichen Hand führte. Unter den Umständen war niemandem nach Feiern zumute; die Regierung hatte kein Geld zur Verfügung, und Elizabeth bestand darauf, daß keinerlei großartige Projekte zu ihrer Ehre gestartet werden sollten. »Die Linie der Regierung war: ›Wir wollen nichts übertreiben‹«, sagte Martin Charteris. »Ich sagte zu ihnen: ›Ihr habt nie das getan, was ich getan habe – ihr seid der Königin nicht durch Birmingham, Sheffield und andere Orte gefolgt, habt nicht die Begeisterung gesehen, die sie verbreitet, und wie die Leute auf die Straßen geströmt sind, um sie zu sehen.‹« Die Regierung machte sich auch Sorgen wegen der möglichen Gefährdung Elizabeths auf der beabsichtigten Jubiläumsreise durch Großbritannien, die seit 1975 geplant war und Nordirland einschließen sollte. Im April fragte die Regierung Charteris, wie sich Elizabeth in dieser Sache verhalten und ob sie noch immer nach Ulster fahren wolle. Charteris suchte sie auf und teilte ihr mit: »Die Regierung ist besorgt wegen Ulster – wie wir es in der Tat alle sind.« »Sie sah mich sehr direkt an«, erinnerte er sich, »und sagte: ›Martin, wir haben gesagt, wir fahren nach Ulster, und es wäre ein Jammer, wenn wir nicht führen.‹« Trotz der bösen Vorahnungen wurden die Feierlichkeiten im Juni eine spontane Demonstration öffentlichen Wohlwollens. Überall waren Fahnen und Sprüche auf Transparenten – es gab Freudenfeuer und Straßenfeste, ein großes nationales Volksfest, das niemand erwartet hatte, am wenigsten Elizabeth, die mit Blumensträußen und Jubelrufen begrüßt wurde, wohin sie immer kam. »Sie war völlig überwältigt«, sagte ihr Familienkaplan. »Sie konnte es nicht fassen, daß die Leute ihr als Mensch so viel Zuneigung entgegenbrachten, und sie war davon zugleich bestürzt und zutiefst angerührt.« Ihre Reaktion glich der ihres Großvaters George V. zur Zeit seines Jubiläums, der es einfach nicht glauben konnte, daß die Leute ihn wirklich um seiner selbst willen mochten. Die Leute erkannten, daß Elizabeth wie ihr Großvater anständig und ehrenwert war, voller Hingabe an ihr Amt, und sie liebten sie deswegen, aus einer gesunden menschlichen Regung heraus und aus Dankbarkeit, daß es jemanden wie sie gab, der Großbritannien repräsentierte. Martin Charteris sagte: »Die Königin hatte eine Liebesaffäre mit ihrem Land.«

Charteris begleitete Elizabeth im Jubiläumsjahr auf all ihren Reisen durch das eigene Land und auch auf den meisten der achtundsechzigtausend Kilometer, die sie auf ihren Reisen durch das Commonwealth schätzungsweise zurücklegte. Darunter war seltsamerweise auch Papua-Neuguinea, welches niemals ein Teil des britischen Empire gewesen war, das sich jedoch, nachdem es früher Mandatsbereich von

Australien gewesen war, dafür entschieden hatte, Elizabeth zu ihrem Staatsoberhaupt zu machen. Die Bewohner waren von dem früheren australischen Premierminister Gough Whitlam während seiner Regierungszeit aufgefordert worden, die von ihnen gewünschte und ihnen am meisten entsprechende Staatsform zu wählen, und sie hatten sich für eine Republik mit nachfolgender Unabhängigkeit ab 1. August entschieden. Im Februar bekam Charteris Besuch vom australischen Hochkommissar Sir John Bunting. »Sie werden es nicht glauben«, sagte Bunting, »aber sie wollen, daß die Königin ihre Königin wird und auf ihrem Thron sitzt.« »Weshalb?« fragte Charteris. »Als erstes, weil sie die Königin mögen und kennen, nachdem sie schon dort war. Zweitens wollen sie jemanden, der über den kleinen örtlichen Streitereien steht. Drittens möchten sie weiterhin britische Auszeichnungen erhalten. Aber sie wollen sie nur für zehn Jahre.« »Die Königin war amüsiert von der Vorstellung und stimmte zu«, erinnerte sich Charteris. »Jetzt sind wir fünfundzwanzig Jahre weiter, und sie sind noch immer hingerissen von ihr …«

Auf der anderen Seite gab es zunehmend Anzeichen, daß die Begeisterung für die britische Monarchie langsam abflaute, zumindest im »Old Commonwealth«, wie sich im Jahr 1978 in Kanada zeigte, als sie zwei Wochen dort verbrachte, wobei der Hauptgrund für diesen Besuch die Eröffnung der Commonwealth-Spiele war. Ein gewisser Gewöhnungsprozeß hatte ihren Besuchen das Beeindruckende genommen; sie konnte nicht mehr mit der verzückten Begeisterung rechnen, mit der sie in den fünfziger Jahren empfangen worden war. Die Franko-Kanadier lehnten die Verbindung zu Großbritannien ganz ab, und im Jahr 1978 war Trudeau, in der Absicht, sich von dieser Verbindung zu distanzieren, nicht da, um Elizabeth bei ihrer Ankunft zu begrüßen. Er machte Urlaub in Marokko, ein ganz bewußter Bruch mit der alten Sitte im Commonwealth und Vereinigten Königreich, daß der Premierminister anwesend ist, wenn der Monarch das Land betritt oder verläßt.

Zu Hause begann mit dem Jahr 1979 eine völlig neue Ära in der britischen Politik, als Callaghans Regierung in einem Strudel industrieller Unruhen und wirtschaftlicher Instabilität unterging, und Margaret

Hilda Thatcher ihren Fuß auf die politische Bühne setzte. Für Elizabeth bedeutete es eine gänzlich neue Erfahrung, es mit einer Frau auf der höchsten Ebene der britischen Politik zu tun zu haben. Margaret Thatcher war nicht nur der erste weibliche Premierminister und die erste Frau, welche die Konservative Partei führte, sondern sie war auch der erste Premierminister aus der gleichen Generation wie Elizabeth, da sie nur sechs Monate älter war. Auch wenn das Gerücht umging, daß sie durch Harry Cust, einen bemerkenswert gutaussehenden Aristokraten aus Lincolnshire und angeblich Vater von Lady Diana Cooper, aristokratisches Blut in den Adern haben sollte, war Mrs. Thatchers Herkunft doch kleinbürgerlich wie die von Wilson und Heath; und sie war ebenso beherrscht von Religiösität – ihre Eltern waren Methodisten – und Arbeitsmoral. Wie Elizabeth hatte sie ihren Vater angebetet, ihr Vorbild für das Leben. Alderman Roberts war ein erfolgreicher Lebensmittelhändler in Grantham, das von dem Biographen seiner Tochter als »der Inbegriff eines mittelenglischen Ortes« beschrieben wurde. Margaret und ihre Schwester waren beide über dem Eckladen der Familie geboren worden. Der Vater war nicht nur fleißig und wußte genau, wie er sein Geschäft erfolgreich zu führen hatte, sondern er war auch eine beachtete Persönlichkeit in der örtlichen Kommunalpolitik und wurde schließlich Bürgermeister von Grantham. Er hatte seine Tochter mit einem starken Sinn für öffentliche Pflichten aufgezogen sowie mit einer klaren Einstellung zu dem, was richtig und was falsch war. »Sie waren alle sehr ernsthaft und arbeiteten zuviel«, sagte ein Freund der Roberts-Familie. »Das Leben war eine ernste Angelegenheit und sollte pflichtbewußt gelebt werden.«[13] Genauso sah es Margaret auch; sie war intelligent, tat sich in der Diskussionsrunde der Schule besonders hervor durch die Unerbittlichkeit, mit der sie ihre Ansichten durchsetzte, studierte Chemie in Oxford, für eine Frau zu der Zeit ein ungewöhnliches Unterfangen, stürzte sich früh in die Politik als Mitglied der »Oxford University Conservative Association«, heiratete einen vermögenden Mann, schenkte Zwillingen das Leben, wurde Rechtsanwältin und im Jahr 1959, mit zweiunddreißig Jahren, Mitglied des Parlaments. Sie wurde im Jahr 1970 in der Heath-Regierung Ministerin für Erziehung und Wissenschaften, als sie wie bekannt und zu Unrecht als »Thatcher, der Milchdieb« gebrandmarkt wurde, weil sie die Vergabe kostenloser Schulmilch an ältere Grundschüler gestoppt hatte, eine Maßnahme, die nicht einmal von ihr stammte, und außerdem zur »unbeliebtesten Frau von Großbritannien« gekürt wurde. Im Februar 1975 hatte sie Edward Heath, der von seiner Partei nach zwei aufeinanderfolgenden Wahlniederlagen als ewiger Verlierer angesehen wurde, in seinem Amt als Führer der Konservativen Partei abgelöst.

Die Beziehungen zwischen Elizabeth und Mrs. Thatcher haben die britische Öffentlichkeit immer fasziniert. In Mrs. Thatchers späteren, von mehr Arroganz geprägten Jahren war die Presse dazu übergegangen, sie als Vize-Königin zu bezeichnen, und unterstellte damit, daß sie Elizabeth ihre Position streitig machen wollte, was bei einigen Gelegenheiten in unbewußter und taktloser Weise auch so wirkte. Von Anfang an war Elizabeth neugierig auf die Frau gewesen, die so völlig anders war als alle anderen Frauen in ihrem Erfahrensbereich. Oberflächlich betrachtet hatten sie durchaus Dinge gemeinsam – sie waren beide hoch professionell und gingen auf in ihrer Arbeit. Als Frauen in führender Position mit großem Verantwortungsbereich hatten sie beide ihre Pflichten vor die Familie stellen müssen. Beide hatten Ehemänner, die ihre Position verstanden, sie unterstützten und es vermochten, einen Schritt hinter ihnen zu bleiben, ohne ihre eigene Persönlichkeit zu verlieren. Mrs. Thatchers Entschlossenheit, den Abstieg von Großbritannien aufzuhalten, das Land sich aus eigener Kraft hocharbeiten zu lassen und ihm zu Selbstachtung und Respekt in der Welt zu verhelfen, sprach Elizabeth an.

Dort hörten die Ähnlichkeiten aber auf. Mrs. Thatcher war revolutionär und missionarisch, während Elizabeth konservativ war und jeder Änderung mißtrauisch begegnete. Elizabeth war eine Frau, die das Ländliche liebte, während Margaret Thatcher durch und durch ein Stadtmensch war – Übelwollende könnten »Vorstadtmensch« sagen. Als sie Premierministerin wurde, schrieb ihre Schwester in einem Artikel, daß Margaret niemals etwas anderes als Lackpumps getragen habe, und sie nahm diese sogar zu Aufenthalten in Balmoral mit. Bei ihrem ersten Besuch dort als Erziehungsministerin hatten Patrick Plunket und eine Hofdame die Thatchers auf einen Spaziergang mitgenommen. Mrs. Thatcher hatte keine passenden Schuhe fürs Land und mußte dazu gezwungen werden, hohe Wanderstiefel mit mehreren Paaren von Socken anzuziehen. Es war ein Willenskampf. »Ich wußte ja nicht, wie stur sie war«, erinnerte sich die Hofdame. Bei einer anderen Gelegenheit schaffte sie es tatsächlich, Mrs. Thatcher in ein Paar grüne Gummistiefel zu stecken. Mrs. Thatcher zeigte keine besondere Vorliebe für das naturnahe Leben, das die Familie in Balmoral führte. »Die königliche Familie«, sagte ein Höfling, »geht auch bei einem Wetter nach draußen, bei dem man keinen Hund vor die Tür jagt.« Es fiel auf, daß Mrs. Thatcher bereits sehnsüchtig auf den – sorgfältig gepackten – Koffern saß, wenn es Zeit war, die Rückreise anzutreten. Denis Thatcher und der Herzog von Edinburg fanden eine Menge Gemeinsamkeiten, abgesehen von ihrer beider Rolle als Prinzgemahl, während sie bei einem Drink Golfclub-Witze austauschten und auf Anlässen wie Commonwealth-Konferenzen in ihrer gegenseitigen Gesellschaft Trost suchten, kamen Elizabeth und Margaret Thatcher auf gesellschaftlicher Ebene nicht besonders gut miteinander aus, vielleicht weil Mrs. Thatcher den Mitgliedern des Königshauses nicht nur mit Treue, sondern mit wahrer Ehrfurcht begegnete. »Sie hegte einen etwas übertriebenen Respekt für die Institution der Monarchie«, sagte ein Freund. »Keine machte einen tieferen Hofknicks – keine unterstützte die Monarchie mehr, auch wenn die versuchte, sie anzugreifen. Sie brachte große Sympathie für jeden in der königlichen Familie auf, der in Schwierigkeiten geriet; auch wenn er es selbst verschuldet hatte, sah sie das immer ganz anders.« Elizabeth mag Leute mit einem Sinn für Humor, den Mrs. Thatcher jedoch eindeutig nicht besitzt. Elizabeth wurde aus ihr nicht klug und soll einmal etwas belustigt gefragt haben: »Meinen Sie, daß Mrs. Thatcher sich jemals ändern wird?«

Das Königshaus wie auch die getreuen Anhänger von Mrs. Thatcher beteuern, daß die zwei Frauen gut miteinander auskamen, aber es gab Anzeichen, daß Elizabeth, auch wenn sie in ihrer Verhaltensweise gegenüber ihrer Premierministerin immer ausgesprochen professionell und korrekt war, sie im tiefsten Inneren ihres Herzens nicht mochte und auch nicht mit allen Änderungen einverstanden war, die jene im Land bewirkte. In Gesellschaft von Oberhäuptern des Commonwealth, die auch alte Freunde waren, sprach sie von ihr als »diese Frau«, wie führende Thatcher-Gegner. Der Punkt, wo ihre Ansichten am weitesten auseinandergingen, war, wie mit Edward Heath, das Commonwealth, und in den späten siebziger und achtziger Jahren betraf das hauptsächlich die Fragen, die sich aus dem Rassenkonflikt in Südafrika ergaben. »Die Königin stand der Sache der schwarzen Menschen in Rhodesien und Südafrika wohlwollend gegenüber«, schrieb der Hon. Lee Kuan Yew, der Seniorminister von Singapur.[14]

Während der letzten fünfzehn Jahre in Folge waren Außenminister, Kolonialsekretäre und Regierungsoberhäupter damit beschäftigt gewesen, eine Klärung der Situation in Rhodesien herbeizuführen, seit im Jahr 1965 die weiße Minderheitsregierung unter Ian Smith einseitig die Unabhängigkeit von Großbritannien erklärt hatte. Großbritannien, das theoretisch noch immer für das Gebiet verantwortlich war, hatte Sanktionen gegen Rhodesien verhängt, aber war bisher mit der Durchsetzung einer Lösung gescheitert. In einem Versuch, die international feindselige Haltung zu entschärfen und einen Anschein von Legalität vorzuweisen, hatte Smith im Frühjahr des Jahres 1979 Wahlen anberaumt, aus denen ein schwarzer Premierminister, Bischof Abel Muzorewa, als Sieger hervorgegangen war, Muzorewa wurde aber weithin nur als Marionette von Smith angesehen, nachdem die schwarzen, nationalistischen Führer von dem Wahlvorgang ausgeschlossen worden waren, und so ging der Bürgerkrieg weiter. Lord Carrington, von Mrs. Thatcher als Außenminister berufen, war überzeugt, daß für Rhodesien eine vernünftige, dauerhafte Regelung gefunden werden müsse. Da Margaret Thatcher zu dem Zeitpunkt noch wenig Ahnung von außenpolitischen Dingen hatte, hörte sie auf Peter Carrington – bis zu einem gewissen Punkt. Sie war nicht ganz davon überzeugt, daß man Muzorewa keine Chance geben dürfe, und sie hegte weder Sympathien für den schwarzen Nationalismus noch für die Sanktionspolitik gegen Rhodesien. Die alle zwei Jahre stattfindende Konferenz der Regierungsoberhäupter des Commonwealth war für August in Lusaka festgelegt worden, und es sollte die Frage einer neuen Regelung erörtert werden. Unglücklicherweise wies Mrs. Thatcher zwischenzeitlich bei einem Besuch in Canberra in aller Deutlichkeit darauf hin, daß sie nicht in der Lage sein werde, für jenes Jahr wirtschaftliche Sanktionen gegen Rhodesien im Unterhaus durchzubringen. »Sie machte einige sehr dumme Bemerkungen in Canberra, die fast die ganze Arbeit zerstörten, die wir bei der Vorbereitung dieser Konferenz geleistet hatten«, sagte ein britischer Funktionär. All dies, zusammen mit dem, was über ihren Charakter und ihre Meinungen bekannt war, führte zu einer Verteufelung ihrer Person in der Presse der afrikanischen Commonwealth-Länder, die an der Konferenz beteiligt sein würden, besonders in Sambia unter der Herrschaft von Kenneth Kaunda. Ausgerechnet zu diesem Zeitpunkt warf die rhodesische Regierung Bomben auf Lusaka, und der Premierminister von Neuseeland Robert Muldoon, der gerade als Besucher in London weilte, trat mit der wenig hilfreichen, an seine rechts orientierte Wählerschaft in der Heimat gerichteten Feststellung auf, daß er Elizabeth als Königin von Neuseeland raten würde, nicht nach Lusaka zu fahren, da es Kriegsgebiet sei. Der Generalsekretär des Commonwealth, Sir Shridath »Sonny« Ramphal, schritt ein und konnte mit Kaundas Hilfe den Nationalistenführer Joshua Nkomo überzeugen, einseitig einen Waffenstillstand für den Zeitraum von Elizabeths Anwesenheit in Sambia zu erklären. Dadurch konnte Ramphal die Gefährdung ihrer persönlichen Sicherheit, die vom rechten Flügel als Argument angeführt wurde, um die Konferenz zu stören, entkräften. »Nach meinen Gesprächen mit der Königin«, sagte Sir Sonny, »war es völlig klar für mich, daß, ganz gleich, ob das Problem beseitigt war oder nicht, sie weder Muldoon noch sonst irgendwem erlaubt hätte, sie von der Reise abzuhalten.«[15]

Elizabeth war entschlossen, ihre einmalige Position und ihre Verbindungen einzusetzen, um die Konferenz von Lusaka zu retten. In London war sie in engem Kontakt mit Sir Sonny Ramphal, der berechtigten Zugang zu ihr als Oberhaupt des Commonwealth hatte. Wenn Staatsoberhäupter aus dem Commonwealth nach London kamen, und sei es auch auf Privatbesuch, nahm sie sich die Zeit, sie zu empfangen. Sie war mit der Vorstellung des Commonwealth aufgewachsen und wußte, laut Ramphal, daß sie in der postimperialen Epoche nur dann in ihrer Rolle als Oberhaupt des Commonwealth anerkannt würde, wenn jene Länder sie als jemanden wahrnähmen, der aufrichtig an ihnen interessiert war: »Sie war interessiert, und sie zeigte das Interesse, und ich glaube, das ist auch der Schlüssel zu ihrem unbestrittenen Erfolg innerhalb des Commonwealth … Man konnte sehr viel persönliche Besorgtheit erkennen um das Commonwealth, um seine Menschen, um seine Regierungen, um seine Führer, um seine allgemeine Situation, um seinen Einfluß in der Welt. Es bedeutet ihr etwas; all diese Dinge waren nicht nur Formalitäten, es handelte sich um einen wichtigen Teil ihres Lebens... All das wurde im Commonwealth verstanden, und dafür wurde sie gern als Königin und Oberhaupt des Commonwealth anerkannt.«

Elizabeth ergriff nie öffentlich Partei, im Gegensatz zur Königinmutter, die während der schwierigen Jahre mit Rhodesien die Außenminister bedrängte, »nicht häßlich zu Smithy [Ian Smith] zu sein«. Elizabeth ist ganz bewußt antirassistisch. »Ich fand heraus, daß sie in all diesen Fragen sehr genaue Prinzipien hatte«, sagte Sir Sonny. »Ob wir über Armut oder Rassismus, Apartheid oder UDI [einseitige Unabhängigkeitserklärung] sprachen, sie hatte immer hohe moralische Grundsätze, und sie war auch dahingehend sehr weise, wie weit Politiker unter Umständen gehen würden, um sie in Situationen hineinzumanövrieren, in denen ihr Ruf Schaden nehmen könnte. Für mich gab es nie einen Zweifel, wo sie zum Thema Rhodesien oder Apartheid stand, aber niemand wollte sie in eine Kontroverse mit Mrs. Thatcher verwickelt sehen. Manchmal war sie so nahe dran, daß es ihre ganze moralische Kraft erforderte, sich zurückzuhalten... In Lusaka war es äußerst wichtig, daß die Königin anwesend war und ihren Einfluß bei Kenneth Kaunda geltend machen konnte für den Fall, daß Schwierigkeiten auftraten...«

Elizabeth fuhr einige Tage vor dem eigentlichen Treffen in Lusaka nach Afrika, um Kenia, Malawi und Tansania zu besuchen. Sie wurde bei ihrer Ankunft in Lusaka von Tausenden Sambiern begrüßt und von der regierungstreuen *Zambia Daily Mail* mit Beifall empfangen, die ihr »außergewöhnlich liebevolles Herz« mit der ihrer Ansicht nach »wenig mitfühlenden Einstellung« der Eisernen Lady verglich. Mrs. Thatcher traf spätabends in Begleitung von Lord Carrington ein, der ihre Besorgnis und auch ihren Mut, als das Flugzeug zur Landung auf dem Flughafen von Lusaka ansetzte, anschaulich beschrieb. Sie war sich sehr wohl der Gefühle bewußt, die sich um ihre Person aufgestaut hatten, und nahm eine Sonnenbrille aus ihrer Handtasche und setzte sie auf, als die Maschine ausrollte. »Sie befürchtete, daß ihr jemand Säure ins Gesicht schleudern könnte«, sagte Carrington. »Keine Sorge«, beruhigte er sie, »man wird Sie lieben.« Sie nahm die Brille wieder ab, und man liebte sie – zumindest vorübergehend. Von Elizabeth besänftigt, schwang Kenneth Kaunda Margaret Thatcher nach dem Eröffnungsbankett sogar über die Tanzfläche. Der australische Ministerpräsident Malcolm Fraser war maßgeblich daran beteiligt gewesen, Mrs. Thatcher dahin zu bringen, daß sie das Kommuniqué unterzeichnete, welches bestätigte, daß die Regierungsoberhäupter »sich endgültig darauf verständigt hatten, eine Regierung der schwarzen Mehrheit in Simbabwe [vormals Rhodesien] zu unterstützen«. In Lusaka zog er sich ihren tiefsten Groll zu, als er den Inhalt dieses Kommuniqués vor der eigentlichen Unterzeichnung zur Presse durchsickern ließ. Elizabeth hatte sich, wie immer bei solchen Anlässen, ganz im Hintergrund gehalten. An den eigentlichen Konferenzsitzungen nimmt sie nicht teil. Jedoch war es schon zur Tradition geworden, daß im Verlauf des Tages bei Unterbrechungen einzelne Commonwealth-Führer sich kurz davonschlichen, um ein privates Gespräch mit ihr zu führen. Sir Sony Ramphal sagte über solche Treffen hinter der Bühne: »Niemand wäre jemals auf die Idee gekommen, dem, was sie beizutragen hatte, keine Wichtigkeit beizumessen. Erstens war sie über lange Zeit mit diesen Menschen befreundet gewesen, viele von ihnen waren während ihrer Amtszeit aufgewachsen. Julius Nyerere, Kenneth Kaunda und solche Leute aus Afrika waren junge Männer, die ihre politische Laufbahn vorbereiteten, als Elizabeth Königin wurde. Sie kannte sie als junge Premierminister, junge Präsidenten, und so waren sie über viele Jahre hinweg Freunde gewesen. Zweitens machte sie ihre Hausaufgaben äußerst gründlich – der einmütige Kommentar, den ich von allen hörte, lautete: ›Meine Güte, wie genau die Königin über unsere Situation informiert ist.‹ Sie wußte genau, wer sich in den Klauen des IMF [Internationaler Währungsfonds] befand, wer in welche politischen Skandalgeschichten verwickelt war, sie wußte auch über familiäre Dinge Bescheid, etwa über Geburten oder Todesfälle. Sie war informiert über die Wirtschaft und über bevorstehende Wahlen. Alle hatten das Gefühl, mit einer Freundin zu sprechen, der das Land und die betroffenen Menschen am Herzen lag … Es war diese Art von Zwanglosigkeit, und für mich gab ihre Anwesenheit der Konferenz ein besonderes Fluidum, weil es ein anderer wichtiger Bestandteil des Zusammenhalts war, der alle zu einer Gemeinschaft zusammenschmiedete, und die Königin war sich nur zu sehr der Rolle, die sie dabei spielte, bewußt...«

Der Erfolg der Konferenz von Lusaka, auf der sowohl Mrs. Thatcher wie auch die Afrikaner Zugeständnisse machten, führte zu der verfassungsgebenden Konferenz von Lancaster House und schließlich zur friedlichen Machtübergabe an ein unabhängiges Simbabwe am 17. April 1980, ein Wendepunkt in der postkolonialen Geschichte des südlichen Afrika.

Die rhodesische Frage war nur der Beginn von Mrs. Thatchers negativ belastetem Verhältnis zum Commonwealth, das sich sechs Jahre später, 1985, auf der Konferenz von Nassau in heftigen Turbulenzen entladen sollte, wobei die Auseinandersetzungen über Sanktionen gegen Südafrika als Mittel zur Beendigung der Apartheid und der Minderheitsregierung dominierten. Bereits vor Nassau hatte eine Verfügung der Thatcher-Regierung zur Kostenreduzierung sowohl die Königin als auch das Commonwealth in Aufregung gestürzt. Früher waren Studenten aus den Ländern des Commonwealth zur Hochschulausbildung, die sich nicht von der britischer Studenten unterschied, nach Großbritannien gekommen. Im Jahr 1979, sechs Monate nach dem Antritt der Thatcher-Regierung, war angekündigt worden, daß für Studenten aus Übersee besondere Gebühren eingeführt würden, die um einiges höher lagen als die für britische Studenten, und daß sie ab dem Jahr 1983 dann die vollen Gebühren zu zahlen hätten. Zur maßlosen Wut des Außenministeriums wie auch des Commonwealth hatte das Erziehungsministerium die Entscheidung ohne vorherige Konsultationen bekanntgegeben. Das erfüllte Elizabeth mit tiefer Sorge und Aufregung, wie sie Repräsentanten des Commonwealth mit noch nie dagewesener Offenheit gestand. Mrs. Thatchers Sparkurs untergrub die britischen Beziehungen und die kulturelle Basis des englischsprechenden Commonwealth. Ein Mitglied des Commonwealth-Ministeriums drückte es so aus: »Es war absolut destruktiv, denn eine Grundvoraussetzung im Commonwealth ist, daß alle leitenden Gruppierungen hier ausgebildet worden sind. In den frühen siebziger Jahren saßen, sagen wir, zehn Premierminister um einen

Tisch, die sich seit ihren Studienzeiten in Großbritannien kannten, weil sie alle zur LSE [Londoner Wirtschaftsschule] oder nach Cambridge, Oxford und so weiter gegangen waren. Und sie [Thatcher] hat das alles fortgewischt... Jetzt haben wir die Situation, daß Studenten aus Europa behandelt werden, als stammten sie aus diesem Land. Sie kommen alle aus reichen Ländern, während das bei Studenten aus Entwicklungsstaaten nicht der Fall ist, also kommen diese Menschen nicht mehr nach Großbritannien. Viele gehen in die Vereinigten Staaten..., sogar Deutschland vergibt eine Menge Stipendien... Wir ermutigen die Leute, nach Indien zu gehen.«[16]

Seit der Konferenz von Nassau brüskierte Mrs. Thatcher die Regierungschefs des Commonwealth auf den alle zwei Jahre stattfindenden Treffen. Sie vertrat die Position, daß Sanktionen gegen Südafrika die britischen Exporte beeinträchtigen und die schwarzen Südafrikaner arbeitslos machen würden. Die Führer des Commonwealth, schwarze wie weiße, waren der Ansicht, daß Sanktionen eine wichtige Waffe im Kampf gegen die Apartheid seien. Die Auseinandersetzungen wurden erbittert und persönlich, vor allem dann, wenn es darum ging, Pressekommuniqués herauszugeben. Mrs. Thatcher gab – wie in Kuala Lumpur – entweder eine eigene Fassung heraus, die in direktem Widerspruch zu dem stand, was die anderen Konferenzteilnehmer als beschlossen ansahen, oder sie spielte die Konzessionen, die sie gemacht hatte, öffentlich herunter wie in Nassau, als sie bei einem Fernsehinterview der Presse erzählte, daß sie nur ein »klitzekleines« Zugeständnis gemacht habe und diese Äußerung mit einer anschaulichen Geste unterstrich. Sie stritt sowohl mit Malcolm Fraser in Lusaka wie auch mit seinem Nachfolger Bob Hawke, dem Führer der Labour-Partei, im Jahr 1989 in Kuala Lumpur, als sie eine Pressekonferenz zusammenrief und sich öffentlich von dem vorher verabschiedeten Kommuniqué über Sanktionen gegen Südafrika distanzierte.

Elizabeth war bewußt, daß das Commonwealth über Mrs. Thatchers Einstellung unglücklich war, und fühlte mit ihm. Vertreter des Commonwealth glauben, daß sie bei jeder Gelegenheit einen mäßigenden Einfluß auf die Premierministerin ausübte und damit vielleicht der gegen das Commonwealth gerichteten Haltung der Thatcher-Anhängerschaft entgegenwirkte. »Die Königin konnte um das Commonwealth besorgt sein«, sagte ein Berater von Mrs. Thatcher, »aber es war unsinnig zu behaupten, daß das Commonwealth auseinanderfallen würde. Das Commonwealth beleidigte Großbritannien unentwegt, nahm sein Geld und verlangte noch mehr. Schon aus dem Grunde könnte es gar nicht auseinanderfallen.« Bei einer Commonwealth-Krise allerdings waren Elizabeth und ihre Premierministerin sicher einer Meinung: Als Präsident Reagan im Jahr 1983 die US-Invasion von Grenada, wo Elizabeth Königin war, ohne vorherige Konsultation anordnete, zeigte Mrs. Thatcher sich gegenüber Reagan am Telefon wutentbrannt; Regierungsbeamte bezeichneten die Grenada-Episode als »sehr turbulent – ein atlantischer Orkan«.

Mrs. Thatchers Einstellung zum Commonwealth wurde mit der Zeit reifer. Ein Berater gab folgenden Kommentar: »Wir waren beide anfangs der Meinung, daß das Commonwealth etwas ist, womit wir aufgewachsen sind, Landkarten an der Schulwand mit roten Flecken darauf, etwas, worauf man stolz war, die Überreste des Empire, das ohne große Schmerzen aufgelöst worden war, und daß es eine löbliche Sache war, es in die große Gemeinschaft der Nationen zu entlassen. Doch bei näherer Betrachtung wurde uns klar, in welchem Ausmaß britisches Entgegenkommen und Verpflichtung gefordert waren, um die Verhältnisse in der Welt zu verbessern – welche Art von Erbe wir als ehemalige Kolonialmacht übernommen hatten. Es erforderte sehr viel Entgegenkommen, und Frau T. war nicht sehr gut im Entgegenkommen … Schließlich mußte auch sie erkennen, daß es eine wertvolle Institution war, die eine der kleinsten Demokratien der Welt, Tuvalu, und auch die größte, Indien, umfaßte. Es wurde ihr auch klar, daß alle davon profitierten. Frau T. wurde auf einige der Probleme der Neuen Welt aufmerksam, und natürlich sprang ihr im Jahr 1982 eines davon mit den Falklandinseln besonders ins Auge – wie gewährleistet man die Sicherheit eines kleinen Staates? Sie konnte auch sehen, daß es [das Commonwealth] eine Rolle bei der Verteidigung der Welt gegen den militanten Islam spielen mußte.«[17]

Das, was als die *Sunday-Times*-Affäre bekannt wurde, verdeutlichte, daß es Spannungen zwischen dem Königshaus und Downing Street gab. Am 20. Juli 1986, kurz vor Beginn der Commonwealth-Spiele von

Edinburg, die von zahlreichen Nationen aus Protest gegen die britische Sturheit beim Thema Sanktionen gegen Südafrika boykottiert wurden, brachte die *Sunday Times* als Titelgeschichte, daß Elizabeth in einer Vielzahl von Problemen zutiefst unglücklich über Mrs. Thatchers Politik sei: »Aus der Königin nahestehenden Kreisen konnte die *Sunday Times* gestern erfahren, daß die Königin über viele der politischen Entscheidungen von Mrs. Thatcher bestürzt ist. Die Bestürzung geht weit über die derzeitige Südafrika-Krise des Commonwealth hinaus. In beispielloser Offenlegung der königlichen Meinung wurde mitgeteilt, daß die Königin die Haltung der Premierministerin als gleichgültig, auf Konfrontation ausgelegt und spaltend ansehe.« Elizabeth war entsetzt, und Mrs. Thatcher, die schon immer empfindlich auf die sich in der Presse mehrenden Geschichten darüber, daß sie und Elizabeth nicht miteinander auskamen, reagiert hatte, war schwer gekränkt – so sehr, daß sie den Vorfall nicht einmal in ihren Memoiren erwähnte. Der Privatsekretär der Königin, Sir William Heseltine, schrieb in althergebrachter Weise einen Brief an *The Times*, in dem er auf das von der Verfassung garantierte Recht der Königin hinwies, ihre Minister zu beraten, zu ermutigen und zu warnen: »Sie ist berechtigt, eine eigene Meinung über die Regierungspolitik zu haben, und darf sie auch gegenüber ihren führenden Ministern zum Ausdruck bringen.« Welche persönliche Meinung die Herrscherin sich auch gebildet oder gegenüber der Regierung geäußert haben möge, äußerte er, »sie kann nur zustimmen und auf Vorschlag der Regierung handeln«. Außerdem sei die Königin »gehalten, ihre Beratungen mit der Premierministerin als streng vertraulich zu behandeln«. Es sei »ungeheuerlich« anzunehmen, daß die Königin nach vierunddreißigjähriger Erfahrung von diesen grundlegenden Prinzipien abgewichen sei, schrieb er. Er gab zu, daß der königliche Pressesekretär Michael Shea mit dem betreffenden Journalisten Simon Freeman gesprochen hatte, behauptete aber, daß er »nichts sagte, woraus sich glaubhaft die Interpretation ableiten ließ, die in dem Leitartikel vom 20. Juli vorgenommen wurde«. Die Behauptung, daß der Inhalt des Artikels auf Informationen beruhe, die aus dem Palast stammten, »stellt eine ausgesprochen ungerechtfertigte Verleumdung höherer Hofbeamter bezüglich Unparteilichkeit und Diskretion dar«.

Der Gedanke, daß Shea von Elizabeth ermächtigt worden sein könnte, die ihr zugeschriebenen Ansichten in dem Artikel der *Sunday Times* durchsickern zu lassen, war laut Heseltine »völlig absurd«. Michael Shea, der Gordonstoun und die Universität von Edinburg absolviert hatte und früher Diplomat und Generaldirektor der britischen Informationsdienste in New York gewesen war, war vom Königshaus im Anschluß an Elizabeths erfolgreichen Besuch bei der Zweihundertjahrfeier in den Vereinigten Staaten eingestellt worden und im Jahr 1978 einer ihrer Pressesekretäre geworden. Der Mann, der seine knapp bemessene Freizeit als Schriftsteller zubrachte, war aus einem anderen Holz geschnitzt als die traditionelle Palastelite der Brigadegardisten von Eton-Sandhurst. Er war intelligent, zugänglich und vertrat liberale Ansichten. An der Universität und später in London hatte er die Wohnung zunächst mit David Steel, dem Führer der liberalen Partei, geteilt und war Trauzeuge bei dessen Hochzeit gewesen. Shea war durchaus vertraut mit den Problemen des Commonwealth und immer in engem Kontakt mit unterrichteten Kreisen, aus denen über ihn verlautete, er sei von Freeman »mißbraucht« worden. Er kannte Freeman nicht, hatte ihn nie getroffen, auch nicht zum Interview, das lediglich telefonisch stattgefunden hatte, nachdem Freeman um eine Stellungnahme zu dem umfassenden Thema »Die Monarchie im Jahr 2011« gebeten hatte.

Nach Ansicht von Shea zog der Journalist willkürlich Rückschlüsse und münzte seine Worte um zu den sensationellen Behauptungen über Elizabeths Unbehagen über Mrs. Thatchers Politik. Das Interview sei in der Art verlaufen: »Macht sich die Königin Sorgen um das Commonwealth?« – »Die Königin macht sich immer Sorgen um das Commonwealth.« – »Ist die Königin unglücklich wegen des Kohlestreiks?« – »Die Königin ist immer unglücklich, wenn sich das Land in Aufruhr befindet.« Personen, die Mrs. Thatcher damals nahestanden, glauben allerdings, daß »es keinen Rauch ohne ein Feuer gibt«, auch wenn Shea sich bestimmt nicht mit der Königin abgesprochen hatte, ihre Ansichten »durchsickern« zu lassen, was diese niemals erlaubt hätte. Sie sind davon überzeugt, daß feindliche Gefühle für Mrs. Thatcher herrschten, auch wenn Mrs. Thatcher selbst dies nicht glauben wollte.

Niemand in Downing Street No. 10 unterstellte Elizabeth zu der Zeit, irgend etwas direkt damit zu tun zu haben, aber sie hielten es für höchst unwahrscheinlich, daß Shea von sich aus dem Journalisten Informationen gegeben haben könnte, ohne sich vorher mit seinen Kollegen abzusprechen. Dies bedeutete, daß es irgendein Gespräch mit einem Mitglied aus dem Büro der Privatsekretäre gegeben haben mußte und eine Übereinkunft, daß eine sorgfältig plazierte Andeutung »nützlich sein könnte«. »Wir dachten, daß der Palast seinen Müll über uns auskippte«, sagte ein Insider, »aber Frau T. war entschlossen, nicht daran zu glauben.« Unter denen, die des »Anti-Thatcherismus« verdächtigt wurden, waren die Privatsekretäre, mit Ausnahme des Ersten Privatsekretärs Sir William Heseltine, das erfahrene Personal, »richtige Höflinge«, also Personen, die Posten am Hof bekleideten, und »Freunde der Königin«. Andere schlossen auch Mitglieder der königlichen Familie ein, die es »leid waren, Krankenhausstationen zu eröffnen, die dann gleich wieder geschlossen wurden, so daß sie Hunderte von Briefen bekamen«. Shea, so meinten sie, mußte geglaubt haben, nur eine weitverbreitete Meinung innerhalb des Königshauses weiterzugeben; vieles in Freemans Artikel schien auf Vermutung zu beruhen, aber »der Kernpunkt der Geschichte – über das Commonwealth – entsprach der Wahrheit«. Die Königin stand loyal zu ihrem Pressesekretär. Kurz nachdem die Geschichte bekannt wurde, saß Shea in Holyrood House zwischen Elizabeth und Mrs. Thatcher, und beide sagten zu ihm, er solle dem Medienspektakel keine Beachtung schenken; trotzdem war seine Position gegenüber Downing Street schwierig geworden. Als er Elizabeth auf dem Staatsbesuch nach China begleitete, wo Philip eine überall veröffentlichte Bemerkung über »Schlitzaugen« machte, wurde Shea in die Handgreiflichkeiten mit chinesischen Wachposten verwickelt, die vom Fernsehen übertragen wurden. Er entschied, daß es ihm jetzt reichte, und nahm ein halbes Jahr später seinen Abschied, um bei der Hanson GmbH anzufangen.

Achtzehn Monate vorher, in den Jahren 1984–85, hatte Margaret Thatcher den lang anhaltenden Kampf mit den britischen Grubenarbeitern aufgenommen, der mit der Niederlage der Nationalen Bergmannsgewerkschaft endete. Es war eine qualvolle Zeit für Großbritannien mit schrecklicher Gewalt zwischen den Streikposten und der Polizei, Geschichten über gespaltene Familien, Schlägerbanden und Armut. Ganz am Ende des Streiks besuchten Elizabeth und Philip *The Times* aus Anlaß des zweihundertjährigen Bestehens der Zeitung. Während Prinz Philip in seiner gewohnt direkten Art den Anführer der Bergarbeiter Arthur Scargill als »Dreckskerl« abgetan haben soll, wurde Elizabeth mit dem Redakteur Paul Routledge als dem Mann bekannt gemacht, der über den Streik der Bergarbeiter berichtet hatte. Sie erzählte von sich aus, daß sie einmal in ein Kohlebergwerk in Schottland eingefahren sei, das kurz danach geschlossen wurde, und fügte nach einer Pause hinzu: »Alles dreht sich nur um einen Mann, nicht wahr?« Routledge erwiderte, daß das mit dem einen Mann vielleicht nicht ganz zuträfe. Da er die Bergarbeiter kenne und mit ihnen aufgewachsen sei, glaube er nicht, daß ein einziger Mann hunderttausend Männer ein ganzes Jahr lang zum Streik bewegen könne. »Es entstand eine bedeutungsschwere Stille«, erinnerte sich Routledge, und dann ging die Gruppe weiter. Acht Jahre später, nachdem er eine nicht autorisierte Biographie über Scargill geschrieben hatte, war er mit den größenwahnsinnigen Tendenzen des Mannes vertrauter geworden. »Mit der Erkenntnis, die ich durch das Schreiben des Buches gewonnen habe«, gab er zu, »habe ich jetzt das Gefühl, daß ich mich bei der Königin entschuldigen muß. Im damaligen Stadium zumindest drehte sich der Streik tatsächlich nur um einen Mann. Scargill mag den Streik nicht angefangen haben, aber ein Wort, ein Signal von ihm hätte den Streik abbrechen können, bevor der Kampf in den Abgrund von Elend, Gewalt und Versäumnissen eintauchte, in dem er dann schließlich unterging ... Die Königin hatte recht.«[18]

Deshalb gab Elizabeth auch nicht Mrs. Thatcher die Schuld am Bergarbeiterstreik. Niemand hat jemals herausgefunden, welches ihre Gefühle waren, als Mrs. Thatcher im Oktober 1982 die Parade der zurückgekehrten Falkland-Veteranen bei einem Umzug durch die Innenstadt Londons abnahm. Sie mag gedacht haben, daß der Falkland-Sieg größtenteils Mrs. Thatchers Sieg war, aber andere Leute fanden es merkwürdig, daß statt der Königin, die das Oberhaupt der Streitkräfte ist, die Premierministerin auf dem Podium stand. Nicht ein Mitglied der königlichen Familie war eingeladen worden, an diesem feierlichen Anlaß teilzunehmen, ganz im Gegensatz zum Jahr 1945, als das Ende des Zweiten Weltkrieges gefeiert wurde und der König die Parade abnahm, während Churchill und Attlee sich diskret im Hintergrund hielten. Mrs. Thatcher wiederum nahm 1984 nicht an den Festivitäten zum vierzigsten Jahrestag des »D-Day« (Landung der Alliierten in der Normandie am 6. Juni 1944) teil, weil sie meinte, das sei allein Sache der Königin, aber vielleicht auch, um die wiederholt geäußerte Vermutung zu entkräften, daß sie der Königin die Schau stehlen wolle. Die Zeitungen beschuldigten Mrs. Thatcher, Opfer zu mißbrauchen und die königliche Familie mit Ellbogen aus dem Rampenlicht zu drängen, wenn sie jedesmal losstürzte, um als erste auf dem Schauplatz eines Unglücks einzutreffen, wie nach dem Sinken der Fähre »Herald of Free Enterprise« vor Zeebrugge oder nach dem Absturz des Pan-Am-Flugzeuges über Lockerbie. Nach Greueltaten der IRA sah man, wie die Premierministerin den Opfern schnell zu Hilfe eilte, schließlich war sie selbst einmal fast das Opfer von Terroristen bei dem Bombenanschlag auf das Hotel in Brighton geworden. »Sie wollte Solidarität demonstrieren mit Leuten, die litten, und wollte zeigen, daß Terroristen die Entschlossenheit Großbritanniens niemals aushöhlen konnten«, sagte ein Berater. Trotzdem war sich Downing Street des Eindrucks, der dadurch vermittelt wurde, bewußt und reagierte recht empfindlich. Scheinbar hat es einmal kurzzeitig einen Abbruch der Beziehungen zwischen der Premierministerin und dem Königshaus wegen der Frage gegeben, wer wann wohin gehen sollte. »Bei der königlichen Familie war kein Verlaß darauf, daß jemand tatsächlich hinging«, sagte ein Thatcher-Berater zur Rechtfertigung, und tatsächlich gab es eine Menge Verärgerung, als Elizabeth nicht selbst zum Ort des Lockerbie-Unglücks eilte, sondern statt dessen Prinz Andrew hinschickte.

Mrs. Thatcher spricht in ihren Memoiren über die Jahre in Downing Street nur sehr selten von der Königin. Das meiste, was sie über ihre Audienzen bei der Königin zu berichten wußte, war: »Jeder, der sich vorstellt, daß sie reine Formalitäten sind oder sich auf gesellschaftliche Plaudereien beschränken, irrt; sie laufen ruhig und geschäftsmäßig ab, und Ihre Majestät verfügt über ein enormes Wissen zu aktuellen Fragen sowie über ein großes Maß an Erfahrung. Auch wenn die Presse der Versuchung nicht widerstehen konnte, Streit zwischen dem Königshaus und Downing Street zu unterstellen, besonders über Angelegenheiten des Commonwealth, so habe ich persönlich die Haltung der Königin gegenüber der Regierungsarbeit immer als absolut korrekt empfunden.«[19]

Auf Andeutungen, daß Mrs. Thatcher zu dem Thema befragt werden könnte, kam aus dem Königshaus die Anwort: »Ich bezweifle, daß sie irgend etwas sagen würde, sie ist zu loyal.«

Unter Politikern und Mitgliedern des Commonwealth hält sich beharrlich der Eindruck, daß Elizabeth einen mäßigenden Einfluß auf Mrs. Thatcher ausübte, besonders auf einige ihrer anhaltenden taktlosen Launen. Es gab Spekulationen, daß erst auf einen Rat des Königshauses hin, ein Amtsjubiläum von Mrs. Thatcher nicht parteiintern, sondern als Dinner gefeiert wurde, zu dem die Premierministerin und ihr Kabinett außer Elizabeth auch die Führer aller Parteien sowie die Nachkommen früherer Premierminister einlud. Eine andere Gelegenheit war die Zeremonie in Whitehall am »Armistice Sunday«, der an den Waffenstillstand des Ersten Weltkrieges am 11.11.1918 erinnert, wo die Königin und die Führer der politischen Parteien am Mahnmal für die Gefallenen Kränze niederlegten. Ursprünglich hatte Mrs. Thatcher der neu gegründeten SDP, der Sozialdemokratischen Partei, die Teilnahme verweigert. Ein führendes Mitglied teilte dem Königshaus – indirekt – mit, wie seine Partei es empfände, in dieser Weise ausgeschlossen zu werden. Mrs. Thatcher gab nach. In bestimmten Dingen konnte sie jedoch regelrecht verstockt sein. Elizabeth hätte sehr gerne das Europäische Parlament in Straßburg besucht; ihre Premierministerin wandte sich entschieden gegen die Vorstellung, jener so verachteten Institution auch noch königliche Unterstützung zu gewähren. Elizabeth verzichtete auf den Besuch.

Mrs. Thatchers größte Innovation in der britischen Politik war die furchtlose Entschlossenheit, mit der sie sich daran machte, gegen heilige Kühe und althergebrachte Institutionen in Großbritannien vorzugehen: Ärzte, Anwälte, die Universitäten, die Gewerkschaften, die verstaatlichten Industrien, die BBC, der staatliche Gesundheitsdienst – nichts und niemand konnte ihrem Reformeifer und ihrer Entschlossenheit entkommen, Kosten zu senken und die Ausgaben der öffentlichen Hand zu reduzieren, um zu erreichen, daß das Geld der Steuerzahler nicht an Wert verlor. Es war nur eine Frage der Zeit, wann auch das Königshaus unter diesem Aspekt betrachtet werden sollte. Die freie Marktwirtschaft, die von Mrs. Thatcher so gepriesen wurde, brachte freien Zugang für alle zu den modernen Kommunikationsmitteln, wobei sie es zuließ, daß sich ihr bevorzugter Presse-Tycoon, der republikanische Rupert Murdoch, einen marktbeherrschenden Anteil an den Medien sicherte. Es ist blanke Ironie, daß mit Mrs. Thatcher der »loyalste« aller Premierminister der Königin, deren Haltung gegenüber der Monarchie die ehrerbietigste war, eine Revolution im britischen Leben in Bewegung setzte, die selbst die Königin im nächsten Jahrzehnt nicht verschonen sollte.

15

Erweiterte Familie

»Eine Familie auf dem Thron ist eine interessante Idee ... Sie führt den Stolz des Herrschertums herab auf die Ebene gewöhnlichen Lebens... «

Walter Bagehot:
»Die englische Verfassung«

Im November 1969 feierte Elizabeth den 21. Geburtstag ihres Sohnes mit einem Ball für vierhundert Menschen. Pyramiden von nichtsaisonalen Fliederbäumen in großen Malachittöpfen verbreiteten ihren Duft, während Elizabeth ihre Schuhe abstreifte und ausgelassen bis in die frühen Morgenstunden tanzte; und vielleicht mischte sich in ihre Freude die Erleichterung darüber, daß ihr Sohn endlich das Mannesalter erreicht hatte und sie der Verantwortung für ihn enthoben war. Im Laufe der nächsten zehn Jahre lockerten sich die Familienbande allmählich, um sich dann mit erschreckender Schnelligkeit aufzulösen.

Mitte der siebziger Jahre wurde das trauliche Image, das der Film »The Royal Family«, Die königliche Familie, gefördert hatte, zunehmend zur Illusion. Anne trat durch ihre Heirat aus dem Familienkreis heraus, Charles war für lange Zeit bei der Navy, Andrew ging auf die Boarding-School, zunächst 1969 in Heatherdown und 1973 dann nach Gordonstoun; Edward folgte ihm 1972 nach Heatherdown und besuchte ab 1977 ebenfalls Gordonstoun. Die traditionellen Feiertage verbrachte die Familie gemeinsam: Nach Weihnachten in Windsor, gefolgt von einer Zeit in Sandringham, weilte sie Ostern wieder in Windsor und im August und September in Balmoral. Doch selbst wenn sich alle in

London befanden, waren sie selten zusammen, außer bei formellen Anlässen wie etwa dem Empfang des Diplomatischen Korps im November. Die Größe und der Charakter des Buckingham-Palastes beeinflußte die Art, wie sie lebten. Jeder von ihnen hatte seine eigenen Gemächer und seine eigene Dienerschaft, und sie waren durch lange Korridore oder Etagen voneinander getrennt. Das Gebäude glich mehr einem Hotel als einem Privathaus, und die Familie neigte dazu, entsprechend zu leben.

Anne war das erste von Elizabeths Kindern, das heiratete. Bei der Wahl ihres Ehemanns hatte ihre Mutter jedoch nicht die geringste Rolle gespielt, ein typisches Verhaltensmuster, das sich auch darin äußerte, daß sie die Wahl ihrer Tochter widerspruchslos akzeptierte, welche Gefühle sie insgeheim auch immer hegen mochte.

Königin Victoria, die Vorfahrin, die Elizabeth am meisten bewunderte, hatte unaufhörlich ihre Hand im Spiel gehabt und war sogar so weit gegangen, die Vermählung ihres jüngsten Sohnes Prinz Arthur bereits zu planen, als dieser noch in der Wiege lag; sobald er alt genug war, schickte sie ihn mit einer Liste empfohlener potentieller Bräute auf eine Inspektionsreise durch Europa. Das war indes nicht Elizabeths Stil; sie mischte sich selten ein, und viele ihrer Höflinge meinten, sie täte es nicht oft genug. Überdies waren die sechziger Jahre des zwanzigsten Jahrhunderts eine andere Welt als die sechziger Jahre des neunzehnten Jahrhunderts. Keines von Elizabeths Kindern hätte eine arrangierte Heirat akzeptiert; die Klassenrevolution begann in den sechziger Jahren und fand in gewisser Weise ihren Ausdruck darin, daß Margaret einen Mann heiratete, der sich seinen Lebensunterhalt als Fotograf verdiente, obwohl seine Mutter einen Grafen zum Ehemann hatte. Captain Mark Phillips, ein der respektablen Mittelschicht entstammender Berufssoldat mit ehrbaren, relativ wohlhabenden Eltern, war ein akzeptabler Ehemann; ob er im Leben der Prinzessin eine anhaltende oder lediglich eine vorübergehende Rolle spielen würde, stand auf einem anderen Blatt. Eine Bemerkung, die Elizabeth zu dieser Zeit gemacht haben soll, deutet darauf hin, daß sie den wahren Grund für seine Attraktivität erkannt hatte: »Ich würde mich nicht wundern, wenn ihre Kinder vier Beine haben sollten.« Die Königinmutter äußerte sich ähnlich frivol, als sie urteilte: »Die beiden als Paar, das könnte fast ein Computer besorgt haben.«[1] Anscheinend waren Annes Eltern insgeheim von ihrer Wahl nicht übermäßig beeindruckt. »Sie waren schrecklich dagegen«, sagte eine Verwandte, »jedoch erleichtert, sie sozusagen im sicheren Ehehafen zu sehen.«

Charles erfuhr von der Verlobung seiner Schwester durch einen Brief seines Vaters, während er bei der Navy in der Karibik diente. Wie er einem Freund erzählte, fühlte er sich »gleichermaßen geschockt wie verblüfft« angesichts einer »solch greulichen Fehlpaarung«. Später, so wurde berichtet, nannte er seinen Schwager »Fog«, Nebel, weil dieser »so dick und feucht« sei. Die allgemeine Meinung bei Hofe war die, daß Anne ihren Mann Mark wohl langweilig finden würde, sobald seine physische Attraktivität Vergangenheit sei; doch seit ihrer Kindheit bekam Anne, was sie wollte. Man hoffte, daß das gemeinsame Interesse für Pferde das Paar zusammenhalten würde. Auf einem inoffiziellen Foto der beiden Familien mit den Verlobten schien Elizabeth mehr Interesse für die Flora und ihren schwarzen Neufundländer Moriarty aufzubringen.

Mark Phillips hatte Anne imponiert als der Mann, der sie bei einem Turnier schlagen und dessen überragende Reitkunst sie bewundern konnte. Andere mochten seine Gesprächsthemen äußerst begrenzt finden – wer jemals neben ihm saß, sagte ein königlicher Verwandter, mußte über Armeemanöver oder Dressurreiten Bescheid wissen. »Und wenn man von keinem von beiden Ahnung hatte, war man aufgeschmissen ...« Anne teilte jedoch das Interesse für solche Dinge. Mark Phillips sah gut genug aus, um als attraktiv zu gelten, und da er ruhig, still, ziemlich scheu und wenig wortgewandt war, konnte er mit ihr auf einer persönlichen Ebene niemals konkurrieren. Die Verlobung der beiden wurde am 30. Mai 1973 bekanntgegeben, und ihre Vermählung fand am 14. November, Charles' 24. Geburtstag, mit angemessener königlicher Pracht in Westminster Abbey statt. Zuvor waren die königlichen Imagemacher am Werk gewesen; Norman Parkinson fotografierte Anne, eine moderne Märchenprinzessin in einem langen, filmhaften Zandra-Rhodes-Kleid, mit einem Diamantdiadem auf ihrem modisch frisierten langen Blondhaar, wie sie in der Long Gallery von Schloß Windsor liebend und ergeben vor ihrem stattlichen militärischen Gatten stand, der mit seinen Sporen und dem kurzen Uniformrock seines Regiments prächtig anzusehen war. Es gab ein Fernsehinterview mit dem Paar, durch das sich ein unverkennbar kamerascheuer Mark Phillips hindurchquälte – vielleicht entnervt durch den Rat seines Armeeausbilders, sich still zu verhalten und unentwegt zu lächeln –, während Anne, äußerst gelöst und direkt, einem größeren Publikum zum ersten Mal demonstrierte, daß sie im Umgang mit dem Fernsehen ein Naturtalent war.

Plötzlich war Anne wieder gern gesehen, eine Popularität, die kurz neu belebt wurde durch ihre kaltblütige Tapferkeit angesichts eines entschlossenen Kidnappingversuchs, den ein bewaffneter Mann auf der Mall im folgenden Jahr unternahm. Es handelte sich um einen ernsten Zwischenfall; der Angreifer, ein Geistesgestörter, packte Anne beim Arm und versuchte, sie aus ihrem Auto zu zerren. Ihr Schutzbeamter, der Chauffeur, ein Polizist und ein Journalist wurden von Schüssen getroffen, der Schutzbeamte dreimal.

»Ihre Geschichte glich einem Alptraum«, schrieb der geschockte Charles am 20. März 1974 in sein Tagebuch, nachdem Anne ihn in Kalifornien angerufen hatte, wo er mit seinem Schiff, der »Jupiter«, zu Besuch war, »und sie erzählte mir davon, als handle es sich um einen völlig normalen Vorfall. Ihr Mut und ihre überragende Widerstandskraft waren unglaublich. Man stelle sich vor, wie sie sich hartnäckig weigert, der wiederholten Aufforderung des Kidnappers nachzukommen, aus ihrem Auto zu steigen und in seines zu klettern, während er unaufhörlich mit einem Paar Pistolen vor ihr herumfuchtelt. Man stelle sich vor, daß man sieht, wie vor einem vier Menschen kaltblütig niedergeschossen werden, und man sich trotzdem weigert auszusteigen; daß man dagegen ankämpft, sich aus dem Auto zerren zu lassen, während Mark Phillips einen am anderen Arm festhält, bis dann nach einer Zeit, die wie eine Ewigkeit erschienen sein muß, Polizisten in ausreichender Zahl auftauchten, um den Mann zu überwältigen. Meine Bewunderung für eine solch unglaubliche Schwester kennt keine Grenzen.«

Mit der Ehe schien soweit alles gutzugehen. Nach einer kürzeren Zeit als Ausbilder in Sandhurst wurde Mark ins Verteidigungsministerium versetzt, und Elizabeth kaufte dem Paar 1976 einen Landsitz: Gatcombe Park in Gloucestershire. Der Verkäufer, Rab Butler, beklagte sich humorvoll darüber, daß »die Königin beinhart handelte«; der Preis für das Haus aus dem 18. Jahrhundert mit 73 000 Quadratmeter Grund, laut Presse 750 000, lag eher bei 500 000 Pfund. Natürlich ließ das Ehepaar Ställe bauen, und Elizabeth lieh ihnen das Geld, um eine benachbarte Farm zu kaufen. Es gab eine Menge öffentliches Gerede, und es herrschte die übliche Verwirrung im Hinblick auf Elizabeths Privatvermögen und die Gelder, die ihr gemäß den Vereinbarungen der Zivilliste gezahlt wurden. Annes Zuwendungen von der Zivilliste waren nach ihrer Heirat von 15 000 auf 35 000 Pfund erhöht worden; es gingen Gerüchte um, wonach das Paar einen Swimmingpool für die Pferde angelegt hatte, und Captain Phillips Bemerkung, sie seien »genau wie jedes andere Ehepaar mit einer Hypothek« belastet, wurde verständlicherweise mit Spott aufgenommen.

Am 15. November 1977, dem Morgen nach ihrem vierten Hochzeitstag, brachte Anne Elizabeths erstes Enkelkind, Peter Phillips, zur Welt. Die Königin war entzückt; wegen der üblichen Bürde ihrer öffentlichen Pflichten konnte sie während der Entbindung nicht im Krankenhaus sein. Sie mußte an jenem Morgen im Thronsaal des Buckingham-Palastes eine Amtseinsetzung vornehmen und konnte die mehreren hundert Menschen, die auf sie warteten, nicht enttäuschen.

Um 10.46 Uhr – der offizielle Akt sollte um elf beginnen – rief Mark Phillips sie an, um ihr die Neuigkeit mitzuteilen; als Folge davon gestattete sie sich eine zehnminütige Verspätung und entschuldigte sich: »Ich habe gerade eine Nachricht aus dem Krankenhaus erhalten. Meine Tochter hat einen Sohn geboren, und ich bin jetzt Großmutter.« Anders als Mrs. Thatcher typischerweise unter vergleichbaren Umständen, gebraucht sie den Pluralis majestatis nicht.

Elizabeths Verhältnis zu ihrem ältesten Sohn wurde immer distanzierter, was zum Teil daran lag, daß er nach seinem Weggang von Cambridge meistens fern der Heimat bei der Marine weilte; der weitaus gewichtigere Grund war jedoch der Mangel an Kommunikation auf einer tiefen persönlichen Ebene. »Er verehrte die Königin, empfand vor ihr jedoch Scheu«,[2] schrieb Mountbattens Privatsekretär John Barrat. Ihr Umgang miteinander war oberflächlich glatt und unbeschwert, stützte sich auf persönliche Scherze und gemeinsame Erlebnisse, mied jedoch, wie es in der königlichen Familie etablierter Brauch war, alles Ernste und Persönliche. Elizabeth, deren Tage und oft auch Abende mit unumgänglichen Pflichten erfüllt waren, forderte ihre Kinder nie zu vertraulichen Mitteilungen auf. Zwar war sie ihre Mutter, doch vor allem war sie die Königin – und umgeben von jener unsichtbaren Aura der Distanziertheit. Sie konnte lachen, scherzen, Gesichter schneiden, wenn sie sich entspannt und in der Stimmung fühlte, dennoch blieb sie verschlossen und reserviert, und es war ihr unmöglich, über emotionale Dinge zu diskutieren. Gemäß der traditionellen Selbstkontrolle und Zurückhaltung in ihrer Familie betrachtete sie Gefühlsäußerungen oder Klagen als Schwäche. »Nie eine Erklärung, nie eine Klage«, hätte das Familienmotto sein können. Als ein Hund starb, der einem ihrer Privatsekretäre gehörte, verfaßte sie einen vier Seiten langen Kondolenzbrief, doch nach dem Tod eines ihrer ehemaligen Privatsekretäre konnte sie sich nicht dazu durchringen, seiner Witwe zu schreiben, obwohl der Mann ihr viele Jahre lang loyal gedient hatte. Es war nicht Gefühllosigkeit, sondern vielmehr die Unfähigkeit und das Widerstreben, sich mit einer tiefen Emotion zu konfrontieren und sie auszudrücken. Im Unterschied dazu war Margaret, für die der Tod des Vaters der härteste Schlag in ihrem Leben gewesen war, stets bereit, bei derartigen Anlässen Mitgefühl zu zeigen; als der Vater einer ihrer Hofdamen starb, gehörte Margarets Brief zu den beiden bewegendsten Kondolenzbriefen, welche die Tochter erhielt. Ihre Kinder vertrauten sich ebenso wie andere Menschen Elizabeth nicht an, teils, weil sie die Königin war, und teils, weil sie sich scheuten, ihre Reserviertheit zu durchbrechen. Sie selbst klagte manchmal darüber, daß ihre Kinder »niemals mit mir sprachen«; anscheinend war ihr nicht klar, daß vielleicht sie es sein sollte, die ihnen den Anstoß dazu gab. Was die Situation für sie gewiß nicht leichter machte, war die Tatsache, daß ihr Mann und ihr Sohn nicht gut miteinander auskamen und daß sie dazu tendierte, Philip in seiner Kritik an Charles beizupflichten.

Unter diesen Umständen wandte sich Charles anderen Menschen als seinen Eltern zu. Er mochte seine Schwester, doch glich sie zu sehr seinem Vater, als daß er sich bei ihr wirklich wohl gefühlt hätte. Er hatte eine Ersatzmutter in seiner ehemaligen Nanny Mabel Anderson; eine ältere Schwester – oder, wie eine Verwandte sie beschrieb, »einen weiblichen Mountbatten« – in Lady Susan Hussey, die nur elf Jahre älter war; die wichtigste Person in seiner gesamten Verwandtschaft war jedoch sein Ersatzvater Mountbatten, der zu dieser Zeit auch die Mutterstelle einnahm. Er war die einflußreiche Stimme bei der Planung der Erziehung des Prinzen gewesen, ein Feld, auf dem sich Elizabeth aus Mangel an Lebenserfahrung passiv verhalten und die Initiative ihrem Mann und dessen Onkel überlassen hatte. Nach Cambridge war es Mountbatten gewesen, der dem Prinzen einschärfte, wie wichtig es sei, zur Marine statt zu einer anderen Waffengattung zu gehen. Philip, der den Dienst bei der Navy als die glücklichste Zeit seines Lebens betrachtete, war natürlich darauf erpicht, daß sein Sohn in seine Fußstapfen trat. Er machte sich große Mühe, höhere Marineoffiziere über diesen Punkt zu befragen, und teilte Charles die Ergebnisse dieser Unterredungen in Form von handschriftlichen Notizen mit, doch in noch stärkerem Maße war es wohl Mountbatten, der den Prinzen drängte, sich für die Marine zu entscheiden; und das hatte er schon getan, als Charles sich noch in Gordonstoun befand. Falls nötig, könne er ja auch einige Zeit bei den anderen Waffengattungen dienen, aber, so Mountbattens Argument, »Du mußt eine ›Mutterwaffengattung‹ haben, zu der Du wirklich gehörst und bei der Du eine anständige Karriere machen kannst. Dein Vater, Dein Großvater und Deine beiden Urgroßväter haben bei der Royal Navy eine ausgezeichnete Karriere gemacht. Wenn Du ihrem Beispiel folgst, wäre das sehr populär…«[3]

Mountbatten genoß es, den Prinzen in die Geschichte seiner Familie und in die Eigenarten der Regierungsmechanismen einzuweihen. Angesichts seiner eigenen Karriere, zumal als letzter Vizekönig von Indien und Chef des Verteidigungsstabes, war er, wie Charles' Biograph schrieb, einzigartig geeignet, den Prinzen mit Autorität und Kenntnisreichtum über das Regieren in Britannien zu belehren und ihm zu helfen, die Pflichten und Möglichkeiten zu interpretieren, die ihn erwarteten. Er kleidete seine Aperçus in Anekdoten, die zwar ausnahmslos auf Eigenwirkung zielten, gleichzeitig jedoch darauf berechnet waren, den launischen Zuhörer zu faszinieren. Stunde um Stunde war Prinz

Charles hingerissen von den Erkenntnissen und Einsichten, die Mountbatten aus ihnen gewann. »Du wirst genauso wie Königin Victoria im hohen Alter war, und niemand wird wissen, was getan werden muß, wenn du nicht da bist, um zu helfen und zu raten«, sagte Charles zu ihm am 11. August 1970. Von Mountbatten erfuhr er weit mehr über das Tabuthema »Onkel David« als von irgend jemandem sonst in der Familie. Mountbatten zielte auf Aussöhnung zwischen den Windsors und dem Prinzen ab, wobei er darauf hoffte, daß die Zuneigung zu dem Thronfolger sie dazu bewegen werde, ihm ihren Besitz zu vererben, und es gelang ihm, Onkel David in Charles' Augen in einem günstigeren Licht erscheinen zu lassen; dennoch wurde er nie müde, Onkel David als abstoßendes Beispiel für Selbstsüchtigkeit und Pflichtvergessenheit abzustempeln. Der Prinz vergaß selten etwas von dem, was ihm sein Großonkel sagte, und neigte ausnahmslos dazu, ihm zu glauben, wie der Biograph des Prinzen schrieb. Als Charles sich dann auf seine mittleren Lebensjahre zubewegte, legte er jedoch gewisse Charakteristika an den Tag, die er mit dem Herzog von Windsor gemein hatte, wie Mountbatten unverblümt feststellte.

Philip, der den Modus Operandi seines Onkels seit seiner Jugend kannte, warnte Charles davor, Mountbatten seine Nase zu sehr in seine Navy-Karriere stecken zu lassen; doch keinerlei Warnungen konnten etwas ausrichten gegen die wachsende Heldenverehrung und nahezu Sohnesliebe, die der junge Prinz für seinen Großonkel empfand. »Du bist der erstaunlichste ›Groß-Onkel‹, den es jemals gegeben hat«, schrieb er Mountbatten. Als Charles dreiundzwanzig wurde, war Mountbatten sein engster Vertrauter und die Einzelperson, die größten Einfluß auf das Leben des Prinzen hatte. Charles sprach ihn mit »Großvater« an und nannte ihn in seinen Briefen »Ehrengroßvater«; Mountbatten seinerseits bezeichnete ihn als »Ehrenenkelsohn«. Broadlands war für ihn »das beste und einladendste aller Häuser«, und statt zu einem der Häuser seiner Eltern brachte er Freundinnen lieber dorthin für ein entspanntes, unbeaufsichtigtes Wochenende. Später, nach Mountbattens Tod, schrieb er über ihn: »Ich habe jemanden verloren, der etwas unendlich Besonderes war in meinem Leben; jemanden, der eine ungeheure Zuneigung zeigte, jemanden, der mir unangenehme Dinge sagte, die ich nicht besonders gern hören wollte, der Lob aussprach, wo es angebracht war, genausogut aber auch Kritik; jemand, bei dem ich wußte, daß ich ihm alles anvertrauen konnte, und von dem ich die klügsten Winke und Ratschläge erhalten würde. Auf irgendeine außergewöhnliche Weise vereinte er in sich Großvater, Großonkel, Vater, Bruder und Freund.«

Mountbattens Beziehungen zu Philip waren schwierig und oft stürmisch. Während Charles Mountbatten immer näherkam, vergrößerte sich die Kluft zwischen Philip und seinem Onkel, und ihr Verhältnis blieb angespannt bis zu den letzten wenigen Lebensjahren Mountbattens, als Mountbatten erklärte, daß Philip wieder mehr wie sein früheres Selbst geworden sei, und so etwas wie ihre alte, unbeschwerte Freundschaft wieder auflebte.

Elizabeth hatte ihrerseits nichts dagegen einzuwenden, daß Mountbatten sich in das Leben ihres Sohnes einmischte. Von ihren eigenen Pflichten völlig in Anspruch genommen, begrüßte sie die Tatsache, daß er einen Mentor hatte, und zwar einen, dem sie persönlich Sympathie und Vertrauen entgegenbrachte. Anders als ihre Mutter, die ihn immer auf Armeslänge von sich hielt und genau wie Philip mißtrauisch war, was Mountbattens Einfluß auf Charles betraf, sah Elizabeth in Onkel David einen integralen Teil der Familie. Da sie ihren Vater schon früh verloren hatte, war er das einzige ältere Mitglied der königlichen Familie, dem sie sich nah fühlen konnte. Sie nannte ihn Dickie, und er nannte sie Lilibet; in seiner Gesellschaft war sie immer sehr entspannt, und ziemlich oft, nämlich einmal pro Woche, pflegte sie sich hinunterzubegeben nach Broadlands, um mit ihm auszureiten. »Sie amüsierte sich immer ein wenig über seine Neigung, sein Entree [zum Palast] für sich zu nutzen…, desgleichen amüsierte sie seine Besessenheit von Protokoll, von Titeln und Ehren, doch für gewöhnlich war sie es zufrieden, ihn gewähren zu lassen«, schrieb sein Sekretär. Ihre Nachsicht ging sogar so weit, ihm den erfolgreichen Versuch zu gestatten, den Namen Mountbatten-Windsor als Familiennamen in einem Ausmaß zu verwenden, wie das in der Erklärung von 1960 nicht vorgesehen war.

Mountbatten war hoch zufrieden darüber, daß es ihm zufiel, den Charakter des Thronfolgers zu formen und dessen Karriere zu lenken;

durch Charles wurde seine Verbindung mit der königlichen Familie fester und enger als je zuvor. Niemals hatte er seine Ambition aus dem Auge verloren, seinen Familiennamen zumindest per Bindestrich mit dem königlichen verbunden zu sehen und womöglich den Namen Windsor sogar abzulösen, und er war entschlossen, auf dem Erfolg aufzubauen, den er 1960 erzielt hatte. Annes Hochzeit hatte ihm Gelegenheit gegeben. Er schrieb an Charles und wies darauf hin, daß Annes Heiratsurkunde die erste Gelegenheit sein würde, »den Namen Mountbatten-Windsor endgültig durchzusetzen«, und er bat ihn, dafür zu sorgen, daß »Mountbatton-Windsor als ihr Nachname eingetragen wird. Ich hoffe, daß Du das machen kannst.« Pflichtgemäß schrieb Charles an den Lord Chamberlain, Lord Maclean, und bat ihn, Elizabeth daran zu erinnern, daß »die Namen auf der Heiratsurkunde ›Mountbatten-Windsor‹ sein sollten«. Er fügte hinzu: »Die Königin weiß bereits davon und hat gebeten, rechtzeitig daran erinnert zu werden.« Drei Jahre später, als er hörte, daß Andrew, damals erst sechzehn, sich über die Angelegenheit im unklaren war, schrieb Mountbatten erneut an Charles und bat ihn, seinem jüngeren Bruder einzuschärfen, daß er, »wenn die Zeit gekommen ist, den Namen als ›Mountbatten-Windsor‹ und nicht nur ›Windsor‹ ins Heiratsregister eintragen sollte«.[4]

Elizabeths zentrale Beziehung ist die zu ihrem Mann. Trotz der Tatsache, daß er, wie Freunde einräumen, »ein schwieriger Mensch ist und die Königin ihn schwierig findet«, betet sie ihn an und fügt sich ihm, was auf Beobachter um so sonderbarer wirkt, als sich jedermann sonst ihr fügt. »Manchmal fährt er die Königin genauso an, wie er auch andere anfährt, und es scheint ihr nichts auszumachen. Es ist, als dächte sie, so benehmen sich Ehemänner halt«, wie ein Freund sagte. Einmal hatte Elizabeth angeordnet, daß im Park von Windsor irgend etwas getan werden sollte. Philip explodierte beim Lunch: »Welcher verdammte Dummkopf hat denn das arrangiert?«

Elizabeth antwortete: »Das war ich.«

»Nun«, schrie ihr Mann, »das war verflixt dämlich.« Ein mutiger Höfling mischte sich ein. »Entschuldigen Sie, Sir, aber Ihre Majestät hatte völlig recht.«

»Na«, sagte Elizabeth, »ich freue mich, daß es hier jemanden gibt, der sich für mich einsetzt.«

Wenn Philip ihr eines seiner seltenen Komplimente zollt, etwa, daß sie in einem bestimmten Kleid reizend wirkt: »Du siehst aus wie ein Kind, siehst aus, als habe man dir die Welt geschenkt«, hält sie das nicht davon ab, ihn in scharfem Ton anzufahren: »Halt den Mund«, wenn er sich über Dinge ausläßt, von denen er sehr wenig versteht, oder dies auf eine Weise tut, die sie für taktlos hält, meist in Zusammenhang mit dem Commonwealth. Andererseits fungiert er als ihr Beschützer, und nichts macht ihn wütender als irgend etwas, das er als die leiseste Respektlosigkeit ihr gegenüber empfindet. »Halten Sie die verdammte Kamera von der Königin fern!« explodierte er während der Dreharbeiten zu »Royal Family«, als er meinte, der Kameramann käme ihr ungebührlich nah. Er und Elizabeth bringen tiefes Verständnis füreinander auf, und die Ehe funktioniert trotz der Tatsache, daß Philip während der nahezu fünfzig Ehejahre keineswegs immer treu gewesen ist.

Die Frage seiner ehelichen Treue ist – metaphorisch gesprochen –, genau wie das wirkliche Ausmaß von Elizabeths Privatvermögen, die letzte Bastion, welche die Höflinge verteidigen werden. Geld und Sex, die beiden Dinge, die das öffentliche Interesse am stärksten erregen, sind naturgemäß gerade jene, welche die Höflinge am wenigsten enthüllt sehen möchten. Zur Verteidigung ihrer Königin ist selbst der offenste, freimütigste und ehrlichste Höfling bereit, zu lügen oder Unwissenheit vorzutäuschen. Das Auftauchen der Autorin Kitty Kelley, ausgestattet mit Millionen, die ihr dazu verhelfen sollen, Philips Abenteuern nachzuspüren, hat ein gewaltiges Flattern bewirkt in den Taubenschlägen, nicht nur im Palast, sondern auch in bestimmten Bereichen seines Umfeldes. Seit der angeblichen Affäre mit Pat Kirkwood Mitte der fünfziger Jahre hat Philip es gelernt, seine Flirts und Affären in Kreisen zu haben, die reich und vornehm genug sind, um Schutz vor den Paparazzi und den Boulevardblättern zu bieten. Er hat sich so diskret verhalten, daß verfängliche Berichte von seinen Abenteuern aus Angst vor juristischen Schritten im Ausland erscheinen mußten. Seine Verteidigung lautete stets, daß die Anwesenheit seiner Schutzbeamten jederlei außereheliche Aktivität unmöglich machen würde, doch die Aktivitäten des Prinzen von Wales mit Mrs. Parker Bowles ungeachtet einer solchen Bewachung hat dieses spezielle Argument deutlich ausgehöhlt. Die Frauen sind immer jünger als er und in der Regel schön und hocharistokratisch. Unter ihnen waren eine Prinzessin, eine Herzogin, zwei Gräfinnen und andere Damen mit oder ohne Titel, einige von ihnen aus pferdenärrischen Kreisen der Gesellschaft.

Elizabeth ist alles andere als blind; sie ist in der Tat eine außergewöhnlich aufmerksame Beobachterin. Bei einer Party in Schottland saß Elizabeth an einem Tisch neben der Tanzfläche und sprach ostentativ über Pferderennen, während ihre Augen woanders waren; in einer Lücke zwischen den Tanzpaaren konnte sie ihren Mann sehen, der sehr eng mit der Tochter der Gastgeberin tanzte. Sie beobachtet, sie will jedoch nichts wissen, sondern nimmt es als gegeben hin. Auch will sie nicht, wie wohl jedermann sonst unter ähnlichen Umständen, daß man ihr etwas erzählt. Als eine der Hofdamen ihr ein Licht aufzustecken versuchte, wurde sie von Elizabeth, trotz einer jahrelangen Freundschaft, gefeuert. Über ihre eigene Indiskretion entsetzt, beging die Dame später Selbstmord.

Das Paar führt eine sehr königliche Ehe; Elizabeths Generation wurde nicht in dem Glauben erzogen, eheliche Treue zu erwarten, sondern Loyalität. Affären sind eine Sache, Leidenschaft eine andere. Philip ist nicht der Mann, sich hoffnungslos zu verlieben; seine Affären sind bedeutungslos für eine Ehe, die so fest und in der Tat so innig ist wie die des königlichen Paars. Elizabeth versteht sein Verlangen, sein eigener Herr zu sein, und übt dementsprechend Nachsicht. Philip geht seine eigenen Wege, umtriebig, rastlos, unaufhörlich in Bewegung. Er macht seine eigenen Pläne, oft ohne Rücksprache mit seiner Frau. Mountbattens Sekretär erinnerte sich, daß Elizabeth bei mehreren Gelegenheiten die Einladung akzeptiert hatte, mit Philip das Wochenende auf Broadlands zu verbringen, und dann später telefonisch mitteilen mußte, daß sie nicht kommen könnten, weil Philip andere Arrangements getroffen habe. Nach einem dieser Anrufe sagte Lord Mountbatten: »Gott, die arme Königin hat es schwer, weil Philip ihr niemals sagt, was er tut.« Der Grund dafür sei, daß Philip sich niemals etwas vorschreiben lassen wolle und während all der Ehejahre danach gestrebt habe, sich eine gewisse Unabhängigkeit zu bewahren. Aber trotz aller Gerüchte und Philips oft augenscheinlicher Flirts und Affären teilen sie noch immer das Bett miteinander und haben dies stets getan. »Die Ehe funktioniert physisch«, sagte eine Verwandte. »Ich glaube, sie haben eine ganz außergewöhnliche Beziehung aufgebaut, sie haben dafür gesorgt, daß sie funktioniert.«

Gegen Ende seines Lebens erzählte Mountbatten seinem Sekretär und Vertrauten John Barratt, Elizabeths größte Leistung sei es, die Familie zusammenzuhalten und mit den Problemen der Familie fertigzuwerden. »Die meisten Menschen können ihre Familienschwierigkeiten verbergen, ihre dagegen stehen stets im Mittelpunkt des öffentlichen Interesses«, sagte er prophetisch. Elizabeth nahm ihre ererbte Rolle als Familienoberhaupt ernst. Es blieb daher nicht aus, daß es kein günstiges Licht auf sie warf, als unter dem Mikroskop, das die Medien auf die Familie richteten, ihre Mitglieder sich nicht besser – und in einigen Fällen eher schlimmer – benahmen als die der meisten Familien.

Von den späten sechziger Jahren an bereitete das Privatleben ihrer Schwester Elizabeth wieder besondere Kopfschmerzen. Die düsteren Voraussagen der Familie und der Freunde des Bräutigams vor der Eheschließung mit Snowdon erwiesen sich als katastrophal wahr. Das Paar bekam zwei Kinder, Viscount David Linley, geboren am 3. November 1961, und Lady Sarah Armstrong-Jones, wie Prinz Edward im Mai 1964 geboren. Tony Armstrong-Jones, der bei der Hochzeit die Annahme eines Titels ausgeschlagen hatte, akzeptierte das Earldom of Snowdon, den Grafentitel, da Margarets Kinder keine Bürgerlichen bleiben sollten. Obwohl das Paar physisch von Leidenschaft füreinander erfüllt war, gab es jedoch fast von Anfang an Spannungen in der Ehe. Snowdon unternahm entschlossene Anstrengungen, sich in die königliche Familie einzufügen, was sogar so weit ging, daß er unter Philips Anleitung schießen lernte und wie Philip mit auf dem Rücken verschränkten Händen schritt. Er machte sich bei der Familie genehm, mit großem Erfolg bei der Königinmutter, die unterhaltsame junge Männer mochte, mit geringerem bei Philip, mit dem ihn nichts verband. Snowdon hatte, genau wie Philip, einige Schwierigkeiten damit, sich an seine neue Rolle zu gewöhnen, zu der es gehörte, daß er zwei Schritte hinter seiner Frau herging. Im übrigen sorgte Margaret als

Mitglied der königlichen Familie ganz automatisch für Haus und Geld und dominierte somit eine Situation, die er als freier Geist so nicht hinnehmen mochte. Seine Entschlossenheit, die Kontrolle zu übernehmen, kündigte sich an im abrupten Abgang des Butlers und, nachdrücklicher noch, in der Entmachtung von Ruby MacDonald, Bobos Schwester, die fast von Margarets Kindheit an deren Garderobiere gewesen war. Ruby sprach die Prinzessin mit »Margaret« an, war besitzergreifend und auf jeden eifersüchtig, der in die Nähe der Prinzessin kam. Sie pflegte die Hofdamen zu beleidigen, die Margarets Anordnungen ausführten, von denen Ruby meinte, daß sie ihr zugestanden hätte; »Sie war das Gift meines Lebens«, sagte eine von ihnen. Ruby befand sich in einer sehr einflußreichen Position und behandelte die anderen abscheulich. Bei offiziellen Reisen mußte immer ein Tablett mit Drinks zu ihr hinaufgeschickt werden. »Ruby war ein Ekel, königlicher als die Königlichen. Tony entledigte sich ihrer, und das zu Recht«, sagte eine andere.

Der Butler verkaufte seine Story an ein Sonntagsblatt; seine Hauptkritik scheint darin bestanden zu haben, daß der Hausherr so engsitzende Hosen trug und sich geweigert hatte, drei Putzfrauen einzustellen statt nur einer: Mängel, die zu enthüllen, wie er behauptete, seine Pflicht sei, »um die Würde der königlichen Familie« zu wahren.

Margaret, seit ihrer Kindheit gewöhnt, daß Menschen voller Dienstbereitschaft sie umtänzelten, erwartete von ihrem Mann das gleiche. Da sie im Grunde nichts hatte, womit sie sich beschäftigen konnte, wollte sie ihn immer bei sich haben. Ihre sechswöchigen Flitterwochen waren etwas, das sie als normal betrachtete; für Tony Snowdon, aktiv und gewöhnt, für seinen Lebensunterhalt zu arbeiten, war ein solch königlicher Müßiggang schwer zu ertragen. »Sie war schrecklich besitzergreifend ihm gegenüber«, sagte eine Freundin. »Wir warnten sie: ›Sei vorsichtig, er ist ein Bohemien ...‹ Sie begriff es nicht. Sie wollte ihn ganz und gar für sich und konnte nicht akzeptieren, daß er ein Bohemien war und nicht unbedingt Punkt acht Uhr zur Stelle sein würde.« Snowdons wachsender Erfolg als Fotograf und sein Job beim *Sunday Times Magazine* garantierten ihm die nötige Unabhängigkeit, doch es begann eine Schlacht um den eigenen Willen, die sich schließlich zum Krieg auswuchs und die Ehe zerstörte.

Vom Anfang bis zur Mitte der sechziger Jahre waren die Snowdons ein populäres, glamouröses Paar, das zahlreiche öffentliche Verpflichtungen übernahm, was den Druck auf Elizabeth verminderte. Beide waren unermüdlich, und das in einem solchen Maße, daß *Private Eye* sie unfreundlicherweise »die beiden höchstbezahlten auftretenden Liliputaner in Europa« nannte. Im Hinblick auf ihre wachsende Familie und ihre aktive Rolle als Mitglieder der königlichen Familie gab Elizabeth ihnen ein größeres zwanzigräumiges Appartement im Kensington-Palast, No. 1A. Es war eine Zeitlang unbewohnt gewesen, und die Kosten für die Neuausstattung wurden auf 65 000 Pfund Sterling geschätzt; Elizabeth erbot sich, davon 20000 Pfund persönlich zu bezahlen. Selbst als sich die Gesamtkosten zum Schluß auf 85 000 Pfund beliefen, wurden in der Presse keine Klagen laut; die Snowdons, sie als das glamouröseste Mitglied der königlichen Familie und er als Fotograf das Erfolgssymbol der sechziger Jahre, genossen bei der Presse noch immer eine Vorzugsstellung. Sie gehörten zum Jet-set, verlebten kostenlos Ferien beim Aga Khan zwecks Promotion seines neuen Urlaubsortes, der Costa Smeralda in Sardinien; bei Margarets altem Freund und früherem Begleiter Colin Tennant, in dessen Urlaubsort auf der westindischen Insel Mustique; bei Harold Acton in Villa La Pietra nahe Florenz; und in der prachtvollen palladianischen Villa La Malcontenta, die Jocelyn Stevens in der Peripherie von Venedig gemietet hatte. Als Alternative – als eine Art Hof zweiten Grades – war der Kreis der Snowdons ein Mikrokosmos der schnellebigen sechziger Jahre. Ihre Freunde waren, anders als die von Elizabeth, Menschen aus den Künsten, den Medien und dem Showbusineß wie Peter Sellers und Britt Eklund. Sellers war von den Snowdons wie geblendet; seine Frau beklagte sich später darüber, daß er ihnen seinen hellblauen Aston Martin für einen Spottpreis verkaufte und ihnen sogar das Lieblingspony seiner Tochter überließ. Er wurde der Hofnarr der königlichen Familie in Schloß Windsor und im Kensington-Palast und drehte zu Elizabeths neununddreißigstem Geburtstag im Jahre 1965 selbst einen Film.[5]

Sellers weilte über die Wochenenden häufig bei der Königinmutter in der Royal Lodge, wo Partys weniger förmlich waren als bei Elizabeth und wo Margaret das königliche Ambiente genoß und die Freiheit hatte, die Menschen zu sehen, die sie amüsierten. Es war der perfekte

Kompromiß für eine Frau, die ihre Identität gern außerhalb des königlichen Käfigs gefunden hätte, jedoch nie so recht den Mut dazu aufbrachte, dies zu tun.

Elizabeth empfand immer großes Mitgefühl für ihre Schwester, die offensichtlich im Leben niemals ihre Rolle finden konnte. Sie verstand die Launenhaftigkeit, in der sich gleichsam das vergebliche Schlagen von Flügeln gegen eine Mauer ausdrückte, und konnte nicht umhin, den Kontrast zu empfinden zwischen ihrer eigenen Position als Königin wie auch der einer erfolgreichen Ehefrau und Mutter und dem so unverkennbar steinigen Weg ihrer jüngeren Schwester. Als sich die Ehe der Snowdons in aller Öffentlichkeit immer mehr aufzulösen begann, hoffte Elizabeth aller Hoffnungslosigkeit zum Trotz, daß Margaret nicht wieder allein gelassen werden würde. »Die Ehe hätte nicht schiefgehen müssen«, wie ein Freund sagte. »Es besteht auch jetzt noch eine tiefe Zuneigung.« Wie beider Freunde von Anfang an diagnostiziert hatten, bestand das Problem darin, daß die beiden einander »zu sehr glichen, fast als handle es sich um ein und dieselbe Person. Manchmal wirkt sich das auf ein Verhältnis günstig aus, bei ihnen war das jedoch nicht der Fall.«[6] »Beide besaßen Showbusineßqualitäten, und wenn es damit klappte«, meinte Snowdons Freundin Jocelyn Stevens, »so war die Wirkung sensationell. Aber wenn es das nicht tat, so herrschte eine Atmosphäre, in der man kaum atmen konnte.« Margarets Cousin, der Earl von Lichfield, der als Fotograf in Snowdons Fußstapfen trat, sprach davon, daß sie wahre »Salven von Beleidigungen« aufeinander abgaben. Seitensprünge wurden mit Seitensprüngen gekontert, Kanonenschüsse in der Schlacht um Überlegenheit. Sie waren beide egozentrisch, unaufrichtig, manipulierten gern und konnten sadistisch sein. Keiner von beiden war zum Nachgeben bereit, doch während Margarets königlicher Hintergrund ihr anfangs einen Vorteil verschafft hatte, erwies er sich im offenen Krieg als ernsthafter Hemmfaktor. Außerhalb der Palastmauern konnte sie nirgends hingehen, während Snowdon zahllose Möglichkeiten hatte. Er konnte in diesem Krieg viel ausgefallenere Dinge tun als sie. Als der Aga Khan die Snowdons in Sardinien einmal vom Hotel Pitrizza, wo das Paar immer auf seine Kosten wohnte, zum Dinner ausfahren wollte, legte sich Snowdon in einer Geste des Trotzes unter das Auto, etwas, das sich seine Frau gewiß nicht hätte leisten können. Letztendlich war er härter als sie und litt weniger. Er führte sein eigenes Leben, unabhängig von der Familie, während sie ihr Leben auf dem Erfolg ihrer Ehe hatte aufbauen wollen. Ein solcher Erfolg war das mindeste. Alles andere würde eine Niederlage bedeuten.

Für Elizabeth war der explosive Zustand von Margarets Ehe ein Anlaß zu privatem Kummer und öffentlicher Sorge. Margarets Seitensprünge waren auffälliger als die ihres Mannes. Sie hatte eine Affäre mit Robin Douglas-Home, dem klavierspielenden Neffen des früheren Premierministers Sir Alec und Ehemann des Models Sandra Paul; er erschoß sich später. In New York tauchten leidenschaftliche Briefe auf, die ihm die Prinzessin eindeutig geschrieben hatte, und wurden in einem ausländischen Magazin abgedruckt. Es gab weitere Affären, die zum Glück in der Öffentlichkeit weniger bekannt wurden, während von Snowdons Verhältnissen nur das mit der schönen jungen Tochter eines Peers publik wurde. Soweit es die Snowdons selbst betraf, lag bereits das Wort Scheidung in der Luft, aber noch schien so etwas undenkbar. 1967 war Elizabeths erster Cousin, der Graf von Harewood, in der Reihe der Thronanwärter die Nummer 18, der erste von Georges V. direkten Abkömmlingen, der geschieden wurde, nachdem ihn seine erste Frau wegen Ehebruch angeklagt hatte. Er wurde nicht nur geschieden, sondern beabsichtigte auch, die Mutter seines Sohnes zu heiraten, Patricia Tuckwell, eine australische Violinistin, die ebenfalls geschieden war. Gemäß den Bestimmungen des Royal Marriages Act benötigte er für seine Wiederverheiratung Elizabeths Einwilligung, und der Kronrat riet ihr, sie zu erteilen. Doch als Kompromiß und um seiner Familie weitere Peinlichkeiten zu ersparen, heiratete Harewood Patricia Tuckwell in einer Ziviltrauung in den Vereinigten Staaten. Doch obwohl George Harewood den Weg gleichsam geebnet hatte, schien eine Scheidung der Snowdons, die Elizabeths Familie unmittelbar berührte, eine ernstere Angelegenheit zu sein.

Es war mit der Ehe Snowdons in einem solchen Maße bergab gegangen, daß beide Anfang der siebziger Jahre praktisch ein getrenntes Leben führten. Snowdon weigerte sich, in Gegenwart der Kinder mit seiner Frau zu sprechen, er beobachtete sie durch ein Loch in der Wand, und er hinterließ Zettel mit beleidigenden Bemerkungen in Schubladen, wo Margaret sie finden würde: »Du siehst aus wie eine jüdische Maniküre, und ich hasse Dich.« Er nahm sein Bohemienleben wieder auf und verbrachte die Nächte oft außerhalb des Kensington-Palastes. Margaret, durch ihre Herkunft daran gehindert, sich entsprechend zu rächen, nahm Zuflucht zu ihrem Lieblingswhisky, Famous Grouse, und nahm auffällig zu. Tief unglücklich und zunehmend frustriert, schien es sie nicht länger zu kümmern, welche Wirkung ihr Verhalten auf die Öffentlichkeit hatte. Gegner der Monarchie und ihrer Kosten, vor allem der Labour-Parlamentsabgeordnete Willie Hamilton, machten sie zur Zielscheibe ihrer Kritik während jener heiklen Jahre, in denen der Palast mit der Regierung über eine Aufstockung der Zivilliste verhandelte.

Wegen der Roddy-Llewellyn-Affäre, die 1973 begann, als Margaret 43 war und Roddy Llewellyn erst 25, riß Elizabeth gegenüber ihrer Schwester die Geduld. Colin und Anne Tennant, Margarets treuste Freunde, die sie unbedingt von ihrem Elend ablenken wollten, brachten sie mit Roddy zusammen, den sie zwar nicht persönlich kannten, der ihnen jedoch von einer Freundin, der Londoner Gastgeberin Mrs. Violet Wyndham, empfohlen worden war. Als Sohn des berühmten Reiters Colonel Harry Llewellyn, einem walisischen Großgrundbesitzer, erschien Roddy überaus geeignet. Er war blond, sah gut aus, hatte ein liebenswertes Naturell, und die Tennants konnten es sich leisten, die Tatsache zu übersehen, daß er ein recht buntscheckiges Leben geführt hatte – eine Zeitlang hatte er mit einem sehr bekannten Dekormaler in dessen Haus gewohnt. Fünf Monate nach ihrer ersten Begegnung lud Margaret ihn nach Les Jolies Eaux ein, ihre Villa auf Colin Tennants Urlaubsinsel Mustique, die Snowdons Onkel Oliver Messel entworfen hatte. Das Paar genoß, was der Biograph der Prinzessin eine »liebevolle Freundschaft« nannte, und das Verhältnis währte mit Höhen und Tiefen die nächsten vier Jahre lang.

Ein Jahr nach Beginn ihrer Beziehungen fühlte Llewellyn sich der Situation nicht mehr recht gewachsen, und er fing an, sich irrational zu verhalten; er reiste urplötzlich, ohne Margaret davon zu verständigen, in die Türkei und hatte dann in Barbados einen Nervenzusammenbruch. Auch Margaret erlitt im Herbst 1974 einen kurzen Zusammenbruch, »verursacht durch Tonys Schweigen und Gefühllosigkeit«. Lord Rupert Nevill und ein Freund waren über Margarets geistigen Zustand zum Zeitpunkt ihrer auseinanderbrechenden Ehe so besorgt, daß sie einen Raum, in dem Margaret und Snowdon eine Auseinandersetzung hatten, abhören ließen und das Tonband anonym zu einem Psychiater in der Harley Street sandten, dem die Identität des Paars verschwiegen wurde. Sein Urteil lautete: »Diese Lady braucht Hilfe, und sie braucht die Hilfe bald.«

Als Stevens an einem Wochenende eine Hausparty gab, rief Margaret an und drohte mit Selbstmord: »Wenn du nicht herüberkommst, stürze ich mich aus dem Fenster ...« Stevens rief Elizabeth an, die kühl feststellte: »Feier nur weiter, Jocelyn. Ihr Schlafzimmer befindet sich im Parterre ...« Margarets Ehe lag in den letzten Zügen. Als sie mit Roddy von ihrem Aufenthalt auf Mustique zurückgekehrt war, hatte sie ihren Mann gebeten, aus dem gemeinsamen Appartement im Kensington-Palast auszuziehen, aber er blieb, obwohl er damals eine Affäre mit Lucy Lindsay-Hogg begann, die er später heiraten sollte. »Da war er also, wohnte in meinem Haus und meinte, eine reizende Affäre haben zu können«, sagte Margaret. »Ich bat ihn um Trennung, doch er lachte mir ins Gesicht. Er wurde praktisch zum Fremdling, und wenn wir uns auf der Treppe begegneten, knurrten wir uns an. Und ich mußte so weiterleben, als sei überhaupt nichts vorgefallen.«[7]

Zum Unglück für Margaret und die königliche Familie fügten sich die Ereignisse so, daß sie in der Öffentlichkeit als der schuldige Teil dastand. Bislang war ihr Verhältnis mit Roddy der allgemeinen Öffentlichkeit verborgen geblieben, auch wenn man in königlichen und den feinen Kreisen sehr gut im Bilde war; sie hatte Glück gehabt, »damit so lange durchzukommen«. Anfang 1976 veröffentlichte die *News of the World* ein sehr intim wirkendes Foto der Prinzessin und Roddys, die in Badekleidung Seite an Seite an einer Strandbar in Mustique saßen. Die Schlußfolgerung lag auf der Hand: die ausschweifende Prinzessin mit ihrem jungen Spielgefährten im Urlaubsparadies. Die Freunde der Prinzessin, Viscount Coke und seine Frau, die ihnen gegenübergesessen hatten, waren von der Zeitung herausgeschnitten worden, doch diese Tatsache galt als irrelevant. Das Scheinwerferlicht war jetzt gerichtet auf Roddy und sein wenig königliches Leben in einer ländlichen Kommune bei Surrendell auf einer 4700 Quadratmeter großen Farm in Wiltshire, wo Margaret, wie sich herausstellte, nicht nur den Lunch eingenommen, sondern auch die Nacht verbracht hatte. Diese Abstecher in eine andersartige Welt hatte sie gründlich genossen, doch das Image einer Hippie-Prinzessin mittleren Alters, die sich unter die Aussteiger der Oberklasse mischt, war nicht dazu angetan, der Öffentlichkeit zu gefallen. Das Foto beschleunigte die öffentliche Krise der Snowdon-Ehe, die schon so lange gedroht hatte. Als es veröffentlicht wurde, zog Snowdon aus; er zog seinen Vorteil aus einer Situation, die ihm von seiner Frau gleichsam auf einem Tablett serviert worden war. Zwei Tage später kam aus dem Kensington-Palast ein Statement: »Ihre Königliche Hoheit Prinzessin Margaret, Gräfin Snowdon und Graf Snowdon sind übereingekommen, getrennt zu leben. Die Prinzessin wird ihre öffentlichen Pflichten und Funktionen ohne Begleitung von Lord Snowdon ausüben. Pläne für ein Scheidungsverfahren bestehen nicht.«

Elizabeths Pressesekretär Ronald Allison teilte der Presse mit: »Natürlich ist die Königin sehr traurig über das, was geschehen ist«, und er fügte hinzu, es sei von ihr »keinerlei Druck« ausgeübt worden, »weder auf Prinzessin Margaret noch auf Lord Snowdon, irgendeinen bestimmten Kurs einzuschlagen«.

Das war buchstäblich die Wahrheit. Elizabeth war in der Tat tieftraurig über das Scheitern der Ehe. Sie vergötterte die Snowdon-Kinder, die so viele ihrer Ferientage bei ihr auf Balmoral, Windsor und Sandringham verbracht hatten, während ihre Eltern in irgendeiner exotischen Gegend weilten. Sie liebte ihre Schwester, die dazu verdammt schien, niemals das Glück zu finden. Obwohl sie das Verhältnis mit Roddy Llewellyn mißbilligte und es privatim als »Leben eines Gassenjungen« bezeichnete, hatte sie nicht versucht, es zu verbieten. Wie die anderen aus Margarets innerem Zirkel hatte sie irgendwie das Gefühl, daß das persönliche Wohlergehen der unglücklichen Prinzessin in der Verantwortung aller lag. Die Königinmutter hatte sich, genau wie in Sachen Townsend, nicht eingemischt, trotz der Tatsache, daß sie Snowdon überaus liebgewonnen hatte. Margaret hatte Roddy zur Royal Lodge mitgenommen, um ihn ihrer Mutter vorzustellen, doch die königliche Familie als solche hatte ihn nicht gerade mit offenen Armen aufgenommen; er war aus der Distanz als eine weitere von Margarets verrückten Launen toleriert worden, und solange die Freundschaft privat blieb, war man bereit, sie zu dulden. Er wurde niemals nach Windsor eingeladen, und als sich Elizabeth auf einer ihrer Touren in der Karibik befand, war Mustique für ihn tabu gewesen. Persönliche Konfrontation und die Einmischung in das Leben ihrer Schwester entsprachen nicht Elizabeths Stil, doch nachdem die *News of the World* die Llewellyn-Affäre ins Licht der Öffentlichkeit gezerrt hatte und damit das Image der Monarchie gefährdete, fühlte sie sich verpflichtet zu handeln. Aber selbst dann versuchte sie, eine persönliche Konfrontation zu vermeiden, und spannte einen gewandten, weltläufigen Mann ein, sich mit dem Roddy-Problem zu »befassen«. Elizabeth bemühte sich, wie stets, um vollkommenen Schutz ihrer Schwester.

Dennoch wurden die negativen Wirkungen der Roddy-Affäre aus ihrer Sicht immer schlimmer. Er wurde fotografiert, wie er in Margarets Rolls Royce nach Heathrow fuhr; er erkrankte in der Karibik und lag dann in Barbados im Hospital, wo die besorgte Margaret fotografiert wurde, als sie ihn besuchte. Er versuchte eine Karriere als Popsänger zu beginnen und wurde dann dazu überredet, als Aushängeschild für einen Nachtclub in Battersea zu fungieren, was von den Ortsansässigen sehr übelgenommen wurde und eine extrem schlechte Publicity zur Folge hatte. Empörte Labour-Politiker nutzten die anschließenden Schlagzeilen, um Margaret und ihre Apanage der Zivilliste zu attackieren. Willie Hamilton wies darauf hin, daß dem Elizabeth-Garrett-Anderson-Frauenhospital Schließung wegen Geldmangels drohte, indes Margarets Apanage auf 55000 Pfund jährlich gestiegen war. Warum nicht mindestens 30000 Pfund davon abzweigen, um dem Hospital zu helfen? fragte er. »Wenn sie die Steuerzahler mißachtet, indem sie nach Mustique fliegt, um diesen Popsängertypen zu besuchen, dann sollte sie nicht erwarten, daß die Arbeiter dieses Landes dafür bezahlen.« Er erklärte, daß sie in den ersten drei Monaten des Jahres nur acht öffentlichen Verpflichtungen nachgekommen sei und in diesem Zeitraum 14000 Pfund bezogen habe, »nicht übel für acht Auftritte«.

Nach einer Fast-Revolte vor dem Nachtclub Bennett's am 13. April

1978 kamen Elizabeth und ihre Berater zu dem Schluß, Roddy müsse vorläufig von der Szene verschwinden. Der Schlußakt von Prinzessin Margarets gescheiterter Ehe sollte über die Bühne gehen. Am 10. Mai verlautete aus dem Kensington-Palast, daß die Prinzessin die Scheidung wolle; das Statement betonte, daß sie keine Pläne für eine Wiederverheiratung habe und beabsichtige, ihr Leben ganz als Schwester der Königin zu leben. Es war jedoch keineswegs das Ende ihrer Freundschaft mit Roddy, auf den sie jetzt zwecks Gesellschaft und Unterhaltung noch stärker angewiesen war.

Elizabeths distanzierte Haltung zu Roddy und seinem Verhältnis mit ihrer Schwester wurde absolut deutlich angesichts der Schwierigkeiten bei den Vorbereitungen zur Feier von Margarets fünfzigstem Geburtstag 1980. Elizabeth ließ keinen Zweifel daran, daß sie keiner Party für ihre Schwester beiwohnen könne, bei der Roddy anwesend sei, weil das den Anschein erwecken würde, sie begünstige das Verhältnis. Margaret wollte ihn beim Dinner dabeihaben; Elizabeth wollte ihn überhaupt nicht dort haben. Es kam zu Auseinandersetzungen, und schließlich wurde ein Kompromiß erreicht: Die Tennants, die als älteste und loyalste Freunde Margarets normalerweise an einem der zentralen Tische plaziert worden wären, wurden damit beauftragt, für Roddy anderswo ein Dinner zu geben, und man würde ihm gestatten, nach 22.30 Uhr mit den Gästen, die nach dem Dinner geladen waren, hereinzukommen. Das war ein deutliches Signal dafür, daß die Freundschaft, die bereits sieben Jahre währte, keine Zukunft mehr hatte. Zur allgemeinen Überraschung wurde sie nicht von der Prinzessin beendet, sondern von Roddy, als er sich ein Jahr später in Tania Soskin verliebte, die er auch heiratete. Die Geschichte nahm ein glückliches Ende für Roddy, der sich inzwischen einen Namen als Gartenarchitekt gemacht hatte; er und Tania bekamen zwei Kinder und lebten glücklich in einem idyllischen Cottage in Oxfordshire. Margaret war wieder allein. »Ich bin wieder dort, wo ich mit Peter angefangen habe«, räumte sie ein, »aber diesmal bin ich geschieden ...«

Elizabeth unterhielt auch nach der Scheidung gute Beziehungen zu Snowdon. Mochte er ihre Schwester, als es mit der Ehe immer mehr bergab ging, auch schlecht behandelt haben, nach der Scheidung war sein Verhalten makellos, und er erwies sich als ausgezeichneter Vater, obwohl mitunter seine grausame Ader zutage trat. Elizabeth mochte die Snowdon-Kinder sehr, besonders Lady Sarah Armstrong-Jones. »Sie hat die Kinder praktisch großgezogen«, sagte eine Freundin. »Sie lieben die Königin, und die Königin liebt sie.« Trotz all ihrer gemeinsamen Fehler haben die Armstrongs bewundernswerte Kinder in die Welt gesetzt. Margaret pflegte sich darüber zu beklagen, daß »Tony zu meiner Mutter und meiner Schwester so ölig war«, und sie war nicht gerade beglückt, als Königinmutter Elizabeth vorschlug, Tony nach der Scheidung zu Weihnachten nach Sandringham einzuladen. »Also wirklich, meine Mutter!« explodierte Margaret.

Ein weiteres Zeichen für den Wandel der Zeiten in der königlichen Familie bestand darin, daß Elizabeth 1976 dazu überredet wurde, ihrem ersten Cousin, dem Prinzen Michael von Kent, die Erlaubnis zu geben, Marie-Christine Troubridge, geborene Baronin von Reibnitz, zu heiraten, die nicht nur geschieden, sondern auch Katholikin war. Michael gehörte zu Elizabeths Lieblingen; er tat ihr leid als ein Junge, dessen Vater bald nach seiner Geburt umgekommen und dessen Mutter relativ jung gestorben war. Da er der jüngere Sohn einer Familie war, die, jedenfalls nach königlichen Maßstäben, nicht reich war, und er weder besonders intelligent noch dynamisch war, hatte Elizabeth immer das Gefühl, er brauche Ermutigung und Hilfe. Sie war weit davon entfernt, sich über die angestrebte Ehe zu freuen, und hätte einer weniger »exotischen« Braut den Vorzug gegeben, doch sie wurde von Mountbatten überredet, den königlichen Ehestifter, der Michael gegenüber väterliche Gefühle hegte und den Marie-Christines Charme anzog. »Der schlimmste Rat, den Mountbatten jemals der Königin gab«, wie mehrere altgediente Höflinge meinten. Realistisch betrachtet, blieb Elizabeth wenig Handlungsspielraum; die Ablehnung der Braut eines unbedeutenden Familienmitglieds, mit der Begründung, sie sei geschieden und habe die falsche Religion, hätte verständlicherweise zu einer Unmenge Kritik geführt, und so gab sie nach Billigung durch den Kronrat ihre offizielle Einwilligung. Die Trauung wurde im Ausland vollzogen, und zwar im Juni 1978 in Wien, dem Geburtsort der Brautmutter, einer ungarischen Gräfin, da der Royal Marriages Act von 1772 Mitgliedern der königlichen Familie ausdrücklich Ziviltrauungen in England verbietet. Im letzten Augenblick verweigerte der Papst, der die Annullierung von Marie-Christines erster Ehe gewährt hatte, den Dispens von der kirchlichen Trauung, fast mit Sicherheit deshalb, weil die Kinder, die der Ehe entstammen würden, als Protestanten aufwachsen sollten, um ihre Position in der Reihe der Thronanwärter zu wahren, die Michael, damals der sechzehnte, wegen seiner Verehelichung mit einer Katholikin würde aufgeben müssen.

»Selbst wenn ihr Verhalten musterhaft gewesen wäre, so hätte Prinzessin Marie-Christine meiner Meinung nach niemals ein vertrautes Verhältnis zur Königin herstellen können«, schrieb Mountbattens Sekretär, der später auch für den Prinzen Michael und die Prinzessin arbeitete. »Die königliche Familie ist sehr auf sich selbst konzentriert, und es fällt ihr schwer, Fremde willkommen zu heißen; und vor allem die Königin findet es äußerst schwierig, sich zu entspannen, wenn sie nicht von jenen umgeben ist, bei denen sie sich zu Hause fühlt.« Bei Marie-Christine fühlte Elizabeth sich nicht zu Hause. Trotz ihres Aussehens, ihres Chics und des starken Charmes, den sie ausstrahlen konnte, wurde der Glamour, den sie in die königliche Familie brachte, nicht geschätzt und im Hinblick auf die Public-Relations auch nicht als Plus betrachtet. Der innere Zirkel der königlichen Familie sah sie als Abenteurerin, und ihr Verhalten schien diesen Verdacht zu bestätigen. Nicht zufrieden damit, ein Leben an der Peripherie der Familie zu führen, zeigte sich die neue Prinzessin entschlossen, sich in den Vordergrund zu drängen. Sie ließ wissen, daß sie die Einladung erwarte, sich Weihnachten zur Familie zu gesellen. Elizabeth gab nach, mußte jedoch überrascht feststellen, daß sich ihr unerwünschter Gast über die Räumlichkeiten beklagte, die man ihren Kindern und den Kindermädchen zugeteilt hatte. Elizabeth kümmerte sich nicht um die öffentlichen Klagen des Prinzen und seiner Frau darüber, daß sie keine Zuwendungen von der Zivilliste erhielten, oder über ihre Armut, als sie den beiden das Haus im Bereich des Kensington-Palastes zuwies, das früher die Snowdons bewohnt hatten. Als Folge davon gab es unaufhörlich Klagen und Streitereien über Fragen der Ausstattung mit der PSA, der Public Services Agency, die damals für die königlichen Paläste verantwortlich war; Marie-Christine gab zu dieser Zeit nahezu eine halbe Million Pfund aus, um Nether Lypiatt, einen hochherrschaftlichen Sitz in

Gloucestershire, zu restaurieren, den sie danach erwarben. Charles, der eine besonders starke Abneigung gegen Marie-Christine empfand, versuchte zu verhindern, das sie in dieselbe Grafschaft zogen, in der sein neuer Sommerlandsitz Highgrove lag, doch es gelang ihm nicht, und im Kensington-Palast ließen er wie auch Margaret keinen Zweifel daran, daß sie eine Abneigung gegen ihre Nachbarin hatten, die in der Familie »Prinzessin Pushy«, »Die Walküre« und »Ihr wißt schon, wer« genannt wurde. Nach einer Flut schlechter Publicity, in die britische Liberale und texanische Millionäre verwickelt waren, verhielt sich die Prinzessin weniger auffällig, doch es gab keinen Zweifel, daß die Familie ihr die kalte Schulter zeigte. Königin Elizabeth, eine Expertin für unausgesprochene Zurechtweisungen – »sie konnte einen mit ihren Blicken frösteln lassen« –, wurde einmal dabei beobachtet, wie sie sich bei einem Empfang im St. James's Palace verhielt, als Prinzessin Marie-Christine sich ihr näherte: Geschickt drehte sie sich so, daß ihr Rücken immer der Prinzessin zugewandt blieb, von deren Gegenwart sie scheinbar nicht das geringste ahnte. Die größte Peinlichkeit ereignete sich 1985, als enthüllt wurde, daß Marie-Christines Vater, Baron von Reibnitz, Mitglied der SS gewesen war, eine Tatsache, von der die bedauernswerte Prinzessin, Jahrgang 1945, selbst nichts wußte. Elizabeth, der es natürlicherweise zuwider ist, unangenehme Neuigkeiten über ihre Familie aus der Zeitung zu erfahren, zeigte sich alles andere als amüsiert.

Elizabeth hat genau wie ihre Mutter den Kents nie nahegestanden – mit Ausnahme der vielgeliebten Prinzessin Alexandra. Zu Menschen, die sie mag, verhält sie sich loyal, und laut Bericht eines Höflings waren der Grund für eines der wenigen Male, wo sie vor Zorn explodierte, die ätzenden Enthüllungen, die Alexandras Tochter Marina über ihre Eltern in der Boulevardpresse machte. Als Junge hatte der Herzog von Kent einen großen Teil seiner Zeit bei Elizabeth und Philip auf Birkhall verbracht, als das Paar frisch verheiratet war, und sie hatte 1961 seiner Hochzeit mit Katherine Worsley, der Tochter eines sehr reichen Großgrundbesitzers aus Yorkshire, beigewohnt. Sie subventioniert die öffentlichen Aktivitäten der Kents – unter anderem ersparen sie ihr die Notwendigkeit, bei Sportereignissen zu präsidieren, bei denen Pferde keine Rolle spielen, beispielsweise bei den Tennismeisterschaften in Wimbledon – eine von Prinzessin Marina übernommene Funktion – oder beim Finale des Football Association Cup.

Mitte der siebziger Jahre war Elizabeth nicht nur das Familienoberhaupt, sondern neben ihrer Mutter und Prinzessin Alice, Herzogin von Gloucester, das einzige noch lebende ältere Familienmitglied. Ihr Onkel mütterlicherseits, David Bowes-Lyon, war 1961 auf Birkhall gestorben. Der jüngere Bruder ihres Vaters, der Herzog von Gloucester, Onkel Harry, für den öffentliches Leben reine Pflicht gewesen war, erlitt mehrere Schlaganfälle, die ihn lähmten, so daß er von 1968 bis zu seinem Tod, 1974, nicht einmal mehr sprechen konnte. Onkel Harry war überaus geradeheraus und oft unfreiwillig komisch. Obwohl er pflichtbewußt als Generalgouverneur von Australien gedient hatte, genoß er keineswegs die Pflichten, die ihm von Geburts wegen zukamen. »Öffentliche Reden waren seine Sache nicht«, schrieb der Biograph Georges V., Kenneth Rose, über ihn, »auch verfügte er nicht über einen Fundus liebenswürdigen Small talks, um sich mit Fremden zu unterhalten. Bei der Eröffnung einer Obst- und Blumenschau sprach er nur einmal. »Was für ein verdammt großer Kürbis«, sagte er, »bin froh, daß ich ihn nicht essen muß«; und als er während eines Staatsbesuches einer Aufführung von *Tosca* beiwohnte und beobachtete, wie sich Maria Callas über die Brüstung in die Tiefe stürzte, ließ er seine unverkennbare hohe Stimme ertönen, so daß man sie im ganzen Opernhaus hörte: »Also, wenn sie wirklich tot ist, können wir ja alle nach Hause gehen.«[8] Sein ältester Sohn, der forsche, stattliche und wagemutige Prinz William von Gloucester, kam 1972 um, als er sein eigenes Flugzeug steuerte.

Auch der Herzog von Windsor starb im selben Jahr, 1972. Im November 1971 hatte eine Biopsie ergeben, daß der Herzog an inoperablem Kehlkopfkrebs litt; eine schmerzhafte Kobaltbestrahlung bewirkte nichts, und im Winter 1972 verschlechterte sich sein Zustand so sehr, daß er jederzeit hätte sterben können. Laut seinem Arzt Jean Thin war er sich dessen bewußt, »doch beeinträchtigte dies in keiner Weise seine Grundhaltung«, und »seine Tapferkeit und seine Akzeptanz nötigten allgemein zur Bewunderung«. Der Herzog schien lediglich darüber besorgt, daß die Herzogin zu sehr beunruhigt werde. Er war fast gänzlich ans Bett gefesselt, sein Lieblingsmops war in der Nähe, um ihm Gesellschaft zu leisten. Elizabeth besuchte den Kranken noch kurz vor seinem Tode. Im Mai 1972 sollte sie einen wichtigen Staatsbesuch in Paris machen, um »die Stimmung« für Britanniens Mitgliedschaft in der EWG zu »verbessern«. Kurz vor dem Besuch rief der besorgte Sir Christopher Soames, der britische Botschafter in Paris, bei Dr. Thin an, um sich nach dem Gesundheitszustand des Herzogs zu erkundigen. Nichts, sagte der Botschafter, dürfe die sorgfältig arrangierten Pläne der Königin stören. »Sollte der Herzog während des Besuchs sterben, so würde das die Planung durcheinanderbringen und sich womöglich auf das Ergebnis der königlichen Mission auswirken«, hörte der verblüffte, leicht empörte Arzt den Botschafter sagen. »Der Botschafter kam zur Sache«, erinnerte sich Thin, »und erklärte mir unverblümt, es sei in Ordnung, wenn der Onkel vor oder nach dem Staatsbesuch stürbe, daß es jedoch politisch katastrophal wäre, wenn es während des Besuchs geschähe. Ob es irgend etwas gäbe, das ich tun könnte, um ihn wegen des Zeitpunkts des herzoglichen Todes zu beruhigen?« Der Arzt erklärte dem Botschafter geradeheraus, daß er das nicht könne und daß es absolut möglich sei, daß der Herzog in der Tat während des Aufenthalts seiner Nichte in Paris das Zeitliche segnen würde. Sodann einigten sie sich darauf, daß, nach Elizabeths Ankunft in Paris, der Botschafter Thin jeden Abend um sechs Uhr wegen eines Bulletins anrufen würde.[9]

Der Herzog starb in der Tat nicht während des Staatsbesuches, und am vierten Tag besuchte Elizabeth in Begleitung von Philip, Martin Charteris und der Herzogin von Grafton ihren Onkel. Obwohl noch immer klar bei Verstand, war der Herzog inzwischen schwach, bettlägerig und an einen intravenösen Tropf angeschlossen, doch er bestand darauf, zu ihrem Empfang aufzustehen. Es komme überhaupt nicht in Frage, erklärte er Dr. Thin, daß ihn die Königin in seinem Schlafzimmer oder in Schlafkleidung sähe. Sie sei seine Souveränin, und das mindeste, was er tun könne, sei, sie in normaler Kleidung im benachbarten Wohnzimmer zu empfangen, das zwischen seinem Zimmer und dem der Herzogin lag. Als Thin Einwände wegen des Tropfs hatte, sagte er nur: »Das ist Ihr Problem.« Tapfer, ein Tropfröhrchen unter dem Hemd verborgen und unter dem Kragen mit Gefäßen voller Flüssigkeit verbunden, die hinter einem Vorhang versteckt waren, saß der Herzog schließlich da und wartete auf seine Nichte. Als sie eintraf, wurde sie von der Herzogin mit äußerster Formalität begrüßt. Diese sagte: »Seine Königliche Hoheit wartet darauf, Eure Majestät zu sehen.« Als Elizabeth das Zimmer betrat, machte der alte Mann zum Entsetzen des Arztes eine ungeheure Anstrengung, indem er sich erhob und in traditioneller Weise den Kopf beugte, offensichtlich ohne daran zu denken, daß der Tropf abreißen konnte. Elizabeth bat ihn, sich zu setzen, und »etwa eine Viertelstunde lang plauderten beide liebevoll miteinander«. Als sie das Zimmer des Herzogs verließ, bemerkte der Arzt in ihren Augen Tränen; sie war tief bewegt von der Tapferkeit des Sterbenden, und sein Anblick beschwor Gedanken an ihren Vater herauf. »Die Königin war sehr erschüttert darüber, wie sehr Onkel David ihrem Vater glich«, sagte ein Beobachter. Sie war völlig überwältigt – und im nachhinein wäre es ihr wohl lieber gewesen, wenn sie es vermieden hätte, ihn zu sehen.« Sie ging dann nach unten, um an etwas teilzunehmen, das einer der Anwesenden beschrieb als »die außergewöhnlichste Teeparty, der ich jemals beigewohnt habe«. Wallis saß als Gastgeberin an einem runden Tisch, der vor dem Kamin stand. Über ihr hing ein Porträt, das in den dreißiger Jahren von ihr gemalt worden war. »Sie sah wie eine mumifizierte Version davon aus«, wie sich ein Teilnehmer der Party erinnerte. Nach einem Besuch ein rundes halbes Jahr zuvor hatte Charles geschildert, sie »flitze hin und her wie eine sonderbare Fledermaus«, wegen der allzu häufigen Faceliftings unfähig zu sprechen, »es sei denn, mit zusammengebissenen Zähnen, ohne auch nur einen Gesichtsmuskel zu bewegen«. Es war eine peinliche Situation; die Hand der Herzogin zitterte schrecklich, wenn sie die Teetassen reichte, und eine entfiel ihr. Die Möpse umschnüffelten die Gesellschaft; Elizabeth, die Hunde an sich liebt, kann diese Rasse nicht ausstehen. Das Haus roch nach Räucherstäbchen, und durch die Wände drang der kratzige Klang von Dudelsackmusik. Die Diener trugen die gleiche scharlachrote und schwarze Livree wie Elizabeths Lakaien daheim, und auf dem Dielentisch lag ein roter Kasten mit der Aufschrift »Der König«.

Der Herzog starb neun Tage später, in den frühen Stunden des 28. Mai 1972. Drei Tage darauf wurde er von der Royal Air Force nach

Britannien geflogen, und am 1. Juni lag er feierlich aufgebahrt in der St. George's Chapel. An den folgenden zwei Tagen schritten sechzigtausend Trauernde vorbei, nicht schlecht für einen König, dessen Regierungszeit fast vierzig Jahre zuvor geendet hatte. Die Herzogin traf am zweiten Tag ein, um im Buckingham-Palast Aufenthalt zu nehmen. Mountbatten wurde damit beauftragt, sie am Flughafen in Empfang zu nehmen, und er sah, daß sie äußerst nervös war, weil sie der gesamten königlichen Familie ohne Unterstützung ihres Gatten gegenübertreten mußte. »Besonders besorgt« war sie »wegen Elizabeth, der Königinmutter, von der sie, wie sie meinte, niemals akzeptiert worden war«. Mountbatten versicherte ihr, sie brauche sich keine Sorgen zu machen. »Deine Schwägerin wird dich mit offenen Armen aufnehmen«, versicherte er mit der für ihn typischen Übertreibung. »Du tust ihr so unendlich leid in deinem jetzigen Gram, und sie erinnert sich daran, was sie empfand, als ihr eigener Mann starb.« Er brachte sie zu ihrem aufgebahrten Mann in Windsor. »Am Schluß stand sie wieder da und betrachtete den Sarg«, erinnerte er sich, »und sagte mit der traurigsten Stimme, die man sich vorstellen kann: ›Er war mein ganzes Leben. Ich weiß überhaupt nicht, was ich ohne ihn anfangen soll, er hat soviel für mich aufgegeben, und jetzt ist er nicht mehr da. Ich habe immer gehofft, ich würde vor ihm sterben‹.«[10] Charles, der gleichfalls dort war, scheint diese bewegenden Worte nicht gehört zu haben. Beim Dinner im Buckingham-Palast hatte er das Verhalten der Herzogin ausgesprochen sonderbar gefunden, und er fragte sich, »unter was für einer Art von Streß sie wohl litt – ob all das Gesellschaftsgeplauder Teil einer glänzenden Fassade war, oder ob sie wirklich immer so war und Onkel Davids Dahinscheiden gar nicht richtig wahrnahm«. In Windsor, neben dem Sarg, »sagte sie immer wieder: ›Er gab soviel für sowenig auf‹ und deutete mit einer sonderbaren Grimasse auf sich selbst«.[11]

Der Trauergottesdienst fand am Montag, dem 5. Juni, in der St. George's Chapel, Windsor, statt. Der 3. Juni war der offizielle Geburtstag der Königin gewesen, traditionellerweise gefeiert durch die Zeremonie, die »Trooping the Colour« genannt wird, bei dem die Souveränin, die zu den Klängen militärischer Blasmusik im Damensattel auf einem Kavalleriepferd reitet, von marschierenden Gardisten in Uniform mit riesigen schwarzen Bärenfellmützen begleitet wird. Es hatte einen Augenblick der Verlegenheit gegeben, als die Frage aufkam, ob man die Zeremonie als Zeichen des Respekts nicht ausfallen lassen sollte, wie man es zweifellos gehalten hätte, wäre der Herzog noch ein regierender Monarch gewesen. Elizabeth und ihren Beratern widerstrebte es, das zu tun, und man einigte sich auf einen Kompromiß, der so aussah, daß die Zeremonie als solche zwar stattfand, die Dudelsackkapellen jedoch eine Trauerweise spielten, ein wirkungsvoller Tribut an den Herzog, der selbst ein begeisterter Dudelsackpfeifer gewesen war. Die Trauerfeierlichkeiten fanden in Windsor statt, in einem Rahmen, wie er einem Exkönig zustand. Die ihres Amtes waltenden Geistlichen waren die Erzbischöfe von Canterbury und York, der Synodalpräsident der Church of Scotland und der Dekan von Windsor. Die gesamte königliche Familie war anwesend mit Ausnahme des Herzogs von Gloucester, dessen schlechter Gesundheitszustand eine Teilnahme nicht zuließ. Wenige Mitglieder ausländischer Königshäuser außer Olav V. von Norwegen, einem nahen Verwandten, hatten sich immerhin der Mühe unterzogen, der Beisetzungszeremonie eines Mannes beizuwohnen, der nach königlichen Maßstäben seine Klasse verraten hatte. Eine Handvoll seiner englischen Freunde war zugegen. Der Garter King of Arms, der erste Wappenherold Englands, verkündete die hochtönenden Titel des Toten: »Knight of the Garter, of the Thistle, of St. Patrick [Ritter des Hosenband-, des Thistle- und des St.-Patrick-Ordens], Knight Grand Cross vieler ritterlicher Orden, ehemaliger König Edward VIII. von Großbritannien, Irland und der britischen Dominien jenseits der Meere, Kaiser von Indien.« Jeden in der Trauergemeinde muß »diese Aufzählung von Titeln eindringlich daran erinnert haben«, schrieb sein Biograph, »wieviel er aufgegeben hatte; und die schlanke, hinfällige Gestalt der Witwe in Schwarz bezeugte mit ebenso starker Intensität, warum er das Opfer gebracht hatte«. Hätte er nicht abgedankt, hätte man ihn bei den anderen Monarchen in der Familiengruft unter St. George's zur letzten Ruhe gebettet. Unter den gegebenen Umständen wurde sein Sarg, seinem eigenen Wunsch gemäß, später nach Frogmore gebracht, wo er unter einem einfachen Stein im Gras beerdigt wurde und auf den Tag wartete, an dem seine Gattin an seiner Seite bestattet werden würde. Eine Fotografie aus dieser Zeit zeigt die Herzogin in Schwarz, ängstlich und verwirrt, die hinter einer Gardine aus dem Fenster des Buckingham-Palastes starrt, in einer unvertrauten und bis dahin feindseligen Umgebung. Vielleicht setzte bei ihr bereits jene mentale und physische Paralyse ein, deren Opfer sie schließlich werden sollte: die Folge, wie manche unfreundlicherweise sagten, von zuviel Anästhesie bei zu vielen Faceliftings im Laufe der Jahre. Während der Bestattungsfeierlichkeiten, bei denen sie neben Elizabeth saß, wirkte sie verwirrt. Die Gräfin von Avon, Gattin des ehemaligen Sir Anthony Eden, bemerkte, daß sie »sehr sonderbar erschien …, ihre Hände nervös bewegte und fast unaufhörlich sprach: ›Wo sitze ich? Ist dies mein Sitz? Ist dies mein Gebetbuch? Was tu ich jetzt?‹« Elizabeth war besorgt und zeigte, was Clarissa Avon als »die Zärtlichkeit einer Mutter oder Kinderschwester« beschrieb, und legte immer wieder ihre Hand auf den Arm oder den Handschuh der Herzogin. Später geleitete Philip die Herzogin aus der Kapelle zu einem Lunch für vierzig Personen ins Schloß. Die Königinmutter nahm die Herzogin beiseite und setzte sich mit ihr plaudernd auf ein Sofa, während Drinks serviert wurden, und beim Essen saß die Herzogin zu Philips Rechten, während zu ihrer Rechten Mountbatten saß. Der Schlußteil der Bestattungszeremonie fand an jenem Nachmittag in Frogmore statt, wo die Herzogin unter dem Einfluß von Beruhigungsmitteln, die ihr der Arzt gegeben hatte, noch desorientierter wirkte und von einem zum anderen ging und fragte: »Wo ist der Herzog?« oder »Amüsieren Sie sich gut?« und: »Warum ist der Herzog nicht hier?« Die Königinmutter nahm sie beim Arm: »Ich weiß, wie dir zumute ist, ich habe das selbst durchgemacht.«

Mountbatten und Charles begleiteten die Witwe später, als sie Windsor verließ. »Sie sagte immer wieder zu mir, was für ein charmanter junger Mann Charles doch sei und wieviel Trost er ihr biete«, erinnerte sich Mountbatten. »Charles unterstützte sie zweifellos vorbildlich. Ich muß sagen, daß sie mir unendlich leid tut – sie ist so einsam und traurig, und doch sagte sie immer wieder, wie wunderbar die Familie zu ihr sei und daß alles sehr viel besser gegangen sei, als sie es erwartet habe.«

Ein Jahr später war sie wieder in Windsor, um am Geburtstag ihres Mannes, dem 23. Juni, sein Grab zu besuchen. Elizabeth schickte ein Flugzeug der königlichen Flotte, um sie von Paris herüberzuholen, und am Flughafen wurde sie von Mountbatten und dem Herzog von Kent empfangen. Für den Nachmittag lud Elizabeth sie zum Tee ein. Es sollte das letzte Mal sein, daß sie ihre angeheiratete Tante sah. Die Herzogin kehrte zurück nach Paris in das Haus, das sie mit dem Herzog geteilt hatte, umgeben von Erinnerungsstücken an ihn; sein Schlafzimmer war ein unberührter Schrein, das sie jeden Abend betrat, um »Gute Nacht, David« zu sagen. Obwohl von der eigenen Armut überzeugt, war sie in Wirklichkeit immer noch eine außergewöhnlich reiche Frau mit einem liquiden Vermögen von gut drei Millionen Pfund, weiteren Millionen in Form von Schmuck, Gemälden, Möbeln und anderen Objekten. Ihr Schmuck und diverse Objekte, die dem Herzog gehört hatten, brachten, als sie im April 1987 bei Sotheby's in Genf verkauft wurden, über fünfzig Millionen Dollar ein, wobei der Erlös des Verlobungsringes, der aus dem Smaragd des Großmoguls gemacht war, allein 2,1 Millionen Dollar betrug.

Nach dem Tod des Herzogs wurde Mountbatten in eine langwierige und schließlich verlorene Schlacht mit Maître Suzanne Blum, der französischen Rechtsanwältin der Herzogin, verwickelt, um die Kontrolle darüber, was mit den Windsor-Hinterlassenschaften letztlich geschehen sollte. Es gelang ihm, einige der Uniformen und militärischen Insignien des Herzogs nach Windsor zurückzubekommen, und 1972 traf er eine Vereinbarung mit dem Privatsekretär des verstorbenen Herzogs, wofür dieser vom Königshaus den Ordenstitel Commander of the Royal Victorian Order und von seinen Arbeitgebern die Entlassungspapiere erhielt, denn sämtliche Papiere des Herzogs waren aus dem Pariser Haus entfernt und in die Archive von Windsor geschafft worden. Maître Blum behauptete 1979, daß »zwei Individuen, beauftragt von Mountbatten und in königlicher Autorität handelnd«, bei einem »Einbruch« die Aktenschränke des Herzogs geplündert und andere Papieren entwendet hätten. Dies wurde vom Palast ausdrücklich dementiert, doch einige seiner Papiere wurden daraufhin zurückgegeben. Es gelang Mountbatten jedenfalls nicht, eine Stiftung einzurichten, der Charles vorstehen sollte, um das Vermögen des Herzogs diversen Wohltätigkeitsorganisationen zukommen zu lassen, oder die Herzogin dazu zu bewegen, Charles und die anderen Mitglieder der königlichen Familie zu ihren Erben zu machen. Einmal hatte es den

Anschein, als beabsichtige die Herzogin, dies zu tun. Sie war von Charles entzückt und erklärte einer Freundin bei einer Gelegenheit, daß »all dies«, womit sie ihr Vermögen meinte, an Charles fallen würde, weil er ihr nach der Beisetzung des Herzogs einen »wunderschönen Brief« geschrieben habe. Mountbatten mußte seine Niederlage eingestehen, nachdem er von ihr 1974 einen endgültigen Bescheid bekommen hatte: »Was die Verfügungen in meinem Testament betreffen, so bestätige ich Dir noch einmal, daß alles entsprechend Davids und meinen eigenen Wünschen geregelt ist, und ich glaube, daß jeder zufrieden sein wird. Es besteht deshalb keine Notwendigkeit, daß Du meinen Ratgeber in der Schweiz kontaktierst. Es ist immer ein Vergnügen, Dich zu sehen, doch muß ich Dir sagen, daß ich immer furchtbar deprimiert bin, wenn Du wieder abreist, weil Du mich an Davids und an meinen eigenen Tod erinnerst, und ich wäre dankbar, wenn Du dies nicht mehr erwähnen würdest.«[12]

Zu Prinzessin Annes Hochzeit 1973 wurde die Herzogin nicht eingeladen, doch als die Königinmutter im Oktober 1976 Paris einen offiziellen Besuch abstattete, unternahm sie eine Anstrengung, die Herzogin persönlich zu besuchen. Aber im letzten Augenblick war die Herzogin zu krank, um sie zu empfangen; sie litt an altersbedingten Halluzinationen, was mit ziemlicher Sicherheit zu feindseligen Äußerungen und einem entsprechenden Verhalten gegenüber der Königinmutter geführt hätte, die sie bei privaten Gesprächen immer erbarmungslos verunglimpft hatte. Königin Elizabeth schickte als eine Geste, die sich zwar liebenswürdig ausnahm, jedoch möglicherweise nicht von Herzen kam, ein Bouquet aus zwei Dutzend roten und weißen Rosen mit der Botschaft »In Freundschaft, Elizabeth«. Dies war der letzte Kontakt zwischen der königlichen Familie und der Witwe des Herzogs. Die Herzogin weilte weiter in dem gleichsam verschlossenen Haus im Bois de Boulogne, geistig und physisch zunehmend hinfällig, bis sie dort schließlich am 24. April 1986 im Alter von neunzig Jahren in einem kümmerlichen Zustand starb.

Ihr Leichnam wurde nach London geflogen, begleitet vom Lord Chamberlain und empfangen vom jungen Herzog von Gloucester – Prinz Williams jüngerer Bruder, Prinz Richard, hatte den Titel beim Tode des Vaters geerbt –, der die Tote nach Windsor eskortierte. Der kurzen Privatzeremonie in der St. George's Chapel wohnten sechzehn Mitglieder der königlichen Familie, der amerikanische Botschafter und die wenigen noch lebenden Freunde der Herzogin bei. Ihr Sarg lag dort, wo früher einmal ihr Gatte, Königin Mary und die einstigen Könige Englands gelegen hatten, und darauf ruhte ein Kranz aus weißen und gelben Lilien von Elizabeth. Es fiel allerdings auf, daß sich auf der Platte nicht der Titel »Ihre Königliche Hoheit« fand; noch sonderbarer war, daß ihr Name während der Zeremonie nicht ein einziges Mal erwähnt wurde. Als ihr Sarg anschließend aus der Kapelle hinausgetragen wurde, folgten ihm die wichtigsten Mitglieder der königlichen Familie, um ihn zu seinem letzten Ruheplatz an der Seite des Herzogs im Rasen bei Frogmore zu begleiten. Im Tode kam es endgültig zur Aussöhnung zwischen der Familie und der Frau, die den britischen Thron in seinen Grundfesten erschüttert hatte. Elizabeth sah man weinen.

Im April 1976 wurde Elizabeth fünfzig, sie war fest verankert in Amt und Lebensweise und besaß unverkennbar das Aussehen einer Frau in mittleren Jahren. Was die gesellschaftliche Seite betraf, so wurde die Atmosphäre bei Hofe wahrnehmbar trüber, nachdem Patrick Plunket 1975 mit nur einundfünfzig Jahren an Krebs gestorben war. Plunket hatte es verstanden, das Leben zu verschönern. Er liebte Partys und verstand es, sie sowohl lebendiger als auch glanzvoller zu machen. Elizabeth war eine hervorragende Gastgeberin, die mit großer Sorgfalt darauf achtete, daß es keinem Gast auch nur am geringsten fehlte. Mit ungemein praktischem Sinn und einem Auge für Details genoß sie es, den Haushalt zu überwachen und das Gefühl zu haben, mit allem gleichsam in Tuchfühlung zu sein. Freunde fanden es reizend, wenn sie sahen, mit wieviel Freude sie im Blockhaus bei Balmoral für zwanglose Mahlzeiten den Tisch deckte und hinterher den Abwasch erledigte, fast als sei dies eine therapeutische Abwechslung nach der distanzierten Pracht ihres Alltagslebens. Sie drängte sich jedoch keineswegs danach, Partys zu geben, und sie hatte sich auf Patrick Plunket verlassen, die gesellschaftliche Seite des Familienlebens zu organisieren. Er war es gewesen, der mit Hilfe von Elizabeths Cousine Lady Elizabeth Anson die Teenager-Partys für Anne und Charles geplant hatte, der die Gästelisten zusammenstellte, der geeignete und amüsante Menschen fand, für

Speisen, Blumen und die richtige Beleuchtung sorgte, und der mitten in der Nacht im Herzen von Schloß Windsor eine Diskothek zauberte.

Es ist eine der Gegebenheiten des königlichen Lebens, daß die Familie im Unterschied zu den meisten Familien keinen großen Freundeskreis hat, und der Haushofmeister der Königin ist verantwortlich für die Gästelisten. »Wenn die Jagd oder andere Gesellschaften auf Balmoral, Sandringham, Windsor oder wo auch immer geplant werden«, erzählte ein Freund, »macht die Königin sich keine Gedanken über die Leute – der Haushofmeister kommt mit einer Liste und fragt: ›Würden Sie diese Leute gern einladen?‹« Der Umstand ihrer königlichen Herkunft machte es den Kindern schwer, Freundschaften zu schließen; während Anne auf Benenden gut zurechtkam, hatte Charles in Gordonstoun überhaupt keine Freunde und nicht viele in Cambridge. Ihre Bekannten waren im allgemeinen die Kinder von Höflingen oder königliche Verwandte; es war schwierig für sie, an Orten wie dem Buckingham-Palast oder Windsor auf formloser Basis Freunde zu haben. Die Bedeutung Patrick Plunkets im gesellschaftlichen Leben des Hofes bestand nicht zuletzt in seinem großen Freundeskreis und seiner Fähigkeit, Menschen zusammenzubringen, die sich miteinander vergnügen konnten. Er konnte eine Party in Schwung bringen, und er vergewisserte sich, daß auch Elizabeth auf ihre Kosten kam. Während Philip mit irgendeiner der Frauen tanzte, mit denen er befreundet war, wirbelte Plunket mit Elizabeth über das Parkett. »Es entging ihm nie, wenn sie bei einer Party einsam aussah, dann holte er sie und tanzte mit ihr, bis sie jemanden sah, bei dem sie bleiben wollte, und dort setzte er sie dann gleichsam ab. Stets behielt er sie im Auge, stets war er zur Stelle, wenn sie auch nur eine Spur einsam aussah.« Er war fast wie ein Bruder zu ihr, und für die Kinder bildete er wie Susan Hussey eine Brücke zwischen den Generationen. »Es war eine Tragödie, als Patrick Plunket starb«, sagte ein Freund der Familie, »denn er sorgte dafür, daß unterhaltsame und interessante Leute eingeladen wurden, und die Königin hörte auf ihn. Es war für den ganzen Haushalt katastrophal, und es war vor allem schlimm für sie, einen solchen Freund zu verlieren.« Es gab später viele, die meinten, wenn er noch am Leben gewesen wäre, hätte er wohl helfen können, einige der schlimmsten Katastrophen abzuwenden, welche die Familie in den achtziger Jahren ereilten.

Er war es gewesen, der die erinnerungswürdige Party in der Ascot-Woche organisiert hatte, um die siebzigsten Geburtstage der Königinmutter, von Prinzessin Alice und Mountbatten sowie des Herzogs von Beaufort zu feiern. Die Initiative dazu war von ihm gekommen, nicht von der Familie, und er hatte 1969 auch die Feier zu Prinz Charles' einundzwanzigstem Geburtstag organisiert. Nach Plunkets vorzeitigem Tod fiel der Hof allmählich zurück in jene traditionellen Rituale, wie man sie unter früheren Herrschern gepflogen hatte. Selbst in Balmoral, wo die königliche Familie Kilts und Urlaubskleidung trug, mußten sich weibliche Gäste viermal am Tag umziehen: Man brauchte etwas, das man zum Frühstück tragen konnte; sportliche Kleidung für das Lunch und den Aufenthalt im Freien, wo man Gewehre dabeihatte; dann kam man zurück und kleidete sich zum Tee abermals um und schlüpfte schließlich zum Dinner in eine lange Robe. Auf Birkhall, wo die Königinmutter die Gepflogenheiten von früher aufrechterhält, tragen die Frauen zum Dinner große Abendgarderobe und Schmuck, selbst wenn es sich nur um eine kleine Hausparty handelt. Sogar Picknicks und Barbecues spielen sich nach einem bestimmten Schema ab; Prinz Philip hat einen speziell konstruierten Wagen, auf dem sich die Speisen befinden, und »wehe dem, der die Sachen nicht wieder genau an Ort und Stelle zurückstellte«, wie ein Gast sagte. Verfehlungen in diesem Punkt bewirkten eine Menge ungeduldiger Rufe von Philip und manchmal auch von Elizabeth. Tradition prägte Elizabeths Denken in solchem Maße, daß sie in Balmoral eine Gesellschaft einfach ausfallen ließ, wenn sich im Gelände keine Moorhühner fanden – ungeachtet der Unannehmlichkeiten für die Gäste, die ihre Urlaubsplanung darauf eingestellt und in manchen Fällen eigens Kleidung dafür gekauft hatten. Es kam ihr nie in den Sinn, daß man Gäste auch dann einladen konnte, wenn es nichts zu schießen gab, oder daß man den Tag in Deeside auch anders verbringen konnte. »Sie hätte soviel Spaß haben können mit Menschen, die gern wanderten, die gern fischten oder gärtnerten, irgend etwas dergleichen, doch statt dessen hieß es: ›Was sollen wir nur mit ihnen anfangen? Es gibt ja nichts zu schießen...‹«

Der Verlust des charmanten, weltklugen Patrick Plunket war für Elizabeth ein schwerer Schlag; er beraubte sie einer wichtigen Verbindung zu der Welt außerhalb ihres ziemlich einseitigen, supertraditionalistischen pferdenärrischen Kreises und nahm ihr einen Freund, der ihr im nächsten Jahrzehnt in ihren Beziehungen zur jüngeren Generation ein guter Ratgeber hätte sein können. Seinem Tod folgte 1977 der Rückzug in den Ruhestand eines noch weiseren Beraters und alten Freundes, der von Martin Charteris, seit 1950 ihr Privatsekretär; er war ein Mann, von dem sie wußte, daß er ihr absolut ergeben war, und bei dem sie darauf bauen konnte, daß er ihr sagte, was er für notwendig hielt, auch wenn es ihr nicht schmecken mochte. Charteris hatte Elizabeths Kinder von klein auf gekannt und hatte ein Verhältnis zu ihnen, wie es seine Nachfolger niemals würden haben können.

Schon bevor Charteris in den Ruhestand ging, hatten die traditionellen Friktionen zwischen Throninhaberin und Thronfolger ihren Anfang genommen. Charles hatte den letzten Teil der ihm von seinen Eltern bestimmten Ausbildungspläne beendet, indem er fast fünf Jahre bei der Navy verbracht hatte. Davor war er vier Monate in Cranwell bei der Royal Air Force gewesen, wo er sich als Jetpilot qualifizierte, was er gründlich genoß. Er hatte auch seinen ersten Fallschirmabsprung gemacht, ein unangenehmes und gefährliches Erlebnis, da sich die Leine sofort nach seinem Sprung aus dem Flugzeug um seine Füße wickelte. Dennoch bestand er darauf, am Fallschirmjägerausbildungskurs des Regiments teilzunehmen, als er 1977 Colonel-in-Chief des Fallschirmjägerregiments wurde. Ungeachtet seiner persönlichen Schüchternheit und Scheu besaß er körperlichen Mut und schien es zu genießen, seine Waghalsigkeit bis an die Grenzen zu erproben; und obwohl er von Natur aus nicht mit athletischen Vorzügen ausgestattet war, bewies er echten Mumm in seiner Entschlossenheit, physische Leistungstests und Sportarten wie Skifahren und Polo erfolgreich auszuüben. Was ihm hingegen wenig Freude machte, war seine Karriere bei der Navy, und er haßte seine Vorbereitungen dafür auf dem Dartmouth Royal Naval College, eine Erfahrung, die nach seinem Gefühl einem erneuten Schulbesuch gleichkam und die er als »irritierend … unbegreiflich … erniedrigend« beschrieb. Später, an Bord eines Schiffs, fühlte er sich den Anforderungen nicht gewachsen, und es quälte ihn der Gedanke an den Vater und den Großonkel, die beide bei der Navy Außerordentliches geleistet hatten. Er hatte das Gefühl, ständig an ihnen gemessen zu werden, und als ihn sein Vater auf dem Schiff besuchte, das inzwischen unter seinem Kommando stand, war er so nervös, daß er die Namen seiner eigenen Offiziere vergaß, als er sie vorstellte. Mountbatten tat sein Bestes, um das Selbstvertrauen seines Großneffen zu stärken. Als Charles zu einem Ausbildungskurs in Portsmouth geschickt wurde, unterwies er ihn in Navigation, ein Fach, für das der völlig unmathematische Prinz wenig Talent zeigte. Charles fehlte die Geselligkeit, die für das Leben in der Navy erforderlich war; während er sich in Portsmouth befand, weigerte er sich, mit den anderen Auszubildenden das Quartier zu teilen, und pendelte täglich nach Broadlands. An Bord der »HMS Jupiter«, seinem zweiten Schiff, fühlte er sich äußerst unbehaglich; die Gespräche in der Offiziersmesse waren, wie einer der Offiziere fand, »ziemlich widerlich«. Charles' Bordkameraden schätzten ihn als »schüchtern, unsicher, zaghaft, verletzlich« ein. Als Kommandierender Offizier seines eigenen Schiffes, der »HMS Bronington«, war er bei seiner Mannschaft jedoch sehr beliebt; er brüllte die Männer nie an. Seine Freundlichkeit und Weichherzigkeit machten ihn ungeeignet für ein solches Leben; als einer der Seeleute von der »Jupiter« bei einem Straßenunfall ums Leben kam, war der Prinz tief geschockt und rief unter Tränen zu Hause an. »Charles muß wirklich lernen, härter zu sein«, bemerkte Elizabeth.

Charles' Erziehung hatte nach Absicht seiner Eltern und Mountbattens zum Ziel, ihn letztlich auf seine Funktion als künftiger König vorzubereiten. Cheam und Gordonstoun waren die ersten Schritte in einem Abhärtungsprozeß gewesen, der ihn aus der Nestwärme der heimischen Umgebung herauslöste und ihn in täglichen Umgang mit Altersgenossen brachte, damit er Selbständigkeit erlernte. Elizabeth und Philip hatten sich bereits mit der Tatsache abfinden müssen, daß jener Teil seiner Erziehung kein überwältigender Erfolg gewesen war. Was auch immer er zuvor an Selbstvertrauen besessen hatte, es war durch die neuen Erfahrungen gründlich geschwächt worden; Geelong, unter der Obhut von Checketts, und sein prägender Kontakt mit den primitiven Menschen von Neuguinea hatten ihm, ganz wie Elizabeth es sich erhoffte, eine bleibende Zuneigung für Australien vermittelt. Die Navy hatte ihn Disziplin und Führungsqualitäten lehren sollen, überdies sollte er praktische Erfahrungen gewinnen bei den Streitkräften, deren formales Oberhaupt er ja eines Tages sein würde. Äußerlich gab Charles, der Prinz von Wales, ein bestechendes Bild ab, wenn er Jets flog, Fallschirmabsprünge machte und sein eigenes Schiff kommandierte: ein schneidiger Mann der Tat. Innerlich – jedenfalls nach den Briefen und Tagebuchauszügen zu urteilen, wie sie in seiner autorisierten Biographie wiedergegeben sind – schienen ihn die Erfahrungen nicht sehr verändert zu haben, sondern, weit schlimmer, er empfand offenbar einen anhaltenden Groll darüber, daß sein Leben für ihn vorgezeichnet war.

Als Charles 1976 von der Navy wieder nach Hause kam, fand er für sich ein Leben vor, in dem er keinerlei Rolle spielte jenseits seiner zeremoniellen Funktionen als Thronerbe. Er war achtundzwanzig Jahre alt und hatte unklugerweise öffentlich einen letzten Termin für seine Verheiratung genannt: »Wenn ich dreißig bin.« Die Beispiele für die Rolle des Prinzen von Wales waren nicht ermutigend. Der Herzog von Windsor war nach einer tapferen Leistung in Frankreich während des Ersten Weltkriegs und späterer strapaziöser Reisen durch das Empire in zunehmendem Maße verwöhnt, egoistisch und ausschweifend geworden; Charles' Urgroßvater, George V., als junger Mann insgesamt ruhiger und formbarer, hatte seine siebzehn Jahre als Prinz von Wales ausschließlich damit verbracht, »Tiere zu töten und Briefmarken einzukleben«, um seinen offiziellen Biographen zu zitieren; Edwards VII. Benehmen als Prinz von Wales war zu einem Synonym für Zügellosigkeit geworden.

Elizabeth, in ihrer öffentlichen Rolle als Monarchin aktiv und erfolgreich, hatte ihrem Sohn bei seiner Suche wenig Hilfe gewährt. Schließlich gab es ja auch keine vorgesehene Rolle für den Thronfolger, bis er den Thron bestieg, und da die Königin eine gesunde Fünfzigerin war, konnte bis dahin noch sehr viel Zeit vergehen. Sie gab ihm sein eigenes Büro im St. James's Palace und seine eigenen Ratgeber, zu denen auch David Checketts gehörte, und erwartete von ihm, daß er sein Leben lebte. Es gab eher zufällige Diskussionen zwischen dem Buckingham-Palast, Downingstreet und dem Stab des Prinzen darüber, für ihn einen »angemessenen Job« zu finden. Checketts nannte als Möglichkeit das Amt des Generalgouverneurs von Australien, doch der erbitterte Streit, der 1975 ausbrach, weil der offizielle Repräsentant der Königin, der Generalgouverneur Sir John Kerr, den australischen Ministerpräsidenten Gough Whitlam gefeuert hatte, vereitelte diesen Plan. Lord Carrington und Sir Christopher Soames schlugen vor, ihn zum Botschafter in Paris zu ernennen, doch dieser Gedanke wurde rasch wieder fallengelassen. Als dann 1976 James Callaghan Nachfolger von Harold Wilson als Labour-Premierminister wurde, schlug er ein Programm vor, das Unterweisung in Regierungsangelegenheiten beinhaltete, doch wurde er durch den mangelnden Enthusiasmus des Prinzen enttäuscht. »Jim Callaghan war besessen von der Idee, für Prinz Charles eine Aufgabe zu finden«, sagte ein Minister. »Wir brachten ihn im Komitee der CDC [Colonial Development Corporation, Ausschuß für koloniale Entwicklung] unter mit der Vorstellung, er würde Vorsitzender sein, doch er machte sich nicht die Mühe, dort überhaupt zu erscheinen, und nahm die Sache nicht ernst. Er war nicht interessiert, er wollte ein Amateur bleiben.« Checkett versuchte, den Prinzen für die Verwaltung seines Herzogtums Cornwall zu interessieren, ohne Erfolg. Im Palast war man besorgt über den augenscheinlichen Mangel an zentralen Anliegen im Leben des Prinzen und über die öffentliche Meinung angesichts der Tatsache, daß er einen großen Teil seiner Zeit mit der Ausübung hochelitärer Sportarten wie Polo, Schießen und Skilaufen zubrachte. Der Heldenprinz schien sich in einen Playboy zu verwandeln.

Der Prinz verübelte dem Buckingham-Palast die Bemühungen, ihn zu kontrollieren; Schwierigkeiten zwischen beiden Seiten wegen der Gründung eines Trusts, um 1977 das silberne Thronjubiläum der Königin zu feiern, kennzeichneten die beginnende Kluft zwischen den beiden Haushalten, die im Laufe der Jahre immer größer werden sollte. Im Sommer 1974 warnte Martin Charteris den Privatsekretär des Prinzen, Checketts, daß der Trust zur Förderung innenstädtischer Projekte, den der Prinz einzurichten gedachte, in Konflikt kommen könne mit dem bereits etablierten George V. Jubilee Trust, den Charles' Vorgänger als Prinz von Wales gegründet und als Vorsitzender geleitet hatte, und auch mit dem geplanten Trust für das Silberjubiläum der Königin, zumal sie beabsichtigte, Charles zu bitten, bei beiden den Vorsitz zu übernehmen. »Ich glaube«, schrieb Charteris am 26. Juni 1974, »die Botschaft lautet, den von Prinz Charles geplanten Trust ruhenzulassen, bis der Wirbel sich gelegt hat.«[13] Martin Charteris handelte mit ziemlicher Sicherheit nach Rücksprache mit der Königin und wies auf absolut vernünftige Weise auf die Gefahren eines gewaltigen Wirrwarrs hin oder, wie er es taktvoll ausdrückte, auf einen potentiellen »Interessenkonflikt« wegen der verschiedenen Trusts. Der spätere Lord Charteris erinnert sich an keinerlei Konflikt mit Charles, den er mochte und nach wie vor mag. Nur bei einer gleichsam delphischen Gelegenheit lautete Elizabeths Botschaft für ihren Sohn: »Sagen Sie ihm, er soll den Thron in Ruhe lassen.«

Laut seinem Biographen Jonathan Dimbleby war Charles jedoch sehr erzürnt über die Implikation, daß der Palast über ihn bestimmen wollte, und er war nicht einmal bereit, von einem so klugen Menschen wie Martin Charteris Weisungen entgegenzunehmen. »Obwohl der Prinz seinen zunehmenden Widerwillen gegenüber allen verbarg – nur seine engen Vertrauten bildeten eine Ausnahme –, bemerkte er jede auch noch so leichte Kränkung von seiten der Beauftragten der Königin, und er begann, sich resolut von ihnen zu distanzieren.« Die Wahrheit war, daß der Prinz als Reaktion auf die jahrelange Kontrolle durch den Palast gehörig aufmuckte. In seiner Entschlossenheit, sich selbst zu bestätigen, begann er eine Art Rebellion gegen seine Eltern, wie sie die meisten Menschen in der Pubertät durchmachen. Mit seinem enormen Einkommen aus dem Herzogtum Cornwall – bei seinem 21. Geburtstag wurden ihm die gesamten Einkünfte des Herzogtums – 248 000 Pfund Sterling – übertragen, wovon er allerdings in Absprache mit dem Finanzministerium 50 Prozent an die Steuer abführte – und seinem eigenen Stab ließ er gleichsam seine Muskeln spielen, unschlüssig, welche Richtung er einschlagen sollte, jedoch fest entschlossen, keinem Druck von außen nachzugeben.

Der hierarchischen Disziplin der Navy ledig, der sich selbst ein Prinz unterordnen mußte, wurde er ein verwöhnter, reicher junger Mann, dessen angeborene gute Eigenschaften und echte Ernsthaftigkeit durch das Bewußtsein der Ziellosigkeit seines Lebens frustriert wurden. Seine persönliche Dienerschaft sowie seine Kammerdiener, zuerst James MacDonald und dann Stephen Barry, waren ihm gegenüber sehr nachsichtig gewesen, und er vertrug jede Art von Kritik äußerst schlecht. Checketts sollte später sein erstes Opfer werden. Das

40 Eine Liebesaffäre mit dem Volk: Elizabeth bei einem Rundgang im Sommer des Jahres 1977, in dem sie ihr silbernes Thronjubiläum feierte

41 Elizabeth im Südpazifik: Inselbewohner von Tuvalu feiern ihre Königin im Jahr 1982.

42 Mit »Porchy« beim Derby: Elizabeth und ihr Rennmanager Henry George Reginald Molyneux Herbert, Lord Porchester, Juni 1985

43 Glanz und Gloria: Staatsbankett anläßlich der Commonwealth-Konferenz von 1989 in Kuala Lumpur, Malaysia

42

43

44 Und wieder ein Staatsbesuch: Elizabeth mit Ronald Reagan im De Young Museum, San Francisco, März 1983

45 In Kapstadt mit Präsident Nelson Mandela am 20. März 1995: Nach dem Ende der Apartheid besuchen Elizabeth und Philip Südafrika, das nach fast 50 Jahren wieder Mitglied des Commonwealth ist.

46

46 Schloß Balmoral im grünen Tal des Flusses Dee, Aberdeenshire, Schottland

47 Sandringham House, Norfolk, England

48 Ein erschütternder Anblick: Schloß Windsor in Flammen, 20. November 1992

49 Am Morgen danach: Elizabeth begutachtet die Schäden des Schlosses, in dem sie ihre Kindheit verlebte.

47

48

49

50 Elizabeth und Philip und ihre ältesten Enkelkinder: die Kinder von Prinzessin Anne und Captain Mark Phillips, Zara Philipps (rechts außen) und ihr Bruder Peter (vorne Mitte); Prinz Harry (links außen) und Prinz William (hinten stehend)

51 Elizabeth und ihre Premierminister: Margaret Thatcher, Harold Wilson, John Major, Elizabeth, Edward Heath, James Callaghan (von links nach rechts) bei einem Dinner im Spencer House zur Feier des 40. Thronjubiläums

52

52 Skiurlaub: Charles, Diana, Sarah und Andrew im Jahr 1987

53 Ehekrieg: Diana in der Serpentine Gallery am Abend des 29. Juni 1994, an dem ihr Gatte sein Fernsehinterview gab

53

54 Ein Tag »auswärts«: Elizabeth im Intercity auf dem Weg nach Edinburgh, Juni 1991

55 Auf dem Balkon des Buckingham-Palastes: Elizabeth, die Königinmutter und Margaret beobachten die Flugstaffel am 8. Mai 1995 bei der Gedenkfeier zum VE Day, der an den Sieg im Zweiten Weltkrieg erinnert.

56

56 Königin Elizabeth 1995 mit 69 Jahren

Selbstmitleid, der Pessimismus und der klagende Tonfall, der sich sowohl durch seine Privatkorrespondenz wie auch durch seine Tagebücher zog, jene »Schwäche«, die seine Eltern auszumerzen versucht hatten, verwandelte sich jetzt in Launenhaftigkeit, wenn ihm etwas in die Quere kam. Er gestattete sich Temperamentsausbrüche oder »Wutanfälle«, eine Veranlagung, die er von seinem Großvater, George VI., geerbt hatte und die sein Biograph als »beunruhigende Darbietungen unkontrollierten Verhaltens« beschrieb, »wobei sich auf seinem Gesicht intensivste Emotionen abzeichneten. Unfähig, eine geeignete Herausforderung für seine ziellose Energie zu finden, hatte der Prinz mehr frei verfügbare Zeit, als er es sich wünschte oder zugeben mochte. Seinen Freunden erschien er von Unruhe und Unzufriedenheit gequält, was er mitunter an seinem Stab ausließ. Bereits durch Kleinigkeiten gereizt, reagierte er uncharakteristischerweise mit Ungeduld und Hochmut. Während seine Kommentare über die ihm vorgelegten offiziellen Programmpunkte ein Jahrzehnt zuvor einfach und pflichtgetreu geklungen hatten, wirkten seine Kommentare zu einem weiteren ›Auswärts-Tag‹ [einer offiziellen Verpflichtung] in den späten siebziger Jahren manchmal unwillig und verärgert ...«[14]

Selbst auf Mountbatten, inzwischen Ende Siebzig, hörte der eigenwillige Prinz nicht mehr mit der einstigen Ehrerbietung. Es ging ihm um Selbsterkenntnis und darum, für sein Leben eine spirituelle Richtung zu finden, etwas, wobei ihm sein weltlicher Großonkel kaum dienlich sein konnte. Mitte der siebziger Jahre fand Charles einen Guru in einem der Freunde seiner Großmutter, dem ältlichen südafrikanischen Schriftsteller Laurens van der Post, Verfasser des Buches »Die verlorene Welt der Kalahari«, das die Mythen der Buschmänner pries. Nach den Worten seines Biographen ging Charles von nun an auf eine Reise der spirituellen Suche, fern von den kulturellen Gewißheiten, in die er hineingeboren worden war. Van der Post erspürte augenscheinlich eine »fehlende Dimension« in der Erziehung und Ausbildung, welche die Eltern des Prinzen, zumal sein Vater, für ihn geplant hatten. »Ich glaube, man sollte auf dem inneren Weg nach außen gewandt sein«, sagte er zu Charles, der jetzt seine Träume aufzuzeichnen begann, damit sein Guru sie interpretieren konnte. Van der Post schlug auch für 1977 einen siebenwöchigen »Rückzug« in die Kalahari-Wüste vor, ein verschrobener Plan, der jedoch vom Außenminister Tony Crosland bald ermöglicht wurde, sehr zur Erleichterung des Palastes. Charles fand seinen persönlichen Guru in dem Alten Mann von Lochnagar, jener Gestalt, die in den Geschichten, die er für seine jüngeren Brüder erfunden hatte, in dem unheimlichen Berg oberhalb von Balmoral in einer Höhle lebte, und er entwickelte einen Glauben an Reinkarnation. Derartige Dinge behagten seinen Eltern ganz und gar nicht; Elizabeth mit ihrem traditionell anglikanisch-christlichem Glauben sah darin ein weiteres Beispiel für den Eigensinn ihres Sohnes. Es war eine andere Art der Rebellion gegen die hauchdünnen Gewißheiten, die bislang sein Leben geprägt hatten. 1979 wurde er in den Bann einer jungen Inderin gezogen, der früheren Ehefrau des Filmregisseurs John Huston, die ihn mit dem Buddhismus bekannt machte und mit einem Buch mit dem Titel »Der Weg der Meister«, einem Führer zur spirituellen Weisheit der östlichen Gurus. Im Alter von dreißig Jahren schwelgte die künftige Stütze der etablierten Kirche Englands in jener Art mystischer Erfahrung, welche die meisten Menschen in den sechziger Jahren durchgemacht hatten. Seine Eltern und deren Freunde ahnten nicht, bis zu welchem Grade er von seiner neuen spirituellen Führerin und ihren Einflüssen betört war, die ihn zum Vegetarier machten und gegen das Töten von Tieren einnahmen. »Wir waren überrascht, als er plötzlich das Schießen aufgab«, sagte jemand, der zu Philips Sportkreis in Norfolk gehörte. Der Haushalt des Prinzen war jedoch zutiefst beunruhigt. Hon. Edward Adeane, der Sohn des einstigen Privatsekretärs der Königin und inzwischen Privatsekretär des Prinzen, sagte zu Freunden: »Dem muß ein Ende bereitet werden«, und zum Glück für ihren Seelenfrieden geschah das auch.

Charles' Gefühlsleben war gleichermaßen sonderbar und ein Grund zur Sorge für seine Eltern. Seit 1970 hatte es in seinem Herzen nur eine einzige Frau gegeben, Camilla Shand. Camilla war eine lebhafte, selbstsichere Blondine, anderthalb Jahre älter als er und sexuell bereits erfahren. Obwohl ohne Titel, besaß sie doch gute Verbindungen; die Shands waren das, was man damals »eine gute Familie der Grafschaft« nannte. Ihr Vater Major Bruce Shand war ein wohlhabender ehemaliger Kavallerieoffizier und Weinhändler, der Jagen und Gärtnern als seine »Entspannung« bezeichnete und als Vice Lord Lieutenant von Sussex fungierte. Ihre Mutter war eine Tochter von Lord Ashcombe, ein Nachfahre des großen Bauherrn Thomas Cubitt, der den größten Teil von Belgravia erbaut hatte. Die bedeutendste Tatsache, was Camillas Vorfahren betraf, bestand jedoch darin, daß ihre Urgroßmutter mütterlicherseits, Hon. Mrs. George Keppel, die langjährige Geliebte von Edward VII. gewesen war. Camilla war seit jeher fasziniert von Alice Keppel, die ihr zum Vorbild in ihrem Verhältnis mit dem Prinzen von Wales werden sollte. Alice war witzig, realistisch und wußte, wie man Männer glücklich machte – genau wie ihre Urenkelin. Camilla und Charles hatten den gleichen Sinn für Humor und ein Faible für die Goon-Show – ihre gegenseitigen Spitznamen »Gladys« und »Fred« entstammen dieser Show. Beide liebten das Landleben, das Reiten und die Jagd.

Charles hatte Camilla durch seine erste Freundin Lucia Santa Cruz kennengelernt und sich fast auf der Stelle in sie verliebt. Ihr Verhältnis wurde bis zu einem bestimmten Punkt von Mountbatten ermutigt, der Camilla als ideales Material für eine Geliebte sah: ein Mädchen, das seinen schüchternen Neffen aus sich herausholen und ihn glücklich machen konnte. Charles benutzte Broadlands für romantische Wochenenden, fern von dem, was Mountbattens Sekretär »die bohrenden Blicke des Stabs vom Buckingham-Palast« nannte. Er und Camilla waren oft dort, ohne daß irgendwelche Fragen gestellt wurden. Camilla war nett, unprätentiös und hatte keinerlei Ambitionen, die Gemahlin des künftigen Königs zu werden, während sie insgeheim noch immer vernarrt war in ihren zukünftigen Mann, Annes früheren Freund Andrew Parker Bowles. Charles konnte sich nicht dazu durchringen, ihr zu sagen, was er für sie empfand; er war erst vierundzwanzig und seiner selbst zu wenig sicher, um eine Eheverpflichtung einzugehen. Es bestanden Zweifel, ob Camilla den seinerzeit strengen Maßstäben des Hofes entsprochen hätte und als Gemahlin des Thronfolgers für würdig befunden werden könnte. Mountbatten warnte Charles behutsam davor, sich zu eng an sie zu binden. Sie hätte nicht der Rolle der jungfräulichen Braut entsprochen, die er für Charles empfahl, und im übrigen hatte er sowieso seine eigene Enkelin Amanda Knatchbull im Sinn, die Tochter von Patricia und John Brabourne. »Ich glaube, daß in einem Fall wie dem Deinen«, schrieb Mountbatten etwa anderthalb Jahre später an Charles, »ein Mann sich die Hörner abstoßen sollte, bevor er ans Heiraten denkt. Als Ehefrau solltest Du jedoch ein geeignetes Mädchen von freundlichem Charakter auswählen, bevor sie irgend jemanden kennenlernt, in den sie sich verlieben könnte«, ein Rat, der sofort Konsequenzen haben sollte. Der Prinz zauderte und verlor Camilla, die sich, nachdem Charles zu seinem Schiff, der »HMS Minerva«, nach Westindien abgereist war, mit Parker-Bowles verlobte und ihn im Juli 1973 heiratete. Charles' Unentschlossenheit sollte ihn und die Monarchie teuer zu stehen kommen. Da Andrew Parker Bowles ein Sohn alter Freunde der königlichen Familie, vor allem von Charles' Großmutter, war, bedeutete das, daß Camilla sich sehr häufig im Umkreis des Prinzen aufhalten würde.

Mountbatten war, wie Elizabeth es scherzend nannte, ein Ehestifter alten Schlages; er konnte der Versuchung nicht widerstehen, dafür zu sorgen, daß der Prinz auf die Ehe zusteuerte. Da er bei Philip auf so spektakuläre Weise Erfolg gehabt hatte, war die Hoffnung, einen Doppelerfolg zu erzielen, indem er seine Enkeltochter zur Gemahlin des Thronfolgers machte, gewiß verlockend. Nachdem Charles Camilla 1973 an Parker Bowles verloren hatte, wies Mountbatten ihn in Richtung Amanda. Nachdem er 1974 dem Haus der Brabournes auf Eleuthera in den Bahamas einen Besuch abgestattet hatte, wo er Amanda »beunruhigend attraktiv« fand, hatte Charles begonnen, sie als mögliche Heiratskandidatin in Betracht zu ziehen, und die Angelegenheit sogar ihrer Mutter gegenüber zur Sprache gebracht, aber Amanda war damals noch keine siebzehn. Mountbatten tat – ohne Rücksprache mit Amandas Eltern –, was er nur konnte, um die Sache zu fördern, genau wie er es bei Philip getan hatte. Er schrieb Charles zwei Briefe, in denen er darlegte, »wie man umwirbt«, und er ging sogar so weit, seine Lieblingspatentochter, die schicke Sacha Abercorn, dazu zu bewegen, mit Amanda nach Paris zu reisen, um mit ihr und für sie Kleidung von geeigneter Eleganz zu kaufen. Elizabeth und Philip zeigten sich einverstanden; als Philip von den Heiratsplänen seines Onkels für Charles erfuhr, sagte er offenbar: »Gut, das ist doch besser, als wenn Fremde in die Familie kommen.« Charles fuhr fort, Amanda zu besuchen, und fünf Jahre später machte er ihr einen Antrag, doch obwohl sie ihn mochte und er ihr in seiner Einsamkeit leid tat, war sie sich nur zu sehr bewußt, welche Konsequenzen eine Einheirat in die königliche Familie hatte, und gab ihm einen Korb. Während dieser gesamten Zeit hatte Charles Verabredungen mit einer Reihe schöner Mädchen der mehr oder weniger oberen Klasse, darunter Lady June Wellesley, Tochter des Herzogs von Wellington, Georgiana Russell, Sabrina Guinness, Davina Sheffield und Anna Wallace, und mindestens einer von ihnen machte er einen Antrag. Elizabeth und Philip hätten der lieblichen und sanftmütigen Lady Leonora Grosvenor den Vorzug gegeben, doch sie heiratete Elizabeths Cousin, den Grafen von Lichfield. Mountbatten hielt an seinem Traum fest, seine Enkelin als für den Thron von Großbritannien bestimmt zu sehen, und er heckte einen Plan aus, nach dem er und Amanda den Prinzen auf einer offiziellen Indienreise begleiten sollten, die 1980 stattfinden sollte. Als er die Idee Elizabeth und Philip vortrug, war Philip jedoch strikt dagegen und wies darauf hin, daß die Anwesenheit des früheren Vizekönigs den Zweck der Reise zweitrangig erscheinen lassen würde, und dieser bestünde ja darin, den britischen Thronerben der indischen Öffentlichkeit bekannt zu machen. Elizabeth dachte an die Auswirkung auf Amanda, deren Teilnahme an der Reise sie zum Gegenstand von Spekulationen seitens der Presse machen würde, die bislang keine Notiz von ihr genommen hatte und in ihr lediglich Charles' Cousine sah; sie ahnte nicht, wie häufig der Prinz Broadlands besuchte, um sie zu sehen. Amandas Eltern waren der gleichen Ansicht und meinten, für den Fall, daß sie mitreiste, müßte eine Verlobung bekanntgegeben – oder unter Umständen dementiert werden, was jegliche Chance, daß das Paar zusammenfinden würde, zunichte machte. Wie bereits gesagt, wählte Amanda Knatchbull die Freiheit, was den einsamen Prinzen in seiner Überzeugung bestärkte, daß die Einheirat in das Haus Windsor ein Opfer sei, das man von niemandem erwarten könne.

In der Zwischenzeit hatte Charles eine Anzahl kurzlebiger Affären und Vergnügungen für eine Nacht, und das in einem solchen Maße, daß Mountbatten ihn 1978 zu warnen begann, er befinde sich »allmählich auf derselben schiefen Ebene, die das Leben deines Onkels David ruinierte und zu seiner schmachvollen Abdankung und seinem nichtigen Leben danach geführt hat«. Bei einem offiziellen Besuch in

Australien mußte Checketts ihn davor warnen, das Wochenende mit zwei ehemaligen Freundinnen zu verbringen, weil das unvermeidlich zu Pressespekulationen darüber führen und die Wirkung seines Besuchs verderben würde; Charles – wieder einmal wie sein Onkel David – beharrte starrsinnig darauf, daß sein Privatleben seine eigene Angelegenheit sei, und gab erst nach, als Checketts damit drohte, die Königin zu unterrichten. Während er früher ein Muster an Freundlichkeit und Rücksichtnahme gewesen war, legte er nun zunehmend unbedacht Egoismus an den Tag und änderte seine Pläne je nach Laune und ohne an seine Gastgeber zu denken. Als er dies auch bei den Brabournes tat, sagte ihm Mountbatten zornig: »Du zeigst keinerlei Anzeichen, dich zusammenzunehmen.« Und daß sein Benehmen »typisch dafür ist, wie es mit deinem Onkel David anfing«.

Am Morgen des 27. August 1979 brachte die Irisch Republikanische Armee eine in Mountbattens Fischerboot versteckte Bombe zur Explosion, als er gerade im Begriff war, aus dem Hafen bei Mullaghmore an der Westküste Irlands auszulaufen, um mit seiner Familie zum Fischen zu fahren. Sie wollten Hummerfallen leeren, als die Bombe fast direkt unter Mountbattens Füßen detonierte und ihn und seinen vierzehnjährigen Enkelsohn Nicholas Knatchbull sowie einen einheimischen Jungen, den fünfzehnjährigen Paul Maxwell, auf der Stelle tötete. Seine Tochter Patricia und ihr Mann Lord Brabourne wurden schwer verletzt, und Brabournes dreiundachtzigjährige Mutter starb am nächsten Tag. Elizabeth befand sich auf Balmoral, als sie die Meldung hörte, und sie erlitt einen furchtbaren Schock; ein Stück ihrer Vergangenheit war ihr gewaltsam entrissen worden. Es war, gelinde ausgedrückt, unklug gewesen für ein Mitglied der königlichen Familie, das an so herausragender Stelle bei den bewaffneten Streitkräften gedient hatte, regelmäßig Ferien im Süden Irlands zu verbringen. Am selben Tag sprengte die IRA zweihundert Kilometer weiter östlich bei Warrenpoint in der Grafschaft Down zwanzig britische Soldaten in die Luft. Mountbattens Tod traf Elizabeth tief. Zur Beisetzung begab sie sich wieder nach Broadlands, abermals in einer Angelegenheit, die emotional für sie von so großer Bedeutung war, und abermals war sie außerstande, ihre Gefühle in Kondolenzbriefen an Mountbattens Töchter auszudrücken. Für die Familie bestand der einzige Trost darin, daß Mountbatten sofort und auf dramatische Weise gestorben war, bevor die Altersschwäche ihren unausweichlichen Tribut fordern konnte. Mountbatten hatte sich zwar beständig eingemischt, dabei jedoch stets den Nutzen der Familie im Auge gehabt. Es gab jetzt niemanden, der ihn außerhalb des Palastes als Ratgeber ersetzen konnte, der der Familie auch das sagte, was sie womöglich gar nicht hören wollte. Eine Verbindungsperson, über die Elizabeth mit ihrem ältesten Sohn kommunizierte, war verschwunden.

16

Grimmige Märchen

»Hätte die Königin auf die Gattenwahl ihrer Kinder ebensoviel Zeit verwandt wie auf die Begattung bei ihren Pferden, hätte all dies wohl nicht zu passieren brauchen …«

Ein Höfling

1980, nach dem Tod von Mountbatten und Plunket sowie dem Überwechseln in den Ruhestand von Martin Charteris, hatte Elizabeth vertraute Ratgeber verloren, die nicht nur lebenswichtige Bindeglieder zu der Welt außerhalb Whitehalls gewesen waren, sondern auch zu ihren Kindern. Die wichtigste Frage, mit der sich die Monarchie für den Fortbestand der Dynastie und ihre Zukunft konfrontiert sah, war die Verehelichung des Thronerben, die zunehmend dringlicher wurde. Der Prinz war zweiunddreißig und noch immer vernarrt in eine verheiratete Frau, Camilla Parker Bowles, der er sich nach dem Tod Mountbattens wieder zugewandt hatte, um Tröstung zu finden; vielleicht war dies der Grund dafür, daß die Frauen, denen er einen Antrag gemacht hatte, ihm einen Korb gaben. Elizabeth wußte von dem Verhältnis, und es war ihr auch bekannt, daß die Offiziere von Andrew Parker Bowles' Regiment unglücklich darüber waren, weil damit das ungeschriebene Gesetz gebrochen wurde, daß kein Offizier eine Affäre mit der Frau eines Offizierskameraden haben sollte. »Ma'am«, hatte ein alter Freund zu ihr gesagt, »der Prinz von Wales hat eine Affäre mit der Frau eines Offizierskameraden, und dem Regiment gefällt das nicht.« Sie blickte zu Boden und gab keine Antwort; es ist fraglich, ob sie in dieser Sache irgend etwas unternahm oder nicht vielmehr, was angesichts unangenehmer persönlicher Situationen für die Familie typisch war, in Vogel-Strauß-Manier den Kopf in den Sand steckte. Philip seinerseits, stets der aktivere von beiden, übte auf seinen Sohn Druck aus: Er solle heiraten und einen Erben zeugen.

Charles litt unter qualvoller Unentschlossenheit, hin und her gerissen zwischen dem, was er als seine Pflicht betrachtete, und seiner Liebe zu Camilla. Die Braut müßte, gemäß den Richtlinien seines Onkels, eine Jungfrau ohne sexuelle Vergangenheit sein, womit automatisch seine bisherigen Freundinnen disqualifiziert waren. Im Sommer 1980 schien sich die ideale Lösung von allein zu präsentieren in Gestalt von Lady Diana Spencer, Schwester einer früheren Freundin des Prinzen, Lady Sarah Spencer. Die Spencers waren nicht nur makellos aristokratisch und mit den großen Familien Englands verbunden, sondern hatten sogar königliches Blut, was zurückging auf den ersten Herzog von Richmond, den illegitimen Sohn von König Charles II. von seiner Geliebten Louise de Kéroualle. Sie waren reich, hatten in Northamptonshire den stattlichen Sitz Althorp inmitten von viel Grund und Boden und besaßen in London ein palastähnliches Haus, Spencer House, das voller erlesener Sammlungen von Gemälden, Mobiliar und Kunstgegenständen war. Die Spencers hatten ein besonderes Verhältnis zur königlichen Familie und eine Tradition als Höflinge gehabt. Dianas Urgroßvater, der sechste Earl, war sowohl bei Edward VII. wie auch bei George V. Lord Chamberlain gewesen; ihre Großmutter Lady Cynthia, Gattin des siebten Earl, war Hofdame, Lady of the Bedchamber, der Königinmutter gewesen, genau wie ihre Großtante Lady Delia Peel, die sowohl von Elizabeth als auch von Margaret sehr geliebt worden war, während eine weitere Großtante, Lady Lavinia, eine gute Freundin der gleichaltrigen Königinmutter gewesen war, mit der sie als Kind eine Gouvernante geteilt hatte. Die Spencers, sagte ein Verwandter, sprachen in besonderem Ton von der Königsfamilie: »*Sie* kommen.«

Dianas Familie mütterlicherseits, die Fermoys, verfügten gleichfalls über eine enge Verbindung zur königlichen Familie, da sie in Sandringham ihre unmittelbaren Nachbarn gewesen waren, seit George V. Park House auf seinem Grundbesitz an Dianas Urgroßvater, den dritten Baron Fermoy, vermietet hatte. Dianas Großmutter Ruth, Lady

Fermoy, war seit 1956 eine der Hofdamen der Königinmutter gewesen. Einer der ersten Fragen von Königin Mary, als sie das Sterbebett Georges V. verließ, war die, wo denn »Lady Fermoys neues Baby« sei – Frances, Dianas Mutter. Dianas Vater, der achte Earl, allen bekannt als »Johnnie« Spencer, war ein persönlicher Diener beim Vater der Königin und der Königin selbst gewesen.

»Theoretisch«, sagte eine von Elizabeths Freundinnen später verbittert, »schien es eine ideale Paarung zu sein.« Es gab jedoch bei Diana väter- wie mütterlicherseits gewisse Familiencharakteristika, die Elizabeth, hätte es sich um eine Zuchtstute gehandelt, vermutlich hätte zweifeln lassen, ob eine solche Paarung wünschenswert sei. »Die Spencers sind schwierig«, erklärte eine Verwandte. »Das liegt an den Genen von Sarah Jennings.[1] Diese Familie liebt es, inmitten von Dramen zu leben. Es gibt niemals einen Augenblick, wo alle miteinander sprechen. Die Spencers sind nicht wie andere, sie sind nicht geradeheraus.« Hätte Elizabeth Dianas nahe Verwandtschaft mütterlicherseits studiert sowie das Verhalten ihrer beiden Elternteile in jüngster Zeit, so wäre sie vielleicht nicht so zufrieden gewesen. Es war keine glückliche Geschichte. Ihr Vater Johnnie Spencer, damals bekannt als Viscount Althorp, hatte ein unglaublich schlechtes Verhältnis zu seinem Vater, dem siebten Earl »Jack« Spencer, der auf Althorp lebte, eifersüchtig das Haus und dessen Vergangenheit bewachte und seine Enkelkinder nur höchst selten sah. Dianas Verwandte mütterlicherseits, die anglo-irischen Fermoys, hatten Zeichen von Labilität gezeigt; ihr Onkel, der zur Zeit ihrer Verlobung die Welt mit Presseerklärungen überraschte, in denen er die Jungfräulichkeit seiner Nichte betonte, erschoß sich später. In der feinen Gesellschaft von Norfolk, der vielleicht traditionellsten, unveränderlichsten und »hinterwäldlerischsten« in ganz England, wurde Dianas Mutter abfällig eine »Durchgängerin« genannt, ein Ausdruck, der aus Nancy Milfords Roman »The Pursuit of Love« stammte.

In Aussehen und Charakter schlägt Diana am stärksten ihrer Mutter nach, der geborenen Hon. Frances Roche. Sie war und ist, wie einer der Spencer-Verwandten versicherte, »eine der stärksten Persönlichkeiten, die ich jemals kennengelernt habe. Sie ist attraktiv und voller Vitalität, sie ist komisch und sehr freimütig. Ihre physische Präsenz haut Männer glatt um.« Als sie als Debütantin offiziell in die Gesellschaft eingeführt wurde, war Frances ein Jahr jünger als die übrigen Kandidatinnen, doch »sie eroberte den Saal im Sturm«. »Sie hätte tun können, was sie wollte, verlobte sich jedoch mit siebzehn.« Der Mann, den sie wollte, war Johnnie Althorp, obwohl er zwölf Jahre älter als sie und bereits verlobt war mit der schönen Lady Anne Coke, Tochter des fünften Earl von Leicester, einem sehr guten Freund, Jagdgefährten und Nachbarn von König George VI. in Norfolk. Lady Anne, eine der Ehrenjungfern bei Elizabeths Krönung, heiratete später Margarets Freund Colin Tennant.

Althorp war hochgewachsen, sah gut aus und war, obwohl nicht intellektuell, ein unterhaltsamer Gesellschafter. Er war älter als Frances, aber sie war gescheiter als er und, als sie heirateten, anfangs auch reicher. Ihre Großmutter war eine überaus wohlhabende New Yorker Erbin gewesen, und statt auf dem Althorp-Anwesen zu leben, lebten sie in Park House, das Frances gehörte. Freunde erklärten, nach der Hochzeit sei er langweilig geworden, völlig seiner Frau ergeben und außergewöhnlich besessen von seinen Kindern. Sie heirateten 1954; über fünfzehn Jahre später endete die Ehe in einer bitteren Scheidung. Der Zwang, einen Spencer-Erben zur Welt zu bringen, war alles andere als günstig gewesen für Frances; nachdem sie zwei Töchter geboren hatte und ein schwächlicher Sohn gestorben war, hatte man sie demütigenden Fruchtbarkeitstests unterzogen: Diana war die dritte Tochter, der drei Jahre später der ersehnte Sohn folgte. Diana war erst sechs, als die Ehe ihrer Eltern unter schmerzlichen Umständen 1967 zerbrach, nach einer Reihe erbitterter Auseinandersetzungen, von denen Diana einige miterlebte. Frances Althorp hatte sich in einen verheirateten Mann verliebt, der elf Jahre älter war als sie, Peter Shand Kydd, den sie später heiratete. Bei der Scheidung von Althorp im Jahr 1969 wurde ihr das Sorgerecht für die Kinder verweigert; ihre eigene Mutter, Lady Fermoy, sagte gegen sie aus – wie manche meinten, aus reinem Snobismus – und sprach dann dreizehn Jahre lang nicht mit ihr. Die Kinder wurden der Mutter beraubt und blieben in der Obhut ihres Vaters, der, wie Verwandte sagen, »völlig zerstört war durch Frances' ›Durchgängerei‹«. Seine Verbitterung über seine frühere Frau verlor sich nie, und er verbrachte seine Zeit praktisch in völligem Schweigen und sprach höchstens mit seinem Chauffeur und seinem Wildhüter. Das jüngste seiner Kinder, Charles, schluchzte sich jeden Abend die Seele aus dem Leib und rief nach seiner Mutter; Diana, die nächstälteste, versuchte, ihn zu bemuttern. Alle Kinder fühlten sich verantwortlich für ihren einsamen und allein gelassenen Vater. Diana war sein besonderer Liebling. Sie wachten auch sehr eifersüchtig über ihn und sahen in jeder hübschen Frau, die in seine Nähe kam, einen Eindringling, der womöglich den Platz ihrer Mutter einnehmen konnte. Mädchen, die als Nannies für die Kinder engagiert waren, entdeckten manchmal, daß Nadeln in ihren Stühlen steckten oder ihre Kleider zum Fenster hinausgeworfen worden waren. Dieser Besitzanspruch wurde bis zum Äußersten getrieben, als der Vater 1976 Raine Dartmouth heiratete. Als erste Reaktion schlug Diana ihrem Vater in einem Wutanfall mitten ins Gesicht. Später, bei einer Familienfeier auf Althorp, packte sie ihre Stiefmutter von hinten und stieß sie heftig einige Treppenstufen hinunter, und das vor den Augen der verblüfften Dienerschaft.

Die Scheidung hatte Auswirkungen auf jedes Mitglied der Familie, scheinbar nur nicht auf die Zweitälteste, Jane, die »Vernünftige« unter ihnen, die als »heiligenhaft, gut zu jedermann, gütig und überlegt« geschildert wurde. Diana war nach Aussage sowohl von ihr freundlich als auch feindlich gesonnenen Leuten eine zwanghafte Lügnerin oder, um es milder auszudrücken, eine Phantastin. Ihr Bruder Charles Spencer erzählte Dianas Biographen Andrew Morton: »Ich weiß nicht, ob ein Psychologe sagen würde, daß es das Trauma der Scheidung war, aber sie hatte wirkliche Schwierigkeiten, die Wahrheit zu sagen, weil sie Geschichten gern ausschmückte. Eines Tages, bei der Heimfahrt von der Schule, hielt die Frau des Vikars das Auto an und sagte: »Diana Spencer, wenn du noch so eine Lüge erzählst, lasse ich dich zu Fuß nach Hause gehen.«[2]

»Leoparden verändern ihre Flecken nicht«, lautete der kryptische Kommentar eines Nachbarn in Norfolk über die erwachsene Diana, während ihre Großmutter einer Freundin von einem Schulbericht über die sechsjährige Diana erzählte: »Diana ist das intriganteste kleine Mädchen, das ich je kennengelernt habe.« Als die Kinder jung waren, wurden die Ferien aufgeteilt zwischen Park House und dem neuen Heim ihrer Mutter in Sussex, ein scheinbar faires Arrangement, das die Kinder jedoch einem unerträglichen emotionalen Streß aussetzte: Sie waren austauschbare Spielfiguren zwischen den verbitterten Eltern. In ihrer ersten Schule, Silfield, widmete Diana alle Bilder, die sie im Kunstunterricht anfertigte, »Mummy und Daddy«. An dieser Schule waren Diana und Charles Spencer die einzigen Kinder in ihrer Klasse, deren Eltern geschieden waren; und eine Scheidung war etwas Schmachvolles, das es in guten Familien der Grafschaft nicht gab. Als ihr Vater sie auf ihr erstes Pensionat schickte, sah Diana darin eine Zurückweisung, und sie flehte und drohte ihm: »Wenn du mich liebst, dann läßt du mich nicht hier.« Fotos von ihr aus diesem Entwicklungsalter zeigen sie mit einem traurigen, wachsamen Gesichtsausdruck, als mißtraue sie der Außenwelt; bereits in der Pubertät fallen die berühmten Spencer-Beine auf. Laut Morton wird Dianas Erinnerung an ihre Kindheit beherrscht von dem Gefühl der Zurückweisung und des Im-Stich-gelassen-Werdens, an ihre Mutter, die davonfuhr von Park House hinaus aus ihrem Leben, als die Tochter sechs Jahre alt war.

Dianas Reaktion bestand darin zu phantasieren. »Ich werde jemand *sein*«, pflegte sie zu sagen. Ihr Stiefvater gab ihr den Spitznamen »Duchess« [Herzogin], und in der Familie wurde sie »Duch« genannt. »Sie wußte immer, was sie wollte und wie sie es gemacht haben wollte«, sagte eines ihrer Kindermädchen. Von fünfzehn Jahren an wollte sie den Prinzen von Wales, der 1977 in ihr Leben trat , und zwar durch ihre Schwester Sarah. Sarah war ein hübscher Rotschopf; als Patentochter einer der Hofdamen der Königin schien sie absolut geeignet, an der traditionellen königlichen Feier in Windsor zur Ascot-Woche teilzunehmen. Unglücklicherweise litt sie an Bulimie, einer Eßstörung, die zu Heißhunger und Erbrechen führte; auch Diana sollte später daran leiden. Charles war über Sarahs Leiden im Bilde. Sie war übermäßig dünn, doch er benahm sich ihr gegenüber unverkennbar mitfühlend und rücksichtsvoll, und bald tippte man auf sie als mögliche Braut. Zwei Jahre später lernte Charles Diana auf Althorp kennen, wohin die Spencer-Familie 1975 nach dem Tod des siebten Earl gezogen war. Eingeladen hatte ihn Sarah; er nahm Notiz von Diana, einem leicht pummeligen, hübschen Teenager, als die »lustige« und »lebhafte« jüngere Schwester. Obwohl sie unmittelbare Nachbarn gewesen waren, als die Familie in Park House lebte, hatte Diana ihn nicht gekannt, weil er soviel älter war. Manchmal ging sie hinüber zum Tee mit Prinz Andrew, der ihrer Altersgruppe angehörte. Ihr Kindermädchen Janet Thompson erinnerte sich daran, wie sie einmal in Sandringham den Salon betrat und Elizabeth beim Versteckspielen mit dem sechsjährigen Andrew und der fünfjährigen Diana fand. Beim Tee kam Charles herein, ganz der ältere Bruder. »Alles in Ordnung? Sieht mir nach einer guten Party aus.« Das war die erste Erinnerung seiner späteren Frau an ihn. Selbst in jenem Alter wurde ihr bewußtgemacht, daß er mehr war als nur Andrews älterer Bruder.

Von jenen frühen Kontakten abgesehen, kannte Elizabeth Diana kaum. Dianas vielgeliebte Großmutter väterlicherseits war 1972 gestorben, und im selben Jahr waren Johnnie und seine Kinder nach Althorp gezogen, so daß sie nicht länger Nachbarn in Sandringham waren. Diana hatte kein enges Verhältnis zu ihrer Großmutter mütterlicherseits, Ruth Fermoy, die mit Dianas Mutter ja nicht sprach, und, wenn man Auskünften von Höflingen glauben will, nicht dafür war, daß der Prinz von Wales eine ihrer jungen Spencer-Enkelinnen heiratete. »Das muß verhindert werden«, hatte sie gesagt, als von der Möglichkeit gesprochen wurde, daß der Prinz Sarah heiratete. 1978 heiratete Jane, die Zweitälteste, Robert Fellows, den zweiten Privatsekretär der Königin und Sohn des beliebten Verwalters von Sandringham, Sir William »Billy« Fellows. Die Trauung fand statt in der schmucken Guards' Chapel bei Wellington Barracks, dem Hauptquartier der Garde, einen Steinwurf vom Buckingham-Palast entfernt. Später hörte man Diana sagen: »Bei mir wird es Westminster Abbey sein.« Es war völlig verständlich, daß sie bereits an den Prinzen von Wales als möglichen Ehemann dachte. Sie befand sich in einem Alter, wo Frauen davon träumen, Männer zu heiraten, die nicht nur attraktiv sind oder Macht besitzen, sondern sich über das Alltagsleben erheben. Charles, als der zukünftige König, war der begehrenswerteste Junggeselle der Welt, und da Dianas ältere Schwestern Zugang zu den königlichen Kreisen gefunden hatten, war er für Diana durchaus kein ferner, unerreichbarer Stern. Ihr Blick war zielgerichtet. Sie begann, das Licht der Öffentlichkeit auf sich zu ziehen. Bei der Hochzeit ihrer Schwester nahm sie die Gelegenheit wahr, unmittelbar vor James Whitaker aufzutauchen, dem Doyen der königlichen Reporter, die als das »Rattenrudel« bekannt waren. »Ich kenne Sie. Sie sind der böse Mr. Whitaker, nicht wahr?« erklärte sie. »Ich bin Diana.«[3] Ihre Liebesaffäre mit der Presse hatte begonnen.

Zwei Jahre später, im Juli 1980, fing Charles an, Diana als Braut in Betracht zu ziehen: Er war bewegt von dem Mitgefühl und dem Einfühlungsvermögen, das sie bewies, als sie bei einem Barbecue in Sussex, gemeinsam auf einem Heuballen sitzend, ein langes Gespräch miteinander hatten. Ihre Empfindungen waren keineswegs vorgetäuscht. Diana besaß seit jeher die instinktive Fähigkeit, das Leiden und die Schmerzen anderer zu erspüren, und war zur Anteilnahme berufen. Wie Charles seinem autorisierten Biographen über dieses Gespräch berichtete, »sagte sie, wie traurig er bei der Beisetzung Mountbattens ausgesehen habe und daß sie seine Einsamkeit gespürt hätte und die Notwendigkeit, daß sich jemand um ihn sorge«. Sie hatte zwar ein besonderes Motiv, sich ihm annähern zu wollen, doch ihr Mitgefühl kam deshalb nicht weniger von Herzen. Sie glaubte, ihm helfen und den Trost geben zu können, den er suchte, und daß sie dann beide für alle Zeit glücklich sein könnten. Die Annäherung über das Mitgefühl funktionierte; weniger als einen Monat später, Anfang August, vertraute Charles einem Freund an, er habe das Mädchen getroffen, das er heiraten wolle, und er beschrieb Dianas Wärme, Unverkrampftheit und, weniger nachdrücklich, »ihre Begeisterung für das Landleben«.

Von da an entwickelten sich die Dinge geradezu lawinenartig und mit einer solchen Eigendynamik, daß keiner der Betroffenen ihnen Einhalt gebieten konnte. Im selben Sommer hatte Charles eine spektakuläre Szene mit Anna Wallace gehabt, einer der Frauen, denen er einen Antrag gemacht hatte, eine weitere schöne, willensstarke Blondine mit einem reichen Grundbesitzer als Vater; es geschah auf dem Ball zum achtzigsten Geburtstag der Königinmutter. Eine weitere Szene, wieder bei einem Ball, gab es auf Stowell Park, als er die Nacht hindurch mit Camilla Parker Bowles tanzte. Die süße, mitfühlende und scheinbar anschmiegsame Diana Spencer schien das perfekte Gegenstück zu sein; er lud sie zur Hausparty im September auf Balmoral ein. Zu den Partygästen gehörten sein guter Freund Nicholas Soames und Andrew und Camilla Parker Bowles. Diana, Soames und Parker Bowles flogen später wieder nach London und ließen Camilla mit dem Prinzen zurück. Einige Tage später, am 17. September 1980, versammelten sich Fotografen an der Kindertagesstätte, wo Lady Diana Spencer arbeitete, und es kam zu dem berühmten Schnappschuß von ihr, der sie im Gegenlicht in einem ziemlich durchsichtigen Rock zeigte: eine jungfräuliche Madonna mit einem Kind in den Armen auf sexy Beinen. Es war ein unvergeßliches Bild, mit dem ihre Karriere als Superstar der Medien begann.

Einen Monat später wurde Diana wieder fotografiert, wie sie den Prinzen dabei beobachtete, wie er bei einer Veranstaltung in Ludlow, Shropshire, sein Pferd Allibar ritt. Bei ihnen war Camilla Parker Bowles; sie verbrachten die beiden folgenden Tage als ihre Gäste im Bolehyde Manor, wo sie damals lebte. Diana wußte sehr wohl, wie nah sich der Prinz und Camilla standen; ihre Affäre war bereits auf die Seiten von *Private Eye* gelangt, wo man durchblicken ließ, wie oft sich der Prinz mit der Frau seines Freundes getroffen hatte, während Parker Bowles abbeordert war, um Lord Soames als Gouverneur von Rhodesien zu beschützen. Im November gab es in den Zeitungen dicke Schlagzeilen: Skandal im »königlichen Zug«. Es wurde berichtet, der Prinz von Wales habe nach einer Verpflichtung in seinem Herzogtum Cornwall die Nacht mit einer blonden Frau im königlichen Zug auf einem Abstellgleis in Wiltshire verbracht. Zunächst nahm die Presse an, es habe sich um Diana gehandelt; Elizabeth wies ihren Pressesekretär Michael Shea an, ein Dementi herauszugeben, was zweifellos auch ihrer Überzeugung entsprach. Der zuständige Chefredakteur Bob Edwards wurde allgemein verurteilt. Später erfuhr er, in jener Nacht habe sich in dem Zug tatsächlich eine blonde Frau befunden, doch es sei Camilla gewesen und nicht Diana. Diana muß ihre Vermutungen gehabt haben, doch war sie in keiner Weise in der Position, den Prinzen zur Rede zu stellen. Im Augenblick beschied sie sich damit, Camillas Gönnerhaftigkeit hinzunehmen und sich dafür eine gute Meinung einzuhandeln; naiverweise glaubte sie offensichtlich, daß ihre ältere Rivalin von der Bildfläche verschwinden würde, sobald der Prinz offiziell der ihre war. James Whitaker, mit dem Diana während dieser Zeit eine Reihe von Gesprächen zu führen begann, schrieb, sie sei »absolut entschlossen«, den Prinzen zu heiraten. Ihre Mutter appellierte an die Presse, ihre Tochter in Ruhe zu lassen; Diana teilte Whitaker indes vertraulich mit, sie sei keineswegs derselben Meinung. »Ich möchte meinen, daß ich mit den meisten von euch gut auskomme«, sagte sie zu ihm. Und Whitaker schrieb: »Sie hatte bereits gelernt, eine der wirkungsvollsten Waffen in ihrem Arsenal einzusetzen – den Umgang mit der Presse.«

Während die britische Presse davon überzeugt war, daß Diana »diejenige« sei, war es Prinz Charles offenbar nicht. Er flog zu einem offiziellen Besuch nach Indien, und nach seiner Rückkehr traf er Diana eine Woche lang nicht. Elizabeth und Philip sorgten sich allmählich um die möglichen Folgen der Zögerlichkeit ihres Sohnes und um deren Auswirkungen auf Diana, die sie wegen der Aufmerksamkeit ihres Sohnes und des Pressewirbels als kompromittiert ansahen. Elizabeth schrieb einer Freundin, wie beunruhigt sie darüber seien, daß er Diana noch keinen Antrag gemacht habe. Sie schaltete sich jedoch nicht persönlich ein. Auch ihre Mutter tat das nicht, es war nicht die Art der Familie. Doch einer bestimmten Theorie zufolge, zeichnete die Königinmutter direkt verantwortlich für die Verlobung von Charles und Diana, und zwar in Form eines machiavellistischen Planes, den sie mit ihrer Hofdame Ruth Fermoy ausgeheckt hatte, um Mountbattens Versuche zu vereiteln, die Mountbatten-Verbindung mit der nächsten Generation der königlichen Familie zu verstärken, indem er Charles mit seiner Enkeltochter Amanda Knatchbull liierte. Das klingt plausibel, doch gibt es keinerlei Indizien für irgendein hinterhältiges Komplott mit der Beteiligung von Ruth Fermoy, die nach Auskunft eines Höflings »immer entsetzt war über die Möglichkeit der Verlobung und immer fragte: ›Ist es wahr?‹ und sich beklagte: ›Niemand sagt mir irgend etwas.‹« Die Königinmutter, genau wie der Rest der königlichen Familie, wünschte Charles ein passendes Mädchen zur Frau, und sie waren bereit, Diana gleichsam zum Nennwert zu akzeptieren. Als seine engste Vertraute in der Familie hatte die Königinmutter das Gefühl, sie sollte ihm ausnahmsweise einen kleinen Schubs geben. Eines Tages sagte sie zu ihm in der Royal Lodge: »Da ist Diana Spencer – das ist das Mädchen, das du heiraten solltest. Aber heirate sie nicht, wenn du sie nicht liebst. Falls du es jedoch tust, so greife zu, denn sonst werden viele andere bereit sein, die Gelegenheit wahrzunehmen…« Ruth Fermoy scheint, wie die meisten Höflinge, nicht bereit gewesen zu sein, ihre Zweifel ihrem Arbeitgeber mitzuteilen. Das Gleiche galt für Dianas Vater, der später, als es mit der Ehe bergab zu gehen begann, einem von Charles' Vertrauten über seine Tochter gestand: »Wir hatten alle Angst vor ihr.« Kurz vor ihrem Tode erzählte Ruth Fermoy Jonathan Dimbleby, sie sei gegen die Heirat gewesen, habe es jedoch für zwecklos gehalten, sich einzuschalten. »Hätte ich zu ihm gesagt: ›Sie begehen einen sehr großen Fehler‹, so hätte er dem wahrscheinlich keinerlei Bedeutung zugemessen, weil er gedrängt wurde«, erklärte sie. Gedrängt, wie es scheint, nicht nur von einigen seiner Freunde und Vertrauten – mit Ausnahme von Mountbattens Enkelsohn, Lord Romsey, und dessen Frau Penny, die beide befanden, Diana sei mehr in die Rolle verliebt als in den Mann, während Nicholas Soames öffentlich erklärte, es handle sich um eine »furchtbare Fehlpaarung« –, sondern hauptsächlich von seinem Vater. Philip, dem bewußt war, daß sein Sohn zur Unentschlossenheit neigte, machte ihm klar, daß er handeln müsse, und zwar so bald wie möglich, indem er entweder Diana einen Antrag machte und »der Familie und dem Land eine Freude bereitete« oder auf der Stelle einen Schlußstrich unter die Beziehung zog. Angesichts von Charles' Verhalten in der Vergangenheit könnte jeder meinen, dies sei ein kluger Rat gewesen, doch Charles, so schreibt sein Biograph, habe sich infolge davon »mißbraucht und machtlos« gefühlt. Silvester verbrachte die königliche Familie wie gewöhnlich auf Sandringham, begleitet von einer Meute des Rattenrudels, die beobachtete, daß die königlichen Nerven überreizt zu sein schienen. Selbst Elizabeth ließ sich dazu hinreißen zu rufen: »Geht doch fort! Könnt ihr uns denn nicht in Ruhe lassen?«, während Charles »noch einen unzeitgemäßen Gruß« entbot. Das Rattenrudel war dort, um Diana zu sehen; als sie dann eintraf, blieb sie nur für vierundzwanzig Stunden, weil das ungeheure Interesse der Presse das Leben für die Familie unmöglich machte. Ein Höfling bemerkte jedoch, als im Salon der Teppich zurückgerollt wurde und Charles und Diana miteinander tanzten, daß man sehen konnte, »wie es zwischen ihnen funkte«. Noch immer machte der Prinz keinen Antrag oder wagte »la grande plonge« (den großen Sprung ins Wasser), wie er das sonderbarerweise in den Briefen an seine Freunde nannte. Er befinde sich, schrieb er am 29. Januar 1981, »in einem verwirrten und beunruhigten Geisteszustand. Es geht einzig darum, einen ungewohnten Sprung in einige ziemlich unbekannte Gegebenheiten zu machen, was mich unvermeidlicherweise verstört, doch erwarte ich, daß es sich am Ende als das Richtige erweisen wird. Alles erscheint so lächerlich, weil ich so sehr wünsche, das Richtige für dieses Land und für meine Familie zu tun; aber manchmal entsetzt mich der Gedanke, ein Versprechen zu leisten, das ich dann vielleicht lebenslang bereuen werde.« Um dem Prinzen Gerechtigkeit widerfahren zu lassen: Er war bereit, etwas zu tun, was Onkel David so augenfällig nicht getan hatte, seine Liebe für sein Land zu opfern; auch wünschte er sich ein eigenes Heim mit Kindern und jemanden, der immer für ihn dasein würde, mit dem er die Bürden seines Lebens teilen konnte. Er fühlte sich angezogen von Dianas Lieblichkeit, ihrer Besorgnis um ihn und dem, was er für ihren Enthusiasmus für das Leben hielt. Er redete sich ein, daß sie zueinander paßten. Trotzdem machte er ihr noch immer keinen Antrag, sondern reiste zum Skiurlaub nach Klosters, den er, wie gewöhnlich, mit seinen Freunden, den Palmer-Tomkinsons, verbrachte; durch ihren Zuspruch gestärkt, faßte er endlich einen Entschluß. Am 2. Februar 1981 kehrte er von Klosters zurück, und zwei Tage später machte er Diana einen Antrag, der sofort akzeptiert wurde.

Elizabeth und Philip waren entzückt. Ein Freund, der den Herzog besuchte, bevor drei Wochen später, am 24. Februar, die offizielle Bekanntgabe erfolgte, fand ihn »so zufrieden«. Er sagte: »Ist es nicht wunderbar, daß sie heiraten werden? ... Wir freuen uns.« Und das taten sie wirklich, wie der Freund versicherte: »Alles schien so perfekt ... Sie waren so sehr darauf bedacht, daß er heiratete, daß sie nicht unter die Oberfläche blickten. Sie wußten, daß Diana aus einer zerrütteten Familie kam, glaubten jedoch, eine Familienatmosphäre sei die Lösung ...«

Für Diana war es so etwas wie ein erhörtes Gebet, aber vielleicht wurde selbst sie plötzlich von Zweifeln berührt. In ihrer Antwort, die sie in ihrer großen, runden, ziemlich kindlichen Handschrift auf einen der vielen Glückwunschbriefe gab, die das Paar zur Verlobung erhalten hatte, schrieb sie: »Es ist erstaunlich, wie viele Leute erklärt haben, das Eheleben sei das beste«, und fügte hinzu: »Ich frage mich, ob ich das wohl in zwanzig Jahren sagen werde!« Beide konnten als Opfer der öffentlichen Erwartung betrachtet werden, doch von beiden war Diana zweifellos die willigere. Die Wahrheit war nicht gerade das romantische Märchen, an das die Öffentlichkeit glauben wollte. »›Die märchenhafte Liebesaffäre‹ war ein Akt der Brechnung von zwei Menschen, die beide zu wissen glaubten, was sie wollten, und es anstrebten, ohne die langfristigen Konsequenzen zu bedenken«, wie einer von Dianas Biographen schrieb. »Als das Paar im Februar 1981 seine Verlobung bekanntgab, wußte Charles seit über einem halben Jahrzehnt, daß er seine Seelenverwandte in Camilla Parker Bowles gefunden hatte. Auch Diana wußte das und nahm es hin ... Er brauchte eine geeignete Frau, mit der er einen künftigen König zeugen konnte, sie wünschte sich verzweifelt, die Prinzessin von Wales zu sein.«[4] Beide lasen die Romane von Barbara Cartland, Dianas Stiefgroßmutter, die von Jungfräulichkeit und romantischer Liebe handelten, und beide waren entschlossen, einander zu lieben, Diana ohne Einschränkung, Charles mit leisem Widerstreben. Ein Fernsehinterview mit dem Paar nach Bekanntgabe der Verlobung enthüllte die unrealistische Einschätzung, die beide vom anderen hatten:

Charles: »Diana liebt die freie Natur sehr.«

Diana: »Wir lieben beide Musik und Tanz und haben denselben Sinn für Humor.«

Charles: »Den wirst du bestimmt brauchen.«

Die Antwort des Prinzen auf die Frage, ob sie füreinander Liebe empfänden, war beunruhigend: »Was immer das bedeuten mag.«

Anfänglich schienen die Zeichen gut, als Diana bewies, daß sie nicht die »schüchterne Maus« war, für die man sie einmal gehalten hatte, sondern entschlossen wirkte, ihre Macht über den Prinzen geltend zu machen, entschieden und öffentlich. Bei einem Besuch bei irgendwelchen königlichen Verwandten, denen Diana voll Stolz ihren Verlobungsring gezeigt hatte, entdeckte sie beim Abschied, daß sie ihn im Salon zurückgelassen hatte. Gebieterisch befahl sie Charles, ihn für sie zu holen. Ihre Gastgeber waren überrascht, aber auch erfreut, weil sie meinten, das sei die richtige Art, den verhätschelten königlichen Junggesellen zu behandeln. Später sahen sie den Zwischenfall in einem anderen Licht.

Um der Belagerung durch die Presse in ihrem Appartement in Coleheme Court zu entgehen, war Diana in der Verlobungszeit für ein paar Tage nach Clarence House gezogen. Dann überließ man ihr eine Zimmerflucht im Buckingham-Palast. An dem Abend, an dem sie Coleheme Court verließ, um nach Clarence House zu fahren, sagte der ihr zugeteilte Inspektor von Scotland Yard, ein Günstling von Prinz Charles, der seine »alternativen« Ansichten teilte, zu ihr: »Ich möchte nur, daß Sie wissen, daß dies die letzte Nacht Ihrer Freiheit ist, machen sie also das Beste daraus.« Diese Worte, formulierte Diana später ein wenig melodramatisch, »fühlten sich an wie ein Schwert, das mein Herz durchbohrte«. Als sie ankam, war sie sich selbst überlassen. Einige Tage später zog sie in die einschüchternde Anonymität des Buckingham-Palastes.

Elizabeth tat wenig, um ihrer Schwiegertochter das Gefühl zu geben, sie sei daheim. Diana, das war ihr sehr schnell klar, entsprach nicht ihrer Vorstellung von einem jungen Mädchen. Eindeutig zeigte sich, daß sie ganz und gar nicht die Ländlichkeit liebte, wie Charles gemeint hatte. Sie interessierte sich für Kleider, Popmusik, Tanzen und Shopping, während Pferde und Hunde, Jagen, Schießen und Fischen, der königliche Zeitvertreib, sie langweilten. »Die Königin hatte wirklich nicht viel für Diana übrig«, sagte ein Adjutant. Als ihr Benehmen später extrem exzentrisch wurde, verstand Elizabeth sie einfach nicht mehr. Die Königin ist ein freundlicher Mensch, jedoch ohne Vorstellungsvermögen. Da der Buckingham-Palast auf sie niemals einschüchternd gewirkt hatte, ging sie davon aus, daß Diana sich an die Atmosphäre dort gewöhnen würde. Sie hatte keine Erfahrung im engen Kontakt mit Mädchen in Dianas Alter und konnte sich kaum vorstellen, wie sie auf diese ungewohnte Umgebung reagieren mochten; es war ihr unmöglich, jenes Gefühl von Kleinheit und Bedeutungslosigkeit zu begreifen, das Außenseiter innerhalb jener Mauern überkommt. Für »Duch« Spencer, die meinte, sie sei dazu ausersehen, zu befehlen und zu kontrollieren, war das eine verheerende Erfahrung. Niemand kümmerte sich um sie, niemand war damit beauftragt, sie wirklich in ihre neue Umwelt einzuführen. Einen Monat später brach Charles zu einem fünfwöchigen offiziellen Besuch nach Australien und Neuseeland auf, von wo er nach Venezuela und in die Vereinigten Staaten weiterreiste; seine Verlobte ließ er offiziell in der Obhut von vier Männern zurück, deren Aufgabe es sein sollte, ihr zu helfen und sie gleichsam in ihre Rolle als künftige Prinzessin von Wales einzuweisen. Es waren sein Privatsekretär Edward Adeane, Sohn des früheren Privatsekretärs der Königin, Michael Adeane, zwei ehemalige Beamte aus dem Außenministerium, Francis Cornish, der Stellvertretende Privatsekretär des Prinzen, und Oliver Everett, der eigens dem Stab des Prinzen zugeteilt worden war, um als Dianas inoffizieller Privatsekretär zu fungieren; außerdem war da noch Michael Colborne, ein früherer Maat der Navy, der 1975 ausgeschieden war, um in die Dienste des Prinzen zu treten. Als Ratgeber konnten diese Männer jedoch nur im begrenzten Bereich des öffentlichen Lebens wirken. Diana hatte einen Schreibtisch in Colbornes Büro, und da es für sie praktisch nichts sonst zu tun gab, hielt sie sich oft dort auf. Es setzte die Männer in Verlegenheit, daß Diana ständig vom Gedanken an Camilla Parker Bowles verfolgt zu sein schien. Sie bat die Beamten offen um ihre Hilfe: »Ich habe Charles gefragt, ob er noch immer in Camilla Parker Bowles verliebt sei, und er gab mir keine klare Antwort. Was soll ich tun?« Elizabeth, fern in ihrem Bereich des Buckingham-Palastes und sehr beschäftigt, wußte nichts von diesen Problemen der Verlobten ihres Sohnes. Der Stab des Prinzen war zu loyal, um ihr etwas zu sagen, und es ist zweifelhaft, ob sie Verständnis für Diana gehabt hätte, wenn er es getan hätte. Ihre Einstellung wäre wohl gewesen: »Charles hat sie gebeten, seine Frau zu werden. Er hat ihr von Mrs. Parker Bowles erzählt und hat sie aufgegeben. Damit muß Diana leben.« Außerdem dachte sie, daß Frances Shand Kydd, die ihre Tochter bei der Garderobe beriet, für deren Stimmung zuständig sei.

In zunehmendem Maße wurden Elizabeth jedoch Dianas Probleme bewußt, allerdings meinte sie, die Hauptgründe dafür seien einerseits die normale Nervosität einer Braut vor der Hochzeit und andererseits der ungeheure Publicitydruck auf ein neunzehnjähriges Mädchen, das wie ein Filmstar behandelt wurde. Diana nahm ab und weinte viel. Während der Ascot-Woche auf Windsor, nur zwei Wochen vor der Hochzeit, wurden die Probleme für jeden erkennbar. »Diana machte eine furchtbar schwierige Phase der Anpassung durch und litt sehr an Klaustrophobie«, sagte ein Beobachter. Bei den Pferderennen war sie während des Tees im hinteren Teil der königlichen Loge praktisch in Tränen aufgelöst und mußte vorzeitig nach Hause eskortiert werden. Der Prinz war unverkennbar besorgt und machte daraus auch keinen Hehl. »Sie ist soviel jünger als ich, ob das wohl eine Rolle spielt?« fragte er. Ein Freund kommentierte: »Es war nicht so, als spreche man mit jemandem, der im Begriff war, eine Ehe zu schließen und sich darauf wie wild freute und nach einem Leben mit ihr sehnte. Und hätte es sich um jemand anders gehandelt, so würde ich wohl gesagt haben: ›Hör mal, um Himmels willen …‹ Ich meine, wäre es eines meiner Kinder gewesen, das sich seiner Sache nicht sicher war, so hätte ich gesagt: ›Also, wenn du dir nicht sicher bist, dann tu's nicht.‹ Aber zu ihm konnte man das ja wirklich nicht sagen, weil alles so geplant war. Krüge mit ihren Gesichtern darauf wurden hergestellt und all solches Zeug. So etwas kann man nicht kurzerhand abblasen. Und ich glaube auch nicht, daß er das wirklich wollte. Ich glaube, er wollte, daß es das Richtige war, aber ich konnte auch sehen, daß es Zweifel gab, und es war sehr traurig …«

Zehn Jahre später, als die »Märchenehe« in die Brüche ging, betonten sowohl Charles als auch Diana ihre Zweifel vor der Hochzeit; Charles behauptete, sein Vater habe ihn zu der Verbindung gedrängt, und Diana sagte, am Tag vor der Hochzeit habe der Prinz ihr erklärt, er liebe sie nicht, und daß sie infolgedessen auf halbem Wege zum Altar am liebsten umgekehrt wäre. Auch Charles erzählte einem Freund, er habe die ganze Sache abblasen wollen, doch hätte ihm sein Vater gesagt, das könne er nicht. Fast in letzter Minute wurde Dianas obsessive Eifersucht erregt, als sie in Colbornes Büro das inzwischen berüchtigte Armband mit den Initialen GF entdeckte, das Charles eigens als Abschiedsgeschenk für Camilla in Auftrag gegeben hatte. Als sie Charles damit konfrontierte, erklärte er, er beabsichtige nicht, sich in Zukunft mit Camilla privatim zu treffen, doch er bestand darauf, ihr das Geschenk bei einer letzten Begegnung persönlich zu überreichen. Diana war verständlicherweise erregt, und wie sich zeigen sollte, hatte sie auch allen Grund, es zu sein. Camillas Schatten verdunkelte ihre Ehe. Am Montag der Hochzeitswoche suchte Charles, noch nicht einmal von seinem Schutzbeamten begleitet, Camilla auf, um ihr das Armband zu geben; in ihrer Suite im Buckingham-Palast sagte Diana beim Lunch mit ihren Schwestern Sarah und Jane, sie fürchte, daß Charles nicht sie liebte, sondern immer noch Camilla Parker Bowles. Ihre Schwestern versuchten sie aufzuheitern. »Pech, Duch«, sagte die eine, »dein Gesicht ist jetzt auf Küchentüchern, und damit ist es für dich zu spät zu kneifen.« Beim Ball vor der Hochzeit im Buckingham-Palast, auf dem sich die meisten Gäste und die königliche Familie großartig amüsierten, fiel einigen Leuten auf, daß der Prinz nur ein einziges Mal mit Diana tanzte. Diana wurde in Tränen gesehen. Charles tanzte die ganze Nacht mit Camilla und verschwand mit ihr, nachdem Diana zu ihrer Vorhochzeitsnacht nach Clarence House aufgebrochen war. Der Kammerdiener des Prinzen Stephen Barry erzählte Andrew Morton, Charles habe die Nacht vor seiner Hochzeit mit Camilla verbracht, während Diana in Clarence House schlief. Dies wurde vom Biographen des Prinzen und von den königlichen Verwandten heftig bestritten.

Von nun an entwickelten sich die Dinge unaufhaltsam; die Pläne für ein gewaltiges Fernsehspektakel lagen schon lange vor. In den Begriffen des Weltfernsehens war die Hochzeit am 29. Juli 1981 das größte königliche Ereignis, das je über die Bühne gegangen war; eine Dreiviertel Billion Menschen würde via Satellit daran teilnehmen. Alles schien an diesem Tag zu stimmen; die Sonne strahlte. Diana war am Vorabend durch ein Geschenk von Charles beschwichtigt worden, einen Siegelring, auf dem sein Federwappen als Prinz von Wales eingraviert war, und eine Liebesbotschaft: »Ich bin so stolz auf Dich, und wenn Du den Gang entlangkommst, werde ich morgen beim Altar für Dich da sein. Schau ihnen nur in die Augen, und sie werden von Dir hingerissen sein.«

Alle bösen Vorahnungen, die Elizabeth und ihre Höflinge gehabt haben mochten, verblichen gleichsam im Glanz des Ereignisses, als Diana, ein betörender Anblick in ihrer Hülle aus vielen Metern elfenbeinfarbener Seide, Tüll, geschmückt mit Diamanten, den Mittelgang der St. Paul's Cathedral entlangschritt am Arm ihres Vaters, der tapfer dieser öffentlichen Pflicht oblag, erholt von einem fast tödlich endenden Schlaganfall, den er zwei Jahre zuvor erlitten hatte. Hinter den Kulissen hatte es Schwierigkeiten gegeben. Um die Störungen, mit denen die Spencers gedroht hatten, zu vermeiden, war Barbara Cartland, die Stiefgroßmutter der Braut, ferngeblieben; und Diana hatte die beiden verheirateten Vertrauten ihres Mannes – Lady Tryon und Camilla – von dem Hochzeitsfrühstück ausgeschlossen, das im Palast für hundertzwanzig Personen gegeben werden sollte. Allerdings hatte sie nicht verhindern können, daß Camilla sich in der Kathedrale unter den zweitausendsiebenhundert Versammelten befand. Dort herrschte jedoch eine Atmosphäre von Glamour, Liebe und Glück, die sich auch in den Worten des Erzbischofs von Canterbury Robert Runcie ausdrückte: »Dies ist der Stoff, aus dem Märchen gemacht werden ...« Er fuhr fort, ironisch, wie sich zeigen sollte: »Jene, die verheiratet sind, leben nach dem Hochzeitstag für alle Zeit glücklich, wenn sie sich weiterhin an das wirkliche Abenteuer halten, das in der königlichen Aufgabe besteht, einander zu erschaffen und eine liebevollere Welt zu schaffen.« Die Frage, die Elizabeth wohl unbewußt durch den Kopf ging, während sie den Worten des Erzbischofs lauschte, muß gelautet haben: »Aber werden sie das tun?«

Zu dieser Zeit schien die königliche Hochzeit die Zukunft der Monarchie als Fokus der Nation zu besiegeln; eine Gelegenheit für ein eindrucksvolles Zeremoniell, das sich um die Gestalten eines stattlichen Prinzen und einer schönen Prinzessin rankte. Umfragen ergaben, daß die Monarchie genauso populär war wie bei der Krönung der Königin und später bei ihrem Regierungsjubiläum. Als das Paar nach dem Hochzeitsfrühstück, bestehend aus Flachbuttklößchen mit Hummersauce, Hühnchenbrust, gefüllt mit Lammhack, Erdbeeren mit Schlagsahne, auf dem Balkon des Palastes erschien und der Prinz, angefeuert von der Menschenmenge, die Braut voll auf die Lippen küßte, schien es, als habe die Liebe triumphiert und die Zukunft könne nur voll Sonnenschein sein. Genau wie Elizabeth und Philip nach ihrer Trauung fuhr das Paar zum Waterloo-Bahnhof, um die ersten beiden Tage ihrer Flitterwochen auf Broadlands zu verbringen und ihre erste Nacht im selben Himmelbett, in dem die Eltern des Prinzen 1947 geschlafen hatten. Getragen von der Woge der allgemeinen Begeisterung, waren der Prinz und die Prinzessin wieder zurückgekehrt zu der Euphorie ihrer Verlobungszeit, in der Charles Freunden geschrieben hatte: »Ich glaube, ich habe sehr großes Glück, daß mich jemand besonderes wie Diana so sehr zu lieben scheint…«

Die Briefe, die Charles von der »Britania« nach Hause schickte, auf der das Paar ihre fünfzehntägigen Flitterwochen verbrachte, vermittelten das Bild eines Ehelebens, das seine Eltern und Freunde erwarteten. »…Ehe ist sehr fidel…« Ungewollt bot sich aber auch das Porträt eines kauzigen Mannes mittleren Alters und seiner kindlichen Braut: »Diana wieselt herum und plauscht mit allen Matrosen und den Köchen in der Kombüse, während ich wie ein Eremit auf dem Verandadeck bleibe, in schierer Freude in eines von Laurens van der Posts Bücher vertieft.« Statt seiner jungen Frau hätte er genauso gut ein Hündchen beschrieben haben können. Nachdem er den Bericht des offiziellen Biographen über die Flitterwochen gelesen hatte, bezeichnete Robert Harris das Verhalten des Prinzen als »egoistisch und sonderbar«: »Buchvernarrter älterer Ehemann, lebenslustige junge Ehefrau: Es ist wie eine Szene aus Boccaccio.« Im »Decamerone« ist es allerdings die junge Ehefrau, die ihren ältlichen Ehemann betrügt, und nicht umgekehrt. Das Paar reiste dann zum üblichen Familienurlaub auf Balmoral, wo Elizabeth von Diana erwartete, daß sie, von der man der Königin ja erzählt hatte, daß sie das Landleben liebe, sich den Gewohnheiten der Familie anpaßte; zu ihrer Überraschung und leisen Irritation war das nicht der Fall. Diana war ihr ein Rätsel, das Benehmen der Schwiegertochter, das von einem Überschwang der Gefühle bestimmt war, erregte instinktiv ihr Mißtrauen.

Diana, deren intellektuelle Nahrung die Romane ihrer Stiefgroßmutter gewesen waren, erwartete und glaubte an »Liebe und Romantik«. Was sie bekam, war der Zugang zu einer Familie, bei der Pflicht an erster Stelle stand und in der Emotionen notwendigerweise unterdrückt werden mußten. Das war der Preis, den sie für ihre privilegierte Position bezahlten.

Für einen Außenstehenden ist es nicht leicht, Zugang zur königlichen Familie zu finden: Ein Verwandter beschrieb sie als »eine sehr sonderbare Familie. Ein Willkommen oder Gemütlichkeit gibt es bei ihnen nicht. Sie werden einen niemals fragen, wie man sich fühlt oder was für einen Tag man gehabt hat… Sie sind wahrscheinlich die am wenigsten miteinander verbundene Familie, die ich je kennengelernt habe. Die Königinmutter ist diejenige, die alles zusammenhält, doch oft frage ich mich, ob sich die eine Hälfte freut, die andere Hälfte zu sehen. Ich glaube, im Grunde handelt es sich um lauter Einzelpersönlichkeiten … Plötzlich, und das kann einem angst machen, ist da dieser Queen-Victoria-Ausdruck – bei allen, selbst bei den jüngeren … Du hast herumgejuxt, und plötzlich bist du zu weit gegangen und hast es nicht gemerkt, und dann erntest du dieses frostige Maskengesicht. Prinzessin Margaret versteht sich besonders gut darauf. Von ihr würde man das ja erwarten, aber von den jüngeren erwartet man es nicht, doch sie beherrschen es alle … Der Grat ist so schmal. Sie möchten als Menschen behandelt werden, bis es ihnen plötzlich nicht mehr paßt.«

Diana hatte sich vorgestellt, sie könne die königliche Familie von innen her reformieren, »Brücken bauen« zwischen Charles und seinen Eltern. Als sich dies als Illusion erwies und sie herausfand, daß ihr Mann und seine Familie sie als ein unreifes und potentiell labiles Mädchen betrachteten, begann sich der Streß bemerkbar zu machen, und ihre Anstrengungen, sich zu behaupten, wirkten hysterisch und oft grob. Sie versuchte, ihre Schwiegermutter für sich zu gewinnen, indem sie ihr kleine Geschenke in Form von Porzellanvögeln machte, verdarb die Wirkung jedoch wieder durch ihr mitunter trotziges oder unhöfliches Benehmen, wenn sie sich weigerte, zum Dinner herunterzukommen, oder bei offiziellen Anlässen fünf Minuten später erschien als Elizabeth, etwas, das niemandem gestattet ist. Sie litt an Bulimie, einer Eßstörung, die Elizabeth, die ohnehin sehr wenig Verständnis für Krankheit und physische Schwäche aufbringt, völlig unvertraut war. Das einzige, was sie glaubte tun zu können, bestand darin, den Druck auf Diana durch die Aufmerksamkeit der Medien zu vermindern, indem sie an die Chefredakteure appellierte, ihre Schwiegertochter in Ruhe zu lassen, nachdem am 5. November 1981 deren Schwangerschaft bekanntgegeben worden war. Ihr Pressesekretär Michael Chea arrangierte für die zweite Dezemberwoche ein Treffen zwischen Elizabeth, den Redakteuren von Fleet Street sowie Repräsentanten von Rundfunk und Fernsehen. Nachdem Shea sich darüber beklagt hatte, daß Diana selbst in den Dorfladen von Tetbury bei Highgrove von Fotografen verfolgt wurde, fragte Barry Askew, Chefredakteur des

Boulevardblatts *News of the World*, ein Mann mit dem Spitznamen »Die Bestie von Bouverie Street«, Elizabeth impertinenterweise, ob es nicht besser gewesen wäre, einen Bediensteten in den Laden zu schicken, um Prinzessin Diana Weingummi zu kaufen. »Mr. Askew«, erwiderte Elizabeth kalt, »das war eine höchst unangemessene Bemerkung.«

Der Appell der Königin stieß auf taube Ohren. Diana war ein Medienphänomen geworden; sie war jetzt das Mitglied der Familie, das die Öffentlichkeit am meisten zu sehen wünschte. Anfangs hatte ihre Popularität Elizabeth und dem Rest der Familie gefallen, dann jedoch fanden sich alle, zumal der Prinz von Wales, in den Hintergrund gedrängt und waren nicht wenig neidisch. Im Februar 1982 veröffentlichte die *Sun* ein Foto der schwangeren Prinzessin im Bikini zusammen mit dem Prinzen auf den Bahamas, beim Brabournes House auf Eleuthera. Elizabeth nannte das »einen schwarzen Tag für den britischen Journalismus«, doch hatte sie nicht mit der Neigung ihrer Schwiegertochter gerechnet, sich selbst in Zeitungen abgebildet zu sehen; Diana ließ den schuldigen Zeitungsmenschen wissen, daß sie überhaupt nichts einzuwenden gehabt habe. Unmittelbar vor dem Urlaub auf Eleuthera war Elizabeth geschockt gewesen, als sie gehört hatte, daß die Prinzessin auf einer Treppe auf Sandringham entweder ausgeglitten war oder sich hinabgestürzt hatte; einer jener beunruhigenden Vorfälle in der düsteren, verzweifelten Stimmung, die sie gelegentlich zu überwältigen schien, obwohl es auch glückliche Zeiten gab, wie etwa Weihnachten auf Windsor, wo der Prinz einem Freund geschrieben hatte: »Wir hatten ein so nettes Weihnachten, wir beide. Es war außerordentlich glücklich und gemütlich, es miteinander zu verbringen.« Elizabeth hoffte, daß die Geburt des Sohnes eine Änderung bewirken und das unberechenbare Benehmen ihrer Schwiegertochter dämpfen würde. Prinz William kam am 21. Juni 1982 zur Welt. Elizabeth soll bei dieser Gelegenheit eine ihrer weniger gelungenen Bemerkungen von sich gegeben haben: »Na, wenigstens hat er nicht die Ohren seines Vaters.« Für den Augenblick zumindest herrschte in der Wales-Familie Freude und Zufriedenheit.

Von Anfang 1982 an gab es für Elizabeth wichtigere Angelegenheiten als die Stimmungsschwankungen ihrer Schwiegertochter. Am 5. April war der Kampfverband der britischen Navy mit dem Ziel Falklandinseln ausgelaufen, wo drei Tage zuvor eine Invasion durch die Argentinier stattgefunden hatte. An Bord der »HMS Invincible«, die zu der Streitmacht gehörte, befand sich der zweiundzwanzigjährige Prinz Andrew, der als Hubschrauberpilot diente.

Andrew war Elizabeths Lieblingskind, das Baby, das sie unbedingt hatte haben wollen, trotz der Bedenken ihres Gatten, die königliche Familie sei doch bereits groß genug. Er war acht Jahre nach ihrer Thronbesteigung zur Welt gekommen, als sie weniger durch ihre königlichen Pflichten belastet und überdies geübter war in der Abstimmung ihres privaten und ihres öffentlichen Lebens, als das während der Kindheit ihres Erstgeborenen der Fall gewesen war. Sie betete Andrew an, und zwar in einem Maße, daß die Höflinge ihn scherzhaft als »das Liebeskind« bezeichneten. Als vier Jahre später Prinz Edward geboren wurde, war man allgemein der Ansicht, er sei als Gefährte für Andrew gedacht.

Andrew war eine unkomplizierte Seele, ein ziemlicher Wildfang, ein wenig verhätschelt und mehr als leicht arrogant. Er hatte die Neigung der Familie geerbt, anderen Streiche zu spielen. In den achtziger Jahren hatte er in Los Angeles die amerikanischen Presseleute damit schockiert, daß er sie mit roter Farbe bespritzte, genauso wie sein Vater »versehentlich« bei der Blumenschau von Chelsea die Pressevertreter mit einem Schlauch besprüht hatte. Er hatte immer weit weniger unter dem Druck gestanden, eventuell Thronfolger zu werden, als sein älterer Bruder und war bislang durch das Leben gesegelt ohne irgendeine der Torturen, die Charles von seiten einer offensichtlich feindseligen Welt zuteil geworden waren. Vom Kinderzimmer, wo Charles Lieblingsnanny Mabel Anderson das Sagen hatte, war er zu Mispy, Charles' Gouvernante, gekommen, die ihn zusammen mit einigen anderen Kindern seines Alters, darunter Margarets Sohn, Viscount Linley, unterrichtete. Von dort ging es zu einer sehr geschätzten Vorbereitungsschule, Heatherdown. Als er von Heatherdown wieder abging, war der Lehrkörper augenscheinlich recht erleichtert; wenn er sein bestes Verhalten an den Tag legte, konnte er fleißig und höflich sein, kehrte er jedoch seine schlimmste Seite hervor, so war er aggressiv, grob und trotzig. Zu Hause legte er Quietschkissen auf Stühle und ließ

Stinkbomben platzen; einmal goß er den Inhalt großer Schaumbadflaschen in den Swimmingpool von Schloß Windsor. Im Unterschied zu Charles hatte er ein unbeschwertes Verhältnis zu seinem Vater, obwohl er andererseits gewaltigen Respekt vor ihm hatte. Im Jahr 1973 war er Charles nach Gordonstoun gefolgt, wo es inzwischen gemischte Klassen gab und wo es im allgemeinen viel lockerer zuging als sechs Jahre zuvor, als Charles von dort abgegangen war. Anders als Charles traf er mit einem Kopf »voller Flausen« in Gordonstoun ein, und die Jungen zahlten es ihm heim. Nach einer Schlägerei im Schlafsaal hatte er eine Kopfverletzung, die ihn zwang, zwei Tage im Schulsanatorium zu verbringen; »er ist ein sehr zäher und selbständiger Bursche«, kommentierte ein Lehrer. Sein Vater schätzte seine Zähigkeit und sagte, er sei »der geborene Boß«; er schien nicht erkannt zu haben, daß ein Teil des aggressiven Selbstvertrauens eine Art natürlicher Abwehrmechanismus war und daß Andrew unter der Oberfläche sensibler und weniger selbstbewußt war, als er wirkte. Wie Charles war Andrew eine Zeitlang herumgeschickt worden, »damit er das Commonwealth kennenlernte«, in seinem Fall Kanada, wo er während der Zeit, die ihm die Intervalle von Gordonstoun ließen, die Lakefield College School in Ontario besuchte. Genau wie Charles absolvierte er einen Lehrgang im Fallschirmspringen und lernte das Fliegen, doch statt ihn auf die Universität zu schicken, entschied sein Vater, daß er ein Vollzeit-Offizier der Marine werden sollte, und schrieb ihn für 1979 beim Dartmouth Royal Naval College ein. Er sollte sich für eine zwölfjährige Marinelaufbahn mit einer Spezialausbildung als Hubschrauberpilot verpflichten. Mit zweiundzwanzig qualifizierte er sich als Hubschrauberpilot und kam dann zur 829 Naval Air Squadron, wo er Sea Kings vom Flugzeugträger »HMS Invincible« flog.

Elizabeth rückte in den Mittelpunkt des wachsenden Medieninteresses, das durch die Heirat des Prinzenpaars von Wales angefacht worden war. Am Morgen des 9. Juli 1982 um 7.15 Uhr wachte sie auf, als sie hörte, daß ihre Tür geöffnet wurde und Schritte sich ihrem Bett näherten. Ihr war sofort klar, daß es sich nicht um ihren Lakaien Paul Whybrew handeln konnte, der die Corgis ausführte. Und so sagte sie mit lauter Gouvernantenstimme: »Es ist noch zu früh zum Tee«, in der Hoffnung, es handle sich um irgendeine harmlose Person, die versehentlich die Tür geöffnet hatte und sich beim Klang ihrer Stimme erschreckt zurückziehen würde. Statt dessen durchquerte jemand den Raum, öffnete die Vorhänge und setzte sich dann auf ihr Bett. Es war der einunddreißig Jahre alte schizophrene Michael Fagan, der mit ihr über seine Familienprobleme sprechen wollte. Sie drückte auf den Nachtalarmknopf, der draußen auf dem Korridor ein Klingeln auslöst. Aber niemand hörte es; der Polizist hatte, wie gewöhnlich, seinen Dienst um sechs Uhr beendet, als das Haushaltspersonal eintraf. Der Lakai war mit den Hunden draußen, und das Hausmädchen befand sich in einem anderen Raum und hatte die Tür geschlossen, um Ihre Majestät nicht zu stören. Elizabeth tätigte zwei Telefonanrufe und verlangte, daß sofort die Polizei geschickt würde, doch es gab keine unmittelbare Reaktion. Laut Fagan wirkte sie weder nervös noch besorgt, und als er sie um eine Zigarette bat, benutzte sie das als Vorwand, um ihn in den Korridor hinauszumanövrieren, wo sie auf ein Dienstmädchen mit einem Staubsauger stießen. »Himmelherrgott, Ma'am, was will der denn hier?« rief das Dienstmädchen und nahm Fagan, der, von allem anderen einmal abgesehen, barfüßig war, mit in einen nahen Vorratsraum, um nach Zigaretten zu suchen. Der Lakai kehrte mit den Corgis zurück und sah Elizabeth vor dem Vorratsraum stehen, den Zeigefinger an den Lippen. Sie machte »Pssst« und bedeutete ihm hineinzugehen, und er sprach dort mit Fagan und bot ihm einen Drink an. Schließlich erschien ein Polizist und begann, mit Fagan rauh umzuspringen, und dann kam ein Polizist in Zivil den Gang entlanggeschlendert und schrak zusammen, als Elizabeth ihn anfuhr: »Gehen Sie dort hinein!« Nach Aussage des Personals blieb Elizabeth, während die Bediensteten wie Espenlaub zitterten, absolut kühl und gelassen und kehrte ruhig in ihr Bett zurück, um ihren Tee einzunehmen. Auf dem Bett befanden sich eine große Glasscherbe und Blut – Fagan erklärte später, es sei seine Absicht gewesen, sich vor den Augen der Königin die Pulsadern aufzuschneiden.

Elizabeth erteilte strikte Anweisungen, daß der Vorfall nicht erwähnt werden sollte, doch der Polizeibericht sickerte am nächsten Tag zu den Zeitungen durch. Es war ein Samstag, und nachdem die Presse auf Bestätigung gewartet hatte, kam die Story dann am Montag heraus. Der Bericht an das Innenministerium enthüllte, daß die Sicherheit des

Palastes, wie Fagan Elizabeth erzählt haben wollte, in der Tat »diabolisch« war. Fagan war nicht zum erstenmal im Palast gewesen; beim letzten Mal hatte er eine Flasche Wein mitgehen lassen. Diesmal war er auf dem Geländer beim Botschafter-Eingang auf der Südseite des Palastes gesichtet worden und dann noch einmal, als er durch das Fenster des Büros des Haushofmeisters geklettert war, das eine Bedienstete geöffnet hatte. Er wurde auch draußen im Korridor von einem Dienstmädchen gesehen, das annahm, er sei irgendein Arbeiter; danach hatte er unbemerkt die Korridore durchschreiten können, die um den halben Palast herumführten bis zum Schlafzimmer der Königin auf der Nordseite. Binnen zwei Wochen gab es einen weiteren Sicherheitsskandal, als bekannt wurde, daß Commander Michael Trestrail, der Polizeioffizier der Königin, der ihr jahrelang gedient hatte und den sie sehr mochte, gestanden hatte, jahrelang Beziehungen zu einem homosexuellen Prostituierten zu haben; inzwischen war er aus der Metropolitan Police ausgeschieden. Elizabeth, die sich im Hospital befand, nachdem ihr ein Weisheitszahn gezogen worden war, zeigte sich sehr bestürzt, weniger wegen der Sicherheitsangelegenheit als über den Verlust von Trestrail. In derselben Woche jagte die IRA eine Schwadron der Königlichen Kavallerie im Hyde Park in die Luft, als sie auf dem Weg war, die Wache am Buckingham-Palast abzulösen; genauso erging es einer Militärkapelle im Regent's Park. Elizabeths Kaltblütigkeit angesichts des Eindringlings Fagan erinnerte an ihren Mut, den sie gut ein Jahr zuvor, am 13. Juni 1981, bewiesen hatte, als sie anläßlich der Zeremonie Trooping the Colour die Mall entlangritt und ein junger Mann auf die Straße hinaustrat, der sechs Schüsse auf sie abgab, wobei sich glücklicherweise herausstellte, daß es sich um Platzpatronen handelte, was sie allerdings zu diesem Zeitpunkt nicht wußte. Elizabeth duckte sich nur, tätschelte ihr Pferd Burmese und ritt weiter. Die königliche Familie nimmt, was mögliche Attentate betrifft, eine fatalistische Haltung ein und reagiert dementsprechend, wie das ja auch Anne beim Kidnappingversuch auf der Mall getan hatte, dem gefährlichsten der drei Zwischenfälle, und Charles in Australien 1995.

Während die Trestrail-Affäre für die Presse einer ihrer periodischen Glückstage war, der sie dazu inspirierte, über die Anzahl der Homosexuellen im königlichen Dienst zu spekulieren, gab die Fagan-

Episode Anlaß zu Mutmaßungen über den Zustand von Elizabeths Ehe und die Schlafarrangements des königlichen Paares. Elizabeth soll schon bald nach dem Zwischenfall gesagt haben, ihre einzige Sorge sei gewesen, daß Philip hereinplatzen könne, während sie mit Fagan sprach, und daß dann der Teufel los gewesen wäre.[5] Dies kann nicht stimmen, denn als Fagan auf ihrem Bett saß, wußte sie, daß Philip um sechs Uhr morgens den Palast verlassen hatte, um sich auf den weiten Weg zu einer offiziellen Verpflichtung zu machen. Um sie nicht aufzuwecken, hatte er die Nacht im Ankleideraum seines Appartements verbracht. Ohne diese Verpflichtung wäre er in Elizabeths Bett gewesen – sie schliefen immer zusammen, wenn sie unter demselben Dach weilten –, und Fagan wäre wohl ein anderer Empfang zuteil geworden.

Der Falkland-Krieg, der erste größere militärische Konflikt in Elizabeths Regierungszeit, hatte mit der Kapitulation der argentinischen Streitkräfte am 14. Juni 1982 geendet. Als Andrew in jenem Sommer von den Falklands zurückkehrte, war er bereits in die Schauspielerin Koo Stark verliebt, wovon seine Mutter nichts wußte. Andrew, ein Typ von robuster Attraktivität, hatte von seinem Bruder gleichsam den Titel des königlichen Herzensbrechers übernommen; in Gordonstoun ebenso wie in Kanada hatten sich die Mädchen um ihn gerissen, und bald bekam er von der britischen Presse den Spitznamen »Randy Andy« (etwa: Wilder Andy). Andrew nahm Koo mit zum Aufenthalt auf Balmoral und stellte sie Elizabeth vor, die sie offenbar mochte und es sehr gelassen hinnahm, als sie von Koos früheren Liebesaffären hörte und davon, daß sie in einem Softpornofilm unter der Regie des Grafen von Pembroke mitgespielt hatte. Die Presse nahm allerdings mit Vergnügen die Gelegenheit wahr, unscharfe Bilder von Koo zu bringen, die angeblich aus »heißen« Szenen des Films stammten. Trotz Andrews Liebe zu Koo, die später mit großer Würde auf das Ende des Verhältnisses reagierte, machte das Etikett »Softpornodarstellerin« für sie jegliche Chance zunichte, Prinzessin zu werden. Andrews Tollereien auf Barbados mit einer älteren Frau, die der Boulevardpresse bereits wohlbekannt war, sowie Fotos von ihm, auf denen er mit einem anderen Mädchen im Meer zärtliche Spielchen trieb, verursachten einen gewaltigen königlichen Wirbel. Elizabeth war über diese augenscheinliche Naivität und seine Vorliebe für »vulgäre« Frauen außer sich; Philip war wütend, daß Andrew die königliche Familie in einen Skandal hineingezogen hatte. Es wurde offensichtlich Zeit, den Sohn »unter die Haube« zu bringen.

Sarah Ferguson trat im Sommer 1985 in Andrews Leben. Wieder einmal war Elizabeth über die Brautwahl ihres Sohnes entzückt; wieder einmal gab es, als sie sich näher mit Sarahs Familie und ihrer unmittelbaren Vergangenheit beschäftigte, dort einige Warnzeichen. Wieder einmal erschien die Verbindung auf den ersten Blick vielversprechend. Sarah kam aus einer guten Familie. Die Fergusons waren Großgrundbesitzer und hatten eine Reputation für hervorragende Dienste in einem der Königlichen Kavallerieregimenter, den Life Guards, und Sarahs Großmutter mütterlicherseits, eine Cousine ersten Grades der Prinzessin Alice, Herzogin von Gloucester, Witwe von Elizabeths Onkel Harry, konnte ihre Abstammung bis zu Charles II. zurückverfolgen. Sarah selbst hatte enge Verbindungen zum Hof; sie war eine Cousine ersten Grades von Robert Fellowes, über seine Mutter, die frühere Jane Ferguson, Schwester von Sarahs Vater Ronald. Ronald Ferguson oder »Major Ron«, wie ihn die Boulevardblätter bald nannten, war mit der königlichen Familie durch Polo in Kontakt gekommen, wonach Philip und Charles geradezu süchtig waren. Ferguson spielte die sechziger Jahre hindurch in Philips Team, und logischerweise wurden er und seine Frau gelegentlich zur Jagd nach Sandringham eingeladen und einmal auch, während der Ascot-Woche, zum Aufenthalt in Windsor. Nach Aussage des Majors standen seine erste Frau Susie, Sarahs Mutter, und Philip auf besonders freundschaftlichem Fuß, was auch nach der Scheidung der Fergusons so blieb. Seine eigenen Beziehungen gingen nicht über Polo hinaus. Im Jahr 1971 wurde er Stellvertretender Vorsitzender des Guards Polo Club, und nachdem Charles sich 1970 ernsthaft mit Polo beschäftigte, wurde er ehrenhalber sein Polomanager.

»Ich war verantwortlich für seine Ponys, seine Polostöcke, sogar seine Launen«, schrieb Ferguson später in seiner Autobiographie »Der galoppierende Major«. »Manchmal konnte man, wenn er auf dem Feld erschien, fast buchstäblich sehen, wie aus seinem Kopf Rauch quoll, so sehr stand er unter Dampf. War er müde oder nicht in Stimmung, so mußte ich ihn aufmöbeln, entweder durch irgendeinen Kommentar oder indem ich ihn wütend machte. Bei anderen Gelegenheiten war er von überschäumender Laune, und ich mußte ihn ein wenig dämpfen, damit er sich konzentrierte. Ich glaube nicht, daß sich der Prinz von Wales bewußt war, daß ich versuchte, seine Stimmungen zu beeinflussen. Ich tat es, indem ich ihm zum Beispiel den falschen Stock gab. ›Warum um alles auf der Welt können Sie mir nicht den richtigen Stock geben!‹ schrie er. Das war genau die Art von Wutreaktion, die ich haben wollte, damit er einen Schuß Adrenalin kriegte. Ich war ein nützlicher Prügelknabe. Der Prinz konnte nicht einfach jeden anschreien und anbrüllen. Doch er konnte es an mir auslassen, und er tat es.«

Sarah, geboren am 15. Oktober 1959, war die zweite Tochter der Fergusons. Sie war erst dreizehn, als ihre Mutter 1972 von daheim fortging und sie und ihre ältere Schwester Jane in der Obhut des Vaters zurückließ. Susan Ferguson heiratete später einen argentinischen Polospieler, Hector Barrantes, und lebte mit ihm auf seiner Ranch in Argentinien. Die Ehe der Fergusons war ein Opfer der wilden, glamourösen Welt des Polosports. Genau wie die Spencer-Kinder wollten die Ferguson-Mädchen ihren Vater am liebsten ganz für sich beanspruchen und waren zuerst voller Erbitterung gegen seine zweite Hochzeit 1976, auch wenn sie sich später damit abfanden. Sarah, die ihm – nicht nur äußerlich – so ähnlich war, stand ihm besonders nah. Sie war 1985 ein typisches Mädchen der oberen Mittelklasse mit einer nicht zu anstrengenden Arbeit, ohne intellektuelles Interesse und mit einem Haufen von Freundinnen ihres eigenen Schlages, die »Yeah« statt »Yes« sagten, Partys gaben und im Winter in Skiorten wie Klosters und Verbier als sogenannte »Chalet-Mädchen« fungierten. Sarah fiel im Grunde nur dadurch auf, daß sie einen Liebhaber hatte, der zweiundzwanzig Jahre älter war als sie, den Rennfahrer Paddy McNally, der aber nicht die leisesten Heiratsabsichten erkennen ließ. Zu Sarahs Kreis hatte Lady Diana Spencer gehört, bei deren Hochzeit sie anwesend gewesen war. Es bestanden Unterschiede zwischen den beiden Mädchen. Diana war die Tochter eines Earls und wohnte in einem teuren Appartement in einem Millionärsviertel, The Boltons, während Sarah weder ein stattliches Heim noch Kredit bei der Bank besaß. Es gab auch beträchtliche charakterliche Unterschiede. Sarah Ferguson war eher extrovertiert, geradezu gierig auf das Leben und Erfahrungen und in ihrer Erscheinung ziemlich nachlässig. Bedenkenlos stürzte sie vorwärts, wo selbst Engel nur mit äußerster Vorsicht ihre Füße zu setzen wagten. Diana war in fast jeder Hinsicht ihr Gegenteil; dennoch fand sie, während es mit ihrer Ehe kläglich bergab ging, in Sarah eine Verbündete. Es war Diana gewesen, die es so gedeichselt hatte, daß Sarah für die Ascot-Woche 1985 eine Einladung nach Windsor erhielt, und sie hatte auch dafür gesorgt, daß Sarah beim Lunch neben Andrew saß. Er fütterte sie mit Schokoladen-Profiteroles, und die Romanze nahm ihren Lauf.

Als die Königin Sarah 1986 nach Sandringham einlud, hatte sie Paddy McNally inzwischen aufgegeben. Es war völlig unverkennbar, daß Prinz Andrew Sarah liebte, und sie schienen gut zueinander zu passen. Beide neigten zu Scherzen, bewarfen sich etwa bei würdevollen Dinner-Partys mit Brot, hatten aber unterschiedliche Gewohnheiten; während Andrew weder rauchte noch trank, tat Fergie beides. Sie war gesellig und ein richtiges Party-Girl, er hingegen zog Golf vor oder einen ruhigen Abend daheim. Ihre sexuelle Vergangenheit und ihr allgemeines Benehmen hätten sie, gemessen an traditionellen Regeln, gewiß nicht als Mitglied der königlichen Familie qualifiziert. Was, fragt man sich, hätten wohl George V. oder Königin Mary von ihr gehalten? »Sarah Ferguson«, erklärte Martin Charteris im Fernsehen – der sie mochte, obwohl er sie »vulgär« nannte –, »ist nicht aus dem Stoff, aus dem königliche Prinzessinnen sind, weder in dieser Zeit noch in irgendeiner anderen.« Wie im Fall von Diana verschwiegen die Höflinge, die sie und ihren Vater gut kannten, ihre Zweifel. Elizabeth und die anderen Mitglieder der königlichen Familie hießen sie willkommen, wie sie das bei Diana niemals getan hatten. Elizabeth gefiel ihr fröhliches Gemüt und die Tatsache, daß sie ein »Landmädchen« war, das mit ihr ausritt und für das Leben im Freien auf Sandringham und Balmoral eine große Vorliebe hatte. Es genügte Elizabeth, daß Andrew Sarah liebte, und so wie sie ihren Sohn kannte, lag ihr viel daran, ihn im sicheren Hafen der Ehe zu sehen. Philip gefiel Sarahs lebhafte, sprudelnde Art und die Tatsache, daß sie sich von ihm nicht einschüchtern ließ. Charles verglich ihre unkomplizierte Lebenslust mit der Launenhaftigkeit und den schwarzen Depressionen seiner Frau. »Warum kannst du nicht wie Fergie sein?« fragte er Diana wiederholt. Jene Höflinge, die Major Ferguson und seine Tochter besser kannten, hatten ihre Bedenken. »Sie wissen, daß Sie nicht so weiterleben können wie bisher«, warnte einer. »Sie werden eine Rolle spielen müssen und sich anpassen.« »Oh, ich werde einfach ich selbst sein«, erwiderte Sarah leichthin.

Und so gab es eine weitere Hochzeit, diesmal in Westminster Abbey, im Juli 1986, und einen weiteren scheinbar leidenschaftlichen Kuß auf dem Palastbalkon vor jubelnden Menschenmengen als Besiegelung einer königlichen Romanze. Am Morgen des Hochzeitstages machte Elizabeth Andrew zum Herzog von York, und ihr Geschenk bestand in ihrer Bereitwilligkeit, ein neues Haus zu finanzieren, das auf dem Sunninghill-Anwesen gebaut werden sollte, wo sie und Prinz Philip einmal geplant hatten zu leben. 1989 begannen die Yorks ihr Traumhaus zu bauen, Kostenvoranschlag: 3,5 Millionen Pfund. Die Königinmutter warnte offensichtlich vor einer solch exorbitanten Summe, doch Elizabeth, nachgiebig wie stets, unternahm keinen Versuch, das junge Paar zu bremsen. Die großen Aufwendungen für Sunninghill, von der Presse nach dem Vorbild der Ewing-Ranch aus »Dallas«, Southfork genannt, machte auf die Öffentlichkeit einen besonders schlechten Eindruck, und der Zeitpunkt der Fertigstellung 1990 hätte kaum ungünstiger sein können, da er mit dem Beginn einer schlimmen und längeren Rezession zusammenfiel, während der Tausende von Menschen ihr Obdach und ihren Lebensunterhalt verloren. Gewisse Kleinlichkeiten und weniger angenehme Gewohnheiten Fergies wurden häufig von der Presse herausgestellt. Es hieß, sie habe während der Bauarbeiten mit Handwerkern und Lieferanten um Sonderpreise gefeilscht und sie dann monatelang ohne Bezahlung hängenlassen. Die Presse beschäftigte sich auch mit der Anzahl von Tagen, die sie im Urlaub verbrachte, und mit den Bergen von Gepäckstücken, mit denen sie aus Amerika zurückkehrte. Um ihre Schwägerin in den Schatten zu stellen, die klugerweise britische Waren kaufte, war Fergie Kundin bei Yves Saint Laurent. Es gab Streitereien wegen der Tantiemen für ihre Bücher, über Königin Victorias Osborne und »Budgie, den Hubschrauber«, und es hieß, sie habe versucht, das Honorar für ersteres ganz allein zu beanspruchen, obwohl es in Wirklichkeit von Benita

Stoney, der Nichte des Königlichen Bibliothekars, geschrieben worden war; es wurde auch behauptet, daß »Budgie« das Plagiat eines Buches sei, das in den sechziger Jahren erschienen sei. Später brachte sie ein illustriertes Buch über Reisen der Königin Victoria heraus, das hauptsächlich aus Fotos von Sarah bestand, die vor diversen Hintergründen posierte. Es war unübersehbar, daß sie ihre Position in jeder Weise für sich ausnutzte. Die Presse, die ihr zur Zeit ihrer Eheschließung Ansehen verschafft hatte, wandte sich jetzt gegen sie. Eigensinnig wie stets, lieferte sie ihr viel Material und forderte von dem Magazin *Hallo* 50 000 Pfund für das Recht, Fotos von ihr und Andrew mit ihren Kindern zu machen. In der katastrophalen Wohlfahrts-TV-Show »It's a Royal Knockout« von 1987 fiel sie wegen ihres unköniglichen Verhaltens auf. Wieder einmal, wenn es um ihre Kinder ging, machte die Nachsicht Elizabeth blind für die Gefahren, diesmal gegenüber Edward, dessen Kopf die Idee entsprungen war. Anne wurde praktisch von den anderen zum Mitmachen gezwungen. Charles, das sei zu seiner Ehre gesagt, verbot seiner Frau die Teilnahme.

Edward ist das zurückgezogenste und am wenigsten bekannte von Elizabeths Kindern. Vier Jahre jünger als Andrew und fünfzehn Jahre jünger als Charles, war er weitgehend selbständig aufgewachsen. Seine Erziehung glich im großen und ganzen der seiner Brüder; sein persönliches Commonwealth-Pensum hatte er in zwei Semestern als Junior Master an der Collegiate School von Wanganui in Neuseeland absolviert. Er hatte an der Universität von Cambridge Geschichte studiert, und sein Mentor Robert Rhodes James meinte, er besitze erstklassige Fähigkeiten, obwohl er mit einem zweitrangigen Abschluß abging. Wie Charles bewies Edward Talent für die Schauspielerei, und er sehnte sich sogar danach, Berufsschauspieler zu werden, was ihm jedoch wegen seiner königlichen Geburt verwehrt blieb. Statt dessen ging er zu den Royal Marines, der härtesten aller Waffengattungen und absolut ungeeignet für einen sensiblen jungen Mann, der von Schauspielerei träumte. Den meisten Menschen erschien die Entscheidung unverständlich. Schließlich hätte er auch zu einem weniger strapaziösen Teil der Army gehen können oder zu einem der Regimenter, die mit der königlichen Hofhaltung verbunden waren. Statt dessen landete er im Juni 1986 bei einem mitleidlosen kommandierenden Offizier in der Routine zermürbender physischer Aktivitäten. Im Januar 1987 hatte Edward den Mut, seinen Dienst bei den Marines vorzeitig zu quittieren, was seinen Vater erzürnte und ihm in der Öffentlichkeit ungerechtfertigterweise den Ruf eines Weichlings eintrug und das Gerücht nährte, er sei schwul. Besorgte Freunde seiner Mutter befragten einen früheren Lehrer von Wanganui, der ihnen versicherte, der Prinz sei immer von Mädchen umgeben gewesen. Studienkameraden aus Cambridge erklärten, Edward habe als Student mindestens eine Affäre mit einer Frau gehabt. Trotzdem hielten sich die Gerüchte beharrlich, und es wurden sogar Namen genannt, eine Unterstellung, die der betroffene Mann in aller Entschiedenheit zurückwies. Ein ausgewanderter Brite hatte die Geschichte in New York in die Welt gesetzt. Er hatte bei einem Londoner Boulevardblatt angerufen und behauptet, Prinz Edward habe eine Affäre mit einem seiner Diener gehabt; er bot die Story für fünfundzwanzigtausend Pfund Sterling an. Das Personal des Buckingham-Palastes bestreitet nachdrücklich, daß diese Geschichte stimmt, und sagt, daß Edward, der äußerst zurückhaltend sei, etliche Verhältnisse mit Frauen gehabt habe und seine Eltern ihm in dieser Angelegenheit so gut hülfen, wie sie könnten, indem sie seine Freunde zum Essen bäten und dafür sorgten, daß auf Balmoral eine Woche frei bleibe, in der Edward seine eigenen Freunde einladen könne. Er ist beim Personal beliebt, das er sehr viel besser behandelt als seine Geschwister. Während Elizabeth, die Königinmutter und Margaret zu ihren Bediensteten höflich sind, ist das bei Elizabeths Kindern nicht der Fall. »Warum seid ihr alle so verdammt ruppig zu den Dienern?« explodierte Charles' Freund, der inzwischen verstorbene Major Hugh Lindsay einmal auf Balmoral. Charles selbst, früher einmal ein solch höflicher kleiner Junge, ist dafür bekannt, daß er die Kontrolle über sich verliert und den einen oder anderen Lakaien abkanzelt, und zwar in aller Öffentlichkeit – eine für den Betroffenen erniedrigende Erfahrung.

Selbst als Edward viel mit Sophie Rhys-Jones, einem Public-Relations-Mädchen, zusammen gesehen wurde, wurde gemunkelt, sie sei ja nur eine Tarnung als Schutz für seine Reputation. Edwards Beziehungen zur Presse waren alles andere als glücklich, er benahm sich auffällig trotzig. Vor aller Augen stampfte er aus der Pressekonferenz hinaus, als die Reporter angesichts der peinlichen Fernsehshow »It's a Royal Knockout« keinerlei Enthusiasmus zeigten. Als Zeitungen Fotos brachten, auf denen er Sophie Rhys-Jones küßte, beschwerte sich Edward mit Unterstützung der Königin beim Beschwerdeausschuß der Presse mit der Begründung, seine Privatsphäre sei verletzt worden; später jedoch rief er auf den Rat einer Public-Relations-Firma, die oft von jüngeren Mitgliedern der Königsfamilie engagiert wurde, einige Chefredakteure zusammen und erklärte, er zöge die Beschwerde zurück, wenn sie auf die Veröffentlichung der Fotos verzichteten; ein Manöver, das kaum dazu angetan war, die Presseleute von ihrem Vorhaben abzubringen oder ihnen Respekt abzunötigen, und das im übrigen die Autorität des Beschwerdeausschusses untergrub.

Edward ist das einzige Mitglied der königlichen Familie, dem erlaubt wurde, eine normale zivile Arbeit anzunehmen, zuerst bei Sir Andrew Lloyd Webbers Theaterproduktionsgesellschaft und dann auf eigene Faust als unabhängiger Fernsehproduzent. Näher als auf diesem Gebiet kann er seinem Traum von der Schauspielerei nicht kommen, doch es ist so überfüllt und voller Wettbewerb, daß er der Gefahr von Eifersüchteleien ausgesetzt ist und den Vorwürfen, seine privilegierte Position auszunutzen. Er wohnt im Buckingham-Palast, wo sich sein Leben ziemlich von dem seiner Eltern unterscheidet; selbst wenn er sich auf einem ihrer Urlaubssitze aufhält, zieht er es vor, allein auszureiten, statt in Gesellschaft seiner Mutter. Elizabeth hat verhältnismäßig wenig Kontakt zu ihrem jüngsten Sohn, doch sie billigt die Romanze mit Sophie Rhys-Jones, einem normalen, berufstätigen britischen Mädchen, dessen Herkunft sich stark von der der Königlichen unterscheidet. Elizabeth hat das Gefühl, daß etwas gesunder Menschenverstand der jüngeren Generation der Familie nicht schaden könnte. Bisher wenigstens zeigt Sophie keinerlei Anzeichen der Nabelschau der Medienmanie, welche die glamourösen weiblichen Mitglieder der Familie befallen hat.

In den achtziger Jahren begann Elizabeth gegen das Eindringen der Medien in Familienangelegenheiten zu kämpfen. Als die *Sun* 1987 einen Privatbrief von Philip veröffentlichte, in dem dieser dem Kommandierenden General der Royal Marines Edwards Entschluß mitteilte, den Dienst zu quittieren, leitete Elizabeth wegen Verletzung des Copyrights gerichtliche Schritte gegen die Zeitung ein; das gleiche tat sie, als die *Sun* ein Foto von ihr mit ihrer neugeborenen York-Enkelin brachte. Das Problem bestand für sie darin, daß sie die Storys, die von 1985 in die britische Presse durchsickerten, nicht rundweg dementieren konnte, besonders jene, die sich auf die Ehe des Prinzenpaares von Wales bezogen, beruhten auf Tatsachen, obwohl die allgemeine Öffentlichkeit noch nicht bereit war, sie ernst zu nehmen. In einem Artikel mit dem Titel »Die Maus, die brüllte«, schrieb Tina Brown, die britische Chefredakteurin von *Vanity Fair*, in New York ansässig, doch ausgezeichnet informiert, daß »der Thronerbe vollkommen unter dem Pantoffel steht« und daß Prinz wie Prinzessin den Bezug zur Realität verloren hätten. Als am 15. September 1984 Prinz Harry zur Welt kam, war die Ehe nur noch Fassade, und der Prinz hatte seine alte Verbindung mit Camilla Parker Bowles wiederaufgenommen, deren neues Heim sich bequemerweise nicht weit von Highgrove befand. Dianas Eifersucht auf Camilla und der Neid des Prinzen auf die öffentliche Verehrung seiner Frau, die sich erstmals in aller Deutlichkeit während ihrer gemeinsamen Reise durch Australien und Neuseeland zeigte, hatte die Atmosphäre zwischen ihnen vergiftet. Bei dem völligen Mangel an Gemeinsamkeiten gab es für sie keine Basis, auf der sie zueinander finden konnten. Es gab einen Exodus des Personals, das die »Zwei-Lager-Atmosphäre« im Wales-Haushalt nicht länger ertragen konnte. Oliver Everett, der Privatsekretär der Prinzessin, ging als erster. Diana zeigte ihm die kalte Schulter, Elizabeth jedoch belohnte ihn mit dem begehrten Posten des königlichen Bibliothekars als eine Art Kompensation für die diplomatische Karriere, die er für den Dienst im Wales-Haushalt aufgegeben hatte. Selbst der getreue Michael Colborne, der Launen des Prinzen überdrüssig, nahm seinen Abschied. Der Koch kündigte, weil das gesellschaftliche Leben des Paares zu langweilig war; beide speisten spärlich und gaben keine gemeinsamen Dinner-Partys. Wie hätten sie das auch tun können, da sie keine gemeinsamen Freunde hatten? Diana entledigte sich Stephen Barrys, der nach ihrer Meinung einen viel zu großen Einfluß auf den Prinzen hatte, und genauso machte sie es mit Charles' Lieblingslabrador; außerdem unternahm sie den Versuch, Charles seinen Freunden zu entfremden. »Er muß alles für mich aufgeben« war ihre Einstellung.

Die Situation beim Prinzenpaar von Wales steuerte auf einen gefährlichen Punkt zu, doch weder Elizabeth noch sonstjemand bei Hofe schien sich dessen bewußt zu sein. Ein Problem bestand in dem Mangel an tiefreichender Kommunikation zwischen Elizabeth und ihrem ältesten Sohn, ein Punkt, den der Biograph des Prinzen betonte, vielleicht sogar überbetonte in dem Versuch, die Rückkehr des Prinzen zu seiner Geliebten zu rechtfertigen. »Es war ihm nicht möglich, sich an seine Eltern zu wenden, um mit ihnen über die Misere seines Privatlebens oder über sich selbst als Person der Öffentlichkeit zu sprechen«, schrieb Dimbleby. »Ihre Reaktion auf seine Wohltätigkeitsbemühungen war Gleichgültigkeit, und sie ließen kaum jemals einen Zweifel daran, daß sie seine Beiträge zu kontroversen Debatten nicht gerade schätzten. Die emotionale Kluft zwischen dem Prinzen und seinen Eltern war schwer zu überbrücken, da sich die Kommunikation zwischen ihnen normalerweise auf gesellschaftliche Nettigkeiten und die üblichen Formalitäten von Familienangelegenheiten beschränkte. In der Familie schien ausschließlich seine Großmutter fähig zu sein, ihm Verständnis und Unterstützung zu gewähren, und deshalb hatte er sich auch seit jeher an sie gewandt.«[6]

Andere Faktoren waren unter anderem die mangelnde Bereitschaft der Leute, die Königin in bestimmte Dinge einzuweihen. Ein Höfling sagte: »Die Königin ist äußerst gut informiert. Meine Mutter hat mir immer eingeschärft, daß sie [die Mitglieder der königlichen Familie] weit mehr über einen wüßten, als man glaube ... Es gab furchtbar viel Leute, die der Königin Dinge erzählen würden über Menschen, die ihr ferner standen als die eigenen Kinder, über die sie vermutlich gern etwas gehört hätte. Doch ich glaube kaum, daß die Leute das bei Personen, die ihr sehr nahestanden, tatsächlich tun würden.«

Und außerdem bestand noch immer die Familiengewohnheit der Vogel-Strauß-Politik.

Elizabeth konnte jedoch nicht entgehen, daß Diana »schwierig« war. Dianas kalkulierte Machtspiele, bei denen sie ihre Schönheit und Attraktivität gegenüber den Medien einsetzte, zeigte sich beispielsweise anläßlich des vom Fernsehen übertragenen Staatsereignisses der

Parlamentseröffnung durch die Königin im November 1984, wobei Diana ihre neue Kurzhaarfrisur zur Schau trug und folglich im Mittelpunkt der Kameras stand, nicht gerade zur Erbauung ihrer Schwiegermutter. Ein Jahr zuvor, anläßlich des Konzertes der British Legion zum Gedächtnis der Toten zweier Weltkriege in der Albert Hall, hatte die Prinzessin zunächst eine Botschaft geschickt, in der es hieß, sie werde nicht kommen, und war dann doch erschienen, zwanzig Minuten nach der Königin, ein öffentlicher Fauxpas bei einem feierlichen Ereignis. Insgeheim betrachtete Elizabeth Diana jetzt als »dieses lästige Mädchen« und ihr Benehmen als kindisch. Für jemanden, der sich so völlig dem Dienst der Öffentlichkeit und der königlichen Pflicht widmete wie die Königin, waren solche Auftritte unerklärlich.

In den Augen der Prinzessin von Wales war die scheinbare Billigung des Verhältnisses zwischen ihrem Mann und dessen Geliebter von seiten der königlichen Familie gleichermaßen sonderbar. Die Parker Bowles waren häufig zu Gast bei der Königinmutter auf Birkhall, wenn Charles unweit davon auf Balmoral Urlaub machte. Derek Parker Bowles, Andrews verstorbener Vater, war ein alter Freund der Königinmutter gewesen. Andrew, sein ältester Sohn, unterhielt weiterhin unbeschwerte Beziehungen zur königlichen Familie; zu dieser Zeit gab es nie ein äußeres Anzeichen dafür, daß er Anstoß an der Beziehung seiner Frau zum Prinzen von Wales nahm, es sei denn, er wurde in der Öffentlichkeit verhöhnt, wie ihm das einmal in Ascot widerfuhr, als ihn ein anderes Mitglied des Turf Clubs wiederholt »Ernest Simpson« rief. Die Parker Bowles führten eine offene Ehe, in der beide anscheinend die Affären des jeweils anderen akzeptierten. Trotzdem fanden es viele Menschen, die mit den Gepflogenheiten des Hofes nicht vertraut waren, recht merkwürdig, als Parker Bowles 1987 zum »Silver Stick in Waiting« (in wörtlicher Bedeutung: Silberner Typ oder Silberner Stock im Wartestand) ernannt wurde, ohne darüber im Bilde zu sein, daß damit ein Ehrenposten bezeichnet wird, den automatisch der Oberstleutnant innehat, der die Household Cavalry, die Kavallerie bei Hofe, befehligt, die bei Staatsakten, Trooping the Colour und der Ankunft von Staatsoberhäuptern bei Staatsbesuchen anwesend ist. Es gehörte zur königlichen Familientradition, daß der Prinz von Wales

Geliebte hatte; die einzige Ausnahme in jüngerer Zeit war George V. gewesen, der, soweit es Königin Mary betraf, absolut monogam war; allerdings war er auch nicht mit dem Bewußtsein aufgewachsen, Thronfolger zu werden. Charles' Affäre mit Camilla war fast eine Neuauflage der langen Romanze von Edward VII. mit Camillas Ururgroßmutter Alice Keppel, allerdings mit einem entscheidenden Unterschied: Königin Alexandra war verärgert und verwundert gewesen über die Verliebtheit ihres Mannes in Mrs. Keppel, deren stattlicher Gatte, Colonel Keppel, gleichfalls Kavallerieoffizier war, doch sie hatte sich damit abgefunden und niemals eine Szene gemacht. In jener Ära, wo es de facto noch keine Scheidungen gab, in der Zeit privater Untreue und öffentlicher Fassade, war Edwards VII. Verhalten nichts Ungewöhnliches. Diana war jedoch nicht nur das Produkt einer anderen Ära, sondern sogar das einer anderen Generation, die sich sogar von der Generation ihres Mannes und der Parker Bowles' unterschied. Sie wollte ihren Gatten ausschließlich und anerkanntermaßen ganz für sich allein – zumindest, bis sie es schließlich aufgab – und verabscheute ihre Situation mit zunehmender Vehemenz. »Sie verehrte ihn mit nahezu kindischer Bewunderung, und er stellte sie in die Ecke«, äußerte ein Bediensteter des Palastes. Es war ein ganz besonderer Fall von »alle Raserei der Hölle ist nichts gegen die einer mißachteten Frau«. Elizabeth und ihre Familie verschlossen ihre Augen vor dieser wachsenden Gefahr.

In zunehmendem Maße mangelte es auch an Kommunikation zwischen Elizabeths Beratern im Buckingham-Palast und den Leuten des Prinzen. Die Kündigung des Privatsekretärs des Prinzen, Edward Adeane, der mit dem Haushalt der Königin ausgezeichnete Beziehungen unterhalten hatte und nun, 1985, nicht mehr verfügbar war, wirkte sich negativ aus. Hier ist Dimblebys Darstellung des Bruchs: Adeane, schrieb er, »... gehörte zu der alten Schule von Höflingen, ehrenhaft und verschwiegen ... Adeane ist es immer schwergefallen, sich mit dem unkonventionellen Enthusiasmus des Prinzen und seinen freimütigen Äußerungen bei öffentlichen Debatten abzufinden, und er zögerte auch nicht, das zu sagen ... Es machte ihn immer unglücklicher, daß er außerstande war, den Thronerben zu zügeln ... Anfang 1985, nach einer langen Reihe von Meinungsverschiedenheiten mit dem Prinzen, reichte Adeane schließlich seine Entlassung ein ...«[7]

Ein Bediensteter des Palastes vertrat eine höchst unterschiedliche Version: »Adeane hatte sehr gute Beziehungen zum Palast. Er und Colborne kamen nicht miteinander aus, weil Colborne heimlich Manschettenknöpfe und Blumen für Ladies besorgte, was Adeane nicht billigte. Adeane versuchte, den Prinzen dazu zu bewegen, zu arbeiten und an seinen Plänen festzuhalten, doch ihn dazu zu bringen, ein Programm durchzuziehen, das war, als wollte man einen Pudding an die Wand nageln, und es wurde unentwegt alles mögliche vorgetäuscht, um den Anschein zu erwecken, daß er viel arbeitete, was überhaupt nicht der Fall war – er war fort, um Polo zu spielen, oder sonst irgend etwas.«

»Der Prinz von Wales feuert jeden, der ihm vorschreibt, was zu tun ist«, erklärte ein Freund der Familie.

Wie sein Biograph zugab, war der Prinz trotz seines guten Herzens, seiner im wesentlichen sanftmütigen Natur und seiner guten Absichten kein einfacher Arbeitgeber: Er verlangte von seinen Leuten außergewöhnlich viel. Häufig änderte er seine Meinung und wurde dann wütend, wenn das Personal mit den neuen Anordnungen nicht mithalten konnte. »Der Enthusiasmus des Prinzen«, schrieb Dimbleby, trug zu oft den Stempel der letzten Person, mit der er gesprochen hatte – sein Vater nannte ihn offenbar »intellektueller Schwamm« –, und er hatte die Neigung, auf Grund ungenügender Überlegungen zu prompten Schlußfolgerungen zu gelangen, wobei er sich mehr auf die Intuition als auf die Logik verließ. Die wachsende Anspannung in seinem Privatleben trug nicht gerade zu seiner Selbstbeherrschung bei. Im Büro gab es Szenen, bei denen Papier durch die Luft flog. Das Resultat davon war Chaos: »Angesichts dieser Umstände war der Eindruck von Ordnung und Präzision, den die Begleitung des Prinzen bei öffentlichen Anlässen bot, ein absoluter Kontrast zu den Zuständen in seinem privaten Büro, den er kaum begreifen und in keiner Weise korrigieren konnte. Unter dem Druck, den unablässig wechselnden Forderungen des Prinzen nachzukommen, gab es ein Team von vier Beamten, assistiert von einem Duzend Sekretärinnen und Stenotypistinnen, das praktisch gezwungen war, auf gut Glück auf die Flut »prinzlicher Enthusiasmen« zu reagieren. Niemand dachte daran, sich zu beklagen, doch die Unordnung nahm überhand. Woche für Woche trafen Hunderte von Briefen ein, die sich unsortiert und unbeantwortet zu Bergen häuften. Offizielle Geheimdokumente des Foreign Office blieben oft tagelang ungelesen im Büro liegen ...«

All das erinnerte ein wenig zu sehr an den Herzog von Windsor in seinen frühen Tagen als Edward VIII. Daß die Suche nach einem Nachfolger für Adeane ein halbes Jahr dauerte, konnte nicht verwundern. Der Stellvertretende Privatsekretär des Prinzen David Roycroft, vom Foreign Office dazu angehalten, Ordnung in das Chaos zu bringen, harmonierte nicht mit dem Prinzen und ging. Der Prinz sperrte sich dagegen, einen »Insider« aus der Umgebung seiner Mutter aufgenötigt zu bekommen, stieß dann aber auf Sir John Riddell, der als Baron und Handelsbanker dem Buckingham-Palast absolut genehm war, denn die Spitzenmitglieder des Stabs hatten befürchtet, der Kandidat werde ein bärtiges und womöglich Sandalen tragendes Individuum sein; zu ihrer Erleichterung erkannten sie den vertrauten dunklen Nadelstreifenanzug.

Der Mangel an Kommunikation zwischen Charles und dem Palast trat auf peinliche Weise im Frühjahr 1985 zutage, bei einem Besuch des Prinzen und der Prinzessin von Wales in Italien. Der Prinz von Wales war seit jeher ein Befürworter der ökumenischen Bewegung gewesen und hatte bereitwillig eine Einladung des Erzbischofs von Canterbury zu einem ökumenischen Gottesdienst in der Kathedrale von Canterbury akzeptiert, aus Anlaß des Papstbesuches im Jahr 1982 – ein Ereignis, das den Verdacht und den Widerstand der extremen Flügel der protestantischen Kirche erregt hatte. In Italien plante er 1985 die Versöhnung der beiden christlichen Kirchen voranzutreiben, und zwar nicht nur durch einen Besuch beim Papst, eine übliche Geste der Höflichkeit gegenüber einem Staatsoberhaupt, sondern auch durch die Teilnahme an einem Gottesdienst.

Adeane hatte sowohl den Erzbischof von Canterbury als auch das Innenministerium konsultiert, das Regierungsdepartement, das dafür verantwortlich war, den Buckingham-Palast über die möglichen Auswirkungen von Kontakten zwischen verschiedenen Glaubensgemeinschaften auf die Verfassung zu beraten. Man kam überein, daß dies im gegebenen Fall am besten zu lösen sei, wenn der Prinz und die Prinzessin einer Messe in der Privatkapelle des Papstes beiwohnten, ohne die Kommunion entgegenzunehmen. Auf diese Weise würde der Prinz nicht in Konflikt mit der Position des Throns als höchstes Oberhaupt der anglikanischen Staatskirche geraten und aller Kritik aus dem Wege gehen, mit Ausnahme jener von seiten der »wahnwitzigen Orthodoxen«. Der Vorschlag wurde dem Papst übermittelt, und als Datum einigte man sich auf den Morgen des 30. April, den Tag nach der Audienz des Prinzenpaars beim Papst.

Plötzlich und ohne Vorwarnung startete der Palast zwei Wochen vor der geplanten Messe eine vorbeugende Attacke, indem *The Times* eine Meldung zugespielt wurde, die am 16. April erschien: »Ein Ersuchen von Prinz Charles, einer päpstlichen Messe im Vatikan beizuwohnen, ist abgelehnt worden, nachdem in den vergangenen 24 Stunden auf höchster Ebene die entsprechende Entscheidung getroffen wurde, und zwar vom Buckingham-Palast, Kirchenführern und dem diplomatischen Korps.« Das heikle Problem bestand darin, daß nach all den sorgfältigen Verhandlungen und Arrangements zwischen dem Prinzen, dem Erzbischof und dem Papst, der Einbeziehung des Innenministeriums und des Repräsentanten Ihrer Majestät am Heiligen Stuhl, die einzige Person, die man nicht konsultiert hatte, Elizabeth war, eine Unterlassungssünde, die sogar der Biograph des Prinzen einen ernsten Bruch des Protokolls nannte: »Nur zwei Wochen vor der geplanten Teilnahme an der päpstlichen Messe hatte das höchste Oberhaupt der Kirche von England nicht die Möglichkeit, die konstitutionellen Implikationen der Teilnahme ihres Sohnes an der Papstmesse ausreichend zu erwägen. Sobald Elizabeth über das Vorhaben informiert war und noch vor dem Zeitpunkt, zu dem man *The Times* die Meldung zuspielte, hatte sie ein langes Treffen mit Prinz Charles, bei dem sie sich, wie anzunehmen ist, mit allem Nachdruck dazu äußerte, auf so unglaubliche Weise übergangen worden zu sein. Das Ergebnis dieses Treffens bestand darin, daß das Büro des Prinzen dem Vatikan am 15. April die Mitteilung zugehen ließ, der Prinz werde nun doch nicht an der Messe teilnehmen, auf die er sich, laut Dimbleby, »schon seit vielen Monaten gefreut hatte«. Das Resultat war eine peinliche Konfusion; während Adeane und der Stellvertretende Privatsekretär Sir William Heseltine einen Rückzieher machten und alles zu vernebeln suchten, wurden ihre Bemühungen zunichte gemacht durch

Quellen des Vatikans, die verlauten ließen, daß der Prinz an einem historischen Akt der Aussöhnung mit der römischen Kirche teilgenommen hätte, wäre da nicht die Absage in letzter Minute gewesen. Die Meldung von der Absage provozierte die vorhersehbare Reaktion von Dr. Paisley, dem Oberhaupt der Free Presbyterian Church of Ulster, der Freien Presbyterianischen Kirche von Ulster, und des Synodalpräsidenten der Free Church of Scotland, der Freien Kirche Schottlands. In einem Brief wurde der Prinz davor gewarnt, daß »die Aussöhnung mit dem Heiligen Stuhl von Rom das Recht Eurer Königlichen Hoheit auf die Thronfolge gefährden könnte«. Der Prinz reagierte darauf mit einer wütenden Erwiderung, die sein Stab mit dem Vermerk versah: »Dieser Brief darf auf keinen Fall abgeschickt werden.«

Die Auseinandersetzung wegen der päpstlichen Messe verriet nicht nur einen Mangel an Kommunikation zwischen Elizabeth und ihrem Sohn auf offizieller wie auf privater Ebene, sondern auch die zunehmende Tendenz des Prinzen, seine eigenen Initiativen zu verfolgen, ohne die möglichen Konsequenzen auf die Verfassung oder andere Bereiche zu bedenken und ohne vorab den Palast zu konsultieren. Von 1985 an, nach dem Ausscheiden Adeanes, nahmen die Aktivitäten des Prinzen zu, viele davon bewundernswert, allerdings nicht sämtlich klug, und er schaffte sich eine Anzahl unkonventioneller Ratgeber an, denen ganz besonders Umweltfragen am Herzen lagen. Er richtete Trusts ein, die seinen Namen trugen und guten Zwecken dienen sollten, wobei er seinen Einfluß einsetzte, um die Unterstützung von Politikern und führenden Geschäftsleuten zu gewinnen. Nach seiner Überzeugung gab ihm seine Position als Mitglied des Staatsrats und des Oberhauses sowie als Thronerbe das Recht zu »warnen, zu protestieren und zu beraten«, was nach der Verfassung nicht unbedingt korrekt war; manche der von ihm Angegriffenen, nicht zuletzt solche, die rechtmäßige Interessen vertraten, sahen darin einen Mißbrauch seiner einflußreichen Position. Mrs. Thatcher, die Premierministerin, geriet in Weißglut, als sie erfuhr, der Prinz plane, eine engere persönliche Beziehung zu den Herrschern am Golf und im Nahen Osten zu knüpfen, wozu, wie es schien, die Einrichtung einer Art von Sekretariat gehören sollte. Die Angriffe des Prinzen gegen Minister waren zwar gut gemeint, aber nicht willkommen, zumal wenn sie publik gemacht wurden wie 1987, als er bei der Eröffnung der Nordseekonferenz Nikolaus Ridleys Umweltpolitik verdammte. Während viele Menschen seinen grünen Ansichten in Sachen Umwelt zustimmten, kam es den Politikern so vor, als appelliere er über ihre Köpfe hinweg an die Wähler. Eine besondere Zielscheibe waren die Minister für Energie; obschon der Prinz aus dem Herzen sprach und mit seinen Ansichten bei Themen wie dem Absengen der Stoppelfelder durch die Bauern im allgemeinen auf der gleichen Linie lag wie die Öffentlichkeit, wog er nicht immer zwischen der Beseitigung der Umweltverschmutzung und der Vernichtung von Arbeitsplätzen ab, wie bei der Frage von Kohlendioxyd-Emissionen und der Auswirkung ihrer Regulierung auf die Jobs der Bergleute. Es gab Schlachten mit dem Royal Institute of British Architects, als der Prinz öffentlich die Pläne für einen neuen Flügel der Nationalgalerie attackierte – »ein Karbunkel auf einem geliebten Gesicht« – und zum Paternoster Square vor St. Paul's sagte: »Architekten haben London mehr Schaden zugefügt als die deutsche Luftwaffe.« Er griff auch den fortschrittlichen Flügel der Kirche von England an, indem er die Neue Englische Bibel und das Alternative Gottesdienst-Buch kritisierte, von vielen mit Beifall bedacht, vielleicht jedoch nicht gerade im Einklang mit der offiziellen Position seiner Mutter als höchstes Oberhaupt der Kirche, deren Politik sie offiziell unterstützen mußte – obschon, wer Elizabeth kennt, zu der Ansicht neigt, daß ihre Einstellung in beiden Punkten mit der ihres Sohnes übereinstimmt. 1991 hielt er zum Jahrestag von Shakespeares Geburtstag ein leidenschaftliches Plädoyer für die Lehren des großen Barden, kombiniert mit einem Angriff auf die Regierungspolitik in Sachen Grundschulbildung, was den Bildungsminister Kenneth Clark in Rage versetzte.

Während der Prinz sich eine internationale Reputation als Umweltschützer erwarb, indem er im Vorfeld des Rio-Gipfels 1991 eine inoffizielle Umweltkonferenz abhielt und den brasilianischen Präsidenten Collor und Senator Albert Gore zu Gesprächen an Bord der »Britannia« einlud und Architekten, Politiker und irregeleitete »Modernisierer« in der Kirche und im Bildungswesen geißelte, spielte sich hinter den Kulissen ein Kampf zwischen den Höflingen der Königin und denen des Prinzen ab; man wollte den Prinzen unter der Kontrolle des Palastes halten, eine Auseinandersetzung, die mit einer eindeutigen Niederlage des Palastes endete. Die Schlüsselfigur hierbei war Commander Richard Aylard von der Royal Navy, Stellvertretender Privatsekretär des Prinzen, der einen akademischen Grad in angewandter Zoologie und Mathematik erworben hatte. Im übrigen hatte er während des Falklandkrieges an Bord der »HMS Invincible« als Marineoffizier gedient.

»Von den späten achtziger Jahren an war Aylard für die Koordination der Vorbereitung einiger der freimütigsten und einflußreichsten Reden des Prinzen verantwortlich«, schrieb Dimbleby. »Als manche die Stirn runzelten, weil sie entdeckten, daß Leute wie Jonathon Porritt [ein führender Umweltschützer, dann Direktor der Umweltorganisation Friends of the Earth] starken Einfluß auf den Prinzen besaßen, gab sich Aylard wegen ihrer Besorgnis arglos bekümmert, ignorierte sie jedoch. Porritt wurde mit Unterstützung von Aylard immer mehr zur einflußreichen Figur unter den Umweltleuten des Prinzen, doch es war Aylard, der die Fäden zusammenhielt, und mit einem feinen Gehör für die verbalen Manieriertheiten des Prinzen schrieb er immer wirkungsvollere Entwürfe, die der Prinz bearbeiten konnte.«[8]

Aylards Herkunft unterschied sich völlig von der der königlichen Höflinge; er verfügte über keine »gesellschaftlichen« Beziehungen. Er ist der gutaussehende Typ Mann vom Schlage eines Peter Townsend, schlank, von mittlerer Größe, mit dunklem, leicht krausem Haar und feingeschnittenen Gesichtszügen. Aylard besaß, wie Dimbleby einräumt, »in der Tat mehr Ehrgeiz, als sein bescheidenes Auftreten vermuten ließ«.

Ein halbes Jahr vor Ablauf seines Vertrags schied Sir John Riddell 1990 aus den Diensten des Prinzen aus und trat in den vertrauten und sicheren Kreis der Stadt London zurück. Sein Nachfolger, Generalmajor Sir Christopher Airy, der unter anderem die sogenannte Household Division kommandiert hatte, wurde möglicherweise gezielt vom Palast ausgesucht, wo man ihn gut kannte und als »zuverlässigen Kopf« einschätzte. Der Prinz konsultierte Aylard und sonderbarerweise James »Jimmy« Savile, eine exzentrische Fernsehpersönlichkeit, die um Spenden für wohltätige Zwecke warb und für einige der jüngeren Mitglieder der Königsfamilie als inoffizieller Ratgeber agierte, und beauftragte sie, Airy auf »den Zahn zu fühlen«. Unbeirrt durch dieses ungewöhnliche Paar, akzeptierte der Generalmajor den Posten, wurde jedoch innerhalb weniger Monate von Aylard beiseite gedrängt, der sein Nachfolger werden sollte. Bevor der Prinz von London zum offiziellen Besuch nach Brasilien aufbrach, der im Umweltseminar auf der »Britannia« gipfelte, äußerte Aylard die Ansicht, für den Privatsekretär sei es besser, in London zu bleiben und die Stellung zu halten, da es für ihn auf der Reise wenig zu tun geben würde. Da Privatsekretäre ihre Chefs stets bei Staatsbesuchen begleiten, nahm Airy diesen Vorschlag verständlicherweise übel und richtete sich nicht danach. Dem offiziellen Biographen zufolge »war während des Seminars auf peinliche Weise unverkennbar, daß er [Airy] auf die Rolle eines Zuschauers reduziert worden war, zwangsläufig beschränkt auf eine Art von höflichem Small talk, welcher den Notwendigkeiten des Augenblicks kaum entsprach. Es war diese Episode, die den Prinzen schließlich davon überzeugte, daß Airy, ungeachtet seiner anderen Qualitäten, durch Aylard ersetzt werden müsse.«

Offensichtlich scheute der Prinz davor zurück, ihn zu entlassen, doch sah er sich im Frühjahr 1991 zu einer Entscheidung gezwungen, als Aylard ihn warnte, daß die *Sunday Times* die Story »Prinz feuert Airy« bringen werde, und ihm sagte, daß »wir das entweder dementieren oder sehr rasch realisieren müssen«. Die Tat wurde vollzogen, jedoch nicht vom Prinzen, der es haßte, Leute zu entlassen, sondern von Allan Sheppard, unter anderem Mitglied des Koordinierungskomitees des Prinzen von Wales, das die »sich überlappenden und oft miteinander rivalisierenden Wohltätigkeitsaktionen« des Prinzen überwacht. »Der Prinz machte einen Spaziergang im Garten, während Sheppard Airy beiseite nahm und ihm erklärte, die Zeit sei gekommen, seine Kündigung einzureichen ...«

Sein Nachfolger war natürlich Aylard, den der Prinz zwar kaum für einen verwandten Geist hielt, so doch zumindest für jemanden, der seine Zielsetzung schätzte und als Umweltspezialist seine Vision verstand. In ungewöhnlichem Maße verband Aylard Zurückhaltung mit Engagement, wobei sich hinter seiner Ehrerbietung ein resoluter und kalkulierender Intellekt verbarg. Offenbar wurden seine Qualitäten von seinen Kollegen weniger geschätzt, die – so Dimbleby – aus Neid auf Aylards »Nähe« zum Prinzen behaupteten, er habe seine Bevorzugung auf ihre Kosten erreicht; folglich war »die Atmosphäre von St. James' für viele Wochen von dieser Eifersucht vergiftet«.

Nachdem Aylard drei Jahre lang in seinem Amt war, bildeten die höheren Mitarbeiter des Prinzen gesellschaftlich gesehen ein variantenreiches Gemisch: Zwei hatten öffentliche Schulen besucht, drei kamen von Grammar Schools (Elementarschulen) und zwei von Comprehensive Schools (Einheitsschulen), »wodurch der St. James's Palace stark vom Buckingham-Palast abfiel«, sagt Dimbleby. Er konzediert Aylard ein »scharfes Auge für Public Relations«; auch teile er »die Frustration des Prinzen über die Unfähigkeit des Buckingham-Palastes, »die Botschaft rüberzubringen«. Indem er seinen Kurs fortsetzte, mußte Charles unvermeidlicherweise mit seiner Mutter zusammenstoßen, die, wie ein ehemaliger Pressesekretär sagte, »im Palast eine Menge Informationen über PR bekommt und mit größtem Interesse verfolgt ...« Bei der Public-Relations-Offensive, die Aylard zwei Jahre später für den St. James's Palace startete, gab es zwei Dinge von besonderem Gewicht; zum einen eine zweieinhalbstündige Telebiographie des Prinzen, zum anderen ein einschlägiges Buch von Jonathan Dimbleby. Elizabeth wurde bei keinem der beiden Projekte konsultiert. Als das neue Jahrzehnt begann, standen ihr die schwierigsten Jahre ihres gesamten Lebens bevor, im öffentlichen Bereich ebenso wie im privaten.

17

Familienkrieg

»Es ist bei uns dazu gekommen, daß wir die Krone als Haupt unserer Moralität ansehen ... Es ist bei uns dazu gekommen, daß wir glauben, es sei nur natürlich, einen tugendhaften Souverän zu haben ... Doch ein wenig Erfahrung und etwas Nachdenken zeigen, daß königliches Blut auf hiesige Vortrefflichkeiten keinerlei Anspruch erheben kann.«

Walter Bagehot:
»The English Constitution«

Im November 1990 machte Margaret Thatcher einen erzwungenen Abgang von der Downing Street in einer Atmosphäre von Bitterkeit, Verrat und Meuchelei, die den Stoff für eine Shakespeare-Tragödie hätten bilden können. Im Juli desselben Jahres hatte sie ihren letzten loyalen Akt gegenüber der Monarchie vollzogen, indem sie eine Aufstockung der Zivilliste durch das Parlament lotste, und zwar von 5,09 Millionen auf 7,9 Millionen Pfund jährlich, ein Betrag, der für das gesamte Jahrzehnt unverändert bleiben sollte. Hiermit endete das System alljährlicher Erhöhungen, das 1975 eingeführt worden war und in der Presse regelmäßig feindselige Kommentare über »Lohnerhöhung für Königliche« auslöste. Indem sie die Zustimmung von Neil Kinnock, dem Führer der Labour-Opposition, gewann, der 1975 gegen die entsprechende Gesetzesvorlage der Labour-Regierung gestimmt hatte, und durch das Einbringen der Gesetzesvorlage am Ende der Sommersitzungen gelang es Mrs. Thatcher, die Angelegenheit mit einem Minimum an Diskussion durchzubringen. Die Abgeordneten erfuhren erst zwei Stunden vorher davon und hatten nur zwanzig Minuten Zeit, um Fragen zu stellen. Erhöhte Apanagen für andere Mitglieder der königlichen Familie – wie etwa die des Prinzen Edward von 20 000 auf 100 000 Pfund – wurden nicht einmal verlesen, sondern nur im Parlamentsbericht »Hansard« abgedruckt. Trotzdem wurde von einem Abgeordneten der Konservativen die Frage nach der Einkommenssteuerbefreiung der Königin gestellt und wurde damit zum erstenmal zum Gegenstand einer umfassenden öffentlichen Diskussion, was Elizabeths Ansehen bei ihrem Volk fast genausosehr schadete wie die Skandale in ihrer Familie, die kurz vor dem Ausbruch standen. Die Familie, die ein Born der Stärke hätte sein sollen, wurde just in dem Augenblick zu Elizabeths Achillesferse, als das ganze Gebilde der Monarchie mitsamt der Kosten sowie die Notwendigkeit oder Wünschbarkeit ihrer Existenz zunehmend in Frage gestellt wurden.

Von 1990 an konnte Elizabeth die Spannungen innerhalb ihrer Familie nicht länger ignorieren. Obwohl sie das Waliser Paar nur selten zusammen sah, bei Familienferien oder bei besonderen Festivitäten, blieb ihr nicht verborgen, daß es offen Krieg miteinander führte. Sarkastische Bemerkungen flogen durch die Luft, unerfreuliche Wortwechsel, bei denen Diana meist die Oberhand behielt, weil sie jetzt nicht mehr bereit war, sich zurückzuhalten. Als sich die Familie im August 1990 auf Balmoral traf, um Prinzessin Margarets sechzigsten Geburtstag zu feiern, war die Atmosphäre unverkennbar gereizt. Die Nerven lagen nahezu blank, es gab häßliche Seitenhiebe und schrille Stimmen. Als Fergie und Diana bei einem Picknick herumalberten, hörte man den Prinzen von Wales murmeln: »Kleine Sachen befriedigen kleine Hirne.« Selbst Elizabeth schien angesteckt zu werden; sie schrie nicht nur die Corgis an, sondern sogar Prinz William. Beide Großeltern waren bei ihm weniger geduldig als bei Beatrice, dem kleinen Mädchen der Yorks. Es war das Thronerbensyndrom, wie man es schon von früher her kannte. Prinz William würde später einmal der König sein; deshalb waren seine Erziehung und sein Betragen wichtiger als bei den anderen Kindern: Als er einmal mit seinem Pferdeburschen ausritt, entwischte er ihm und kam frühzeitig nach Hause. Seine Großmutter, der nur allzu klar war, was dahinter stecken mochte, kanzelte ihn gehörig ab. Nach ihrer Überzeugung, die im Widerspruch zu der ihrer Schwiegertochter stand, konnte der spätere Thronerbe nicht genauso großgezogen werden wie andere Knaben. Trotzdem war, was die Enkelkinder betraf, das Regiment auf Balmoral weitaus weniger spartanisch und viel lockerer, als das früher der Fall gewesen war. Statt in den eiskalten Bächen durften sie in einem lokalen Swimmingpool baden und auch ins Kino gehen, wenn es dort einen Film gab, der sie besonders reizte.

Es gab auch Reibereien mit Charles, obwohl Elizabeth im großen und ganzen mit ihrem Sohn genauso lachen und scherzen konnte wie früher. Bei bedeutenderen Dingen bezweifelte sie seine Urteilsfähigkeit, während er sich seinerseits von gewichtigen Entscheidungen durch ihren Stab ausgeschlossen fühlte. Elizabeth sah sich von ihm auf Distanz gehalten, weil er sich in puncto Ratschläge offensichtlich auf seinen inneren Freundeskreis stützte, selbst bei solchen Fragen wie der Behandlung seines Arms, den er sich im Juni 1988 beim Golfspielen gebrochen hatte. Philip zeigte stets wenig Geduld mit seinem Sohn; jetzt waren beide, er und Elizabeth, bekümmert und irritiert wegen der offensichtlich gescheiterten Ehe. Charles schien unzugänglich für Ratschläge aus dem Palast. Sir Robert Fellowes und dessen Vorgänger als Privatsekretär, Sir William Heseltine, hatten vergeblich versucht, den Prinzen dazu zu bringen, das Polospiel entweder ganz aufzugeben oder doch zumindest einzuschränken. Sie hatten zu Recht das Gefühl, Polo sei schlecht für sein Image, was sich auf das Ansehen der Monarchie im allgemeinen negativ auswirke. Polo ist im Grunde ein Sport für die Reichen, gespielt für eine Elite von Zuschauern, die dem Spiel entweder aus echtem Interesse beiwohnen oder aber wegen des damit verbundenen Snobismus und des Gefühls, mit den Reichen und den Königlichen gleichsam auf Tuchfühlung zu sein. Die große Mehrheit der Bevölkerung findet Polo unverständlich und langweilig. Während George V. und George VI. immer Wert darauf gelegt hatten, beim Cup-Finale im Wembley-Stadion anwesend zu sein, dem alljährlichen Höhepunkt des Nationalsports Fußball, ließ sich Elizabeth niemals dort sehen. Diese Aufgabe wurde den Kents überlassen, die nicht gerade zum ersten Kreis der Königlichen gehörten, woraus sich natürlich schließen ließ, daß den wirklichen Königlichen populärer Sport völlig gleichgültig war. In einem Britannien, das sich in der Rezession befand, war die Verbindung des Prinzen von Wales mit dem Sport reicher Playboys dem öffentlichen Ansehen seiner Familie kaum dienlich. Dennoch bestand er darauf, weiterhin Polo zu spielen, aus therapeutischen Gründen. »Ohne Polo«, sagte er, »würde ich total verrückt.« Inzwischen spielt er nicht mehr auf so einem hohen Wettbewerbsniveau, sondern nur noch bei Wohltätigkeitsspielen. Als Charles schließlich als Teil der Kampagne, mit der er sein Image wieder aufpolieren wollte, dem Finale des Fußball-Cups von 1995 beiwohnte, wollte er den Pokal den Verlierern überreichen, ein Fauxpas, der die Vermutung nahelegte, daß seine Aufmerksamkeit wohl kaum dem Spiel gegolten hatte.

Elizabeths Sympathie für Fergie minderte sich angesichts des disziplinlosen Verhaltens der Herzogin. Im März 1990 war Eugenie, die zweite Tochter der Yorks, zur Welt gekommen, doch ihre Geburt konnte nicht über die Risse in der Ehe hinwegtäuschen. Sarah fühlte sich augenscheinlich von ihrem Gatten gelangweilt. Wegen seines Dienstes als Marineoffizier war er häufig und meist für längere Zeit abwesend, und sie blieb sich selbst überlassen. Sarah erzählte einer Freundin, Andrew habe 1988 nur zweiundvierzig Nächte zu Hause verbracht. Sobald Sunninghill fertiggestellt war, fand sie sich nicht mehr bereit, wie die gewöhnliche Ehefrau eines Marineoffiziers in den vorgesehenen offiziellen Quartieren für Eheleute oder in einem gemieteten Haus in der Nähe von Andrews Stützpunkt zu wohnen, um ihrem Mann nahe zu sein; und wenn er zu Hause war, fand sie seine bevorzugte Art, sich zu entspannen, langweilig. Andrew liebte es, Videos zu sehen und Golf zu spielen, und wenn das Paar Gäste hatte, fand Sarah sein Benehmen auf peinliche Weise unkultiviert. Bei Dinner-Partys wurde Andrew als erstem serviert, und ohne Rücksicht auf die Gäste schlang er sein Essen in sich hinein; auch hatte er eine Vorliebe dafür, mit lauter Stimme humorlose Marinewitze zu erzählen. In der Ehe war unverkennbar Sarah diejenige, die dominierte; Elizabeths Leute hatten den Eindruck, daß er keinerlei Kontrolle über das Verhalten seiner Frau hatte, während Sarah ihrerseits meinte, Andrew sei nicht bereit, gegenüber den Höflingen seiner Mutter für sie Partei zu ergreifen. Tatsache war, daß Andrew seine Frau immer noch liebte, während Sarah, wie ihr Vater seiner Geliebten erzählt hatte, eher in die königliche Familie verliebt gewesen war als in ihren Mann. Jetzt kühlten, von Sarahs Standpunkt aus, beide »Liebesaffären« ab.

Die Verbindung mit den Fergusons erwies sich für die Familie als Peinlichkeit, als im Mai 1988 Zeitungen von Major Rons Besuchen im Wigmore Club berichteten, einem »Massagesalon« für Gentlemen, der, wie die Zeitungen durchblicken ließen, wenig mehr war als ein Bordell. Ferguson schied aus dem Guard's Polo Club aus, als seine Position als Stellvertretender Vorsitzender nicht erneuert wurde. Philip, Präsident des Clubs und immer auf Elizabeths Schutz bedacht, war über den Skandal alles andere als belustigt und weigerte sich wiederholt, den Major zu empfangen, trotz der Fürsprache der Herzogin von York und des Prinzen von Wales. Im November des folgenden Jahres lernte die Herzogin den ersten von zwei Texanern kennen, die ihren Absturz bewirken sollten. Steven Wyatt war der Sohn von Lynn Sakowitz Wyatt, Erbin des Geschäftsvermögens der Saks, Sproß aus Lynns katastrophaler erster Ehe mit einem Mann, der seine Freundin im Drogenrausch umgebracht und wegen Totschlags im Gefängnis gesessen hatte. Sein Stiefvater Oscar Wyatt war einer der reichsten und härtesten Männer in Texas, während seine Mutter, eine Doppelgängerin von Lauren Bacall, elegant, dünn und ewig jung, ein Star des internationalen Jet-set und im Weißen Haus in der Reagan-Zeit ein häufiger und gern gesehener Gast war. Prinzessin Margaret war gelegentlich Gast in Wyatts Haus Allingham, und daran änderte sich auch nichts nach dem Skandal, in den Steven Wyatt und ihre angeheiratete Nichte verwickelt waren. In Europa, in La Mauresque, einst Somerset Maughams Villa am Cap Ferrat, empfingen die Wyatts Fürst Rainier und Fürstin Gracia von Monaco und bewirteten sie bei Barbecues mit Steaks, die in einem Privatjet von Texas eingeflogen worden waren. Es hatte sogar Gerüchte gegeben, daß Lynn nach Gracias Tod gern ihre Nachfolgerin als Fürstin von Monaco geworden wäre. Lynn war Gastgeberin in ihrem Haus in Houston gewesen, als die Herzogin von York zu einem britischen Festival in der Grand Opera von Houston geladen wurde, und Steven Wyatt war auch dort gewesen, um das seine zur Unterhaltung des königlichen Gastes beizutragen. Anschließend flog Sarah im Privatflugzeug der Wyatts nach New York, wohnte auf ihre Kosten im Plaza Athenée und dinierte mit Steven bei Mortimer's, dem fashionablen Restaurant, und zwar in einer Gruppe, zu der auch der Großneffe der Königinmutter, John Bowes-Lyon, gehörte. Damit war die Freundschaft keineswegs zu Ende. Wieder in England, wo Wyatt jetzt für eine Benzinfirma arbeitete, die mit den Ölinteressen seines Vaters verbunden war, sah man ihn wieder mit Sarah bei einer Jagdgesellschaft in Yorkshire; später machte sie ihn mit dem ahnungslosen Andrew bekannt. Nach der Geburt von Prinzessin Eugenie im März wurde die Affäre noch offener fortgesetzt. Sarah und ihre Töchter verbrachten einen Urlaub mit den Wyatts auf Cap Ferrat, wobei die Fotos entstanden, die dazu beitrugen, daß ihre Ehe mit Andrew endgültig scheiterte. Etwas später im selben Sommer wurde eines Abends ganz unverhohlen klar, bis zu welchem Grade Sarahs Beziehungen zu Wyatt gingen. Sarah war zu einem Dinner mit dem Baumillionär Lord McAlpine, einem Freund von Lady Thatcher und der ehemalige Schatzmeister der Konservativen Partei, und seiner Gattin Romilly in das französische Spitzenrestaurant Le Gavroche eingeladen worden. Sie schlug dessen Einladung aus und ließ sich von Wyatt dazu überreden, in ihrem Appartement im zweiten Stock des Buckingham-Palastes ein Dinner zu geben, und zwar für Dr. Ramzi Sultan, einen irakischen Ölmarketingspezialisten, dessen Land am zweiten August Kuwait überfallen hatte und der daher mit Sicherheit für die britische Regierung eine Persona non grata war. Anschließend gesellte sie sich zu den McAlpines, wobei sie sowohl Wyatt als auch Ramzi Sultan mitbrachte, die beide natürlich nicht geladen waren, und tauschte im übrigen ganz offen und ungeniert mit Wyatt Zärtlichkeiten aus. Später sorgte Sarah dafür, daß Wyatt zu dem Weihnachtsball eingeladen wurde, den man im Buckingham-Palast gab, um gleich drei Geburtstage zu feiern: den neunzigsten der Königinmutter, den sechzigsten von Prinzessin Margaret und den dreißigsten von Prinz Andrew. Es war der Höhepunkt seines gesellschaftlichen Aufstiegs. Sarah hatte die Vorhaltungen ihres Cousins Robert Fellowes ignoriert, den sie verächtlich »Bellows«, Blasebalg, nannte, und auch die Warnungen ihres Vaters vor Wyatt, beide hatten sich eine Zeitlang die Geliebte Lesley Player geteilt. Jetzt wurde sie offensichtlich von ihrer Schwiegermutter in freundlichem Ton zur Ordnung gemahnt, während ihre eigene Mutter, Susan Barrantes, ihr befahl, ihn »kaltzustellen«. Wyatt verzog sich nach Washington.

Doch während er, wie der Gesellschaftschronist es ausdrückte, »von der Bühne abtrat«, tauchte ein anderer Texaner auf, der glatte, in englischer Manier erzogene John Bryan, um dessen Platz im Leben der Herzogin von York einzunehmen. Es gab Gerüchte über ein machiavellistisches Täuschungsmanöver, durch das es Bryan gelungen war, sowohl Wyatt als auch Andrew von der Szene zu entfernen.

Seit einiger Zeit war man am königlichen Hof entsetzt über Elizabeths Nachsicht gegenüber ihren Schwiegertöchtern und über ihre Weigerung einzugreifen. Der Privatsekretär war im Hintertreffen, nicht nur wegen seiner Beziehungen zu beiden, sondern vor allem, weil sie ihn durch ihren direkten Zugang zu ihrer Schwiegermutter ausschalten konnten. Wenn Sarah und Diana irgend etwas wollten, so setzten sie sich einfach über sämtliche Höflinge hinweg und beschwatzten Elizabeth: »Oh, Ma'am, nur dieses eine Mal … Der Hof haßt mich« und so fort. Wurde sie von anderer Seite darauf angesprochen, so pflegte Elizabeth zu sagen: »Ich kann mich nicht in das Leben meiner Kinder einmischen.«

Obwohl sie inzwischen von den Gerüchten über die Beziehungen ihrer Schwiegertochter zu Wyatt wußte, woran zu glauben Andrew sich beharrlich weigerte, ahnte Elizabeth offensichtlich nichts von dem Pakt, den ihre beiden Schwiegertöchter geschlossen hatten, um sich von ihren Ehemännern zu trennen, wie Major Ferguson im Frühjahr 1991 Lesley Player erzählte. Doch zu Weihnachten 1991 erzählten sowohl Andrew als auch Sarah auf Sandringham von ihrem Entschluß, wegen Unvereinbarkeit der Charaktere zu trennen. Ruhig, wennschon unverkennbar »enttäuscht«, bat Elizabeth beide, ein halbes Jahr zu warten, bevor sie eine unwiderrufliche Entscheidung träfen. Privatim fühlte sie sich jedoch wie vor den Kopf geschlagen. »Ich kann meine Kinder nicht verstehen«, sagte sie zu einer Freundin. »Sie [Sarah] hat nicht einmal versucht, einem Offizier der Navy eine richtige Ehefrau zu sein …« Für Elizabeth gehörte die Zeit, die sie auf Malta als junge »Navy-Gattin« verbracht hatte, zu den glücklichsten Erfahrungen ihres Lebens. Zwar gab es für das Scheitern der Ehe noch andere Aspekte, die sie jedoch einfach nicht verstand: Die selbstsüchtige Einstellung ihrer Schwiegertochter, alles haben, alles an sich reißen zu wollen, war ihr völlig fremd. Doch was die Herzogin von York betraf, gingen ihr allmählich die Augen auf. »Fergie ist nicht so nett, wie man glaubt«, sagte eine königliche Verwandte. Sarah wollte Sex, Geld, Spaß und Abenteuer, und um das zu bekommen, war sie bereit, alles andere zu opfern. Unglaublicherweise war diese Frau in einem Ausmaß zur Selbsttäuschung fähig, daß sie ihrem Vater später sagte: »Ich bin vierunddreißig, fast fünfunddreißig und habe mein Leben überhaupt noch nicht gelebt ...«[1]

Während Elizabeth 1991 ihre Weihnachtsbotschaft über den Äther schickte, wußte sie zwar, daß rings um sie ihr Familienleben zerbröckelte, doch war sie sich des Ausmaßes der Auflösung nicht voll bewußt. Ein Satz aus dieser Ansprache, der ihre Entschlossenheit bestätigen sollte, daß sie nach vierzig Jahren auf dem Thron der Nation auch weiterhin dienen wollte, sollte zu einer Art Bumerang werden, der sie später verfolgte. »Mit Ihren Gebeten und Ihrer Hilfe und der Liebe und Unterstützung meiner Familie werde ich versuchen, Ihnen in den kommenden Jahren zu helfen.« Dies wurde von der Presse vielfach als eine Ohrfeige für Charles ausgelegt, als ein Signal für die Öffentlichkeit, daß sie nicht beabsichtige, zu seinen Gunsten abzudanken. Es war nichts dergleichen. Elizabeth hatte niemals die Absicht abzudanken und wird es auch niemals tun.

Es hatte in der Familie bereits eine gescheiterte Ehe gegeben, als Anne sich 1989 von Mark Philips trennte; es hatte eine Reihe von Skandalen gegeben, von denen der erste einen von Annes Schutzbeamten betraf; einen weiteren, als Briefe, die ihr einer der Palastbediensteten, ihr zukünftiger Ehemann Commander Tim Laurence, geschrieben hatte, gestohlen und einem Boulevardblatt zugespielt wurden, während Mark Philips seine eigenen Probleme mit ihm nachgesagten Affären und einem Kind der Liebe hatte. Doch Annes Popularität als eines der am härtesten arbeitenden Mitglieder der königlichen Familie, besonders für den Kinderschutz-Fonds Save the Children, hatte ihr geholfen, das zu überstehen. Mark Philips bewahrte Würde, die Trennung war ohne Feindseligkeit erfolgt, und die Ehe sollte im April offiziell geschieden werden. Inzwischen wußte Elizabeth, daß es eine zweite gescheiterte Ehe geben würde, doch auf die dritte war sie noch nicht vorbereitet. Zu Beginn des Jahres 1992, in dem der vierzigste Jahrestag ihrer Thronbesteigung gefeiert werden sollte, stand ihr die schlimmste Periode ihres ganzen Lebens bevor. Das Image von Anstand, Ehre und Pflichtbewußtsein, das sie im Laufe der vergangenen vier Jahrzehnte rings um die Monarchie erschaffen hatte, sollte durch das skandalöse Verhalten der jüngeren Generation erschüttert werden.

Im Januar 1992 wurden die Fotos von Wyatt und Sarah in Südfrankreich auf einem Kleiderschrank gefunden, und zwar von einem Mann, der damit beauftragt war, Wyatts Appartement am Cadogan Square zu reinigen. Diesmal ging der naive, schon lange leidende Prinz Andrew, nach den Worten seines Schwiegervaters, »an die Decke«.

»Die Bilder sind nur Urlaubsschnappschüsse«, sagte Major Ferguson zu Lesley Player, die von Sarah gebeten worden war, bei einem Wohltätigkeitsbesuch in Palm Beach als ihre »Hofdame« zu fungieren, mit der Anweisung: »Sie müssen verstehen, daß Sie diesmal wirklich bei Dad [Major Ferguson] sein müssen...« Der Major fuhr fort: »Sie zeigen den Texaner, der in einem Korbstuhl sitzt und den Arm um sie legt, aber das Bild, das Andrew wirklich aufregte, zeigt die kleine, unbekleidete Beatrice, wie er sie an sich kuschelte.«[2] Als die Bilder im Boulevardblatt *Sun* veröffentlicht wurden, verstand jeder kleine Mann von der Straße Großbritanniens, warum Andrew »an die Decke gegangen« war. Auch Elizabeth begriff, daß die Fotos die Situation sozusagen verschärften und daß von der halbjährigen Bedenkzeit, um die sie gebeten hatte, nicht mehr die Rede sein konnte, als Andrew ihr mit ungewöhnlichem Nachdruck erklärte, er verlange die sofortige Trennung.

Zu diesem Zeitpunkt begannen die kriegführenden jüngeren Familienmitglieder, die Zeitungen ernsthaft als Waffen einzusetzen, um in ihren individuellen Gefechten die Oberhand zu gewinnen, wodurch die Situation sich der Kontrolle durch Elizabeth und ihre Berater entzog. »Mach dir bei der Presse immer Freunde«, hatte Sarah zu Lesley Player gesagt. »Wenn man sie kennenlernt, wird man seine Favoriten finden, die sich wirklich um einen kümmern...« James Whitaker, königlicher Korrespondent des *Daily Mirror*, behauptet, im Frühjahr 1992 sei er in seinem Londoner Heim von John Bryan aufgesucht worden, »... der erklärte, er komme ausschließlich in seiner Funktion als

Berater der Herzogin von York. Mit eiserner Stirn behauptete er, er agiere als Makler bei den Verhandlungen zwischen den Rechtsvertretern der Königin, Farrer's, und der Herzogin von York über die finanziellen Regelungen nach ihrer Trennung vom Herzog. Er bezeichnete Farrer's mit dem Seniorpartner Sir Matthew Farrer als ›einen Haufen Arschlöcher‹ und behauptete, bei den Verhandlungen eine zentrale Rolle zu spielen. ›Ohne mich können sie verdammt noch mal überhaupt nichts tun‹, protzte er, ›und die Königin hat gesagt, ich müsse bei jedem einzelnen Verhandlungsschritt dabei sein. Ich spreche das letzte Wort.‹«[3]

Am 15. März gab es ein Anwaltstreffen auf Sunninghill zwischen Sir Matthew Farrer, als Rechtsvertreter der Königin, und Charles Doughty von Withers & Co., der die Herzogin von York vertrat; Bryan war dabei anwesend. Laut Ronald Ferguson hatte es Bryan darauf abgesehen, für Sarah ein Haus in England herauszuschlagen zuzüglich wöchentlich 5 000 Pfund Einkommen auf Lebenszeit. Nach englischem Recht hatte Sarah zwar Anspruch auf die Hälfte des ehelichen Heims, doch erwies sich zu ihrer und Bryans Enttäuschung, daß Sunninghill Elizabeth gehörte und Andrew selbst kein reicher Mann war. Er hatte seinen Navy-Sold und sein Einkommen von der Zivilliste, das jedoch, da es vom Steuerzahler für die Erfüllung seiner königlichen Pflichten aufgebracht wurde, schwerlich zur Unterstützung seiner Exfrau verwendet werden konnte und im übrigen sowieso bald entfallen sollte. Sarah hatte jedoch ihre beiden Töchter, Beatrice und Eugenie, denen Elizabeth zugeneigt war und die Sarah, wie man gehört haben wollte, als »meine Sicherheit« bezeichnet hatte; außerdem konnte Sarah ihr Stillschweigen erkaufen. Für Elizabeth war es eine Übung in Schadensbegrenzung. »Diese Mädchen«, erklärte ein Höfling zwei Jahre später über Sarah und Diana, »werden die Königin ein Vermögen kosten.«

Der erste öffentliche Bruch zwischen der Herzogin und dem Palast war die Folge einer weiteren Manipulation durch die Medien; als die *Daily Mail* die Meldung brachte, die Herzogin habe wegen einer Trennung von ihrem Mann Rechtsanwälte konsultiert, glaubte der Palast – der Privatsekretär der Königin Sir Robert Fellowes und ihr Pressesekretär Charles Anson –, Sarah habe das absichtlich getan, und zwar auf Rat von Tim Bell Associates, der Public-Relations-Firma, die Prinz Edward und die Yorks bevorzugten, obschon man sich fragen muß, welchen Vorteil ihr das einbringen konnte. Am 19. März lud Charles Anson sechs Hofkorrespondenten zu sich, darunter auch Paul Reynolds von der BBC, und gab ein Statement ab, wonach die Yorks sich trennen würden. Wer weitere Auskünfte wünsche, möge zu ihm in sein Büro kommen. Nur Reynolds folgte der Einladung, und nach einem fünfminütigen Gespräch mit Anson brachte die BBC dann in der Sendung »World at One« die Meldung: »Im Palast sind für Fergie die Messer gewetzt.« Laut Reynolds hatte Anson ihm erzählt, der Riß zwischen den Yorks habe im Jahr zuvor begonnen, und er habe Sir Tim Bell als den PR-Mann genannt, der von Fergie angewiesen worden sei, die Story durchsickern zu lassen. Hierauf folgte eine Story im *Sunday Telegraph*, einer der wenigen Zeitungen, die für die königliche Familie aktiv Partei ergriffen. Dort hieß es, Sir Robert Fellowes habe wohl durchblicken lassen, daß die Herzogin sich selbst nicht unter Kontrolle habe und daß sowohl die Königin als auch die Königinmutter versucht hätten, sie zu »beruhigen«; doch meine die gesamte Familie jetzt, es sei an der Zeit, »sich von ihr zu distanzieren«. Beide Fergusons waren über ihren Cousin Robert im Palast erzürnt, doch während sie von Anson eine öffentliche Entschuldigung verlangten und erhielten, glaubten die Yorks, daß Diana die ursprüngliche Informantin der *Mail* gewesen war, was auch immer der Palast im anschließenden Statement hatte verlauten lassen; sie verfügte über gute Beziehungen zum Chefredakteur dieses Blattes, Sir David English, und später über noch bessere zum königlichen Korrespondenten der *Mail*, Richard Kay. Charles Anson bot Elizabeth seinen Rücktritt an, den sie jedoch, loyal wie stets, nicht akzeptierte – was sie ohnehin kaum hätte tun können, weil sie damit den Wahrheitsgehalt der Story bestätigt hätte; doch die Episode gab einen unangenehmen Vorgeschmack auf das, was kommen würde, wenn die Monarchie in den Strudel der Ehekrise des Herzogspaares von Wales hineingezogen würde.

Diana, von der Öffentlichkeit idolisiert, löste in zunehmendem Maße die Schüsse im Medienkrieg zwischen sich und ihrem Mann selbst aus. Charles fand sich nicht nur als gleichgültigen Ehemann dargestellt, was zutraf, sondern auch als schlechten Vater, was nicht der Wahrheit entsprach. Ein Zwischenfall wie der im Juni des Vorjahres, bei dem Prinz William beim Golfspiel mit einem Schulfreund einen Schlag mit dem Golfschläger auf den Kopf bekommen hatte, wurden von der Presse als Beweise für Charles' Egoismus ausgeschlachtet. Während Diana gleichsam Wache hielt in der Kinderklinik der Great Ormond Street, wo sich ihr Sohn einer geringfügigen Operation unterziehen mußte, und auch die Nacht dort verbrachte, besuchte Charles die Oper, und zwar als Gastgeber einer Party, zu der auch zwei europäische Kommissare gehörten, und reiste dann über Nacht nach Yorkshire im Rahmen eines offiziellen Besuches mit seinen europäischen Gästen. »Was für eine Art von Dad bist du?« fragte die *Sun*. Während Diana es darauf anlegte, ihre Liebe zu ihren Kindern in der Öffentlichkeit wie auch im privaten Rahmen zu demonstrieren, weigerte sich Charles, bei vorhersehbaren Resultaten, für die Kameras zu posieren. Schon zu Anfang des Jahres hatte es noch mehr schlechte Publicity gegeben, als Dianas Vater Earl Spencer am 29. März plötzlich starb, während sich das Ehepaar ausnahmsweise zusammen und mit ihren Söhnen im Urlaub befand, und zwar im österreichischen Lech. Zuerst weigerte sich Diana, gemeinsam mit ihrem Mann zu reisen, gab jedoch nach, soweit es den Flug nach London betraf, bestand aber darauf, nicht zusammen mit ihm zur Beisetzung in Northamptonshire zu reisen. Sie fuhr mit dem Auto; er kam später in einem Hubschrauber nach, nachdem sein besorgter Stab ein an sich abgesagtes Treffen erneut arrangiert hatte, um ihn mit einer plausiblen Ausrede für die getrennten Anreisen zu versorgen. Das Ereignis bot Diana Gelegenheit für einen weiteren Publicity-Coup; sie kam ins Bild, wie sie schluchzend abseits von ihrem Gatten stand. Die Reporter richteten die Objektive auf ihren Kranz mit der Widmung: »Du fehlst mir so schrecklich, teurer Daddy, aber ich werde dich für alle Zeit lieben.« Beim Gottesdienst machte sie eine öffentliche Versöhnungsgeste: Sie langte nach dem Arm ihrer Stiefmutter. Aus dem Umkreis der Gräfin Spencer hörte man, das Ganze sei ein einziger Schwindel: »Sie hat ihn fast nie besucht. Seit der Hochzeit ihres Bruders im Jahr 1989 ist sie nicht in Althorp gewesen, und sie gab sich sehr wenig Mühe, ihn in London zu sehen.« Was die Berührung von Raine Spencers Arm betraf, so war es kein Geheimnis, daß die

Spencer-Kinder »Acid« Raine (die »ätzende« Raine), wie sie sie nannten, haßten. Sie machten sie für den Verkauf von Kostbarkeiten aus Althorp verantwortlich ebenso wie für die Vulgarisierung des Namens Spencer und die Ausnutzung königlicher Verbindungen zu kommerziellen Zwecken, was sogar so weit ging, daß Kopien von Dianas Hochzeitskleid an die Japaner verkauft wurden. Als Gräfin Spencer nach dem Tod ihres Mannes nach Althorp kam, um Dinge zu holen, die ihr gehörten, wurde ihr gesagt, sie müsse jeden einzelnen Kauf belegen, bevor sie irgend etwas an sich nehmen könne; und als ihre Zofe versucht hatte, vier Koffer mit Kleidern der Gräfin hinauszutragen, standen Diana und ihr Bruder Charles bei der Tür, durchsuchten die Koffer und zwangen die Zofe, die Sachen herauszunehmen und in schwarzen Plastikbeuteln unterzubringen.[4]

Im Februar konnte man die grausamsten aller Bilder sehen, die mehr als nur andeuteten, was die Welt bald im Detail erfahren sollte, daß nämlich die »Märchenehe« endgültig zu Ende war. Die Bilder einer sinnierenden Diana, die allein vor dem Taj Mahal saß, vor dem monumentalen Grabgebäude, das der trauernde Shah Jehan für seine geliebte Frau errichtet hatte, schickte die Botschaft laut und klar in die Welt hinaus. Später folgte der berühmte »Kuß, der keiner war«, als Charles nach einem Polospiel seine Frau auf die Wange küssen wollte und Diana, mit perfektem Timing, im allerletzten Augenblick ihren Kopf wegdrehte, so daß er dastand wie ein Narr, das Gesicht in Richtung ihres Ohrrings geneigt. Vier Monate später, als am 7. Juni in der *Sunday Times* der Serienabdruck von Andrew Mortons Buch »Diana, ihre wahre Geschichte« begann, erfuhr die Welt die Wahrheit, wennschon in einer etwas frisierten Version. Das Buch beschrieb Diana als eine Kreuzung zwischen Mutter Theresa und einer New-Age-Frau, mitfühlend, jedoch selbstbewußt, ein Opfer, das danach trachtete, sich zu befreien von der erdrückenden Last einer ultratraditionellen Familie und einem gleichgültigen, ehebrecherischen Ehemann. Es hob mit Nachdruck die Schwierigkeiten hervor, die sie zu erleiden gehabt hatte: Bulimie, Depressionen, Selbstmordversuche.

Aus der Sicht des Palastes bestand das Ärgernis des Buches im wesentlichen in der Darstellung Dianas als ein Jungfrauenopfer auf dem Altar der Dynastie, gebraucht und mißbraucht von ihrem Mann, und es kam der Wahrheit nahe genug, um glaubhaft zu wirken. Es bedeutete ein echtes Problem, weil es nicht als journalistische Erfindung abgetan werden konnte. Diana hatte ihre engsten Freunde autorisiert, mit Andrew Morton zu sprechen, und als unmittelbar vor Abdruck der ersten Folge Elizabeths Stellvertretender Privatsekretär Robin Janvrin und Richard Aylard ein Dementi entwarfen, weigerte sich Diana, es zu unterzeichnen. Andrew Knight, Direktor von *News International* und Besitzer der *Sunday Times*, erfuhr von einer von Mortons Informantinnen, daß sie tatsächlich mit Andrew Morton gesprochen hatte, und zwar »auf Veranlassung der Prinzessin, die zu ihr gesagt hatte, sie solle nichts verheimlichen, weil sie, Diana, dem Märchen ein Ende bereiten wolle«. Diana selbst gab einem Fotografen einen Hinweis auf ihren Besuch bei Carolyn Bartholomew, ihrer alten Wohngefährtin in Coleherne Court und einer von Mortons Hauptinformantinnen; ein Besuch, der eine Art Siegel dafür sein sollte, daß sie billigte, was Carolyn Bartholomew getan hatte. All dies strafte Robert Fellowes, der sich als Dianas Schwager in einer besonders mißlichen Situation befand, eindeutig Lügen: Er hatte gegenüber dem Leiter des Beschwerdeausschusses der Presse, Lord McGregor, wie auch gegenüber dem Kabinettssekretär Sir Robin Butler behauptet, die Prinzessin von Wales habe das Buch nicht autorisiert und ihm ihr Wort darauf gegeben. Als Folge davon sah sich Sir Robert, der Elizabeth zu diesem Zeitpunkt bei einem Staatsbesuch in Paris begleitete, zu demütigenden Entschuldigungen gezwungen. Wie Charles Anson bot er seinen Rücktritt an, der jedoch abgelehnt wurde.

Die Veröffentlichung des Morton-Buches beendete jegliche Sympathie, die Elizabeth für Diana empfunden haben mochte. Die Schwierigkeiten ihrer Schwiegertochter waren ihr bewußt gewesen, und sie hatte mit ihr im Laufe der vergangenen Jahre mehrere Privatgespräche geführt. Oft hatte sie selbst das Verhalten ihres Sohnes unbefriedigend gefunden. Auch Philip hatte, ebenso wie bei Sarah, auf seine Weise Mitgefühl gezeigt. Wegen seiner eigenen Position hatte er eine Vorstellung von den Problemen, welche die Einheirat in die königliche Familie mit sich brachten, und auf hübsche Frauen reagierte er ohnehin verständnisvoll. Als Ronald Ferguson Zeilen voller Andeutungen und Anspielungen geschickt hatte, selbst als die Wyatt-Fotos aufgetaucht waren, hatte der Herzog keineswegs feindselig reagiert, sondern gesagt: »Guter Gott, wie's halt so ist.« Mitunter, wenn Diana psychische Schwierigkeiten hatte und in Panik geriet, weil sie einen Raum voll fremder Menschen betreten sollte, half Philip ihr mit Scherzen darüber hinweg, faßte sie um die Taille und wirbelte mit ihr hinein. Jetzt war Diana »an die Öffentlichkeit« gegangen in einer Weise, die die königliche Familie unverzeihlich fand. Der ganze königliche Mythos, um dessen Aufbau Elizabeth sich so angestrengt bemüht hatte, löste sich allmählich auf wegen der »Ich«-Impulse von zwei jungen Frauen, die sich freiwillig dem Kreis zugesellt hatten, um all seine Privilegien zu genießen, und die sich gegen das System wandten, als sie fanden, daß es ihnen nicht paßte. Sarahs ungehöriges, unkontrolliertes Fehlverhalten schien noch eher verzeihlich als Dianas raffinierte Manipulation der Medien und ihre Anbiederung bei dem größeren Publikum, das sie verehrte. Keine von beiden schien auch nur einen einzigen Gedanken an die Institution verschwendet zu haben, die sie beide reich und berühmt gemacht hatte; ebensowenig dachten sie an die Millionen Menschen, deren Verehrung eben dem königlichen Mythos galt und für die diese Enthüllungen genauso schmerzhaft wie in der Tat schockierend waren.

Elizabeth fuhr fort wie bisher; sie zeigte sich in der Öffentlichkeit gelassen, im privaten Rahmen jedoch gleichzeitig zornig und tief beunruhigt. Die traditionelle Zeremonie zur Feier ihres offiziellen Geburtstags, the Trooping of the Colour, ging wie gewöhnlich vonstatten; die Prinzessin von Wales stand mit der Familie oben auf dem Balkon des Palastes, um den Formationsflug der Royal Air Force zu beobachten, ganz so, als sei nichts geschehen. Insgeheim allerdings hielten Elizabeth und Philip, denen es Mühe gemacht hatte, nicht Partei zu ergreifen, zu Charles, und Philip schrieb ihm einen »langen und mitfühlenden Brief«, in dem er seine »heiligenmäßige Tapferkeit« rühmte. Beim Pferderennen in Ascot in der folgenden Woche zeigte sich Philip Diana gegenüber zum erstenmal feindselig, indem er sie weder eines Wortes noch eines Blickes würdigte. Unter sich sprachen Elizabeth und ihr Sohn zum erstenmal darüber, ob er die Initiative ergreifen und sich von seiner Frau trennen sollte. Er konsultierte Lord Goodman, einen berühmten Rechtsanwalt, der es verstand, Übereinkünfte über die Konsequenzen eines solchen Schrittes »festzuklopfen«, unternahm im Augenblick jedoch nichts. In Ascot nahm die in Ungnade gefallene Sarah die Gelegenheit wahr, ihre Töchter ihrer Großmutter zuwinken zu lassen, als sich die königliche Prozession vor Beginn der Rennen auf der Rennbahn entlangbewegte. Elizabeth winkte zwar, doch muß sie innerlich Verzweiflung empfunden haben über eine weitere öffentliche Manifestation dessen, was die Presse jetzt gern ihre »funktionsgestörte« Familie nannte. Am nächsten Renntag gesellte sich Andrew loyal zu seiner Frau und seinen Töchtern auf die Tribüne. Die königliche Show nahm ihre Fortsetzung, als sei nichts geschehen, doch hinter der Szene hätte man die Atmosphäre mit Messern schneiden können. Beim Lunch im Schloß fiel Gästen auf, daß Elizabeth, was niemanden überraschte, »in ziemlich schlechter Laune« war. Es herrschte eine beklemmende Atmosphäre, und vor dem Essen stand die Königin allein inmitten eines Halbkreises von Gästen, von denen kein einziger zu ihr geleitet wurde, um mit ihr zu sprechen. Mit Ausnahme von Blair Stewart Wilson, dem Haushofmeister, machte kein Mitglied des königlichen Stabes den Versuch, den Gästen ihre Beklommenheit zu nehmen. Als sie dann doch mit ihren Gästen sprach, war Elizabeth nicht so ganz ihr gewöhnliches huldvolles Selbst, und in der königlichen Loge bei den Rennen nach dem Lunch sprach wieder niemand mit ihr. Gegen Ende des Monats waren Charles und Diana Gäste bei einem Dinner zur Feier des vierzigsten Regierungsjubiläums, bei dem fünf britische Premierminister anwesend waren, und im August, nach einem kurzen, katastrophalen Versuch, auf der Jacht des griechischen Millionärs John Latsis einen Familienurlaub zu verbringen, gesellten sie sich zu der Familie auf Balmoral.

Während sich die Ehe des Herzogspaares von Wales weiter dahinschleppte, nach außen hin zumindest, hielt das Schicksal für Elizabeth eine weitere unangenehme Überraschung bereit. Am 20. August brachte der *Daily Mirror* kompromittierende Fotos von Sarah und John Bryan, aufgenommen zu einem früheren Zeitpunkt desselben Monats, als sie zusammen mit Beatrice und Eugenie in einer gemieteten Villa in Südfrankreich Urlaub machten, wonach der Ausdruck »Finanzberater« zur gängigen Beschönigung von etwas völlig anderem wurde. Erstaunlicherweise wurde auf Balmoral überhaupt nichts gesagt. Sarah saß beim Frühstück neben Andrew, als sei nichts geschehen. Niemand erwähnte die schrillen Zeitungsschlagzeilen und kompromittierenden Bilder, doch wenige Tage später flüchtete sie von Balmoral. Sie fiel eher öffentlich als privat in Ungnade; die Leute waren schockiert darüber, daß sie in Gegenwart ihrer Kinder mit ihrem Liebhaber einfach so hatte weitermachen können, doch auf Balmoral war es so gewesen, als sei nichts geschehen. Angesichts der unwiderlegbaren Tatsache, daß Bryan und seine Frau ihn betrogen hatten, benahm sich Andrew wie ein Gentleman, was die beiden Exliebhaber seiner Frau mit Sicherheit nicht waren; und John Bryan gab zu: »Andrew zeigte Charakter. Er war hilfreich, so gut es ging.«

Vier Tage später landete die *Sun* einen weiteren Treffer mit der Veröffentlichung der »Squidygate«-Bänder. Es handelte sich um Tonbandaufnahmen eines Telefonats, das Diana Silvester 1989 von Sandringham aus mit James Gilbey, einem Sportwagenhändler mit guten Beziehungen, in seinem Auto auf einem Parkplatz in Oxfordshire führte. In diesem Gespräch ließ Diana keine Zweifel an ihren Gefühlen für ihren Mann und ihrem Groll darüber, als Außenstehende behandelt zu werden nach allem, was sie »für diese Scheißfamilie« getan habe. Die *Sun* hatte Teile des Gesprächs zensiert, darunter Bemerkungen über eine Medienpersönlichkeit sowie einige der eindeutigeren sexuellen Anspielungen; doch was blieb, ließ praktisch auf eine Affäre oder »intensives Petting« schließen. Gilbeys Verhältnis mit Diana endete mit der Veröffentlichung des Tonbandgesprächs; es zeigte sich, daß er einer der Männer war, mit denen Diana sich wegen der Vernachlässigung durch ihren Ehemann tröstete, bevor sie sich ihrer dann strategisch wieder entledigte. Die Squidygate-Bänder – benannt nach »Squidy«, Tintenfischchen, Gilbeys Kosename für Diana – waren für den Zustand ihrer Ehe bedeutungslos, auch wenn sie Charles augenscheinlich schockten.

Angesichts der schlimmsten Enthüllungen über das Privatleben der Familie seit der Scheidung Georges IV. und Königin Karoline vor einhundertsiebzig Jahren hatte Elizabeth sich für eine Art »Eindämmungspolitik« entschieden. Allem zum Trotz hoffte sie, die Ehe könne hinreichend geflickt werden, um sich zumindest in der Öffentlichkeit noch gerade so dahinzuschleppen, damit der Monarchie die Pein und die Schmach erspart bleibe, daß sich der Thronerbe von seiner Gemahlin und der Mutter seiner Kinder trennte. Auf Balmoral überredete sie das Paar zum Weitermachen, zumindest in der Öffentlichkeit den Schein zu wahren und die Pläne für einen gemeinsamen Besuch Südkoreas zu verfolgen. Zuerst weigerte sich Diana glattweg, daran auch nur zu denken. Daraufhin erwiderte Charles barsch, dann werde sie auch eine eigene Erklärung dafür finden müssen, warum sie die Reise nicht mitmache. Nun gab sie nach und erklärte, da die Königin sie darum gebeten habe, werde sie doch reisen. Jedenfalls war die Sache eine absolute Katastrophe, die totale Aufmerksamkeit der Weltpresse richtete sich auf den Zustand der Ehe des Paares, und die Körpersprache der beiden verriet unmißverständlich, daß keiner die Gesellschaft des anderen ertragen konnte. Die Politik des »Den-äußeren-Schein-Wahrens« wurde schon zu lange betrieben und hatte nur bewirkt, daß sich die Qual für beide ebenso verlängerte wie das Interesse der Medien daran.

Mortons Buch hatte diese Politik auf so verheerende Weise unterminiert, daß das Ende unausweichlich wurde. Tatsache war außerdem die absolute Weigerung beider Seiten, irgendeine Form von Versöhnung in Betracht zu ziehen. Ein Kirchenmann, um den Versuch gebeten, das Paar wieder zusammenzubringen, stellte fest, er sei nie zuvor auf einen Fall gestoßen, in dem die entfremdeten Eheleute sich so eisern dagegen gewehrt hätten. Elizabeth reagierte in allen Situationen vorsichtig und konservativ; ihre Berater, die über den wahren Zustand der Ehe besser hätten im Bilde sein sollten, folgten ihrem Beispiel. Im Rückblick erwies sich die Politik als Katastrophe; es wäre vernünftiger gewesen, wenn sich Elizabeth vor Jahren mit dem Paar zusammengesetzt hätte, um ihm zu raten, »entweder gemeinsam weiterzumachen oder aber offiziell ein getrenntes Leben zu führen«. Damit hätte wenigstens das stete Tröpfeln und dann die Flut der Medienberichte über die Ehe aufgehört. So, wie die Lage war, fuhren beide fort, einander zu foltern. Diana pflegte Charles mit ihrer Popularität zu reizen: »Mich wollen sie sehen, nicht dich.« Und sie sagte auch: »Du wirst niemals König werden.« Er revanchierte sich mit der Feststellung, daß er gar nicht mit ihr zusammenleben wolle, und weigerte sich, ihre Eifersucht ernst zu nehmen: »Ich bin nicht der erste Prinz von Wales, der eine

Geliebte hatte.« Elizabeth und Philip hofften trotzdem weiterhin, daß etwas gerettet werden könne; der Herzog flüchtete sich in seine Gewohnheit, Dinge, die er jemandem nicht ins Gesicht sagen mochte, auf seinen Laptop zu schreiben. Die Briefe, die er Diana seit den Diskussionen auf Balmoral schrieb, waren offensichtlich hilfreich und konstruktiv.

Dennoch wollte Diana »heraus«, wollte Freiraum für ihr eigenes Leben. Der Prinz konnte es einfach nicht ertragen, mit ihr zusammen zu sein. Wie so oft war es ein Streit über die Kinder, der im November 1992 die Dinge auf die Spitze trieb. Charles hatte zur Jagd auf Sandringham geladen, und zwar für dasselbe Datum, an dem für die Prinzen die Schulferien in Ludgrove begannen. Eine Woche davor entdeckte er, daß die Prinzessin sich weigerte, nach Sandringham zu reisen, und statt dessen ihre Söhne nach Windsor zu ihrer Großmutter bringen wollte. Unter den gegebenen Umständen wirkt es allerdings sonderbar, daß er ein solches Wochenende für einen guten Plan halten konnte; seiner Vorstellung von einem perfekten Tag für die Jungen mochte es ja entsprechen, aber da er Dianas Abneigungen gegen Sandringham und das Schießen kannte, konnte er kaum damit gerechnet haben, daß sie seine Ansichten teilte. »Über diese Mitteilung tief verstimmt«, schreibt der Biograph des Prinzen, »hatte der Prinz ein langes Gespräch mit seiner Mutter, nach dem die Prinzessin unter starken Druck geriet, ihre Weigerung zu überdenken. Ihre Antwort lautete, daß sie unter keinen Umständen nach Sandringham reisen werde, und falls sie mit den Jungen nicht in Windsor bleiben könne, beabsichtige sie, nach Highgrove zu fahren und die Kinder dorthin mitzunehmen. Der Prinz seinerseits war genauso unnachgiebig in seiner Weigerung, die Jagdgesellschaft ausfallen zu lassen. Es war der Augenblick der Wahrheit. »Als schließlich eindeutig feststand, daß Diana unerbittlich bleiben würde, war der Prinz mit seiner Geduld am Ende. Da er in einer Beziehung, wie sie nun einmal gegeben war, keine Zukunft sehen konnte, kam er zu dem Entschluß, daß ihm keine andere Wahl blieb, als seine Frau um eine gesetzliche Trennung zu bitten«, schrieb Dimbleby.

Freitag, der 20. November 1992, der Beginn des vom Prinzen ersehnten Jagdwochenendes auf Sandringham, sollte in mehr als nur einer Hinsicht ein schicksalhafter Tag werden. Am Morgen jenes Freitags konnte man Rauchwolken über Schloß Windsor aufsteigen sehen, und zwar nahe der Privatkapelle der Königin; innerhalb von Stunden war das Feuer, ausgelöst durch die Lampe eines Restaurateurs, die einen Vorhang in Brand gesetzt hatte, fast außer Kontrolle; es toste durch die Räume, leckte und fraß am Gebälk in St. George's Hall und beleuchtete die uralten Türme mit einer gewaltigen roten Glut, so daß sie sich als Silhouetten gegen den Nachthimmel zeichneten. Für jene, welche die Szene im Fernsehen beobachteten, wirkte sie nahezu unglaubhaft; Schloß Windsor, das Symbol der Monarchie, in Flammen. Zum Glück war Prinz Andrew zur Stelle, dem es dank seiner Ausbildung bei der Marine gelang, eine erfolgreiche Rettungsaktion zu organisieren. So gingen nur wenige Kunstwerke verloren, doch die Schäden am Schloß und vor allem in der großen St. George's Hall waren beträchtlich. Elizabeth befand sich im Buckingham-Palast, um ihren 45. Hochzeitstag zu feiern, ohne ihren Mann, der sich in Argentinien aufhielt. Von Andrew alarmiert, eilte sie nach Windsor, wo sie, eine kleine, gebeugte Gestalt mit Kopftuch und Regenmantel, die furchtbaren Wunden betrachtete, die der Brand dem Heim ihrer Kindheit zugefügt hatte. Nach den Worten ihres Sohnes war sie »völlig niedergeschmettert«. Sie liebte Windsor mehr als irgendeinen anderen Ort; denn für sie verband es sich in besonderer Weise mit jener glücklichen Kindheit, die inzwischen wie ein verlorenes Paradies erschien. Es ging nicht nur darum, daß Erinnerungen vernichtet worden waren, sondern auch ein Teil des königlichen Erbes, das ihr anvertraut worden war; das Feuer traf sie nicht nur als Mensch, sondern auch als Monarchin und verschlimmerte das Gefühl der Verwirrung und sogar des Versagens, das sie angesichts der gescheiterten Ehen ihrer Kinder empfand. Charles fuhr Freitag nacht von Sandringham herüber, um den Schaden zu besichtigen, kehrte jedoch in den frühen Samstagsstunden zu seiner Jagdgesellschaft zurück. Da ihr Mann in Argentinien und ihre Familie, mit Ausnahme von Andrew, an anderen Orten weilte, blieb Elizabeth mit einer Katastrophe allein, die nicht nur Wirklichkeit war, sondern auch Symbolcharakter hatte.

Ein weiterer Schlag ins Gesicht war die Reaktion der Öffentlichkeit auf eine vom Fernsehen übertragene Verlautbarung des Staatssekretärs des Departements für das Nationale Erbe, Peter Brooke. Er rief die Öffentlichkeit zu Spenden für die Schadensbeseitigung auf, deren Kosten damals auf sechzig Millionen Pfund Sterling geschätzt wurden. Die *Daily Mail*, eine vielgelesene unabhängige Zeitung, die für gewöhnlich gegen die antimonarchistische Einstellung der Murdoch-Presse opponierte, gab dem allgemeinen Empfinden in dem Leitartikel: »Warum die Königin zuhören muß« auf der Frontseite Ausdruck, in dem gefragt wurde: »Warum sollte die Bevölkerung, die während der bitteren Rezession zum großen Teil riesige Opfer bringen mußte, für den gesamten Schaden von Schloß Windsor aufkommen, während die Königin, die keine Steuern zahlt, so gut wie nichts dazu beiträgt?«

Am 26. November, sechs Tage nach dem Brand, gab John Major, Margaret Thatchers Nachfolger als Premierminister im Unterhaus, überraschend bekannt, daß sich die Königin und der Prinz von Wales aus freien Stücken entschlossen hätten, auf ihre Privateinkünfte Steuern zu zahlen, und daß die Königin die alljährlichen Zahlungen der Zivilliste an fünf Mitglieder der königlichen Familie übernehmen würde – für Anne, den Herzog von York, Prinz Edward, Prinzessin Margaret und für Prinzessin Alice, Herzogin von Gloucester; sie würden von den Einnahmen des Herzogtums Lancaster bezahlt werden. Hinsichtlich der Wirkung in der Öffentlichkeit hätte die Angelegenheit kaum schlechter gehandhabt werden können; der Zeitpunkt der Bekanntgabe erweckte den Anschein, als habe die öffentliche Reaktion Elizabeth so in Panik versetzt, daß sie sich bereit fand, Steuern zu zahlen.

In Wirklichkeit verhielt es sich anders, auch wenn der Kernpunkt zutraf: Elizabeth war bereit, Steuern zu zahlen, um Kritik an der Monarchie abzuwenden, und sie reagierte tatsächlich auf die öffentliche Meinung. Durch die bitterste Rezession Großbritanniens seit den dreißiger Jahren hatte sich die Frage nach der Steuerbefreiung für Elizabeths Privateinkünfte seit der letzten Regelung der Zivilliste 1990 mit zunehmender Schärfe gestellt. In einem feindseligen Kommentar in der Rupert Murdoch gehörenden *Sunday Times* vom 10. Februar 1991, verfaßt von dem republikanischen Redakteur Andrew Neil zur Zeit des Golfkriegs, wurde das Verhalten der jüngeren Mitglieder der Königsfamilie attackiert, die einem privilegierten, von der Öffentlichkeit finanzierten Lebensstil frönten, während Briten Arbeitsplätze und Obdach verlören und manche sogar ihr Leben im Krieg für ihr Land.

Die TV-Sendung »A World in Action« (Eine Welt in Aktion) basierte mit ihrem Programm im Juni 1991 im wesentlichen auf der Arbeit von Philip Hall, dessen im Januar 1992 auf dem Buchmarkt erschienenes Buch »Royal Fortune« (»Königliches Vermögen«, aber auch »Königliches Glück«) die Umstände der königlichen Befreiung von der Steuer enthüllt hatte. Halls wichtiges Argument, das Ergebnis einer zehn Jahre langen Recherche, bestand darin, daß es historisch betrachtet keinen zu rechtfertigenden Grund für die Befreiung von der Einkommenssteuer gab und daß sie von sämtlichen Vorgängern Elizabeths gezahlt worden sei, mit Ausnahme ihres Vaters, der als erster Monarch das Privileg der Befreiung genossen hatte. Erst gegen Ende des Jahres 1991 hatte Elizabeth wegen der wachsenden Kritik in der Öffentlichkeit und überdies offensichtlich von Charles gedrängt, ihre Berater autorisiert, mit dem Schatzamt in Diskussionen über das Thema einzutreten. Nach Auskunft eines höherrangigen Höflings war die Entscheidung, daß sie für ihre Privateinkünfte Steuern bezahlen sowie sämtliche Mitglieder der königlichen Familie, mit Ausnahme der Königinmutter und des Herzogs von Edinburgh, von der Zivilliste streichen wollte – der Prinz von Wales bezog sein eigenes Einkommen aus dem Herzogtum Cornwall –, im April 1992 getroffen worden, doch der Palast und das Schatzamt hatten sich Zeit gelassen und wollten die endgültige Vereinbarung erst im nächsten Frühjahr bekanntgeben. Infolge davon saßen sie nicht nur einmal, sondern gleich zweimal in der Klemme. Wegen der Saumseligkeit des Palastes sah es so aus, als reagiere Elizabeth auf einen Druck, den der Premierminister bei seinem Septemberbesuch auf Balmoral ausgeübt hatte – das war in der Tat der Eindruck, den diverse Meldungen und Andeutungen in der Presse vermittelten. Dann kam der Brand von Windsor und die feindselige Reaktion der Öffentlichkeit auf den Appell von Staatssekretär Peter Brooke, das loyale Volk solle zahlen.

Vier Tage nach dem Feuer hielt Elizabeth im Rathaus der City von London eine Rede bei einem Lunch anläßlich ihres vierzigsten und unheilvollsten Jahres auf dem Thron. Sie litt an einer schweren Erkältung und den Nachwirkungen der Rauchschwaden von Windsor. Ihr Aussehen und ihre Stimme wirkten traurig, während sie um Verständnis bat, obwohl der förmliche Stil ihrer Rede ihre Eindringlichkeit minderte, ebenso wie die Tatsache, daß sie, statt frei zu sprechen, von einem Blatt

Papier ablas. »Ich bin ganz sicher, daß die meisten Menschen versuchen, ihre Arbeit so gut wie nur möglich zu verrichten, auch wenn das Ergebnis nicht immer völlig erfolgreich ist«, sagte sie. »Es kann keinen Zweifel geben, daß Kritik gut ist für Menschen und Institutionen, die Teil des öffentlichen Lebens sind... Doch wir sind alle Teil desselben Stoffs, aus dem unsere nationale Gesellschaft besteht, und die kritische Prüfung von seiten des einen oder des anderen Teils kann genauso wirkungsvoll sein, wenn sie mit einem Hauch von Behutsamkeit, Humor und Verständnis vollzogen wird. Diese Art des Hinterfragens kann – und sie sollte es auch – einen Wandel bewirken.« Die Rede beinhaltete auch versteckte, jedoch bittere Anspielungen auf die Presse, was die Vermutung bestätigte, daß die »Ratgeber der Königin« die Presse noch immer nicht ernsthaft als Stimme der Öffentlichkeit werteten. Vielleicht wären die Worte der Königin auch besser aufgenommen worden, hätte man ihre Entscheidung, Steuern zu zahlen, schon früher bekanntgegeben, statt es in der Rede bei Andeutungen zu belassen. Der Herausgeberkommentar der *Daily Mail* lautete: »Wir sympathisieren mit der Königin. Natürlich tun wir das. Aber dies sind schwere Zeiten für die meisten Menschen. Viele haben ein wahrhaft grausiges Jahr durchgemacht. Sie haben ihren Lebensunterhalt verloren. Sind sogar aus ihren Wohnungen hinausgeworfen worden. Die Königin sollte für ihr Einkommen etwas Steuern zahlen. Und weniger Mitglieder ihrer Familie sollten von der Zivilliste profitieren. Sie sollte sich erbieten, zur Wiederherstellung von Schloß Windsor beizutragen... Falls wir richtig lesen, ist diese intensive und komplexe Rede nicht nur ein cri de cœur [Aufschrei des Herzens], sondern ein Prolog für den Wandel.«

Man nannte sie die Rede zum *annus horribilis.* »1992 ist kein Jahr, auf das ich mit ungetrübtem Vergnügen zurückblicken werde«, sagte Elizabeth. »Nach den Worten eines meiner einfühlsameren Korrespondenten [ihrem früheren Stellvertretenden Privatsekretär Sir Edward Ford] hat es sich als ein *annus horribilis* entpuppt...« Sir Edward, ein klassischer Gelehrter, hatte den Ausdruck erfunden, um 1992 zu unterscheiden vom *annus mirabilis*, womit ein besonders hervorragendes Jahr bezeichnet wird, was man vom vierzigsten Regierungsjubiläum der Königin eigentlich hätte erwarten können. Die *Sun* übersetzte *annus horribilis* in die Umgangssprache: »Ein Mistjahr.« Es stellte einen Tiefpunkt im Leben der Königin dar, nicht nur weil eine Katastrophe auf die andere gefolgt war, sondern wegen des Mangels an Dankbarkeit – und wegen des Spottes, den sie für ihre vierzigjährige Hingabe zu ernten schien.

Elizabeth hatte in Reaktion auf die Gefühle der Öffentlichkeit gehandelt, doch sie hatte es zu spät getan. Der allgemeine Eindruck war, daß ihr die Entscheidung durch die öffentliche Empörung und den Brand von Windsor aufgezwungen worden war. Zur selben Zeit erklärte John Major im Parlament, das Rechnungsprüfungsamt werde die Ausgaben für die königlichen Paläste überprüfen, etwas, das der Palast bisher immer zu vermeiden bemüht gewesen war. Ausnahmsweise hatten sich Elizabeths vorsichtige Instinkte als verfehlt erwiesen; durch ihre allzu langsame Reaktion hatte sie zugelassen, daß sich wie in einem Dampfkessel Überdruck entwickelte und ein Gezeter anhob über die Kosten der Monarchie, das bei schnellerem Handeln wohl hätte vermieden werden können. Zum Teil erklärte sich ihr Unwille, in Sachen Einkommenssteuer etwas zu unternehmen, aus der Ehrerbietung für ihren Vater. George VI., der den Thron ja unter ungewöhnlichen Umständen geerbt hatte, nach der Abdankung seines Bruders, der auch große Summen und Abzahlungen für sich in Anspruch genommen hatte, so daß, wie einer der königlichen Höflinge es formulierte, sein Nachfolger »praktisch keine zwei Pennies mehr besaß, mit denen er hätte klimpern können«. Er, George VI., war es gewesen, der 1937, um die Zukunft der Monarchie zu sichern, unter dem verständnisvollen Blick von Neville Chamberlain mit dem Schatzamt über die Steuerbefreiung verhandelt hatte. Und er war es auch gewesen, der de facto seiner Tochter eingeschärft hatte, auf der Befreiung von der Steuer zu beharren, wenn sie die unabhängige Position der Monarchie bewahren wollte.

Am 11. Februar 1993 tat Lord Airlie in seiner Funktion als Lord Chamberlain einen ungewöhnlichen Schritt: Er informierte die Presse bei einem kurzen Treffen über die neuen fiskalischen Arrangements für die königliche Familie, während Michael Peat, für den der neue Titel »Finance Director« geschaffen worden war, dasselbe über das Fernsehen bekanntgab. Hauptpunkt des Statements war, daß die Königin und der Prinz von Wales sich bereit erklärt hatten, *auf freiwilliger Basis* Einkommenssteuer sowie Kapitalertragssteuer auf ihr Privateinkommen zu zahlen, wozu auch die Privatschatulle der Königin zählte; der Prinz von Wales sollte auch, nach Abzug der Aufwandskosten, die Einnahmen aus dem Herzogtum Cornwall versteuern. Auf einem wichtigen Gebiet, dem der Erbschaftssteuer, war die Königin von Zahlungen befreit. Airlie erklärte zwar, ihr Grundbesitz würde »aus allgemeinen Prinzipien« im Rahmen dieser Steuer einer Prüfung unterzogen – was immer das unter den Umständen bedeuten mochte –, »doch das Erbe von einem Souverän auf den anderen bleibt steuerfrei«. Als John Major dies im Unterhaus bekanntgab, sagte er, dies geschehe, um zu verhindern, daß königlicher Besitz »scheibchenweise wie eine Salami« dezimiert werde. Obwohl man relativ leicht darüber hinwegging, war diese Steuerbefreiung von entscheidender Wichtigkeit; ohne diese Regelung würde die königliche Familie und ihr Lebensstil Elizabeths Regierungszeit nicht überdauern. Der Lord Chamberlain versprach auch, dem Publikum zu den königlichen Sammlungen verstärkt Zugang zu verschaffen und einen Fonds zu ihrer Erhaltung einzurichten, der sich aus den Eintrittsgeldern der Touristen speiste und deshalb nicht durch die Öffentlichkeit finanziert werden mußte. Im April gab er eine weitere Verlautbarung ab, wonach die Restaurierung von Schloß Windsor, deren Kosten über einen Zeitraum von fünf Jahren auf dreißig bis vierzig Millionen Pfund veranschlagt wurden, ohne Rückgriff auf öffentliche Mittel gedeckt werden könnten, wobei man erwarte, daß diese Summen zu siebzig Prozent durch Eintrittsgelder für den Besuch des Buckingham-Palastes und für die Besichtigung von Windsor-Besitzungen gedeckt würden; den Rest würden die alljährlichen Sammelaktionen des Department of National Heritage für die königlichen Paläste einbringen.

Die Ankündigung wurde von Monarchisten »mit Erleichterung« aufgenommen, von Kommentatoren jedoch murrend. Die Kritiker fuhren fort, auch andere Kosten zu tadeln: für den königlichen Zug, für die Flugzeuge der Königin und für die königliche Jacht; auch gab es wenig schmeichelhafte Kommentare über den »Lebensstil« der königlichen Familie, wozu auch die »teure Fahrerei zwischen Buckingham-Palast, Schloß Windsor, Sandringham und Balmoral« gehörte. Als nächstes Ziel sollte die Kritik auf die Kosten für die »Gnade-und-

Gunst«-Residenzen zielen, in denen königliche Pensionäre und Bedienstete lebten; ein sensibler Bereich für Elizabeth, da sie für sie eine wichtige Möglichkeit bedeuteten, ihre Bediensteten an sich zu binden und sich ihrer Loyalität zu versichern; eine Möglichkeit, die durch den Druck der Boulevardpresse zunehmend bedroht war.

Wenn sich auch nicht bestreiten ließ, daß die Kritik an den Kosten der Monarchie für den Palast ein Dauerproblem war, so gab es doch keinen Zweifel, daß das Verhalten der jüngeren Mitglieder der Königsfamilie es forciert hatten. Eine Anfang 1993 veröffentlichte Gallup-Umfrage ergab, daß von fünf Befragten vier der Meinung waren, »zu viele Mitglieder der königlichen Familie führen ein müßiges Leben nach Art des Jet-set«. Die Monarchie, hatte Rebecca West einmal behauptet, ist »eine Präsentation unserer selbst mit gutem Benehmen«, was Anfang der neunziger Jahre bei der jüngeren Generation der Familie entschieden nicht der Fall war. Der eigentliche Katalysator für die stürmische Kritik an der Monarchie als Institution war das Scheitern der »Prinzenehen«. »Nichts hiervon wäre geschehen«, klagte ein älterer ehemaliger Höfling, »wenn die Ehe des Prinzen von Wales nicht schiefgegangen wäre.«

Und gerade in diesem Punkt verschlimmerte sich die Lage immer mehr. Am Tag nach Elizabeths Rede im Londoner Rathaus kamen der Prinz und die Prinzessin von Wales überein, die einzige Möglichkeit sei die Trennung. Elizabeth und der Premierminister wurden konsultiert, und man einigte sich darauf, daß der Premierminister am 9. Dezember eine entsprechende Erklärung abgeben würde. Obwohl der schlimme Zustand der Ehe weithin bekannt war oder doch vermutet wurde, löste die Erklärung im Parlament, die von allen Fernsehsendern übertragen wurde, doch noch einen Schock aus.

»Aus dem Buckingham-Palast kommt die Erklärung, daß der Prinz und die Prinzessin von Wales sich mit Bedauern zur Trennung entschlossen haben. Ihre Königlichen Hoheiten haben nicht die Absicht, sich scheiden zu lassen, und ihre verfassungsmäßigen Positionen bleiben unbeeinträchtigt. Diese Entscheidung ist auf gütliche Weise erreicht worden, und sie werden beide voll an der Erziehung ihrer Kinder mitwirken. Ihre Königlichen Hoheiten werden getrennt weiterhin vollständig öffentlichen Verpflichtungen nachgehen und werden von Zeit zu Zeit gemeinsam an familiären und nationalen Ereignissen teilnehmen. Die Königin und der Herzog von Edinburgh sind zwar betrübt, erkennen und verstehen jedoch die Schwierigkeiten, die zu dieser Entscheidung geführt haben. Ihre Majestät und seine Königliche Hoheit hoffen vor allem, daß das Eindringen in die Privatsphäre des Prinzen und der Prinzessin jetzt enden möge. Sie glauben, daß ein Maß an Privatleben und Verständnis wesentlich ist, wenn ihre Königlichen Hoheiten für eine glückliche und sichere Erziehung ihrer Kinder sorgen sollen, während sie fortfahren, ihre öffentlichen Pflichten mit vollem Einsatz zu erfüllen.«

Als der Premierminister weitersprach, betonte er, daß »die Entscheidung, sich zu trennen, keinerlei konstitutionelle Implikationen beinhaltet. Die Thronfolge bleibt dadurch unbeeinträchtigt; die Kinder des Prinzen und der Prinzessin behalten ihre Position in der Reihe der Nachfolge; und es besteht kein Grund, weshalb die Prinzessin von Wales zu gegebener Zeit nicht zur Königin gekrönt werden sollte. Auch bleibt die Nachfolge des Prinzen von Wales als Oberhaupt der Kirche von England unbeeinträchtigt.«

Die Implikationen dieser letzten Aussage verblüfften die anwesenden Abgeordneten, was nicht verwundern konnte. Damit wurden nicht nur die Risse gekittet, sondern hinter einem üppigen Dekor versteckt. Die Vorstellung, daß die Prinzessin von Wales, die von ihm getrennt und in Feindschaft lebte, zur Queen Consort, zur Gemahlin des regierenden Königs, gekrönt werden könnte, erschien den meisten Menschen absurd. Die nüchterne Feststellung, daß die Nachfolge des Prinzen von Wales als Oberhaupt der Kirche von England keinesfalls tangiert werde, mußte, obwohl von der Verfassung her absolut korrekt, erst einmal geschluckt werden, und es dauerte nicht lange, bevor sich führende Geistliche in der Öffentlichkeit entsprechend äußerten. Der Erzbischof von Canterbury, der vor Verkündung der Erklärung offiziell konsultiert worden war, hatte die Ansicht vertreten, »eine formale Trennung innerhalb der Ehe werde wahrscheinlich weitgehend Verständnis finden als Zeichen für die Wichtigkeit der Institution Ehe und den Ernst der vor Gott abgelegten Ehegelübde. Indem es diese Erwägung über ihre individuellen Gefühle stellt, wird das königliche Paar in weitesten Kreisen bewundert werden wegen seiner Bereitschaft, dem öffentlichen Interesse zu dienen.« Der Erzbischof fügte hinzu, daß zu diesem Zweck zwei wichtige Bedingungen erfüllt werden müßten: »Beide Elternteile werden zeigen müssen, daß sie zu ihren Kindern enge Bindungen aufrechterhalten; außerdem müßten außereheliche Affären, die ins Blickfeld der Öffentlichkeit geraten könnten, strikt unterbleiben. Falls diese Bedingungen erfüllt werden, werden Achtung und Dankbarkeit und ein Hauch von Bedauern die Gefühle sein, die große Teile der anglikanischen Gemeinde für sie empfinden.«[5]

Zum Unglück für den Prinzen und seine Familie wurde wenige Wochen nach der offiziellen Erklärung ein weiteres Tonbandgespräch bekannt, diesmal zwischen dem Prinzen und Mrs. Parker Bowles; und es bewies nur allzu deutlich, daß die zweite Bedingung des Erzbischofs ganz gewiß nicht erfüllt wurde. Kurioserweise stammte das Gespräch vom Dezember 1989, wenige Wochen vor dem Squidygate-Band. Dieses Band wurde unvermeidlicherweise »Camillagate« getauft, und seine Wirkung auf das Publikum, welches das Gespräch in der Transkription las, war unermeßlich viel größer. Während Squidygate Dianas Madonna-Image leicht lädiert haben mochte, ließ das Camillagate-Band keinen Zweifel daran, daß Dianas Befürchtungen, Camilla sei die Geliebte ihres Mannes, absolut gerechtfertigt waren. Obwohl die zotenhafte Wünsche des kultivierten Charles, »in den Höschen seiner Geliebten leben« oder »ein Tampax sein« zu wollen, eher kläglich und pubertär klangen, war die britische Mittelschicht bis ins Mark erschüttert. Die Mums und Dads in den Provinzen, die traditionellen Stützen der Monarchie, waren angeekelt. Der Mann beim *Mirror*, dessen Aufgabe es war, das Band zu transkribieren, sagte zu seinen Kollegen: »Dieses Band wird verhindern, daß Charles jemals König wird.« Auf jeden Fall würde viel dazugehören, die Geschichte durch makelloses Verhalten einigermaßen wettzumachen. Eine Unmenge heuchlerischer Unsinn wurde geschwatzt, wonach Charles auf Grund seiner Ehebrecherei ungeeignet sei, König zu werden. Aber vielen Menschen kam es so vor, als habe Charles, wie sein Großonkel Edward VIII., seinem Privatleben den Vorzug gegeben vor seiner öffentlichen Pflicht, indem er sein Verhältnis mit Mrs. Parker Bowles fortsetzte.

Für Elizabeth war es ein Alptraum. Der Krieg zwischen Charles und Diana beschwor die Ängste wieder herauf, die ihr Vater empfunden hatte, als er im Krieg mit den Windsors stand – »zwei Lager«, wie Wallis es bezeichnet hatte. Die Auswirkungen stellten eine unaufhörliche Gefahr für das Ansehen der Monarchie dar, da beide Seiten mit Hilfe der Medien Punkte gegeneinander zu gewinnen suchten. Elizabeths Sorge galt der Begrenzung des Schadens. »Kalkulierte Nichtaktivität« war seit jeher ihr Motto gewesen. Diana bildete ein riesiges Problem. Seit Camilla hatte sie die Mehrheit der britischen Öffentlichkeit hinter sich, die in ihr eine Ehefrau sah, der Unrecht geschehen war. Mit ihrer Schönheit, ihrem modernen Auftreten, ihrer anteilnehmenden Haltung gegenüber Kranken, ihrem Glamour und ihrer Verweigerung der Unterwürfigkeit gegenüber dem Palast, war sie für die Familie ein wandelnder Vorwurf. Wie die Königinmutter besitzt sie jenes unschätzbare Talent, das den »echten« Königlichen abgeht, den Sinn für die Allgemeinheit. Versuche königlicher Beamter, sie herabzusetzen oder das Interesse für sie nach Möglichkeit zu beschneiden, ließen die Herren nur lächerlich aussehen; mit Hilfe der Zeitungen konnte Diana sich über ihre Köpfe hinweg direkt an die Öffentlichkeit wenden.

Elizabeth hat einen zu kühlen Kopf, um irgendeine Art von Schmutzkampagnen zu unterstützen. »Die Königin achtet darauf, daß sie nicht unterminiert wird«, wie ein Höfling sagt. Diana ihrerseits ist zu klug, um Elizabeth zu trotzen, die letztlich über die Gelder verfügt und die endgültige Entscheidung darüber hat, wo die Kinder des getrennten Paares leben. Sie weiß, daß sie mit ihrer Schwiegermutter ohne Intervention durch deren Privatsekretäre telefonieren kann, und die beiden Frauen sprechen in der Tat miteinander. Allem zum Trotz bleibt Diana so etwas wie ein ungesichertes Geschütz, unberechenbar und mit der Fähigkeit, immensen Schaden anzurichten, sollte sie das wollen. »Im Palast haben alle eine Heidenangst vor ihr«, sagte ein Höfling, weil sie nicht unter Kontrolle gehalten werden kann. Als sie im Dezember 1993 ihre berühmte Erklärung abgab, sich aus dem öffentlichen Leben »zurückzuziehen«, bestand sie darauf, das so dramatisch und öffentlich wie nur möglich zu tun, trotz der Bitte der Königin und sogar des Premierministers um Unauffälligkeit. Der Bestsellerautor

Jeffrey Archer wurde hinzugezogen, um sicherzustellen, daß es sich in Grenzen hielt. Am Schluß zollte Diana »der Unterstützung und dem Verständnis der Königin und des Herzogs von Edinburgh« Tribut, ließ ihren Ehemann jedoch geflissentlich unerwähnt. Deshalb wurde daraus die Schlußfolgerung gezogen, daß auch dies irgendwie seine Schuld sei, daß er und seine Leute sie aus dem öffentlichen Leben hinausgezwungen hätten.

Dianas sensationeller Schritt und die Spekulationen der Presse über ihre Gründe und den möglichen Druck überschatteten die Hochzeit, die im Dezember auf Balmoral zwischen der Princess Royal und Commander Tim Laurence stattfand. Anne hatte offensichtlich unauffällig davonschlüpfen und in Crathie heiraten wollen, wo sie, nach Dispens durch die Church of Scotland, sich auch als Geschiedene kirchlich trauen lassen konnte. Ihre Familie, auch ihre Mutter, waren völlig überrascht worden; und Elizabeth hatte – eine Peinlichkeit für ihre Tochter – erst eine Woche davor durch die BBC davon erfahren.

»Verfluchte Presse«, soll Anne gefaucht haben. »Man weiß doch, was Mummy von Überraschungen hält.« Die Königinmutter hatte für denselben Tag eine Hausparty arrangiert, die sie nun absagen mußte, um schnellstens nach Schottland zu fliegen. Das Schloß selbst war geschlossen. Anne zog dann mit ihrem Mann in ein Appartement von der ungemütlichen Anonymität eines riesigen Appartementblocks nach Dolphin Square am Chelsea Embankement. Da Laurence eine relativ unbedeutende Position im Buckingham-Palast innegehabt hatte und wegen seiner Romanze mit der Prinzessin ein gewisses Maß an Eifersucht und Feindseligkeit ausgelöst wurde, wäre es für das Paar unangenehm gewesen, das Eheleben gleichsam »im Amt« zu beginnen. Zurückhaltend, ruhig, jedoch durchaus nicht ohne eigenen Willen, ist Laurence jemand, der von der Familie gemocht wird. »Er ist so schrecklich nett und so furchtbar freundlich«, wie eine königliche Verwandte bemerkte.

Wenn sie jetzt Ratschläge brauchte, mußte Diana auf ihre Freunde bei den Medien bauen und auf einen Kreis reicher Londoner Geschäftsleute; und sie verfolgte fortan ihre eigenen Ziele. Einige Zeitungen, eifersüchtig auf ihre enge Verbindung mit dem *Daily Mail*-Mann Richard Kay, begannen, sie aufs Korn zu nehmen. Die *Sun* brachte Fotos von ihr bei einem Rendezvous mit Kay, betitelt »Doppelgesichtige Diana«, und die *News of the World* enthüllte die Geschichte ihrer »lästigen Anrufe« bei Oliver Hoare. Ihre Beziehungen zu James Hewitt wurden in »Princess in Love« enthüllt. Der *Mirror* brachte Bilder von ihren Übungen in einem Westlondoner Fitneßstudio, was eine Klage der Prinzessin zur Folge hatte, die jedoch merkwürdigerweise nie vor Gericht kam. Weitere Fotos von ihr, wie sie in Südspanien »oben ohne« ein Sonnenbad nahm, wurden angeblich auf Betreiben des Palastes von dem loyalen Besitzer von *Hello* aufgekauft, doch während Diana Richard Kay erzählte, die Bilder hätten sie »äußerst gedemütigt« und sie habe das »wie eine Vergewaltigung« empfunden, gingen im Umfeld von *Hello* Gerüchte um, wonach Diana die großmütige Handlungsweise keineswegs schätzte. »Die Prinzessin von Wales war fuchsteufelswild«, sagte ein leitender Redakteur. »Sie wollte nicht, daß wir die Fotografien kauften, weil sie gesehen werden wollte – sie ist besessen von ihrem Körper.« Der Druck der Medien auf das getrennte Paar, sagte ein Höfling, treibe es zum Wahnsinn. Und die Kinder, vor allem Prinz William, gaben offenbar den Medien die Schuld an der Trennung ihrer Eltern.

Auch auf die älteren Mitglieder der Familie blieb das nicht ohne Wirkung. Selbst Elizabeth, die Diana für Weihnachten 1993 nach Sandringham einlud, »schäumte« offensichtlich, als die Heerschar der Fotografen anrückte, um Bilder von Diana zu machen, und nachdem sie das getan hatten, sofort wieder abrückten, den Rest der Familie ignorierend. Obwohl normalerweise an Publicity nicht weiter interessiert, empfand die Königin ein solches Verhalten jetzt als Kränkung.

Im Haus herrschte eine angespannte und streitsüchtige Atmosphäre. Beim Tee an viktorianischen Tischen, beladen mit köstlichem Gebäck, gab es Familienzankereien. Charles, ganz stolzer Vater, prahlte damit, daß William zwanzig Fasane geschossen habe. »Das ist Quatsch«, rief Andrew, »ich weiß, daß es nur fünfzehn waren.« Philip, der seinem Sohn nach der Trennung einige grobe und schwerverdauliche Briefe geschrieben hatte, ergriff ausnahmsweise für Charles Partei. »Andrew, warum mußt du immer so querköpfig sein?«

Ostern war in jenem Jahr für Elizabeth ein Tiefpunkt gewesen. Für jemanden, der sich so selten etwas von seinen Gefühlen anmerken ließ, machte sie bei kleinen privaten Dinnerpartys eindeutig klar, wie sehr die Familiensituation und ihre Auswirkungen sie deprimierten. Beim nächsten Osterfest, 1994, als sich die Dinge zu beruhigen schienen oder zumindest die Geschosse nicht in so regelmäßigen Abständen über die Festungsmauern kamen, bemerkten ihre Höflinge deutlich, daß sich ihre Lebensgeister allmählich erholten. Eine lange Atempause war ihr allerdings nicht vergönnt.

Elizabeth war besorgt, welche Auswirkung das Scheitern der Ehe sowie, als Folge davon, die ständigen Angriffe der Boulevardpresse auf Charles haben würden. Freunden und Bekannten, mit denen er in den folgenden Monaten zusammen war, erschien er wie besessen von sich selbst, gleichsam mit sich selbst kämpfend, um eine Erklärung dafür zu finden für das, was auf so furchtbare Weise schiefgegangen war. Elizabeth und Philip waren ihrerseits auf der Suche nach einer Antwort; sie fragten sich, ob vielleicht nicht sie die Schuld trugen am Scheitern nicht nur einer, sondern aller Ehen ihrer Kinder. »Was haben wir falsch gemacht?« fragten sie ihre Freunde wieder. »Was haben wir getan, daß wir für unsere Schwiegertöchter solche Schreckgestalten geworden sind?« Die Antwort, die Charles – oder, genauer gesagt, sein autorisierter Biograph Jonathan Dimbleby – mit seiner Billigung schließlich gab, war diejenige, die Elizabeth als Elternteil am meisten verletzen sollte.

Der Prinz war voller Verzweiflung darauf bedacht, eine Erklärung zu liefern, um die Anerkennung der Öffentlichkeit wiederzugewinnen, die er auf so spektakuläre Weise verloren hatte; die Methode, die er zuerst anwandte, bestand darin, daß er das Fernsehen benutzte, um über die Köpfe der Massenblätter hinweg an die Menschen zu appellieren. Der Image-Macher, den er wählte, war Jonathan Dimbleby, Sohn von Richard Dimbleby, der auf überragende Weise das positive Renommee der Monarchie geschaffen hatte. Als erfahrener Fernsehinterviewer mit makelloser, »fleckenfreier« Reputation sowie als Mann, der einmal auf dem Windsor-Besitz gearbeitet hatte, schien Dimbleby für die Aufgabe genau der Richtige zu sein. Er kam gut mit Richard Aylard zurecht und empfand für den Prinzen sofort Empathie. Während der nächsten anderthalb Jahre arbeitete er an einem TV-Kommentarfilm für die Feier anläßlich des fünfundzwanzigjährigen Jubiläums von Charles als Prinz von Wales.

Das Produkt »Charles: The Private Man, the Public Role« (Charles: der Privatmensch, die öffentliche Rolle) wurde im britischen Fernsehen am 29. Juni 1994 gezeigt. Elizabeth war zu dem Projekt nicht konsultiert worden; ihre instinktive Reaktion wie auch die ihrer Freunde und Höflinge war die, daß es ein Fehler sei und durch auffälliges Auftreten nichts Gutes bewirkt werden könne. Ihrer Ansicht nach wäre es das vernünftigste gewesen, Weitblick zu beweisen, in würdevollem Schweigen zu verharren und die Zeit die Wunden heilen zu lassen. Der Prinz von Wales, so fand man, könne sich selbst nichts Gutes tun, indem er sich im Fernsehen exponierte. Während er argumentierte, daß er eine »aktive« Haltung einnehme, fanden die anderen, daß er sich seine Handlungsweise von den Medien diktieren ließ. Einige seiner Ratgeber waren der gleichen Meinung, darunter auch Camilla Parker Bowles, die ihn bat, darauf zu verzichten; keiner von ihnen trat deswegen zurück. »Er ist auf dem Weg, sich ins Nichts zu verstecken« war die allgemeine Meinung. Der Prinz ist kein großes Fernsehtalent. Seine Art der Selbstironie und der »Windsor- Redestil« kommen im Zeitalter der modernen Medien nicht gut an. Trotzdem hatte Dimbleby eine einfühlsame und gekonnte Arbeit geleistet, und sein Porträt des Prinzen wirkte echt. Der Film wandte sich hauptsächlich an die jüngere Generation, an die »Klientel« des künftigen Königs. Der Prinz wurde von seiner besten Seite gezeigt, als Kämpfer für die Umwelt, und er sprach artikuliert, leidenschaftlich und ohne die Zuhilfenahme von Notizen. Mit dem Popstar Phil Collins auf einem Feriencamp, das von seiner Inner-City-Hilfsorganisation organisiert worden war, wirkte er im Gegensatz zu seiner schüchternen Art bei Fernsehinterviews wie ein guter Kommunikator. Der »Haken« des Programms war die Antwort des Prinzen auf Dimblebys Frage über seine Ehe: »Haben Sie versucht, treu zu sein…?« Der Prinz antwortete: »…bis die Ehe unheilbar zerrüttet war.« Diese Antwort, die etwas von einer schmerzlichen Beichte an sich hatte, sollte die unaufhörlichen Spekulationen über seine Ehe und seine Affäre mit Camilla zum Verstummen bringen, die er eine »teure Freundin« nannte, die er auch weiterhin treffen würde. Zuschauer reagierten im allgemeinen positiv auf die Sendung, Pressekommentatoren, die eher der gegenteiligen Ansicht waren, sahen sich gezwungen, den Rückzug anzutreten, als Straßenumfragen ergaben, daß die Daumen des Publikums gleichsam nach oben zeigten: Die Leute honorierten die Aufrichtigkeit des Prinzen und sein Image als Mensch, der für andere Sorge trug.

Elizabeth allerdings, die, wie ihr Gefolge behauptete, »die Sendung nicht gesehen hatte«, und andere Kommentatoren waren der Meinung, daß sich der Prinz, indem er seine Seele entblößte, beträchtlichen Gefahren ausgesetzt hatte, und zwar nicht nur mit dem Geständnis seiner Ehebrecherei. Es machte sich ja ganz gut, daß sich der Prinz darüber besorgt zeigte, welche Wirkung Zeitungsberichte über »Charles und Di« auf seine Söhne haben mochten, doch in der Sendung liefen die Dinge so, daß der Prinz, nachdem er gerade mit seinen Söhnen in seiner Vaterrolle auf Balmoral gezeigt worden war, einem Fernsehinterviewer beichtete, er sei ihrer Mutter untreu gewesen. Es hatte weitere Aspekte gegeben, die er als der künftige Monarch der Verfassung hätte meiden sollen. Ein früher Teil des Films zeigte den Prinzen bei einer seiner »verabscheuten« Programmbesprechungen; er lehnte sich dagegen auf, bei der sogenannten Royal Command Film Performance anwesend sein zu sollen. Mit einer Grimasse sagte er: »Ich dachte, das macht immer die Königin.« Es handelt sich dabei um eine Filmvorführung, ein Ereignis, bei dem traditionellerweise Geld für Wohltätigkeitszwecke gesammelt wird und das durch die Anwesenheit von Mitgliedern der königlichen Familie eine besondere Note erhält.

Daß der Prinz praktisch sagte, eine Teilnahme an der Veranstaltung sei zu langweilig, war eine Kränkung für die Organisatoren und warf eine grundsätzliche Frage auf: Wozu glaubte er eigentlich dazusein? Es war ein Symptom für den zunehmenden Überdruß des Prinzen angesichts öffentlicher Pflichten, die ihm nicht zusagten, und für seine Unfähigkeit zu begreifen, daß in der Erfüllung dieser Pflichten einer der Hauptgründe für die Berechtigung einer Monarchie lag. Der vielleicht traurigste und enthüllendste Augenblick in dem ganzen Film war wohl der, wo ein kleiner malaiischer Junge den Prinzen fragte: »Wer bist du?« und dieser antwortete: »Ich wünschte, ich wüßte es.«

Aus Elizabeths Sicht war die Fernsehsendung ziemlich schlimm gewesen, doch schien sie immerhin ihr Ziel erreicht zu haben, dem Thronerben ein gewisses Maß an Sympathie zurückzugewinnen. Als Gegenzug auf das ihm von der Massenpresse verpaßte Image eines »gesellschaftlichen Dinosauriers« hatte Charles sich als ein Mann mit einer Vision von der Zukunft präsentiert, mit der Vorstellung von einer Monarchie, die im Einklang stand mit einem gewandelten Großbritannien. So sagte er beispielsweise, er wolle bekannt werden als »Verteidiger des Glaubens« , das heißt aller Glaubensrichtungen im Vereinigten Königreich, und nicht als »Verteidiger des einen Glaubens«, was sich auf den protestantischen Glauben in seiner anglikanischen Variante, der Church of England, beschränkt hätte.

Dimbleby ließ diesem Fernsehprogramm eine gewichtige Biographie des Prinzen folgen, die weit über »ein Buch zum Film« hinausging. Auf Empfehlung des Prinzen hatte er bereits sämtliche Freunde und Vertraute von Charles interviewt und Äußerungen über die Ehe des Prinzen gesammelt, die in den königlichen Archiven abgelegt werden sollten. Camilla Parker Bowles enthielt sich der Mitarbeit an dem Buch, und genauso machte es, zu ihrer Ehre sei es gesagt, das ehemalige Kindermädchen von Charles und Diana, Barbara Barnes, die sich weigerte, Partei zu ergreifen, obwohl der Prinz sie um ihre Kooperation bat.

Elizabeth wußte von den Interviews, doch als sie kurz vor der Fertigstellung des Buches im September 1994 erfuhr, daß der Prinz Dimbleby nicht nur Zugang gewährt hatte zu seiner gesamten Korrespondenz und allen Tagebüchern, sondern auch zu Staatspapieren, ohne vorab zu prüfen, um welche es sich handelte, gab es eine Explosion. Sie bestand darauf, daß er die Papiere wieder an Ort und Stelle schaffe, um sicherzustellen, daß Dimbleby keinen Zugang hatte zu offiziellem Material, das zu sehen er kein Recht besaß. Bei seinem alljährlichen Besuch auf Balmoral wohnte der Prinz bei seiner Großmutter in Birkhall. »Er wird nur für einen Tag herkommen«, bemerkte Elizabeth trocken; der Tag, den Charles wählte, war der des Ghillies' Ball, an dem es keine Gelegenheit für ein Gespräch mit seiner Mutter gab.

»The Prince of Wales: A Biography«, im November veröffentlicht zu Fanfarenstößen in der Presse und mit einem dreiwöchigen Vorabdruck in der *Sunday Times*, war ein wichtiges Buch, basierend auf originalem Material, das nach den Konventionen des Palastes normalerweise erst nach Charles' Tod freigegeben worden wäre. Aus Elizabeths Sicht konnten allerdings sowohl der Tenor des Buches wie auch der

Zeitpunkt seiner Veröffentlichung für sie kaum ungünstiger sein, für ihre private Rolle ebenso schädlich wie für ihre öffentliche. Der Abdruck als Fortsetzungsserie begann, wie es der Zufall wollte, unmittelbar vor ihrer Abreise zu einem Besuch in Rußland. Es war der erste eines regierenden britischen Souveräns seit der Zeit vor dem Ersten Weltkrieg und der russischen Revolution und lenkte die Aufmerksamkeit der Medien von diesem historischen königlichen Ereignis ab und statt dessen auf die sensationellen Enthüllungen, da die Auszüge natürlich das besonders kontroverse Material enthielten. Es handelte sich natürlich um ein Plädoyer für Charles und war gedacht als schweres Gegengeschütz zu Andrew Mortons Parteinahme für Diana.

Dimbleby zufolge konnte man den unglücklichen Zustand der Monarchie als Folge des Scheiterns seiner Ehe nicht Charles in die Schuhe schieben. In Übereinstimmung mit der Ansicht, die seit Philip Larkins bemerkenswertem Satz »Sie verhunzen dich, deine Mum und dein Dad« weit verbreitet war, gaben auch der Prinz und Dimbleby mangelnder elterlicher Zuwendung die Schuld. Seine Mutter sei distanziert gewesen, sein Vater eine Art Tyrann. Beide seien »unfähig gewesen oder aber nicht gewillt, ... die Zuneigung und Anerkennung« zu geben, nach der Charles sich sehnte. Seine Frau sei neurotisch. In einem Abschnitt wurde geschildert, wie sie einmal einen ganzen Tag lang in Colbornes Büro gesessen hatte, »den Kopf in stummer Verzweiflung gebeugt«. Einzig Camilla Parker Bowles machte eine gute Figur als »eine Art jungfräulicher Heldin«, wie ein Kritiker äußerte. »Ihre Wärme, ihr Mangel an Ehrgeiz und Arglist, ihr Sinn für Humor und ihre Sanftheit machten sie bei Hofe beliebt.« Allerdings nicht, muß hinzugefügt werden, beim britischen Publikum; Hausfrauen spuckten sie an, wenn sie in ihrem lokalen Supermarkt einkaufte. Wenige Monate nach Erscheinen des Buches ging die zwanzig Jahre alte Ehe der Parker Bowles' in die Brüche. Die Fernsehbeichte des Prinzen hatte sie unhaltbar gemacht.

Es ist für jede Frau und jeden Mann schrecklich, öffentlich bezichtigt zu werden, eine schlechte Mutter oder ein schlechter Vater zu sein. Elizabeth hatte ihr Bestes getan in einer schwierigen Situation – gleichzeitig Mutter zu sein und Staatsoberhaupt sowie Oberhaupt des Commonwealth und des königlichen Hofes ist eine einzigartige Erfahrung. Sie hat dem Offiziellen den Vorrang geben müssen, und der Grund dafür, daß sie dabei so erfolgreich ist, ist nicht nur, daß es ihr Freude macht, sondern daß sie eine engagierte, eigenständige Persönlichkeit ist. Charles mag sich ausgeschlossen gefühlt haben von manchen Bereichen im Leben seiner Mutter und den strengen Maßstäben unterworfen, die bei den Thronerben angelegt wurden, doch – mit Ausnahme der Internatszeit – war er stets umgeben von Liebe seitens seiner Nannies und seiner Großmutter, ganz zu schweigen von Höflingen seiner Mutter wie Lady Susan Hussey und Martin Charteris, die ihn außergewöhnlich gern hatten. Die Tatsache, daß Charles' selbstmitleidiger Bericht ein gewisses Maß an Wahrheit enthielt, entschuldigte die Darstellung nicht. Elizabeth kann gut mit kleinen Kindern umgehen, aber nicht mit Erwachsenen. Sie ist niemand, der zu Umarmungen neigt oder auf persönlicher Ebene zu kommunizieren versteht. Aus Rücksichtnahme für ihren geliebten Mann in seiner schwierigen Rolle als Prinzgemahl entschied sie sich für eine Art Überkompensation, indem sie ihm völlig freie Hand bei der Erziehung seines Sohnes ließ. Doch die unausweichliche Tatsache, daß sie die Königin ist, bildet eine Trennungslinie zwischen ihr und jedermann sonst, selbst ihren Kindern. Charles war ein Opfer seiner königlichen Geburt; anders als seine Mutter scheint er nicht bereit zu akzeptieren, daß für ein Privileg ein Preis zu entrichten ist, und je größer das Privileg, desto höher der Preis. Charles' Geschwister Anne, Andrew und Edward waren empört über dieses öffentliche Porträt ihrer Eltern und sagten das Charles auch. Äußerlich trug Elizabeth eine tapfere Miene zur Schau. Niemand, der sie in Moskau sah, hätte auf den Gedanken kommen können, daß sie sich nicht sehr darüber freute, dort zu sein. Nach ihrer Rückkehr nach London erlebte ein ausländischer Botschafter, der bei ihr seinen formellen Abschiedsbesuch machte, sie lachend, scherzend und scheinbar frei von jeglicher Sorge in dieser Welt.[6] Nur jene, die sie gut kannten, konnten beurteilen, wie verwundet sie sich fühlte.

Wie vorauszusehen war, beschloß die Prinzessin von Wales fast genau ein Jahr später, ihre Meinung über das Fernsehen zu äußern und ihren Fall nicht nur über die Köpfe ihrer Ratgeber, sondern auch über die

Ansichten im Buckingham-Palast hinweg vor der ganzen Nation auszubreiten. Elizabeth erfuhr von der geplanten Übertragung erst, kurz bevor die BBC sie für die darauffolgende Woche ankündigte. Das Datum der Ankündigung, der 14. November, war eine wenig willkommene Überraschung für Charles, der sich gerade zu einem offiziellen Besuch in Tokio aufhielt und an dem Tag seinen 47. Geburtstag feierte. Aufnahmen zeigten ihn, wie er eine Festtagstorte anschnitt mit einem Gesichtsausdruck, der äußerste Bestürzung verriet. Die Übertragung erfolgte am 20. November 1995 über das Flaggschiff der BBC für aktuelle Ereignisse, die Sendung »Panorama«, und bescherte Elizabeth damit einen weiteren unglücklichen Hochzeitstag. Das Interview, das von dem BBC-Reporter Martin Bashir durchgeführt wurde – natürlich hatte man die BBC als Übermittler gewählt, nachdem die Sendung von Charles von dem Konkurrenten ITV ausgestrahlt worden war –, machte deutlich, daß die Prinzessin im Unterschied zu ihrem Gemahl den vollkommenen Auftritt im Fernsehen beherrschte, aber gleichermaßen in sehr mitteilsamer Laune war. Sie bestätigte alle in Mortons Buch aufgeführten Fakten – die Bulimie, die Depression, die Ängste wegen Camilla Parker Bowles. Sie sei das Opfer ihrer »Feinde« geworden, die versuchten, sie zu isolieren und als »hoffnungslosen Fall« hinzustellen. Wie Charles, bekannte sie sich öffentlich zum Ehebruch – mit James Hewitt, auch wenn sie weitere Affären abstritt. Aufsässig kündigte sie an und sprach dabei von sich selbst in der dritten Person, daß sie »nicht stillschweigend gehen« werde, daß sie keine Scheidung wünsche und daß sie beabsichtige, nicht offiziell zu regieren, sondern als »Königin der Herzen«, eine Formulierung, die den Werken ihrer Stiefmutter entlehnt war. Das Interview wurde für Diana zu einer triumphalen Selbstdarstellung in den Medien, aber für Elizabeth zu einer weiteren peinlichen Familienangelegenheit. Diana hatte in dem eindeutigen Bestreben, den Weg für Prinz William als nächsten Anwärter auf den Thron zu ebnen, ganz offen Zweifel daran geäußert, ob Charles das Zeug zu einem König habe; ein Vorstoß, der im übrigen einen tiefen Einschnitt in die Erbmonarchie bedeuten würde, sollte er ernst genommen werden. Elizabeth, der das Wohlergehen der Monarchie und das ihrer Enkel aus der Familie des Prinzen von Wales sehr am Herzen liegt, entschied sich für eine Taktik der Zurückhaltung und Versöhnlichkeit. Um dies zu unterstreichen, erklärte der Buckingham-Palast seine Bereitschaft, die Prinzessin zu unterstützen und Gespräche mit ihr über die von ihr selbst vorgeschlagene Rolle einer freien Botschafterin zu führen. Im Gegenzug erklärte Diana, daß sie um ihrer Kinder willen an der Familienfeier zu Weihnachten in Sandringham teilnehmen werde. Später änderte sie ihre Meinung und wies Elizabeths Einladung zurück.

Bis zu diesem Zeitpunkt hatte Elizabeth immer darauf geachtet, nicht persönlich in den Krieg derer von Wales hineingezogen zu werden und nicht öffentlich Partei zu ergreifen. Sie empfing ihre Schwiegertochter immer und hielt auch telefonisch Kontakt zu ihr. Doch letztlich muß die Monarchie für sie den Vorrang haben. Obwohl es ihr widerstrebt, gelangte sie zu dem Entschluß, daß eine Scheidung der vernünftigste Weg wäre, der schmerzlichen öffentlichen Schlacht zwischen Charles und Diana ein Ende zu bereiten, einer Schlacht, die dem Ansehen jener Institution, der Elizabeth sich lebenslang gewidmet hat, so sehr schadet. Nach dreijähriger Trennung ließen die Prinzessin und der Prinz von Wales weder das Bemühen um Versöhnung noch um Scheidung erkennen. Da die Angelegenheit außer Kontrolle zu geraten drohte, ergriff Elizabeth die Initiative. Kurz vor Weihnachten 1995 schrieb sie sowohl Charles als auch Diana und empfahl ihnen, das Scheidungsverfahren einzuleiten. Um Mißverständnissen vorzubeugen, gab der Hof Elizabeths Vorgehen bekannt. Die Tatsache, daß die Königin die Scheidung des Thronerben nicht nur duldet, sondern sogar initiiert, bringt die Monarchie auf den langen Weg, der ihr bis zur Anpassung an die moderne Welt bevorsteht.

18

Elizabeth R

»Mit der Monarchie hier ist es ein bißchen wie mit Salomons Tempel. Man muß viel durchdringen, bevor man zum Zentrum gelangt, lange Korridore, im buchstäblichen wie im übertragenen Sinne, und für einen Fremden sind es schwierige Umstände ... Es ist ungewöhnlich, und es gibt ein Protokoll, es gibt Höflinge, lange Gänge, Teppiche und Kronleuchter, gewaltige Räume und Wachen. Dies ist Teil der Voraussetzung und des Geheimnisses des Königtums. Und bis man sich tatsächlich seine Bahn gebrochen hat durch all dies hindurch und zum Zentrum gelangt, kann das eine ziemlich einschüchternde Sache werden. Und an der Königin ist das Wunderbare, daß, wenn man all dies hinter sich gebracht hat und zum Zentrum kommt, sie sich als sehr entzückende Person entpuppt – natürlich, lustig, interessiert, professionell ...«

Raymond H. G. Seitz, ehemaliger Botschafter am königlichen Hof[1]

Der Buckingham-Palast befindet sich, elefantengrau und von beeindruckender Größe, in gleichsam erhabener Distanz von den hohen Eisengittern, vor denen sich die Touristen drängen. Die Fensterreihen geben nichts zu erkennen. Einzig das Vorhandensein oder Nichtvorhandensein der königlichen Standarte oben am Fahnenmast auf dem

Dach zeigt an, ob Elizabeth zur Zeit im Palast residiert oder nicht. Am Tor überprüft einer von zwei Polizisten die Identität des Besuchers und erkundigt sich telefonisch, ob man mit irgend jemandem drinnen eine Verabredung habe. In den Boden hinter ihnen ist eine eiserne Platte eingelassen, verborgen durch roten Kies, die sich unauffällig hebt, ein Schutz gegen eventuelle Angriffe von Terroristen. In Elizabeths Privatgemächern sind die Fenster mit häßlichen gerüschten Netzgardinen verhängt, deren Zweck es ist, Glassplitter abzufangen, falls eine Bombe explodiert. Dies sind die Realitäten ihres Alltagslebens. Hat man die eiserne Schutzvorrichtung passiert, versinkt sie wieder im Boden, und man wird zum sogenannten Privy-Eingang gewinkt, wo der rote Teppich beginnt und Lakaien bereitstehen, um einen in den Warteraum zu geleiten, der ausgestattet ist mit beigefarbenen Seidentapeten sowie vergoldeten Stühlen mit lindgrünen Bezügen, die als Werk eines etablierten Innenausstatters zu erkennen sind. An den Wänden hängen zwei hübsche viktorianische Gemälde von William Frith, »Life at the Seaside« und »Departure, Paddington Station«. Da dies Elizabeths Territorium ist, egal wie weit es von ihr entfernt sein mag, kann kaum überraschen, daß es auch ein Pferdebild gibt, »Arab Stallion« von Sperling aus dem Jahre 1843. Eine Auswahl von Zeitungen liegt bereit, darunter kein einziges Boulevardblatt.

Draußen in der Eingangshalle befinden sich Regenschirme auf einem Tisch, säuberlich zusammengerollt und in einer Reihe ausgerichtet. Selbst wenn gegen elf Uhr vormittags die Temperatur draußen über fünfundzwanzig Grad steigt, sind die Schirme dort; an Regentagen erheben sie sich aufgespannt über dem Fußboden wie schwarze Pilze. Symbolisch betrachtet könnte ihr permanentes Vorhandensein bedeuten, daß der Palast stets auf Regentage vorbereitet ist. Sie vermitteln auch die Botschaft, daß er die letzte Bastion des englischen Gentleman ist. Von Neville Chamberlain in München geschwenkt, von Lord Halifax bei einem Besuch Hitlers nach Berchtesgaden mitgeführt, regierte der Regenschirm einmal die Welt und symbolisiert selbst jetzt noch Whitehall, die Regierungsmaschinerie, mit der der Palast in enger Verbindung steht. Elizabeth ist so etwas wie der konstitutionelle Mittelpunkt im Getriebe der Regierung; nicht umsonst sind ihr Privatsekretär, der Privatsekretär des Premierministers und der Sekretär des Kabinetts als »das Goldene Dreieck« bekannt. Sie sind die drei Männer, die wirklich wissen, was in der politischen Welt vor sich geht.

Elizabeth ist, obwohl sie keine reale politische Macht besitzt, die Bienenkönigin im Zentrum dieser »Alice-im-Wunderland«-Welt aus Korridoren und Spiegeln. Kein gewöhnlicher Sterblicher wird jemals in ihr inneres Heiligtum gelangen außer durch den sorgfältig kontrollierten Zugang über die Fernsehkameras: In jüngster Zeit wurde der TV-Film »E II R«, für die BBC hergestellt von Ed Mirzoeff mit dem Text von Antony Jay, der auch den Text für »The Royal Family« schrieb. Der offizielle Aufhänger für die Sendung war Elizabeths vierzigstes Regierungsjubiläum, das unter einem so unglücklichen Stern stand; und obwohl Sir William Heseltine als Privatsekretär an den ursprünglichen Diskussionen mit der BBC beteiligt war (wie auch schon bei »The Royal Family«, damals als Pressesekretär), bekam der Film eine ganz andere Ausrichtung und reflektierte die Veränderungen, die in den Beziehungen zwischen der Monarchie und dem Volk etwa im Laufe der letzten zwanzig Jahre vor sich gegangen waren. Der Palast wollte verständlicherweise nicht, daß die Familie im Mittelpunkt des Films stand, vielmehr sollte die Aufmerksamkeit des Publikums auf die weitgespannten Aktivitäten der Königin gerichtet werden. Vereinfacht ausgedrückt sollte der Film vor dem Hintergrund des Streits um die Zivillisten und dem wachsenden Pegel republikanischen Murrens den Leuten zeigen, wofür die Monarchie stand und welchen Wert sie für ihr Geld bekamen.

Das Problem, Elizabeth in ihrer Rolle als konstitutionelle Monarchin darzustellen, besteht darin, daß die britische Verfassung, ungeschrieben und weitgehend auf Präzedenzfällen basierend, nahezu nicht erklärbar ist und ganz gewiß nicht visualisiert werden kann. Der Film »E II R« konzentrierte sich deshalb nur auf Elizabeth in ihrer Rolle als Staatsoberhaupt, die Botschafter empfing, Medaillen verlieh und mit John Major über den Golfkrieg sprach. Über ihre Audienzen mit ihren Premierministern sagt sie: »Sie schütten ihr Herz aus, erzählen einem, was vor sich geht – manchmal kann man helfen, man ist eine Art Schwamm, manchmal kann man seinen Standpunkt zur Geltung bringen, weil sie eine Sache noch nicht aus dieser Perspektive betrachtet hatten …« Man sieht sie, wie sie Modell sitzt für eines der hundert Porträts, die von ihr seit ihrer Thronbesteigung gemalt wurden; oder bei einem Staatsbesuch des polnischen Präsidenten Walesa in Windsor; oder aus einem Armeehubschrauber über das von Regen überschüttete Belfast spähend; oder, fast unsichtbar, unter dem berühmten »Hut des Staates« auf dem Rasen des Weißen Hauses, wo das Rednerpult für den viel größeren Präsidenten Bush aufgestellt war. Die Rede, die Elizabeth zwei Tage vor den Häusern des Kongresses hielt, begann mit den Worten: »Ich hoffe, daß Sie mich heute alle sehen können …« Später, beim selben Staatsbesuch von 1991, ist sie mit den Reagans bei einem Bankett auf der »Britannia« zu sehen. Nancy wirkt besorgt, vielleicht weil der arme, alte, zusehends nachlassende Ron einen Fauxpas begehen könnte, doch dann ist es Elizabeth, die, ihrerseits ein wenig unbedacht, eine Bemerkung über die unmöglichen Lasten macht, die der Wohlfahrtsstaat Demokratien aufbürdet, eine Ansicht mit unverkennbar politischem Akzent. Als konstitutionelle Monarchin ist Elizabeth gehalten, unparteiisch und unpolitisch zu sein. Dies ist auch der Grund dafür, warum all ihre vertrauten Berater, zu denen sämtliche führenden Minister, die gegenwärtigen ebenso wie die früheren, gehören, zu absolutem Stillschweigen verpflichtet sind und nichts über den Inhalt der Gespräche mit ihr verraten dürfen. »Es ist eine fundamentale Voraussetzung der königlichen Einflußnahme, daß sie nicht an die Öffentlichkeit gelangt«, wie eine Autorität zum Thema Verfassung kürzlich befand.[2] Aus diesem Grund nimmt der Palast »Außenstehenden« gegenüber ständig eine so negative Haltung ein. Ein ehemaliger Pressesekretär bezeichnete das Pressebüro einmal als das »Kein-Kommentar«-Büro.

Ein auffälliges Merkmal des Films – und eines, das Elizabeth statt als Marionette als Menschen erscheinen läßt – besteht darin, daß sie bei Unterhaltungen in einem normalen Gesprächston spricht und nicht in jenem gestelzten Tonfall, den wir von ihren Weihnachtsansprachen oder Reden zu anderen Anlässen, wie etwa zur Parlamentseröffnung, nur allzu gut kennen. Man sieht sie beim Öffnen von Briefen, von denen sie täglich zwischen zwei- und dreihundert erhält. »Ich bekomme dadurch eine Vorstellung von den Sorgen der Menschen und welche

Art von Hilfe sie von mir erwarten«, sagt sie. »Und manchmal kann ich helfen ..., kann Dinge weiterleiten an die richtigen Behörden oder Organisationen. Ich habe immer das Gefühl gehabt, daß Menschen mir schreiben, und ich möchte sehen, worüber sie mir schreiben. Es gibt so ein Gefühl, daß dies die letzte Zuflucht ist. Ein Mann schrieb, ich sei die einzige, die den Kreis zum Stillstand bringen könne, in dem er stecke ... irgendwie gefiel mir das.«

Elizabeth ist fasziniert von gewöhnlichen Familiensituationen. Bei Aufnahmen auf Balmoral setzt sie sich oft neben einen der Soldaten des Schottischen Regiments, das dazu bestimmt ist, für Schutz zu sorgen, und das auch Treiber stellt, und fragt den Mann über sein Leben aus. Die Soldaten, bodenständige Schotten, oft aus den Slumvierteln von Glasgow, nehmen kein Blatt vor den Mund. Später, beim Dinner, verblüfft sie dann einen Offizier vom selben Regiment, indem sie ihrer Sorge über die Frau oder Freundin des Gemeinen XY Ausdruck gibt.

Sie ist hungrig auf Informationen; sie möchte *es wissen*. Sie kann praktisch jeden, den sie mag, zu einem Privatgespräch hereinbitten, vorausgesetzt, er oder sie gehört nicht einer politischen Partei an, die zu ihrer gegenwärtigen Regierung in Opposition steht. »Audienzen sind meine Möglichkeit, mit Menschen zu sprechen, ohne daß irgend jemand zuhört«, erklärt sie, »und das gibt einem ein ziemlich umfassendes Bild von dem, was in der Regierung oder in der Verwaltung vor sich geht. Die Leute haben das Gefühl, sie können sagen, was sie wirklich sagen wollen, und das ist die Basis für meine Informationen.« Der Film zeigt, wie sie die Aufhebung von Gefängnisstrafen unterzeichnet. Für sie ist das nicht bloß eine Formalität. Sie interessiert sich für die Umstände und erkundigt sich danach. »Oh«, sagte sie etwa, »diese hier betreffen Strangeways [einen Gefängnisaufruhr, der beträchtliche Schlagzeilen machte].« Amtseinführungen sind für sie eine weitere Möglichkeit, Menschen kennenzulernen. Das Protokoll für den Ritterschlag wirkt oft kompliziert – und wird vor dem eigentlichen Akt geprobt. Der Anwärter muß sich vor Ihrer Majestät auf einen niedrigen Schemel knien. Es beginnt damit, daß man ihm sagt: »Ergreifen Sie den Griff mit Ihrer rechten Hand, stehen Sie auf dem linken Bein, und beugen Sie das rechte Knie auf den Schemel. Danach ist der Handdruck der Königin das Zeichen, daß Ihre Zeit herum ist.« Für Elizabeth ist es nicht bloß eine antiquierte Formalität, sondern eine weitere Gelegenheit, einen Blick in eine andersartige Welt zu werfen. »Ich bin immer fasziniert von den Menschen, die kommen, und von den Dingen, die sie getan haben«, sagt sie.

Mitunter passiert es jedoch, daß gleichsam ein Stückchen königlichen Unterrocks hervorlugt. In Schloß Windsor trifft Präsident Walesa, der frühere Elektriker aus Gdansk, eskortiert von einer Reihe prächtiger Kutschen ein. Es geht den sogenannten Long Walk zum Schloß hinauf, angeführt von der königlichen Gardekavallerie, makellos Uniformierten, gestiefelt und gespornt, mit glänzenden Helmen und wippenden Federbüschen. Elizabeth scheint überrascht, daß Walesa, vormals an ein Leben in einer winzigen, überfüllten Wohnung in einem Wohnblock gewöhnt, Windsor so groß findet. »Wie süß«, sagt sie zu Prinzessin Anne. Ebenso zeigt sie sich erstaunt darüber, daß ein Mann, der hinter dem Eisernen Vorhang im kommunistischen Polen groß geworden ist, »nur zwei Worte Englisch kann«. Als Präsident Walesa und seine Frau dann den Raum betreten, wo die gesamte königliche Familie versammelt ist, behandelt sie ihn jedoch von Staatsoberhaupt zu Staatsoberhaupt, und es gibt keine Formalität bei den Vorstellungen: »Meine Mutter ...« Als Prinz Michael von Kent, ziemlich taktlos, versucht, Walesa auf russisch anzusprechen: »Ich spreche kein polnisch, ich spreche nur russisch, aber die beiden Sprachen sind einander ja ziemlich ähnlich ...«, fällt Elizabeth ihm scharf ins Wort: »Hör auf anzugeben!«

Eine königliche Gesellschaft im Frühjahr 1991 in Windsor wird gezeigt. Zu den Geladenen gehören der frühere Labour-Führer Neil Kinnock und seine Frau Gladys. Man sieht, wie Elizabeth nach dem Dinner die Schätze der Königlichen Bibliothek vorführt. Sie zieht einen Band von J. M. Barrie heraus. »Als wir kleine Kinder waren, pflegten wir hier unseren Tee einzunehmen. Er war der großartigste Geschichtenerzähler ...« Alle betrachten einen Band von Königin Victorias Tagebüchern, und zwar in der umgeschriebenen und von ihrer prüden jüngsten Tochter, Prinzessin Beatrice, »bereinigten« Fassung. Elizabeth gesteht, daß auch sie ein Tagebuch führt – »allerdings nicht so detailliert«. Ein Pechvogel von einem Bischof erkundigt sich dümmlich: »Sie schreiben es mit eigener Hand?« Sie mustert ihn erstaunt, hebt eine Augenbraue. »Ja. Ich kann es nicht auf andere Weise schreiben.«

Bischöfe sind in starkem Maße ein Teil von Elizabeths offiziellem Leben als Monarchin. Als Souverän ist sie Oberhaupt der Church of England, der anglikanischen Kirche. Sie ernennt auf Vorschlag des Premierministers die Erzbischöfe und die Diözesanbischöfe, die sodann einen Treueid auf sie ablegen und ihr nach ihrer Weihe huldigen. Eigentlich werden die Nominierungen für die Bistümer von einem kirchlichen Gremium vorgenommen, dem Crown Appointments Committee, das dem Premierminister zwei Namen nennt, wovon er einen auswählt, gegebenenfalls kann er auch um weitere Vorschläge bitten. Diesen legt er dann der Monarchin vor. Elizabeth hat beträchtliches Interesse an Kirchenangelegenheiten, und sie soll, wie kürzlich aus zuverlässiger Quelle verlautete, entsetzt darüber gewesen sein, daß Mrs. Thatcher es 1981 vorzog, Graham Leonhard anstatt John Habgood zum Bischof von London zu ernennen. Offensichtlich machte sie sich die Mühe, den Erzbischof von Canterbury Dr. Runcie zu kontaktieren, um herauszufinden, ob das rückgängig zu machen sei, und wurde mit einem höflichen »Nein« beschieden.[3] Die Verfassung bietet keine Handhabe, wenn ihr ein Premierminister einen Namen vorlegt, mit dem sie nicht zufrieden ist, doch, wie sie dem Dekan von St. Paul's erzählte: »Ich kann immer sagen, ich hätte gern mehr Informationen. Das ist ein Fingerzeig, der dem Premier nicht entgehen wird.« Laut Kenneth Rose, der dies 1985 schrieb, wandte Elizabeth in den letzten Jahren diese Taktik wenigstens zweimal bei umstrittenen Kandidaten an.[4] Und als eine Ernennung anstand, die ihr buchstäblich viel näherlag, da sie den Nachfolger des in den Ruhestand tretenden Dekans von Windsor betraf, den Geistlichen mit den engsten Beziehungen zur Königsfamilie, umging sie erfolgreich den Vorschlag des damaligen Premiers Ted Heath, indem sie den abtretenden Dekan konsultierte und sich seinen Kandidaten zu eigen machte, Reverend Michael Mann.

Der Innenminister ist verpflichtet, der Vereidigung von Bischöfen beizuwohnen; wenn der Bischof kniet und seine Hände ausstreckt, die von der Königin ergriffen werden, ist es die Aufgabe des Innenministers, den Treueid zu rezitieren. »Es ist sehr kompliziert«, sagte ein ehemaliger Innenminister, »und wenn man dem Bischof ein Bein stellen will, so hastet man hindurch. Es hat viel von der Mentalität des Erasmus und kann sich seit den Tagen Heinrichs VIII. nicht sehr verändert haben. In zwei Sätzen werden sowohl der Papst als auch Gott gleichsam hinausgeworfen: »Ich … weise ab alle fremden Fürsten und Prälaten [d. h. den Papst] und erkenne an, daß ich das besagte Bistum in Spiritualität erhalte [d. h. nicht von Gott] und in seiner Zeitlichkeit nur von Eurer Majestät …«

Elizabeth ist sehr konventionell in ihrer Religion; als das neue Gebetbuch an die Stelle des alten »Book of Common Prayer« trat, akzeptierte sie es zwar, doch in ihrem tiefsten Herzen zieht sie die alte Version vor, die in der Kirche von Sandringham benutzt wird an jenen Sonntagen, an denen sie dort anwesend ist. Bei Lesungen aus der Heiligen Schrift wird die alte Bibel benutzt und nicht die moderne Version. Vier verschiedene Bischöfe werden eingeladen, um in Sandringham im Januar zu predigen, wenn Elizabeth dort ist, und es fällt auf, daß die weniger orthodoxe Richtung nur in ihrer Abwesenheit vertreten ist. Obwohl sie nicht sehr häufig die Kommunion empfängt – für gewöhnlich nur an den großen Festtagen wie Ostern, Weihnachten und Pfingsten –, ist sie in der Kirche sehr aufmerksam und ernst. Bei ihrem Aufenthalt in Windsor besucht sie um elf Uhr den Gottesdienst in der Privatkapelle im Great Park nahe der Royal Lodge, und zwar jeden Sonntag; anschließend kehrt sie zurück zum Drink und meistens auch zum Lunch mit der Königinmutter. Seit den letzten dreißig Jahren zeigt sich Philip ernsthafter an Religion interessiert. Er ist »weit weniger sarkastisch, toleranter und bereit zuzuhören«, sagte ein Geistlicher. Gemeinsam mit Elizabeth war Philip stark daran beteiligt, St. George's House als ein Zentrum für christliche Beratung zu etablieren, eine Stätte zum Nachdenken über religiöse Themen und zum »Auftanken« für Laien, Geistliche und Geistliche in der Ausbildung.

Als traditionelle anglikanische Christin mit einer Familie im Hintergrund, die über zwei Generationen hinweg – ihre Eltern und ihre Großeltern – außergewöhnlich stabil blieb, ist Elizabeth in besonderem Maße verletzt durch das Scheitern der Ehen ihrer Kinder; und in mancher Hinsicht auch ohne Verständnis dafür. Genauso wie sie ihre Salbung und die von ihr bei ihrer Krönung abgelegten Gelübde als heilig betrachtet, beinhaltet für sie auch ihre Ehe – besonders, wenn Kinder vorhanden sind – eine Verpflichtung. Scheidung ist die letzte Ausflucht. Mitglieder ihrer Familie, die zu ihr kommen, um ihr von ihren ehelichen Schwierigkeiten zu erzählen, erhalten immer den Ratschlag, zu warten und keine unwiderrufliche Entscheidung zu treffen. Vor Elizabeths Thronbesteigung durften Geschiedene bei Hofe keinerlei Funktionen ausüben und waren – mit der bemerkenswerten Ausnahme von Peter Townsend – von den höheren Rängen der königlichen Hofhaltung ausgeschlossen. Seit 1955 ist es Geschiedenen nicht länger verboten, beim Pferderennen in Ascot den für die Königsfamilie reservierten Bereich zu betreten – nur noch wirkliche kriminelle Delikte und der Bankrott begründen einen Ausschluß. Vor vierzig Jahren hätten selbst nach schuldloser Scheidung nicht einmal alte Freunde Elizabeths eine Einladung in den Palast erwartet; inzwischen sind viele Jahre vergangen. Elizabeth bringt zwar Verständnis für Ehescheidungen auf, doch hat sie ein gleichermaßen ererbtes wie instinktives Gefühl, daß sie ebenso traurig wie verkehrt sind, was dem Scheitern der Ehen ihrer Kinder eine besondere Tragik verleiht.

In künstlerischen und intellektuellen Kreisen gilt Elizabeth im allgemeinen als Philisterin. Sie liest fast niemals ein Buch, es sei denn, es habe mit Pferden zu tun. Sie hat keinen Spaß an Oper, Theater oder Konzerten – nicht einmal am Ballett, für das sich ihre Mutter und ihre Schwester begeistern. Wissenschaft und Technologie langweilen sie. Philip soll zu jemandem, der meinte, die Königin würde vielleicht gern einmal eine Kunstpflanzung besuchen, gesagt haben: »Wenn es kein Gras frißt und nicht furzt, ist sie nicht interessiert.« Dies ist jedoch eine Übertreibung. Elizabeth kennt und schätzt die großen königlichen Sammlungen und sieht sich selbst als deren Wahrerin für künftige Generationen, ein Gefühl, das sich immer mehr verstärkt hat. Es stimmt ebensowenig, daß sie nur Tierbilder liebt, obwohl über ihrem Bett in Sandringham das einzige bekannte antike Gemälde hängt, das einen Corgi zeigt. Einige ihrer Lieblingsgemälde befinden sich in ihrem privaten Eßzimmer und im Korridor in Windsor, darunter auch Ansichten von Rom und Venedig von Canaletto und eine Reihe für George IV. gemalte Werke von Stubbs. Ein früherer Gutachter für die Bilder der Königin versichert: »Sie ist sehr stolz auf die Königliche Sammlung, daran gibt es gar keinen Zweifel, und es bedeutet ihr offensichtlich ungeheuer viel, ihre Kustodin zu sein. Sie hat ein ausgesprochen gutes Auge – eine ererbte Fähigkeit –, und ihr Urteil über ein Bild ist unbestechlich und oft sehr scharf. Sie hat ein gutes visuelles Gedächtnis. Sie täuscht nicht vor, daß sie etwas schätzt, das sie nicht mag oder versteht. Ich glaube, daß sie stark bewegt wird durch einen guten Maler einer gewissen Art von Bildern… Als wir in ihrem privaten Speiseraum im Buckingham-Palast Bilder für sie aufzuhängen hatten, suchte sie einige der besten in der ganzen Galerie aus, sehr eindringliche holländische, flämische und englische Gemälde.«

Elizabeth sieht sich gern allein Bilder an, hat aber bei öffentlichen Ausstellungen selten Gelegenheit dazu, weil ihr privates Vergnügen immer durch aufdringliche Bemerkungen irgendeines Kurators wohlmeinend gestört wird. »Ich erinnere mich besonders an eine Ausstellung von Stubbs in der Tate Gallery, sie wußte sehr viel über ihn, und ich konnte beobachten, wie sich diese Person aufdrängte und ihr das Vergnügen verdarb. Sie wollte nichts weiter, als die Bilder betrachten und ab und zu sagen, was ihr gefiel, und ich konnte sehen, daß diese Erfahrung sie um ihr Vergnügen brachte«, sagte eine Freundin.

Die Größe und die Qualität der königlichen Sammlung ist schier unermeßlich. Sie umfaßt mehr als 7000 Gemälde – im Vergleich dazu gehören der National Gallery rund 2000 –, 3000 Miniaturen, die größte Sammlung ihrer Art; 30000 Zeichnungen und Aquarelle alter Meister, darunter eine Ansicht der Toskana aus der Vogelperspektive von Leonardo da Vinci; 500000 Stiche und Radierungen; Tausende von Kunstwerken und die größte Sammlung auf der Welt von Sèvres-Porzellan. Wie das Vermögen der Königin ist auch die Eigentümerschaft der königlichen Sammlungen umstritten. Obwohl sie von ihren Vorfahren angelegt wurden, sind sie nicht ihr persönlicher Besitz; und obwohl sie oft zu ihrem Vermögen gerechnet werden, ist das de facto kaum haltbar, da sie diese nicht veräußern kann. Aber obwohl sie also theoretisch der Nation gehören und Elizabeth sie für Ausstellungen großzügig verleiht, ist der riesige Umfang der Sammlung dem allgemeinen Publikum nicht zugänglich, außer für kurze Zeit, so wie kürzlich bei der Öffnung des Buckingham-Palastes oder in der benachbarten Queen's Gallery, die als ein »abscheulicher, fensterloser Bunker, ein halbherziges Provisorium… eine öffentliche Kunstgalerie, so anziehend wie das Foyer eines heruntergekommenen Provinzkinos« kritisiert worden ist. Robin Simon, der Chefredakteur des einflußreichen Kunstmagazins *Apollo*, kritisierte kürzlich den Mangel an Phantasie bei der Präsentation der Königlichen Sammlung; sein bissiger Angriff galt nicht der Königin, sondern ihrem Hof: »Das Problem ist der Palast selbst. Der Hof ist wirklich noch immer ein ›Hof‹ mit all der trägen, zaghaften, engstirnigen, amateurhaften Unfähigkeit, die dort seit den Tagen von Ethelred dem Unberatenen herrscht. Wie jeder weiß, der jemals mit dem Palast zu tun gehabt hat, ist das eine Erfahrung, als schwimme man in Melasse. Um irgend etwas zu erreichen, braucht es Jahre absurder Verhandlungen. In demselben Augenblick, wo man bei einem Treffen zu einer Entscheidung kommt, wird ein anderes anberaumt, um alles noch einmal zu überdenken. Rundum beobachten Höflinge einander; fürchten sich, irgendeine Initiative zu ergreifen, die womöglich das leiseste eingebildete Stirnrunzeln bei der Monarchin oder ihren Günstlingen hervorrufen könnte. Wie Dr. Johnson vom Hof von St. James's im 18. Jahrhundert schrieb: ›Sie bemerken den scharfen Blick und lernen, dieses Zeichen zu hassen …‹«[5]

Die Schätzungen von Elizabeths Reichtum variieren sehr stark; Billionen können zusammenkommen, nimmt man sämtliche Paläste samt dem, was sie enthalten, die Privatgrundstücke, die Kronjuwelen und den Schmuck der königlichen Sammlung, den die Königin trägt, zusammen. Doch auch beim Schmuck ist der Besitz ungeklärt. Obwohl die Kronjuwelen offensichtlich unveräußerbar sind, so gehört doch zweifellos ein großer Teil der anderen Juwelen der Familie, erworben mit privaten Mitteln und von Generation zu Generation weitergereicht. Die prachtvollen Dinge, die Elizabeth von den Scheichs am Golf erhalten hat, sind angeblich »Eigentum der Krone«, Sandringham und Balmoral sind Familiengrundbesitz, von Edward VII., respektive Königin Victoria ererbt. Elizabeth ist nicht, wie oft behauptet wird, eine der reichsten Frauen der Welt, doch laut eines privaten Informanten besitzt sie ungefähr 50 Millionen Pfund, und zwar in zwei Fonds, die von zwei verschiedenen Personen verwaltet werden, die miteinander nicht kommunizieren dürfen. Eine genaue Schätzung ihres Vermögens und ihrer Einkünfte ist deshalb überaus schwierig.

Elizabeth ist keine extravagante Frau; es bereitet ihr kein Vergnügen, Geld auszugeben, weder für sich selbst noch für andere. Zwar stehen im Fuhrpark des Palastes Rolls-Royces, jedoch ausgesprochene Veteranen. »Zwei der großen sind zweiunddreißig Jahre alt«, sagte ein Hofbeamter. »Einer, den sie noch immer benutzt, ist vierzig Jahre alt; er war ein Hochzeitsgeschenk der Royal Air Force ... Etwa zwanzig Jahre lang hatte sie kein neues Auto bekommen, bis ihr dann die Vereinigung der Motorenhersteller und Händler eines zum Jubiläum schenkte ... Das war das letzte große Auto, das sie gehabt hat, sie erhielt es 1978, so daß man da von irgendwelchen Extravaganzen nicht sprechen kann ...« Immerhin ist im Buckingham-Palast der uralte hölzerne Servierwagen inzwischen durch einen leichteren, moderneren aus Metall ersetzt worden.

Obwohl sie im Buckingham-Palast und in Windsor über ausgezeichnete Weinkeller verfügt, sind sie und ihre Kinder sehr genügsam. Im privaten Speisezimmer wird kein Wein serviert, es sei denn, die Familie hätte Gäste, und dann trinkt Elizabeth einen Gin und einen Dubonnet vor dem Lunch und am Abend zwei von Philip gemixte Martinis, von denen sie einen mit hinaus nimmt. Normalerweise wird ihr beim gemeinsamen Lunch Wasser gereicht und Philip ein Glas Bier.

Keiner von beiden ißt gekochtes Frühstück, und wenn sie allein sind, besteht die Mahlzeit nur aus einem Gang und Käse, zu dem Elizabeth immer gern ein Stück Sellerie hat. Genau wie ihre Mutter hat sie eine Schwäche für Schokolade, und am liebsten ist ihr der Tee. Sie bereitet ihn gern selbst zu, wobei sie den schwenkbaren Silberkessel benutzt, den Philip für sie entworfen hat.

Elizabeths einzige Extravaganz sind Pferderennen, und selbst die wird so weit wie möglich auf einer geschäftsartigen Basis betrieben. Sie gehört nicht mehr zu den führenden Pferdebesitzern, weder was die Anzahl der trainierten Pferde noch was die Gewinnsummen betrifft. Pferderennen sind heutzutage ein Business ums »große Geld« und haben sich seit dem Erscheinen der wirklich großen Spieler wie der Gebrüder al-Maktoum vor einem Jahrzehnt bis zur Unkenntlichkeit verändert. Die Araber besitzen 500 Stuten, Elizabeth nur 20. Drei Viertel der Pferde der Araber werden auf öffentlichen Auktionen gekauft, wobei Geld keine Rolle spielt, wenn es darum geht, den Bestand zu verbessern und die Gewinnchancen bei den großen Rennen zu erhöhen. Elizabeth kauft selten; zum einen kann sie in finanzieller Hinsicht nicht mithalten, und zum anderen hätte es politische Rückwirkungen, wenn man sähe, daß sie für Pferde Unsummen ausgibt. Für sie nehmen nur Pferde aus eigener Zucht an Rennen teil. Was das Züchten betrifft, so besitzt sie im Land kleine bis mittlere Gestüte, an Größe rund fünf Prozent der Fläche, die den al-Maktoums gehört. Es gibt Gestüte, die sie geerbt hat, zwei in Norfolk, eines auf dem Sandringham-Besitz und eines in Polhampton, das sie 1972 von der Familie Wills erwarb und wo sie die einjährigen Tiere hält. 1982 kaufte sie die West Ilsley Trainingsställe von Sir Michael Sobell und Lord Weinstock für ungefähr 750 000 Pfund; das Geld dafür brachte sie durch den Verkauf des guten Stutfohlens Height of Fashion auf, das Scheich Hamdan al-Maktoum für eine Summe zwischen 1,5 und 1,8 Millionen Pfund erwarb. Einige ihrer Pferde wurden dort bereits von Major Dick Hern trainiert, der einen siebenjährigen Pachtvertrag bis zum Jahr 1989 erhalten hatte; Elizabeth fand dann, sie würde gern eigene Rennställe haben. Sie und ihr Rennmanager Lord Carnarvon ernteten 1989 in der Dick-Hern-Affäre eine Menge schlechter Publicity, als die Königin sich weigerte, Hern seinen Pachtvertrag für West Ilsley zu verlängern. Hern saß im Rollstuhl, nachdem er 1984 einen Jagdunfall gehabt hatte und dann am offenen Herzen operiert worden war. Sein ehemaliger Jockey Willie Carson und ein Teil der Renn-Presse fanden, daß Hern übel mitgespielt worden war. Andere meinten weniger sentimental, daß Carnarvon und Elizabeth eine nüchterne Entscheidung getroffen hätten; die Stallungen hätten sich in chaotischem Zustand befunden, es habe Ungewißheit geherrscht, und die Prognose für Hern sei nicht gut gewesen. Er lebt noch im selben Haus, das Elizabeth gehört, und trainiert in Lambourn auf einem Hof, den ihm Scheich Hamdan zur Verfügung gestellt hat.

Seit 1970 hat Elizabeth einen Rennmanager, ihren alten Freund Lord Carnarvon, und einen Gestütsmanager, Michael Oswald, verheiratet mit einer der Hofdamen der Königinmutter und gleichsam auf Sandringham stationiert. Zu Carnarvons Pflichten gehört es, Elizabeth bei Rennveranstaltungen zu vertreten, mit ihren drei Trainern, dem Earl von Huntingdon, Roger Charlton und Ian Balding, Verbindung zu halten sowie beim An- und Verkauf von Vollblütern und dem

Decken der königlichen Stuten beratend tätig zu sein. Oswalds Aufgabe ist es, die königlichen Vollblutpferde auf Sandringham, Wolferton und Polhampton zu überwachen, das Management der in Gemeinschaftsbesitz befindlichen Hengste zu kontrollieren und in beratender Funktion tätig zu sein beim Decken, Ankauf und bei der Auslese von Stuten. Er ist außerdem Rennmanager für die Königinmutter. Seit Anfang der siebziger Jahre sandte Elizabeth Stuten nach Amerika – nach Irland konnte sie diese wegen der dortigen Unruhen nicht mehr schicken –, um sie mit Hengsten zusammenzubringen, die dem königlichen Gestüt Tempo und Klasse geben konnten. Sie hält die Stuten in einem Gestüt im sogenannten Blue-Grass-Land von Kentucky bei Will Farish in Lane's End und bei Mrs. Chandler bei Mill Ridge. Die Königin reiste privat nach Kentucky, um ihre Pferde und die verfügbaren Hengste zu überprüfen, und wohnte meist bei den Farishes in Lane's End. »Sie ist, glaube ich, dreimal dort gewesen und hat sich die verschiedenen Hengste angesehen«, sagte ihr Rennmanager, »in Abständen von ein oder zwei Jahren, denn mit Pausen dazwischen sieht man natürlich neue Pferde, sonst wären es immer dieselben.« In der Normandie besuchte sie zweimal Gestüte; das erstemal weilte sie bei dem Herzog von Daudufret-Pasquet in Sassy und dann bei dem berühmten Trainer und Züchter Alec Head in Le Haras de Quesnay, wo sie das ungewohnte Vergnügen genoß, auswärts in den lokalen Restaurants zu speisen. Anders als auf Sandringham und Balmoral sind dies ihre wirklichen Ferien; sie scheint sich dessen bewußt und sagt arglos: »Gegen meine Pferdereisen scheinen die Leute nichts zu haben.« Von 1974 bis 1984 ließ Paul Mellon den Prachthengst Mill Reef in Großbritannien, wobei er dafür sorgte, daß Elizabeths Stuten jedes Jahr bei ihm an die Reihe kamen. Das al-Maktoum-Gestüt und der Aga Khan zeigten sich in der Hinsicht gleichfalls großzügig. Da sich die Situation in Irland inzwischen gebessert hat, schickt sie ihre Stuten auch wieder hinüber zu den Klasse-Hengsten auf irischen Gestüten. Da das Einkommen der Königin nun geschätzt wird, sind die Gestüte Business und müssen profitabel sein. »Das ist schwer zu erreichen, und wir haben uns zum Ziel gesetzt, kein Minus zu machen«, erklärte Lord Carnarvon. Es sind eher die Aktivitäten in den Gestüten als etwaige Gewinnsummen, welche die Hauptquelle für das königliche Rennwagnis finanzieren. Elizabeth besitzt ein Viertel von Shirley Heights, einem Hengst, der sich im Gestüt von Sandringham befindet; 1990 verdiente Shirley Heights für jedes erfolgreiche Decken 40 000 Pfund; pro Jahr gibt es davon ungefähr 40 mit einigen »Freikarten« für Elizabeths eigene Stuten. Sie besitzt auch einen Anteil an Bustino auf Wolferton, während Scheich Mohammed mit Belmez, gleichfalls auf Wolferton, sein Geld verdient. Philip Hall, der zwar ein Außenstehender ist, aber als führender Experte für die königlichen Finanzen gilt, schrieb in seinem 1992 erschienenen Buch, daß ein Gesamtüberblick über die Rennaktivitäten der Königin in den achtziger und neunziger Jahren angesichts der relativ geringen Gewinnsummen ihrer Pferde den Eindruck vermittelt, daß sie Verluste mache. Noch 1977 nahm sie unter den Pferdebesitzern Rang zwei hinsichtlich der Gewinnsummen ein, denselben, den sie in jenem Jahr in der Rangfolge der Züchter hatte, doch es sei unwahrscheinlich, daß sie solche Positionen jemals wieder einnehmen werde. Das einzige, worauf sie eigentlich hoffen könne, ist, daß sie keine Verluste mache. »Das kann man nicht über Nacht erreichen. Das dauert zwei Generationen …«, erklärte Carnarvon. Der Pferderennsport ist ein internationales Geschäft mit scharfer Konkurrenz. Elizabeths Pferde haben in Amerika, Deutschland und Frankreich gewonnen. Mit den wirklich großen Spielern kann sie nicht auf gleichem Niveau mithalten, doch hat sie 1993 306 000 Pfund gewonnen.

Elizabeth zeigt sehr viel Sinn fürs Praktische, wenn's um Pferde und Pferderennen geht. Wenn sie es ermöglichen kann, ist sie beim Pferdemarkt in Newmarket dabei, um die Feinheiten des Angebotes zu studieren; für gewöhnlich sind jedoch Carnarvon oder Oswald in ihrem Auftrag scharfe Beobachter, auch wenn sie keinen Kauf tätigen. Vor kurzem erwarben sie für Elizabeth zwei Füllen, eines in Newmarket und eines in Keeneland, Kentucky. Carnarvons Schwiegersohn John Warren hilft ihr beim Ankauf und Verkauf von Einjährigen, und sie verfügt über einige unkonventionelle Verbindungen in der »Pferdewelt«, die ihr bei schwierigen Tieren helfen. Einer der Männer war verblüfft, als sie ihm ein obskures Buch über den Pferdehandel in der Region East Anglia empfahl. Das Geheimnis ist, daß sie jede Art von Pferden liebt und ihr Wissen mit ihrer gewohnten Professionalität vervollständigt. Sie macht einen Abstecher nach Polhampton, von London bequem zu erreichen, um sich ihre Stuten und Einjährigen genau anzusehen.

»Der Grundgedanke besteht darin, 18 bis 20 Stuten zu halten, die normalerweise ungefähr 15 Fohlen und 15 Einjährige produzieren würden – das ist so etwa die Menge, von der die Königin glaubt, daß sie damit umgehen kann«, sagte Carnarvon.[6]

Sie liebt es, zu Pferderennen zu gehen, wie jede Fernsehaufnahme von ihr in Ascot beweist, wo sie so lebendig wirkt wie niemals bei zeremoniellen Ereignissen. Eine Sequenz des Films »E II R« zeigt sie, wie sie mit ihrem Gestütsmanager Michael Oswald auf dem Monitor ein Rennen verfolgt. »Schauen Sie nur«, sagt sie professionell. »Es ist auf dem falschen Bein, kein Wunder, daß es die Kurve nicht richtig kriegt.« Als dann die Pferde die Zielgerade hinunterdonnern, rennt Elizabeth, ihren fünfundsechzig Jahren zum Trotz, aus der Loge ganz nach vorn, um den Zieleinlauf zu beobachten. Wahrscheinlich würde sie lieber einen ihrer eigenen Zweijährigen oder ein anderes Jungpferd bei einem weniger wichtigen Ereignis sehen, doch das läßt ihre Arbeit nicht zu. Carnarvon leiht ihr in der Rennwelt Augen und Ohren, telefoniert mit ihr und erstattet ständig Bericht. Sie ist der alleroberste Boß. »Die Empfehlungen kommen entweder von mir oder von Michael Oswald«, sagt Carnarvon. »Oder von den Trainern, und wenn die Königin dann ihre Entscheidung getroffen hat, erteilt sie mir Anweisungen.« Befindet sie sich außerhalb des Landes, wird sie auch dann konsultiert, es sei denn, es gebe keine Verbindung zu ihr, wie es der Fall ist, wenn sie auf der »Britannia« weilt, von wo die Kommunikationsmöglichkeiten immer noch alles andere als perfekt sind. Nimmt eines ihrer Pferde an einem Rennen teil, zeichnet sie es auf Video auf, oder sie erkundigt sich sogar anonym unter der entsprechenden Telefonnummer nach dem Ergebnis. Vor und nach jedem Rennen bekommt sie entweder einen Anruf von Carnarvon oder ihrem Trainer. Wetten schließt sie nicht ab, ebensowenig wie – allen gegenteiligen Gerüchten zum Trotz – die Königinmutter.

Für Elizabeth hat die Wissenschaft vom Züchten mehr als nur sportlichen Reiz. Mit Carnarvon versteht sie sich auf gleicher, sozusagen kodifizierter Wellenlänge. »Sie ist sehr kenntnisreich, und wenn man ihr Alter erreicht und sehr jung angefangen hat, so wie sie und auch ich... Man schickt ihr einen Paarungsvorschlag mit einem bestimmten Hinweis, und sie begreift sofort, was für eine faszinierende Ingredienz das sein könnte – ›Der Vorschlag gefällt mir.‹« Kürzlich schrieb ein Historiker der königlichen Gestüte: »Wo es um das Decken von Zuchtstuten geht, spielt in der Mehrzahl der Fälle die Königin selbst die Hauptrolle, indem sie ihre eigenen Ideen Lord Porchester [Carnarvon] und Michael Oswald vorlegt, die ihr beide mit Rat zu Verfügung stehen, doch die endgültige Entscheidung trifft stets Ihre Majestät.«[7] Was die Blutlinien von Vollblütern betrifft, ist Elizabeth eine solche Expertin, daß sie den Stamm in der Regel kennt, ohne erst in einem Buch nachschlagen zu müssen. Die Sachkenntnis, die ihre Großmutter, Königin Mary, auf die spinnwebartige Verzweigung der deutschen fürstlichen Genealogie hätte anwenden können, konzentriert Elizabeth auf die Mutationen von Vollblutzuchtpferden. Dazu gehört Kenntnis und Instinkt.

Als quasi-professionelle Besitzerin und Züchterin genießt Elizabeth kaum die rein gesellschaftliche Seite des Rennereignisses oder gar die neue Art von Glanz, die sich heutzutage damit verbindet. Wenn sie mit einem Kenner über die feineren Aspekte eines Rennens oder die Leistung eines Pferdes sprechen möchte, ist sie alles andere als glücklich, wenn sie sich in der Ascot-Hut-Brigade und bei den Trophäen-Gattinnen wiederfindet. Sie mag ihre eigenen Experten und die Besitzer alter Schule, bei denen sie während der Rennveranstaltungen wohnt, obschon viele von ihnen inzwischen die Kinder alter Bekannter sind, wie etwa Lord Halifax, ihr Gastgeber bei der Rennveranstaltung in York.

Auch in ihren Gestüten findet sich kein Glanz. Die Hauptgebäude des Sandringham-Gestüts, Michael Oswalds Hauptquartier, sind seit Edward VII. unverändert geblieben, ein ordentlicher einstöckiger Komplex aus lokalem Braunstein, abgesetzt mit Ziegeln und gleichsam gekrönt von einer traditionellen Stalluhr. Davor erhebt sich, das Gebäude irgendwie zur Winzigkeit schrumpfen lassend, die Bronzegestalt von Edwards Derbysieger Persimmon, inzwischen von Grünspan bedeckt. Weder in den Büros noch in den Stallungen herrscht eine Atmosphäre des Luxus. Vielleicht wegen des überscharfen finanziellen Mißtrauens, dem die Angelegenheiten der Königin jetzt unterliegen, betont Oswald Elizabeths strengen Sinn für Sparsamkeit, wenn sie mit ihm auf Papierfetzen korrespondiert. Der Umschlag, den die Autorin dieses Buches von ihm erhielt, war nicht als Palastbriefpapier und somit gebührenfrei als »Im Dienste Ihrer Majestät« frankiert, sondern normal gestempelt.

Das Herz des Unternehmens ist die gynäkologische »Suite«, kein Ort für Leute mit einer überempfindlichen Phantasie. Das zentrale Objekt dort ist ein gepolstertes grünes rechteckiges Gebilde, in das die Stuten für die diversen gynäkologischen Untersuchungen gesteckt werden, mit Apparaten, zu denen auch ein tragbares Ultraschallgerät von der Größe eines kleinen Fernsehgeräts gehört. Der Gestütspfleger, wie alle königlichen Gestütsangestellten mit einem blauen Anorak mit Elisabeths rotem Zeichen bekleidet, erzählte mir, daß ein über ein Meter neunzig großer Polizist in Ohnmacht fiel, als er die Details erfuhr. Auf einem Plakat an der Wand waren verschiedene embryonale Entwicklungsstadien der Ultraschalldiagnostik sowie Tabellen über Ovulation, Zysten usw. abgebildet. Ultraschall wird zur Feststellung der größten Chancen für erfolgreiche Befruchtung eingesetzt; dies ist schließlich das Ziel des kostspieligen Unterfangens. Zwillinge taugen nichts; ein Tier wird entweder tot geboren oder es ist zum Überleben zu schwach, deshalb wird eines bereits frühzeitig abgetrieben, »als quetsche man eine Erbse heraus«.

Neben dieser gynäkologischen Kammer, deren Boden mit Holzspänen bedeckt ist, befindet sich ein großer Schuppen mit einem großen rechteckigen Fenster. Anstelle einer Verglasung findet sich ein arg strapaziertes Stück Plastikpolster. Dieser Bereich wird benutzt, um den Hengst zu »reizen«; man führt Stuten in diesen Raum, und draußen vor dem Fenster versucht der Hengst an sie heranzukommen. Durch die Tritte gegen das Plastikpolster testet man die Reaktion der jeweiligen Stute, die oft lustlos und voller Widerstreben ist. Hat sich der Hengst genügend erregt, so erfüllt er nebenan seine Aufgabe, sofern er erfolgreich ist, für rund 40 000 Pfund pro Schuß. Vier Männer halten die Stute beim Zaumzeug und sind bemüht, dem Hengst den Zugang zu ihr zu erleichtern. »Es dauert nur ein paar Minuten.« Danach wird die Stute regelmäßig und sorgfältig mit Ultraschall überwacht, und sofern die Befruchtung nicht erfolgreich war, wird die ganze Prozedur so lange wiederholt, bis der Erfolg gesichert ist. Eine

Stute verbringt eine Saison – vom 15. Februar bis 15. Juli – im Gestüt. »Falls die Befruchtung nicht klappt, liegt der Fehler für gewöhnlich bei der Stute und nicht beim Hengst«, sagen die verantwortlichen Männer. »Es ist in jedermanns Interesse, daß sie trächtig wird.« Die Fruchtbarkeitsraten für die Hengste der Königin werden in der Gestütsbroschüre für Bustino über 16 Saisons mit 91 Prozent und für Shirley Heights über 15 Saisons mit 92 Prozent angegeben.

Außer ihren kurzen »Pferdereisen« nach Amerika etwa alle drei Jahre hat Elizabeth niemals richtigen Urlaub, den feindseligen Presseberichten über ihre »sechs Wochen« auf Balmoral und Sandringham zum Trotz. Wohin ihr Weg sie auch führt, ihre Kuriermappen und ihr Sekretariatsstab folgen ihr stets. Selbst sonntags ist einer ihrer Privatsekretäre in Bereitschaft. »Sandringham ist zwar ein Zufluchtsort, aber es ist auch ein Ort zum Arbeiten«, sagt sie in »E II R«. »Es ist ein kommerziell lebensfähiges Stück Englands. Ich liebe die Landwirtschaft. Ich liebe Tiere. Würden wir nur Ackerbau betreiben, wäre ich nicht glücklich, ich glaube, das ist sehr langweilig ... Da es sich um einen ererbten Ort handelt, kennt man ihn von klein auf. Ich weiß, wie sehr mein Vater ihn liebte. Wir stehen in sehr enger Beziehung zu den Menschen auf dem Besitz. Man hat ihnen gegenüber eine Verantwortung.«

Sandringham ist für Elizabeth in sehr starkem Maße ein Ort der Familie. Erbaut wurde es von ihrem Urgroßvater. Sowohl ihr Großvater als auch ihr Vater starben dort, und ihr Vater wurde in York Cottage, einer häßlichen Villa auf dem Grundstück, die mittlerweile als Büro des Besitzes dient, geboren. Die Familie liebt das Big House, das für Außenstehende, offen gesagt, ganz einfach häßlich ist. Wie Königin Marys Biograph James Pope-Hennessy schrieb, sieht es aus wie ein schottisches Golfhotel, in edwardianisch-jakobinischem Stil mit aggressiv-roten Ziegeln erbaut und mit Steinen abgesetzt. Nach dem Vorbild eines Loire-Châteaus wurde es mit einem Hauch von Phantasie geschaffen, mit einer kunstvoll gearbeiteten *porte-cochère* und mit hohen pseudoelisabethanischen Kaminen und Türmen mit Rautenmuster, die Wetterfahnen tragen, bestückt. Das Haus wirkt riesig und hatte ursprünglich 365 Zimmer, von denen jedoch etwa 40 wegfielen, als 1974/75 ein Flügel abgerissen wurde. Es handelte sich um einen Flügel mit einem großen Schlafquartier für die Bediensteten, eine Art Gehege aus winzigen Schlafzimmern, in denen die jüngeren Mitglieder des Personals schliefen, und der üblichen hierarchischen Anordnung von Speiseräumen für die diversen Ränge des Stabes. Der Flügel wurde aus ökonomischen Gründen abgerissen, weil Wasser durchsickerte und er verfiel; während des langen Aufenthalts von Königin Alexandra und in den Kriegsjahren war dort praktisch nichts zur Erhaltung geschehen. Ein Plan nach dem anderen wurde Elizabeth vorgelegt, die, wie ein ehemaliger Angestellter sagte, »sehr darauf bedacht war, daß der Stab durch die Veränderungen nicht in Mitleidenschaft gezogen werden sollte.« Philip unterbreitete den Vorschlag, aus Gründen der Raumersparnis die drei Speiseräume des Stabs zusammenzulegen – so wie er im Buckingham-Palast das System verschiedener Küchen für die Zubereitung der Mahlzeiten für die Königsfamilie und den Stab aufgehoben hatte. Das gab jedoch Schwierigkeiten. Sie bestanden darin, daß dieselbe Art von Dienst und Bedienung gewünscht wurde, doch die Räumlichkeiten für die sogenannte Pantry nicht mehr vorhanden waren, wo unter anderem Geschirr und sonstige Utensilien aufbewahrt wurden. Sir Peter Ashmore, der damalige Haushofmeister, versuchte durch einen Erlaß Abhilfe zu schaffen, aufgrund dessen der Schlafzimmerservice mit Tabletts abgeschafft wurde.

Gespannt erwartete der Stab die Ankunft von »Miß MacDonald«, Prinzessin Margaret und ihren Gäste. Der Zimmerservice wurde wiederaufgenommen. Die Folge war ein heilloses Durcheinander. Weil es keinen Platz mehr für die Unmengen von Frühstückstabletts gab, stapelten die bedauernswerten Pantry-Boys sie überall, so daß das gute Chinaporzellan häufig zu Bruch ging; außerdem mußten sie den Hauptspeiseraum säubern, während die Köche sie bereits anbrüllten, sie sollten gefälligst den Mittagsimbiß für die Jagdgesellschaft vorbereiten.

Es gibt noch immer starke Spuren des alten Regimes. Als Philip sich erkundigte, ob man die Blumen in den Schlafzimmern nicht anders arrangieren könne, entgegnete der alte Gärtner, sie würden so arrangiert, weil dies Königin Mary so gefallen habe, die bis ins Detail hinein bestimmte, wo sie diese haben wollte; und er sprach auch von ihrer Vorliebe für Nelken, der Modeblume vor dem Ersten Weltkrieg.

Als Pope-Hennessy das Haus 1956 besuchte, gab es etwas, das in noch stärkerem Maße makaber erschien und an dem nichts verändert worden war: »Gegenüber dem oberen Podest der Haupttreppe befindet sich eine wahrhaft sinistre Ansammlung kleiner Räume, die auf die Vorderseite des Hauses hinausgehen. Die erste Tür links führt zu dem Zimmer, wo der Herzog von Clarence starb. Dieses trübe und freudlose Loch ist erstaunlich klein, so klein, daß man, auf dem Bett liegend, den Kaminsims berühren könnte. Wie vierzehn Menschen, darunter auch die [umfangreiche] Herzogin von Teck, sich am Morgen des 14. Januar 1892 in diesen Raum hineinquetschen konnten, ist für mich ein absolutes Rätsel«, schrieb er. »Königin Alexandra erhielt diesen Raum als einen Schrein; fast täglich suchte sie ihn auf, streute frische Blumen aufs Bett, betrachtete die Uniformen und Kleidungsstücke des Verblichenen, die gegenüber dem Kamin in einem gläsernen Kabinettschrank hingen. Sogar die Seife und die Haarbürsten lagen noch so wie an seinem Todestag ...« Pope-Hennessy fuhr fort: »Will man ein Fazit ziehen, so ist dies ein abscheuliches Haus, in manchen Teilen mit einer schrecklichen, in anderen ohne jede Atmosphäre. Es war wie ein Besuch in einem Leichenschauhaus; und überall waren ihre Gesichter, gemalt, gezeichnet oder fotografiert; nur wenige Bilder hatten keinen direkten Bezug zu ihnen selbst: Auf geradezu kuriose Weise scheint ihr Horizont begrenzt gewesen zu sein, beschränkt auf den Kreis der eigenen Familie und der Wesensverwandten, mit einer äußeren Konstellation von Bediensteten *jeglicher* Klasse.«[8]

»Schaurig« und »irgendwie beängstigend« waren weitere Wörter, die er benutzte, um das Haus zu beschreiben. »Die Haupttreppe ist«, wie er es ausdrückte, »fast unglaublich düster, ein großes Gebilde aus mandarinenfarbenem Holz ohne ein Fenster in der Nähe. Die Korridore sind nilgrün gestrichen, der Teppich ein häßlich rotgeflecktes Teil. Elizabeths Büro mit hellblau getünchten Wänden und dazu passenden Brokatvorhängen ist ganz im Stil der fünfziger Jahre gehalten.«

Jede Generation der Familie hat ihre Spuren im Haus hinterlassen, doch der dominierende Stil des Ortes ist der von Königin Alexandra, vor allem im Salon, wo sich »1860 als 1760 maskiert«, wie Pope-Hennessy es formuliert, so ziemlich wie das Hotel Ritz in London mit seiner Rokokostukkatur und hübsch bemaltem Plafond mit Himmel, Balustraden, Pfauen und Blumenvasen. Man kann sich vorstellen, wie die Ladys zur Zeit Edwards VII., unter ihnen auch Mrs. Keppel, nach dem Dinner in ihren stromlinienförmigen, üppig bestickten Abendkleidern, mit Perlenketten und Diamantschmuck im hochgetürmten Haar in Erwartung des bärtigen, bäuchigen Königs, der einen durchdringenden Geruch von Havannazigarren um sich verströmte, wie Tauben in einem Taubenschlag herumflatterten. Es gibt eine Art Bilderwand, die wie in einem Mikrokomos Berühmtheiten aus der edwardianischen Ära zeigt, von Gladstone zu Nellie Melba und dem ersten »Gibson Girl«, und man sieht Vitrinen, gefüllt mit Alexandras Sammlung von Fabergé-Tieren, von denen viele ein Geschenk ihres Neffen, des letzten Zaren, sind. Natürlich finden sich dort auch reihenweise Fotografien von Mitgliedern des Königshauses, insbesondere viele von vergangenen Weihnachtsfesten, zum Beispiel von 1951, das letzte von George VI., und von 1901, das letzte der viktorianischen Ära.

Das benachbarte Speisezimmer, das gleichfalls an das Ritz erinnert, ist, wie Pope-Hennessy es ausdrückt, von der Königinmutter »wirkungsvoll desinfiziert« worden: Es ist erbsengrün gestrichen und mit Werken von Goya behängt. Sie hat auch die Eichentäfelung im »Salon« aufhellen lassen, dem gesellschaftlichen Mittelpunkt des Hauses, wo sich alle zum Tee treffen, der überraschenderweise direkt von der Vorhalle abgeht, so daß nervöse nicht-königliche Gäste sozusagen direkt in die Familie platzen. Der obligatorische ausgestopfte Bär, der aus der Zeit Edwards stammt – wie gewöhnlich russisch, aufrecht und ein Tablett für Visitenkarten darbietend –, hat zwar seinen Platz inzwischen räumen müssen, doch in der Halle befinden sich noch immer zwei Wetterstationen, denen Georges V. tägliches Interesse galt.

Zu Fuß gelangt man bequem vom Big House über einen von schottischen Kiefern gesäumten Weg zu der kleinen steinverzierten Kirche von Sandringham, deren stark rötliche, in kleine Platten zerschnittene Steine, die aus einem Steinbruch des Anwesens stammen, horizontal eingefügt sind. Innen ist es die normale englische Gemeindekirche ihrer Zeit mit einem gewölbten Eichendach, das von Engeln gestützt wird, sowie einem Mosaikfußboden aus der Zeit Edwards. Überall sieht man Gedenkplatten für die Familie: für die Schwestern Edwards VII., Alice von Hessen und Kaiserin Friederike von Preußen, für seinen

Bruder Leopold, den Bluter, und für seinen ältesten Sohn, Prinz Eddy. Außerhalb der Kirche befinden sich zwei eindrucksvolle Gräber: das von Prinz Alexander John Charles Albert, dritter Sohn von Edward und Alexandra, »geb. am 6. April 1871, gest. am 7. April 1871«; neben ihm, unter einem roten Granitstein, liegt Elizabeths trauriger, kränkelnder Onkel, Prinz John, »geb. am 12. Juli 1905, gest. am 18. Januar 1919«. Auf dem Friedhof befinden sich auch die Grabsteine der ortsansässigen Familien, die auf dem Anwesen arbeiten und in den zu Wohnzwecken gebildeten Dörfern Dersingham, Benefer, Parker, Marrington, Stratton und Amo leben.

Heutzutage ist das Big House von Weihnachten bis Februar geöffnet; Elizabeth reist im Frühjahr dorthin, wenn die Saison der Vollblutzucht ihren Höhepunkt hat, und die Königinmutter begibt sich immer mit ihren eigenen Hausgästen Ende Juli dorthin. Im allgemeinen benutzt Elizabeth für den Rest des Jahres Wood Farm in Wolferton, wo Prinz John starb, ein reizendes zweistöckiges Farmhaus aus Ziegel und Stein, das renoviert wurde. Philip und andere Familienmitglieder nutzen es an den Wochenenden und bei Jagdgesellschaften, und es gibt dort einen speziellen Platz, der eigens erbaut wurde, um dort während der Jagd das Mittagessen einzunehmen.

Mit 8094 Hektar ist der Besitz von Sandringham einer der größten in Norfolk. Es gibt einen Verwalter, der sich des Namens John Major erfreut, doch die Gesamtkontrolle über den Besitz und vor allem die Jagd hat Philip, während die Gestüte Elisabeths Territorium sind. Außer Pferden, Jagdhunden, Rindern und Schweinen züchtet Elizabeth auch Brieftauben, die sie an Wettbewerben teilnehmen läßt. Einer der Vögel ihres Vaters gewann die Dickens-Medaille, so etwas wie das Victoria-Kreuz für Tiere, das für besondere Leistungen im Zweiten Weltkrieg verliehen wurde. Es gibt Wälder mit hohen, eleganten korsischen und schottischen Kiefern, und gegen das Meer hin dehnt sich flaches Land bis zum 1860 erbauten Deich; dahinter befindet sich rauhes Gras, das bei Flut von der See bedeckt und bei Ebbe von Bächen durchädert ist. Unendlich wölbt sich der Himmel über die große Fläche Wasser, die »Wash« genannt wird, und gegen Norden hin schimmert die Küste von Lincolnshire wie eine Fata Morgana. Sampshire, eine Art salziger Meeresspargel, wächst im Schlamm unter Wasser und kann, wie es schon seit dem Mittelalter Usus ist, bei Ebbe geerntet werden. Gekocht und mit Mayonnaise oder Sauce Hollandaise gegessen, wird er als eigener Gang serviert. Die königliche Familie liebt diese Speise, und Sampshire von Sandringham wurde beim Hochzeitsfrühstück des Prinzen und der Prinzessin von Wales serviert. Der pensionierte Wildhüter Montague Christopher und seine Frau bringen pro Jahr zwei Sampshire-Ernten ein, die sie nach Balmoral und zum Prinzen von Wales nach London schicken. Einmal ernteten sie dreißig Pfund für ein Staatsbankett für den Präsidenten von Mexiko. Philip mag besonders Haselnüsse aus einem Nußhain bei Appleton, dem alten, inzwischen abgerissenen Haus, wo Königin Maud von Norwegen wohnte. Da der Herzog zur Nußerntezeit niemals dort ist, sammelt der Wildhüter die Nüsse und vergräbt sie, ähnlich wie die Eichhörnchen, in Beuteln im Wald in einer Tiefe von etwa einem Fuß als Schutz gegen Frost. Sie halten sich so gut, daß sie im Januar noch genauso prächtig schmecken wie im Oktober. Wildbret – der echte Damhirsch wie auch der Munjakhirsch und Rehböcke – werden für die Palastküchen nach London geschickt. Elizabeth mag ländliche Spezialitäten, Quittengelee von dem Quittenbaum auf Wood Farm, Körbchen mit Wildgeflügeleiern, die sie von den Wildhütern bekommt. Obgleich Philip die Gesamtkontrolle über den Besitz hat, entgeht Elizabeth dennoch nichts, und in solchen Dingen wie den Ziegeln für die Dacherneuerung der Schuppen oder Scheunen hat sie das letzte Wort. »Sie ist eine Meisterin des Details«, sagte einer ihrer Angestellten. »Sie besitzt eine sehr scharfe Beobachtungsgabe und ein unglaublich dauerhaftes Erinnerungsvermögen, ein trainiertes Gedächtnis für Fakten.«

Balmoral ist der andere Ort, wo sich Elizabeth ihren Kindheitstraum erfüllen kann, »mit einem Farmer verheiratet zu sein und viele Pferde und Kühe und Hunde zu haben«. Ihren alljährlichen Besuch dort nennt sie »Überwintern«.

»Es ist hübsch, sechs Wochen lang im selben Bett zu schlafen«, sagt sie. »Und es liegt auch eine gewisse Faszination darin, den Besitz genauso zu erhalten, wie Königin Victoria ihn hatte.«

Wenn man vom Schloß aus das Tal des Dee hinaufschaut, wo die langhörnigen und langhaarigen Hochlandrinder in der Ferne weiden, ist die Aussicht nicht sehr viel anders als in den Tagen Victorias. Elizabeth, die Schirmherrin der Highland Cattle Society, der Gesellschaft für Hochlandvieh, ist, begann mit der Balmoral-Herde bald nach ihrer Thronbesteigung im Jahre 1953. Sie hat kürzlich dreimal in Folge die höchste Auszeichnung für ihre Bullen erhalten und verfügt über dreißig Zuchtkühe. Sie züchtet auch Highland-Ponys, und viele Jahre lang war ihr Hengst der Champion der Royal Highland Show, Fellponys und Österreichische Haflinger, die kastanienbraune Felle und blonde Mähnen und Schweife haben.

Während Philip Elizabeth gegenüber hier wie auch auf Sandringham für den Privatbesitz verantwortlich ist und der alltägliche Betrieb vom Verwalter beaufsichtigt wird, nimmt sie großen Anteil daran und reitet jeden Tag aus, um zu sehen, was vor sich geht. Das Rotwild, das Victoria so pittoresk fand, stellt heutzutage auf Balmoral ebenso ein Problem dar wie auf jedem Hochlandbesitz. Das Anwesen von Balmoral ist Gründungsmitglied der sogenannten Grampian Deer Management Group, die sich um die Regulation des Wildbestandes bemüht. Rund 4500 Hirsche durchstreifen den Besitz, und es sind knapp zwei Meter hohe Zäune erforderlich, um sie von neuen Pflanzungen fernzuhalten. Es gibt 29138 Hektar Wald, wo nach den sogenannten Erhaltungsprinzipien verfahren wird – wo Bäume fallen, bleiben sie auch liegen, als Obdach für Käfer oder andere wildlebende Tiere. Philip interessiert sich für die Regenerierung des ursprünglichen Waldes: Die Hirsche werden durch Zäune und neu gepflanzte heimische Kiefern ferngehalten. Elizabeth sucht winzige Bäumchen und schützt sie rundum mit Geäst oder dergleichen, der Prinz von Wales errichtet Schutzgitter für Bäume. Die großen Ameisenhaufen werden sorgfältig erhalten, weil die Ameisen die Bäume säubern und Blattläuse vertilgen.

Die Jagd ist ein wichtiger Teil des Tages auf Balmoral genauso wie auf Sandringham, und Elizabeth bringt ihre Jagdhunde mit. Wenn allerdings auf Balmoral der Dudelsackpfeifer der Königin rings um die Gebäude jeden Morgen zwanzig Minuten lang seine Weisen spielt, recken die Labradorhunde und Spaniels in den königlichen Zwingern ihre Nasen in die Luft und heulen ihren Protest hinaus. Die geliebten Corgis begleiten ihre Herrin natürlich und dürfen Kaninchen aus dem kleinen Stück Nutzgarten dicht beim Schloß verjagen. Probleme gibt es, wenn Elizabeth ihre Mutter auf Birkhall oder an einem anderen Ort besucht. Die Corgis ihrer Mutter lieben sie zwar, doch kommen die beiden Rudel nicht miteinander aus, und einmal kam es zu einem scheußlichen Zwischenfall, als sie miteinander kämpften und eines der Tiere verendete. Sowohl Elizabeth als auch ihre Mutter sind vernarrt in ihre Hunde, und niemand darf auch nur ein Wort gegen sie sagen.

Es ist Brauch, daß nach dem Lunch den Corgis Hundebiskuits zugeworfen werden. Einmal nahm offenbar ein nervöser Bischof ein Biskuit vom Tablett eines Lakaien und aß es auf; bei einer anderen Gelegenheit war ein Gast sehr überrascht, als die weißbehandschuhte Hand eines Lakaien dicht bei Ihrer Majestät erschien und es rings um ihn, gleich Manna, Biskuits auf den Fußboden regnete. Er fühlte, daß etwas Pelziges scharf um seine Füße und gefährlich um seinen Schoß herumwirbelte, und versuchte einen Scherz: »Meine Hunde betteln auch, Ma'am.«

Elizabeths Antwort war eisig: »Meine Hunde betteln nicht.« Andeutungen, daß sie kläffen oder schnappen, sind gleichfalls unwillkommen. Corgi-Dienst, das Vorrecht des Lakaien der Königin, ist im allgemeinen nicht beliebt. Das Rudel kann aus sieben bis elf Tieren bestehen. Jeden Morgen werden sie ausgeführt. Elizabeth verfüttert selbst um fünf Uhr nachmittags die Hauptmahlzeit an sie; das Futter wird zubereitet, von Elizabeth gemischt und den Hunden gegeben. Dann werden sie abermals ausgeführt; dies kann schwierig werden, weil sie von Elizabeth nicht fortwollen und es jedem Bediensteten verübeln, wenn er ihnen zu sagen versucht, was sie tun sollen. Außerdem sind sie alle in einem Raum verstreut, unter einem Vorhang, hinter einem Sofa und müssen erst eingesammelt werden. Bei den Mahlzeiten kann es für die Gäste peinlich werden, weil es unter der Tafel womöglich zu lauten Auseinandersetzungen der Hunde kommt und die Gäste nicht wissen, wie sie reagieren sollen. Die Corgis sind so untrennbar mit Elizabeths Image verbunden, daß sie in der Royal Encyclopedia einen längeren Eintrag besitzen als die Hofkorrespondenten – die respektable Sorte des königlichen Medienvolkes. Hier erfahren wir, daß Elizabeths gegenwärtiges Siebener-Rudel in der zehnten Generation abstammt von Susan, einem besonders langlebigen Tier, das sie an ihrem achtzehnten Geburtstag, 1944, als Geschenk erhielt und das auf

Sandringham starb und dort begraben ist. Es gibt auch zwei »Dorgis«, das Ergebnis einer Kreuzung von einem von Elizabeths Corgis und einem Margaret gehörenden Dachshund. Wenn sie sich auf Reisen befindet, ist Elizabeth daran gewöhnt, mit den kläffenden Repräsentanten des lokalen Corgi-Clubs konfrontiert zu werden, und bei der Ausstellung zur Feier ihres vierzigjährigen Thronjubiläums, einer ziemlich langweiligen Angelegenheit mit Uniformen in Schaukästen und Elizabeths leblos an Standpuppen hängenden Kleidern, war ein ausgestopfter Corgi, der auf dem Fußboden der Imitation einer ihrer Salons lag, noch eines der lebendigsten Ausstellungsstücke.

Immer wenn Elizabeth einen ihrer »teuren Fahrten« nach Balmoral und Sandringham unternimmt, wird sie von etwa achtzig Personen ihres häuslichen Stabes begleitet; sonst beschränkt sich das Personal dort auf die Haushälterin sowie auf Personen zwecks Säuberung, Instandhaltung und Gärtner. Der Stab – Elizabeth haßt das Wort »Diener« und gestattet nicht, daß es gebraucht wird – freut sich über die Abwechslung genauso wie die Familie. Die Atmosphäre ist entspannter und die Herrschaften auch. »Die Königin erwartet von uns, daß wir uns auf Balmoral ein wenig entspannen und vergnügen«, sagt ein Mitglied des Stabes. »Sie sagt immer: ›Ich bringe meinen Stab doch nicht hierher, damit die Leute sich unglücklich fühlen.‹ Auf Balmoral hat sie für den Stab eine neue Freizeithalle gebaut, und sie liebt es, zum alljährlichen Urlaubsende dorthin zum Kostümball geladen zu werden. Finden dort Feiern des Personals statt, zeigt sie sich rücksichtsvoll; entweder veranstaltet sie mit ihren Gästen im Freien ein Barbecue, oder sie sorgt dafür, daß das Dinner so frühzeitig stattfindet, daß dem Stab genügend Zeit bleibt. Veranstaltet das Personal Barbecues, ist sie darauf bedacht, das königliche Barbecue irgendwo anders zu haben, um es nicht in Verlegenheit zu bringen. Elizabeth ist eine rücksichtsvolle Chefin, und seit ihrer Thronbesteigung sind die Bedingungen für den Stab angenehmer geworden. Vor allem die Ascot-Woche ist für das Personal immer eine strapaziöse Angelegenheit gewesen; am Ende der anstrengenden Woche mußte es nach dem Freitagnachtball bis sechs Uhr morgens aufbleiben, die Gäste brachen erst am Samstag auf. Elizabeth sorgte dafür, daß der Freitagstanz früher abgewickelt wurde und die Gäste am Freitag aufbrachen.

Übrigens mußten bei großen Ereignissen wie der Ascot-Woche die männlichen Mitglieder des Stabs ihr Haar pudern, was sie haßten, und Kniehosen sowie lange Fangschnüre an ihren Uniformen tragen, was ihnen das Servieren bei Tisch sehr erschwerte. Nach dem Dinner war es Sitte, daß sich zwei Bedienstete, ein Page und ein Lakai, zu Verfügung halten mußten. »Die Königin pflegte gegen halb zwölf, zwölf zu Bett zu gehen, während Prinzessin Margaret bis um halb drei aufblieb ... Als der Königin das bewußt wurde, sagte sie, sobald sie zu Bett ginge, solle der Stab den ausharrenden Gästen gute Nacht sagen und ihnen dalassen, was sie brauchten.« Benimmt sich der Stab allerdings schlecht, so kann Elizabeth auch andere Saiten aufziehen. Auf Sandringham sagte jemand einmal: »Die Königin kam in den Speiseraum und traf auf ein paar junge Lakaien, die dort herumtollten. Sie stauchte sie gewaltig zusammen.«

Elizabeth überwacht ihren Haushalt und ihre diversen Häuser gern. Es macht ihr Spaß, Einrichtung und Ausstattung zu überprüfen, und sie beteiligt sich auch gern daran. Eine besondere Freude ist es für sie, ohne professionellen Rat die Schlafzimmer zu gestalten. »Nicht immer mit großem Erfolg«, sagt ein Höfling. »Ich erinnere mich, wie sie einmal drei der Schlafzimmer für Staatsbesuche zurechtgemacht hatte und wie aufgeregt sie war. Sie hatte große Chintzstoffe gefunden, die in diese Zimmer paßten. Ein Schlafzimmer hatte sie à la Laura Ashley gestaltet, und darauf war sie besonders stolz. Auf Balmoral ist es ähnlich, sie benimmt sich wie jemand, an dem eine Hausfrau verlorengegangen ist. Sie liebt es, den Tisch in der Blockhütte zu decken, und holt die Sandwiches aus diesen altmodischen Biskuit-Blechdosen, in denen sie sich befinden ... Man wagt es nicht, ihr zur Hand zu gehen ...«

An Gärten ist sie nicht so interessiert wie ihre Mutter und ihr ältester Sohn. »Ich bin eigentlich nur eine Jäterin«, erklärte sie einem Gast auf einer Holyrood-Party für Gärtner, doch behält sie die Dinge trotzdem im Auge. Als ein Freund sie fragte, ob er für ein Buch ihre Blumenrabatten von Holyrood fotografieren dürfe, sagte sie: »Ja, aber nicht vor dem 15. Juli, vorher sind sie nicht soweit ...«

Ein ehemaliger Höfling berichtet: »Sehr, sehr oft habe ich die Königin sagen hören: ›Also mir erzählt hier niemand irgendwas.‹ Tatsache ist jedoch, daß sie viel besser informiert ist als fast jeder, den ich bei irgendeiner Gelegenheit kennengelernt habe. Der Grund dafür ist einfach. Jeder, der glaubt, etwas zu wissen, was niemand sonst weiß, möchte der erste sein, der es der Königin sagt. Ich meine damit nicht zuletzt ihren berühmten Pagen für viele Jahre, Mr. Bennett, der alles wußte und erspähte, von der Treppe hinab ebenso wie von unten hinauf. Er versorgte sie mit einer Unmenge von Informationen, doch ist das etwas, von dem ich meine, daß da eine Gefahrenquelle im Haushalt der Königin ist, der jetzt ziemlich ausgehöhlt wird. In den letzten Jahren haben sie eine Periode finanzieller Reorganisation durchgemacht, geleitet von Michael Peat, der zum Finanzberater der Königin ernannt wurde...«

Erwähnt man den Namen Michael Peat gegenüber irgendeinem Mitglied von Elizabeths Stab, so werden selbst die umgänglichsten sarkastisch. »Rücksichtslos« ist das Wort, das am häufigsten gebraucht wird, um ihn zu charakterisieren. Der königliche Haushalt, die traditionellste aller britischen Institutionen, hierarchisch, patriarchalisch und dennoch überaus persönlich und basierend auf der Loyalität zu Elizabeth, wird unter dem Regime des Lord Chamberlain, dem Earl von Airlie, und Mr. Michael Peat genau jener Prozedur unterworfen, bei der es ausschließlich um kostensenkende, managementorientierte, leistungsgerechte, kostenbewußte Übungen auf der Grundlage von Verfügungen geht, was vielen Firmen und Unternehmungen den Lebensnerv durchtrennte.

Ein ehemaliger Höfling erinnert sich: »Als ich seinerzeit dort begann, stand für alle Mitglieder des königlichen Haushalts die Königin an allererster Stelle. Ich erinnere mich, wie wir einmal beim Lunch mit dem Lord Chamberlain über irgend etwas diskutierten und Sir Michael Adeane mit sehr trockener Stimme fragte: ›Weiß irgend jemand, was die Königin will?‹ und ein tödliches Schweigen eintrat. Darauf sagte er: ›Nun, ich meine, irgend jemand sollte sie fragen, und wir werden keine Zeit mehr verschwenden, darüber zu diskutieren.‹ Lord Plunket antwortete, er würde sie morgen sehen. ›Nun, dann fragen Sie sie morgen, und ich werde am Dienstag dasein... Lassen Sie mich wissen, wie die Antwort lautet, und verschwenden wir jetzt keine Zeit mit einer weiteren Erörterung.‹ Und so sollte es sein. Jetzt geht hier viel vor sich... Es ist so was Ähnliches wie eine Behörde eingerichtet worden, die von uns Jahresberichte verlangt und auch bei dem ganzen Stab alljährliche Befragungen vornimmt, und in den unteren Regionen des Haushalts der Königin herrscht das Gefühl, daß die Atmosphäre und die Stimmung verändert sind, und sie haben nicht mehr das Empfinden, daß die einzige Person, für die sie arbeiten, die Königin ist. Vielmehr haben sie das Gefühl, daß sie von anderen Menschen Befehle erhalten, die von der Königin gebilligt sein mögen – oder aber auch nicht. Das wurde mir vom Stab im königlichen Palast gesagt. Es ist eine ziemlich traurige Situation.«

Michael Charles Gerrard Peat, sechsundvierzig Jahre alt, erzogen in Eton und am Trinity-College, Oxford, mit einem akademischen Abschluß der europäischen Top-Business-School INSEAD, ist ebenfalls ein ausgewiesener Spezialist für Rechnungswesen. Praktische Erfahrung auf diesem Gebiet hat er von 1972 bis 1993 als ein Partner bei KPMG Peat Marwick erworben, der von seinem Vater gegründeten Firma. Seit 1990 ist er »Director of Finance and Property Services«, ein neuer, eigens für ihn geschaffener Titel im königlichen Haushalt, doch mit seiner Überprüfung ebendort begann er bereits 1986, engagiert von dem neuen Lord Chamberlain, dem dreizehnten Earl von Airlie, der 1984 zu dieser Spitzenstellung im Palast gelangte, nach einer Karriere überwiegend im Londoner Handelsbankwesen, wo er vierunddreißig Jahre lang für K. Schroder Wagg arbeitete. Airlie, hochgewachsen, schlank und makellos gepflegt, ist der Enkelsohn der berühmten Mabell, Lady Airlie, Königin Marys Hofdame und Freundin, die bei König George VI. und Königin Elizabeth als Cupido fungierte und deren Memoiren »Thatched with Gold« vor denen von Crawie erschienen und in Hofkreisen nicht unbedingt gebilligt wurden. Seine Frau Virginia, Tochter der gefeierten Dame der Gesellschaft »Nin« Ryan und John Barry Ryans von Newport, ist eine Hofdame der Königin. Airlie ist durch die konkrete Handhabung seiner Aufgaben und durch die Protektion Peats mit großem Abstand das einflußreichste Mitglied des Hofstaates. »Lord Maclean«, sagte ein Mitglied des Stabes bedauernd über den letzten Lord Chamberlain, »pflegte uns in Ruhe zu lassen.«

Lord Airlie kam mit Mr. Peat in Verbindung, als er unter seinem

Vorsitz bei Schroder war und eine Übersicht über die weltweite Organisation erstellt wurde. Außerdem agierte Peats Firma als Rechnungsprüfer im Buckingham-Palast und war deshalb mit den finanziellen Verhältnissen dort vertraut. Nachdem er nach seiner Ernennung zum Lord Chamberlain ein halbes Jahr mit »Schauen und Lauschen« verbracht hatte, entschloß sich Airlie zu einer entsprechenden Umgestaltung der Haushaltsmaßnahmen, um den Palast mit den »besten Geschäftspraktiken« vertraut zu machen, die in der Welt draußen angewendet wurden. Elizabeth stimmte offensichtlich zu, daß es »vielleicht eine nützliche Übung sein könnte«. Als Ergebnis von Lord Airlies Administration hat der königliche Haushalt, also Airlie und Peat, mehr Kontrolle über seine Angelegenheiten als zuvor. Durch die Vereinbarungen zur Zivilliste, die für zehn Jahre festgeschrieben statt alljährlich neu angepaßt wurde, waren längerfristige Planungen möglich geworden. Die unbewohnten Paläste, wie etwa Hampton Court oder der öffentliche Teil des Kensington-Palastes, unterstehen jetzt nicht mehr der direkten Kontrolle des Department of National Heritage, sondern der Historic Royal Palaces Agency, während die bewohnten Paläste – der Buckingham-Palast, Schloß Windsor und die Besitzungen wie St. James' Palace, Clarence House, Stable House Yard und Marlborough House Mews – nicht mehr von der Property Services Agency betreut werden, sondern direkt der Kontrolle von Michael Peat unterstehen und durch einen jährlichen Zuschuß von etwa zwanzig Millionen Pfund durch das Department of National Heritage finanziert werden.

Die letztere Regelung wurde bei Hofe mit gemischten Gefühlen aufgenommen. Parlamentsabgeordnete, die darauf aus sind, die königlichen Finanzen in noch stärkerem Maße den kritischen Blicken der Öffentlichkeit auszusetzen, haben die zahlreichen »Gnade-und-Gunst«-Residenzen im Visier, die Geschenke der Königin sind und von gegenwärtigen und ehemaligen Angestellten bewohnt werden. Diese Residenzen bieten die Möglichkeit, ältere und jüngere Mitglieder des königlichen Haushalts für ihre ganz und gar nicht üppigen Gehälter zu entschädigen. Sie versetzen sie in die Lage, oft in sehr begehrenswerten Häusern von Zentrallondon zu leben, entweder mietfrei oder für ein Taschengeld. Wenn sich Arbeitgeber und Hauswirt in ein und derselben Person vereinen, bedeutet das eine zusätzliche Garantie für Loyalität. Der Tod der ältlichen Lady Gale, die 1985 bei einem Feuer umkam, das in ihrem Gnade-und-Gunst-Appartement in Hampton Court ausbrach und später den Palast stark beschädigte, lenkte die öffentliche Aufmerksamkeit zum erstenmal auf dieses System. In den Jahren 1994/95 folgten Meldungen über die enormen Summen, die für die Einrichtung eines Appartements mit sechs Schlafzimmern im Kensington Palast ausgegeben wurden, die ehemals von Prinzessin Alice bewohnt, jetzt für die Benutzung durch Mr. Peat gedacht waren.

Zweihundertachtzigtausend Pfund kostete die Inneneinrichtung, wovon 100 000 Pfund allein auf Teppiche verwandt wurden. Mr. Peat bezahlt 450 Pfund Miete für diese Wohnung, während in diesem Viertel vergleichbare Appartements mit der Monatsmiete bei 2000 Pfund und mehr liegen. Die Gesamtkosten für die Neueinrichtung dieser Appartements sowie für das benachbarte von Mr. Peats Stellvertreter wurden auf eine Million Pfund geschätzt. Überdies verlautete, Mr. Peat habe im Mai 1995 einen Bonus von 13 000 Pfund zusätzlich zu seinem Gehalt von 116 000 Pfund – nach den Maßstäben der Hofhaltung ohnehin schon hoch – erhalten. Königliche Beamte behaupteten, Peats Einsparungen beim Betrieb des Haushalts und dem Unterhalt der Paläste würden sich bis zum Ende des Jahrhunderts auf über 50 Millionen Pfund belaufen.

Das Einkommen und die Vergünstigungen Mr. Peats kamen bei den Zimmermädchen im königlichen Haushalt gar nicht gut an, deren Löhne bei den Reformen de facto gekürzt worden waren. Das Hauspersonal war verärgert, weil die Büroangestellten besser bezahlt werden, und diese Leute haben das Gefühl, daß eine leistungsorientierte Bezahlung bei den Bedingungen ihrer eigenen Arbeit unfair und unmöglich ist. Die offizielle Antwort lautet, eine Änderung sei schon längst fällig gewesen und daß so etwas immer unpopulär sei. Das stimmt zwar, doch könnte man bezweifeln, daß es klug ist, ein weises Ethos zu gefährden, das sich über die Jahre entwickelt hat: das Gefühl, eine Gemeinschaft zu sein und zu einer Familie zu gehören, die durch den königlichen Dienst gleichsam erzeugt worden ist. Elizabeth ist eine Traditionalistin; sie hat den Reformen zwar zugestimmt, doch fragen sich die Leute, in welchem Maße sie sich jetzt dessen bewußt ist, was vor sich geht. Verfügungen sind kein Ersatz für persönlichen Kontakt, und wenn es zu Neueinstellungen kommt, gibt es zwischen der Personalabteilung und dem sogenannten Senior-Stab kaum Konsultationen. Bobo MacDonald und »Bennie« Bennett, welche die Königin über ihre Eindrücke informiert hätten, sind beide tot. Niemand sonst würde es wagen, sich einzumischen. Und außerhalb des Palastes sind die Zeitungen stets gegenwärtig, stets hungrig auf Neuigkeiten und bereit, dafür zu bezahlen.

Elizabeth und Philip sind absolut diskret. Nie erörtern sie Familienangelegenheiten in Anwesenheit des Stabes, auch läßt Elizabeth niemals etwas von privatem Charakter irgendwo herumliegen, wo es sich als eine Versuchung erweisen könnte. In der Tat hat sich der königliche Stab bemerkenswert loyal verhalten – »undichte Stellen« gab es in den letzten Jahren hauptsächlich bei den Beamten. Die jüngeren Mitglieder der Königsfamilie sind weniger vorsichtig gewesen. In ihrer Anfangszeit war die Prinzessin von Wales dafür gescholten worden, daß sie in die königlichen Küchen ging und mit dem Personal plauderte, und sie schockierte die Höflinge durch die Offenheit, mit der sie in Anwesenheit der Bediensteten sprach und agierte. Einige der schlimmsten Missetäter in puncto Indiskretionen waren in vergangenen Jahren die beiden Kammerherren von Charles, Stephen Barry und Ken Stronach. Charles ließ Barry viel zuviel Spielraum, was diesem zu Kopf stieg. Er lud seine schwulen Freunde in die Paläste ein und führte sie herum – sogar in Clarence House, dem Heim der Königinmutter. Im Buckingham-Palast pflegte er in seinen Räumen Partys zu geben, wobei Lakaien Drinks und Appetithäppchen servierten. Er lieferte einen großen Teil des Materials für kürzlich erschienene Bücher über die »Royals«; außerdem schrieb er selbst eines, wonach er von der Prinzessin von Wales gefeuert wurde.

Die Prinzessin von Wales ist für ihren Stab sehr schwierig, der Prinz von Wales verhätschelt und anspruchsvoll, um nicht zu sagen, fordernd. Er schreibt ärgerliche kleine Notizen über Belanglosigkeiten: »Dieser Schwamm ist trocken. Sorgen Sie bitte dafür, daß er sofort befeuchtet wird.« Oder er schickt jemanden vom Stab von Highgrove nach London, um sich ein einziges Paar Manschettenknöpfe holen zu lassen. Er neigt zu richtigen königlichen Wutausbrüchen, wie Stronach sie so plastisch beschreibt. Sein Großvater George VI. pflegte das Mobiliar mit Fußtritten zu traktieren, bevor sein Benehmen durch den beruhigenden Einfluß seiner Frau gemäßigt wurde. In einem Haus in Northamptonshire, wo er sich zur Jagd aufhielt, mußte man aus seinem Zimmer wertvolles antikes Mobiliar entfernen und vor seiner Ankunft durch etwas Strapazierfähigeres ersetzen. Charles ging unter dem Streß seiner scheiternden Ehe offenbar sogar so weit, ein Waschbecken aus der Wand zu reißen.

Stronach, der Charles von Mountbatten sozusagen »vermacht« worden war, hatte sich als außergewöhnlich loyal erwiesen und überraschte alle durch die Art und Weise, wie er an die Öffentlichkeit ging. Als Grund dafür gab er an, er habe sich »niedergeschmettert« gefühlt durch Charles' Eingeständnis der ehebrecherischen Beziehungen mit Camilla Parker Bowles, nachdem der Stab des Prinzen so große Anstrengungen unternommen hatte, sie sowohl vor der Prinzessin als auch vor der Presse geheimzuhalten.

Es ist unvorstellbar, daß irgend jemand, der Elizabeth oder Philip nahesteht, sich so verhalten würde. Sie haben sich die Loyalität ihres Stabs verdient. Selbst Philip mit seinem explosiven Temperament wird von seinem Personal gemocht. Elizabeths Hofdamen und Freundinnen sind allerdings weniger von ihm entzückt, sie finden ihn schwierig und tyrannisch. Wie viele Männer kann er warmherzig und charmant zu einer hübschen Frau sein, selbst wenn er weiß, daß es sich um eine Journalistin der Boulevardpresse handelt, ein Typ, der auf seiner Haßliste ganz oben steht. Gegenüber Frauen mittleren Alters oder solchen, die er nicht attraktiv findet, kann er bemerkenswert unliebenswürdig sein. Sowohl er als auch Elizabeth sind gute Kenner jener Menschen, die für sie arbeiten. Elizabeths Hofdamen sind, fast ohne Ausnahme, besonders charmant, schlagfertig und freundlich. Sie sind weder snobistisch noch aufgeblasen, und einige von ihnen verfügen über eine ausgesprochen große geistige Unabhängigkeit und amüsieren sich oft insgeheim über die pedantischen Verhaltensweisen der männlichen Beamten des Hofes.

Die Spitzenleute an Elizabeths Hof – der Lord Chamberlain, der Privatsekretär, der Verwalter der Privatschatulle, der Haushofmeister, der Stellvertretende Privatsekretär und der Pressesekretär – sind in ihrer Mehrzahl von traditioneller Prägung: Sie entstammen Familien der Oberschicht, haben gute Privatschulen absolviert, zumeist Eton, bei einem Garderegiment und dann in der Londoner Finanzwelt oder im Foreign Office gedient. Das Ethos der Palastangestellten ähnelt sehr dem der Garde – ihre Kleidung ist ebenso tadellos wie ihre Manieren; sie sind nicht emotional, haben eine gelassene Lebenseinstellung, sind Mitglieder bei einem exklusiven Londoner Club, gewöhnlich White's, und bevorzugen traditionelle Hobbys wie Schießen und Zuschauen beim Kricket. Es überrascht ein wenig, daß Philip, der in seiner Wahl für gewöhnlich nicht so konventionell ist, einen Chefadjutanten hat, Sir Brian McGrath, der praktisch den gleichen Hintergrund hat wie er: Eton, die Irische Garde, Mitgliedschaft des White's Club und die Jagd als eines der Hobbys.

Die wichtigste Figur in der Palasthierarchie ist trotz des bescheiden klingenden Titels der Privatsekretär der Königin. Über ihn verständigt sie sich mit der Außenwelt, er öffnet Augen und Ohren für sie in Downing Street und Whitehall. Alles, was von Bedeutung ist, dringt über ihn bis zu Elizabeth vor. Er ist der Filter, der Wichtiges von Unwichtigem trennt. Sein Gesicht bekommen die bedeutenden Besucher im Palast zu sehen, obwohl die Mehrheit von Elizabeths Untergebenen seinen Namen nicht kennt und ihn auf Fotos nicht erkennen würde.

Das Format des Privatsekretärs ist von unermeßlicher Bedeutung für die Beziehung des Palastes zur Außenwelt, sowohl was das Bild angeht, das der Palast abgibt, als auch in bezug auf die Art von Ratschlägen und Informationen, die er der Herrscherin unterbreitet. Das Amt des Privatsekretärs erfordert ungewöhnliche Qualitäten: »Er muß über alles im Bilde sein, was vorgeht; er muß darauf vorbereitet sein, über alles zu beraten … Er ist der Vertraute aller Minister, aber er darf nie den Eindruck erwecken, daß er für einen Partei ergreift. Er muß sich einmischen, ohne den Eindruck zu erwecken, sich einzumischen … Da er tausend Geheimnisse erfährt, muß er zwischen jenen, die enthüllt, und solchen, die im dunklen bleiben sollen, unterscheiden … Er führt ein Leben unter Bedingungen, bei denen der geringfügigste Zwischenfall zu einem großen Desaster führen kann … Der königliche Sekretär bewältigt einen Drahtseilakt, ständig in dem Bewußtsein, daß unter ihm ein Abgrund gähnt … Er muß einerseits ein regelrechter Staatsmann, andererseits aber auch darauf vorbereitet sein, bei entsprechender Gelegenheit wie jemand zu wirken, der nicht so leicht von einem Lakaien zu unterscheiden ist.«[9]

Der gegenwärtige Inhaber dieses äußerst heiklen Postens ist seit 1990 Sir Robert Fellowes – Eton, die Schottische Garde, Londoner Finanzwelt. Ihm assistieren Robin Janvrin – Marlborough, Oxford, Royal Navy, Foreign Office –, seit 1995 Stellvertretender Privatsekretär, und Mary Francis, die erste Frau, die im Privatsekretariat eingestellt wurde. Sie ist achtundvierzig Jahre alt und kommt nicht aus dem »magischen Zirkel« der Höflinge. Sie war am Newnham College, Cambridge, Dozentin für Geschichte und machte als Privatsekretärin verschiedener Minister eine Karriere im öffentlichen Dienst; zwei Jahre war sie in einer Handelsbank und zwei weitere Jahre als Finanzberaterin der Britischen Botschaft in Washington tätig, bevor sie einen Dreijahresvertrag als Privatsekretärin des Premierministers mit besonderer Verantwortung für wirtschaftliche Angelegenheiten erhielt.

Das Presseamt, das dem Privatsekretariat untergeordnet ist, besteht seit 1990 aus dem Pressesekretär Charles Anson – Lancing, Cambridge, John Hopkins University, Foreign Office, zweijährige Tätigkeit in Margaret Thatchers Pressebüro in Downing Street –, einem Stellvertretenden Sekretär und zwei Assistenten, von denen einer, Geoffrey Crawford, Australier ist. Hinzu kommt eine Reihe von Frauen, die von der Boulevardpresse respektlos »die Camillas« getauft wurden.

Die meisten der Spitzenbeamten, besonders die des Privatsekretariats, sind hochintelligent, taktisch versiert und mit den erforderlichen diplomatischen Fähigkeiten ausgestattet.

Im Kern hat sich die Zusammensetzung des Hofes nicht verändert, seit Altrincham ihn in den fünfziger Jahren als »eine enge, kleine Enklave von Ladies und Gentlemen« attackierte. Es sind alles anständige, ehrenwerte, loyale Leute, die sich selbst als Verteidiger der Monarchie sehen, eine Position, die eine gewisse negative Einstellung beinhaltet. Die vorherrschende Atmosphäre, die auch noch in den unteren Rängen des Sekretariats zu spüren ist, ist defensiv, und selbst die harmlosesten Fragen erhalten eine außergewöhnliche Bedeutung. Zum Teil trägt die Schuld daran, eine immer zudringlichere Presse und das wachsende Interesse der Öffentlichkeit, zumal selbst ein bescheidener Schnipsel über das skandalträchtige Sexualverhalten eines königlichen Schutzbeamten 500 und mehr Pfund wert sein kann, der Hof aber an seiner traditionellen Haltung festhält, das magische Dunkel nicht aufzuhellen, das im Buckingham-Palast noch immer herrscht. Und diese Politik kommt von oben.

Außer Philip ist niemand in der Position, Elizabeth zu sagen, was sie nicht hören möchte. Nach mehr als vierzig Jahren auf dem Thron verfügt sie über weit größere Erfahrungen in öffentlichen Angelegenheiten und im Bewahren des Ansehens der Monarchie als jeder ihrer Angestellten, und ihr Nimbus ist so beeindruckend, daß das niemand wagen würde. Doch von allem anderen einmal abgesehen, sind ihre Ratgeber beträchtlich jünger als sie; und ihr Hauptberater, Sir Robert Fellowes, geboren 1941, ist nur sieben Jahre älter als ihr ältester Sohn. Ihr gegenwärtiger Premierminister John Major, 1943 geboren, ist sogar noch jünger.

Der Hof ist so, wie er ist, weil Elizabeth das so möchte, und so, wie solche Organisationsformen funktionieren, ist er glücklicher als vergleichbare Gebilde. Es wäre nicht unbedingt ein Gewinn für ihn, energiesprühende Aktivisten aufzunehmen, und der Steuerzahler wäre ohnehin nicht bereit, die Gehälter aufzubringen, die sie in Anlehnung an die Privatwirtschaft verlangen würden oder wie sie auch bei den höheren Rängen in Whitehall üblich sind. Das Büro des Prinzen von Wales, weniger traditionell und unverkennbar großzügiger geführt, ist unangepaßter.

Nicht alle der »besten Geschäftspraktiken«, eingeführt von Mr. Peat, haben bisher ihre Tauglichkeit bewiesen. Die Präsentation der unbewohnten Paläste und solcher Touristenattraktionen wie der Kronjuwelen hat sich zwar über alle Maßen verbessert, doch das Murren und die Unruhe im Privathaushalt der Königin ist noch nicht abgeklungen und mag sein fragiles Ethos auf irreparable Weise verändert haben.

Obwohl es innerhalb der Palastmauern keine schwarzen Gesichter gibt, könnte niemand Elizabeth Rassismus vorwerfen. Das Commonwealth-Sekretariat befindet sich im Marlborough House in der Mall unweit des Buckingham-Palastes, und sein Leiter, der Generalsekretär, derzeit der nigerianische Häuptling Emeka Anyaoku, hat das Recht des direkten Zugangs zur Königin als Oberhaupt des Commonwealth. Für jeden, der Commonwealth-Veranstaltungen beiwohnt, beispielsweise dem alljährlichen Empfang zum Commonwealth Day, ist es unverkennbar, wie glücklich Elizabeth sich in diesem Ambiente fühlt und wie sehr sie dort aufrichtig geliebt und geschätzt wird. Viele Menschen aus dem Commonwealth waren überrascht und verletzt durch die fortgesetzten britischen Angriffe auf die Monarchie in jüngsten Tagen. Die Wärme, mit der Präsident Mandela Elizabeth 1995 bei ihrem Staatsbesuch in Südafrika empfing, nachdem das Land wieder ins Commonwealth aufgenommen wurde, war ein beredter Beweis dafür, wie er ihren Beitrag zur Beendigung der Apartheid einschätzte.

Es gibt allerdings einen Aspekt, der dem Hof von vielen Menschen verübelt wird, und das ist seine Voreingenommenheit gegen Frauen in leitenden Funktionen. Frauen in ihrer traditionellen Rolle, anmutig, gut gekleidet, charmant, sind als Hofdamen oder, auf niedrigerem Niveau, als Sekretärinnen, weibliche Bürokräfte, Zofen und Zimmermädchen akzeptabel. Köche sind immer Männer. Die älteren Frauen in der königlichen Familie, Elizabeth, die Königinmutter und Margaret, sind für diese Einstellung genauso verantwortlich wie die älteren männlichen Mitglieder des Haushalts. Während die älteren königlichen Damen ein gutes Urteil bei der Wahl ihrer Hofdamen beweisen und ein ausgezeichnetes Verhältnis zu ihnen haben – Margaret, die anspruchsvollste, schwierigste und kapriziöseste der drei hat die intelligenteste Hofdame –, ziehen sie als Gesellschafter, Gesprächspartner sowie in einer beruflichen Funktion doch Männer vor. Die Königinmutter, die in den zwanziger und dreißiger Jahren jung war – eine Ära, in der es wahrscheinlich mehr Gemeinheiten und Konkurrenz unter den Damen der Gesellschaft gab als in jeder anderen –, neigt zu der traditionellen Ansicht, daß alle schönen Frauen dumm und alle intelligenten Frauen häßlich sind – mit Elizabeth Longford, der Biographin, als einziger Ausnahme.

Im Gegensatz zu ihrem öffentlichen Gesellschaftsleben sind Elizabeths private Abende überraschend oft frei von Terminen. Paradoxerweise – schließlich ist sie ja so ziemlich die berühmteste Frau auf der Welt – hätte sie weit häufiger die Möglichkeit, zum Dinner zu kommen, als man sich das vorstellt – vorausgesetzt, man gehört zu den Menschen, bei denen sie sich wohl fühlt und sich darauf verlassen kann, daß man nur eine kleine Anzahl von Leuten einlädt, die sie sehen möchte. Philip hat häufiger offizielle Verpflichtungen am Abend als sie, und deshalb ist sie oft allein. Das heißt allerdings nicht unbedingt, daß sie einsam ist. Im Laufe des Tages hat sie in ihrer offiziellen Funktion eine Reihe von Personen gesehen. Ein ruhiger Abend mit den Fernsehnachrichten, ihren Renn- und Zuchtbüchern und den Stapeln von Fotos, die in ihre Fotoalben eingeklebt und beschriftet werden müssen, sorgen für die notwendige Entspannung. Sie telefoniert oft mit ihrer Mutter und ihrer Schwester – »wir drei« bleiben sich nah, näher in der Tat, als die Verbindung zu ihren Kindern ist, die ihr eigenes Leben führen.

Elizabeth hat in den letzten Jahren familiäre Probleme durchstehen müssen, die jemanden, der emotional labiler ist als sie, niedergeschmettert hätten. Das Schlimmste für sie als Privatmensch wie auch als Person, der die Reputation und die Bewahrung der Monarchie so sehr am Herzen liegt, ist für sie die öffentliche Bloßstellung gewesen, das fast tägliche Vorführen schmutziger Wäsche – im buchstäblichen wie übertragenen Sinn. Für sie persönlich hat es nur einen Trost gegeben. Die Ereignisse des *annus horribilis* und seine Nachwirkungen haben sie und ihren Mann noch enger zusammengebracht. Philip hat sich besondere Mühe gegeben, ihr seine Zuneigung und Unterstützung zu beweisen. »Sie sind in letzter Zeit sehr oft zusammengekommen«, sagte ein Höfling. Absolvierte Elizabeth abendliche Verpflichtungen ohne ihn, so traf sie ihn bei ihrer Rückkehr noch wach an und auf sie wartend, selbst nach Mitternacht. »Ich denke, er ist offensichtlich absolut wunderbar zu ihr und unglaublich hilfsbereit und für sie da«, erklärte ein Verwandter. »Und während all der schrecklichen Geschichten mit Ausnahme des Feuers, wo er nicht anwesend war, hat er versucht, sie nicht zu sehr sich selbst zu überlassen.«

»Niemand würdigt die totale Unterstützung, die er der Königin gibt«, meinte ein Mitglied des Stabes. »Sie sind jetzt wie Darby und Joan – es ist wirklich ganz süß.« Elizabeth hat einen Traum, eine Sehnsucht, von der sie weiß, daß sie niemals Wirklichkeit werden kann. Es gibt da ein Tal in Lancashire, nahe bei Clitheroe und dem wunderschönen Wald von Bowland. »Dorthin«, erzählte sie einmal einer Freundin, »würden Philip und ich uns gern zurückziehen …«

Epilog

»Jeder meint, was für ein Vergnügen es sein müßte, Königin zu sein, falls man Königin für einen Tag sein kann: aber ein Leben lang ...« Im Gesicht von Elizabeths Cousine Pamela Hicks spiegelt sich das Entsetzen bei dem Gedanken an ein solches Schicksal. Für Elizabeth wird es nie einen Ruhestand geben. Sie muß im Amt bleiben, bis sie stirbt oder geistig nicht mehr dazu in der Lage ist. Aber selbst in letzterem Fall wird sie bis zu ihrem Todestag Königin bleiben.

Ihre Regierungszeit ist bereits jetzt eine der längsten in der britischen Geschichte – und in jüngster Zeit zudem eine der schwierigsten. Trotz der harten Arbeit und der völligen Hingabe an ihr Amt hat Elizabeth erleben müssen, wie das Ansehen der Monarchie von dem Gipfel höchsten Glanzes und der Vergötterung, den die Institution im Jahr ihrer Krönung erreichte, unaufhaltsam herabgesunken ist und daß nun, da das neue Jahrtausend naht, ernsthaft die Frage gestellt wird, ob die Monarchie nach Elizabeth weiterbestehen wird. Die neunziger Jahre haben eine beispiellose Welle der Kritik mit sich gebracht, schlimmer noch, den Buckingham-Palast zum allgemeinen Gespött gemacht. Republikanisches Denken ist wieder modern geworden, auch wenn es sich noch im wesentlichen auf Intellektuelle und Exzentriker beschränkt und, sehr viel gefährlicher, auf ein paar mächtige und einflußreiche Leute in den Medien.

Auslöser für diese Antipathie war zweifellos das Verhalten der jüngeren Mitglieder der Königsfamilie und besonders das Scheitern der Ehe des Prinzen und der Prinzessin von Wales. Wie der Schriftsteller Julian Barnes in seinen »Letters from London« im Jahr 1992 schrieb: »Als ich aufwuchs, fungierte die königliche Familie im Leben der meisten Untertanen Ihrer Britannischen Majestät als normales häusliches Vorbild. Diese Funktion fehlt ihr gegenwärtig. Vielleicht könnte man es noch mit dem Argument versuchen, daß Elizabeths Kinder demonstrieren, wie demokratisch sie sich den normalen Menschen angenähert haben durch ihre Fähigkeit, ihr eigenes Leben in Unordnung zu bringen; aber das wäre Sophisterei. Ein Teil der stillschweigenden Übereinkunft zwischen der Königsfamilie und der Bevölkerung ist, daß man ab und an, sozusagen als Ausgleich für Privilegien, Reichtum und Verehrung, sehen möchte, daß auch die Mitglieder der Königsfamilie Leid erdulden müssen oder zumindest leidend wirken; ebenso müssen sie von Zeit zu Zeit zu erkennen geben, daß sie Opfer beschwerlicher Pflichten, langfristiger Umstände und Einschränkungen sind, um die wir als das normale Volk sie nicht beneiden. Es geht nicht an, daß sie nur die angenehmen Seiten des Lebens mitnehmen und sich davonmachen, wenn es brenzlig wird. Andernfalls gerät die königliche Familie in die Gefahr, schnell in die Verkörperung dessen hinabzugleiten, was in der Werbebranche als erstrebenswerter Lebensstil angesehen wird: So könnten und würden wir Plebejer auch leben, hätten wir das Glück, die Geschichte und die Steuervorteile.

Ob das allerdings eine ausreichende philosophische Rechtfertigung für den Fortbestand des Hauses von Windsor wäre, ist zweifelhaft.«[1]

»Die sexuellen und ehelichen Narreteien« der, wie Barnes es ausdrückte, »Welpen« der Königin war tatsächlich die schlechtestmögliche Öffentlichkeitsarbeit für die Firma Windsor Inc., aber es war nicht der einzige Grund für die Schwierigkeiten. Die gesellschaftliche Umwälzung, die in den späten fünfziger Jahren einsetzte, beendete das Zeitalter der Autoritätsgläubigkeit. Als Folge hat fast jedes größere Land im Westen, einschließlich der Vereinigten Staaten, unter etwas gelitten, das der frühere amerikanische Botschafter in London, Raymond Seitz, als »Institutionsverdrossenheit« bezeichnet hat. Die allgemeine Öffentlichkeit reagiert zunehmend zynisch auf die Integrität und Weisheit solch etablierter Institutionen wie Parlament, Kirche und Justiz, und auch die Monarchie ist davon nicht verschont geblieben. Margaret Thatchers Reformeifer untergrub die althergebrachten Einstellungen zu fast jeder britischen Institution, und ihr Eintreten für den freien Markt gipfelte in der Raffgier und den Auswüchsen der achtziger Jahre, in denen Geld, Profit und Kosten die Kriterien waren, nach denen alles beurteilt wurde.

Die Kosten der Monarchie sind schon immer ein empfindlicher Punkt gewesen, und die Forderungen der Thatcher-Ära nach Rentabilität und Geldwert lassen sich besonders schwer an das »magische« und zeremonielle Gebilde der Monarchie anlegen. Kann solch eine kostenintensive Einrichtung – die der Öffentlichkeit entstehenden Gesamtkosten der Monarchie werden auf 79,1 Millionen Pfund im Jahr geschätzt – in einem Großbritannien, das keine Weltmacht mehr ist, gerechtfertigt werden? Auseinandersetzungen über die Finanzierung der Monarchie sind kompliziert und langwierig, aber die Monarchie abzuschaffen und durch einen republikanischen Präsidenten als Staatsoberhaupt zu ersetzen würde nicht unbedingt viel Geld sparen. Solch ein Staatsoberhaupt käme ohne Zweifel mit einem sehr viel kleineren Gefolge aus als derzeit die Monarchin und könnte daher nur halb soviel kosten, aber man hat auch geschätzt, daß Präsidentschaftswahlen mehr als 45 Millionen Pfund kosten würden, und das alle fünf Jahre. Ein konstitutioneller Monarch ist in einer Weise unpolitisch, wie es ein Präsident nie sein kann. Jede nicht dem königlichen Kreis zugehörige Person hat bestimmte politische Überzeugungen oder Verbindungen, eine Ausgangsposition, die unweigerlich Schwierigkeiten heraufbeschwören würde. Er oder sie würden kaum den Glanz oder die Aura ausstrahlen, wie das bei der Monarchin als Symbol der Nation der Fall ist. Immerhin nehmen sich die Kosten, die der Steuerzahler für die Königin aufbringt, sehr günstig aus im Vergleich mit den Summen, die der britische Steuerzahler zur allgemeinen Agrarpolitik der Europäischen Union beisteuert, und zwar allein für die Vernichtung landwirtschaftlicher Überschüsse.

Im Jahr 1993 zahlte die EU den Bauern 439 Millionen Pfund für ihre Überschußerzeugnisse und beseitigte diese. Großbritannien steuerte hierzu siebenundfünfzig Millionen Pfund bei, obwohl die britischen Bauern nur für 34000 Tonnen der Überschußproduktion verantwortlich waren. Zu dem Obst und Gemüse, das vernichtet wurde, zählten eine Million Tonnen Äpfel, mehr als 700000 Tonnen Pfirsiche, über 165000 Tonnen Nektarinen und fast 127000 Tonnen Blumenkohl.[2]

Die republikanische Seite führt als Argument gegen die Monarchie ins Feld, daß sie das Klassensystem unterstütze und ein Hindernis auf dem Weg zur wahren Demokratie und Modernisierung Großbritanniens darstelle. Die Republikaner wenden sich gegen die Art und Weise, wie die Vorrechte, die nur der Königin zustehen, von der staatlichen Exekutive eingesetzt werden, um bestimmte Ziele ohne vorherige Absprache mit dem Parlament zu erreichen. Die richtige Antwort auf die meisten dieser Punkte lautet, wie ein herausragender Verfassungsexperte in einer Fernsehsendung über die Monarchie meinte: »Purer Unsinn.« Die eigentliche Kluft in der britischen Gesellschaft besteht nicht zwischen den Adligen und Nichtadligen, sondern zwischen Reich und Arm, und dafür kann man kaum die Monarchie verantwortlich machen. Die Abschaffung der Monarchie würde die Exekutive nicht weniger mächtig oder demokratischer machen, könnte aber der politischen Diktatur den Weg ebnen. Natürlich ist es möglich, eine neue Verfassung zu verabschieden, den Sitz im Oberhaus nicht mehr in Erbfolge zu vergeben und all die anderen Dinge zu verwirklichen, welche die Reformer anstreben, auch ohne gleich die Monarchie abzuschaffen. Letztlich ist es Sache des Parlaments, über diese Angelegenheiten zu entscheiden und der Exekutive ihre Machtprivilegien zu nehmen, wenn solches gewünscht wird. Jedoch unter den gegenwärtigen Umständen, wo die Funktionäre der politischen Parteien allmächtig sind und der Premierminister so viele Jobs zu verteilen hat, ist es äußerst unwahrscheinlich, daß das Unterhaus irgend etwas in dieser Richtung unternehmen wird. Ebenso ist nicht einzusehen, weshalb eine »Modernisierung« nicht auch erreicht werden kann, ohne sich der Königin zu entledigen. Ein amerikanischer Beobachter brachte es auf den Punkt: »Ihr manipuliert zu eurem eigenen Nachteil an alten Institutionen herum.« Die britische Monarchie hat zwölfhundert Jahre überdauert. Sie jetzt zu demontieren wäre nicht leicht, auch ließe sich keine zufriedenstellende, sichere Alternative finden. Es wäre äußerst schwierig, die Verflechtungen von Monarchie und Verfassung aufzulösen, und solch ein Sprung ins Ungewisse könnte gefährlich werden. Umfragen haben kürzlich ergeben, daß achtzig Prozent der Briten noch immer für die Monarchie sind, oder zumindest wollen sie Elizabeth als Königin.

Die Ansichten über den Prinzen von Wales als zukünftigen König sind als Folge seiner Eheprobleme zwiespältiger, aber er wird im Hinblick auf die Öffentlichkeit Wiedergutmachung für seine »Sünden«

leisten müssen, indem er sich enger an das Rezept von Julian Barnes hält, als er es in der jüngsten Vergangenheit getan hat. Der Lauf der Zeit wird das seine dazu beitragen, und die Menschen werden vergessen. Der Ehekrieg derer von Wales bedeutet eine ständige Bedrohung der Stabilität der Monarchie, da so wenig Hoffnung auf eine Versöhnung besteht, so daß eine Ehescheidung in gutem Einvernehmen Elizabeths einzige Hoffnung sein kann. Des Prinzen Bereitschaft, Veränderungen zu akzeptieren, und seine karitative Arbeit für die inneren Bezirke der Städte sowie für die Umwelt werden dazu beitragen, sein Ansehen zu verbessern. Wenn die Königin so langlebig wie ihre Mutter ist, wird der arme Mann in den Siebzigern sein, wenn er die Thronfolge antreten kann. Aller Wahrscheinlichkeit nach wird er zumindest König von Großbritannien sowie Oberhaupt des Commonwealth sein, aber es ist kaum anzunehmen, daß er noch König von Australien, Kanada oder Neuseeland sein wird.

Die britische Monarchie hat im Gegensatz zu anderen nur wegen ihrer Anpassungsfähigkeit überlebt. Eine Autorität in Verfassungsfragen unserer Tage[3] stellte es so dar: George Washington würde die Position Bill Clintons als vergleichbar mit seiner eigenen als Präsident der Vereinigten Staaten ansehen, während George III. die Machtbefugnisse der Monarchie zu seiner Zeit sicherlich nicht mit denen seiner Urururenkelin Elizabeth II. vergleichen könnte. Die Verfassung kann an veränderte Bedingungen angepaßt werden. Die Monarchie muß sich nicht länger mit der anglikanisch-protestantischen Kirche von England identifizieren, wie auch Charles erkannte, als er davon sprach, daß er es vorzöge, wenn einer seiner Titel bei seinem Amtsantritt »Verteidiger des Glaubens« anstatt »Verteidiger des einen Glaubens« lauten würde. Einige Leute haben bereits vorgeschlagen, die religiöse Komponente als veraltet gänzlich zu streichen und durch »Verteidiger der Verfassung« zu ersetzen. Das Gesetz zur Regelung der Thronfolge von 1701, Act of Settlement, mit seiner Betonung des Protestantismus und dem Ausschluß von Katholiken würde dadurch und sollte auch geändert werden.

Das Gesetz über die königlichen Eheschließungen, Royal Marriages Act, das nur durch einen Spleen von George III. entstanden ist, der es als unfair empfand, daß seine Brüder heiraten durften, wen sie wollten, während ihm solches versagt war, sollte dagegen abgeschafft werden.

Ganz abgesehen von Elizabeths konstitutioneller Rolle als Schutzschild gegen eine Diktatur – die Streitkräfte zum Beispiel schwören ihr den Treueid und nicht der Regierung oder dem Staat – muß ihre tatsächliche, wenn auch nicht greifbare Bedeutung als Focus nationaler Identität und Kontinuität in einer sich schnell ändernden, zunehmend internationalisierten Welt gesehen werden. Am Montag, dem 8. Mai 1995, stand Elizabeth mit ihrer Mutter und ihrer Schwester auf dem Balkon des Buckingham-Palastes und verfolgte die Gedächtnisfeierlichkeiten anläßlich des »VE Day«, der an das Kriegsende 1945 erinnert. Unter und vor ihnen war die Mall vollgestopft mit 50000 Menschen, die sich, genauso wie vor 50 Jahren, zu einem spontanen Fest nationaler Einheit zusammengefunden hatten. Man sah, wie sich die Königinmutter eine Träne aus den Augen wischte, zweifellos in Erinnerung an den Tag, als sie mit ihrem Gemahl und Winston Churchill an ebendieser Stelle gestanden und die Begeisterung der Menge entgegengenommen hatte, die rief: »Wir wollen den König!« Damals waren Elizabeth und Margaret nur zwei junge Mädchen in dem Meer von Gesichtern gewesen. Jetzt fehlten der Königinmutter noch drei Monate bis zu ihrem fünfundneunzigsten Geburtstag, Elizabeth hatte wenige Wochen zuvor ihren neunundsechzigsten Geburtstag gefeiert, und Margaret ging auf den fünfundsechzigsten zu. Um es mit den Worten eines jungen Medienkommentators auszudrücken: »Der Anblick der drei alten Frauen dort oben auf dem Balkon, machte mir klar, um was es eigentlich ging ...« Es wurde nicht deutlich, ob er sich auf den VE Day bezog oder auf die Monarchie. Er konnte nur eines, aber auch beides gemeint haben. Der VE Day symbolisierte in den Augen derer, die dort feierten, einen Sieg des Guten über das Böse, so kurz er auch sein mochte. Es geschah in Erinnerung an all die Männer und Frauen, die ihr Leben für diesen Sieg geopfert hatten. Elizabeth verkörpert Werte, welche die meisten Menschen noch immer anerkennen, auch wenn sie selber nicht danach leben oder danach streben: Mut, Anstand und Pflichtgefühl.

Anmerkungen

Angaben zu den Quellen

Alle im Text zitierten Briefe und Tagebücher befinden sich, sofern nicht anders angegeben, in den Royal Archives in Windsor. Viele werden in den autorisierten Biographien zitiert, besonders von Sir John W. Wheeler-Bennett, *King George VI*, James Pope-Hennessy, *Queen Mary*, und Philip Ziegler, *King Edward VIII und Mountbatten.* Michael Bloch hatte Zugang zu den Privatpapieren des Herzogs von Windsor, und seine Bücher *Wallis & Edward, Letters 1931–1937*, und *The Secret File of the Duke of Windsor* enthalten originales Material, das nirgend sonst abgedruckt ist. Jonathan Dimblebys autorisierte Biographie *The Prinz of Wales* ist die Quelle für die Korrespondenz und die Tagebücher des Prinzen.

Mit der gütigen Erlaubnis Ihrer Majestät der Königin habe ich die Royal Archives konsultiert, soweit die Periode bis zu ihrer Thronbesteigung im Februar 1952 betroffen ist. Spätere Papiere sind für die eventuelle autorisierte Biographie reserviert.

Abgesehen von privaten Quellen habe ich in den folgenden Archiven recherchiert: House of Lords Library, Beaverbrook Papers; Columbia University Libraries, Bakhmeteff Archive; Archives du Ministère des Affaires Etrangères, Quai d'Orsay, Paris; Bodleian Library, Monckton Papers (Dep. Monckton Trustees); Public Record Office of Northern Ireland (PRONI), Londonderry Papers; University of Birmingham, Chamberlain Papers; Public Record Office (PRO) ist die offizielle Quelle für in diesem Buch zitierte Staatspapiere: CAB, PREM, WORK und DO sind die konsultierten Abteilungen; Royal Army Museum, Tagebuch von Eileen Heron; Lambeth Palace Library, Don Papers, Fisher Papers; Balliol College, Oxford, Nicolson Papers; University of Reading, Astor Papers; Churchill College, Cambridge, Cadogan Papers, Swinton Papers.

Ein großer Teil des Buches, wo keine Quellen genannt werden, beruht auf mündlichen Aussagen.

Kapitel 1: Schicksal

1 Zit. in: Noble Frankland, *Witness of a Century: The Life and Times of Prince Arthur, Duke of Connaught 1850 bis 1942*, (1993), S. 24
2 Zit. in: Sarah Bradford, *King George IV* (1989), S. 19
3 Ebenda, S. 4
4 *A King's Story: The Memoirs of HRH the Duke of Windsor*, KG (1851), S. 187 f.
5 Mabel, Countess of Airlie, *Thatched with Gold* (1962), S. 21
6 Private unveröffentlichte Memoiren
7 Interview mit Hon. Lady Lindsay of Dowhill, 28. Juli 1986
8 Stanley Olson (Hg.), *Harold Nicolson, Diaries and Letters, 1930–1964, Part Three* (1980), S. 338

9 Lord Harewood, *The Tongs and the Bones* (1981), S. 270
10 Robert Rhodes James, *Victor Cazalet* (1976), S. 255
11 Privatsammlung, HM Queen Elizabeth die Königinmutter zu Osbert Sitwell, 18. Dezember 1944
12 Dorothy Laird, *Queen Elizabeth the Queen Mother* (1966), S. 34
13 Lord Gorell in Elizabeth Longford, *The Queen Mother* (1981), S. 18
14 Robert Rhodes James (Hg.), Chips: *The Diaries of Sir Henry Channon* (1967), S. 397

Kapitel 2: Prinzessin im Elfenbeinturm

Die wichtigste Quelle zu Elizabeths Kindheit und Jugendzeit ist Marion Crawford: *The Little Princesses*, Erstveröffentlichung 1951, Neuausgabe 1953; dt. Titel: *Die kleinen Prinzessinnen*, Bern 1950.

1 Zit. in: Robert Lacey, *Majesty* (1983), S. 70 f.
2 Zit. in: Martin Gilbert, *Winston Churchill: The Exchequer Years* (1979), S. 1349
3 Zit. in: Kenneth Rose, *King George V.* (1984), S. 389
4 Zit. in: Osbert Sitwell, *Rat Week* (1984), S. 44
5 Unveröffentlichte private Memoiren
6 Interview mit Dame Barbara Cartland, 17. März 1994
7 Beaverbrook Papers, BBK H/165 (1954), John Gordon an Beaverbrook, 23. Mai 1954
8 Zit. in: Osbert Sitwell, *Queen Mary and Others* (1974), S. 23
9 Columbia University Libraries, Bakhmeteff Archive, HRH Duke of Kent an Prince Paul Karageorgevic, 26. September [1934]
10 Dugdale Typescript Diary, *Constitutional Crisis November to December 1936 to Nancy Dugdale*, geschrieben nach Material, das Thomas Dugdale, Privatsekretär des Premierministers Stanley Baldwin, zur Verfügung stellte
11 Rose, a.a.O., S. 92
12 Archives du Ministère des Affaires Etrangères, Quai d'Orsay, Direction d'Europe 1930–1940, Grande Bretagne, Z 274.3, Akte No. 176, f. 34
13 Lambeth Palace Library, Tagebücher von Dr. Alan Campbell Don, Lambeth MS 2864, 22. Januar 1936
14 Airlie, a.a.O., S. 198
15 Interview mit dem Earl of Harewood, 23. April 1988

Kapitel 3: Thronerbin

1 Norman Hartnell, *Silver and Gold* (1955), S. 94
2 Hugo Vickers, *Cecil Beaton* (1985), S. 226 f.
3 Informationen über die Pfadfindergruppe in dieser Passage basieren auf Interviews mit Mitgliedern der Gruppe.
4 RL/HRH Princess Elizabeth, *The Coronation*, 12. Mai 1953
5 Zit. in: Sir John W. Wheeler-Bennett, *King George VI.* (1958), S. 312 f.
6 Unveröffentlichte private Memoiren
7 Bodleian Library, Dep. Monckton Trustees, MS 9 f. 52, George VI. an Monckton, 1. März 1942, Zit. in: Bradford, a.a.O., S. 408
8 Michael Bloch (Hg.), *Wallis & Edward, Letters 1931–1937* (1986), S. 238
9 Nigel Nicolson (Hg.), Sir Harold Nicolson, *Diaries and Letters 1930–1939* (1966), S. 297 f.
10 PRONI, Londonderry Papers, D 3099/13/26, HM Queen Elizabeth, die Königinmutter, an Edith, Marchionesse of Londonderry, 31. Mai 1937

11 Beaverbrook Papers, BBK G/23, Ordner XIII
12 Zit. in: John Vincent (Hg.), *The Crawford Papers* (1984), S. 617 f.
13 Zit. in: 2nd Earl of Birkenhead, *Walter Monckton* (1969), S. 169
14 University of Birmingham, Chamberlain Papers, NC 7/4/8, HM Queen Elizabeth, die Königinmutter, an Chamberlain, 2. Juli 1938
15 Zit. in: Philip Ziegler, *Mountbatten* (1985), S. 102

Kapitel 4: Windsor im Krieg

1 Zit. in: Trefor Evans (Hg.), *The Killearn Diaries* (1972), S. 107
2 Zit. in: Wheeler-Bennett, a.a.O., S. 304
3 Chamberlain Papers, NC 7/4/10, HM Queen Elizabeth, die Königinmutter, an Chamberlain, 17. Mai 1940
4 PRO PREM 4/10/4, Hailsham an Churchill, 19. Juni 1940
5 PRO WORK 29/1052, 27. September 1941
6 Mark Girouard, *Windsor the Most Romantic Castle* (1993), S. 8
7 Eleanor Roosevelt, *This I Remember* (New York, 1949), S. 209
8 RA GVI PS 5850
9 RA GVI PS 222/23, Sir Gerald Wollaston an Lascelles, 6. Januar 1944; 222/52 Notiz von Lascelles
10 Beaverbrook Papers, BBK H/165, John Gordon an Beaverbrook, 23. März 1954
11 Zit. in: Ziegler, a.a.O., S. 308
12 Privatsammlung, HM Queen Elizabeth, die Königinmutter, an Osbert Sitwell, 21. Juni 1944
13 National Army Museum, WRAC Archive, Diary of Eileen Heron, 1945
14 Interview mit dem Earl of Carnarvon, 25. Januar 1989

Kapitel 5: Fürstliche Hochzeit

1 Im Gespräch mit Basil Boothroyd, 1970
2 John Dean, *HRH Prince Philip, Duke of Edinburgh: A Portrait by his Valet* (o. J.), S. 35
3 Interview mit Countess Mountbatten, 5. Mai 1993
4 Sir John W. Wheeler-Bennett, *Friends, Enemies and Souvereigns* (1976), S. 137
5 Zit. in: Ziegler, a.a.O., S. 457
6 Zit. in: Bradford, a.a.O., S. 391
7 Peter Townsend, *Time and Chance* (1978), S. 177 f.
8 Privates Tagebuch, 18. November 1947, Lascelles an den Pressesekretär; 13. Februar 1948, Lascelles an den Sekretär des Generalgouverneurs von Kanada
9 Im Act of Settlement aus dem Jahr 1701 wurde festgelegt, daß die Krone auf den nächsten protestantischen Erben in der Thronfolge, auf Kurfürstin Sophie von Hannover, die Mutter von George I., übergehen solle, falls Königin Anne ohne Nachkommen versterben sollte. Als jüngste Tochter von Elizabeth von Böhmen, der Winterkönigin und ältesten Tochter von James I., war Kurfürstin Sophie eine direkte Nachfolgerin der Stuart-Könige. Im Act of Parliament erhielten sie und alle ihre Nachkommen die britische Staatsbürgerschaft. Das scheint nicht allgemein bekannt gewesen zu sein. 1955 ging Ernst August von Hannover vor Gericht und möglicherweise vor das Oberhaus, um seine britische Nationalität zu belegen. Bestürzt stellte die Regierung fest, daß ungefähr 400 Personen, mehrheitlich deutscher Herkunft, Briten waren. PRO PREM 11/4438 Notiz von J. G. Phelps für den Premierminister Harold Macmillan, 24. Juli 1959

10 Privatsammlung, HM Queen Elizabeth, die Königinmutter, an Osbert Sitwell, 10. Juli 1947. Die Königinmutter bezieht sich auf die wiederholten UN-Vetos durch Molotow, damals Außenminister der UdSSR, gegen Vorschläge der Alliierten.
11 Zit. in: Bradford, a.a.O., S. 386
12 Zit. in: Ziegler, a.a.O., S. 458
13 Beaverbrook Papers, BBK H/121, John Gordon an Beaverbrook, Dezember 1947
14 Persönliche Mitteilung
15 RA GVI PS 8644 (5)
16 Lambeth Palace Library, Fisher Papers, Bd. 276, S.1–11

Kapitel 6: Herzog und Herzogin von Edinburgh

1 Balliol College, Oxford, Nicolson Papers, Harold Nicolsen an Vita Sackville-West, 8. Juni 1948, unveröffentlichtes Postskript
2 PRO WORK, 19/1175, 13. November 1947
3 PRO WORK, 19/1175, Notiz vom 1. Oktober 1947
4 Ebenda, Briefwechsel und Dokumente zum Kino in Clarence House
5 John Parker in *The Queen* (1992), S. 21, behauptet, die Renovierungskosten für Clarence House seien viermal so hoch wie die veranschlagten 50 000 Pfund gewesen. Dies wird durch die Dokumente in PRO WORK 19/1175 widerlegt, durch eine Notiz vom März 1951, die Einzelheiten zu den tatsächlichen Ausgaben liefert.
6 Kommentare von John Gibson aus *From Belfast's Sandy Row to Buckingham Palace* (Dublin, 1994)
7 Zit. in: Ziegler, a.a.O., S. 458
8 Elizabeth Longford, *Elizabeth R* (1983), S. 123
9 John Colville, *The Fringes of Power: Downing Street Diaries 1939–1955*, (1985), S. 625 f., Dt. Ausg.: Downing Street Tagebücher 1939–1945 (1988)
10 RA GVI PS 9091, Lascelles an James Chuter Ede, 21. August 1948; Lascelles an James Chuter Ede, 4. November 1948; Lascelles an George VI., 5.xii.[xi]1948
11 RA GVI PS 9091 (2), H.A. Strutt an Colville, 23. August 1948, Lascelles an George VI., »9.x.1948«, Adelspatent vom 9. November 1948; Edward Ford an Sir Terence Nugent, 3. Dezember 1948, Adelspatent Georges V. vom 30. November 1917
12 Christopher Hussey, *Clarence House* (1949), S. 102
13 University of Reading, Astor Papers, MS 1416/1/4; HM Queen Elizabeth, die Königinmutter, an Lady Astor, 19. Oktober 1949
14 Ebenda, MS 1416/1/3/16, Major Thomas Harvey an Lady Astor (o. J.), [Oktober 1949]
15 Ebenda, Lady Astor an Mr. und Mrs Bruce Gould, 8. November 1949
16 RA GVI PS 7606
17 Beaverbrook Papers, BBK H/152, John Gordon an Beaverbrook, 4. März 1952
18 Ebenda, BBK H/136, Gordon an Beaverbrook, 6. Januar 1950
19 Interview mit Noreen Taylor in *Spectator*, 7. Januar 1995
20 Ziegler, a.a.O., S. 491 f.
21 Ebenda
22 RA GVI PS 1231, Norman Brook an Attlee, 14. Juni 1950; Lascelles an Brook, 21. Juni 1950

Kapitel 7: Herrscherin

Die bislang unveröffentlichten Fakten und Meinungen in diesem und den folgenden Kapiteln wurden der Autorin vertraulich mitgeteilt; die Quellen werden daher nicht genannt.

1 Privatsammlung, HM Queen Elizabeth, die Königinmutter, an Osbert Sitwell, 3. Mai 1952
2 Zit. in: Victoria Glendinning, *Edith Sitwell, A Unicorn among Lions* (1988), S. 299
3 Astor Papers, MS 1416/1/4/1O, HRH Princess Margaret an Lady Astor (o. J.), [Anfang 1952]
4 James Cameron, *News Chronicle*, 7. Februar 1952
5 Ziegler, a.a.O., S. 509
6 Zit. in: Michael Bloch, *The Secret File of the Duke of Windsor* (1988), S. 261
7 Ebenda, S. 261 f.
8 Zit. in: Philip Ziegler, *King Edward VIII: The Official Biographie* (1990), S. 537
9 Bloch, a.a.O., S. 264 f.
10 Ebenda, S. 265
11 Durch den frühen Tod des Königs hatte man keine Zeit, eine ständige Ruhestätte für ihn vorzubereiten. Sein Sarg stand 17 Jahre in einem Durchgang, bevor er am 31. März 1969 in einer neu erbauten Gruft bestattet wurde. Dort ist auch noch Platz für die Särge der Königinmutter, Elizabeth II., des Herzogs von Edinburgh, des Prinzen Charles und seiner Frau. Vgl. Douglas Keay, *Elizabeth II* (1992), S. 310–313
12 PRO CAB 128/24 CC (52), 18th Conclusions, Item 1, 18. Februar 1952
13 Ebenda, 20th Conclusions, Item 2, 20. Februar 1952
14 Ebenda, 36th Conclusions, Item 4, 3. April 1952
15 PRO CAB 129/51 C (52) 114, 7. April 1952
16 Beaverbrook Papers, BBK H/155, Gordon an Beaverbrook, 2. und 14. Februar 1952
17 Ebenda, BBK H/155, Arthur Christiansen an Beaverbrook, 13. März 1952
18 Longford, a.a.O., S. 157
19 Nicolson Papers, Harold Nicolson Diary, 19. Februar 1952 (unveröffentlichte Passage)
20 PRO PREM 11/319 C (52) 39, Notiz 6, 8. April 1952; Lascelles an Colville, 10. April 1952; Colville an den Duke of Norfolk, 10. April 1952
21 Kenneth Rose, *Kings, Queens & Courtiers* (1985), S. 227 f.
22 PRO PREM 11/34 CC (52) 87
23 Churchill College, Cambridge, Cadogan Papers, ACAD 1/23, Diary 1952, 21. und 22. Oktober
24 Beaverbrook Papers, BBK H/156, E. Pickering an Beaverbrook, 30. Oktober 1952
25 Lambeth Palace Library, Fisher Papers, Bd. 123, S. 12 f., Diary of Coronation Preparations, 6. November 1952
26 PRO CAB 129/40 CC (52), 98th and 99th Conclusions, 18. und 20. November 1952
27 Bloch, *Secret File*. Für dieses und die unmittelbar folgenden Zitate vgl. S. 277–79.
»Der Unbekannte Soldat« war der Spitzname der Windsors für den Herzog von Gloucester.
28 Colville, a.a.O., S. 713
29 Fisher Papers, a.a.O., 2. Juni 1953

KAPITEL 8: DIE BÖSE PRINZESSIN

1 Townsend, a.a.O., S. 189
2 Die Zuschreibung des Gemäldes ist umstritten, die meisten Experten glauben jedoch, daß es zumindest teilweise von Leonardo stammt.
3 Townsend, a.a.O., 117 f.
4 Interview mit Group Captain Peter Townsend, 21. Mai 1993

KAPITEL 9: WELTWEIT BELIEBT

1 PRO CAB 128/26 PART 1 CC (54), 8th Conclusions, Item 11, 10. Fe-

bruar 1954; CAB 129/65 C (54)48, 8. Februar 1954 und C (54)49, 9. Februar 1954

2 PRO DO 35/5141, UK High Commissioner in Neuseeland an den Staatssekretär für Commonwealth-Beziehungen, 25. Februar 1954; und DO 35/5139, UK High Commissioner in Australien an selbigen, 9. April 1954

3 Zit. in: Longford, a.a.O., S. 169

4 RA GVI 332/16

5 RA GVI 332/17, Lascelles an Duff Cooper, 4. Juli 1938

6 RA GVI 332/62, 29. Mai 1951

7 RA GVI 332/68, Mountbatten an First Sea Lord, 1. Juni 1951

8 Zit. in: Andrew Morton, *The Royal Yacht Britannia* (1984), S. 32 f.

9 Zit. in: Martin Gilbert, *Never Dispair*, Bd. VIII, 1945–1965 (1988), S. 976

10 Colville, a.a.O., S. 654

11 Gilbert, a.a.O., S. 823

12 Ebenda, S. 849

13 Ebenda, S. 852

14 Ebenda, S. 897

15 Ebenda, S. 1117

16 Ebenda, S. 1124

17 Ebenda, S. 1126 f.

18 Interview mit Professor David Dilks, 15. November 1994

19 Zit. in: Rober Rhodes James, *Anthony Eden* (1986), S. 600 f.

20 Harold Macmillan, *Riding the Storm 1956–1959* (1971), S. 182

21 John Grigg, *The Monarchy Revisited*, W. H. Smith's Contemporary Papers No. 9 (1992), S. 4

Kapitel 10: Tweed und Diamanten

1 Nicolson Papers

2 Rose, a.a.O., S. 52

3 Interview mit dem Earl of Carnarvon, 4. Oktober 1994

4 Ebenda

5 Interview mit dem Earl of Carnarvon, Januar 1989

6 Nicolson Papers, unveröffentlichter Tagebucheintrag, 7. Dezember 1955

7 Lacey, a.a.O., S. 230

8 Nicolson Papers, unveröffentlichter Tagebucheintrag, 16. Oktober 1957

Kapitel 11: Mountbatten-Windsor

1 Zit. in: Alistair Horne, *Macmillan 1957–1986* (1989), S. 170

2 Interview mit Larry Adler, 6. Oktober 1994

3 *Pat Baron and The Duke – her Story*, *Independent on Sunday*, 4. April 1993

4 *How Baron took Royal Photographs*, *Illustrated*, 2. Mai 1953

5 Vorwort zu *Baron by Baron* (1957), S. xi

6 Zit. in: Ronald Allison und Sarah Riddell (Hg.), *The Royal Encyclopedia* (1991), S. 451

7 Tim Heald, *The Duke: A Portait of Prince Philip* (1992), S. 306

8 Beaverbrook Papers, BBK C/82, Arthur Christiansen an Beaverbrook, 29. Juli 1963

9 Nicolson Papers, Diary, 12. Juli 1955

10 Beaverbrook Papers, BBK H/217, Gordon an Beaverbrook (o.J.), [1961]

11 PRO CAB 128/25 CC (52), 106th Conclusions, Item 3, 18. Dezember 1952

12 a.a.O., CAB 129/64 C (53) 301, 28. Oktober 1953. Der *Royal Encyclopedia* zufolge wird der Souverän bei Auslandsreisen oder im Krankheitsfall im Privy Council von Mitgliedern der königlichen Familie als Counsellor of State vertreten. Die Regency Acts ermächtigen die Königin, sechs Counsellors of State zu ernennen: den Herzog von Edinburg, die Königinmutter und vier in der

Thronfolge rangmäßig nachstehende Personen, vorausgesetzt, sie sind 21 Jahre alt. (Zur Zeit der Prince of Wales, der Duke of York, Prince Edward und die Princess Royal)

13 PRO CAB 128/40 CC (55), 19th Conclusions, 2. März 1955

14 a.a.O., CAB 128/31 PART 1 CC (57), 13th Conclusions, Item 1, 22. Februar 1957

15 Harold Macmillan, a.a.O., (1971), S. 318

16 Zit. in: Anthony Holden, *Charles, Prince of Wales* (1979), S. 75

17 Ebenda, S. 72

18 Ebenda, S. 96

19 PRO PREM 11/441, Macmillan an Adeane, 27. Juni 1958

20 a.a.O., CAB 128/32 CC (58), 64th Conclusions, Item 7, 24. Juli 1958

21 Ebenda, PREM 11/4102

22 Interview mit Lord Charteris von Amisfield, 16. Juni 1993

23 Zit. in: Anthony Howard, *Rab: The Life of R. A. Butler* (1987), S. 275 f.

24 Ebenda

25 PRO CAB 128/40 CC (60), 4th Conclusions, 2. Februar 1960

26 Christopher Warwick, *Princess Margaret* (1983), S. 93

27 Nicolson Papers, Diary, 28. April 1960

KAPITEL 12: HINWEISE, RATSCHLÄGE UND WARNUNGEN

1 Harold Macmillan, *At the End of the Day 1961–1963* (1973), S. 27

2 Zit. in: Horne, a.a.O., S. 203

3 Churchill College, Cambridge, Swinton Papers, SWIN 174/7/6

4 Harold Macmillan, *Pointing the Way 1959–1961* (1972), 13. November 1961, S. 472

5 PRO PREM 11/3509, Amtierender Britischer Hochkommissar in Ghana zum Minister für Commonwealth-Beziehungen, 11. Dezember 1961

6 Zit. in: Horne, a.a.O., S. 399

7 Interview mit Sir Frank Roberts, 16. November 1993

8 Zit. in: Horne, a.a.O., S. 485 f.

9 Michael Kitson in: Lord Blake, C. S. Nicholls, (Hg.), *The Dictionary of National Biography 1981–1985* (1990), S. 41–43

10 Bericht von Martin Bailey in *The Art Newspaper*, Bd. V, No. 42, November 1994

11 Anthony Howard (Hg.), *The Crossman Diaries: Selections from the Diaries of a Cabinet Minister 1964–1970* (1979), S. 341

12 Interview mit Sir Oliver Millar, 12. Oktober 1994

13 Macmillan, *At the End of the Day*, S. 41

14 Howard, *Rab*, S. 292

15 Vernon Bogdanor, *The Monarchy and the Constitution* (1995), S. 87

16 Zit. in: Horne, a.a.O., S. 533

17. Ebenda, S. 556 f.

18 Marcia Falkender, *Inside Number 10* (1972), S. 17

19 Zit. in: Ben Pimlott, *Harold Wilson* (1993), S. 524

20 Interview mit Baroness Castle of Blackburn, 26. Januar 1994

21 Tony Benn, *Office Without Power: Diaries 1968–1972* (1988), S. 38

22 Ebenda, S. 190 f.

23 Als Lord Jenkins zu Crossmans Behauptung, er sei republikanisch gesinnt, Stellung beziehen sollte, erwiderte er, »daß er so weit nicht gehen würde«; er habe in seiner Funktion als Innenminister die Königin oft getroffen und sich in ihrer Nähe gewiß »nicht unbehaglich« gefühlt. Interview mit Lord Jenkins of Hillhead, 2. November 1994

KAPITEL 13: FAMILIENOBERHAUPT

Sofern keine anderen Angaben erfolgen, stammen die in diesem und den folgenden Kapiteln aufgeführten Zitate aus Briefen und Tagebüchern des Prinzen von Wales der von ihm autorisierten Biographie von Jonathan Dimbleby (1994).

1 *Reflect on Things Past: The Memoirs of Lord Carrington* (1988), S. 16
2 Holden, a.a.O., S. 110
3 Zit. in: Jonathan Dimbleby, *The Prince of Wales* (1994), S. 63
4 Dermot Morrah, *To Be a King* (1968), S. 114 und 116
5 Ebenda, S. 134 f.
6 Nicholas Courtney, *Princess Anne* (1986), S. 22
7 Ebenda, S. 30
8 Ebenda, S. 38
9 Interview mit HRH Princess George of Hannover, 12. Mai 1994
10 Vertrauliche Information
11 Bloch, *Secret File*, S. 399
12 Andrew Roberts, *Eminent Churchillians* (1994), S. 282
13 teilweise veröffentlicht in Ziegler, *King Edward VIII*, S. 555
14 Ebenda

Kapitel 14: Entzauberte Magie

1 Ziegler, Mountbatten, S. 683 f.
2 Die Informationen auf dieser und den folgenden Seiten sind dem *Report from the Select Committee on the Civil List*, 1971–72, entnommen.
3 John Campbell, *Edward Heath* (1994), S. 493
4 Longford, a.a.O., S. 276
5 Im November 1975 entließ der Generalgouverneur von Australien, Sir John Kerr, den Premierminister Gough Whitlam wegen dessen Unfähigkeit, Unterstützung zu gewinnen. Völlig rechtmäßig konsultierte Kerr das Königshaus nicht, da die Verfassung Australiens das Recht zur Entlassung dem Generalgouverneur und nicht dem Souverän überträgt, und loyalerweise wollte er die Königin nicht in eine australische Politik- und Verfassungskrise verwickeln, in der sie keine Ermächtigung besaß.
6 Denis Healey, *Time of my Life* (1989), S 373
7 Pimlott, a.a.O., S. 648
8 Longford, a.a.O., S. 278 f.
9 Interview mit Lord Owen, 22. November 1994
10 Interview mit Susan Crosland, 1994
11 Susan Crosland, Tony Crosland (1982), S. 345
12 Roy Jenkins, *European Diary 1977–81* (1989), S. 130
13 Hugo Young, *One of Us* (1990), S. 12
14 Brief an die Autorin, 4. März 1995
15 Interview mit Sir Shridath Ramphal, 20. Dezember 1993
16 Interview mit der Autorin, 18. November 1993
17 Interview mit der Autorin, 18. Juli 1994
18 Paul Routledge in The Observer, 5. September 1993
19 Margaret Thatcher, *The Downing Street Years* (1993), S. 18

Kapitel 15: Erweiterte Familie

1 Courtney, a.a.O., S. 61, 57
2 John Barratt, *With the Greatest Respect*. Das Buch, geschrieben mit Jean Ritchie, sollte 1991 erscheinen, wurde jedoch zurückgezogen. John Barrett starb vor kurzem an Aids.
3 Zit. in: Dimbleby, a.a.O., S. 155
4 Ebenda, S. 193
5 Vgl. Roger Lewis, *The Life and Death of Peter Sellers* (1995), S. 933–36
6 Zit. in: Nigel Dempster, *HRH The Princess Margaret: A Life Unfulfilled* (1981), S. 127
7 Ebenda, S. 119 f.
8 Rose, *Kings, Queens and Courtiers*, S. 132
9 Bloch, *Secret File*, S. 301 f.
10 Ziegler, *Mountbatten*, S. 680
11 Dimbleby, a.a.O., S. 180

12 Ziegler, Mountbatten, S. 681
13 Dimbleby, a.a.O., S. 236
14 Ebenda, S. 244

Kapitel 16: Grimmige Märchen

1 Sarah Jennings (1660–1740), Ehefrau von John Churchill, 1st Duke of Marlborough, wird als bösartige, nicht vertrauenswürdige Frau beschrieben, die dennoch gewitzt und bemerkenswert geschickt war. Sie stritt mit jedem, angefangen von ihrer ehemaligen Freundin Queen Anne bis zu ihren Töchtern. Die Spencers sind Nachkommen ihrer Tochter Lady Anne Churchill, der Großmutter des 1st Earl of Spencer.
2 Andrew Morton, *Diana, Her True Story* (1992), S. 21
3 James Whitacker im gespräch mit der Autorin
4 James Whitacker, *Diana v. Charles* (1993), S. 93
5 Douglas Keay, *Elizabeth II: Portrait of a Monarch* (1992), S. 238
6 Dimbleby, a.a.O., S. 392
7 Ebenda, S. 358
8 Ebenda, S. 497

Kapitel 17: Familienkrieg

1 Ronald Ferguson, *The Galloping Major: My Life in Singular Times* (1994), S. 207
2 Lesley Player, *My Story: The Dutchess of York, Her Father and Me* (1993), S.251
3 Whitacker, a.a.O., S. 76
4 Nach ihrer Trennung von Charles versöhnte sich Diana wieder mit Raine, jetzt Comtesse de Chambrun, und man sah beide beim Lunch im Claridge's.
5 Zit. in: Dimbleby, a.a.O., S. 491
6 Vertrauliche Information

Kapitel 18: Elizabeth R

1 Interview mit Seiner Exzellenz Botschafter Raymond G. H. Seitz, 3. Februar 1994
2 Bogdanor, a.a.O., S. 71
3 Bernard Palmer, *High and Mitred* (1992), S. 291
4 Rose, *Kings, Queen and Courtiers*, S. 92
5 Robin Simon in *Daily Mail*, 29. Mai 1995
6 Carnarvon-Interview, 4. Oktober 1994
7 Arthur Fitzgerald, *Royal Thoroughbreds: A History of the Royal Studs* (1990), S. 249
8 James Pope-Hennessy, *A Lonely Business* (1981), S. 231
9 Vgl. Wheeler-Bennett, *The Sovereign's Private Secretary* in: *King George VI*, S. 820 f.

Epilog

1 Julian Barnes, *Letters from London 1990–1995*, (1995), S. 159
2 *The Times* vom 8. August 1995
3 Bogdanor, a.a.O., S. 73

Personenregister

Christian IX., König von Dänemark ⚭ Louise von Hessen-Kassel
*1818 †1906 — *1817 †1898

Frederik VIII.
König von Dänemark
*1843 †1912
⚭
Louise von Schweden
*1851 †1914

Alexandra
*1844 †1926
⚭
König Edward VII.
*1841 †1910

Georg I.
König von Griechenland
*1845 †1913
⚭
Großherzogin Olga von Rußland
*1851 †1926

Christian X.
König von Dänemark
*1870 †1947
⚭
Alexandrine von
Mecklenburg-Schwerin
*1879 †1952

Håkon VII.
König von Norwegen
*1872 †1957
⚭
Maud
*1869 †1938

Konstantin I.
König von Griechenland
*1868 †1923
⚭
Sophie von Preußen
*1870 †1932

Nikolaus
*1872 †1938
⚭
Großherzogin Helene
von Rußland
*1882 †1957

Frederik IX.
König von Dänemark
*1899 †1972
⚭
Ingrid von Schweden
*1910

Olav V.
König von Norwegen
*1903 †1991
⚭
Märtha von Schweden
*1901 †1954

Paul I.
König von Griechenland
*1901 †1964
⚭
Friederike
von Hannover
*1917 †1981

Marina
*1906 †1968
⚭
Georg
Herzog von Kent
*1902 †1942

Margarethe II.
Königin von
Dänemark
*1940
⚭
Henri de Laborde
de Monpezat
*1934

Anne-Marie
*1946
⚭
Konstantin II.
König von
Griechenland
*1940

Harald V.
König von Norwegen
*1937
⚭
Sonja Haraldsen
*1937

Sofia
*1938
⚭
Juan Carlos I.
König von Spanien
*1938

Konstantin II.
König von Griechenland
*1940
⚭
Anne-Marie
von Dänemark
*1946